# Wissenschaftliche Untersuchungen zum Neuen Testament · 2. Reihe

Herausgeber / Editor
Jörg Frey (Zürich)

Mitherausgeber / Associate Editors
Friedrich Avemarie (Marburg)
Markus Bockmuehl (Oxford)
James A. Kelhoffer (Uppsala)
Hans-Josef Klauck (Chicago, IL)

325

Zbyněk Garský

# Das Wirken Jesu in Galiläa bei Johannes

Eine strukturale Analyse der Intertextualität des
vierten Evangeliums mit den Synoptikern

Mohr Siebeck

ZBYNĚK GARSKÝ (STUDENOVSKÝ), geboren 1970; 1989–94 Studium der hussitischen Theologie in Prag; Promotionsstudium in München und Zürich; 2002 Priesterweihe; 1996–2004 und 2010/11 Assistent für Neues Testament in Prag; 2007–10 Forscher in Helsinki; 2012 Promotion an der Universität Zürich; derzeit Assistent für Neues Testament in Bern.

ISBN 978-3-16-151720-4
ISSN 0340-9570 (Wissenschaftliche Untersuchungen zum Neuen Testament, 2. Reihe)

Die Deutsche Nationalbibliothek verzeichnet diese Publikation in der Deutschen Nationalbibliographie; detaillierte bibliographische Daten sind im Internet über *http://dnb.dnb.de* abrufbar.

Das Buch wurde von Laupp & Göbel in Nehren auf alterungsbeständiges Werkdruckpapier gedruckt und von der Buchbinderei Nädele in Nehren gebunden.

*Für Salla*

# Vorwort

Die vorliegende Arbeit wurde von der Theologischen Fakultät der Universität Zürich im Herbstsemester 2011 auf Antrag von Prof. Dr. Jörg Frey als Dissertation angenommen. Sie ist nicht nur über einen längeren Zeitraum in den Jahren 1998–2011, sondern zugleich auch an mehreren Orten entstanden. Die erste Skizze zu ihr habe ich schon im akademischen Jahr 1996/97 verfasst, als ich mit meinem Vorhaben, eine Dissertation zum Thema „Johannes und die Synoptiker" schreiben zu wollen, noch während seiner Zeit an der Katholisch-Theologischen Fakultät der Julius-Maximilians-Universität Würzburg, Prof. Dr. Hans-Josef Klauck (heute Divinity School of the University of Chicago) angesprochen habe. Er hat damals mein etwas zu ehrgeiziges Vorhaben auf das *Wirken Jesu in Galiläa bei Johannes* beschränkt und dafür gilt ihm bis heute ein besonderer Dank. In den Jahren 1998–2001 ist er dann auch mein erster Doktorvater an der Ludwig-Maximilians-Universität München (LMU) geworden und hat maßgeblich die Anfangsphase meiner Dissertation beeinflusst und mein Interesse für die Narratologie geweckt.

Weil meine Promotion an der Katholisch-Theologischen Fakultät der LMU mit kaum zumutbaren Auflagen verbunden gewesen wäre, hat mich gleich im Jahr 1998 Prof. Dr. Alexander J. M. Wedderburn von der Evangelisch-Theologischen Fakultät der LMU als Doktoranden angenommen. In dieser Zeit hatte ich also zwei Doktorväter und war nicht nur sehr ökumenisch betreut, sondern auch mit unterschiedlichen Standpunkten konfrontiert, was die Frage „Johannes und die Synoptiker" betrifft. Prof. Dr. Alexander J. M. Wedderburn hat sich dabei als ein sehr wertvoller und geduldiger Gesprächspartner erwiesen, und dass meine Argumentation nicht oberflächlich geblieben ist, verdanke ich vor allem ihm und den zahlreichen Gesprächen, die wir sowohl bei unseren Doktorandenkolloquien als auch außerhalb dieser geführt haben. Einen weiteren und in Bezug auf das Johannesevangelium einen äußerst sachkundigen Gesprächspartner, der später auch mein dritter Doktorvater geworden ist, konnte ich in Prof. Dr. Jörg Frey gewinnen, der im Jahr 1999 an die Evangelisch-Theologische Fakultät der LMU gekommen war und später nach der vorzeitigen Pensionierung von Prof. Dr. Alexander J. M. Wedderburn im Jahr 2006 auch praktisch meine Betreuung übernommen hat.

Prof. Dr. Jörg Frey verdanke ich auch die Möglichkeit, dass ich im November 2001 einen Teil meiner Arbeit bei dem Forschungskolloquium der neutestamentlichen Institute München und Halle/Saale vortragen durfte und dass er meinen Beitrag „„Dort werdet ihr ihn sehen' (Mk 16,7). Der Weg Jesu nach Galiläa bei Johannes und Markus" (STUDENOVSKÝ, Weg) in den im Jahr 2004 erschienenen Sammelband „Kontexte des Johannesevangeliums. Das vierte Evangelium in religions- und traditionsgeschichtlicher Perspektive" (Frey/Schnelle, Kontexte) aufgenommen hat. Der größte Dank gilt Prof. Dr. Jörg Frey aber für seine freundliche und kompetente Betreuung, dank der die vorliegende Arbeit langsam aber sicher die Gestalt eines Buches angenommen hat und schließlich dann auch an der Theologischen Fakultät der Universität Zürich, wohin ich ihm im Frühling 2010 gefolgt bin, fertig geworden ist. An dieser Stelle möchte ich mich auch bei Prof. Dr. Samuel Vollenweider von der Theologischen Fakultät der Universität Zürich für das anregende Zweitgutachten und bei Prof. Dr. Helmut Pruscha von dem Mathematischen Institut der LMU für die für mich sehr hilfreichen interdisziplinären Gespräche und das mathematische Fachgutachten zu den entsprechenden Teilen der Arbeit ganz herzlich bedanken.

Das vorliegende Buch hätte aber nicht entstehen können, wenn mich während meiner Studienzeit an der Ludwig-Maximilians-Universität München, meiner Forschungstätigkeit an der Universität Helsinki und meiner Lehrtätigkeit an der Karls-Universität in Prag nicht verschiedene Institutionen und Menschen unterstützt hätten, bei denen ich mich hiermit bedanken will. Die Benediktinerabtei Königsmünster in Meschede hat mich schon vor meiner Studienzeit in München in den Jahren 1996–1999 mehrmals freundlich aufgenommen, mir einen Aufenthalt am Goethe-Institut in Iserlohn ermöglicht und mein erstes Studienjahr in München finanziert; ein besonderer Dank gilt hier vor allem dem Altabt Stephan Schröer OSB für seine väterliche Fürsorge und Unterstützung. Die Dr.-Esther-Schlossbergstiftung (Gesellschaft für christlich-jüdische Zusammenarbeit in München) hat mich in den Jahren 1998–1999 finanziell unterstützt und hier will ich mich namentlich bei ihrer Ehrenvorsitzenden Henny Seidemann bedanken. Die Stipendien des Katholischen Akademischen Ausländer-Dienstes (1999–2000), des Ökumenischen Rates der Kirchen und des Diakonischen Werkes der EKD (2000–2003) und der Hanns-Seidel-Stiftung (2003–2004) haben mir dann das weitere Studium und die Forschung in Deutschland ermöglicht.

Eine besondere Freude war es mir, dass ich in den Jahren 2007–2010 in Finnland forschen konnte. Hier möchte ich mich vor allem bei Professor Ismo Dunderberg von der Theologischen Fakultät der Universität Helsinki bedanken, den ich erstmals im Jahr 2002 in Zusammenhang mit seiner Dissertation zum Thema „Johannes und die Synoptiker" angesprochen habe und in dem ich dann in den nächsten Jahren einen sehr werten Gesprächspartner und Freund gewinnen konnte. Ich denke, ohne die zahlreichen Gespräche mit ihm und seinen Kollegen und Doktoranden am Department of Biblical Studies würde die vorliegende Arbeit anders aussehen, vor allem hätte ich mich aber bestimmt zu sehr nur auf die deutschsprachige Forschung konzentriert und das wäre zum Nachteil dieser Arbeit gewesen. Hier gilt mein Dank auch Professor Kari Syreeni von der Theologischen Fakultät der Åbo Akademi University in Turku, dass ich einige Gedanken zur „Theopoetik" in seinem Forschungsseminar vortragen durfte. Dem Centre for International Mobility (CIMO) und dem Eino Jutikkala Fund der Finnish Academy of Science and Letters danke ich dann, dass sie mir mit ihren Stipendien in den Jahren 2007–2008 und 2009 die Forschung an der Universität Helsinki ermöglicht haben.

Meinen Freunden und Kollegen von der Karls-Universität in Prag, Doc. Ivana Noble, PhD. von der Evangelisch-Theologischen Fakultät und Prof. ThDr. Jan Blahoslav Lášek von der Hussitisch-Theologischen Fakultät, danke ich für die Möglichkeit neben meiner Promotion am Institut für Ökumenische Studien in Prag (1996–2004) und an der Hussitisch-Theologischen Fakultät (2010/11) unterrichten zu dürfen. Prof. Dr. Rainer Hirsch-Luipold und meinen Freunden und Kollegen von der Theologischen Fakultät der Universität Bern danke ich dann für die Möglichkeit meine Thesen in unserem Oberseminar präsentieren zu dürfen und für die verständnisvolle Unterstützung in diesem Jahr. Für die große Hilfe bei den sprachlichen Korrekturen bedanke ich mich ganz herzlich bei Dr. Zuzana Verheij Hrašová aus Frankfurt. Schließlich danke ich auch Salla H. M. Garský, M. A., die mich mehr als 10 Jahre bei dem Verfassen dieser Arbeit begleitet hat, und meiner Familie in Prag, meiner Mutter Ing. Miroslava Niemec Studenovská und meinem Bruder Petr Studenovský, für ihre durchgehende Unterstützung.

Bern, 15. Juni 2012                                                                              Zbyněk Garský

# Inhaltsverzeichnis

# Graphische Konventionen

In Anlehnung an die in der Semiotik übliche Konvention [ECO, Theory, xi] bezeichnen einfache senkrechte Striche den Ausdruck oder den Signifikant (S), während einfache französische Anführungszeichen den Inhalt oder das Signifikat (s) eines *sprachlichen Zeichens* kennzeichnen. Dem Regel Signifikat (Bezeichnetes) über Signifikant (Bezeichnendes) entsprechend [DE SAUSSURE, Grundfragen, 78] setzt sich also ein sprachliches Zeichen ($\sigma$) aus Signifikat und Signifikant zusammen ($\sigma = s/S$). So bildet sich zum Beispiel das sprachliche Zeichen $\delta$, in dem der Ausdruck |*Dreieck*| den Inhalt ‹*Dreieck*› bezeichnet:

$$\delta = \frac{\triangle}{Dreieck} = \frac{‹Dreieck›}{|Dreieck|}$$

Im Bezug auf die *außersprachliche Wirklichkeit* kennzeichnen doppelte senkrechte Striche einzelne *Realien*, um etwa ein auf dieser Seite abgedrucktes reales Dreieck ($\triangle$) von dem sprachlichen Zeichen ($\delta$) unterscheiden zu können: ‖*Dreieck*‖. Zusätzlich zu dieser allgemeinen Konvention wird hier eine doppelte Gliederung der Wirklichkeit vorgenommen, um die den Realien zu Grunde liegenden *Universalien* abheben zu können, die im Text doppelte französische Anführungszeichen kennzeichnen. Die Wirklichkeit des Dreiecks ($\triangle$) besteht nämlich nicht nur aus dem hiesigen realen ‖*Dreieck*‖ ($\triangle$), das oben abgedruckt wurde, sondern ebenso aus dem universalen und ihm zu Grunde liegenden «*Dreieck*» ($\triangle$ ABC):

$$\triangle = \frac{\triangle\ ABC}{\triangle} = \frac{«Dreieck»}{‖Dreieck‖}$$

Dieses ist zweidimensional und durch drei nicht auf einer Geraden liegenden Punkte *A*, *B* und *C* definiert.

# Tabellenverzeichnis

# Abbildungsverzeichnis

# Abkürzungsverzeichnis

Die Abkürzungen für Zeitschriften, Serien und Lexika folgen in der Regel S. M. SCHWERTNER, Internationales Abkürzungsverzeichnis für Theologie und Grenzgebiete, Berlin u. a. [2]1992 (IATG[2]), ergänzt durch Abkürzungen Theologie und Religionswissenschaft nach RGG[4], hrsg. v. der Redaktion der RGG[4], UTB 2868, Tübingen 2007. Darüber hinaus oder abweichend von IATG[2] und RGG[4] werden folgende Abkürzungen verwendet:

| | |
|---|---|
| BIS | Biblical Interpretation Series |
| CHum | Computers and the Humanities |
| DJS | Duke Judaic Studies |
| EBR | Encyclopedia of the Bible and Its Reception |
| EC | Early Christianity |
| ECL | Early Christianity and Its Literature (SBL) |
| HTR | Harvard Theological Review |
| JQL | Journal of Quantitative Linguistics |
| LLC | Literary and Linguistic Computing |
| LNTS | Library of New Testament Studies |
| NPNF | A Select Library of the Nicene and Post-Nicene Fathers of the Christian Church |
| ÖTK | Ökumenischer Taschenbuch-Kommentar |
| OWD | Origenes. Werke mit deutscher Übersetzung |
| QL | Quantitative Linguistik / Quantitative Linguistics |
| QLS | Quantitative Linguistics Series |
| THK | Tschechoslowakische Hussitische Kirche (= CČSH) |

„ … ἀμὴν λέγω ὑμῖν ὅτι εἷς ἐξ ὑμῶν παραδώσει με “

Joh 13,21b | Mk 14,18 | Mt 26,21

– die längste gemeinsame Wortsequenz
des Johannes mit den Synoptikern

Kapitel 1

# Einführung

## 1.1 Status quaestionis

Eine Arbeit zum Thema *Johannes und die Synoptiker* braucht wohl keine besondere
Begründung: „Es versteht sich von selbst, daß das Verhältnis des vierten Evangeliums zu den Synoptikern eines der größten Probleme der urchristlichen Literatur
und ihrer Forschung ist."[1] Das bestätigt schon Origenes, der in seinem Johanneskommentar den Widersprüchen zwischen Johannes und den Synoptikern eine besondere Aufmerksamkeit widmet und bemerkt: „[διὰ τὸ πολλοὺς] μὴ λυομένης τῆς
διαφωνίας ἀφεῖσθαι τῆς περὶ τῶν εὐαγγελίων πίστεως, ὡς οὐκ ἀληθῶν οὐδὲ θειοτέρῳ πνεύματι γεγραμμένων ἢ ἐπιτετευγμένως ἀπομνημονευθέντων· ἑκατέρως γὰρ
λέγεται συντετάχθαι ἡ τούτων γραφή."[2] Das Problem der ‚auf der Hand liegenden Unterschiede' zwischen Johannes und den Synoptikern hat man seitdem auf
verschiedene Art und Weise zu lösen versucht,* mein Ziel ist aber hier nicht, dem
Leser eine ausführliche Forschungsgeschichte anzubieten – das haben andere vor
mir schon viel besser und ausführlicher getan,[3] als ich es je im Rahmen dieser Arbeit machen könnte. Dieses Kapitel soll vielmehr erläutern, warum sich – trotz der
langen Forschungsgeschichte – das Lesen dieser Arbeit lohnt, wo sich der Leser an
Bord dieser Arbeit im Meer der Forschung befindet und wohin das Ziel dieser fünf
Kapitel dauernden Reise gehen soll.

Das Ziel der Reise kann dabei gleich am Anfang genannt werden: Das Vorhaben dieser Arbeit ist zu zeigen, dass *Johannes die Synoptiker (sehr gut) kannte* und
sein Evangelium in einem literarischen Gespräch mit ihnen schrieb. Dass es sich
dieses Ziel heute anzusteuern lohnt, ist vor allem Percival Gardner-Smith und der
langen Wirkungsgeschichte seiner kurzen Abhandlung „Saint John and the Synop-

---

[1] DUNDERBERG, Johannes, 12.

[2] Origenes, Commentarii in Ioh, X,3,10: „Viele, die für die Widersprüchlichkeit keine Lösung finden,
verlieren den Glauben an die Evangelien, als ob sie nicht wahr oder gar nicht vom göttlichen Geist geschrieben oder unzuverlässige Gedächtnisberichte seien." Zu diesem Problem vgl. auch das Kapitel 1.3
auf S. 20.

[3] Zur Forschungsgeschichte vgl. vor allem BLINZLER, Johannes (bis 1965), NEIRYNCK, John I
(1965–1975), NEIRYNCK, John II (1975–1990), SMITH, John (bis 1992/2000), und LABAHN/LANG, Johannes (seit 1990), und weiter s. die Literaturberichte von BAUER, Literatur (1929), HÄNCHEN, Literatur (1955), THYEN, Literatur I (1975), THYEN, Literatur II (1977), THYEN, Literatur III (1978), THYEN,
Literatur IV (1979), BECKER, Literatur (1982), BECKER, Methoden (1986), HALDIMANN/WEDER, Literatur I (2002), HALDIMANN/WEDER, Literatur II (2004), HALDIMANN/WEDER, Literatur III (2006), und
SCHNELLE, Literatur (2010).

tic Gospels"[4] zu verdanken, denn vorher wäre das Ziel dieser Arbeit kein besonders interessantes Ziel gewesen. Doch die einfache Frage, „whether it is easier to account for the similarities between St John and the Synoptists without a theory of literary dependence, or to explain the discrepancies if such a theory has been accepted",[5] die er sich in seiner Abhandlung im Jahr 1938 in Cambridge stellt, wobei er selbstverständlich für die Option „without a theory of literary dependence" plädiert,[6] fiel nach einem Jahrhundert kritischer Evangelienforschung[7] auf fruchtbaren Boden, und der *altkirchliche Konsens*,[8] dass Johannes die Synoptiker kannte, den beispielsweise noch die Arbeiten von Burnett Hillman Streeter[9] oder Hans Windisch[10] widerspiegeln, war bald keine Selbstverständlichkeit mehr.[11] Denn mit seinem „book which at least shows how fragile are the arguments by which the dependence of John on the other gospels has been 'proved', and makes a strong case for its independence"[12] konnte P. Gardner-Smith nicht nur seinen einflussreichen Kollegen Charles Harold Dodd[13] überzeugen, sondern auch ein Fundament für einen *neuen Konsens* legen, der auf der *Unabhängigkeitstheorie* basierte, die Walter Bauer im Jahr 1929 in seiner Besprechung der Arbeit von Hans Windisch[14] noch für bedeutungslos hielt:

> „Besteht die Annahme einer beabsichtigten Ergänzung nicht zu Recht, dann bleibt, da die Unabhängigkeitstheorie und die Interpretationstheorie für die Gegenwart ohne Bedeutung sind und überhaupt nicht ernstlich in Frage kommen können, nur die Auffassung übrig, der jüngste Evangelist habe die anderen verdrängen wollen; und zu ihr bekennt sich Windisch."[15]

Damit nennt er in seiner Besprechung zugleich auch die drei größten Konkurrentinnen der Unabhängigkeitstheorie: die *Ergänzungstheorie*, die den altkirchlichen Konsens widerspiegelt, die *Interpretationstheorie*,[16] die seinem Urteil nach ebenso bedeutungslos sei wie die Unabhängigkeitstheorie, und die *Verdrängungshypothese*, für die H. Windisch plädiert.

---

[4] GARDNER-SMITH, John.

[5] GARDNER-SMITH, John, x.

[6] Vgl. GARDNER-SMITH, John, (88–97) x.

[7] Den Anfang markiert das Werk von David Friedrich Strauss (1808–1874), vgl. STRAUSS, Leben, I, 631–676, wobei man schon die Skepsis von Hermann Samuel Reimarus (1694–1768) in Betracht ziehen muss, vgl. Reimarus, Apologie, II, 582, und hier das Kapitel 1.3 auf S. 20.

[8] Vgl. beispielsweise Augustinus, De consensu evangelistarum, IV,11–20.

[9] STREETER, Gospels.

[10] WINDISCH, Johannes.

[11] Zum Forschungsstand im Jahr 1938 s. GARDNER-SMITH, John, vii–xii, ausführlich besprochen wird er beispielsweise von SMITH, John, 13–43; vor P. Gardner-Smith s. aber z. B. schon die Arbeit zu Lukas und Johannes von Julius Schniewind aus dem Jahr 1914 (SCHNIEWIND, Parallelperikopen, 95): „Die Vergleichung hat ergeben, daß die Beziehung zwischen Lk. und Joh. nirgends eine literarische im strengen Sinne ist; d. h.: nirgends gibt es ein Anzeichen dafür, daß Joh. den Lk. schriftstellerisch benutzt hätte."

[12] DODD, Interpretation, 449, Anm. 2.

[13] Vgl. DODD, Interpretation, und DODD, Tradition.

[14] WINDISCH, Johannes.

[15] BAUER, Johannesevangelium, 139.

[16] Diese vertritt beispielsweise LIGHTFOOT, Gospel.

Die Etablierung dieses neuen auf der Unabhängigkeitstheorie beruhenden Konsenses, der die Forschung bis in die 70er Jahre beherrschte und von dem sich einige nach mehr als 25 Jahren anscheinend immer noch nicht verabschieden wollen,[17] markieren die großen Kommentare von Rudolf Bultmann,[18] Raymond Edward Brown[19] und Rudolf Schnackenburg,[20] und diese stellen noch heute „Referenzwerk[e dar], von de[nen] man sich absetzt oder de[nen] man zustimmt."[21] Die Kommentare von Charles Kingsley Barrett[22] oder Robert Henry Lightfoot,[23] die die Kenntnis der synoptischen Evangelien durch den vierten Evangelisten annehmen,[24] stellten bald eine Minderheitsposition dar; über den Kommentar von C. K. Barrett lässt sich aber auch im deutschsprachigen Raum[25] zweifelsohne dasselbe sagen, was über den Kommentar von R. Bultmann gesagt wurde,[26] zumal dieser zu ihm bis heute die wohl wichtigste Alternative darstellt. Die notwendige Konsequenz der Unabhängigkeitstheorie stellt natürlich die Tatsache dar, dass man die Synoptiker nicht mehr als Quellen bemühen kann und die Übereinstimmungen des vierten Evangeliums mit den älteren Evangelien auf eine andere Weise erklären muss. Hatte P. Gardner-Smith mit seiner Frage hier noch die *mündliche Überlieferung* als eine mögliche Antwort im Blick,[27] wurde bald klar, dass diese zur Erklärung der Komposition des vierten Evangeliums nicht ausreicht[28] und es mussten noch *andere Quellen* her, auf deren Suche sich nun viele begaben. Dass die Unabhängigkeitstheorie bis in die 70er Jahre überhaupt konsensfähig blieb, lässt sich meines Erachtens nur so erklären, dass viele Exegeten zu viel mit der Suche nach und/oder der Rekonstruktion von diesen Quellen beschäftigt waren, um die Lücke zu füllen, die sich in der johanneischen Komposition ohne die Synoptiker ergab. Heute kann man mit ziemlicher Sicherheit sagen, dass von all diesen hypothetischen Quellen und Grundschriften, sei es eine ‚Semeiaquelle‘[29] oder ein ‚Gospel

---

[17] Vgl. den Kommentar von BECKER, Evangelium (1979/1981), und den Beitrag von BECKER, Frage (2002), dessen apologetische Züge am besten das absolute Verschwinden des oben beschriebenen Konsenses dokumentieren.

[18] BULTMANN, Evangelium.

[19] BROWN, Gospel.

[20] SCHNACKENBURG, Johannesevangelium.

[21] So im Jahr 2010 in Bezug auf den Kommentar von R. Bultmann SCHNELLE, Literatur, 266.

[22] BARRETT, Evangelium.

[23] LIGHTFOOT, Gospel.

[24] Vgl. BARRETT, Evangelium, 33–35 (Mk/Lk), und LIGHTFOOT, Gospel, 26–42.

[25] Dies ist u. a. auch der Tatsache zu verdanken, dass der Kommentar von C. K. Barrett erst im Jahr 1990 in deutscher Übersetzung erschien.

[26] Vgl. SCHNELLE, Literatur, 266.

[27] Vgl. GARDNER-SMITH, John, (88–97) x.

[28] So schreibt schon R. Bultmann (BULTMANN, Interpretation, 90) in seiner Besprechung von DODD, Interpretation: „Daß der Evglist von den Synoptikern abhängig sei, hält der Verf., m. E. mit Recht, für unwahrscheinlich; er sei von anderer Tradition abhängig. Daß das aber nur mündliche Tradition gewesen sei, kann ich nicht glauben. Schriftliche Quellen scheinen mir von Evglisten benutzt worden zu sein, und ich bedauere, daß der Verf. die Frage nach den Quellen so leicht genommen hat."

[29] Vgl. BULTMANN, Evangelium, und weiter auch BECKER, Evangelium.

of Signs',[30] die in dem Entstehungsmodell des vierten Evangeliums die Synoptiker ersetzen sollten, kaum etwas übrig geblieben ist,[31] und wie Jörg Frey bemerkt: „Wenn die Rekonstruktion außersynoptischer schriftlicher Quellen nicht mehr gelingt, rückt das Modell einer Kenntnis der synoptischen Überlieferung wieder stärker ins Zentrum."[32]

Diese in Betracht gezogene Option, dass die synoptischen Evangelien die *schriftlichen Quellen* und/oder die *Redaktion* des Johannesevangeliums direkt beeinflussten,[33] für die schon R. Bultmann mit seinem ‚kirchlichen Redaktor' die Hintertür offen ließ,[34] wurde dem auf der Unabhängigkeitstheorie beruhenden Konsens schicksalhaft. Sein Ende kündigt die Arbeit von Marie-Émile Boismard und Arnaud Lamouille an,[35] die einen direkten Einfluss der Synoptiker sowohl auf die Grundschrift als auch auf die Redaktion des Johannesevangeliums voraussetzt[36] und die man auch ohne poetische Lizenz als einen Schwanengesang der johanneischen quellen- und redaktionskritischen Hypothesen bezeichnen könnte. Denn es ist gerade die Komplexität dieser Arbeit, die Frans Neirynck in seiner Kritik aufgreifen kann,[37] um die Frage von P. Gardner-Smith, ob es „easier" sei, die Ähnlichkeit des Johannesevangeliums mit den Synoptikern „without a theory of literary dependence"[38] zu erklären, neu aufrollen zu können und festzuhalten: „not the traditions behind the Synoptic Gospels but the Synoptic Gospels themselves are the sources of the Fourth Evangelist."[39] Die Forschungsgeschichte hat diese Frage nämlich inzwischen schon selbst beantwortet. Die weiteren Arbeiten von F. Neirynck[40] und der *Leuvener Schule*[41] begraben dann (freilich nicht ganz allein)[42] den seit

---

[30] FORTNA, Gospel.

[31] So auch FREY, Klimax, 456: „Mit wenigen Ausnahmen sind die Interpreten heute gegenüber der Rekonstruktion durchlaufender Quellen hinter dem Werk des Evangelisten skeptischer. Dies gilt für jede Form einer ursprünglicheren Grundschrift, auch für die von manchen noch ‚mitgeschleppte' Semeiaquelle, aber ebenso für die Annahme eines eigenständigen Passionsberichts." Zu den Ausnahmen gehören die Kommentare von DIETZFELBINGER, Evangelium, THEOBALD, Evangelium, und SIEGERT, Evangelium, zu dem SCHNELLE, Literatur, 285, noch relativ zurückhaltend bemerkt: „Blickt man auf den Kommentar von FOLKER SIEGERT, dann erscheinen Dietzfelbinger und Theobald plötzlich als Vertreter einer moderaten Literarkritik."

[32] FREY, Klimax, 457.

[33] So beispielsweise die Arbeit von DAUER, Passionsgeschichte, aus dem Jahr 1972, der bei dem vorjohanneischen Passionsbericht mit einer Kenntnis der Synoptiker rechnet.

[34] Siehe z. B. den Kommentar von BULTMANN, Evangelium, 124, Anm. 7, zu Joh 3,24.

[35] BOISMARD/LAMOUILLE, Synopse III, vgl. schon BENOIT/BOISMARD, Synopse II, und auf Deutsch dann auch BOISMARD/LAMOUILLE, Werkstatt.

[36] Vgl. das Schema von NEIRYNCK, Jean, 9.

[37] NEIRYNCK, Jean, vgl. auch NEIRYNCK, John I.

[38] GARDNER-SMITH, John, x.

[39] NEIRYNCK, John I, 106.

[40] Neben den schon erwähnten Arbeiten vgl. auch NEIRYNCK, Stories, NEIRYNCK, John 21, NEIRYNCK, Luke, NEIRYNCK, Note, oder NEIRYNCK, Question.

[41] Hier vgl. vor allem den Sammelband von Denaux, John.

[42] Vgl. BLINZLER, Johannes, und den Forschungsbericht von NEIRYNCK, John II. Ausführlich besprochen wird die „Dissolution of a Consensus" von SMITH, John, 139–176.

P. Gardner-Smith weit bestehenden Konsens[43] und im Jahr 1992 kann F. Neirynck in seinem Literaturbericht konstatieren: „[...] Johannine dependence on the Synoptics is not an idiosyncrasy of Leuven. Those who call it the thesis of 'Leuven school' should realize that this 'school' has ramifications in Heidelberg, Mainz, Göttingen, Erlangen, Tübingen, and elsewhere."[44] Diese „forschungsgeschichtliche Wende"[45] wird aber auch von einer *methodologischen Wende*[46] begleitet. Dies geht schon aus dem Literaturbericht von J. Becker aus dem Jahr 1986 hervor, der diesen „Streit der Methoden" schon mit dem Titel seines Berichtes reflektiert[47] und ihn zurecht nicht nur auf den allgemeinen Zufluss neuer Methoden aus Strukturalismus, Linguistik und Literaturwissenschaft in die Exegese zurückführt[48] – das Problem stellt vielmehr der „Ist-Zustand des Joh selbst"[49] dar.

Das Johannesevangelium ist zwar nicht aus einem Guss, es ist aber immerhin so gut literarisch poliert,[50] dass es den *diachron* ausgerichteten historisch-kritischen Methoden für eine Analyse nicht genug Halt bietet und das ungeachtet dessen, ob man seine Abhängigkeit oder Unabhängigkeit von den Synoptikern zu beweisen versucht.[51] Es ist deswegen wenig verwunderlich, dass sich immer mehr Exegeten angesichts des oben beschriebenen Scheiterns des klassischen exegetischen Instrumentariums bei Johannes für einen *synchronen* Zugang zum Text entscheiden.[52] Zu den wichtigsten Arbeiten, die diese methodologische Wende in der Jo-

---

[43] Dies ist spätestens bei dem Colloquium Biblicum Lovaniense XXXIX im Jahr 1990 klar, vgl. DENAUX, Colloquium.

[44] NEIRYNCK, John II, 8f. Namentlich kann man hier heute (dem Alphabet nach) beispielsweise Ismo Dunderberg (DUNDERBERG, Johannes, 190–192), Thomas L. Brodie (BRODIE, Quest, 30–33), Jörg Frey (FREY, Klimax, 457), Theo K. Heckel (HECKEL, Evangelium, 158–177), Martin Hengel (HENGEL, Frage, 17), Manfred Lang (LANG, Johannes, 11–60), Petr Pokorný (POKORNÝ/HECKEL, Einleitung, 546–550), Ludger Schenke (SCHENKE, Johannes, 432–435), Udo Schnelle (SCHNELLE, Evangelium, 13–17), Hartwig Thyen (THYEN, Johannesevangelium, 4) oder Ulrich Wilckens (WILCKENS, Evangelium, 2–5) nennen.

[45] So schon SCHNELLE, Johannes, 1799.

[46] STUDENOVSKÝ, Weg, 519.

[47] BECKER, Methoden, 1.

[48] Vgl. BECKER, Methoden, 7: „Die gegenwärtige Diskussion um das Joh ist im Blick auf die größere Zahl der Veröffentlichungen von einem tiefgreifenden Gegensatz geprägt, nämlich dem Ansatz beim Text als literarischer Einheit und dem Ansatz, bei dem die Literarkritik eine entscheidende Bedeutung zugewiesen bekommt. Es gibt heute keine urchristliche Schrift, bei der dieser Gegensatz so hart und extensiv ausgetragen wird wie beim Joh. Zwar ist dieser Disput auch zeitbedingt und hängt mit der allgemeinen Diskussionslage zwischen traditioneller historisch-kritischer Forschung und neueren methodischen Vorgehen zusammen, wie sie sich insbesondere aus Strukturalismus, Linguistik und Literaturwissenschaft ergeben. Doch das allein erklärt noch nicht die spezielle der Diskussion gerade auf das Joh."

[49] BECKER, Methoden, 7.

[50] Vgl. die Analyse von RUCKSTUHL/DSCHULNIGG, Stilkritik.

[51] Die beschränkten Möglichkeiten des klassischen exegetischen Instrumentariums zeigt in dieser Hinsicht die Arbeit von DUNDERBERG, Johannes.

[52] Siehe die Übersicht von HALDIMANN/WEDER, Literatur II.

hannesexegese markieren,[53] gehören zweifelsohne die *textlinguistisch*[54] orientierte
Arbeit von Birger Olsson[55] und die *narrative Analyse*[56] des Johannesevangeliums
von Robert Alan Culpepper,[57] wobei sich gerade die narrative Analyse als besonders fruchtbar erwies.[58] Die Arbeiten und Kommentare von Mark W. G. Stibbe,[59]
Francis J. Moloney,[60] Gail R. O'Day,[61] oder im deutschsprachigen Raum von Ludger Schenke[62] sind nur einige von denen, die hier zu nennen wären. Das Konzept
der *Relecture* von Jean Zumstein[63] hat außerdem gezeigt, dass man das Problem
der ,literarischen Schichten' bei Johannes viel besser unter einem synchronen Paradigma angehen kann. Die methodologische Wende hat also zweifelsohne sehr
viel zum besseren Verständnis des Johannesevangeliums beigetragen, uns interessiert sie aber selbstverständlich vor allem im Hinblick auf die alte „Gretchen-
frage' der Johannesforschung"[64] und hier ist der Ertrag der synchronen Analysen
schon etwas kleiner. Das vierte Evangelium ist vielmehr bis heute seinem Ruf des
„Schmerzenkind[es] der ntl Wissenschaft"[65] treu geblieben und „[e]ine einheitliche Forschungslage läßt sich nicht erkennen [...]."[66] Es wird zwar mit dem relativ
neuen methodologischen Modell der *Intertextualität*[67] gearbeitet, und in diesem
Zusammenhang muss man vor allem die Arbeiten[68] und den großen Kommentar[69] von Hartwig Thyen nennen, den synchronen Ansätzen und der Analyse der
Intertextualität fehlt aber offensichtlich bis heute ein mit den historisch-kritischen
Methoden vergleichbares Instrumentarium und ein überzeugendes theoretisches

---

[53] Vgl. auch den retrospektiven Sammelband von Thatcher, Beginning.

[54] Zur textlinguistischen Analyse vgl. das Kapitel 2.4.

[55] OLSSON, Structure.

[56] Zur narrativen Analyse vgl. die auf S. 40 in der Anm. 71 angeführte Literatur.

[57] CULPEPPER, Anatomy.

[58] Einen guten Überblick bietet hier der Sammelband von Thatcher/Moore, Anatomies. Die for-
schungsgeschichtlich interessante Tatsache, dass gerade die narrative Analyse in der Johannesexegese
relativ schnell eine breite Anwendung fand, lässt sich meines Erachtens dadurch erklären, dass die narrative Analyse, im Unterschied zur Textlinguistik, die es im Grunde noch nicht gab (vgl. das Kapitel 2.4),
zu der Zeit der methodologischen Wende viel weiter entwickelt war, und als Methode deutlich einfacher
ist, als jede textlinguistische Analyse.

[59] STIBBE, Storyteller, STIBBE, John, Stibbe, Literature, STIBBE, Gospel.

[60] MOLONEY, Belief, MOLONEY, Signs, MOLONEY, Glory, MOLONEY, Gospel.

[61] O'DAY, Revelation, O'DAY, World, O'DAY, Jesus.

[62] SCHENKE, Johannesevangelium, SCHENKE, Johannes.

[63] Siehe ZUMSTEIN, Erinnerung, und weiter ZUMSTEIN, Intratextuality, 125–127, und die dort angeführte Literatur.

[64] So THEOBALD, Herrenworte, 6: „Die ,Gretchenfrage' der Johannesforschung – wen wundert's –
lautet: Wie hältst du es mit ,Johannes und den Synoptikern'?"

[65] BECKER, Evangelium, I, 27.

[66] LABAHN/LANG, Johannes, 511.

[67] Zum Begriff der Intertextualität s. das Kapitel 2.2.

[68] Vgl. besonders THYEN, Johannes, THYEN, Erzählung, THYEN, Johannes 21, und jetzt auch THYEN,
Studien, und das Gespräch mit Michael Theobald (THEOBALD, Johannes) in ZNT 23 (2009) THYEN,
Buch.

[69] THYEN, Johannesevangelium.

Modell für die johanneisch-synoptische Intertextualität,[70] das konsensfähig wäre. Das Verhältnis des vierten Evangeliums zu den Synoptikern steht also zweifelsohne (immer noch) vor einer „Neubestimmung"[71] und diese hängt meines Erachtens vor allem davon ab, ob die Johannesexegese die Aporie zwischen Synchronie und Diachronie überwinden und das *methodologische Dilemma*[72] lösen kann, das die methodologische Wende hervorbrachte. Eines steht aber fest: Es sind heute wieder alle vier oben genannten Varianten des Verhältnisses des vierten Evangeliums zu den Synoptikern im Spiel,[73] inklusive der *Interpretationstheorie*, für die diese Arbeit plädiert.[74]

## 1.2 Methodologisches Dilemma

Das von der methodologischen Wende[75] hervorgebrachte Dilemma der heutigen Johannesexegese skizziert sehr gut der Forschungsbericht von Konrad Haldimann und Hans Weder aus dem Jahr 2002:

> „Die Exegese scheint sich bei dieser Frage [ob Johannes ‚die Synoptiker' gekannt habe] in einem methodischen Dilemma zu befinden: (a) Denkt man sich die Beziehung als eine literarkritisch und redaktionsgeschichtlich analysierbare Abhängigkeit, also eine literarkritische im Sinne von Quellenbenutzung, so fällt das Ergebnis tendenziell negativ aus, da sich die redaktionellen Elemente der synoptischen Evangelien im Joh kaum nachweisen lassen. (b) Denkt man sich die Beziehung als eine Kenntnis der Synoptiker durch die joh Gemeinde, die die Entstehung des Joh beeinflusst hat, aber keineswegs im Sinne einer literarischen Vorlage, eher im Sinne einer ‚Begleitlektüre', so fällt das Ergebnis tendenziell positiv aus, da sich auf diese Weise die gemeinsame Gattung ‚Evangelium' und verschiedene Übereinstimmungen in einzelnen Sätzen resp. Wendungen erklären lassen."[76]

In Anbetracht dieses Dilemmas könnte man in der Tat ernsthaft fragen, ob das Problem *Johannes und die Synoptiker* nur *ungelöst* oder *unlösbar* ist, zumal die Varian-

---

[70] Das Problem reflektiert schon THYEN, Johannes, 97, der zurecht urteilt, dass die Fragestellung von WINDISCH, Johannes, eine „völlig unzureichende [...] Alternative" darstellt und verweist auf das Modell der Intertextualität von Gérard Genette (GENETTE, Palimpseste), „[d]enn Prätexte werden durch Intertextualität keineswegs nur einfach *entweder* destruiert *oder* affirmiert, sondern oft auch überraschend erhellt und so neu in Kraft gesetzt und dem Spiel mit dem Folgetext ausgesetzt." Dieser zweifelsohne richtige Ansatz wird leider in weiteren Arbeiten von H. Thyen und in seinem Kommentar nicht weiter ausgearbeitet und weil das vierte Evangelium kein postmoderner Roman ist (vgl. das Fazit im Kapitel 5), zieht das nicht weiter erklärte Konzept vom ‚intertextuellen Spiel' berechtigterweise die Kritik auf sich.

[71] SCHNELLE, Johannes, 1799.

[72] HALDIMANN/WEDER, Literatur I, 452, vgl. auch LABAHN/LANG, Johannes, 511–515.

[73] Vgl. BAUER, Literatur, 139.

[74] So schon (freilich rein hypothetisch) BULTMANN, Art. Johannesevangelium, 841: „Ob der Evangelist die synoptischen Evangelien gekannt hat, ist umstritten und zum mindesten sehr zweifelhaft. Hat er sie gekannt, so sind sie jedenfalls nicht eine Quelle für ihn in dem Sinne, wie das MkEv eine Quelle für das Mt- und LkEv gewesen ist, sondern dann wollte er sie interpretieren (nicht etwa ergänzen)."

[75] Siehe das Kapitel 1.1 und den Forschungsbericht von BECKER, Methoden.

[76] HALDIMANN/WEDER, Literatur I, 452.

te (a), die mit dem klassischen Instrumentarium der exegetischen Methoden „gut kontrollierbar" wäre,[77] bei dem Johannesevangelium nicht in Frage kommt. Das hat die Forschungsgeschichte gezeigt: Die johanneische Forschung wird in diesem Fall immer nur „von einem endlosen Hin und Her der Argumente beherrscht, wobei es sich vor allem um die Einschätzung der schon seit langem beobachteten Gemeinsamkeiten und Unterschiede handelt."[78] Der Grund liegt freilich darin, dass die klassischen exegetischen Methoden vor allem auf der Ausdrucksebene operieren und an eine Art literarischer Abhängigkeit ausgerichtet sind, wie man sie von den synoptischen Evangelien bzw. der Q kennt, die es aber bei Johannes und den Synoptikern *nicht gibt*, denn die johanneisch-synoptische Intertextualität ist in dem literarischen Werk meistens etwas höher angesiedelt.[79] Dies bestätigen auch die im Rahmen dieser Arbeit durchgeführte *Dotplot Analyse* (vgl. das Kapitel 1.2.1) und die erstellten *Intertextuellen Konkordanzen* (vgl. das Kapitel 1.2.2).

Die Variante (b), zu der meines Erachtens nicht nur die oben beschriebene Möglichkeit und jegliche Arten der *sekundären Oralität*[80] gehören, sondern auch der im Rahmen dieser Arbeit erwogene Fall, in dem die Synoptiker die *„Begleitlektüre" des Modell-Autors* darstellen, sei dagegen nach HALDIMANN/WEDER, Literatur I, 453, „kaum falsifizierbar (resp. verifizierbar)". Im Fall der *sekundären Oralität* stimme ich ihnen zu: Es ist mir immer noch kein Verfahren bekannt, mit dem sich die sekundäre Oralität in antiken Texten nachweisen und die Intertextualität zugleich ausschließen lässt, und auch bei heutigen Texten handelt es sich um ein äußerst problematisches Unternehmen.[81] In unserem Fall denke ich aber, dass sich die „Begleitlektüre" des Modell-Autors mit den neuen Methoden der Analyse der Intertextualität verifizieren lässt und dass es auch ein durchaus antikes Modell gibt (vgl. das Kapitel 1.3), das auf diese Art der poetischen *Intertextualität* zutrifft. Zuerst aber ein kleiner Exkurs zu den oben erwähnten Analysen und dem Grund, warum die Variante (a) bei dem Johannesevangelium keine Chance auf Erfolg hat.

### 1.2.1 Dotplot Analyse

Die Dotplot Analyse kommt zwar aus dem Feld der Bioinformatik, wo sie in 70er Jahren entwickelt wurde und heute vor allem zur DNA-Analyse dient, sie eignet sich aber ebenso gut zu einer schnellen Analyse von langen Texten,[82] wenn es darum geht in ihnen identische Wort- oder Zeichensequenzen zu finden. Bei der Analyse werden ein Text $T$ und sein möglicher Prätext $P$ als geordnete Mengen der Elemente/Zeichen $t_1, \ldots, t_n \in T$ und $p_1, \ldots, p_n \in P$ aufgefasst: Den griechischen Text

---

[77] HALDIMANN/WEDER, Literatur I, 452.

[78] So schon im Jahre 1994 DUNDERBERG, Johannes, 9.

[79] Zum Bedeutungsaufbau des literarischen Werkes und der Intertextualität s. das Kapitel 2.

[80] Zum Konzept der sekundären Oralität vgl. BYRSKOG, Story.

[81] Das Problem sind hier die fehlenden Kriterien und besonders das menschliche Gedächtnis, das in dieser Hinsicht immer noch eine große Unbekannte darstellt, vgl. die Experimente von MCIVER/CARROLL, Experiments, und die Kritik von POIRIER, Memory.

[82] Vgl. HELFMAN, Patterns.

des Johannesevangeliums kann man sich als eine lange Zeichensequenz vorstellen, die in Joh 1,1 mit $\epsilon$ beginnt und in Joh 21,25 mit $\alpha$ endet. Die Dotplot Analyse bzw. das Mapping der identischen Sequenzen beider Texte lässt sich dann als eine Funktion $f(t, p) = i$ beschreiben, deren Definitionsmenge das kartesische Produkt $T \times P$ ist und ihre Zielmenge lediglich {*wahr, falsch*} umfasst, wobei $i$ = {*wahr*} für alle $(\forall)$ $(t, p), t \in T, p \in P$, wenn $(\Longleftrightarrow)$ $t \equiv p$ und umgekehrt $i$ = {*falsch*} $\forall$ $(t, p)$, $t \in T, p \in P \Longleftrightarrow t \not\equiv p$. Zusammenfassend lässt sich die beschriebene Funktion folgendermaßen ausdrücken:

$$f(t, p) = \left\{ \begin{array}{lll} wahr & \Longleftrightarrow & t \equiv p \\ falsch & \Longleftrightarrow & t \not\equiv p \end{array} \right. \tag{1.1}$$

Der für die Dotplot Analyse verwendete Algorithmus wurde im Jahr 1993 von K. W. Church und J. I. Helfman in AT&T Bell Laboratories entwickelt und ist ausführlich bei CHURCH/HELFMAN, Dotplot, beschrieben. Das Ergebnis einer einfachen Dotplot Analyse für Mk 14,18b (Achse $x$) und Joh 13,21b (Achse $y$) sieht man in der Abbildung 1.1. Der Algorithmus produziert immer einen Punkt, wenn es in beiden Texten identische Wörter bzw. Zeichen gibt und eine identische Sequenz wird dann in dem Graphen als eine Diagonale sichtbar.[83]

Abbildung 1.1: *Dotplot Analyse von Mk 14,18b (x) und Joh 13,21b (y)*

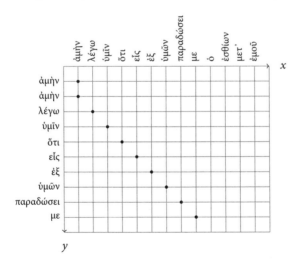

Für die Dotplot Analyse von Johannes und den Synoptikern wurde die Software DOTPLOT in Perl von M. Hepple (Universität Sheffield) verwendet und alle Ergebnisse sind zugänglich online in STUDENOVSKÝ, Dotplot. Die Dotplot Analyse bestätigt hier die Ergebnisse der traditionellen Exegese: Ist bei den synoptischen

---

[83] Zur Interpretation von komplexen Mustern s. HELFMAN, Patterns.

Abbildung 1.2: *Dotplot Analyse von Mt 1–28 (x) und Mk 1–16 (y)*

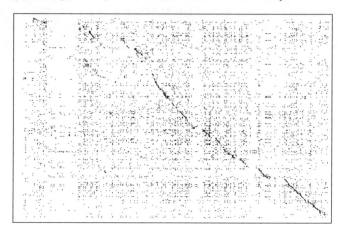

Evangelien immer klar eine Diagonale zu sehen, wie z. B. für Mt 1–28 (Achse $x$) und Mk 1–16 (Achse $y$) in der Abbildung 1.2,[84] lässt sich für Johannes und die Synoptiker auch bei kürzeren Texten nichts ähnliches finden. Eine direkte literarische Abhängigkeit im synoptischen Sinne kann hiermit für das vierte Evangelium praktisch ausgeschlossen werden.

### 1.2.2 Intertextuelle Konkordanzen

Was die Dotplot Analyse graphisch darstellt und was eher einer Luftaufnahme ähnelt, fassen die mit Hilfe der Software FSCONCORDANCE in Perl erstellten intertextuellen Konkordanzen wörtlich zusammen, indem sie alle identischen Wortsequenzen in den vier Evangelien verzeichnen. Die intertextuellen Konkordanzen haben den Umfang von mehr als zweitausend HTML-Seiten und sind deswegen nur online in STUDENOVSKÝ, Concordances, zugänglich. Sie bestätigen die Ergebnisse der Dotplot Analyse und listen nur sehr wenige und kurze Wortsequenzen auf, die dem Johannesevangelium und den Synoptikern gemeinsam sind. Die längste gemeinsame Wortsequenz des vierten Evangeliums mit den Synoptikern hat den Umfang von 9 Wörtern und findet sich typischerweise in der Passionsgeschichte in Joh 13,21b: „…ἀμὴν λέγω ὑμῖν ὅτι εἷς ἐξ ὑμῶν παραδώσει με" (par. Mk 14,18/Mt 16,21).[85] Bei den Synoptikern ist die längste gemeinsame Wortsequenz dagegen 33 Wörter lang:[86] „…ἀδελφὸς ἀδελφὸν εἰς θάνατον καὶ πατὴρ τέκνον, καὶ ἐπαναστήσονται τέκνα ἐπὶ γονεῖς καὶ θανατώσουσιν αὐτούς· καὶ ἔσεσθε μισούμενοι ὑπὸ πάντων διὰ τὸ ὄνομά μου. ὁ δὲ ὑπομείνας εἰς τέλος οὗτος σωθήσεται. Ὅταν δὲ…" (Mk 13,12–14/Mt 10,21–23), und sie wäre eigentlich noch länger, wenn sie nicht

---

[84] STUDENOVSKÝ, Dotplot.

[85] Bei diesem Verfahren werden nur ununterbrochene Wortsequenzen verzeichnet.

[86] Vgl. STUDENOVSKÝ, Concordances.

kurz unterbrochen wäre. Auch hier kann man festhalten, dass die in den Konkordanzen verzeichneten wörtlichen Übereinstimmungen[87] keinesfalls als Indiz für eine direkte literarische Abhängigkeit des Johannesevangeliums von den Synoptikern dienen können. Die logische Konsequenz der bisherigen Untersuchungen wäre also auch in diesem Fall die *Unabhängigkeit* des vierten Evangeliums von den Synoptikern[88] – doch hier sind die wenigen Übereinstimmungen gerade ausreichend, um jede Unabhängigkeitstheorie erfolgreich zu untergraben, was seit Jahren zu der oben erwähnten Pendelbewegung in der Forschung führt.[89] In dieser Hinsicht hat D. M. Smith also recht, wenn er schreibt: „The problem [...] has a tantalizing quality, because evidence seems to point in contrary or opposite directions at once.“[90] Das synoptische Modell der direkten literarischen Abhängigkeit stellt aber nicht die einzige Möglichkeit einer intertextuellen Beziehung zwischen antiken Texten dar.

## 1.3 Intertextualität und Allegorie

Der oben beschriebene Stand der Forschung spricht meines Erachtens dafür, dass das eigentliche Problem noch anderswo liegen muss, als nur im *diachronen* oder *synchronen* Zugang zum Text und dass man in der Geschichte wohl viel weiter vor das Jahr 1938[91] zurückkehren muss, will man der Ursache auf den Grund gehen. Denn gerade in der Forschungsgeschichte ist es oft so, wie es ein Sprichwort in Worte fasst: „Nichts ist so neu wie das, was längst vergessen ist.“[92] Im 18. Jahrhundert wurde die alte Kathedrale der *allegorischen* Exegese abgerissen und auf ihrer Stelle mit dem Bau des neuen und übersichtlichen Gebäudes der heutigen Bibelwissenschaft begonnen.[93] Die Grundlagen wurden mit Hilfe der historisch-kritischen Methode gelegt und diese bestimmte dann über zwei Jahrhunderte lang im Westen[94] den Zugang zum biblischen Text: Die Bibel sollte von nun an wie jedes andere Buch – vor allem aber historisch und kritisch – ausgelegt werden.[95] Erst un-

---

[87] Siehe auch BARRETT, Evangelium, 59ff., oder SCHNELLE, Einleitung, 540ff.

[88] So beispielsweise erneut SMITH, John, 195ff.

[89] DUNDERBERG, Johannes, 9.

[90] SMITH, John, xv.

[91] GARDNER-SMITH, John.

[92] Das Sprichwort zitiere ich nach REISER, Bibelkritik, 4.

[93] Entscheidenden Einfluss hatten die Werke von H. S. Reimarus (1694–1768) und später von D. F. Strauss (1808–1874). ‚Wie es zu der modernen Exegese kam‘ beschreibt ausführlich REISER, Bibelkritik, 1–38.

[94] Zu der Situation in dem orthodoxen Osten siehe den Sammelband Dunn, Auslegung. Hier ist aber m. E. die Einschätzung von REISER, Bibelkritik, 63, zutreffend: „Westliche wie östliche Exegese befinden sich derzeit in einer üblen Lage; die eine, weil sie die Verbindung mit Dogmatik, Patristik und Spiritualität *verloren* hat, die andere, weil sie von Dogmatik, Patristik und Spiritualität *erdrückt* wird [...].“

[95] Siehe Wettstein, ΔΙΑΘΗΚΗ, II, 874–889, besonders 875. Man könnte sich aber zusammen mit G. K. Chesterton fragen, ob man bei dem Versuch die Bibel „as if it were an ordinary book“ zu lesen schon nicht längst feststellen musste, dass es sich um „a very extraordinary book“ handelt. (Dieses von

ter dem Zufluss der strukturalistischen Methoden aus der Literaturwissenschaft in den siebziger Jahren des 20. Jahrhunderts[96] hat das alte noch von der Aufklärung geprägte Paradigma der historisch-kritischen Exegese bröckeln begonnen und es wurde die so umkämpfte These über den „Primat der Synchronie vor der Diachronie" aufgestellt.[97] Nach Paul Ricœur handelt es sich dabei um einen Vorrang in der Ordnung der Erkennbarkeit:

> „Im Gegensatz zu jener Gruppe von Methoden, die wir unter den Titel des Historischen stellten, sind die jetzt zu betrachtenden Modelle von deutlich anti-historischem Charakter. [...] Diese Trennung ist viel mehr als eine bloße Verteilung der Kompetenzen nach den Erfordernissen der Arbeitsteilung. Philosophisch gesehen, impliziert sie den Vorrang des Synchronischen vor dem Diachronischen; und zwar handelt es sich dabei um einen Vorrang in der Ordnung der Erkennbarkeit."[98]

Die Aporie der *Synchronie* versus *Diachronie* belastet seitdem die exegetische Diskussion und spiegelt sich in fast allen Methodenbüchern wider.[99] Es macht sich dabei bemerkbar, dass die neuen Methoden, wie etwa die narrative Analyse,[100] ihren Eingang in die exegetischen Schulbücher[101] viel mehr den Problemen der historisch-kritischen Methode zu verdanken haben, als einem radikalen Paradigmenwechsel in der Bibelwissenschaft. Die historisch-kritische Methode ist immer noch die dominante Methode der biblischen Interpretation[102] und die meisten Exegeten arbeiten immer noch unter dem alten Paradigma der Moderne, ungeachtet dessen, dass dieses von der Postmoderne radikal hintergefragt wurde und viele von den neuen Methoden gerade von einem neuen postmodernen Paradigma ausgehen. Aus dieser Perspektive ist die in letzter Zeit oft proklamierte Komplementarität der synchronen und diachronen Methoden[103] eher ein Resultat der Umstände

---

HENDRY, Exposition, 44, und REISER, Bibelkritik, 121, erwähnte Zitat von G. K. Chesterton findet sich bei CHESTERTON, Palestine, 143.)

[96] Vgl. beispielsweise die von 1974 bis 2002 erscheinende Zeitschrift der Society of Biblical Literature Semeia. An Experimental Journal for Biblical Criticism, ISSN 0095-571X, und in dem deutschsprachigen Raum die von Erhardt Güttgemanns von 1970 bis 1993 herausgegebene Zeitschrift Linguistica Biblica. Interdisziplinäre Zeitschrift für Theologie, Semiotik und Linguistik, ISSN 0342-0884.

[97] Siehe den Artikel von THEOBALD, Primat, 161–162, aus dem Jahr 1978: „Bevor man Kriterien und Regeln für die literarkritische Arbeit im einzelnen erstellt, sollte man über die grundlegenden Prinzipien der Methode, zu denen auch das linguistische Axiom vom Primat der Synchronie vor der Diachronie gehört, Einverständnis erzielt haben."

[98] RICŒUR, Konflikt, 21–22.

[99] So z. B. auch das Methodenbuch von EBNER/HEININGER, Exegese, aus dem Jahr 2005.

[100] Vgl. ZUMSTEIN, Analyse. Zum Johannesevangelium siehe den retrospektiven Sammelband Thatcher/Moore, Anatomies.

[101] Ist das Methodenbuch von EGGER, Methodenlehre, noch eher „a voice crying in the wilderness" gewesen (BEUTLER, Search, 33), wird in dem erwähnten Buch von EBNER/HEININGER, Exegese, schon nicht nur die narrative Analyse (S. 57–130), sondern auch die Intertextualität (S. 243) besprochen.

[102] Vgl. MARTIN, Pedagogy, 27: „Historical criticism [...] of one type or another is dominant as *a* or even *the* foundational method taught to most theological students for interpreting Scripture, in all sorts of schools of different theological leanings and denominational or nondenominational affiliation."

[103] So z. B. ASHTON, Thoughts, 2–3: „In theory, there is no contradiction between the 'diachronic' and 'synchronic' approaches to the Gospel of John. The former involves tracing the history of the text,

und ein Wunschdenken. In Wirklichkeit wird auf diese Weise neuer Wein in alte Schläuche gefüllt (Mk 2,22) und man fragt sich, ob der von P. Ricœur erwähnte *anti-historische* Charakter[104] der synchronen Methoden einfach nicht wahrgenommen oder schlicht grob unterschätzt wird. Dies betrifft auch das Konzept der Intertextualität, das allzu oft auf die Wiederholung der Frage von Hans Windisch aus dem Jahre 1926 reduziert wird,[105] indem dem vierten Evangelisten jegliche *Imagination*[106] abgesprochen wird.[107]

Hier kommen wir langsam zu dem Kern der Sache und zu einer zweiten Aporie der biblischen Exegese, die mit der Ersten methodologisch eng zusammenhängt, nämlich die von *fiktional* versus *faktual*. Diese zweite Aporie ist viel älter und lässt sich bis zu Origenes zurückverfolgen.[108] So schreiben auch EBNER/HEININGER, Exegese, 69:

„Synchronie und Diachronie: Während sich die Analyse fiktionaler Erzähltexte im wesentlichen auf *synchrone* Methoden (von σὺν χρόνῳ = mit der Zeit) beschränken kann (aber nicht muss), d. h. den Text so nimmt, wie er sich zu einem bestimmten Zeitpunkt, etwa dem Zeitpunkt der Erstveröffentlichung, darstellt, wird die Analyse faktualer Erzähltexte um die Einbeziehung *diachroner* Methodenschritte (von διὰ χρόνου = durch die Zeit) nicht herumkommen, d. h. sich auch für die Vorgeschichte bzw. die Quellen eines Textes interessieren."

Das klingt zuerst klar und vernünftig, doch woran erkennt man einen faktualen oder fiktionalen Text? Schon Aristoteles bemerkt im neunten Kapitel seiner Poetik, der Dichter kann ja auch das wirklich Geschehene dichterisch behandeln: „Κἂν ἄρα συμβῇ γενόμενα ποιεῖν, οὐθὲν ἧττον ποιητής ἐστι ... [Er ist also, auch wenn er wirklich Geschehenes dichterisch behandelt, um nichts weniger Dichter ...]."[109] Das scheint bis heute eher die Regel als eine Ausnahme zu sein und wie Hayden White gezeigt hat,[110] ist auch der Historiker um nichts weniger Dichter.[111] Hat der

---

the other of studying it in its present form, and there is no obvious reason why two methods should be regarded as incompatible." Das Problem ist nun, dass beide Methoden die *Interpretation* des Textes anstreben und so funktioniert dies nur bis zu der ersten ‚Aporie'. Hier stellt z. B. für die narrative Analyse auch Joh 14,31 – nach ASHTON, Thoughts, 3, „the best known of all the Gospel's aporias" – keine wirkliche Aporie dar.

[104] RICŒUR, Konflikt, 21f. Der Genfer Meister Ferdinand de Saussure war hier noch viel radikaler, vgl. DE SAUSSURE, Grundfragen, 96: „So muß auch der Sprachforscher, der diesen Zustand verstehen will, die Entstehung ganz beiseite setzen und die Diachronie ignorieren. Er kann in das Bewußtsein der Sprechenden nur eindringen, indem er von der Vergangenheit absieht. Die Hineinmischung der Geschichte kann sein Urteil nur irreführen."

[105] WINDISCH, Johannes: „Wollte der vierte Evangelist die älteren Evangelien ergänzen oder ersetzen?"

[106] Zum Begriff der Imagination im christlichen Kontext vgl. BROWN, Discipleship.

[107] Eine Ausnahme ist der Kommentar von THYEN, Johannesevangelium, doch hier bräuchte das „intertextuelle Spiel" eine bessere Erklärung.

[108] Vgl. REISER, Bibelkritik, 364–371.

[109] Aristoteles, Poetica, 1451b.

[110] WHITE, Metahistory.

[111] WHITE, Realism, 7: „In short, historical discourse should be considered not primarily as a special case of the 'workings of our minds' in its efforts to know reality or to describe it but, rather, as a special kind of language use which, like metaphoric speech, symbolic language, and allegorical representation,

Leser Glück, signalisiert ihm der Text selbst seine Fiktionalität, z. B. mit dem Anfang: „Es war einmal … ,ein König!"', aber auch dann gibt es keine Garantie, denn
er kann so fortsetzen, wie es auch Umberto Eco tut: „Es war einmal der letzte König
von Italien, Vittorio Emanuele III., […]."[112] Bei dem Lukasevangelium ist das gerade umgekehrt: Es beginnt wie eine antike Geschichtsschreibung (Lk 1,1ff.), hört
sich aber gleich wie ein Märchen an, nachdem der erste Engel erscheint (Lk 1,11ff.).
Dagegen haben viele die Odyssee des Homer[113] für reine Fiktion gehalten, dies hat
aber Heinrich Schliemann nicht daran gehindert die ,Troja' zu finden.[114]

    Viele Texte lassen uns betreffend ihrer Fiktionalität oder Faktualität in der Tat
im Dunkeln und es hängt nur von unserer *Enzyklopädie*[115] ab, ob wir sie als fiktional oder faktual einschätzen. Die Enzyklopädie ist aber kulturell bedingt: Werden
die meisten vernünftigen Menschen zustimmen, dass Tiere in Wirklichkeit nur in
fiktionalen Texten sprechen können, sind viele Christinnen und Christen dazu bereit, für die Eselin in Num 22,28 eine Ausnahme zu machen.[116] Deswegen sollte
man nicht der Täuschung unterliegen, Herodots erzählte Welt sei real, Äsops dagegen sei fiktiv, *nur* weil in ihr Tiere sprechen können. Die Auferstehung Jesu (Mk
16,1–8 par.) ist ja noch heutzutage für viele annehmbar, obwohl sie der Enzyklopädie der Wissenschaft widerspricht. Die exegetische Problemlage zeigt sich gerade
an der Frage der biblischen Wunder besonders deutlich, die in gewissem Sinne eine
Zuspitzung der Fragestellung darstellt, und spätestens bei dem Wunder der Auferstehung Jesu ziehen auch viele Theologen die Notbremse. Hier zeigt die Arbeit von
Stefan Alkier jedoch überzeugend, dass die „Rehistorisierung" und „Metaphorisierung"[117] keine dem Text angemessenen Alternativen der Interpretation sind:

„Die Alternative, ,sind Wundertexte metaphorisch oder faktisch zu verstehen', geht letzt-
lich von einem geschlossenem Wirklichkeitsbegriff aus. Wirklichkeit ist demnach das außersprachliche Kontinuum der Welt, das Gegenwart und Vergangenheit miteinander verbindet.
Dabei ,weiß' man bereits vor jeder Untersuchung, was ,Wirklichkeit' ist, da man sie ja selbst
täglich erfährt."[118]

---

always means more than it literally says, says something other than what it seems to mean, and reveals
something about the world only at the cost of concealing something else." Zum Problem jetzt ausführlich
WEDDERBURN, Jesus.

[112] Beide Zitate von ECO, Wald, 103.

[113] Homerus, Odyssea.

[114] Vgl. Calder III/Cobet, Schliemann.

[115] Zum Begriff der Enzyklopädie vgl. ECO, Lector, 94–106.

[116] Vgl. ECO, Lector, 171: „Die Welt der Bibel hätte für einen mittelalterlichen Leser ,annehmbar' sein
müssen, weil die Form seiner Enzyklopädie der Form der biblischen Enzyklopädie nicht widersprach."

[117] ALKIER, Wunder, 23–54, hier 53: „Der Metaphorisierung geht es um die intellektuelle Redlichkeit
des christlichen Glaubens. Die Gegenwart wird ernst genommen, allerdings auf Kosten der Vergangenheit. Das fremd gewordene Denken der frühen Christen und ihrer Zeitgenossen wird als primitive Entwicklungsstufe diffamiert. […] Die Rehistorisierung hingegen versucht die Wundererzählungen
ernst zu nehmen, den Mythos des Primitiven aufzugeben, allerdings auf Kosten der Gegenwart und der
intellektuellen Redlichkeit."

[118] ALKIER, Wunder, 54.

Wenn aber die Entscheidung über die Fiktionalität oder Faktualität letztendlich *außerhalb* des Textes getroffen wird, kann sie nicht zur methodologischen Vorentscheidung dienen. Einen rein fiktionalen oder faktualen Text[119] gibt es in Wirklichkeit ebenso wenig wie eine reine Synchronie oder Diachronie und ihre Antinomie gehört nicht der Objektebene, sondern der Betrachtungsebene an.[120] Das Johannesevangelium ist weder ein ‚Fenster in die Vergangenheit' noch ein ‚Spiegel zur Selbstbetrachtung'.[121]

Die historisch-kritische Methode hat die biblische Interpretation in eine Sackgasse geführt und eine Kluft zwischen der modernen Bibelwissenschaft und der Wirklichkeit des christlichen Glaubens geöffnet, die nicht mehr erlaubt Jes 7,14 auf die Geburt Jesu oder den Psalm 22 auf seine Kreuzigung zu beziehen.[122] Der christliche Glaube, wie er in den Ökumenischen Glaubensbekenntnissen ausgedrückt wurde, fußt aber immer noch in der alten allegorischen Deutung der Heiligen Schrift und kann nicht mit historisch-kritischen Methoden begründet werden.[123] Kein Wunder, dass einige den traditionellen Glauben (Gerd Lüdemann)[124] und andere auch noch das Fach (Hector Avalos)[125] aufgeben wollen, denn es wird langsam Zeit über die Konsequenzen unserer Forschung nachzudenken und entweder die exegetischen Methoden[126] oder das Glaubensbekenntnis[127] etwas zu überdenken. Ich will hier zusammen mit anderen für das erste plädieren und hiermit die

---

[119] Zur Diskussion über den *linguistic turn* siehe Schröter/Eddelbüttel, Konstruktion. Zum Johannesevangelium mehr das Kapitel 3 auf S. 81 ff.

[120] Die Aufdeckung dieser scheinbaren Aporie und die Feststellung, dass „gerade die Antinomie *Synchronie – Diachronie* nicht der Objektebene angehört, sondern der Betrachtungsebene" verdankt man dem Linguist Eugenio Coşeriu, hier Coşeriu, Synchronie, 9. Siehe auch das Kapitel 2.3.2 auf S. 38.

[121] So Kysar, Dehistoricizing, 96: „To use the now old (and tired?) distinction, historical critics looked through the window of the text to see the historical context in which it was written and to which it refers; literary criticism, on other hand, views the text as a 'mirror' in which the interpreter sees herself or himself and constructs the text's meaning."

[122] Vgl. Martin, Pedagogy, 38 ff.

[123] Siehe Kugel, Bible, Appendix 1, 31: „I believe that, after a period of confusion on this matter throughout much of the twentieth century, a growing body of scholars has now come to understand that these two agendas are indeed incompatible."

[124] Lüdemann, Betrug, 11: „Aber Deine Wiederkunft fällt aus, da Deine Auferstehung gar nicht stattfand, sondern nur ein frommer Wunsch war. Das ist deswegen sicher, weil Dein Leib im Grab verwest ist, wenn er überhaupt ins Grab gelegt und nicht von Geiern und Schakalen aufgefressen wurde."

[125] Avalos, End, 15: „The only mission of biblical studies should be to end biblical studies as we know it."

[126] Vgl. die Studie von Martin, Pedagogy, 3: „In this book I explain what I mean by 'historical criticism,' demonstrate its current dominance in American theological education, and urge that we move beyond that dominance. [...] Historical criticism may be useful; it need not be king."

[127] Das letztere hat m. W. nur die Tschechoslowakische Hussitische Kirche getan, die als einzige christliche Kirche die Ergebnisse der modernen (modernistischen) Bibelwissenschaft dogmatisch und liturgisch umsetzte und sich auch weiter programmatisch bemüht „das gegenwärtige sittliche Streben sowie die wissenschaftliche Erkenntnis mit dem Geiste Christi zu erfüllen," vgl. die offizielle Seite der THK: Církev československá husitská, http://www.ccsh.cz [15. Juni 2012]. Eine deutsche Übersetzung des immer noch gültigen Katechismus und des Glaubensbekenntnisses der THK bietet das schon etwas veraltete Buch von Daske, Kirche.

Erneuerung einer wirklichen Pluralität der Interpretationen der Heiligen Schrift unterstützen:

> „What I want to argue is that the day of the hegemony of historical criticism should be over. I am assuming for the most part a Christian interest in Jesus. And I am urging scholars to entertain the possibility – quite seriously – that several different ways of reading the Bible should be learned, taught, and practiced in the contemporary church and academy."[128]

Es gibt eine ganze Reihe von Schwierigkeiten, mit denen die heutige Exegese zu kämpfen hat. Das fundamentale Problem liegt aber darin, dass es in der modernen Exegese keine ‚Texttheorie der Heiligen Schrift' gibt,[129] die den exegetischen Methoden Rückhalt und Führung bieten könnte – die Heiligkeit der Schrift und hiermit eine kohärente Texttheorie ist im 18. Jahrhundert zusammen mit der allegorischen Exegese aufgegeben worden – und so ist der historisch-kritische Exeget, der sich so gut im gewöhnlichen Wald der Geschichte zu bewegen wusste, im „Wald der Fiktionen"[130] verloren gegangen. Die alte Exegese wusste aber noch, dass die Heilige Schrift die *infinita sensuum sylva*,[131] also nicht nur ein tiefer sondern ein unendlicher Wald ist:

> „Scripture is like the world: 'undecipherable in its fullness and in the multiplicity of its meanings.' A deep forest, with innumerable branches, 'an infinite forest of meanings': the more involved one gets in it, the more one discovers that it is impossible to explore it right to the end."[132]

Semiotisch gesehen liegt hier ein schöner Fall der „unbegrenzten Semiose" vor.[133] Der Heiligen Schrift wohnt eine Pluralität der Sinne[134] inne, die nie eliminiert werden kann[135] und für die die allegorische Exegese mit der Lehre über den *vierfachen Schriftsinn*[136] viel besser gerüstet war.

---

[128] Martin, Sex, 92. Vgl. auch die Arbeit von Kugel, Traditions.

[129] Ähnlich schon im Jahr 1972 Güttgemanns, Grundkategorien, 3: „Alle diese Verlegenheiten der traditionellen Exegese sind die Konsequenz des Fehlens einer soliden Texttheorie. Es ist die Aufgabe der Generativen Poetik, eine solche in jeder Hinsicht abgesicherte Texttheorie zu begründen und damit die Theologie als die ‚Wissenschaft des Textes von Gott' zu entfalten." Dass die Heilige Schrift einer besonderen Semiotik verdient, hat m. E. Eco, Semiotics, 147–153, überzeugend gezeigt.

[130] Die Metapher ist an dieser Stelle dem Buch von Eco, Wald, entliehen.

[131] Hieronymus, Epistulae, LXIV,19,6.

[132] S. de Lubac, Exegesis, I, 75.

[133] Zum Begriff s. Eco, Theory, 71. Zur Frage der unbegrenzten Semiose in der Heiligen Schrift vgl. Eco, Semiotics, 147–153.

[134] Vgl. Eco, Limits, 51.

[135] Das lässt sich gut an der Erzählung über die Hochzeit in Kana in Joh 2,1–12 illustrieren: Hier spaltet sich die Interpretation zuerst schon daran, ob man die Erzählung auf der jüdischen (vgl. Zimmermann, Christologie, 203–217) oder auf der paganen (vgl. Eisele, Jesus) Folie liest. Am Ende kann sich aber kaum ein Kommentar an dieser Stelle leisten, bei dem ‚literarischen Sinn' stehen zu bleiben und kommt an eine ‚Allegorese' nicht vorbei.

[136] Vgl. de Lubac, Exegesis, I–II. Berühmt ist der nicht gerade glücklich formulierte Merkvers, hier nach Reiser, Bibelkritik, 139: „*Littera gesta docet, quid credas allegoria, / Moralis quid agas, quo tendas anagogia.* Der *Buchstabe* lehrt das Geschehene; was du glauben sollst die *Allegorie*; / die moralische *Deutung*, was du tun sollst; wohin du streben sollst, die *Anagogie*."

Es ist kein Zufall, dass der historisch-kritischen Methode mit ihrem rein diachronen Zugang zum Text gerade das Johannesevangelium zum Stolperstein wurde: Das vierte Evangelium ist ein sehr *poetischer* und dadurch von Natur aus ein
*doppeldeutiger* Text.[137] Das methodische Instrumentarium, das vor allem bei der
Analyse der weniger poetischen synoptischen Evangelien entwickelt wurde und
teilweise noch funktionierte,[138] musste bei dem letzten Evangelium notwendigerweise scheitern. Nicht umsonst nannte es die alte Kirche ‚τὸ πνευματικὸν εὐαγγέλιον‘[139] und noch Origenes geht in seinem Johanneskommentar davon aus, dass
es nicht nur im Alten Testament,[140] sondern auch in den Evangelien rein *fiktive*
Erzählungen gibt:

„Οὐ καταγινώσκω δέ που καὶ τὸ ὡς κατὰ τὴν ἱστορίαν ἑτέρως γενόμενον πρὸς τὸ χρήσιμον
τοῦ [τού]των μυστικοῦ σκοποῦ μετατιθέναι πως αὐτούς, ὥστε εἰπεῖν τὸ ἐν [τῷδε τῷ] τόπῳ
γενόμενον ὡς ἐν ἑτέρῳ, ἢ τὸ ἐν τῷδε τῷ καιρῷ ὡς ἐν ἄλλῳ, καὶ τὸ οὑτωσὶ ἀπαγγελλόμε-
νον μετά τινος παραλλαγῆς αὐτοὺς πεποιηκέναι. Προέκειτο γὰρ αὐτοῖς ὅπου μὲν ἐνεχώρει
ἀληθεύειν πνευματικῶς ἅμα καὶ σωματικῶς, ὅπου δὲ μὴ ἐνεδέχετο ἀμφοτέρως, προκρίνειν
τὸ πνευματικὸν τοῦ σωματικοῦ, σῳζομένου πολλάκις τοῦ ἀληθοῦς πνευματικοῦ ἐν τῷ σω-
ματικῷ, ὡς ἂν εἴποι τις, ψευδεῖ."[141]

Die Evangelien sind niedergeschriebene Mysterien,[142] in denen „mit den im Wortsinn verlaufenden Geschichten anderes, Nichtgeschehenes verwoben ist."[143] Sie

---

[137] ECO, Einführung, 145–167.

[138] So war es z. B. möglich die Spruchquelle Q zu rekonstruieren, vgl. Hoffmann/Heil, Spruchquelle Q.
Dagegen erinnert die Suche nach den vermeintlichen ‚Schichten‘ und ‚Quellen‘ beim Johannes an eine
Suche nach dem Kern der Zwiebel.

[139] So Klemens von Alexandrien, Hypotyposen, nach Eusebius, Historia ecclesiastica, VI,14,7.

[140] Vgl. Origenes, De principiis, IV,3,1: „Τίς γοῦν νοῦν ἔχων οἰήσεται ‘πρώτην καὶ δευτέραν καὶ τρίτην
ἡμέραν ἑσπέραν τε καὶ πρωῖαν’ χωρὶς ἡλίου γεγονέναι καὶ σελήνης καὶ ἀστέρων; τὴν δὲ οἱονεὶ πρώτην
καὶ χωρὶς οὐρανοῦ; τίς δ᾽ οὕτως ἠλίθιος ὡς οἰηθῆναι τρόπον ἀνθρώπου γεωργοῦ τὸν θεὸν ‘πεφυτευκέ-
ναι παράδεισον ἐν Ἐδὲμ κατὰ ἀνατολάς’, καὶ ‘ξύλον ζωῆς’ ἐν αὐτῷ πεποιηκέναι ὁρατὸν καὶ αἰσθητόν, …
[Welcher vernünftige Mensch wird annehmen, ‚der erste, zweite und dritte Tag sowie Abend und Morgen‘ seien ohne Sonne, Mond und Sterne geworden und der sozusagen erste sogar ohne Himmel? Wer
ist so einfältig zu meinen, ‚Gott habe‘ wie ein Mensch, der Bauer ist, ‚im Osten einen Park in Eden
gepflanzt‘ und darin einen sichtbaren und mit den Sinnen wahrnehmbaren ‚Baum des Lebens‘ geschaffen, …]."

[141] Origenes, Commentarii in Ioh, X,5,19–20: „Ich möchte es aber nicht verurteilen, wenn sie da etwas
historisch anders Abgelaufenes zugunsten der mystischen Aussageabsicht irgendwie umgestellt haben,
etwa so, daß sie etwas an diesem Ort Geschehenes an einen anderen Ort verlegten, oder etwas bei dieser Gelegenheit Geschehenes bei einer berichteten, oder etwas so und so Ausgesprochenes mit einer
gewissen Veränderung wiedergaben. Es oblag eben den Evangelisten, wo es anging, sowohl geistig wie
sinnenhaft Wahres gleichzeitig zu sagen; wo beides aber nicht zugleich möglich war, der geistigen Wahrheit den Vorzug zu geben vor dem sinnenhaften Ausdruck, indem des öfteren das geistig Wahre in einer,
wie man sagen könnte, literarischen (materiellen) Lüge gewahrt wird."

[142] Origenes, Homiliae in Canticum Canticorum, I,4 (englische Übersetzung nach DE LUBAC, History,
224): „Observa, inquam, et invenies in evangelica lectione non fabulas et narrationes ab evangelistis, sed
mysteria esse conscripta. [Consider, I say, and you will find that the evangelists tell no fables and tales
in their account but rather have written down mysteries.]"

[143] Origenes, De principiis, IV,3,1: „Παραπλησίως δὲ τούτοις καὶ ἄλλα μυρία ἀπὸ τῶν εὐαγγελίων
ἔνεστι τὸν ἀκριβοῦντα τηρῆσαι ὑπὲρ τοῦ συγκαταθέσθαι συνυφαίνεσθαι ταῖς κατὰ τὸ ῥητὸν γεγενη-

sind keine rein faktualen Erzählungen (*historiae*), aber auch keine Fiktionen (*fabulae*), wie die Mythen der Griechen:[144] „Let us beware of receiving their spiritual teachings in a carnal way. Let us also beware of still seeking in them *fabulas et narrationes* (fables and tales)."[145] Das Fiktive in ihnen ist nämlich nicht auf die menschliche Einbildungskraft, sondern auf die Wirkung der Heiligen Schrift[146] selber zurückzuführen und hat eine tiefere Bedeutung: „[...] διὰ τὰ μυστικώτερα, συνύφηνεν ἡ γραφὴ τῇ ἱστορίᾳ τὸ μὴ γενόμενον, πῇ μὲν μηδὲ δυνατὸν γενέσθαι, πῇ δὲ δυνατὸν μὲν γενέσθαι, οὐ μὴν γεγενημένον [weil es sich um tiefe Geheimnisse handelte, da webte die Schrift in die Geschichtsdarstellung Unwirkliches mit hinein, was teils gar nicht geschehen kann, teils zwar geschehen könnte, aber nicht geschehen ist]."[147]

Man könnte sagen, dass die Geschichte im Feuer des Geistes geschmolzen wurde[148] und die Evangelien aus *beiden* Elementen gegossen worden sind.[149] Sie müssen nicht metaphorisiert oder allegorisiert werden[150] – der geistige Sinn ist ihnen eigen und gründet sich in Christus:

„That spiritual sense does not result from the fact that we decide to take symbolically some archaic data whose original meaning has been lost or because we find it distasteful to preserve that data in their original coarseness. [...] It is not a 'spiritualist' sense: it is the sense of the Spirit of Christ. And that Spirit could not have been given, he could not have 'spread over all flesh', unless Christ had died and risen."[151]

In dieser Hinsicht unterscheidet sich Origenes in seiner allegorischen Auslegung nicht nur von den Griechen, sondern auch von Philo von Alexandrien,[152] indem er sie genauso wie Paulus (und Johannes) in der Oster*geschichte* verankern kann.[153] Das Kommen des Logos ist der Grund, warum die Antwort auf die Frage „τίς ἡ

---

μέναις ἱστορίαις ἕτερα μὴ συμβεβηκότα. [Noch zahllose ähnliche Beispiele kann der sorgfältige Leser in den Evangelien beobachten, um zuzustimmen, daß mit den im Wortsinn verlaufenden Geschichten anderes, Nichtgeschehenes verwoben ist.]"

[144] Vgl. Origenes, Contra Celsum, IV,48–50, hier 50,30–35: „Πολλῷ γὰρ μᾶλλον τὰ Ἑλλήνων οὐ μόνον εὐηθέστατα ἀλλὰ καὶ ἀσεβέστατα μεμυθολόγηται. [...] Διόπερ οὐκ ἀχαρίστως ὁ Πλάτων ἐκβάλλει τῆς ἑαυτοῦ πολιτείας τοὺς τοιουσδὶ μύθους καὶ τὰ τοιαδὶ ποιήματα. [Weit eher sind nämlich die Geschichten der Griechen nicht bloß ‚die albernsten', sondern auch die gottlosesten ‚Märchen'. [...] Und darum handelt Plato so unrecht nicht, wenn er derartige Märchen und derartige Gedichte von seinem Staate ausschließt.]"

[145] DE LUBAC, History, 224.

[146] D. h. des Logos.

[147] Origenes, De principiis, IV,2,9.

[148] So auch DE LUBAC, History, 322f.: „The truth to which it introduces us is no longer the order of history. It goes hand in hand with spirit."

[149] Vgl. auch KLAUCK, Allegorie, 136: „Die verbreitete Behauptung, die Allegorie vertrage sich nicht mit realistischer Schilderung, ist sicher falsch. [...] Andererseits ist ebenso deutlich festzuhalten, daß allegorische Schreibweisen weitreichende Verzerrungen der Wirklichkeit mit sich bringen können."

[150] Vgl. die Anm. 117 auf S. 14.

[151] DE LUBAC, History, 308.

[152] DE LUBAC, History, 318f.

[153] Origenes, De principiis, IV,1,6.

ἀλήθεια τῶν ἐν ταῖς ἱστορίαις πραγμάτων [was ist die Wahrheit in den historischen Geschichten]"[154] nicht in dem historischen Sinn liegen kann: „Nam quid
mihi prodest, si sciam quod gemino ligno rex Gai suspensus est [For what does it
profit me if I know that on twofold wood the king of Ai was hanged]?",[155] sondern
nur in einer (Re-)Lektüre, die „digna fortasse videbitur lectio stilo Spiritus sancti
[will seem worthy of the pen of the Holy Spirit]"[156] – des wirklichen Autors der
Heiligen Schrift.

Die klassische Inspirationslehre ist zwar bis ins späte 18. Jahrhundert intakt
geblieben und wird noch heute von vielen Exegeten vertreten, nicht aber die Auffassung des Origenes, dass es in der Heiligen Schrift auch Texte gibt, die *nur* einen
geistigen Sinn haben. Hier hat sich in der Kirche die Sicht der Dinge von Augustinus[157] durchgesetzt und das mit weitreichenden Folgen für die Exegese.[158] Die
*geistige* Inspiration der Heiligen Schrift wurde mit der *historischen* Zuverlässigkeit
der Texte verknüpft und Erzählungen wie Gen 2,10–13 werden nun historisch interpretiert:

> „Ego, ego uidi aquas Geon, aquas, quas his oculis carnis aspicerem. [...] bibi et de magno
> flumine Eufrate aquas simpliciter, quas manu tangerem et ore sorbirem, non aquas spirita-
> les."[159]

Hier ist der Weg angeschlagen worden, der zu der Diskussion über die Zahl der Rip-
pen Adams führt, Galileo Galilei schicksalhaft wurde, die Modernismuskrise kata-
lysierte und der sich noch heute in der Aporie von faktual versus fiktional der modernen Exegese widerspiegelt – für die inspirierte *Imagination* des Origenes blieb
keinen Platz mehr.[160] Heutzutage wird kein Exeget zwar ernsthaft überlegen, die

---

[154] Origenes, Commentarii in Ioh, I,6,34.

[155] Origenes, In librum Jesu Nave homilia, VIII,6; vgl. Jos 8,3–29 in LXX[9]. Ähnlich Origenes, In librum
Jesu Nave homilia, VIII,2: „His auditis verisimile est auditores dicere: quo mihi haec? Quid mihi confert,
si cognoscam quod victi sunt hi, qui habitabant Gai, quasi non similia aut etiam potentiora bella vel gesta
sint vel gerantur? [When people hear these things, it is likely they say, 'What is this to me? What does
it contribute to me if I know that those who were living in Ai were conquered, as if similar or even
mightier wars either have not been waged or are being waged?']." Für die historisch-kritische Exegese,
die programmatisch bei dem historischen Sinn bleiben will, hätte Origenes wenig Verständnis und es
ist auch fraglich, ob die christliche Theologie mit solchen Texten wie Jos 8,29 wirklich etwas anderes
anfangen kann und soll.

[156] Origenes, In librum Jesu Nave homilia, VIII,6.

[157] Vgl. Augustinus, De Genesi ad litteram, VIII,1ff.

[158] Siehe ausführlich REISER, Bibelkritik, 364–371.

[159] Epiphanius von Salamis in Hieronymus, Epistulae, LI,5: „I myself have seen the waters of Gihon,
have seen them with my bodily eyes. [...] I have drunk also from the great river Euphrates, not spiritual
but actual water, such as you can touch with your hand and imbibe with your mouth."

[160] Vgl. auch REISER, Bibelkritik, 30: „Mit der Ablehnung der Theorie des Origenes etwa, daß es in der
Heiligen Schrift auch außerhalb der expliziten Gleichnisse Erzähltexte ohne historischen Sinn gibt, d. h.
Texte rein metaphorischen Charakters, konnte man mit dem Phänomen fiktionaler Erzählgattungen
wie der biblischen Urgeschichte nicht mehr zurecht kommen. [...] Hätte sich in dieser Frage Origenes
durchgesetzt, wäre uns wahrscheinlich der ganze Streit um die Historizität der biblischen Urgeschichte
und die ‚Mythen' der Bibel erspart geblieben. So aber haben wir noch heute keine literaturwissenschaft-
lich überzeugende Gattungsbestimmung jener Texte, um die es Origenes [...] ging."

ersten Kapitel von Genesis wörtlich zu interpretieren,[161] bei vielen anderen Texten ist es aber immer noch der Fall.[162]

In der Frage der Beziehung des vierten Evangeliums zu den Synoptikern führte dieser Weg zu einer *historisierenden* Harmonisierung[163] ihrer ‚Berichte' und endete in der Skepsis von Hermann Samuel Reimarus, der festhält, die „vier Evangelisten sind unmöglich zu harmonieren",[164] und aus dieser Tatsache den unhistorischen Charakter aller vier Evangelien ableitet[165] – eine Konsequenz der Ablehnung der allegorischen Auslegung, der sich in seinem Johanneskommentar schon Origenes gut bewusst war:

„[Παραστατέον δὲ] τὴν περὶ τούτων ἀλήθειαν ἀποκεῖσθαι ἐν τοῖς νοητοῖς, [διὰ τὸ πολλοὺς] μὴ λυομένης τῆς διαφωνίας ἀφεῖσθαι τῆς περὶ τῶν εὐαγγελίων πίστεως, ὡς οὐκ ἀληθῶν οὐ-δὲ θειοτέρῳ πνεύματι γεγραμμένων ἢ ἐπιτετευγμένως ἀπομνημονευθέντων· ἑκατέρως γὰρ λέγεται συντετάχθαι ἡ τούτων γραφή."[166]

Im Unterschied zu anderen Exegeten hielt nämlich Origenes alle Versuche die Evangelien historisch zu harmonieren für unmöglich und nutzlos.[167] Akzeptiert man alle vier Evangelien und geht man davon aus, dass sie wahr sind, kann die einzige Lösung ihrer Widersprüche die allegorische Deutung sein:

„Καὶ ἐπὶ ἄλλων δὲ πλειόνων εἴ τις ἐπιμελῶς ἐξετάζοι τὰ εὐαγγέλια περὶ τῆς κατὰ τὴν ἱστορίαν ἀσυμφωνίας, ἥντινα καθ' ἕκαστον πειρασόμεθα κατὰ τὸ δυνατὸν παραστῆσαι, σκοτοδινιά-σας ἤτοι ἀποστήσεται τοῦ κυροῦν ὡς ἀληθῶς τὰ εὐαγγέλια, καὶ ἀποκληρωτικῶς ἑνὶ αὐτῶν προσθήσεται, μὴ τολμῶν πάντη ἀθετεῖν τὴν περὶ τοῦ κυρίου ἡμῶν πίστιν, ἢ προσιέμενος τὰ τέσσαρα εἶναι [ἐρεῖ τ'] ἀληθὲς αὐτῶν οὐκ ἐν τοῖς σωματικοῖς χαρακτῆρσιν."[168]

---

[161] Diese Tatsache haben wir aber mehr den Naturwissenschaften zu verdanken.

[162] Zu welchen fatalen Folgen dies führen kann, zeigt im Hinblick auf das Johannesevangelium die Arbeit von Casey, Gospel, (218–229) 229: „Our major conclusion follows ineluctably. The fourth Gospel is profoundly untrue. It consists to large extent of inaccurate stories and words wrongly attributed to people. It is anti-Jewish, and as holy scripture it has been used to legitimate outbreaks of Christian anti-Semitism. [...] It follows that this Gospel is a standing contradiction of the Jewish identity of Jesus and the first apostles. It is not a source of truth."

[163] Vgl. Eusebius, Historia ecclesiastica, III,24,12f.

[164] Reimarus, Apologie, II, 582.

[165] Siehe den Beitrag von De Jonge, Loss.

[166] Origenes, Commentarii in Ioh, X,3,10: [Daraus, daß die chronologischen Angaben des Johannes und der übrigen drei Evangelisten nicht übereinstimmen,] geht deutlich hervor, daß die Wahrheit, auf die es bei diesen Ereignissen ankommt, in ihrem geistigen Sinn (ἐν τοῖς νοητοῖς) liegt. Viele, die für die Widersprüchlichkeit keine Lösung finden, verlieren den Glauben an die Evangelien, als ob sie nicht wahr oder gar nicht vom göttlichen Geist geschrieben oder unzuverlässige Gedächtnisberichte seien. Das alles wird nämlich über die Abfassung der Schrift der Evangelisten gesagt."

[167] Vgl. Smith, John, 9: „He saw clearly that the commonsense effort to harmonize John and the Synoptics made no critical sense at all." Die Schlussfolgerung des Origenes teilt D. M. Smith selbstverständlich nicht.

[168] Origenes, Commentarii in Ioh, X,3,14: „Und wenn einer in mehreren anderen Punkten die Evangelien auf den Widerspruch bezüglich geschichtlicher Angaben hin (περὶ τῆς κατὰ τὴν ἱστορίαν ἀσυμφωνίας) genau durchforscht, wie wir es in diesem Fall versucht haben, so wird ihm schwindelig. Er wird dann entweder aufhören, die Evangelien alle für wahr zu halten und sich eines herauslesen, an das er sich halten wird, da er nicht wagt, dem Glauben an unseren Herrn vollständig aufzusagen; oder er wird

Der Grund liegt auch hier in dem besonderem Charakter der *göttlichen* Schriften: Die Evangelisten hatten sich zwar vorgenommen sowohl die körperliche als auch die geistige Wahrheit so gut wie möglich schriftlich festzuhalten, wenn diese aber nicht zu vereinen waren, zogen sie die geistige Wahrheit der körperlichen vor und nicht selten mussten sie sie in einer, wie man sagen könnte, körperlichen Lüge wahren.[169] Gott ist Geist (Joh 4,24)[170] und ist nicht an Raum und Zeit gebunden.[171] Die geistige Wahrheit direkt zu erfassen ist einem Menschen also genauso unmöglich, wie einem Maler einen dreidimensionalen Raum auf Leinwand zu bringen – auch er muss sich einer ‚Lüge' bedienen, um die Perspektive zu erzielen.

Die Auffassung des Origenes, dass viele Zeit- und Ortsangaben wie auch ganze Erzählungen in den kanonischen Evangelien fiktiv sind,[172] setzte sich nicht nur nicht durch, sondern im Gegenteil: „[...] the resolution of the problem of John and the Synoptics that Origen so vigorously rejected quickly became the accepted one in biblical exegesis in the church. An awareness of the seriousness of the discrepancies and the weight of the kinds of objections Origen raised had to await to rise of historical exegesis."[173] Die historisch-kritische Exegese hat dann diesen gordischen Knoten der Evangelienexegese mit einer Schere ‚gelöst' und hiermit eher die Auffassung des Origenes bestätigt, dass es sich um kein *historisch* lösbares Problem handelt. In dieser Zeit ist aber die Allegorese schon in Verruf geraten[174] und so blieb den Exegeten auch nichts anderes übrig. Heute betrachtet man die Evangelisten zwar nicht mehr als bloße ‚Sammler von Traditionen' und man gesteht ihnen eigenständige literarische Tätigkeit zu,[175] die Vorstellung aber, dass sie die Geschichte des Jesus von Nazaret auch *allegorisch* erzählen könnten, findet man immer noch irgendwie undenkbar.

Dabei vergisst man oft, dass die von Origenes gepflegte allegorische Methode auf die neutestamentliche Allegorese zurückzuführen ist, wie Henri de Lubac über-

---

weiterhin die vier Evangelien gelten lassen, ohne aber ihr Wahres in den leibhaften Ausdruck zu verlegen." Vgl. auch Frey, Evangelium, 65: „Schon bei Origenes findet sich die recht modern klingende Auskunft, daß es den Evangelisten primär um Glaubensaussagen (*mysteria*), nicht um die historischen Details gegangen sei. Dies konnte – weniger bei Origenes selbst als bei manchen seiner Nachfolger – zu einer stärker allegorischen Behandlung führen. Wo man hingegen den Literalsinn der Texte ernst nehmen wollte, stellte sich auch schon bei den Vätern die historische Frage nach der Entscheidung für die eine oder die andere Version."

[169] So Origenes, Commentarii in Ioh, X,5,19–20, hier auf S. 17.

[170] Vgl. Origenes, De principiis, I,1,4.

[171] Origenes, Commentarii in Ioh, X,4.

[172] Ein Paradebeispiel ist für Origenes die Erzählung über die Versuchung Jesu (Mt 4,1–11), vgl. Origenes, De principiis, IV,3,1.

[173] Smith, John, 9.

[174] Vgl. Reiser, Bibelkritik, 99: „Allegorese gilt heute gewöhnlich als eine – glücklich überwundene – Form von willkürlicher Exegese, bei der die Intention der Texte und ihrer Autoren grob mißachtet wird; eine Art der Interpretation, bei der Assoziation und Phantasie freies Spiel haben und den Text nur als Spielball benützen."

[175] Vgl. Pokorný/Heckel, Einleitung, 328.

zeugend gezeigt hat.[176] Origenes bewegt sich hier „within the intention of Saint John" und „within the practice of Saint Paul."[177] Wie später auch Origenes, verankern Paulus und Johannes[178] ihre geistige Schriftauslegung in der Ostergeschichte und sie beschränken sie nicht nur auf das Alte Testament, wie man vielleicht zuerst denken würde.[179] Von besonderem Interesse ist hier für uns aber die Tatsache, dass gerade Johannes nicht nur viele aus den synoptischen Erzählungen bekannte Elemente und Strukturen oft aufgreift, sondern sie auch allegorisch deutet. Als ein bekanntes Beispiel kann das Tempelwort Jesu dienen (Joh 2,19), das wir sonst nur in einem historischen Kontext von Mk 14,57–58/Mk 15,29 kennen, und wo es sich bei dem Bezug auf den „Tempel seines Leibes" in Joh 2,21 um eine „klassische Allegorese" handelt.[180] Wie bei Paulus liegt auch bei Johannes der Schlüssel zum richtigen Verständnis der Geschichte in der Ostergeschichte (Joh 2,22), denn Christus ‹κατὰ σάρκα› gehört längst der Vergangenheit an (2 Kor 5,16).[181] Die christliche Allegorese hat hiermit ihren Ursprung in der Christologie und ist bei Johannes auf das Wirken des Parakleten zurückzuführen (Joh 16,12–15).[182] Nur durch sein Wirken wird in die Textur der Geschichte auch das „Nichtgeschehene" verwoben.[183]

Man kann die Forschungsgeschichte natürlich nicht ungeschehen machen und wir wollen auch nicht einfach zur Allegorese zurückkehren.[184] Ich frage mich aber, ob wir bei der Lektüre der Evangelien nicht allzu selbstverständlich hinter jeder *Story* gleich die *History* sehen,[185] nur weil unsere Tradition mehr von Augustinus als von Origenes geprägt ist. Muss man hinter der Erzählung über die Hochzeit in Kana in Joh 2,1–12 wirklich eine ‚Geschichte' oder ‚johanneische Tradition' vermuten und auf diese Weise eine ‚Verwandlung des Wassers in Wein' unbedingt rehistorisieren? Ist es vielleicht nicht auffällig, dass Johannes konsequent über *Zeichen* und nicht über Wunder spricht und wir diese für das Wirken Jesu so wichtige Erzählung *nur* bei ihm finden? Der johanneische *Chronotopos*[186] ist doch mehr als

---

[176] DE LUBAC, History.

[177] DE LUBAC, History, 236. Ähnlich beurteilt auch REISER, Bibelkritik, 108: „Die von Paulus und Johannes begründete Tradition wurde von den Vätern aufgenommen. Insbesondere Origenes führte die Allegorese als Kunst, Zusammenhänge aufzuzeigen, auf eine Höhe, die nie mehr übertroffen wurde."

[178] Zu den Berührungspunkten zwischen Paulus und Johannes vgl. die forschungsgeschichtliche Skizze von HOEGEN-ROHLS, Theologie.

[179] Vgl. z. B. Röm 6,3ff. Zum Alten Testament ist vor allem die ausgeschliffene Allegorese des Paulus in 1 Kor 10,1–6 oder Gal 4,21–31 bekannt, wo man in Gal 4,24 sogar den Terminus ‹ἀλληγορεῖν› findet: „Ἅτινά ἐστιν ἀλληγορούμενα· αὗται γάρ εἰσιν δύο διαθῆκαι, μία μὲν ἀπὸ ὄρους Σινᾶ εἰς δουλείαν γεννῶσα, ἥτις ἐστὶν Ἁγάρ." Auch der Kommentar des Paulus zum Dtn 25,4 in 1 Kor 9,9–10 könnte ruhig bei Origenes stehen: „Μὴ τῶν βοῶν μέλει τῷ θεῷ ἢ δι᾿ ἡμᾶς πάντως λέγει;", vgl. z. B. Origenes, In librum Jesu Nave homilia, VIII,6, hier auf S. 19.

[180] Siehe REISER, Bibelkritik, 106f.

[181] 2 Kor 5,16b: „Εἰ καὶ ἐγνώκαμεν κατὰ σάρκα Χριστόν, ἀλλὰ νῦν οὐκέτι γινώσκομεν."

[182] Vgl. dazu die Arbeit von HOEGEN-ROHLS, Johannes.

[183] Origenes, De principiis, IV,3,1.

[184] Zur Frage der Erneuerung der allegorischen Exegese s. REISER, Bibelkritik, 119ff.

[185] Vgl. BYRSKOG, Story.

[186] Zum Begriff siehe BACHTIN, Chronotopos, 7: „Im künstlerisch-literarischen Chronotopos verschmelzen räumliche und zeitliche Merkmale zu einem sinnvollen und konkreten Ganzen. Die Zeit

offensichtlich ein *allegorischer* Chronotopos und die Zeit- und Ortsangaben haben noch eine *andere* Bedeutung: Die Tempelreinigung wird bei Johannes schon in Joh 2,13ff. erzählt, wo sie historisch wenig Sinn macht,[187] die «ὥρα» Jesu bedeutet mehr als eine Stunde des Tages[188] und auch wenn die Chronologie der johanneischen Passionsgeschichte historisch plausibel erscheinen mag, ist sie deswegen um nichts weniger eine allegorische Chronologie.[189] Der Leser kann in der Erwähnung des „Schaftors" in Joh 5,2 die ‚Geschichte' oder einen ‚Wirklichkeitseffekt'[190] sehen, doch warum braucht er in Joh 10,22 eigentlich wissen, dass es „Winter" war?[191] Hier ist die Einschätzung von Hans-Josef Klauck, dass die Allegorie keinesfalls eine realistische Schilderung ausschließt, die Wirklichkeit aber weitreichend verzerren kann,[192] richtig und ich bin mir ziemlich sicher, dass sie auch für das vierte Evangelium gilt.

Die biblische und spätere christliche Allegorese kennzeichnen nach Marius Reiser folgende drei Aspekte:[193]

1. Die Allegorese ist eine Deutung im Nachhinein. Sie betrachtet frühere Aussprüche und Ereignisse im Licht späterer Ereignisse, insbesondere der Auferstehung Christi. [...] So ist Christus auch der Hauptschlüssel bei jeder allegorischen Deutung der Bibel. Allegorisch heißt zumeist christologisch.

2. Sofern die allegorische Deutung nicht einfach als zusätzliche Deutung gelten will, sondern beansprucht, den eigentlichen und ursprünglichen Sinn eines Wortes oder Ereignisses herausgefunden haben, erklärt sie das ursprüngliche Wort oder Ereignis zum Rätsel oder Geheimnisträger, auch wenn den ursprünglich Beteiligten dieser Charakter nicht klar war.

3. Die Allegorese stellt ein Wort oder Ereignis in Beziehung zu einem anderen Wort oder Ereignis bzw. einem anderen Sachverhalt oder Gedankenkreis. [...] Die Allegorese ist also eine Assoziations- und Verknüpfungstechnik, deren Sinn darin besteht, Zusammenhänge sichtbar zu machen. Die letzte Erkenntnis, die sie vermitteln will, ist: Alles hängt mit allem zusammen.

Die ersten zwei Aspekte haben wir oben bereits erörtert, der dritte Aspekt hängt unmittelbar mit den Eigenschaften von Kunstwerken zusammen – in einer poetischen Botschaft ist nämlich alles einem einzigen Code untergeordnet und „auf allen Ebenen stellt sich etwas wie ein System homologer struktraler Beziehungen

---

verdichtet sich hierbei, sie zieht sich zusammen und wird auf künstlerische Weise sichtbar; der Raum gewinnt Intensität, er wird in die Bewegung der Zeit, des Sujets, der Geschichte hineingezogen. Die Merkmale der Zeit offenbaren sich im Raum, und der Raum wird von der Zeit mit Sinn erfüllt und dimensioniert." Hier weiter das Kapitel 3.3.2.

[187] Schnelle, Evangelium, 64.

[188] Frey, Eschatologie, II, 215–221.

[189] Vgl. Frey, ‚theologia', 208ff.

[190] Zum Begriff des Wirklichkeitseffekts bzw. Realitätseffekts (so die deutsche Übersetzung des Begriffs *l'effet de reél* von Roland Barthes) siehe Martinez/Scheffel, Einführung, 117.

[191] Zur allegorischen Bedeutung des Überflüssigen vgl. Eco, Kunst, 96f.

[192] Klauck, Allegorie, 136.

[193] Zitiert in abgekürzter Form nach Reiser, Bibelkritik, 107.

her, *als ob alle Ebenen auf Grund eines einzigen allgemeinen Codes, der sie alle strukturiert, definierbar wären – und sie sind es.*"[194] Zusammen mit Paul Ricœur will
ich nun an dieser Stelle die These aufstellen, dass die *religiöse Sprache* im Grunde eine *poetische Sprache* ist, die „assimilation of biblical texts to poetic texts" annehmen,[195] und das oben gesagte auch für das Johannesevangelium gelten lassen.
Deswegen wird dem dritten Aspekt und der *Theo-Poetik* des Johannesevangeliums
das ganze Kapitel 2 gewidmet. Das Ziel dieser Arbeit ist weiter zu zeigen, dass die
drei hier aufgeführten Aspekte, die die biblische und spätere christliche Allegorese
kennzeichnen, auch auf die Beziehung des vierten Evangeliums zu den Synoptikern zutreffen, und folgende zwei Arbeitshypothesen zu überprüfen: 1. Das vierte
Evangelium ist ein literarisches Kunstwerk, das die Synoptiker weder ergänzen (va-
lorisieren) noch ersetzen (devalorisieren), sondern *transvalorisieren*[196] will, und sie
intentional einer *geistigen Relektüre* unterzieht. 2. Diese geistige Relektüre[197] können wir zweifelsohne *allegorisch* nennen und in der *Intertextualität* den Schlüssel
zu ihr sehen. Denn wie Paul Ricœur bemerkt: „this phenomenon of intertextuality, brought in this way to its highest level, is indeed the key to the rule-governed
imagination that, by the privileged way of narrative, invites the reader to continue,
on his or her own account, the Bible's itineraries of meaning."[198] In dieser Hinsicht
stellt das Johannesevangelium ein literarisches Werk „auf zweiter Stufe"[199] dar, indem es auf die synoptischen Evangelien Bezug nimmt und auf diese Weise eine
weitere (intertextuelle) Erzähl- und Leseebene schafft. Diese Ebene erhöht dann
seine Poetizität gegenüber seinen Prätexten,[200] zumal sie den Text noch zusätzlich
*metaphorisiert*.[201] Die Intertextualität muss den Text aber nicht nur metaphorisie-

---

[194] Eco, Einführung, 148f. Diese Tatsache macht z. B. auch die Restaurierung von Kunstwerken möglich, vgl. Eco, Einführung, 152: „Wenn die Ästhetik behauptet, daß wir die Gesetzmäßigkeit und Ganzheit eines Werkes auch da erblicken können, wo es verstümmelt, zerstört und von der Zeit ausgezehrt
ist, dann geschieht dies deshalb, weil man von dem Code, der sich auf der Ebene der wahrnehmbaren
Schichten abzeichnet, auf den Code schließt, der die fehlenden Teile erzeugt hat, die man nunmehr
erraten kann."

[195] Ricœur, Figuring, 221. Vgl. auch Vanhoozer, Narrative, 120–122.

[196] Zum Begriff siehe Genette, Palimpseste, 464ff.

[197] Das im Rahmen dieser Arbeit verwendete Konzept der (intertextuellen und allegorischen) Relektüre deckt sich nicht mit dem Konzept der *Relecture* von J. Zumstein (zu seinem Konzept vgl. die auf
S. 6 in Anm. 63 angeführte Litertur). Um beide Konzepte voneinander unterscheiden zu können, wird
hier der eingedeutschte Begriff *Relektüre* verwendet.

[198] Ricœur, Figuring, (144–166) 149.

[199] Genette, Palimpseste, (15).

[200] Vgl. auch das Kapitel 2.5.

[201] Zur „metaphorization through intertextuality" vgl. Ricœur, Figuring, 144–166, und Stocker,
Theorie, 102, der im Anschluss an Gabriel, Fiktion, 52, festhält: „Zwar dürfte die Behauptung, daß die
Anspielung und – wenn man ‚Anspielung' nur weit genug faßt – Intertextualität ganz allgemein eine
Form der Metapher sei [Goyet, Imitatio, 314], übertrieben sein. Aber schon allein das Bestehen einer
*Analogie* zwischen Intertextualität und Uneigentlichkeit verspricht wertvolle Aufschlüsse. Gemeinsam
ist der Intertextualität und der Uneigentlichkeit, daß durch das, was Aristoteles mit Blick auf die ‚Uneigentlichkeit' [Aristoteles, Poetica, 1457b] und Bachtin mit Blick auf die Intertextualität übereinstim-
mend das ‚fremde Wort' nennen, Umdeutungsprozesse beim Leser in Gang gesetzt werden."

ren, sie kann ihn auch *allegorisieren*, und dies berücksichtigt folgende Definition
der (christlichen/auf die Heilige Schrift bezogenen) *Allegorie*:

Die (christliche) Allegorie ist eine symbolische[202] Verfahrensweise, die in der *poetischen
Struktur* und/oder der *Intertextualität* (der Heiligen Schrift) verankert ist und dem Text eine
zweite Bedeutung[203] verleiht.[204]

Diese Definition ist breiter als das im Jahr 1977 verwendete Kriterium von Hans-
Josef Klauck,[205] und erweitert Paul Ricœurs Begriff der intentionalen Textur[206]
(hier der poetischen Struktur) um das Konzept der Intertextualität. Die Richtschnur
der Interpretation ist dann im Bezug auf die Intertextualität nicht die ‚intentio auctoris‘ oder die ‚intentio lectoris‘, sondern die *intentio intertextualitatis*.[207] Nach dieser erweiterten Definition der Allegorie stellt also auch die berühmte Allegorie des
Origenes über den barmherzigen Samariter[208] eine *gültige Allegorie* dar, zumal sie
auf der poetischen Struktur von Lk 10,25–37 basiert und sich innerhalb der Intertextualität der Heiligen Schrift bewegt (vgl. Joh 8,48).[209]

---

[202] Diese Bestimmung mag redundant klingeln (und für mich klingt sie auch), ist aber seit Goethe
wohl notwendig. Im Rahmen dieser Arbeit wird jedoch zwischen der Allegorie und dem Symbol nicht
differenziert, vgl. Eco, Streit, 19–46, hier 22: „Wenn wir das Symbol im Sinne der Logiker oder Mathematiker verstehen, dann ist das Symbol entweder ein Bedeutungsträger, der mit seiner Bedeutung
gesetzmäßig korreliert, [...] [o]der das Symbol wird verstanden als eine Variable, die für viele Verbindungen offen ist, die aber, wenn sie einmal einen ‚bestimmten‘ Wert angenommen hat, im gleichen
Kontext keine anderen *Werte* repräsentieren kann. [...] Symbole in diesem Sinne sind Allegorien.“ Zum
Neuen Testament s. Sellin, Allegorie, 300: „Die Allegorie ist eine Literaturform, die auf dem semantischen Modell der Substitution beruht. Ihr Grundelement ist das *Symbol*. Unter Symbol ist hier eine
nahezu mathematische Größe verstanden.“

[203] Vgl. Kurz, Metapher, 33. Diese zweite (allegorische) Bedeutung können wir zusammen mit Maureen Quilligan auch als *pretext* bezeichnen (Quilligan, Language, 97ff.), zumal sie bei der christlichen
Allegorie intertextuell bestimmt wird.

[204] In Anlehnung an Klauck, Allegorie, 354: „Die Allegorie ist eine rhetorische und poetische Verfahrensweise, die [...] den Texten eine symbolische Dimension verleiht.“

[205] Siehe seine bekannte Differenzierung von Allegorie, Allegorese und Allegorisierung in Klauck,
Allegorie, 354–361.

[206] H.-J. Klauck unterscheidet mit Hilfe des von Paul Ricœur entlehnten Begriffs der „intentionalen
Textur“ zwischen einer allegorischen und nichtallegorischen Auslegung und hebt die Allegorese als ex-
egetische Methode von der Allegorie ab, s. Klauck, Allegorie, 354f.: „Die Auslegung eines allegorischen
Textes ist selbst nicht allegorisch, solange sie streng nach dem intentionalen Textur des exegetischen
Objekts fragt, d. h. nach der sprachlichen Struktur, Intention des Autors und Erwartungshorizont der
Hörer. [...] Die Allegorese ist eine exegetische Methode, die auf Texte verschiedenster Art angewandt
werden kann. Sie neigt dazu, die intentionale Textur der Vorlage zu mißachten und von einem um-
greifenden philosophischen oder theologischen Vorverständnis her anachronistische Einträge vorzu-
nehmen.“ Die in dieser Arbeit vertretene Definition beruht nur auf der poetischen Struktur und dem
*intentio intertextualitatis* des Textes und daraus resultiert auch eine etwas abweichende Differenzierung
von Allegorie, Allegorese und Allegorisierung: die *Allegorie* haben wir oben definiert, der Begriff *Allegorese* bleibt in dieser Arbeit der Auslegung der Allegorie (der allegorischen Exegese) vorbehalten und
mit *Allegorisierung* bezeichnen wir eine nachträgliche ‚Allegorisierung‘ eines nichtallegorischen Textes.

[207] Siehe Eco, Bücher, 127ff. und das Kapitel 2.2.3 auf S. 34.

[208] Origenes, Homiliae in Luc, XXXIV,190.

[209] Vgl. Reiser, Bibelkritik, 134–138, hier 137: „Von ihrem hermeneutischen Axion leitet sich auch
der wichtigste *methodische* Grundsatz dieser Exegese her: Für die Suche nach erehllenden Aussagen zu

Der Allegorie kann eine Metapher zugrunde liegen[210] und sie *kann* in diesem Sinne metaphorisch sein,[211] wie im Fall einiger Gleichnisse (Mk 4,3–20),[212] sie *muss* es aber nicht sein, und man kann sie in Bezug auf die poetische Struktur gewiss nicht als ‚metaphora continua' definieren.[213] In dieser Hinsicht ist für das Verständnis der Allegorie vielmehr der Unterschied zur Metapher aufschlussreich:

> „Bei Metaphern sind wörtliche und metaphorische Elemente syntaktisch miteinander verknüpft. Bildspender und Bildempfänger sollen metaphorisch identifiziert werden. [...] Bei der Metapher liegt eine Bedeutungsverschmelzung vor, bei der Allegorie eher ein Bedeutungssprung. [...] Die Metapher ist metaphorisch eindeutig, wobei die zugrundeliegenden wörtlichen Bedeutungen mitaktualisiert und mitgewußt werden [...]. Die Allegorie hingegen ist zweideutig, sie hat eine und noch eine andere Bedeutung."[214]

Dies kann man noch am folgenden Beispiel verdeutlichen: In der Hirtenrede von Joh 10 wird der Ausdruck |Jesus| syntaktisch mit |Hirte| verknüpft und die Bedeutungen von ‹Jesus› und ‹Hirte› verschmelzen in einer ‹Jesus Hirte› Metapher.[215] Die metadiegetische Ebene wird zwar in den Ich-bin-Worten (typisch johanneisch) durchgebrochen, es handelt sich aber keineswegs um eine Allegorie. Wenn man dagegen in dem barmherzigen |Samariter| in Lk 10,25–37 auch ‹Jesus› erkennt, geschieht dies nicht aufgrund einer metaphorischen Verknüpfung, sondern aufgrund einer intertextuellen Verknüpfung und der intertextuellen Lektüre auf der Folie von Joh 8,48.[216] Die Bedeutungen von ‹Samariter› und ‹Jesus› verschmelzen in diesem Fall nicht, denn die „Allegorie ist doppeldeutig [...] und hält sie nebeneinander".[217] Vielmehr bekommt der Ausdruck |Samariter| noch die allegorische Bedeutung ‹Je-

---

irgendeiner Schriftstelle steht die gesamte überige Hl. Schrift zur Verfügung." Die allegorische Exegese (= Allegorese) geht also nicht willkürlich vor, wie ihr oft vorgeworfen wird, vgl. auch KLAUCK, Art. Allegorie/Allegorese III, 306.

[210] KURZ, Metapher, 37.

[211] In diesem Fall stellt die Metapher sehr oft den Schlüssel zur Allegorie dar.

[212] Vgl. die Analyse von KLAUCK, Allegorie, 186–209.

[213] So LAUSBERG, Handbuch, §§ 895–901, in Anlehnung an Quintilian, Institutio oratoria, IX, 2,46. Zur Kritik dieses rhetorischen Allegoriebegriffs s. KURZ, Metapher, 34–40, hier 35: „Quintilians Formel, bis heute unkritisch wiederholt, stellt das Verhältnis der beiden Bedeutungen in der Allegorie nicht angemessen dar." Die Metapher beschränkt sich außerdem nicht auf das Einzelwort (RICŒUR, Figuring, 161), sondern kann ebenso narrativ sein, ohne Allegorie zu werden.

[214] KURZ, Metapher, (28–65) 33. Vgl. auch SELLIN, Allegorie, 287.

[215] Zur Analyse s. ZIMMERMANN, Christologie, 303f.: „Bei Joh 10 lassen sich idealtypisch der ‚Hirtenbereich' und der ‚Jesusbereich' als die beiden maßgeblichen Metaphernkomponenten beschreiben, wobei aufgrund der gerichteten Zuordnung [...] vereinfacht der ‚Hirtenbereich' als ‚Bildspender' und der ‚Jesusbereich' als ‚Bildempfänger' fungieren. Die Kernmetapher des Komplexes kann in den Ich-bin-Worten vom ‚guten Hirten' gesehen werden [...]."

[216] Vom heutigen Standpunkt her könnte man natürlich einwenden, Joh 8,48 kann nicht der Prätext von Lk 10,25–37 sein, da das Johannesevangelium erst nach dem Lukasevangelium geschrieben wurde (anders BERGER, Anfang), doch dieser Einwand zählt bei der intertextuellen Lektüre des vierten Evangeliums auf der synoptischen Folie nicht und es ist meines Erachtens auch fraglich, wie weit sie im Blick auf ‚prophetische Schriften' theologisch relevant sein kann.

[217] KURZ, Metapher, 37.

sus›. Die Allegorie, wie wir sie hier definiert haben, ist keine Gattung,[218] sondern eine Eigenschaft der poetischen Struktur und „[a]llegorische Formen und Strukturen können in allen literarischen Gattungen aufgenommen werden und diese spezifizieren oder gar definieren. Es gibt keine Gattungsbeschränkungen für Allegorien."[219] Für die Analyse der Allegorie und die allegorische Exegese (Allegorese) sind also die poetische Struktur und die Intertextualität von entscheidender Bedeutung, wobei die vom realen Autor intendierte (historische) Bedeutung kaum eine Rolle spielt. Der erste Schritt muss deswegen die Ausarbeitung einer Poetik sein, die nicht nur die oben erwähnten Aporien der modernen Exegese zu überwinden versucht, sondern die es auch wagt, dem *theo-poetischen* Charakter der Heiligen Schrift gerecht zu werden. Denn spricht Gott eine poetische Sprache (vgl. Ps 62,12),[220] geht es um nichts anderes, als um einen angemessen Zugang zu seinem Wort.

---

[218] So auch KLAUCK, Allegorie, 354: „[Die Allegorie] konstituiert selbst keine Gattung, sondern geht mit den verschiedenen Gattungen, nicht zuletzt mit parabolischen Kleinformen wie Gleichnis und Fabel, eine mehr oder minder enge Verbindung ein."

[219] KURZ, Metapher, 51.

[220] Hier setzt sowohl die jüdische als auch die christliche Allegorese an.

Kapitel 2

# Die Theopoetik des Johannesevangeliums

## 2.1 Einführung

Der wenig geläufige Begriff *Theopoetic* geht auf den Harvarder Theologen Amos Niven Wilder (1895–1993) zurück, doch auch er hat sich ihn schon ausgeliehen[1] und die Verwandtschaft der Poesie und Theologie ist in Wirklichkeit uralt – man denke nur an die Musen der Griechen, die den Hesiod edle Gesänge lehrten.[2] Mit A. N. Wilder und seiner Theopoetik verbindet diese Arbeit das Anliegen der Erneuerung der religiösen Imagination und hiermit des Verständnisses der religiösen Sprache.[3] Der Ausgangspunkt stellt die oben zitierte These Paul Ricœurs dar, dass die religiöse Sprache im Grunde eine poetische Sprache ist.[4] Mit dem in diesem Kapitel vorgestellten Entwurf einer *intertextuellen Theopoetik*[5] meine ich dabei nichts anderes als eine Poetik im abendländischen Sinne,[6] die ihre Wurzeln in der berühmten Poetik des Aristoteles sucht[7] und an die Tradition des Prager Linguistenkreises anknüpft, sich aber speziell der *poetischen Wirkung der Intertextua-*

---

[1] Vgl. WILDER, Theopoetic, iv: „I believe that I had picked up the terms 'theopoetic' and 'theopoesis' from Stanley Hopper and his students, no doubt in one or another of the remarkable consultations on hermeneutics and language which he had organized at Drew and Syracuse to which so many of us are indebted."

[2] Hesiod, Theogonia, 22: „Αἵ νύ ποθ᾽ Ἡσίοδον καλὴν ἐδίδαξαν ἀοιδήν ... "

[3] WILDER, Theopoetic, 1–2: „Religious communications generally must overcome a long addiction to the discursive, the rationalistic, and the prosaic. [...] My plea for a theopetic means doing more justice to the role of the symbolic and the prerational in the way we deal with experience. We should recognize that human nature and human societies are more deeply motivated by images and fabulations than by ideas. This is where power lies and the future is shaped. [...] When imagination fails doctrines become ossified, witness and proclamation wooden, doxologies and litanies empty, consolations hollow, and ethics legalistic."

[4] So auch RICŒUR, Poetry, 13.

[5] Zum Begriff einer intertextuellen Poetik vgl. auch PLETT, Konstituenten.

[6] Die Definition des hier verwendeten Begriffs der Poetik s. DOLEŽEL, Poetics, vii: „Poetics is a cognitive activity that gathers knowledge about literature and incorporates it into the broader framework of knowledge acquired by the human and social sciences." Zur Geschichte der Poetik im Okzident vgl. die Arbeit von DOLEŽEL, Geschichte (= DOLEŽEL, Poetics).

[7] Aristoteles, Poetica. Vgl. DOLEŽEL, Poetics, 11: „ARISTOTLE's Poetics has been generally recognized as the foundation stone of the study of literature in the Occidental cultural realm." Die Poetik des Aristoteles kann in ihrer Bedeutung für die moderne Poetik kaum unterschätzt werden und man wird nicht viel übertreiben, wenn man ihren Einfluss mit dem von Elementen des Euklides in der Geometrie vergleicht, wie es auch Lessing, Dramaturgie, 271, tut: „Indeß steh ich nicht an zu bekennen, (und sollte ich in diesen erleuchteten Zeiten auch darüber ausgelacht werden!), daß ich sie für ein eben so unfehlbares Werk halte, als die Elemente des Euklides nur immer sind." Zur Wirkungsgeschichte der aristotelischen Poetik s. auch ECO, Bücher, 238–257.

*lität* in religiösen (= poetischen) Texten widmet.[8] Die allegorische Methode ging von der Inspiration und hiermit von der Einheit der Heiligen Schrift aus und das ermöglichte ihr, die Schrift(en) des Alten und Neuen Testaments als ein Ganzes zu betrachten und Texte aufeinander zu beziehen. Ungeachtet dessen, ob wir diese theologischen Präsuppositionen heute noch teilen oder nicht, kann man dieses Kontinuum, in dem sich die Allegorese bewegte, die Intertextualität nennen. Die Intertextualität *metaphorisiert* Texte,[9] macht sie poetischer und gibt dadurch der Allegorese Antrieb, und gerade von dieser Art der Intertextualität mach das vierte Evangelium reichlich Gebrauch.

## 2.2  Intertextualität

### 2.2.1  Begriff der Intertextualität

Der Begriff *Intertextualität* wurde im Jahre 1967 von Julia Kristeva geprägt und geht auf die ‚Dialogizität' M. Bachtins zurück.[10] Das Faktum, dass jeder Text nicht nur eine Stimme hat, sondern von der Natur aus polyphon ist, und jedes Buch immer über andere Bücher spricht, ist so alt wie die Literatur selbst:

> „Schon seit der Antike haben sich Texte nicht nur in einer *imitatio vitae* unmittelbar auf die Wirklichkeit, sondern in einer *imitatio veterum* auch aufeinander bezogen, und die Rhetorik und die aus ihr gespeiste Poetik brachten solche Bezüge von Texten auf Texte mit zunehmender Detailliertheit, wenn auch ohne Sinn für den Gesamtzusammenhang, auf den Begriff.“[11]

Die Bibel bildet im Rahmen der antiken Literatur keine Ausnahme – die intertextuellen Bezüge der Septuaginta und der Schriften des Neuen Testaments[12] beschäftigen Exegeten von Anfang an und erfreuen sich auch heute eines regen Interesses.[13] Auch das Johannesevangelium fokussiert am Ende bewusst die Welt der Bücher und versteht sich selbst als ihr Teil (vgl. Joh 20,30–31 und Joh 21,24–25): „Wenn der Erzähler in 20,30 sagt, daß Jesus über die in seinem *Buch* beschriebenen Zeichen hinaus noch viele weitere vor seinen Jüngern getan habe, so setzt er wiederum voraus, daß seine potentiellen Leser, vermutlich wohl aus ihrem Vertrautsein mit den synoptischen Evangelien, um derartige Zeichen wissen.“[14] Leider haben sowohl die antike Rhetorik und Poetik als auch die Exegese nie eine systematische

---

[8] Der Theopoetik an sich und dem Unterschied zwischen *poetischen, religiösen, heiligen* und *theologischen* Texten wird eine andere Arbeit gewidmet sein.

[9] Ricœur, Figuring, 144–166.

[10] Kristeva, Bakhtine, le mot, le dialogue et le roman, Critique. Revue générale des publications françaises et étrangères, 239 (1967), 438–465 (= Kristeva, Σημειοτική, 82–112). Zur Kritik des Begriffs von Julia Kristeva siehe Tegtmeyer, Begriff.

[11] Pfister, Konzepte, 1.

[12] Siehe nur den „Index of Quotations" und den „Index of Allusions and Verbal Parallels" am Ende des GNT[4], 887ff.

[13] Vgl. Tuckett, Scriptures.

[14] Thyen, Johannesevangelium, 774.

‚Theorie des Zitats' entwickelt, an die wir hier anknüpfen könnten,[15] und trotz der ständig wachsenden Zahl neuer Beiträge[16] gibt es bis heute keine bewährte Methode der Analyse der Intertextualität. Es gilt immer die Beobachtung von H.-J. Klauck: „Die Methodologie des intertextuellen Vorgehens ist noch wenig entwickelt. Es fehlt an Kontrollinstanzen, die es ermöglichen, willkürliche Assoziationen auszufiltern und beim Einbezug von Kontexten nicht ins Uferlose zu geraten.“[17]

Da der Begriff Intertextualität mit den unterschiedlichsten Inhalten gefüllt wird, empfiehlt es sich nachdrücklich, dem Leser erst einmal eine eigene *Definition* vorzustellen.[18] In der Auffassung des Begriffs werde ich mich neben dem Sammelband von U. Broich / M. Pfister[19] und dem schon als ‚klassisch' geltenden Buch von Gérard Genette[20] vor allem auf die Dissertation zur Theorie der intertextuellen Lektüre von Peter Stocker[21] stützen. Die intertextuelle Lektüre wird hier (ähnlich wie bei Umberto Eco)[22] als eine „abgelenkte Lektüre“[23] aufgefasst:

„Die Beziehung zwischen einem Text (‚Posttext') und einem oder mehreren anderen Texten (‚Prätexte') oder einer Textklasse ist dann und nur dann *intertextuell*, wenn (a) ein desintegratives *Intertextualitätssignal* vorhanden ist, das den Modell-Leser zu einer Änderung der Leserichtung (Digression) veranlaßt (SIGNALBEDINGUNG) und wenn (b) die Berücksichtigung bestimmter Prätexte bei der Lektüre des Posttexts (Reintegration) zu dessen vertiefter Deutung führt (FUNKTIONALITÄTSBEDINGUNG).“[24]

---

[15] Vgl. LUZ, Intertexts, 119: „The relationship between the texts produced by early Christians and 'the Bible' – that is, the Septuagint – had, of course, occupied biblical scholars for centuries. But the explicit formulation of intertextuality as a new concept, and the development of a vocabulary for describing and discussing in detail its operation, have made it possible to bring greater refinement and precision to the study of the relationship between 'the Bible' and the texts that would become the 'New Testament'.“

[16] Zum Konzept der Intertextualität in der biblischen Literatur siehe das immer noch einführende Werk Draisma, Intertextuality, aus neueren Beiträgen im deutschsprachigen Raum dann ALKIER, Intertextualität, und MERZ, Selbstauslegung. In der Johannesforschung wurde die Theorie der Intertextualität besonders von Hartwig Thyen rezipiert und neben seinen älteren Beiträgen zur Beziehung des vierten Evangeliums zu den Synoptikern – vgl. z. B. THYEN, Johannes, und THYEN, Erzählung, mit der Diskussion bei DUNDERBERG, Anomalies – muss hier vor allem der Kommentar von THYEN, Johannesevangelium, genannt werden. Zur Intra- und Intertextualität bei Johannes s. auch den Beitrag von ZUMSTEIN, Intratextuality.

[17] KLAUCK, Vorspiel, 47–48. Zur methodischen Rezeptionsgeschichte s. den Aufsatz der Alttestamentlerin GILLMAYR-BUCHER, Intertextualität. Die Arbeit von GILLMAYR-BUCHER, Psalmen, stellt m. W. außerdem die einzige von dem theoretischen Paradigma über die Methode bis zu konkreten Arbeitsschritten entfaltete (computergestützte) Analyse der Intertextualität im deutschsprachigen Raum dar. Erfreulicherweise bahnte sich der Begriff jüngst einen Weg in das oben schon erwähnte Methodenbuch von EBNER/HEININGER, Exegese, 243, leider blieb es aber auch hier nur bei dem theoretischen Konzept.

[18] Dazu bemerkt trefflich auch GENETTE, Palimpseste, 9: „Es ist höchste Zeit, daß uns ein Kommissar der gelehrten Republik eine kohärente Terminologie vorschreibt.“

[19] Broich/Pfister, Intertextualität.

[20] GENETTE, Palimpseste.

[21] STOCKER, Theorie.

[22] ECO, Lector.

[23] STOCKER, Theorie, 103.

[24] STOCKER, Theorie, 105.

Diese Begriffsbestimmung schließt als Intertextualität solche Beziehungen zwischen Texten aus, die entweder nicht beabsichtigt und deswegen auch nicht *signalisiert* sind (a) oder *keine Funktion* im Text haben (b). Das Kriterium erinnert nicht wenig an die „Ärgernisse, Anstöße und Unmöglichkeiten" des Origenes,[25] die nach seiner Einschätzung der götliche Logos in die Schrift hineinbringen lassen hat, um den Leser auf den tieferen Sinn aufmerksam zu machen. Für die moderne Exegese ist diese Definition von grundlegender Bedeutung, zumal sie ermöglicht, die klassischen Fragen nach schriftlichen Quellen bzw. gemeinsamen Traditionen von der Analyse der poetisch wirksamen *literarischen Intertextualität* klar zu trennen. Mit anderen Worten: Nicht bei jedem ‚Gebrauch' von Texten muss es sich gleich um Intertextualität handeln, denn wie Umberto Eco sagt: „man kann ein Buch auch essen wie der Apostel auf Patmos und daraus subtile Freuden gewinnen."[26]

### 2.2.2 Formen der Intertextualität

Der in dem vorherigen Kapitel (2.2.1) eingeführte Begriff der Intertextualität ermöglicht zwar *per definitionem* die literarische Intertextualität von der nichtliterarischen zu unterscheiden, das Problem der Analyse der intertextuellen Bezüge im Text ist damit aber noch nicht ganz enträtselt. Schon ein kurzer Blick in die gegenwärtige Forschungsliteratur bestätigt, dass die Intertextualität unterschiedlich stark signalisiert bzw. funktional sein kann und dass es auch andere Formen der Intertextualität als *Zitat* oder *Anspielung* gibt. Genauer gesagt: Es gibt die unterschiedlichsten Formen, die man sich vorstellen kann. Sie werden sorgfältig katalogisiert und benannt, und ihre Bezeichnungen sind noch exotischer als sie selbst: „Gleichartiges zu sammeln, von Andersartigem zu trennen und zu sortieren, hat in der Wissenschaft Tradition."[27]

Ich will dieser Obsession nicht folgen und werde dem Leser keinen eigenen Katalog der Formen von Intertextualität anbieten, zumal die Arbeit von Gérard Genette vorliegt,[28] die „der bisher am Weitesten ausdifferenzierte Entwurf zu einer Theorie der Intertextualität als Ensemble der verschiedener Formen pointierter Bezüge zwischen literarischen Texten ist."[29] Sie bietet uns eine breite Skala von möglichen Textbeziehungen und somit einen guten Ausgangspunkt. Gérard Genette definiert fünf Klassen der „transtextuellen" (= intertextuellen) Bezüge,[30] die in der Reihenfolge zunehmender „Abstraktion, Implikation und Globalität" aufgezählt sind:[31]

---

[25] Origenes, De principiis, IV,2,9.

[26] Eco, Lector, 71.

[27] Stocker, Theorie, 49.

[28] Genette, Palimpseste.

[29] Pfister, Konzepte, 16.

[30] Gérard Genette bezeichnet in Genette, Palimpseste, die Intertextualität als „Transtextualität" und verwendet den Begriff „Intertextualität" nur für eine spezifische Form der „Transtextualität" (= Intertextualität).

[31] Genette, Palimpseste, 9–18.

*Intertextualität.* Zitat, Plagiat (ein nicht deklariertes Zitat), Anspielung; anders definiert als effektive Präsenz eines Textes in einem anderen Text.

*Paratextualität.* Bezug zwischen einem Text und einem Titel, Untertitel, Motto, Vorwort, Nachwort, usw.; d. h. alle Arten zusätzlicher, auto- oder allographer Signale, die den Text mit einer (variablen) Umgebung ausstatten, die der Text ihres Werkes in die Beziehung mit anderen Texten oder Werken bringen können.

*Metatextualität.* Es handelt sich um die üblicherweise als ‚Kommentar' apostrophierte Beziehung zwischen einem Text und einem anderen, der sich mit ihm auseinandersetzt, ohne ihn unbedingt zu zitieren (anzuführen) oder auch nur zu erwähnen.

*Hypertextualität.* Jede Beziehung zwischen einem Text B (Hypertext)[32] und einem Text A (Hypotext),[33] wobei Text B Text A auf eine Art und Weise überlagert, die nicht die des Kommentars ist. Ein Hypertext ist also jeder Text, der von einem anderen (früheren) Text durch eine direkte oder indirekte Transformation (Nachahmung) abgeleitet wurde.

*Architextualität.* Im Falle der Architextualität handelt es sich um Gattungsbezüge eines Textes, die bestenfalls in einem paratextuellen Hinweis auf die taxonomische Zugehörigkeit des Textes zum Ausdruck kommen (in Form eines Titels wie Gedichte, Essays usw.). Bleiben sie vollkommen unausgesprochen, dann entweder deshalb, weil Offensichtliches nicht mehr eigens betont werden muss, oder im Gegenteil, um jegliche Zugehörigkeit zurückzuweisen.

G. Genette bleibt nicht nur bei der Festlegung dieser fünf Klassen der intertextuellen Bezüge, sondern beschreibt auch verschiedene *hypertextuelle* Praktiken der Transformationen oder Transpositionen: die formalen Transpositionen, wie die Transvokalisierung (der Wechsel der Person), die Versifikation und die Transmodalisierung (der Wechsel des Modus) oder die thematischen Transpositionen, zu den z. B. die Transdiegetisation (die Verlagerung einer Handlung von einer Diegese in eine Andere) oder die Transmotivation (der Motivtausch) gehören.[34]

Der Grund für diese bunte Vielfalt der verschiedenen Formen von Intertextualität scheint die Tatsache zu sein, dass praktisch jedes *Element* und jede *Struktur* eines literarischen Werkes reproduziert werden kann, und dazu auf sehr unterschiedliche Weise. Dies hat schon im Jahr 1985 W. Karrer festgestellt und hat die klassische Opposition *wörtlich* vs. *nichtwörtlich*, die vor allem die Zitatforschung benutzt, durch eine neue Definition ersetzt, die eine positive Füllung der Negation ‚nichtwörtlich' erlaubt und von einer Opposition zwischen *Elementen-* und *Strukturreproduktion* ausgeht.[35] Die tradierte Opposition wörtlich vs. nichtwörtlich wird hiermit in eine Skala von vier Möglichkeiten struktureller und elementarer Intertextualität aufgelöst und zwar die Übernahme von

---

[32] Posttext (= Text).
[33] Prätext.
[34] Vgl. GENETTE, Palimpseste, 287ff.
[35] KARRER, Intertextualität, 99: „Vor allem in der modernen und postmodernen Literatur sind intertextuelle Verfahren beliebt geworden, bei denen Strukturen oder Relationen aus Prätexten übernommen werden [...]. Im Gegensatz zu der [...] strukturellen Reproduktion stehen Verfahren, bei denen Elemente eines Prätextes übernommen werden."

(a) *Elementen und Relationen* – ein Prätext ($P$) wird in einem Text ($T$) vollständig oder unvollständig unter Beibehaltung von Relationen/Strukturen ($R_1, \dots, R_n$) und Elementen ($e_a, \dots, e_z$) reproduziert:

$$\{e_a\, R_1\, e_b\} \in P \rightarrow \{e_a\, R_1\, e_b\} \in T$$

(b) *Elementen* – Elemente eines Prätextes werden vollständig oder unvollständig unter Veränderung der Relationen/Strukturen reproduziert:

$$\{e_a\, R_1\, e_b\} \in P \rightarrow \{e_a\, R_2\, e_b\} \in T$$

(c) *Relationen* – die Struktur eines Prätextes wird vollständig oder unvollständig unter Modifikation seiner Elemente reproduziert:

$$\{e_a\, R_1\, e_b\} \in P \rightarrow \{e_c\, R_1\, e_d\} \in T$$

(d) *weder Elementen noch Relationen* – ein Prätext wird in einem Text vollständig oder unvollständig angeführt, ohne dass seine Elemente oder Struktur reproduziert werden:

$$\{e_a\, R_1\, e_b\} \in P \rightarrow \{e_c\, R_2\, e_d\} \in T$$

Die Übernahme (a) von Elementen und Relationen kann man als maximal ‚wörtlich‘ und die Übernahme (d) von weder Elementen noch Relationen als maximal ‚nichtwörtlich‘ bezeichnen, wobei (a) etwa einem *Zitat*, (b) und (c) einer *Anspielung* und (d) einem *Echo* entsprechen würde. Die strukturelle und elementare Intertextualität stehen außerdem in enger Wechselbeziehung: weder Relation noch Element bleibt ganz unberührt, wenn eins von beiden ausgewechselt wird.[36] Dieses Modell hilft besser zu verstehen, wie die einzelnen Formen der Intertextualität zu Stande kommen und intertextuelle Praktiken funktionieren. Es handelt sich nämlich nicht immer „um die Übernahme wörtlicher Formulierungen, aber solche Elemente können ebenfalls Figuren, Handlungsmotive, Themen oder auch Symbole eines Prätextes sein."[37] Die Analyse der Intertextualität kann sich deswegen nicht nur auf eine Suche von Zitaten und Anspielungen und ihre Beschreibung beschränken, sondern muss *alle poetischen Strukturen* eines literarischen Werkes in Betracht ziehen.

### 2.2.3 *Intentio intertextualitatis*

Die Diskussion über Intertextualität wird von den Fragen nach der *Autoren*-Intention und der *Leser*-Rezeption begleitet,[38] wobei sehr oft verschwiegen bleibt,

---

[36] KARRER, Intertextualität, 102–104.

[37] KARRER, Intertextualität, 99.

[38] So auch FREY, Evangelium, 80: „Aufgrund der neueren Intertextualitäts-Diskussion ist zu unterscheiden, ob der Bezug auf den ‚Prätext‘ bewußt erfolgt oder nicht, außerdem ob der Bezug auch den (impliziten) Lesern bewußt gemacht werden soll (und sie damit zum ‚Textvergleich‘ herausfordert) oder nicht."

mit welchem Autor/Leser-Konzept gearbeitet wird. Das Ziel dieses Unterkapitels ist die Autor/Leser-Konzeption transparent zu machen und zu erörtern, wie weit und in welchem Sinne diese Fragen im Bezug auf die Analyse der Intertextualität von Bedeutung sind. Auch an dieser Stelle werde ich auf die Dissertation von Peter Stocker und sein Modell der *intertextuellen Kommunikation* zurückgreifen:

„Aufgefaßt als schöpferische Textverarbeitung ist Intertextualität im Grund aber ein produktionsästhetischer Faktor. Wenn ein Autor liest, um zu schreiben, dann liest er als Autor. Intertextuell ist dann genau genommen, ausschließlich sein Schreiben. Es soll deshalb in diesem Fall nicht von intertextueller Lektüre gesprochen werden, sondern von intertextueller Kommunikation, einer ‚Kommunikation', bei der gewisser Prä- und Posttext als Sender bzw. Empfänger fungieren."[39]

Dies lässt sich folgendermaßen schematisieren:[40]

$$S_1 \rightarrow Text_1 \rightarrow E_1 S_2 \rightarrow Text_2 \rightarrow E_2 \qquad (2.1)$$

Ist der Empfänger ($E_1$) von $Text_1$ ein literarisch tätiger Leser, wird er selbst zum Sender ($S_2$) oder mit anderen Worten zum Autor von $Text_2$, was in der Welt der Bücher eigentlich eher die Regel ist.[41] Aus dem klassischen Schema der literarischen Kommunikation, deren Basiseinheit die Sender-Empfänger-Beziehung bildet, wird dann im Falle der Intertextualität dank einer ‚Phasenverschiebung' ein Modell der intertextuellen ‚Kommunikation':

$$Text_1 \rightarrow E_1 S_2 \rightarrow Text_2 \qquad (2.2)$$

Peter Stocker fasst es folgendermaßen zusammen:

„Der springende Punkt ist, daß es nun nicht mehr Sender und Empfänger sind, die sich etwas mitzuteilen haben, sondern der Text und sein Prätext, die miteinander ‚in Dialog' treten. Schreibakt und Lektüre sind den Texten nicht mehr vor- bzw. nachgeschaltet, sondern treten – gewissermaßen zum Kommunikationsmedium umfunktioniert – als ‚écriture-lecture' dazwischen."[42]

Es sind nun nicht mehr die vielbeschworenen ‚intentio auctoris', ‚intentio operis' oder ‚intentio lectoris', die die Interpretation des Textes beherrschen, sondern die *intentio intertextualitatis*:[43] „die Bücher sprechen direkt miteinander"[44] und der reale (empirische) Autor/Leser hat als textexterne Instanz bei ihrem Gespräch kei-

---

[39] STOCKER, Theorie, 93.
[40] STOCKER, Theorie, 98–99.
[41] Vgl. PFISTER, Systemreferenz, 52f.: „Kein Verfassen von Texten ist ein adamitischer Akt, in dem der Textproduzent gleichzeitig mit seinem Text auch seine Sprache von Grund auf erst schaffen müßte, und kein literarischer Autor ist ein Kaspar Hauser, der noch nie einen fremden literarischen Text gehört oder gelesen hätte."
[42] STOCKER, Theorie, 99.
[43] Zum Begriff siehe den Aufsatz von ECO, Bücher, 127ff.
[44] ECO, Nachschrift, 90.

nen Platz mehr.[45] In unserer Theorie werden wir ihn deswegen zusammen mit Umberto Eco als den (impliziten) *Modell*-Autor/Leser direkt im Text unterbringen:[46]

$$\underbrace{\textit{realer Autor}}_{\text{textextern}} \rightarrow \underbrace{\textit{Modell-Autor} \rightarrow \textit{Modell-Leser}}_{\text{textintern}} \rightarrow \underbrace{\textit{realer Leser}}_{\text{textextern}} \qquad (2.3)$$

Hier kann er sich unserer Analyse auch nicht entziehen.[47]

## 2.3 Intertextuelle Poetik

### 2.3.1 Poetische Funktion

Aus dem bisher gesagtem geht hervor, dass die *intertextuelle* Kommunikation eine Untermenge der *literarischen* Kommunikation und die wiederum eine Untermenge der *sprachlichen* Kommunikation ist, wie es folgendes Kommunikation-Schema illustriert:[48]

$$\left\{ \begin{array}{c} \text{Sprachliche} \\ \text{Kommunikation} \end{array} \right\} \supset \left\{ \begin{array}{c} \text{Literarische} \\ \text{Kommunikation} \end{array} \right\} \supset \left\{ \begin{array}{c} \text{Intertextuelle} \\ \text{Kommunikation} \end{array} \right\} \qquad (2.4)$$

Das Wichtigste ist nun zu erörtern, wie man literarische/poetische Texte von nichtliterarischen/nichtpoetischen unterscheiden kann und welche Möglichkeiten sich daraus für die Analyse der Intertextualität ergeben. Ich werde hier auf das linguistische Modell des *Cercle linguistique de Prague* und die Unterteilung der Funktionen der Sprache von Roman Jakobson zurückgreifen.[49] Eine der sechs grundlegenden sprachlichen Funktionen ist nach R. Jakobson auch die *poetische* Funktion:

---

[45] So schreibt aus eigener Erfahrung eines Romanautors auch Eco, Nachschrift, 13–14: „Der Text ist da und produziert seine eigenen Sinnverbindungen. Ob ich es beim Schreiben gewollt hatte oder nicht, man steht jetzt vor einer Frage, einer mehrdeutigen Provokation, und ich selbst habe Schwierigkeiten, den Gegensatz zu interpretieren, obwohl ich begreife, daß er einen Sinn enthält (vielleicht viele). Der Autor müßte das Zeitliche segnen, nachdem er geschrieben hat. Damit er die Eigenbewegung des Textes nicht stört."

[46] Vgl. Eco, Wald, 9–37, und Eco, Lector, 61–82, hier 76f.: „Wie wir bereits ausgeführt haben, formuliert der empirische Autor einen hypothetischen Modell-Leser und – indem er diese Hypothese in seine eigene Strategie übersetzt – kennzeichnet sich dabei selbst als Subjekt der Äußerung, ebenfalls in strategischen Begriffen und zugleich als eine Art textueller Operation. Doch auf der anderen Seite muß auch der empirische Leser – als konkretes Subjekt der verschiedenen Akte der Mitarbeit – einen hypothetischen Autor entwerfen, den er aus eben den Daten der Textstrategie deduziert." Zum Konzept des sog. impliziten Lesers in biblischen Texten s. auch den Artikel von Frey, Leser.

[47] Gegen Holthuis, Intertextualität. Vgl. auch Stocker, Theorie, 96f.: „Dennoch würde der empirische Leser eingebaut in das Modell als eine *black box*, von der niemand wissen kann, wie sie genau funktioniert. [...] Holthuis mag den Modell-Leser ,reader robot' schimpfen – doch kann sie nicht leugnen, daß dieser den ganz erheblichen Vorteil hat, in seinem Verhalten berechenbarer zu sein als ein beliebiger empirischer Leser, dessen Handlungsfreiheit Holthuis um keinen Fall preisgeben will."

[48] Studenovský, Weg, 525.

[49] Das Modell geht von einem einfachen Kommunikation-Schema aus, in dem der Sender ($S$) dem Empfänger ($E$) eine Mitteilung ($M$) macht. Diese Mitteilung bedarf eines Kontextes auf den sie sich bezieht ($K_r$), eines dem Sender und Empfänger gemeinsamen Kodes ($K_c$) und schließlich eines Kon-

„Die *Einstellung* auf die BOTSCHAFT als solche, die Ausrichtung um ihrer selbst willen, stellt die POETISCHE Funktion der Sprache dar."[50]

Die poetische Funktion konzentriert sich im Unterschied zu anderen Funktionen der Sprache auf das ‚Zeichen' als solches oder umgekehrt gesagt:

„Die Botschaft hat eine ästhetische Funktion, wenn sie sich als zweideutig strukturiert darstellt und wenn sie als sich auf sich selbst beziehend (autoreflexiv) erscheint [...]."[51]

Poetische Texte sind dann solche, in denen die poetische Funktion dominant ist. Die Dominanz der poetischen Funktion ist für die literarische Kommunikation nicht nur charakteristisch (sie unterscheidet einen literarischen Diskurs von einem nichtliterarischen), sondern geradezu konstitutiv. Die Intertextualität lässt sich in dieser Hinsicht als eine *externe poetische Funktion* auffassen.[52]

Das empirische linguistische Kriterium der poetischen Funktion ist die Selektion und die Kombination[53] – die poetische Funktion ($f$) projiziert das Prinzip der Äquivalenz von der Selektionsachse (Paradigma) auf die Kombinationsachse (Syntagma). Die Selektion von der *paradigmatischen* Achse ($p$) vollzieht sich auf der Grundlage der Äquivalenz,[54] der Ähnlichkeit und Unähnlichkeit, der Synonymie und Antinomie, während der Aufbau der Sequenz auf der auf der *syntagmatischen* Achse ($s$) auf Kontiguität[55] basiert.[56] Im Hinblick auf die Rezeption lässt sich die poetische Funktion interessanterweise umkehren: Projiziert sie bei der *Produktion* ($f_p$) das Prinzip der Äquivalenz von der paradigmatischen auf die syntagmatische Achse:

$$f_p : p \rightarrow s \tag{2.5}$$

dekodiert sie bei der *Rezeption* ($f_r$) das Syntagma und baut ein Paradigma auf:

$$f_r : s \rightarrow p \tag{2.6}$$

Mit anderen Worten: „So wie ein Autor durch die Projektion paradigmatischer Reihen auf den Textzusammenhang Äquivalenzrelationen herstellt, so ist der Leser

---

takts ($K_k$) um übermittelt werden zu können. Jede dieser sechs Komponenten bedingt eine sprachliche Funktion: die *referentielle* ($K_r$), die *emotive* (S), die *konative* (E), die *phastische* ($K_k$), die *metasprachliche* ($K_c$) und die *poetische* (M), vgl. JAKOBSON, Poetik, 83–121.

[50] JAKOBSON, Poetik, 92.

[51] ECO, Einführung, 145.

[52] Vgl. STOCKER, Theorie, 80–87, hier 83: „Intertextualität läßt sich mit Fricke als eine *externe* poetische Funktion bestimmen, insofern als durch sie eine Beziehung nicht innerhalb eines Textes, sondern eine Beziehung ‚zu einem außerhalb desselben Textes liegenden Sachverhalt' hergestellt wird. Der Hinweis, daß als externe Sachverhalte in diesem Sinne u. a. auch literarhistorische Fakten in Frage kommen, zielt auf die Intertextualität ab: ‚Dieser andere Sachverhalt kann auch ein anderer Text sein.'"

[53] JAKOBSON, Poetik, 94ff. Vgl. auch ECO, Zeichen, 79–80.

[54] Hier kann man außerdem Paradigmen mit Signifikant- und Signifikat-Äquivalenz sowie mit beiden Äquivalenzen unterscheiden, vgl. LINK/PARR, Diskursanalyse, 118.

[55] Aus lat. *contiguus*. Gemeint werden Relationen, die das Angrenzen und Anordnen auf der syntagmatischen Achse bestimmen und die man sich auch als ‚metonymische' Relationen vorstellen kann – im Unterschied zu den paradigmatischen ‚metaphorischen' Relationen, vgl. JAKOBSON, Doppelcharakter.

[56] JAKOBSON, Poetik, 94.

unter bestimmten Umständen geneigt, Paradigmata zu assoziieren, wo der Text Äquivalenzen aufweist."[57] Das Jakobsonsche Gesetz lässt sich analog[58] auf die Intertextualität als externe poetische Funktion anwenden. Das empirische linguistische Kriterium ist hier die Selektion und Kombination von intertextuell reproduzierten $(f_p)$ und später rezipierten $(f_r)$ Elementen und Strukturen, wobei der Prätext das Paradigma, dem sie entnommen und der Text das Syntagma, wo sie kombiniert werden, darstellt. Hiermit wird auch die im Kapitel 2.2.1 für die Intertextualität geforderte Signal- und Funktionalitätsbedingung erfüllt, denn für einen poetisch wirksamen intertextuellen Bezug müssen sowohl ein ‚Signal‘ auf der syntagmatischen Achse des Textes als auch ein ‚funktionsfähiges‘ Paradigma vorhanden sein.

### 2.3.2 Poetische Strukturen

Die Produktion und Rezeption geschehen selbstverständlich nicht auf einmal, sondern *in der Zeit*. Genau genommen gibt es keinen Text bevor wir lesen beginnen, wohl aber eine *Textur*,[59] die zuerst verstanden und interpretiert werden muss. Erst dann, wenn die syntagmatische Abfolge der Zeichen entschlüsselt wird, wird die Textur zu einem Text.[60] Bei einem literarischen Werk ist es nicht anders: semantische *Strukturen* (Bedeutungskomplexe) „werden durch fortschreitende Akkumulation aus ‚nebeneinander‘ stehenden Elementen und aus denen, die an verschiedenen ‚Stellen‘ des Werkes auftreten, gebildet."[61] Dieser Prozess der Akkumulation, den die Abbildung 2.1[62] zu illustrieren versucht, beginnt mit elementaren Zeichen, setzt mit komplexen Zeichen fort und endet bei dem ganzen literarischen Werk als einem komplexen Makro-Zeichen.[63] Die syntagmatische Achse entspricht hier der Horizontale, die paradigmatische Achse der Vertikale. Das Schema zeigt auch deutlich, warum die Aporie der Synchronie und Diachronie eine scheinbare Aporie ist: In unserem Beispiel muss der Leser zuerst ‚synchron‘ (paradigmatisch) aus den Zeichen $a_1$ und $a_2$ das Zeichen $\alpha_1$ bilden und dann wieder ‚diachron‘ (syn-

---

[57] SCHUTTE, Literaturinterpretation, 146f. Auf diesen Aspekt des Jakobsonschen Gesetzes machen auch LINK/PARR, Diskursanalyse, 107ff., aufmerksam: Das Gesetz erklärt (a) die Tendenz literarischer Rede zur paradigmatischen Expansion ihrer Zeichen, (b) die Tendenz zur Semantisierung der Signifikanten und zur Übersemantisierung der Signifikate in literarischen Diskursen und (c) die Tendenz auf Seiten der Rezeption literarischer Diskurse, jedes nur mögliche Element so komplex wie möglich zu semantisieren. Der Leser versucht in seiner Lektüre alle Elemente und Strukturen als Resultat der Abbildung eines sinnvollen Paradigmas zu lesen so weit es möglich ist. Wenn dies nicht gelingt, tendiert er dazu, alternative Paradigmen als Teile eines Paradigmas höherer Ordnung aufzufassen.

[58] Zur Analogie (Homologie) der semiotischen Systeme vgl. BARTHES, Abenteuer, 104–106.

[59] Zum Begriff s. HŘEBÍČEK, Levels, 63: „In order to make clear the difference between the (non-interpreted) text construct and (interpreted) text let us introduce for the former the term *texture*."

[60] Zur Textdefinition s. QL, 325ff.

[61] ČERVENKA, Bedeutungsaufbau, 93f.

[62] In Anlehnung an das Schema von ČERVENKA, Bedeutungsaufbau, 94.

[63] Dieses einfache Schema kann selbstverständlich nicht die Dynamik des ganzen Prozesses und die Tatsache berücksichtigen, dass viele Zeichen an mehreren Komplexen partizipieren, vgl. ČERVENKA, Bedeutungsaufbau, 93ff.

Abbildung 2.1: *Der Bedeutungsaufbau des literarischen Werkes*

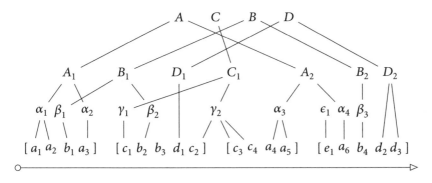

tagmatisch) vorangehen, um aus den Zeichen $\alpha_1$ und $\alpha_2$ das Zeichen $A_1$ bilden zu können usw. „Die Sprache funktioniert synchronisch und bildet sich diachronisch."[64] Die Sprache ist ein dynamisches System,[65] bei dem an der Bildung von Strukturen *zwei Aspekte der Zeit* maßgeblich beteiligt sind, auf die Friedrich Cramer und Wolfgang Kaempfer in ihrer Abhandlung zur Dynamik der schönen Formen aufmerksam gemacht haben: Die Struktur der Zeit „[...] setzt sich im Regelfall zusammen aus einem Vektor, der die Wiederkehr der Zeit (der Zeitstrecken) regelt, und aus einem Vektor, dessen Zeit *nicht* wiederkehren kann, weil er das System, das unter seinem Einfluß steht, *verändert*. Eine zyklisch-reversible Zeitform [$t_r$] steht also einer geschichtlich-irreversiblen Zeitform gegenüber [$t_i$]. Während jene die Erhaltung/Selbsterfaltung der Systeme sichert, zwingt diese die Systeme in Richtung ihrer Veränderung, ihrer ,Geschichte'."[66] Das Zusammenspiel beider Zeiten $t_i$ und $t_r$ ist auch für die Entfaltung der poetischen Strukturen in literarischen Werken wesentlich, wobei für die syntagmatische Bildung die geschichtliche Zeit $t_i$ und das *lineare Vorantreiben* und für die paradigmatische Bildung die zyklische Zeit $t_r$ und die *Wiederholung* charakteristisch sind. Auf diese Art und Weise entsteht die gesamte hierarchische Struktur des literarischen Werkes mit allen seinen Ebenen und Bedeutungskomplexen.[67]

Für die praktische Analyse von poetischen Strukturen ist entscheidend, ob und wie man sie möglichst objektiv beschreiben und erfassen kann. Bei einer Erzählung wie dem Johannesevangelium[68] stützten sich heute sowohl die Literaturwis-

---

[64] COȘERIU, Synchronie, 237.

[65] Vgl. HŘEBÍČEK, Levels, 103–123.

[66] CRAMER/KAEMPFER, Natur, 121.

[67] Der Aspekt der Zeit scheint überhaupt für mehrere Phänomene der Sprache von entscheidender Bedeutung zu sein, vgl. GENETTE, Erzählung, oder WEINRICH, Tempus, und zum Johannesevangelium FREY, Eschatologie, oder jüngst ESTES, Mechanics. Hier weiter das Kapitel 3.3.2.

[68] Anders SCHENKE, Johannesevangelium.

senschaft[69] als auch die Exegese[70] vor allem auf die *narrative Analyse*, die in letzten Jahren wohl zum festen Bestandteil des exegetischen Instrumentariums geworden ist und deswegen hier nicht besonders ausführlich erörtert werden muss.[71] Die narrative Analyse geht bei der Beschreibung von Elementen und Strukturen der Erzählung von einer Parallelität mit der realen Welt aus: „Ergebnis sind dann Bedeutungsganzheiten wie Motiv, Person, Handlung, Schauplatz, welche eine Analogie der realen Inhalte unserer Erfahrungen wie Gegenstand, menschliches Wesen, Ereignis, Milieu darstellen."[72] Tatsächlich kann ein sehr kurzer Textabschnitt wie z. B. Joh 10,22–23 eine ganze Welt konstruieren: „Ἐγένετο τότε τὰ ἐγκαίνια ἐν τοῖς Ἱεροσολύμοις, χειμὼν ἦν, καὶ περιεπάτει ὁ Ἰησοῦς ἐν τῷ ἱερῷ ἐν τῇ στοᾷ τοῦ Σολομῶνος" – in weniger als zwei Zeilen werden die Säulenhalle Salomons, der Tempel und das antike Jerusalem ins Leben gerufen sowie in der Zeit in den Winter gesprungen. Doch in dieser Welt läuft nicht nur die Zeit ganz anders, zumal ein Jahr der *erzählten Zeit* nur ein paar Sekunden der *Erzählzeit* dauern kann,[73] sondern es gibt in ihr auch Orte, die es in unserer realen Welt gar nicht oder nicht mehr gibt, wie der Tempel in Jerusalem. Aus diesem Grund habe ich eben das Wort ‚konstruieren‘ gewählt, denn es wird hier nicht die *reale Welt* ‚beschriebenen‘, sondern vielmehr in einer *imitatio vitae* eine neue *erzählte Welt* geschaffen, die mit der realen Welt nicht verwechselt werden darf. In dieser Hinsicht gibt es keinen Unterschied zwischen ‚faktualer‘ und ‚fiktionaler‘ Erzählung, denn „[n]icht nur ist es unmöglich, eine vollständige alternative Welt zu bestimmen; es ist auch unmöglich, die reale Welt als vollständig zu beschreiben."[74] Die reale Welt, in der das Buch geschrieben wurde, das wir heute das *Evangelium nach Johannes*[75] nennen, gibt es nicht mehr und unsere Kenntnisse über sie haben eine ziemlich fragmentarische Struktur – es fehlt ihnen jene selbstverständliche Ganzheit der natürlichen Welt, der wir uns als Leser einer modernen Erzählung erfreuen:

„In welchem Sinne können wir [...] von einer Identität zwischen der *Ilias* sprechen, wie die alten Griechen sie lasen und hörten und der, die wir heute lesen? Auch wenn wir vorausset-

---

[69] MARTINEZ/SCHEFFEL, Einführung.

[70] EBNER/HEININGER, Exegese, 57–130.

[71] Ich werde mich hier im Weiteren vor allem auf die französische Narratologie stützen, insbesondere auf die Arbeiten von GENETTE, Erzählung, und BARTHES, Abenteuer, und außerdem auf die narrativ-semiotischen Arbeiten von ECO, Lector, und ECO, Wald, zumal ich auch an der Analyse der narrativen Inhalte interessiert bin. Einen Überblick über die narrative Analyse und neutestamentliche Exegese in der frankophonen Welt bietet der Artikel von ZUMSTEIN, Analyse, zum neueren Stand siehe die Arbeit von FINNERN, Narratologie. Zur Literatur siehe die Seite des Interdisziplinären Centrums für Narratologie (ICN) an der Universität Hamburg und die Übersicht von A. CORNILS u. a., Kanonische Texte der Narratologie in deutschsprachigen Kodifikationen, http://www.icn.uni-hamburg.de/fachartikel [15. Juni 2012]. Eine praktische Einführung in die Methoden der narrativen Analyse bietet das Methodenbuch von LAHN/MEISTER, Einführung, und in die Begriffe der Narratologie das Buch von Hühn, Handbook.

[72] ČERVENKA, Bedeutungsaufbau, 93.

[73] GENETTE, Erzählung, 21ff.

[74] ECO, Lector, 165.

[75] Εὐαγγέλιον κατὰ Ἰωάννην. Zur Überschrift des Evangeliums mehr das Kapitel 3.2.3.

zen, daß wir den gleichen Text vor uns haben, so muß doch unser Erleben verschieden sein. Wir sind nicht in der Lage, ihre Sprache der griechischen Umgangssprache gegenüberzustellen und empfinden daher nicht die Abweichungen von der Umgangssprache, wovon ein erheblicher Teil der dichterischen Wirkung abhängen mußte. Wir können den Doppelsinn vieler Worte nicht erfassen, der einen wesentlichen Teil der Bedeutung eines jeden Dichters ausmacht."[76]

Als Leser eines antiken Textes müssten wir uns zuerst in diese fremde Welt zu versetzen versuchen, wie es schon im Jahre 1752 J. J. Wettstein forderte: „Wenn du die Bücher des Neuen Testaments ganz und gar verstehen willst, versetze dich in die Person derer, denen sie zuerst von den Aposteln zum Lesen gegeben worden sind. Versetze dich im Geiste in jene Zeit und jene Gegend, wo sie zuerst gelesen wurden."[77] Dieses von J. J. Wettstein geforderte ‚Sich-Versetzen', das man heute besser mit der *enzyklopädischen Kompetenz*[78] des Lesers ausdrücken würde, ist aber nur der erste Schritt auf dem Pfad in den „Wald"[79] der erzählten Welt, der der eigenen Lektüre eigentlich vorausgehen sollte. Doch sogar wenn es uns vollkommen gelingen sollte „[a]ll die Horizonte, die sich hier auftun, abzuschreiten"[80] und eine lückenlose Enzyklopädie der Antike aufzubauen,[81] sollte man diese so mühsam ‚rekonstruierte' Fragmente der realen Welt nicht mit der Welt des Textes verwechseln. Jeder Text entwirft sein eigenes Universum, das nur dem Leser zugänglich ist, und wir müssen „damit rechnen, daß die Welt, die der Text setzt und auf die er sich bezieht, eine andere Welt mit anderen Regeln sein könnte, als die Welt, die uns vertraut ist."[82] In diesem Sinne ist uns auch der Text eines modernen Romans, der sich in unserer Welt abspielt, nicht weniger fremd:

„Manchmal ist es eine Welt, die sich auf irgendeinem Teil der Landkarte verzeichnen läßt, wie Kellers und Gotthelfs Schweiz, Trollopes Barsetshire, Hardys Wessex. Bei anderen ist das unmöglich. Poes Schreckensschlösser existieren nicht in Deutschland oder in Virginia, sondern in seiner Seele. Dickens' Welt kann mit London, Kafkas mit dem alten Prag identifiziert werden, aber beide Welten sind so ‚projiziert', so schöpferisch geschaffen und hernach in der empirischen Welt als Dickens' Charaktere und Kafkas Situationen erkennbar, daß solche Identifikationen recht unwichtig erscheinen."[83]

---

[76] WELLEK/WARREN, Theorie, 134–135.

[77] Wettstein, ΔΙΑΘΗΚΗ, II, 878, deutsche Übersetzung nach KÜMMEL, Testament, 54.

[78] ECO, Lector, 95, zum Konzept der Enzyklopädie s. ECO, Lector, 94–106. Hierher gehört auch die *intertextuelle Kompetenz*, s. ECO, Lector, 101–105.

[79] ECO, Wald, 14–15: „Der Wald ist eine Metapher für den erzählenden Text, nicht nur für Märchen, sondern für jede Art von Erzählung. [...] [E]in Wald ist ein Garten mit sich verzweigenden Pfaden. Auch wenn es in einem Wald keine gut ausgetretenen Pfade gibt, kann jeder sich seinen Weg selber suchen, kann sich entscheiden, rechts oder links um einen bestimmten Baum herumzugehen, und die Entscheidung bei jedem weiteren Baum wiederholen."

[80] KLAUCK, Umwelt, I, 20.

[81] An Bemühungen hat es nie gemangelt, vgl. nur die Neuausgabe des Neuen Pauly (DNP).

[82] ALKIER, Hinrichtungen, 118.

[83] WELLEK/WARREN, Theorie, 190. Vgl. auch ECO, Wald, 135–153.

Worauf ich hinaus will, ist zu zeigen, dass jeder Text allemal eine *mögliche Welt*[84] entwirft, die die reale Welt „in redundanter Weise" überlagert.[85] Der Grund dafür ist nicht nur die Erzählökonomie, sondern besonders die oben erwähnte Unmöglichkeit eine vollständige erzählte Welt zu konstruieren. Angesichts dieser Tatsache muss und kann ein Schriftsteller ähnlich einem Maler nicht ‚jedes Blatt am Baum zeichnen', aber verwendet eine der Kunst eigene Technik, so dass man zusammen mit Origenes sagen könnte, er muss sich hier ähnlich wie die Evangelisten einer körperlichen ‚Lüge' bedienen.[86] Dabei kommt es nicht darauf an, ob er vor Augen eine reale oder fiktive Landschaft hat. Das Blatt eines Farns auf der Abbildung 2.2 lässt sich vom Abdruck eines echten Farnblatts nur schwer unterscheiden und kein Botaniker hätte Schwierigkeiten ihn sofort der Pteridopsida zuzuordnen. Es han-

Abbildung 2.2: *Farn*

delt sich aber in Wirklichkeit um ein mathematisches *Kunstwerk*,[87] das auch dann existieren wird und konstruiert werden kann, wenn es in unserer realen Welt gar keine Farne gäbe. Man würde es zwar nirgendwo in der realen Welt vorfinden, doch das ändert nichts daran, dass es ein Teil einer möglichen Welt darstellt und eine eigene *Realität* besitzt – man könnte sich diese mögliche Welt als eine Art ‚Fraktalland' vorstellen, das nicht wie das Flächenland in Abbott's Flatland[88] mit zwei euklidischen, sondern mit fraktalen Dimensionen ausgestattet wäre. Wenn man nun doch einen Unterschied zwischen dem *Abdruck* eines natürlichen und eines computergenerierten Farnblatts definieren wollte, könnte man sagen, dass das ers-

---

[84] Eco, Lector, 154–219.

[85] Eco, Lector, 165.

[86] Origenes, Commentarii in Ioh, X,5,19–20, hier auf S. 17.

[87] Das hier abgebildete Blatt eines Farns ist ein mit MATLAB computergeneriertes *Fraktal*, das erstmals von M. F. Barnsley in BARNSLEY, Fractals, 86, 90, 102 und Plate 2 beschrieben wurde. Das Fraktal *Barnsley's Fern* kann mit *random iteration algorithm* nur über vier folgende bei der Konstruktion mit unterschiedlichen Wahrscheinlichkeiten ($p$) angewendeten ‚Farn'-Funktionen ($f$) generiert werden: 1. Stamm: $f_1(x, y) = (0,00, 0,16y)$, $p_1 = 0,01$; 2. rechtes Blatt: $f_2(x, y) = (-0,15x + 0,28y, 0,26x + 0,24y + 0,44)$, $p_2 = 0,07$; 3. linkes Blatt: $f_3(x, y) = (0,20x - 0,26y, 0,23x + 0,22y + 1,6)$, $p_3 = 0,07$ und 4. oberes Blatt: $f_4(x, y) = (0,85x + 0,04y, -0,04x + 0,85y + 1,6)$, $p_4 = 0,85$. Zum von B. Mandelbrot in Anlehnung an lat. *fractus* eingeführten Fraktal-Begriff s. MANDELBROT, Geometry, 4–5.

[88] E. A. Abott, Flatland. A Romance of Many Dimensions, Oxford 1884. In Wirklichkeit wurden viele von den in der fraktalen Geometrie zuerst beschriebenen Strukturen später in der Natur ‚wiederentdeckt', s. MANDELBROT, Geometry, 4: „In brief, I have confirmed Blaise Pascal's observation that imagination tires befor Natur." Zum Problem vgl. auch Eco, Lector, 169–170.

te ‚gewachsen' und ein ‚Spiel der Natur' ist, das andere dagegen ‚konstruiert' und ein ‚Spiel der fraktalen Geometrie' ist. Der wesentliche Unterschied zwischen einer konstruierten und realen Welt liegt im Zustandekommen ihrer Elemente und Strukturen. Lässt sich die Entstehung von Elementen und Strukturen der realen Welt aufgrund der großen Komplexität natürlicher Systeme mehr oder weniger als *zufällig* betrachten,[89] setzt man beim literarischen Werk die *Intentionalität* als „ein grundlegendes Moment seiner Existenz"[90] voraus:

> „Wenn wir irgendeine reale Szenerie wahrnehmen, etwa den Ausschnitt einer Großstadtlandschaft, so wissen wir, daß das Nebeneinander ihrer einzelnen Komponenten ein ‚Werk des Zufalls' ist, und mit diesem Bewußtsein setzen wir sie (sofern wir dies überhaupt tun) in Beziehung. Demgegenüber akzeptieren wir Kafkas Beschreibung im *Prozeß* als Ergebnis einer absichtlichen Auswahl, und also auch der Kombination."[91]

Die in der realen Welt im Hintergrund des Geschehens stehende Zufälligkeit wird bei einem (literarischen) Kunstwerk durch Auswahl und Kombination ersetzt und von der *poetischen Funktion* bestimmt. Man könnte etwas zugespitzt sagen, dass es in einem literarischen Werk eigentlich gar keinen Zufall geben kann, denn „die Anwesenheit irgendeines Elements im Werk ist schon an sich ein hinreichender Grund dafür, daß wir seine absichtliche Eingliederung ins System der übrigen Elemente voraussetzen."[92] Mit anderen Worten: Die Tatsache, dass sowohl bei dem Zitat von ČERVENKA in der Fußnote 92 als auch bei dem Zitat von THIEDE in der Fußnote 94 die Seitenangabe 81 zu finden ist, ist ein Zufall (– es sei denn, ich hätte sie in hermetischer Abdrift absichtlich konstruiert, was aber nicht der Fall ist). Die identische Seitenangabe beider Zitate wird daher niemanden zu einer tieferen Deutung veranlassen, weil es sich hier um eine wissenschaftliche Abhandlung handelt und die referentielle Funktion dominant ist. Das Faktum dagegen, dass die Jünger in Joh 21,11 gerade 153 Fische fingen, ist kein Zufall und hat deswegen schon viele Leser des Evangeliums zu einer allegorischen Deutung veranlasst.[93] Die Frage, ob es sich um die Erinnerung eines Augenzeugen (und hiermit eigentlich um eine *allegoria facti*) handeln kann,[94] spielt dabei keine Rolle. Die Zahlenangabe befindet sich nämlich nicht in der Buchhaltung einer Fischerei, sondern in einem Text mit dominanter poetischen Funktion. Der Kontext ist für die Interpretation entscheidend: Es macht einen großen Unterschied, ob ich eine schöne Vase mit Blumen in der Küche oder im Metropolitan Museum of Art vorfinde – bei der ersten Vase ist die dominante Funktion ‚die Blumen zu halten', bei der zweiten Vase ist es dagegen die poetische Funktion, und zwar ungeachtet dessen, ob ich sie schön finde.[95]

---

[89] Die Definition der ‚Zufälligkeit' hängt selbstverständlich von unserer Enzyklopädie ab.

[90] ČERVENKA, Bedeutungsaufbau, 81.

[91] ČERVENKA, Bedeutungsaufbau, 81.

[92] ČERVENKA, Bedeutungsaufbau, 81.

[93] Siehe das Kapitel 4.4.4 auf S. 277.

[94] THIEDE, Bibelcode, 81.

[95] Hier stellt der Kanon der Heiligen Schrift einen ähnlichen Kontext dar und auch z. B. Bücher, die einmal *nur* Briefe waren, haben längst ihre referentielle Funktion verloren.

Man kann gewiss die Wirklichkeit als Kunstwerk Gottes betrachten und sie allegorisch verstehen, wie der Mensch im Mittelalter,[96] und doch der Wirklichkeit gerecht werden.[97] Wir stellen ja auch nicht jeden Tag das kopernikanische Weltbild in Frage, wenn wir vom ‚Sonnenaufgang‘ und ‚-untergang‘ sprechen. Verwechselt man dagegen ein Kunstwerk mit der Wirklichkeit, tut man beiden Gewalt an. Das ist leider seit Jahrhunderten immer wieder auch das Schicksal vieler biblischen Texte inklusive der Evangelien gewesen. Dabei wollen die Evangelien den Lesern ebenso wenig biographische Informationen vermitteln,[98] wie das Buch Genesis ihnen die Auskunft über Astronomie geben will. Die Apostelgeschichte ist ja auch keine Geschichte nur weil sie eine Geschichte erzählt. Im Unterschied zu Texten mit dominanter referentieller Funktion, die nach außen gerichtet sind und die Zeitlichkeit und Zufälligkeit der realen Welt widerspiegeln, sind nämlich *poetische Texte* nach innen gerichtet und lenken die ganze Aufmerksamkeit des Lesers nur auf sich selbst, abgekoppelt von der Zeitlichkeit und Zufälligkeit der realen Welt. Es entsteht dadurch die der Kunst eigene Dimension der Ewigkeit. Die Welt, auf die sich poetische Texte beziehen, liegt innen, der Code wird dem Werk beigelegt und die Sprache wird zu einem Idiolekt.[99] Wie das mathematische Kunstwerk (Abbildung 2.2), besitzt auch das literarische Kunstwerk eigene Realität, die bei der Suche nach der Bedeutung zuerst befragt werden muss, und dabei können uns keine Enzyklopädie und kein Lexikon helfen.[100] Das bedeutet nicht, es habe keinen Sinn Enzyklopädien und Lexika zu schreiben. Es müssen aber Lexika und Enzyklopädien sein, die sich dessen bewusst sind, dass sich das Galiläa des Markusevangeliums[101] ebenso wenig auf einer Landkarte finden lässt, wie das Paris der Drei Musketiere von Alexandre Dumas.[102]

## 2.4  Strukturale Analyse

Das bisher Gesagte führt zu der Schlussfolgerung, dass die Analyse der Struktur poetischer Texte von *innen* ausgehen muss. Was befindet sich aber in dem Inneren eines Textes? „Wo soll man [...] die Struktur der Erzählung suchen?"[103] Als sich Roland Barthes im Jahr 1966 in seiner „Einführung in die strukturale Analyse von

---

[96] Eco, Kunst, 79ff.
[97] Vgl. Reiser, Bibelkritik, 149–152.
[98] So auch Frye, Code, 41: „And just as the historical books of the Old testament are not history, so the Gospels are not biography."
[99] Eco, Einführung, 151ff.
[100] Zum Problem der lexikalischen Semantik s. auch Barr, Semantics, 206ff.
[101] Vgl. Bösen, Galiläa, 268ff.
[102] Vgl. Eco, Wald, 135ff.
[103] Barthes, Abenteuer, 103: „Wo soll man also die Struktur der Erzählung suchen? In den Erzählungen vermutlich. In *allen* Erzählungen?"

Erzählungen"[104] diese Frage stellte, betrat er das Land jenseits des Satzes, wo auf der Karte der Linguistik immer noch *hic sunt leones* stand:

„Bekanntlich beschränkt sich die Linguistik auf den Satz: Er ist die letzte Einheit, zu deren Untersuchung sie sich berechtigt fühlt [...] Die Linguistik kann sich also keinen satzüberschreitenden Gegenstand vornehmen, da jenseits des Satzes immer wieder nur andere Sätze liegen: Nachdem der Botaniker die Blume beschrieben hat, kann er sich nicht um die Beschreibung des Blumenstraußes kümmern."[105]

R. Barthes war jedoch klar, dass der Diskurs mehr als die Summe der Sätze ist: „Der Diskurs ist ein großer ‚Satz' (dessen Einheiten nicht unbedingt Sätze sein müssen), genauso wie der Satz, mittels gewisser Spezifizierungen, ein kleiner ‚Diskurs' ist."[106] Er konnte nicht wissen, welche prophetische Worte er damals aussprach, als er das unbekannte Land jenseits des Satzes für seine *strukturale Analyse* beanspruchte: Die Linguistik, die zur Textlinguistik expandierte, hat nämlich das Land inzwischen erfolgreich kartiert und dabei nicht nur eine „homologe" Beziehung zwischen Satz und Text festgestellt, sondern auch die Einheiten entdeckt, aus denen ein Text besteht – und es sind in der Tat keine Sätze. Der Schlüssel zu ihrer Entdeckung lag in dem oben erwähnten Aspekt der *Wiederholung*.[107]

Dem Prager Linguist Luděk Hřebíček ist es in einer Reihe von Arbeiten zu zeigen gelungen,[108] wie im Text durch die Wiederholung von Wörtern, die das selbe *denotieren*, sogenannte ‚Supra-Satz-Konstrukte'[109] oder ‚Textaggregate'[110] entstehen. Hřebíček selbst spricht über „aggregates" und definiert sie als „set of sentences of a text in all of which a certain word (lexical unit), or semantically interpreted word, occurs." Diese füllen „the structural hiatus between the level of sentences and the whole text."[111] Ein Text wird also nicht direkt aus Sätzen, sondern aus ‚Textaggregaten', gebildet, die *semantische Konstrukte* sind. Der empirische Nachweis ihrer Existenz konnte Hřebíček durch die Implikation des Menzerathschen Gesetzes liefern.[112] Das Gesetz geht auf die Beobachtung des Phonetikers Paul Menzerath aus dem Jahr 1954 zurück, der in seinem Buch „Die Architektonik des deutschen Wort-

---

[104] BARTHES, Abenteuer, 10, 102–143. Zum Neuen Testament siehe das bis heute einzige strukturalistische Methodenbuch von EGGER, Methodenlehre, und zum Johannesevangelium z. B. die Studie von OLSSON, Structure; eine allgemeine Einführung bietet z. B. SCHUTTE, Literaturinterpretation, 94ff. In Wirklichkeit gibt es aber so gut wie keine einheitliche Methodologie zur strukturalen Analyse. Außerdem wird heutzutage mit der ‚strukturalen Analyse' nicht selten die ‚narrative Analyse' bezeichnet, die – damit die methodologische Verwirrung vollkommen ist – z. B. bei EBNER/HEININGER, Exegese, 57–130, wiederum unter der ‚sprachlichen Analyse' zu finden ist.

[105] BARTHES, Abenteuer, 104f.

[106] BARTHES, Abenteuer, 105f.

[107] Vgl. das Kapitel 2.3.2 auf S. 39.

[108] Ausführliche Bibliographie findet sich in QL, 446. Ich beziehe mich hier vor allem auf HŘEBÍČEK, Levels, und HŘEBÍČEK, Vyprávění.

[109] QL, 425.

[110] QL, 338.

[111] HŘEBÍČEK, Levels, 27.

[112] Das Menzerathsche Gesetz s. auch QL, 659–688.

schatzes" feststellt, dass die relative Lautzahl mit steigender Silbenzahl abnimmt,[113] was er kurz und prägnant formuliert: „[...] je größer das Ganze, um so kleiner die Teile!"[114] Diese Beobachtung wurde im Jahr 1980 von dem Linguisten und Mathematiker Gabriel Altmann aufgegriffen,[115] verallgemeinert und in mathematische Form umgesetzt, die er das Menzerathsche Gesetz nannte:

$$y = ax^b \qquad (2.7)$$

Die abhängige Variable $y$ ist die mittlere Länge der *Konstituenten* und die unabhängige Variable $x$ ist die Länge des betrachteten *Konstrukts*, gemessen an der Zahl seiner Konstituenten, und $a$ und $b$ sind Konstanten, wobei $b$ in diesem Fall nur *negative* Werte annimmt.[116] In wörtlicher Formulierung: „The longer a language construct the shorter its components (constituents)."[117] In dieser Form konnte das Menzerathsche Gesetz relativ bald darauf sowohl innerhalb[118] als auch außerhalb[119] der Linguistik verifiziert werden, erst Hřebíček ist es aber gelungen, die lange Zeit bestehende Kluft zwischen Satz und Text zu überbrücken und festzuhalten: „The longer an aggregate (in number of sentences) the shorter the mean length of its sentences (in number of words)."[120] Der quantitativen Linguistik ist es damit erstmals gelungen genau aufzuzeigen, wie sich die von der strukturalistischen Literaturwissenschaft schon lange beobachteten ‚Einheiten'[121] eines literarischen Werkes bilden und die Grundlagen einer Texttheorie[122] zu legen, die uns ermöglicht die *diskurssemantische Struktur* des Textes exakt zu erfassen und einer textlinguistischen Analyse zu unterziehen. Mit Roland Barthes' Wörtern gesagt: Der

---

[113] MENZERATH, Architektonik, 100.

[114] Im Original gesperrt gedruckt, MENZERATH, Architektonik, 101.

[115] ALTMANN, Prolegomena, 1–10.

[116] Siehe QL, 339. Die hier angeführte Formel ist nur ein Spezialfall für $b \neq 0$ und $c = 0$ von drei möglichen Gleichungen des Menzerathschen Gesetzes, wobei die allgemeine Form $y = ax^b e^{-cx}$ ist, vgl. QL, 662–663.

[117] ALTMANN, Prolegomena, 1. Zu der Konkretisierung dieses etwas kryptischen Satzes und den Beispielen und der Anwendung des Menzerathschen Gesetzes s. QL, 659–688.

[118] Ein tabellarischer Überblick s. QL, 668. Interessanterweise gilt das Menzerathsche Gesetz neben den zu erwartenden Beziehungen wie Wortlänge/Anzahl der Silben auch für semantische Beziehungen wie Wortlänge/Anzahl der Bedeutungen, QL, 666: „Je kürzer das Wort, desto größer ist die Bedeutungsmenge, oder anders herum ausgedrückt: je weniger Bedeutungen, desto länger das Wort."

[119] Zum Beispiel für den Bereich der Genforschung oder der Musik, vgl. QL, 680–681.

[120] HŘEBÍČEK, Levels, 27. Das Menzerathsche Gesetz sieht zwar auf den ersten Blick sehr einfach aus, man darf aber bei seiner Anwendung nicht ganze Ebenen überspringen, vgl. QL, 666: Es gilt z. B. der aus ALTMANN/SCHWIBBE, Gesetz, 12, als Arens'sche Regel bekannte Zusammenhang: „Je länger der Satz, d. h., je kürzer die Teilsätze, desto länger die Wörter." Lässt man jedoch den mittleren Teil aus, „ergibt sich der Zusammenhang: je länger der Satz, desto länger die Wörter, der auf den ersten Blick im Widerspruch zum Menzerathschen Gesetz steht." Dies ist auch der Grund, warum „eine Aussage wie: je länger der Text, desto kürzer sind seine Sätze, kaum ernst genommen werden kann."

[121] BARTHES, Abenteuer, 104ff.

[122] Die Texttheorie ist hier „verstanden als ein System von hypothetischen Aussagen, die theoretisch begründet (= abgeleitet), empirisch hinreichend überprüft und für den Gegenstandsbereich allgemein sind und deren Form und Verhalten Gesetzen folgt." So QL, 425.

Botaniker *kann* sich jetzt auch „um die Beschreibung des Blumenstraußes kümmern."[123] Es bleibt abzuwarten, ob damit der erste Schritt zu einer *neuen Methode
der strukturalen Analyse* gemacht wurde.[124]

### 2.4.1 Denotative Textanalyse

Aufbauend auf den Arbeiten von Luděk Hřebíček haben im Jahr 2002 Gabriel Altmann und Arne Ziegler ein textlinguistisches Arbeitsbuch zu einer solchen Analyse vorgestellt, die sie als *Denotative Textanalyse* bezeichneten.[125] Dieses Verfahren wurde inzwischen weiter entwickelt[126] und schließlich in das internationale
Handbuch zur Quantitativen Linguistik (QL) aufgenommen, wo es ausführlich referiert wird.[127] Als Anerkennung Hřebíček's Pionierarbeit wurden oben erwähnte ‚Textaggregate' nach ihm *Hrebs* genannt.[128] Im Grunde handelt es sich um *diskurssemantische Einheiten*[129] auf der Satz- (Satz-Hrebs) oder Wort-Ebene (Wort-
Hrebs),[130] die die gleiche Denotation haben.[131]

Die von Altmann und Ziegler entwickelte Dentotative Textanalyse (DT) widmet sich im Unterschied zu Hřebíček's Arbeiten ausschließlich den Wort-Hrebs,
die hier im Weiteren nur als Hrebs oder diskurssemantische Einheiten bezeichnet
werden.[132] Diese bilden Denotationsklassen, auf welche alle Wörter eines Textes
verteilt werden können, „die dieselbe Entität in der (äußeren oder inneren) Realität
bezeichnen, ungeachtet der Tatsache ob Rekurrenz, Substitution oder andere Formen der lexikalischen Wiederaufnahme vorliegen."[133] Der wichtigste Schritt der
DT ist deswegen die Zuordnung der Wörter eines Textes den jeweiligen Denotationsklassen und hiermit die Etablierung der diskurssemantischen Einheiten/Hrebs.
Hierzu haben G. Altmann und A. Ziegler eine Reihe tentativer Regeln aufgestellt,
die hier abgekürzt referiert werden sollten:[134]

---

[123] In Anspielung auf Barthes, Abenteuer, 104f.

[124] Vgl. Hřebíček, Levels, 67: „It seems to us, that at this point linguistic structuralism cannot be
further developed. The sentence as a syntactic unit represents a limit for its development. [...] The only
exception to the integration of the text as a subject of a theoretical reflection is literary criticism, sometimes also called 'literary science'. This discipline doubtlessly fulfills the generally accepted non-explicit
requirements imposed on cognition but certainly not the requirements placed on scientific theory."

[125] Ziegler/Altmann, Textanalyse, Vorwort.

[126] Altmann/Altmann, Erlkönig.

[127] QL, 423–447.

[128] Ziegler/Altmann, Textanalyse, 23.

[129] Vgl. QL, 426.

[130] Es wären aber ebenso Morphem-, Phrasen- oder Klausen-Hrebs denkbar, vgl. Ziegler/Altmann,
Textanalyse, 24.

[131] Siehe Ziegler/Altmann, Textanalyse, 24: „Aus der Vielfalt der möglichen textinternen semantischen Relationen beschäftigen wir uns im vorliegenden Band ausschließlich mit den denotativen Relationen, d. h. aus dem Bereich der möglichen Isotopie eines Textes beschränken wir uns auf eine Untersuchung der denotativen Referenzbeziehungen, nicht zuletzt, um auf diese Weise eine möglichst zwei-
felsfreie Operationalisierbarkeit der Merkmale zu Gewährleisten."

[132] Ziegler/Altmann, Textanalyse, 25.

[133] QL, 426.

[134] Laut QL, 426–427. Die auf das Deutsche sich beziehende Beispiele wurden ausgelassen.

(1) Alle Einheiten des Textes (Morpheme, Wörter, Komposita usw.), die das gleiche denotieren, gehören zum gleichen Hreb. Unabhängige Pronomina oder Personalendungen
können offensichtlich zu mehreren Hrebs gehören.

(2) Analytisch ausgedrückte Verbformen gehören zu einem Hreb; ebenso diskontinuier-
liche Verbformen.

(3) Komposita sollen nicht in Bestandteile zerlegt werden. Beim analytischen Ausdruck
können ganze Phrasen als eine Einheit betrachtet werden.

(4) Synonyma können nach Bedarf – falls sie sehr eng sind – in einem Hreb zusammengefasst werden, jedoch hängt dies vom Kontext ab.

(5) Artikel können mit dem Nomen zusammengefasst werden, d. h. Artikel bilden keinen autonomen Hreb. Ähnlich verhalten sich einige Pronomina. In manchen Sprachen schreibt man den Artikel mit dem Nomen zusammen. Falls nötig, soll aber die
definite und indefinite Form des Nomens unterschieden werden.

(6) Negation beim Verb bildet keinen selbständigen Hreb, sie gehört zum Verb. In einigen
Sprachen wird sie mit dem Verb zusammen ausgedrückt.

(7) Einige Präpositionen und Konjunktionen sowie evtl. Adverbien können nach Bedarf
– falls sie dasselbe denotieren – zusammengefasst werden.

(8) Polysemie kann große Probleme bereiten, die im Zweifelsfall ad hoc gelöst werden
müssen. Hier hängt alles davon ab, wie detailliert die Analyse durchgeführt werden
soll.

(9) Elliptische Ausdrücke sollen vervollständigt werden.

(10) Bezieht sich eine Entität auf mehrere Denotate, so muss sie gleichzeitig zu mehreren
Hrebs gehören.

(11) Bei Bedenken bezüglich der Zugehörigkeit einer Entität ist sparsam zu verfahren und
sind daher eher wenige als viele Hrebs zu bilden.

Die wichtigste Änderung im Vergleich zu ZIEGLER/ALTMANN, Textanalyse, 25–27,
ist vor allem die Regel Nr. (5), die besagt, dass Artikel nun keinen autonomen Hreb
bilden[135] und der Umgang mit Komposita, die Regel Nr. (3), die bei ZIEGLER/
ALTMANN, Textanalyse, 25, noch die Möglichkeit erwähnte, Komposita so vielen
Hrebs zuzuordnen, wie sie Glieder haben, abhängig davon, „ob sich im Text weitere mit den Komponenten denotativ identische Wörter befinden."[136] Doch wie
gesagt, sind diese Regeln keineswegs allgemeingültig und sollten somit lediglich
als eine Art erster Leitfaden dienen.[137] Das wichtigste Kriterium ist, wie sie sich
bei der Textanalyse bewähren. Hier liegt der Vorteil dieses Verfahrens darin, dass
sich die Ergebnisse mathematisch überprüfen lassen: Gehorchen die Hrebgrößen
dem Menzerathschen Gesetz,[138] so folgt ihre *Ranghäufigkeitsverteilung*, in welcher
sie nach abnehmenden Umfang rangiert werden, der *Zipf-* bzw. der *Zipf-Madelbrot-
Verteilung*.[139]

---

[135] Vgl. ZIEGLER/ALTMANN, Textanalyse, 21–48.

[136] ZIEGLER/ALTMANN, Textanalyse, 25–26.

[137] QL, 426.

[138] Siehe die Formel (2.7) auf S. 46.

[139] QL, 435–436. Vgl. auch ALTMANN/ALTMANN, Erlkönig, 118: „Wenn das nicht der Fall sein sollte,
könnte man sie nicht als theoretisch fruchtbar betrachten. Die Unterordnung unter ein Verteilungsge-
setzes ist ein Indiz für die Akzeptabilität einer Entität als Spracheinheit."

Die Zipf- bzw. Zipf-Mandelbrot-Verteilung geht auf die Arbeiten des Linguisten George Kingsley Zipf zurück.[140] Das nach ihm genannte *Zipfsche Gesetz* besagt in Bezug auf die Ranghäufigkeitsverteilung der Wörter, „daß in einer nach Häufigkeiten geordneten Wortliste die Position des Wortes in der Liste (sein Rang) und seine Frequenz in einem inversen Verhältnis zueinander stehen [...]."[141] Dies kann man hier am Text von Joh 2,1–12 (NA[27]) illustrieren, für den eine solche Liste die Tabelle 2.1 zeigt.[142] „Das Zipfsche Gesetz, das diesen Zusammenhang als Wahr-

Tabelle 2.1: *Die Ranghäufigkeitsverteilung der Wörter in Joh 2,1–12*

| Rang ($r$) | Wort | Frequenz ($f$) |
|:---:|:---:|:---:|
| 1 | καὶ | 19 |
| 2 | αὐτοῦ | 7 |
| 3 | οἱ | 7 |
| ⋮ | ⋮ | ⋮ |
| 126 | ὡς | 1 |

scheinlichkeitsverteilung repräsentiert, hat die allgemeine Form einer Potenzfunktion mit negativem Exponenten."[143] In einer generalisierten mathematischen Form also

$$f = cr^{-\gamma} \tag{2.8}$$

und in der oben erwähnten Variante von Benoît B. Mandelbrot dann

$$f = c(r + m)^{-\gamma} \tag{2.9}$$

Dabei ist $f$ die absolute (relative) Häufigkeit, $r$ der Rang, $c$ und $m$ sind Konstanten und $\gamma$ ist der Exponent der Potenzfunktion. Trägt man nun den Rang $r$ auf die Achse $x$ und die Frequenz $f$ auf die Achse $y$ auf, bekommt man für Joh 2,1–12 (NA[27]) in dem Graphen in der Abbildung 2.3 die typische Kurve eines Potenzgesetzes zu sehen.[144] Dem Zipfschen Gesetz folgt nicht nur die Ranghäufigkeitsverteilung der

---

[140] Hier ist vor allem die Arbeit ZIPF, Behavior, zu nennen. Zum Leben und Werk siehe weiter QL, 142–152. Die Ausführungen von Benoît B. Mandelbrot zum Zipfschen Gesetz finden sich in MANDELBROT, Geometry, 344ff.

[141] QL, 145.

[142] In der Tabelle wurden die Ränge 4 bis 125 ausgelassen – in ihnen befinden sich noch 3 Wörter mit der Frequenz 6 (Ränge 4–6), 2 Wörter mit der Frequenz 5 (Ränge 7–8), 3 Wörter mit der Frequenz 4 (Ränge 9–11), 3 Wörter mit der Frequenz 3 (Ränge 12–14), 15 Wörter mit der Frequenz 2 (Ränge 15–29) und 96 Wörter mit der Frequenz 1 (Ränge 30–125). Der Text enthält insgesamt 209 Wörter, inklusive Wörter in eckigen Klammern in Joh 2,4.12. Die Zählung wurde mit MATLAB erstellt und basiert auf der elektronischen Ausgabe des NA[27] von ACCORDANCE.

[143] QL, 335–336.

[144] Die Anpassung der Zipf-Verteilung an die Ranghäufigkeitsverteilung der Wörter in Joh 2,1–12 (NA[27]) und die Berechnung der Konstanten $c$ = 17,03, $\gamma$ = 0,6892 erfolgte mit MATLAB. Die Anpassungsgüte ist mit $R^2$ = 0,9398 relativ gut.

Abbildung 2.3: *Die Anpassung der Zipf-Verteilung an die Ranghäufigkeitsverteilung der Wörter in Joh 2,1–12*

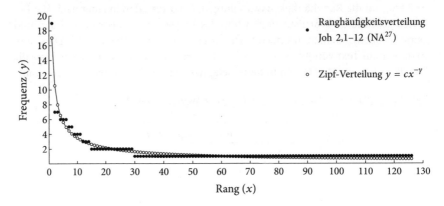

Wörter, sondern viele andere Phänomene sowohl innerhalb als auch außerhalb der Linguistik.[145]

Diese Tatsache ist gerade bei der Entwicklung von neuen Modellen und dem Abstimmen der Analyse für neue Sprachen, wie z. B. in dieser Arbeit für das Griechische, besonders hilfreich, zumal sie die Evaluation des Modells im Hinblick auf die Etablierung der diskurssemantischen Einheiten ermöglicht.[146] Das ist um so wichtiger, weil die Zuordnung der Wörter den jeweiligen Denotationsklassen, die bei der Analyse eine fundamentale Rolle spielt, letztendlich nur von der Entscheidung des Linguisten abhängig ist und auch wenn die Regel Nr. (1), dass alle Einheiten des Textes, die das gleiche denotieren, zum gleichen Hreb gehören,[147] sehr einfach klingt, ist sie am konkreten Text gar nicht so leicht einzuhalten.[148] Aus diesem Grund ist die Frage der Denotation bzw. der Referenz auch in die Kritik geraten.[149]

Wir können uns in der neutestamentlichen Exegese selbstverständlich auf zahlreiche Lexika stützen, wie z. B. auf das Wörterbuch von LOUW/NIDA, eine wirkliche Abhilfe ist es bei der Textanalyse aber nicht.[150] In Wirklichkeit bildet nämlich die Bedeutung eines Wortes im semantischen Raum keinen Punkt, wie im Lexikon,

---

[145] Siehe die umfassende Bibliographie von WENTIAN LI, Information on Zipf's Law, http://www.nslij-genetics.org/wli/zipf/ [15. Juni 2012].

[146] Man könnte dabei zwar rein intuitiv vorgehen, „aber bekanntlich, eignet sich die Intuition nur zur Entdeckung, nicht aber zur Begründung oder Argumentation.", ALTMANN/ALTMANN, Erlkönig, 122.

[147] Siehe die Regel auf S. 47f.

[148] Das reflektiert auch die Regel Nr. (8), siehe die Regel auf S. 47f.

[149] Vgl. KÖHLER/NAUMANN, Analysis, 317–318, hier 318: „[...] the word-based approach Ziegler and Altmann suggest is at the same time too liberal (in stipulating co-reference between expressions which simply do not co-refer) and too restrictive (in not detecting referential relations which each reader of the texts easily reconstructs)."

[150] Zum Problem der lexikalischen Semantik s. BARR, Semantics, vor allem 206–262.

sondern ein Intervall[151] und erst in einem *Kontext*, in dem wir das Wort anwenden und hiermit eine Wahl treffen, wird aus diesem Intervall ein Punkt.[152] Das geschieht in einem Text außerdem *schrittweise*, so dass sich die Bedeutung eines Wortes vom Anfang bis zum Ende in stetigem Wandel befindet. Dabei können unterschiedliche Lexeme identische Bedeutung bekommen und umgekehrt; das Einzige, was entscheidet, ist immer nur der Kontext. Hier hilft auch die von R. Köhler und S. Naumann vorgeschlagene Lösung „[r]eplacing words by phrases as units of analysis"[153] nicht wirklich, denn sie verschiebt das Problem bloß von der Wort- auf die Phrase-Ebene.

Als mögliche Lösung bietet sich eine *hierarchische* Variante der Denotativen Textanalyse an, die (a) die Bedeutung immer durch den Kontext determiniert,[154] und (b) die natürliche Pluralität der Bedeutungen im Text nicht eliminiert. Denn, wie die elementaren Zeichen nicht verloren gehen, wenn sie zu komplexen Strukturen werden,[155] so bleiben auch all ihre Bedeutungen bestehen, wie es schon Gilbert von Stanford in Bezug auf die Heilige Schrift ins Bild gefasst hat:[156]

„Profluunt ex ea spiritualium sensuum gurgites abundantes, et transeuntibus aliis, alia surgunt: immo, non transeuntibus, quia sapientia immortalis est, sed emergentibus et decorem suum ostendentibus aliis, alii non deficientibus succedunt sed manentes subsequuntur [...]."[157]

Der Text ist eine hierarchische Konstruktion[158] und das betrifft auch seine Semantik: die |ἡ μήτηρ| |τοῦ Ἰησοῦ| in Joh 2,1 bedeutet zuerst die ‹Mutter› und erst dann die ‹Mutter Jesu›, außerdem wird später über ‹sie› mit |αὐτῇ| oder |σοί| gesprochen und ‹sie› wird als ‹Frau› mit |γύναι| bezeichnet (Joh 2,4) usw. In der Erzählung von Joh 2,1–12 setzt sich also die ‹Figur der Mutter Jesu› als komplexes Zeichen auch von der Bedeutung her aus allen diesen elementaren Zeichen und ihren Bedeutungen zusammen. Diese werden durch die Akkumulation nicht aufgelöst und

---

[151] Vgl. ZIEGLER/ALTMANN, Textanalyse, 14: „Diese konzeptuellen Muster, die einfachheitshalber auch als Begriffe bezeichnet werden können, sind Attraktoren, die man hier metaphorisch als semantische Gravitationsschwerpunkte, Intervalle im semantischen Raum, [...] bezeichnen kann. Im Wörterbuch ist gewissermaßen das Zentrum (Zentren) eines Attraktors verzeichnet, im Text geht es dagegen darum, mit Hilfe des Kontextes einen Punkt in diesem Intervall anzusteuern."

[152] Man könnte sagen, dass sich bis dahin die Wortbedeutung in einer semantischen ‚Superposition' befindet und genauso wie Schrödingers Katze gleichzeitig ‚lebendig' und ‚tot' ist.

[153] KÖHLER/NAUMANN, Analysis, 319.

[154] Die Semantik sollte in erster Linie dem Text und nicht dem Lexikon entnommen werden.

[155] Vgl. die Abbildung 2.1 auf S. 39.

[156] Gilbert von Stanford, Commentarius in Canticum Canticorum, in: LECLERQ, Commentaire, 225 (zitiert nach DE LUBAC, Exegesis, I, 325).

[157] Die englische Übersetzung nach DE LUBAC, Exegesis, I, 75: „From Scripture there flow forth abundant channels of spiritual meaning, and when some meanings pass away, others arise. No, it cannot be that these meanings pass away, since wisdom is immortal. But what happens rather is that when some have emerged to show their beauty, there are others which take their place. This is not to say that the meanings that pass away are wanting. Rather they remain in evidence and follow close behind in supportive role [...]."

[158] QL, 424.

können jede Zeit wieder aufgegriffen werden und sich sogar unvermittelt an dem Bedeutungsaufbau von komplexen Zeichen auf höheren Ebenen beteiligen.

### 2.4.2 Exkurs: Hierarchische Denotative Textanalyse

Die in dieser Arbeit präsentierte *Hierarchische Denotative Textanalyse* (HDT) versucht den oben beschriebenen Bedeutungsaufbau des literarischen Werkes zu berücksichtigen. Das Ziel ist im Unterschied zur DT das gesamte *Paradigma* des Textes zu kartieren und möglichst *alle* Bedeutungen bzw. Bedeutungskomplexe, die bei der Textlektüre in Frage kommen,[159] zu erfassen,[160] wobei die Basis- und Ausgangseinheit der Analyse ein *Wort* ist. Die Hierarchische Denotative Textanalyse geht dabei in Anlehnung an die Syntax des Textes in der Reihenfolge *zunehmender Abstraktion* vor, beginnend mit Wort über Satz bis zu dem Text als einem Ganzen. Dafür war es notwendig ein Verfahren zur Determination der Wortbedeutung durch den Kontext zu finden[161] und die Regel der DT von 2.4.1 zu modifizieren. Das Verfahren soll hier nun am Beispiel der Erzählung über die Hochzeit in Kana in Galiläa (Joh 2,1–12) näher erörtert werden, zuerst detailliert für die Exposition in V. 1–2 und dann zusammenfassend für V. 1–12.

### 2.4.2.1 Hrebs als Mengen

Im Rahmen der HDT werden diskurssemantische Einheiten/Hrebs als Wort-Mengen $H$ mit einer Mächtigkeit $|H| = n$ betrachtet, wobei $n \in \mathbb{N}^*$.[162] Da alle Elemente dieser Mengen Wörter sind, werden wir sie mit $w$ bezeichnen und in einem Text durchgehend nummerieren $(w_1, \ldots, w_n)$. Die essenzielle Eigenschaft aller Elemente eines bestimmten Hrebs $w_i \in H_i$ ist, dass sie „das gleiche denotieren."[163] Bezeichnen wir vorläufig mit $L$ das Lexikon aller Bedeutungen $l \in L$, dann heißt es, dass alle Wörter $w_i$, die die selbe Bedeutung $l_i$ im Lexikon $L$ haben,[164] zum selben Hreb $H_i$ gehören:

$$H_i = \{w \mid w \in l_i\}; \quad H_i \subset T \tag{2.10}$$

Für die quantitative Analyse werden alle Hrebs $H_i$ zuerst nach ihrer Mächtigkeit $|H_i|$ indiziert und auf dieser Weise in Mengenfamilien zusammengefasst, die wir

---

[159] Man sollte jedoch auch hier nach der Regel Nr. (11) von 2.4.1 sparsam vorgehen. Maßgeblich ist die Frage, ob der Leser von dem Text zu einer Abstraktion und hiermit zur Etablierung der diskurssemantischen Einheit veranlasst wird, vgl. dazu Eco, Lector.

[160] Die Zahl der Entitäten wird also nicht wie bei der DT reduziert, sondern vermehrt.

[161] Hier wird eine Variante der Latent Semantic Analysis verwendet, vgl. ausführlich Widdows, Geometry, und Studenovský, Search. Das Verfahren wird hier im Kapitel 2.4.3 auf S. 67 kurz referiert.

[162] Es können also keine leeren Hrebs $H \in \emptyset$ mit $|H| = 0$ oder z. B. Hrebs mit 1,5 Wörtern mit $|H| = 1{,}5$ geben, denn in beiden Fällen ist $n \notin \mathbb{N}^*$.

[163] Die Regel Nr. (1) von 2.4.1 bzw. QL, 426.

[164] Zum Lexikon $L$ und zu der Determination der Wortbedeutung durch den Kontext $C$ vgl. den Artikel von Widdows, Model, 374ff., auf den ich mich hier stütze.

mit $M$ bezeichnen, wobei $|M| = m$ und $m \in \mathbb{N}^*$. Jede Mengenfamilie $M_n$ wird so nur von Hrebs $H_i$ gebildet, die die gleiche Mächtigkeit $|H_i| = n$ haben:

$$M_n = \{H \mid |H| = n\}; \quad M_n \subset T \tag{2.11}$$

In dieser Hinsicht gibt es in der hier präsentierten Variante der Textanalyse zwei besondere Mengen, die wir kurz erwähnen müssen. Dazu fassen wir den Text $T = \{w_1, \ldots, w_t\}$ mit $t$ Wörtern als Menge der Mächtigkeit $|T| = t$ auf, wobei auch hier $t \in \mathbb{N}^*$. Im ersten Fall geht es um die einelementige Mengenfamilie $M_t = \{H_T\}$ mit dem einem Hreb $H_T = T$, der den ganzen Text umfasst, im zweiten Fall geht es um die Mengenfamilie $M_1 = \{H_1, \ldots, H_t\}$, bestehend aus allen Hrebs, die jeweils nur aus einem Wort bestehen ($|H_i| = 1$). Wir halten noch fest: Die Mächtigkeit eines Hrebs aus $T$ ist immer $\leq t$,[165] die Anzahl der Hrebs immer $\geq t$.[166]

### 2.4.2.2 Neustrukturierung des Textes

Der Text der *Exposition* (Joh 2,1–2) der Erzählung über die Hochzeit in Kana in Galiläa[167] wird zuerst so aufgeteilt, wie es in der Exegese üblich ist: Hinter jedem Satz und Nebensatz folgt ein Zeilenumbruch, wobei es nur ein Verb pro Zeile vorkommen darf.[168] Danach werden alle Zeilen mit Versnummer und Buchstaben $a, \ldots, z$ bzw. $\alpha, \ldots, \omega$ und alle Wörter inklusive Artikel mit $1, \ldots, n$ durchnummeriert. Wegen der Übersichtlichkeit wird auf eine direkte Markierung der syntaktischen Analyse im Text verzichtet, zumal sie ohnehin ein fester Bestandteil der Denotativen Textanalyse ist. Besonders bei langen Zeilen empfiehlt es sich jedoch weitere unnummerierte Zeilen für syntaktisch oder semantisch kohärente Wortgruppen einzuführen, die im Idealfall den Hrebs entsprechen können. Hier der neustrukturierte Text von Joh 2,1–2:

*Die Hochzeit in Kana in Galiläa*

*Exposition*

1a Καὶ$_1$ τῇ$_2$ ἡμέρᾳ$_3$ τῇ$_4$ τρίτῃ$_5$
   γάμος$_6$ ἐγένετο$_7$
   ἐν$_8$ Κανὰ$_9$ τῆς$_{10}$ Γαλιλαίας,$_{11}$

 b καὶ$_{12}$ ἦν$_{13}$ ἡ$_{14}$ μήτηρ$_{15}$ τοῦ$_{16}$ Ἰησοῦ$_{17}$ ἐκεῖ·$_{18}$

 2 ἐκλήθη$_{19}$ δὲ$_{20}$ καὶ$_{21}$ ὁ$_{22}$ Ἰησοῦς$_{23}$
   καὶ$_{24}$ οἱ$_{25}$ μαθηταὶ$_{26}$ αὐτοῦ$_{27}$
   εἰς$_{28}$ τὸν$_{29}$ γάμον.$_{30}$

---

[165] Es kann keinen Hreb $H_i \in T$ geben, der umfangreicher wäre als der Text $T$.

[166] In jedem Text $T$ sind mindestens so viele Hrebs $H_i \in T$ wie Wörter.

[167] Zur Aufteilung und Abgrenzung der Exposition s. ausführlich das Kapitel 4.1 auf S. 125.

[168] Vgl. EBNER/HEININGER, Exegese, 92.

### 2.4.2.3 Regel der Textanalyse

Die an dieser Stelle zusammengeführte Regel der HDT modifizieren die Regel von 2.4.1,[169] wurden auf das Griechische abgestimmt und sind bei der Textanalyse des Johannesevangeliums und der Synoptiker überprüft worden. Trotzdem sollten sie eher als ein Leitfaden und nicht als eine allgemeingültige Norm verstanden werden. Die Nummerierung von 2.4.1 wurde wegen der Übersichtlichkeit beibehalten und nur um eine dezimale Unterteilung erweitert:

1.1 Alle Einheiten des Textes und ihre Mengen, die das gleiche *denotieren*,[170] gehören zum gleichen *Hreb*. Das Ziel ist möglichst *alle* Bedeutungen bzw. Bedeutungskomplexe, die bei der Textlektüre in Frage kommen, zu erfassen, wobei die Basis- und Ausgangseinheit der Analyse ein *Wort* ist.[171] Die Verteilung der Wörter auf Hrebs geschieht *schrittweise* und ist von der Kontextgröße $c$ abhängig: Die Analyse geht in Anlehnung an die *Syntax* des Textes in der Reihenfolge *zunehmender Abstraktion* vor,[172] beginnend mit dem Wort als einem selbständigen Hreb ($c = 0$), bis zu dem *Text* als einem ganzen Hreb ($c = t$).

1.2 Die Etablierung der Hrebs beginnt hiermit mit *elementaren* Hrebs $H_1, \dots, H_t$ mit $n = 1$, die nur ein Wort beinhalten, setzt mit *komplexen* Hrebs $H_\alpha, \dots, H_\omega$ bzw. $H_a, \dots, H_z$ mit $n > 1$ fort, und endet mit dem Hreb $H_T$ mit $n = t$. Zur Etablierung eines Hrebs ist eine *neue* Wort- bzw. Wörter-Verbindung *erforderlich* (vgl. die Regel Nr. 11), wobei Hrebs sowohl *syntagmatisch* als auch *paradigmatisch* gebildet werden. Ist für die syntagmatisch etablierten Hrebs die Linearität bestimmend, vgl. z. B. den Hreb $H_s = \{\tau\tilde\eta_2, \dot\eta\mu\acute\epsilon\rho\alpha_3, \tau\tilde\eta_4, \tau\rho\acute\iota\tau\eta_5\}$ in Joh 2,1, ist es für die paradigmatisch etablierten Hrebs die Wiederholung, vgl. z. B. den Hreb $H_p = \{\mathring\eta\nu_3, \mathring\eta\nu_9, \mathring\eta\nu_{15}\}$ in Joh 1,1.[173]

1.3 Alle Wörter gehören mindestens *zwei* Hrebs an, zumal sie bei der Kontextgröße $c = 0$ elementare Hrebs mit $n = 1$ bilden und bei der Kontextgröße $c = t$ alle zum komplexen Hreb mit $n = t$ gehören. Im Normalfall werden aber viele Wörter zu mehr als zwei Hrebs gehören (vgl. auch die Regel Nr. 10); so gehört z. B. $H_{27} = \{\alpha\dot\upsilon\tauo\tilde\upsilon_{27}\}$ in Joh 2,2 sowohl zum Μαθηταὶ- als auch zum Ἰησοῦς-Hreb.

2.1 *Substantive* und *Verben* bilden bei Wiederholung *immer* selbständige komplexe Hrebs, wobei Artikel mit dem Substantiv (vgl. die Regel Nr. 5.) und die Negation mit dem Verb (vgl. die Regel Nr. 6.) gleich zusammengefasst werden. Aus diesem Grund werden z. B. in Joh 2,1–12 komplexe Hrebs für ‹οἶνος› oder

---

[169] In Anlehnung an ZIEGLER/ALTMANN, Textanalyse, 25–27, und QL, 426–427.

[170] Zur Determination der Wortbedeutung durch den Kontext s. WIDDOWS, Model, 374ff.

[171] Die Mächtigkeit der Hrebs-Mengen wird an der Zahl der Wörter gemessen.

[172] Es empfiehlt sich daher, dass der Denotativen Textanalyse eine syntaktische und semantische Analyse vorangeht: Zur semantischen Analyse siehe das Kapitel 2.4.3 und das Lexikon von LOUW/NIDA, eine syntaktische Analyse des NA[27] bietet beispielsweise SAGNT.

[173] Analog der Bildung von Assoziationen: die syntagmatische Assoziation zu ‹πνεῦμα› ist das Adjektiv ‹ἅγιος›, die paradigmatische Assoziation ist dagegen das Substantiv ‹φάντασμα›.

‹λέγω› gebildet, nicht aber für ‹γυνή› oder ‹καλέω›, die nur einmal vorkommen.[174]

2.2. *Adjektive* und *Adverbien* können bei Wiederholung *oft* selbständige komplexe Hrebs bilden, wie z. B. ‹καλός› oder ‹ἐκεῖ› in Joh 2,1–12, wobei sie im nächsten Schritt mit dem jeweiligen komplexen Hreb zusammengefasst werden.

3.1 *Komposita* sollen nicht in Bestandteile zerlegt werden. Falls sich im Text weitere mit den Komponenten denotativ identische Hrebs befinden, können Komposita mehreren Hrebs gehören.

3.2 Beim *analytischen Ausdruck*, in dem ganze Phrasen als eine Einheit betrachtet werden können, wie z. B. $|\dot{\eta}_1\ \beta\alpha\sigma\iota\lambda\epsilon\dot{\iota}\alpha_2\ \tau o\tilde{\upsilon}_3\ \theta\epsilon o\tilde{\upsilon}_4|$, werden diese zuerst in elementare Hrebs zerlegt und erst in nächsten Schritten in komplexen Hrebs zusammengefasst.

4. *Synonyma* können in einem Hreb zusammengefasst werden. *Homonyma* gehören unterschiedlichen Hrebs.

5.1 *Artikel* werden gleich mit dem Substantiv zusammengefasst und bilden auch bei Wiederholung fast *nie* selbständige komplexe Hrebs. Falls nötig, soll aber die definite und indefinite Form des Substantivs zuerst unterschieden werden, wie z. B. $H_\theta = \{\tau\grave{o}\nu_{11},\ \theta\epsilon\acute{o}\nu_{12}\}$ und $H_{14} = \{\theta\epsilon\grave{o}\varsigma_{14}\}$ in Joh 1,1, und erst im nächsten Schritt im jeweiligen komplexen Hreb zusammengefasst werden.

5.2 *Pronomina* bilden auch bei Wiederholung fast *nie* selbständige komplexe Hrebs und werden gleich im komplexen Hreb mit dem jeweiligen Substantiv zusammengefasst.

6. *Negation* beim Verb bildet keinen selbständigen Hreb, sie gehört zum Verb. Falls nötig, soll aber die negative Form des Verbs zuerst unterschieden werden, vgl. z. B. $H_\eta = \{o\dot{\upsilon}\kappa_{124},\ \ddot{\eta}\delta\epsilon\iota_{125}\}$ und $H_{131} = \{\ddot{\eta}\delta\epsilon\iota\sigma\alpha\nu_{131}\}$ in Joh 2,9, und erst im nächsten Schritt im jeweiligen komplexen Hreb zusammengefasst werden: $H_{know} = \{o\dot{\upsilon}\kappa_{124},\ \ddot{\eta}\delta\epsilon\iota_{125},\ \ddot{\eta}\delta\epsilon\iota\sigma\alpha\nu_{131}\}$.

7.1 *Präpositionen* bilden *nie* selbständige komplexe Hrebs und werden im komplexen Hreb mit dem jeweiligen Substantiv bzw. Verb zusammengefasst.

7.2 *Konjunktionen* bilden *nie* selbständige komplexe Hrebs und werden erst im komplexen Hrebs mit dem jeweiligen Satz zusammengefasst.

8. *Polysemie* kann große Probleme bereiten, die durch die semantische Analyse gelöst werden müssen, wobei ein Lexem in begründeten Fällen auf mehrere Hrebs verteilt werden kann. Dies könnte man z. B. für das Verb ‹γίνομαι› in Joh 2,1 und Joh 2,9 überlegen.

9. *Elliptische Ausdrücke* sollen vervollständigt werden.

10. Bezieht sich eine Entität auf *mehrere Denotate*, so muss sie gleichzeitig zu mehreren Hrebs gehören (vgl. auch die Regel Nr. 1.3), wie z. B. in Joh 2,2 das Verb

---

[174] Sie werden wie alle andere Wörter nur als elementare autonome Hrebs mit $n = 1$ gezählt.

$H_{19} = \{\text{ἐκλήθη}_{19}\}$, das gleichzeitig zum Μαθηταὶ- und zum Ἰησοῦς-Hreb gehört.

11. Bei der Analyse müssen zwar *alle* Wörter des Textes auf Hrebs verteilt werden (die Zahl der Entitäten wird bei der *Hierarchischen* Denotativen Textanalyse nicht reduziert), trotzdem ist bei Bedenken bezüglich der Zugehörigkeit einer Entität *sparsam* zu verfahren und sind daher eher wenige als viele Hrebs zu bilden – es sollten vor allem *keine identischen* Hreb-Mengen gebildet werden (vgl. die Regel Nr. 1.2).

Die Regel können zwar im Hinblick auf die Sprache und den zu analysierenden Text nach Bedarf geändert werden, müssen aber bei der Textanalyse immer konsequent umgesetzt werden.

### 2.4.2.4 Etablierung der Hrebs

Im Folgenden soll die Etablierung der qualitativen Hrebs-Mengen ($H_i$) und ihrer quantitativen Mengenfamilien ($M_n$) anhand der Exposition in Joh 2,1–2 detailliert demonstriert werden.

### Text

Der Text $T$ der Exposition (V. 1–2) hat 30 Wörter inklusive Artikel. Bei $t = 30$ werden also 30 elementare Hrebs $H_1, \ldots, H_{30}$ mit $n = 1$ geben und hiermit eine Mengenfamilie $M_1$ mit $m = 30$ und weiter ein komplexer Hreb $H_T$ mit $n = 30$ gebildet.

### Elementare Hrebs (Hrebs der Größe 1)

Bei einer Kontexgröße $c = 0$ bilden alle Wörter des Textes, inklusive Artikel, selbständige elementare Hrebs $H_1, \ldots, H_{30}$ mit der Mächtigkeit $n = 1$:

$H_1 = \{\text{καὶ}_1\}$, $H_2 = \{\text{τῇ}_2\}$, $H_3 = \{\text{ἡμέρᾳ}_3\}$, $H_4 = \{\text{τῇ}_4\}$, $H_5 = \{\text{τρίτῃ}_5\}$, $H_6 = \{\text{γάμος}_6\}$, $H_7 = \{\text{ἐγένετο}_7\}$, $H_8 = \{\text{ἐν}_8\}$, $H_9 = \{\text{Κανὰ}_9\}$, $H_{10} = \{\text{τῆς}_{10}\}$, $H_{11} = \{\text{Γαλιλαίας}_{11}\}$, $H_{12} = \{\text{καὶ}_{12}\}$, $H_{13} = \{\text{ἦν}_{13}\}$, $H_{14} = \{\text{ἡ}_{14}\}$, $H_{15} = \{\text{μήτηρ}_{15}\}$, $H_{16} = \{\text{τοῦ}_{16}\}$, $H_{17} = \{\text{Ἰησοῦ}_{17}\}$, $H_{18} = \{\text{ἐκεῖ}_{18}\}$, $H_{19} = \{\text{ἐκλήθη}_{19}\}$, $H_{20} = \{\text{δὲ}_{20}\}$, $H_{21} = \{\text{καὶ}_{21}\}$, $H_{22} = \{\text{ὁ}_{22}\}$, $H_{23} = \{\text{Ἰησοῦς}_{23}\}$, $H_{24} = \{\text{καὶ}_{24}\}$, $H_{25} = \{\text{οἱ}_{25}\}$, $H_{26} = \{\text{μαθηταὶ}_{26}\}$, $H_{27} = \{\text{αὐτοῦ}_{27}\}$, $H_{28} = \{\text{εἰς}_{28}\}$, $H_{29} = \{\text{τὸν}_{29}\}$, $H_{30} = \{\text{γάμον}_{30}\}$.

### Mengenfamilie der Größe 30

Hiermit entsteht auch eine erste Mengenfamilie $M_1 = \{H_1, \ldots, H_{30}\}$ von Hrebs mit $|H_i| = 1$ mit der Mächtigkeit $m = 30$:

$M_1 = \{\{H_1\}, \{H_2\}, \{H_3\}, \{H_4\}, \{H_5\}, \{H_6\}, \{H_7\}, \{H_8\}, \{H_9\}, \{H_{10}\}, \{H_{11}\}, \{H_{12}\},$
$\{H_{13}\}, \{H_{14}\}, \{H_{15}\}, \{H_{16}\}, \{H_{17}\}, \{H_{18}\}, \{H_{19}\}, \{H_{20}\}, \{H_{21}\}, \{H_{22}\}, \{H_{23}\}, \{H_{24}\},$
$\{H_{25}\}, \{H_{26}\}, \{H_{27}\}, \{H_{29}\}, \{H_{29}\}, \{H_{30}\}\}$

*Komplexer Hreb der Größe 30*

Bei einer Kontexgröße $c = t$ bilden alle Wörter des Textes, inklusive Artikel, einen selbständigen komplexen Hreb $H_T$ mit einer Mächtigkeit $n = 30$:

$H_T$ = {καὶ$_1$, τῇ$_2$, ἡμέρᾳ$_3$, τῇ$_4$, τρίτῃ$_5$, γάμος$_6$, ἐγένετο$_7$, ἐν$_8$, Κανὰ$_9$, τῆς$_{10}$, Γαλιλαίας$_{11}$, καὶ$_{12}$, ἦν$_{13}$, ἡ$_{14}$, μήτηρ$_{15}$, τοῦ$_{16}$, Ἰησοῦ$_{17}$, ἐκεῖ$_{18}$, ἐκλήθη$_{19}$, δὲ$_{20}$, καὶ$_{21}$, ὁ$_{22}$, Ἰησοῦς$_{23}$, καὶ$_{24}$, οἱ$_{25}$, μαθηταὶ$_{26}$, αὐτοῦ$_{27}$, εἰς$_{28}$, τὸν$_{29}$, γάμον$_{30}$}.

Hiermit ist praktisch der Anfang und das Ende der Verteilung von Hrebs im Text markiert und man kann zu der Etablierung der komplexen Hrebs $H_a, \ldots, H_z$ mit $1 < n < 30$ bei der Kontextgröße $0 < c < t$ im mittleren Teil der Verteilung übergehen. Zugehörige elementare Hrebs ($H_1, \ldots, H_{30}$) werden selbstverständlich nicht mehr wiederholt, da sie oben aufgelistet sind. Komplexe Hrebs, die eine etablierte Hierarchie abschließen, haben Indizes mit großen Buchstaben ($H_A, \ldots, H_Z$).

*Zeit*

Es werden folgende komplexe Hrebs etabliert:

$H_{day}$ = {τῇ$_2$, ἡμέρᾳ$_3$}
$H_{third}$ = {τῇ$_4$, τρίτῃ$_5$}
$H_{THIRD-DAY}$ = {τῇ$_2$, ἡμέρᾳ$_3$, τῇ$_4$, τρίτῃ$_5$}

Hier die komplette Hierarchie der etablierten Hrebs:

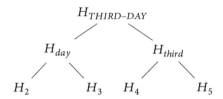

Das Zeichen ⊑ können wir für geordnete hierarchische Relationen verwenden,[175] um nicht immer einen Baum zeichnen zu müssen. Die etablierte hierarchische Struktur $S_{THIRD-DAY}$ können wir dann entweder *strukturiert* als $H_2 \sqsubseteq H_{day}$, $H_3 \sqsubseteq H_{day}$, $H_{day} \sqsubseteq H_{THIRD-DAY}$, $H_4 \sqsubseteq H_{third}$, $H_5 \sqsubseteq H_{third}$, $H_{third} \sqsubseteq H_{THIRD-DAY}$ oder *unstrukturiert* als eine Mengenfamilie $M_{THIRD-DAY}$ = {{$H_2$}, {$H_3$}, {$H_4$}, {$H_5$}, {$H_{day}$}, {$H_{third}$}, {$H_{THIRD-DAY}$}} mit $m = 7$ weitergeben.

*Kana in Galiläa*

$H_{Galilee}$ = {τῆς$_{10}$, Γαλιλαίας$_{11}$}
$H_{Cana-Galilee}$ = {Κανὰ$_9$, τῆς$_{10}$, Γαλιλαίας$_{11}$}

---

[175] Zur Verwendung vgl. WIDDOWS, Geometry, 76ff.

$H_{in-Cana} = \{\dot{\epsilon}v_8, \text{Κανὰ}_9, \text{τῆς}_{10}, \text{Γαλιλαίας}_{11}\}$
$H_{CANA} = \{\dot{\epsilon}v_8, \text{Κανὰ}_9, \text{τῆς}_{10}, \text{Γαλιλαίας}_{11}, \dot{\epsilon}\text{κεῖ}_{18}\}$

Der Hreb $H_{Cana}$ wurde hier nicht etabliert,[176] zumal sich das Substantiv |Κανὰ| in V. 1–2 nicht wiederholt (vgl. die Regel Nr. 2.1) – bei der Textanalyse von V. 1–12 muss man ihn selbstverständlich etablieren. Die Präposition |ἐv₈| bildet mit dem Substantiv einen komplexen Hreb $H_{in-Cana}$ (vgl. die Regel Nr. 7.1), der in der Erzählung semantisch als eine Ortsangabe zu verstehen ist. Das Adverb |ἐκεῖ₁₈| beziehen wir hier auf den komplexen Hreb $H_{CANA}$ und fassen es in ihm zusammen (vgl. die Regel Nr. 2.2). Bei der Analyse von V. 1–12 sollte man aber einen komplexen Hreb $H_{there}$ etablieren, zumal sich ἐκεῖ im Text wiederholt und in der Erzählung sich eine semantisch interessante Hierarchie von $H_{there} \sqsubseteq H_{Cana} \sqsubseteq H_{Galilee}$ ergibt.

*Hochzeit*

$H_{wedding} = \{\text{γάμος}_6, \text{τὸv}_{29}, \text{γάμοv}_{30}\}$
$H_{wedding-become} = \{\text{γάμος}_6, \dot{\epsilon}\text{γένετο}_7\}$
$H_{to-wedding} = \{\text{εἰς}_{28}, \text{τὸv}_{29}, \text{γάμοv}_{30}\}$
$H_{WEDDING} = \{\text{γάμος}_6, \dot{\epsilon}\text{γένετο}_7, \text{εἰς}_{28}, \text{τὸv}_{29}, \text{γάμοv}_{30}\}$

Zwischen |γάμος₆| und |τὸv₂₉ γάμοv₃₀| wird hier semantisch nicht unterschieden und Artikel werden gleich mit dem Substantiv zusammengefasst (vgl. die Regel Nr. 5.1): $H_6 \sqsubseteq H_{wedding}$, $H_{29} \sqsubseteq H_{wedding}$, $H_{30} \sqsubseteq H_{wedding}$ und $H_{wedding} \sqsubseteq H_{WEDDING}$. Die Präposition |εἰς₂₈| und das Verb |ἐγένετο₇| bilden mit dem Substantiv komplexe Hrebs, die in der Erzählung als Situationsangaben zu verstehen sind.

*Mutter Jesu*

$H_{mother} = \{\text{ἡ}_{14}, \text{μήτηρ}_{15}\}$
$H_{mother-Jesus} = \{\text{ἡ}_{14}, \text{μήτηρ}_{15}, \text{τοῦ}_{16}, \text{Ἰησοῦ}_{17}\}$
$H_{mother-be} = H_{MOTHER} = \{\text{ἦv}_{13}, \text{ἡ}_{14}, \text{μήτηρ}_{15}, \text{τοῦ}_{16}, \text{Ἰησοῦ}_{17}\}$

Der Hreb $H_i = \{\text{τοῦ}_{16}, \text{Ἰησοῦ}_{17}\}$ wird hier nicht etabliert, zumal es den semantisch identischen komplexen Hreb $H_{Jesus} = \{\text{τοῦ}_{16}, \text{Ἰησοῦ}_{17}, \text{ὁ}_{22}, \text{Ἰησοῦς}_{23}\}$ gibt, der unten aufgelistet ist (vgl. die Regel Nr. 11). Hier überschneiden sich die Hrebs-Mengen, indem die Elemente |τοῦ₁₆|, |Ἰησοῦ₁₇| (= Hrebs $H_{16}$, $H_{17}$) beiden Hrebs gehören (vgl. die Regel Nr. 1.3). Das Verb |ἦv₁₃| wiederholt sich in V. 1–2 nicht und bildet zusammen mit dem Substantiv den komplexen Hreb $H_{mother-be}$. Semantisch handelt es sich bei solchen Hrebs um die Handlungen der Figuren. Da der Hreb $H_{MOTHER}$ identisch mit dem Hreb $H_{mother-be}$ wäre, wird er hier nicht etabliert (vgl. die Regel Nr. 11) und der Hreb $H_{mother-be}$ schließt die Hierarchie ab. Bei der Analyse von V. 1–12 wird man ihn selbstverständlich etablieren müssen.

---

[176] Das Substantiv |Κανὰ₉| ist aber selbstverständlich als der elementare Hreb $H_9$ erfasst.

*Jesus*

$H_{Jesus} = \{\text{τοῦ}_{16}, \text{Ἰησοῦ}_{17}, \text{ὁ}_{22}, \text{Ἰησοῦς}_{23}\}$
$H_{Jesus-invite} = \{\text{ἐκλήθη}_{19}, \text{ὁ}_{22}, \text{Ἰησοῦς}_{23}\}$
$H_{JESUS} = \{\text{τοῦ}_{16}, \text{Ἰησοῦ}_{17}, \text{ἐκλήθη}_{19}, \text{ὁ}_{22}, \text{Ἰησοῦς}_{23}, \text{αὐτοῦ}_{27}\}$

Das Verb $|\text{ἐκλήθη}_{19}|$ bildet zusammen mit dem Substantiv den komplexen Hreb $H_{Jesus-invite}$ und gehört gleichzeitig zu dem unten aufgelisteten Jünger-Hreb. Das Pronomen $|\text{αὐτοῦ}_{27}|$, das ebenso zu dem Jünger-Hreb gehört, wird in dem komplexen Hreb $H_{JESUS}$ zusammengefasst, der die Hierarchie abschließt.

*Jünger*

$H_{disciples} = \{\text{οἱ}_{25}, \text{μαθηταὶ}_{26}\}$
$H_{disciples-Jesus} = \{\text{οἱ}_{25}, \text{μαθηταὶ}_{26}, \text{αὐτοῦ}_{27}\}$
$H_{disciples-invite} = H_{DISCIPLES} = \{\text{ἐκλήθη}_{19}, \text{οἱ}_{25}, \text{μαθηταὶ}_{26}, \text{αὐτοῦ}_{27}\}$

Wie der oben erwähnte Hreb $H_{MOTHER}$ wäre auch der Hreb $H_{DISCIPLES}$ mit dem Hreb $H_{disciples-invite}$ identisch und wird hier aus diesem Grund nicht etabliert.

*Exposition 1–2*

Bis jetzt haben wir uns bei der Textanalyse vor allem auf der Wort- bzw. Satz-Ebene bewegt. Es gibt aber auch weitere diskurssemantische Einheiten, die bis zu dem Text als einem semantischen Konstrukt, dem Hreb $H_T$, reichen. Bei der Etablierung dieser diskurssemantischen Einheiten ist die Wiederholung und das gemeinsame Vorkommen der komplexen Hrebs maßgeblich, also ihre *Koinzidenz*.[177] Durch die Koinzidenz der komplexen Hrebs entsteht die *Makrostruktur* des Textes[178] und weitere komplexe diskurssemantische Einheiten (Makro-Hrebs). Diese kann man zwar unter Anwendung der Graphentheorie statistisch bestimmen,[179] sie sind bei kurzen Texten aber gut zu sehen und werden oft mit der thematischen Gliederung des Textes zusammenfallen – in NA[27] z. B. mit der Vers-, Paragraph- und Perikopen-Aufteilung. Eine weitere Hilfe kann bei Erzählungen die *narrative Analyse* leisten,[180] die sich auch bei der Etablierung der diskurssemantischen Einheiten auf der Wort-Ebene als sehr hilfreich erwies. Da es sich bei Joh 2,1–2/12 um einen sehr kurzen Text handelt, werde ich mich im Weiteren auch hier vor allem auf die narrative Analyse stützen.

---

[177] Vgl. QL, 436: „Unter *Koinzidenz* versteht die *DT* einen definierten Berührungspunkt zwischen zwei Hrebs. Grundsätzlich korrespondiert der Begriff der *Koinzidenz* dabei mit dem textlinguistisch geprägten Begriff der *Kohäsion*, ist demgegenüber aber statistisch bestimmt."

[178] Zum Begriff s. QL, 437ff.

[179] Vgl. QL, 436–445. Eine Hilfe bietet hier auch die dem Buch ZIEGLER/ALTMANN, Textanalyse, beigelegte Software ADJAZENZ von Reinhard Köhler.

[180] Zur Einführung siehe MARTINEZ/SCHEFFEL, Einführung. Wie schon gesagt, wird die narrative Analyse hier nicht gesondert behandelt, da sie schon in die Methodenbücher aufgenommen wurde, vgl. z. B. EBNER/HEININGER, Exegese, 57–130.

Die Verse 1–2 stellen eine typische *Exposition* der Erzählung dar und heben sich durch die Zeit-, Ort- und Situationsangabe und die Einführung von Figuren von dem Rest der Erzählung ab. Hiermit bildet die Exposition den oben erwähnten komplexen Hreb $H_T$ und die Frage ist nur, ob wir noch weitere diskurssemantische Einheiten etablieren können. Zu diesem Zweck empfiehlt es sich, den Text von Joh 2,1–2 so umschreiben, dass man alle schon etablierten Hrebs hinschreibt:[181]

*Die Hochzeit in Kana in Galiläa*

*Exposition*

1a $|H_1|$ $|H_{THIRD-DAY}|$
$|H_{WEDDING}|$
$|H_{CANA}|$

 b $|H_{12}|$ $|H_{MOTHER}/H_{JESUS}|$ $|H_{CANA}|$

 2 $|H_{JESUS}/H_{DISCIPLES}|$ $|H_{20}|$ $|H_{21}|$ $|H_{JESUS}|$
$|H_{24}|$ $|H_{DISCIPLES}/H_{JESUS}|$
$|H_{WEDDING}|$

Wie man gleich sieht, kommen in V. 1–2 nur einige Hrebs mehrmals vor, wobei sich der Vers 1 mit der Zeit-, Orts- und Situationsangabe und dem zweimaligen Vorkommen von $H_{CANA}$ von dem Vers 2 mit den Figuren und dem mehrmaligen Vorkommen von $H_{JESUS}$ und $H_{DISCIPLES}$ tatsächlich abheben lässt. Nur die Hrebs $H_{JESUS}$ und $H_{WEDDING}$ kommen in beiden Versen vor und binden sie damit wieder zusammen. Wir können uns hier also auf die Vers-Aufteilung in NA$^{27}$ verlassen und noch folgende Hrebs etablieren:

$H_{E1}$ = {καὶ$_1$, τῇ$_2$, ἡμέρᾳ$_3$, τῇ$_4$, τρίτῃ$_5$, γάμος$_6$, ἐγένετο$_7$, ἐν$_8$, Κανὰ$_9$, τῆς$_{10}$, Γαλιλαίας$_{11}$, καὶ$_{12}$, ἦν$_{13}$, ἡ$_{14}$, μήτηρ$_{15}$, τοῦ$_{16}$, Ἰησοῦ$_{17}$, ἐκεῖ$_{18}$}

$H_{E2}$ = {ἐκλήθη$_{19}$, δὲ$_{20}$, καὶ$_{21}$, ὁ$_{22}$, Ἰησοῦς$_{23}$, καὶ$_{24}$, οἱ$_{25}$, μαθηταὶ$_{26}$, αὐτοῦ$_{27}$, εἰς$_{28}$, τὸν$_{29}$, γάμον$_{30}$}

In diesen komplexen Hrebs werden auch die übrigen elementaren Hrebs zusammengefasst (vgl. die Regel Nr. 11).

Die hier verwendete Notation der diskurssemantischen Einheiten/Hrebs, die sie als eine Menge der Wörter mit zugeordneten Positionszahlen beschreibt, gibt diskurssemantische Einheiten/Hrebs als sogenannte *Daten-Hrebs* ($H^D$) weiter und stellt nicht die einzige Möglichkeit dar. Es können auch *Listen-Hrebs* ($H^L$) verwendet werden, die nur Wörter ohne Positionszahlen enthalten, *Mengen-Hrebs* ($H^M$), die nur die Lemmata der Listen-Hrebs enthalten und die besonders hilfreich für die weitere Analyse sind, oder *Positions-Hrebs* ($H^P$), die nur die Positionszahlen aus

---

[181] Dieses Verfahren bildet auch die Grundlage für die statistische Auswertung der Koinzidenz, vgl. ZIEGLER/ALTMANN, Textanalyse, 71–73 und 90ff.

den Daten-Hrebs enthalten.[182] Als Beispiel kann hier der oben etablierte komplexe Hreb $H_{THIRD-DAY}$ dienen, für den alle hier genannten Hrebs folgendermaßen aussehen: $H^D = \{τῇ_2, ἡμέρᾳ_3, τῇ_4, τρίτη_5\}$, $H^L = \{τῇ, ἡμέρᾳ, τῇ, τρίτη\}$, $H^M = \{ὁ, ἡμέρα, τρίτος\}$, $H^P = \{2, 3, 4, 5\}$.

### 2.4.2.5 Auswertung

Die Tabelle 2.2 fasst alle bei der Analyse von Joh 2,1–2 (NA[27]) etablierten Hrebs $H_i$ zusammen und ordnet sie nach ihrer Größe bzw. der *empirischen* Mächtigkeit $|H_i| = n_e$. Die *theoretische* Mächtigkeit $n_t$ stellt die Anpassung der Zipf-Verteilung[183] an die Verteilung der Hrebgrößen in V. 1–2 dar:

Tabelle 2.2: *Die Verteilung der Hrebgrößen in Joh 2,1–2*

| Rang $(r)$ | Hreb $(H_i)$ | empirisch $(n_e)$ | theoretisch $(n_t)$ |
|---|---|---|---|
| 1 | $H_T$ | 30 | 30,48 |
| 2 | $H_{E1}$ | 18 | 16,01 |
| 3 | $H_{E2}$ | 12 | 10,98 |
| 4 | $H_{JESUS}$ | 6 | 8,40 |
| 5 | $H_{CANA}$ | 5 | 6,83 |
| 6 | $H_{WEDDING}$ | 5 | 5,77 |
| 7 | $H_{MOTHER}$ | 5 | 5,00 |
| 8 | $H_{THIRD-DAY}$ | 4 | 4,41 |
| 9 | $H_{in-Cana}$ | 4 | 3,96 |
| 10 | $H_{mother-Jesus}$ | 4 | 3,59 |
| 11 | $H_{Jesus}$ | 4 | 3,28 |
| 12 | $H_{DISCIPLES}$ | 4 | 3,03 |
| 13 | $H_{Cana-Galilee}$ | 3 | 2,81 |
| 14 | $H_{wedding}$ | 3 | 2,62 |
| 15 | $H_{to-wedding}$ | 3 | 2,46 |
| 16 | $H_{Jesus-invite}$ | 3 | 2,32 |
| 17 | $H_{disciples-Jesus}$ | 3 | 2,19 |
| 18 | $H_{day}$ | 2 | 2,08 |
| 19 | $H_{third}$ | 2 | 1,98 |
| 20 | $H_{Galilee}$ | 2 | 1,88 |
| 21 | $H_{wedding-become}$ | 2 | 1,80 |
| 22 | $H_{mother}$ | 2 | 1,72 |
| 23 | $H_{disciples}$ | 2 | 1,65 |

---

[182] QL, 428.

[183] Die Anpassung der Zipf-Verteilung an die Verteilung der Hrebgrößen in Joh 2,1–2 (NA[27]) und die Berechnung der Konstanten $c = 30,48$, $γ = 0,9293$ erfolgte mit MATLAB. Die Anpassungsgüte ist mit $R^2 = 0,9827$ sehr gut, auch wenn man bei so einem kurzen Text mit der Zipf-Alekseev-Verteilung wahrscheinlich noch bessere Ergebnisse erzielen würde, vgl. QL, 434–436.

| Rang ($r$) | Hreb ($H_i$) | empirisch ($n_e$) | theoretisch ($n_t$) |
|:---:|:---:|:---:|:---:|
| 24 | $H_1$ | 1 | 1,59 |
| 25 | $H_2$ | 1 | 1,53 |
| 26 | $H_3$ | 1 | 1,48 |
| 27 | $H_4$ | 1 | 1,43 |
| 28 | $H_5$ | 1 | 1,38 |
| 29 | $H_6$ | 1 | 1,33 |
| 30 | $H_7$ | 1 | 1,29 |
| 31 | $H_8$ | 1 | 1,25 |
| 32 | $H_9$ | 1 | 1,22 |
| 33 | $H_{10}$ | 1 | 1,18 |
| 34 | $H_{11}$ | 1 | 1,15 |
| 35 | $H_{12}$ | 1 | 1,12 |
| 36 | $H_{13}$ | 1 | 1,09 |
| 37 | $H_{14}$ | 1 | 1,06 |
| 38 | $H_{15}$ | 1 | 1,04 |
| 39 | $H_{16}$ | 1 | 1,01 |
| 40 | $H_{17}$ | 1 | 0,99 |
| 41 | $H_{18}$ | 1 | 0,97 |
| 42 | $H_{19}$ | 1 | 0,95 |
| 43 | $H_{20}$ | 1 | 0,92 |
| 44 | $H_{21}$ | 1 | 0,91 |
| 45 | $H_{22}$ | 1 | 0,89 |
| 46 | $H_{23}$ | 1 | 0,87 |
| 47 | $H_{24}$ | 1 | 0,85 |
| 48 | $H_{25}$ | 1 | 0,83 |
| 49 | $H_{26}$ | 1 | 0,82 |
| 50 | $H_{27}$ | 1 | 0,80 |
| 51 | $H_{28}$ | 1 | 0,79 |
| 52 | $H_{29}$ | 1 | 0,78 |
| 53 | $H_{30}$ | 1 | 0,76 |

Wie man gleich sieht, verhalten sich auch die bei der Hierarchischen Denotativen Textanalyse etablierten Hrebs genauso wie Wörter[184] und können als Spracheinheit akzeptiert werden.[185] Die Entitäten wurden bei der Hierarchischen Denotativen Textanalyse auch nicht reduziert, sondern vermehrt: Die Exposition in Joh 2,1–2 hat den Textumfang von 30 Wörtern und man konnte 53 Hrebs etablieren.[186] Die

---

[184] Vgl. die Tabelle 2.1 und den Graphen in der Abbildung 2.3.

[185] ALTMANN/ALTMANN, Erlkönig, 118.

[186] Das stellt auch den größten Unterschied zu der in ZIEGLER/ALTMANN, Textanalyse, beschriebenen Denotativen Textanalyse dar, entspricht meines Erachtens aber besser der Tatsache, dass das Paradigma eines Textes immer komplexer als sein Syntagma ist. Siehe auch das Kapitel 2.5 auf S. 77.

Ergebnisse der Textanalyse von V. 1–2 sind zwar sehr gut, aber selbstverständlich nicht genug repräsentativ.[187] Aus diesem Grund werden hier auch die Ergebnisse der Analyse für Joh 2,1–12 präsentiert, denn die Erzählung über die Hochzeit in Kana in Galiläa von Joh 2,1–12 (NA[27]) entspricht von der Textlänge ungefähr der in ZIEGLER/ALTMANN, Textanalyse, analysierten Ballade „Erlkönig" von Johann Wolfgang von Goethe (209/225 Wörter).[188]

Bei der Textanalyse von Joh 2,1–12 wurde gleichermaßen verfahren wie bei der Analyse von Joh 2,1–2 und die Tabelle 2.3 fast die etablierten Hrebs zusammen, wobei diesmal nur der Rang $(r)$ und die empirische $(n_e)$ und theoretische $(n_t)$ Mächtigkeit der Hrebs angegeben werden. Die theoretische Mächtigkeit $n_t$ stellt die Anpassung der Zipf-Mandelbrot-Verteilung an die Verteilung der Hrebgrößen in Joh 2,1–12 dar:[189]

Tabelle 2.3: *Die Verteilung der Hrebgrößen in Joh 2,1–12*

| $r$ | $n_e$ | $n_t$ | $r$ | $n_e$ | $n_t$ | $r$ | $n_e$ | $n_t$ |
|---|---|---|---|---|---|---|---|---|
| 1 | 209 | 209,30 | 112 | 2 | 2,38 | 223 | 1 | 1,35 |
| 2 | 92 | 83,08 | 113 | 2 | 2,36 | 224 | 1 | 1,34 |
| 3 | 40 | 54,36 | 114 | 2 | 2,34 | 225 | 1 | 1,34 |
| 4 | 35 | 41,15 | 115 | 2 | 2,33 | 226 | 1 | 1,33 |
| 5 | 30 | 33,43 | 116 | 2 | 2,31 | 227 | 1 | 1,33 |
| 6 | 27 | 28,33 | 117 | 2 | 2,29 | 228 | 1 | 1,32 |
| 7 | 24 | 24,68 | 118 | 2 | 2,28 | 229 | 1 | 1,32 |
| 8 | 23 | 21,94 | 119 | 2 | 2,26 | 230 | 1 | 1,31 |
| 9 | 22 | 19,79 | 120 | 2 | 2,25 | 231 | 1 | 1,31 |
| 10 | 22 | 18,05 | 121 | 2 | 2,23 | 232 | 1 | 1,30 |
| 11 | 21 | 16,62 | 122 | 2 | 2,22 | 233 | 1 | 1,30 |
| 12 | 19 | 15,42 | 123 | 2 | 2,20 | 234 | 1 | 1,30 |
| 13 | 18 | 14,40 | 124 | 2 | 2,19 | 235 | 1 | 1,29 |
| 14 | 18 | 13,52 | 125 | 1 | 2,17 | 236 | 1 | 1,29 |
| 15 | 15 | 12,74 | 126 | 1 | 2,16 | 237 | 1 | 1,28 |
| 16 | 15 | 12,06 | 127 | 1 | 2,14 | 238 | 1 | 1,28 |
| 17 | 13 | 11,46 | 128 | 1 | 2,13 | 239 | 1 | 1,27 |
| 18 | 13 | 10,92 | 129 | 1 | 2,12 | 240 | 1 | 1,27 |
| 19 | 13 | 10,43 | 130 | 1 | 2,10 | 241 | 1 | 1,26 |
| 20 | 12 | 9,99 | 131 | 1 | 2,09 | 242 | 1 | 1,26 |
| 21 | 12 | 9,58 | 132 | 1 | 2,08 | 243 | 1 | 1,26 |
| 22 | 12 | 9,21 | 133 | 1 | 2,06 | 244 | 1 | 1,25 |

---

[187] Das Ziel war das Verfahren der HDT exemplarisch im Detail zu demonstrieren.

[188] Die Ballade ist die Textgrundlage der Arbeit von ALTMANN/ALTMANN, Erlkönig.

[189] Die Anpassung der Zipf-Mandelbrot-Verteilung an die Verteilung der Hrebgrößen in Joh 2,1–12 (NA[27]) und die Berechnung der Konstanten $c = 114{,}8$, $m = -0{,}5182$, $\gamma = 0{,}8224$ erfolgte mit MATLAB. Die Anpassungsgüte ist mit $R^2 = 0{,}9902$ sehr gut.

| $r$ | $n_e$ | $n_t$ | $r$ | $n_e$ | $n_t$ | $r$ | $n_e$ | $n_t$ |
|---|---|---|---|---|---|---|---|---|
| 23 | 12 | 8,88 | 134 | 1 | 2,05 | 245 | 1 | 1,25 |
| 24 | 11 | 8,56 | 135 | 1 | 2,04 | 246 | 1 | 1,24 |
| 25 | 11 | 8,28 | 136 | 1 | 2,03 | 247 | 1 | 1,24 |
| 26 | 10 | 8,01 | 137 | 1 | 2,01 | 248 | 1 | 1,23 |
| 27 | 9 | 7,76 | 138 | 1 | 2,00 | 249 | 1 | 1,23 |
| 28 | 9 | 7,52 | 139 | 1 | 1,99 | 250 | 1 | 1,23 |
| 29 | 8 | 7,31 | 140 | 1 | 1,98 | 251 | 1 | 1,22 |
| 30 | 8 | 7,10 | 141 | 1 | 1,97 | 252 | 1 | 1,22 |
| 31 | 8 | 6,91 | 142 | 1 | 1,96 | 253 | 1 | 1,21 |
| 32 | 8 | 6,73 | 143 | 1 | 1,94 | 254 | 1 | 1,21 |
| 33 | 7 | 6,56 | 144 | 1 | 1,93 | 255 | 1 | 1,21 |
| 34 | 7 | 6,40 | 145 | 1 | 1,92 | 256 | 1 | 1,20 |
| 35 | 7 | 6,24 | 146 | 1 | 1,91 | 257 | 1 | 1,20 |
| 36 | 6 | 6,10 | 147 | 1 | 1,90 | 258 | 1 | 1,20 |
| 37 | 6 | 5,96 | 148 | 1 | 1,89 | 259 | 1 | 1,19 |
| 38 | 6 | 5,83 | 149 | 1 | 1,88 | 260 | 1 | 1,19 |
| 39 | 6 | 5,71 | 150 | 1 | 1,87 | 261 | 1 | 1,18 |
| 40 | 6 | 5,59 | 151 | 1 | 1,86 | 262 | 1 | 1,18 |
| 41 | 6 | 5,47 | 152 | 1 | 1,85 | 263 | 1 | 1,18 |
| 42 | 6 | 5,36 | 153 | 1 | 1,84 | 264 | 1 | 1,17 |
| 43 | 5 | 5,26 | 154 | 1 | 1,83 | 265 | 1 | 1,17 |
| 44 | 5 | 5,16 | 155 | 1 | 1,82 | 266 | 1 | 1,17 |
| 45 | 5 | 5,06 | 156 | 1 | 1,81 | 267 | 1 | 1,16 |
| 46 | 5 | 4,97 | 157 | 1 | 1,80 | 268 | 1 | 1,16 |
| 47 | 5 | 4,88 | 158 | 1 | 1,79 | 269 | 1 | 1,15 |
| 48 | 4 | 4,80 | 159 | 1 | 1,78 | 270 | 1 | 1,15 |
| 49 | 4 | 4,72 | 160 | 1 | 1,77 | 271 | 1 | 1,15 |
| 50 | 4 | 4,64 | 161 | 1 | 1,76 | 272 | 1 | 1,14 |
| 51 | 4 | 4,56 | 162 | 1 | 1,75 | 273 | 1 | 1,14 |
| 52 | 4 | 4,49 | 163 | 1 | 1,75 | 274 | 1 | 1,14 |
| 53 | 4 | 4,42 | 164 | 1 | 1,74 | 275 | 1 | 1,13 |
| 54 | 4 | 4,35 | 165 | 1 | 1,73 | 276 | 1 | 1,13 |
| 55 | 4 | 4,29 | 166 | 1 | 1,72 | 277 | 1 | 1,13 |
| 56 | 4 | 4,22 | 167 | 1 | 1,71 | 278 | 1 | 1,12 |
| 57 | 4 | 4,16 | 168 | 1 | 1,70 | 279 | 1 | 1,12 |
| 58 | 4 | 4,10 | 169 | 1 | 1,69 | 280 | 1 | 1,12 |
| 59 | 4 | 4,04 | 170 | 1 | 1,69 | 281 | 1 | 1,11 |
| 60 | 4 | 3,99 | 171 | 1 | 1,68 | 282 | 1 | 1,11 |
| 61 | 4 | 3,93 | 172 | 1 | 1,67 | 283 | 1 | 1,11 |
| 62 | 4 | 3,88 | 173 | 1 | 1,66 | 284 | 1 | 1,10 |
| 63 | 4 | 3,83 | 174 | 1 | 1,65 | 285 | 1 | 1,10 |

| r | $n_e$ | $n_t$ | r | $n_e$ | $n_t$ | r | $n_e$ | $n_t$ |
|---|---|---|---|---|---|---|---|---|
| 64 | 4 | 3,78 | 175 | 1 | 1,65 | 286 | 1 | 1,10 |
| 65 | 4 | 3,73 | 176 | 1 | 1,64 | 287 | 1 | 1,09 |
| 66 | 4 | 3,68 | 177 | 1 | 1,63 | 288 | 1 | 1,09 |
| 67 | 4 | 3,64 | 178 | 1 | 1,62 | 289 | 1 | 1,09 |
| 68 | 4 | 3,59 | 179 | 1 | 1,62 | 290 | 1 | 1,09 |
| 69 | 3 | 3,55 | 180 | 1 | 1,61 | 291 | 1 | 1,08 |
| 70 | 3 | 3,51 | 181 | 1 | 1,60 | 292 | 1 | 1,08 |
| 71 | 3 | 3,47 | 182 | 1 | 1,59 | 293 | 1 | 1,08 |
| 72 | 3 | 3,43 | 183 | 1 | 1,59 | 294 | 1 | 1,07 |
| 73 | 3 | 3,39 | 184 | 1 | 1,58 | 295 | 1 | 1,07 |
| 74 | 3 | 3,35 | 185 | 1 | 1,57 | 296 | 1 | 1,07 |
| 75 | 3 | 3,31 | 186 | 1 | 1,57 | 297 | 1 | 1,06 |
| 76 | 3 | 3,28 | 187 | 1 | 1,56 | 298 | 1 | 1,06 |
| 77 | 3 | 3,24 | 188 | 1 | 1,55 | 299 | 1 | 1,06 |
| 78 | 3 | 3,21 | 189 | 1 | 1,54 | 300 | 1 | 1,06 |
| 79 | 3 | 3,17 | 190 | 1 | 1,54 | 301 | 1 | 1,05 |
| 80 | 3 | 3,14 | 191 | 1 | 1,53 | 302 | 1 | 1,05 |
| 81 | 3 | 3,11 | 192 | 1 | 1,52 | 303 | 1 | 1,05 |
| 82 | 3 | 3,08 | 193 | 1 | 1,52 | 304 | 1 | 1,04 |
| 83 | 3 | 3,05 | 194 | 1 | 1,51 | 305 | 1 | 1,04 |
| 84 | 3 | 3,02 | 195 | 1 | 1,51 | 306 | 1 | 1,04 |
| 85 | 3 | 2,99 | 196 | 1 | 1,50 | 307 | 1 | 1,04 |
| 86 | 3 | 2,96 | 197 | 1 | 1,49 | 308 | 1 | 1,03 |
| 87 | 3 | 2,93 | 198 | 1 | 1,49 | 309 | 1 | 1,03 |
| 88 | 3 | 2,90 | 199 | 1 | 1,48 | 310 | 1 | 1,03 |
| 89 | 3 | 2,88 | 200 | 1 | 1,47 | 311 | 1 | 1,02 |
| 90 | 2 | 2,85 | 201 | 1 | 1,47 | 312 | 1 | 1,02 |
| 91 | 2 | 2,82 | 202 | 1 | 1,46 | 313 | 1 | 1,02 |
| 92 | 2 | 2,80 | 203 | 1 | 1,46 | 314 | 1 | 1,02 |
| 93 | 2 | 2,77 | 204 | 1 | 1,45 | 315 | 1 | 1,01 |
| 94 | 2 | 2,75 | 205 | 1 | 1,44 | 316 | 1 | 1,01 |
| 95 | 2 | 2,73 | 206 | 1 | 1,44 | 317 | 1 | 1,01 |
| 96 | 2 | 2,70 | 207 | 1 | 1,43 | 318 | 1 | 1,01 |
| 97 | 2 | 2,68 | 208 | 1 | 1,43 | 319 | 1 | 1,00 |
| 98 | 2 | 2,66 | 209 | 1 | 1,42 | 320 | 1 | 1,00 |
| 99 | 2 | 2,63 | 210 | 1 | 1,42 | 321 | 1 | 1,00 |
| 100 | 2 | 2,61 | 211 | 1 | 1,41 | 322 | 1 | 1,00 |
| 101 | 2 | 2,59 | 212 | 1 | 1,41 | 323 | 1 | 0,99 |
| 102 | 2 | 2,57 | 213 | 1 | 1,40 | 324 | 1 | 0,99 |
| 103 | 2 | 2,55 | 214 | 1 | 1,39 | 325 | 1 | 0,99 |
| 104 | 2 | 2,53 | 215 | 1 | 1,39 | 326 | 1 | 0,99 |

| $r$ | $n_e$ | $n_t$ | $r$ | $n_e$ | $n_t$ | $r$ | $n_e$ | $n_t$ |
|---|---|---|---|---|---|---|---|---|
| 105 | 2 | 2,51 | 216 | 1 | 1,38 | 327 | 1 | 0,98 |
| 106 | 2 | 2,49 | 217 | 1 | 1,38 | 328 | 1 | 0,98 |
| 107 | 2 | 2,47 | 218 | 1 | 1,37 | 329 | 1 | 0,98 |
| 108 | 2 | 2,45 | 219 | 1 | 1,37 | 330 | 1 | 0,98 |
| 109 | 2 | 2,43 | 220 | 1 | 1,36 | 331 | 1 | 0,97 |
| 110 | 2 | 2,41 | 221 | 1 | 1,36 | 332 | 1 | 0,97 |
| 111 | 2 | 2,40 | 222 | 1 | 1,35 | 333 | 1 | 0,97 |

Wie bei der Analyse von V. 1–2 wurden auch hier die Entitäten nicht reduziert, sondern vermehrt: Die Erzählung über die Hochzeit in Kana in Galiläa hat den Textumfang von 209 Wörtern und es wurden 333 Hrebs etabliert. Die Abbildung 2.4 zeigt die Anpassung der Zipf-Mandelbrot-Verteilung an die Verteilung der Hrebgrößen in Joh 2,1–12, wobei sich die empirischen Werte ($n_t$, bzw. schwarz markiert) mit den theoretischen Werten ($n_e$ bzw. weiß markiert) fast decken:[190]

Abbildung 2.4: *Die Anpassung der Zipf-Mandelbrot-Verteilung an die Verteilung der Hrebgrößen in Joh 2,1–12*

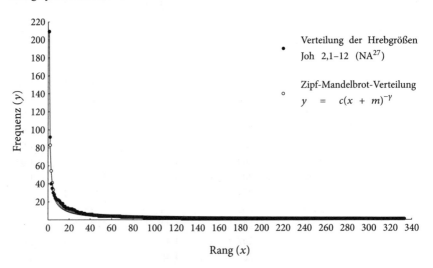

Hiermit kann man die bei der Hierarchischen Denotativen Textanalyse etablierten diskurssemantischen Einheiten/Hrebs als theoretisch fruchtbar betrachten[191] und das Verfahren der HDT auch auf griechische Texte anwenden. Die durchgeführte Analyse hat außerdem den von M. Červenka beobachteten Bedeutungs-

---

[190] Die Anpassungsgüte ist mit $R^2 = 0{,}9902$ sehr gut.
[191] ALTMANN/ALTMANN, Erlkönig, 118.

aufbau eines literarischen Werkes durch die Akkumulation der elementaren und komplexen Zeichen empirisch bestätigt,[192] den das Schema 2.1 auf S. 39 illustriert.

### 2.4.3 Latente Semantische Analyse

#### 2.4.3.1 Semantischer Raum

Die Hierarchische Denotative Textanalyse eignet sich besonders für exakte Analyse diskurssemantischer Strukturen von kurzen und mittelgroßen Texten. Sehr oft will man sich aber schnell einen Überblick über die Semantik eines langen Textes verschaffen oder ist man gezwungen mit größeren Korpora zu arbeiten. Zu diesem Zweck ist die oben beschriebene Textanalyse relativ zeitaufwändig, zumal sie teilweise die manuelle Markierung der Wörter im Text erfordert. Aus diesem Grund wollen wir hier kurz ein computergestütztes Verfahren ansprechen, die sich für diese Aufgabe besser eignet und heutzutage relativ häufig zur Erschließung der Semantik eingesetzt wird. Es handelt sich um die schon oben erwähnte Variante der *Latent Semantic Analysis* (LSA), die in WIDDOWS, Geometry, dokumentiert ist und zur Unterstützung dieser Arbeit in STUDENOVSKÝ, Search, auf verschiedene griechische Texte[193] angewendet wurde.[194]

Die Bedeutung eines Wortes wird bekannterweise durch den Kontext determiniert:

„The second basic principle of semantic analysis is that differences in meaning are marked by context, either textual or extratextual. The textual context may consist of the immediate sentence or paragraph, a larger section of a discourse, the discourse as a whole, other writings by the same author, other documents of more or less the same literary genre, and any text in the same language which deals with similar concepts or vocabulary. [...] Since any differences of meaning are marked by context, it follows that the correct meaning of any term is that which fits the context best.“[195]

Das selbe Wort kann abhängig vom Kontext verschiedene Bedeutungen haben[196] und umgekehrt können unterschiedliche Wörter im gleichen Kontext ähnliche oder sogar dieselbe Bedeutung gewinnen.[197] Auf diese Art und Weise können Wörter auch verschiedene *Assoziationen* hervorrufen. Das Wort |Löwe| kann sowohl ‹Freiheit› als auch ‹Gefangenschaft› konnotieren, abhängig davon, ob es im Kontext von |Afrika| oder von |Zoo| vorkommt,[198] und auch im Neuen Testament kann es so-

---

[192] ČERVENKA, Bedeutungsaufbau, 94.

[193] Es handelte sich konkret um NA[27], LXX[9] und den Korpus von PERSEUS.

[194] Die Anwendung basiert auf der in Center for the Study of Language and Information an der Stanford University extra zu diesem Zweck entwickelten Software INFOMAP und ist wegen dem Urheberrecht der für die Analyse verwendeten griechischen Texte nur eingeschränkt in GARSKÝ, Studies, online zugänglich.

[195] LOUW/NIDA, xvi. Zum Problem vgl. auch BARR, Semantics.

[196] Vgl. beispielsweise das Wort |πνεῦμα| mit 8 Grundbedeutungen in LOUW/NIDA, x.

[197] So überschneiden sich zum Beispiel die Bedeutungen der Wörter |νοῦς|, |καρδία|, |ψυχή|, |συνείδησις|, |φρήν| und |πνεῦμα| in der Domäne 26, vgl. LOUW/NIDA, x, 26,3–4.9.13–15.

[198] Zu diesem Beispiel vgl. ECO, Lector, 20.

wohl auf ‹Jesus› (Offb 5,5) als auch auf den ‹Teufel› (1 Petr 5,8) bezogen werden. Für uns ist aber in diesem Zusammenhang die Tatsache interessant, dass sich bei der Lektüre (dem Mapping $\phi$) die Bedeutung ($l$) eines Wortes ($w$) wieder aus dem Kontext ($c$) erschließen lässt: $\phi(w, c) = l$; und durch das Mapping $\phi$ *aller* Wörter $w \in W$ und der Kontexte $c \in C$,[199] wo $(w, c) \in W \times C$, können wir ein Lexikon $L$ der Bedeutungen $l \in L$ erstellen und diese anschließend vergleichen.[200]

$$\phi : W \times C \to L \qquad (2.12)$$

In diesem Fall können zwei Wörter $w_1, w_2 \in W$ in einem Kontext $c \in C$ als teilweise *synonym* gelten, wenn das Mapping gleich ist $\phi(w_1, c) = \phi(w_2, c)$, und als *total synonym*, wenn sie das gleiche Mapping in *allen* Kontexten haben $\phi(w_1, c) = \phi(w_2, c) \; \forall \, c \in C$,[201] was selbstverständlich eher selten der Fall ist.

Auf diesem Zusammenhang zwischen Kontext und Bedeutung basiert auch das Verfahren der Latenten Semantischen Analyse (LSA). Das Verfahren der LSA beginnt ähnlich der üblichen Konkordanzarbeit mit dem Erstellen einer ‚Tabelle' (Matrix) mit $W$ Zeilen und $C$ Spalten, wo $(w, c) \in W \times C$. Der Kontext kann dabei auch hier ein Wort, „sentence or paragraph, a larger section of a discourse, the discourse as a whole, other writings by the same author, other documents of more or less the same literary genre, and any text in the same language" sein.[202] Hier zum Beispiel wird in der Tabelle 2.4 für das Neue Testament (NA$^{27}$) die Häufigkeit der Grundform von Wörtern {διακονία, ἐπιστολή, θάλασσα, καί, λαός, ὄρος, πόλις} $\in W$ im Kontext von {Mk 1–16, Apg 1–15, 1–2 Kor, Offb 1–22} $\in C$ verzeichnet.[203] Der Kontext enthält also im Bezug auf die literarische Form ein Evangelium, eine Apostelgeschichte, zwei Briefe und eine Apokalypse. Schon bei dem ersten Blick auf die Tabelle können wir vermuten, dass die Bedeutung des Wortes |καί| sehr wahrscheinlich nur wenig variieren wird und dass es hier abhänging vom Kontext verschiedene semantische Felder (Cluster) geben wird. Damit wir nicht raten müssen, was bei größeren Tabellen ohnehin unmöglich ist, bietet uns die LSA zum Vergleich der erfassten Wörter ein differenziertes Verfahren. Bei dem Mapping $\phi$ werden die Häufigkeiten als Raumkoordinaten aufgefasst und die Wörter $w \in W$ abhängig vom Kontext $c \in C$ in einen n-dimensionalen Raum $\mathbb{R}^n$ projiziert:

$$\phi : W \times C \to \mathbb{R}^n \qquad (2.13)$$

Das Verfahren der LSA realisiert hiermit die in Louw/Nida verwendete Metapher eines *semantischen Raumes*, zumal sich auch hier von der Anordnung der Wörter im Raum auf ihre Bedeutung schließen lässt:

---

[199] Mengen von $w, c, l$ werden wir mit großen Buchstaben $W, C, L$ bezeichnen.

[200] Zu diesem mathematischen Modell s. Widdows, Model, 374ff.

[201] Widdows, Model, 376.

[202] Louw/Nida, xvi.

[203] Die Tabelle 2.4 wurde mit Accordance berechnet und kann deswegen von anderen Konkordanzen abweichen. Die relative Häufigkeit wird hier nicht angegeben, da die Texte ungefähr dieselbe Textlänge haben: Mk 1–16 11313 Wörter, Apg 1–15 10156 Wörter, 1–2 Kor 11330 Wörter und Offb 1–22 9856 Wörter.

Tabelle 2.4: *Die Häufigkeiten der Wörter im NT*

| $W \times C$ | Mk 1–16 | Apg 1–15 | 1–2 Kor | Offb 1–22 |
|---|---|---|---|---|
| διακονία | 0 | 6 | 14 | 1 |
| ἐπιστολή | 0 | 2 | 10 | 0 |
| θάλασσα | 19 | 5 | 3 | 26 |
| καὶ | 1100 | 705 | 499 | 1128 |
| λαός | 2 | 35 | 3 | 9 |
| ὄρος | 11 | 3 | 1 | 8 |
| πόλις | 8 | 21 | 2 | 27 |

„The most important reason for a new approach to a Greek New Testament lexicon is the necessity of bringing together those meanings which are most closely related in semantic space, that is to say, those meanings which are often regarded as partial synonyms because the ranges of their meaning tend to overlap. [...] Most diverse meanings of the same lexical item are relatively far apart in semantic space, that is to say, they differ appreciably in certain distinctive features and often belong to quite different major semantic domains."[204]

Der in dieser Arbeit verwendete Begriff des *semantischen Raumes* ist jedoch keine Metapher und geht zurück auf die Arbeit von Hinrich Schütze aus dem Jahr 1993 und seinen Begriff *word space*, der mit ähnlichen Eigenschaften disponiert:

„Vector similarity is the only information present in Word Space: seman- tically related words are close, unrelated words are distant."[205]

Mathematisch handelt es sich also um einen n-dimensionalen Vektorraum $\mathbb{R}^n$ mit $a_1, \ldots, a_n$ Koordinaten:[206]

„The vector space $\mathbb{R}^n$ is made up of all lists $(a_1, a_2, \ldots, a_n)$ where each of these entries is a real number. By definition, each point in $\mathbb{R}^n$ has $n$ coordinates, so the dimension of $\mathbb{R}^n$ is the number $n$."[207]

Bei der Tabelle 2.4 in unserem Beispiel wird es sich also um einen vierdimensionalen semantischen Raum $\mathbb{R}^4$ handeln, da jedes Wort bzw. jeder Zeilenvektor $w$ vier Koordinaten hat. Wir können hier selbstverständlich keinen vierdimensionalen Raum direkt abbilden,[208] aber die Abbildung 2.5 illustriert, wie ein zweidimensionaler semantischer Raum $\mathbb{R}^2$ für Apg 1–15 ($x$) und 1–2 Kor ($y$) aussieht. Das Wort |καὶ| wurde hier nicht abgebildet, da solche Wörter, die extrem häufig auf-

---

[204] Louw/Nida, x.

[205] Schütze, Space, 896.

[206] Die sonst übliche Bezeichnung der Koordinaten mit $x$, $y$, $z$ wird nicht verwendet, weil sie für einen n-dimensionalen Raum nicht ausreichen würde.

[207] Zur kompletten Definition s. Widdows, Geometry, 132–166, hier 151.

[208] Zu diesem Zweck gibt es mehrere komplexe Verfahren, wie z. B. die Self Organizing Maps (SOM), mit der ein n-dimensionaler Raum auf eine zweidimensionale Karte reduziert und abgebildet werden kann, vgl. Kohonen, Maps und hier die Abbildung 2.7.

Abbildung 2.5: *Zweidimensionaler semantischer Raum* $(\mathbb{R}^2)$

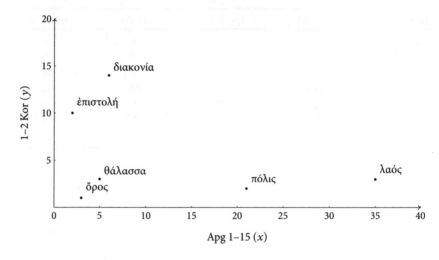

Apg 1–15 $(x)$

treten, selten für die Semantik eines Textes von der Relevanz sind und die Analyse eher beeinträchtigen.[209]

### 2.4.3.2 *Geometrie und Bedeutung*

Die Ähnlichkeit der Wörter im semantischen Raum muss nicht von der Abbildung abgelesen werden, sondern kann berechnet werden. Zu diesem Zweck wird das Kosinusmaß (*cosine similarity*) verwendet, bei dem die Distanz bzw. Ähnlichkeit zweier auf einem Einheitskreis liegenden Punkte *a* und *b* über den Kosinus des eingeschlossenen Winkels $\theta$ bestimmt werden kann, wie es die Abbildung 2.6 illustriert.[210] Bei zwei nahe zueinander liegenden Punkten wird der eingeschlossene Winkel $\theta$ klein, bei zwei weit voneinander liegenden Punkten dagegen groß. Das Kosinusmaß wird also bei zwei *identischen* Punkten mit dem Winkel $\theta = 0°$ gleich 1 und bei zwei *orthogonalen* Punkten mit dem Winkel $\theta = 90°$ gleich 0. Hier die Definition:

„Let two points *a* and *b* lying in the unit circle have coordinates $a = (x_1, y_1)$ and $b = (x_2, y_2)$. The *cosine similarity* of the points *a* and *b* will be written $cos(a, b)$ and is given by the formula $cos(a, b) = x_1 x_2 + y_1 y_2$."[211]

---

[209] Sie gehören zu sogenannten ‚Stoppwörtern' und werden meistens schon vor der Indexierung aus dem Text mittels einer schwarzen Liste entfernt. Eine solche Liste englischer, griechischer, lateinischer, italienischer, deutscher und französischer Stoppwörter bietet PERSEUS unter http://www.perseus.tufts. edu/hopper/stopwords [15. Juni 2012].

[210] Vgl. WIDDOWS, Geometry, 105, 157.

[211] WIDDOWS, Geometry, 106.

Abbildung 2.6: *Das Kosinusmaß im semantischen Raum ($\mathbb{R}^2$)*

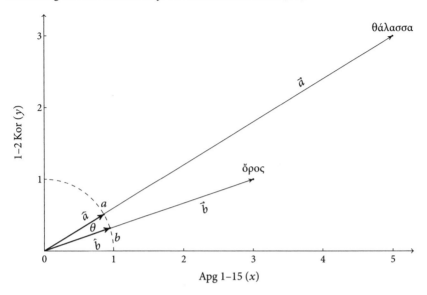

Wollen wir das Kosinusmaß auch in unserem n-dimensionalen semantischen Raum $\mathbb{R}^n$ verwenden, müssen wir die Vektoren $\vec{a}$ für θάλασσα und $\vec{b}$ für ὄρος (weiter nur $a$ und $b$) in der Abbildung 2.6 zuerst normalisieren, d. h. sie auf eine einheitliche Länge bringen, damit sie wie die Punkte $a$ und $b$ auf dem Einheitskreis liegen. Dafür müssen wir ihre Längen berechnen, die der Abstand zu dem Nullvektor 0 mit den Koordinaten $0 = (0, 0, \ldots, 0)$ darstellt. Die Länge bzw. den Betrag eines Vektoren $a$ mit den Koordinaten $a = (a_1, a_2, \ldots, a_n)$ bezeichnen wir mit $|a|$ und berechnen als $|a| = \sqrt{a \cdot a}$ über das Skalarprodukt.[212] Damit wir jetzt aus dem Vektor $a$ den Einheitsvektor $\hat{a}$ mit derselben Richtung und der Länge 1 erhalten, müssen wir den Vektor $a$ lediglich durch seine Länge $|a|$ dividieren: $\hat{a} = a/|a|$. Weil das Skalarprodukt zweier Einheitsvektoren $\hat{a}$ und $\hat{b}$ dem Kosinus des eingeschlossenen Winkels $\theta$ entspricht, können wir das Kosinusmaß zweier beliebigen Vektoren $a$ und $b$ in einem n-dimensionalen Raum $\mathbb{R}^n$ mit folgender Formel berechnen:[213]

$$\cos(a, b) = \frac{a \cdot b}{|a| \cdot |b|} \tag{2.14}$$

In unserem vierdimensionalen semantischen Raum $\mathbb{R}^4$ (vgl. die Tabelle 2.4) können wir jetzt die Ähnlichkeit der Wörter θάλασσα mit dem Zeilenvektor $a = (19, 5,$

---

[212] WIDDOWS, Geometry, 156f. Das Skalarprodukt zweier Vektoren $a = (a_1, a_2, \ldots, a_n)$ und $b = (b_1, b_2, \ldots, b_n)$ in $\mathbb{R}^n$ berechnet man mit der Formel $a \cdot b = a_1 b_1 + a_2 b_2 + \ldots + a_n b_n$, vgl. WIDDOWS, Geometry, 152.

[213] WIDDOWS, Geometry, 158.

3, 26) und ὄρος mit dem Zeilenvektor $b = (11, 3, 1, 8)$ über das Kosinusmaß folgendermaßen berechnen:

$$\cos(a,b) = \frac{a \cdot b}{|a| \cdot |b|} = \frac{a \cdot b}{\sqrt{a \cdot a} \cdot \sqrt{b \cdot b}}$$

$$= \frac{19 \cdot 11 + 5 \cdot 3 + 3 \cdot 1 + 26 \cdot 8}{\sqrt{19 \cdot 19 + 5 \cdot 5 + 3 \cdot 3 + 26 \cdot 26} \cdot \sqrt{11 \cdot 11 + 3 \cdot 3 + 1 \cdot 1 + 8 \cdot 8}}$$

$$= \frac{435}{\sqrt{1071} \cdot \sqrt{195}}$$

$$\approx 0{,}952$$

Die Ähnlichkeit der Wörter θάλασσα und ὄρος ist mit 0,952 relativ hoch und entspricht ihrer Nähe im semantischen Raum $\mathbb{R}^4$, die man auch auf der Abbildung 2.5 für $\mathbb{R}^2$ beobachten kann. Die Tabelle 2.5 zeigt eine symmetrische Matrix mit dem Kosinusmaß $\cos(w_a, w_b)$ für alle Wörter $w^{214}$ im semantischen Raum $\mathbb{R}^4$. Wie wir

Tabelle 2.5: *Die Ähnlichkeit der Wörter im semantischen Raum* ($\mathbb{R}^4$)

| $\cos(w_a, w_b)$ | διακονία | ἐπιστολή | θάλασσα | λαός | ὄρος | πόλις |
|---|---|---|---|---|---|---|
| διακονία | 1 | 0,976 | 0,196 | 0,471 | 0,188 | 0,337 |
| ἐπιστολή | 0,976 | 1 | 0,120 | 0,270 | 0,112 | 0,173 |
| θάλασσα | 0,196 | 0,120 | 1 | 0,384 | 0,952 | 0,838 |
| λαός | 0,471 | 0,270 | 0,384 | 1 | 0,398 | 0,783 |
| ὄρος | 0,188 | 0,112 | 0,952 | 0,398 | 1 | 0,751 |
| πόλις | 0,337 | 0,173 | 0,838 | 0,783 | 0,751 | 1 |

sehen können, stehen sich die Wörter διακονία und ἐπιστολή mit dem Kosinusmaß 0,976 noch näher. Es handelt sich zwar nur um ein illustratives Beispiel, die Gruppierung der Wörter im semantischen Raum reflektiert aber schon hier die für die Evangelien (θάλασσα, ὄρος) oder die Briefe (διακονία, ἐπιστολή) typischen semantischen Felder. Ein semantischer Raum $\mathbb{R}^n$ bietet uns außerdem noch andere Möglichkeiten: Wir müssen uns nicht nur auf die Berechnung der Ähnlichkeit zwischen Wörtern beschränken, aber können mit cos(Mk, Apg) ebenso die Ähnlichkeit zwischen Texten oder mit cos(θάλασσα, Mk) die Ähnlichkeit zwischen Wörtern und Texten berechnen, um nach *Intertextualität* zu suchen.

### 2.4.3.3 Semantische Suche

In dieser Hinsicht wird das Verfahren der LSA natürlich erst bei einem längeren Text oder einem größeren Textkorpus interessant und je mehr Texte bzw. Kontexte indexiert werden, desto bessere Ergebnisse kann man erwarten. Bei dem Neuen

---

[214] Mit Ausnahme von καὶ, vgl. die Anmerkung 209 auf S. 70.

Testament (NA[27]) oder der Septuaginta (LXX[9]) handelt es sich um semantische Räume mit mehreren tausend Wörtern und Hunderten von Dimensionen. Aus diesem Grund muss die bei der Indexierung erzeugte Tabelle (Matrix) reduziert werden, unter anderem deswegen, weil in ihr zu viele Nullen vorkommen, was auch bei sehr ähnlichen Wörtern zu sehr niedrigen Kosinusmaßen führt. Dieses Problem ist mathematisch lösbar und die LSA verwendet zu diesem Zweck die Singulärwertzerlegung bei der eine Matrix in drei spezielle Matrizen zerlegt wird, die zu ihrer reduzierten Charakteristik dienen.[215] Zweites Problem stellt die Tatsache dar, dass in einem Textkorpus viele Texte sehr unterschiedliche Länge haben. In der hier verwendeten Variante der LSA wird das Problem dadurch gelöst, dass bei der Indexierung die Kontextlänge $|c|$ genau festgesetzt wird. So erhalten wir beispielsweise für das Wort $|ὄρος|$ und die Kontextlänge $|c| = 5$ (in Anzahl der Wörter von links und rechts) im Johannesevangelium folgende Ergebnisse:[216]

| | | |
|---|---|---|
| οἱ πατέρες ἡμῶν ἐν τῷ | ὄρει | τούτῳ προσεκύνησαν· καὶ ὑμεῖς λέγετε |
| ὥρα ὅτε οὔτε ἐν τῷ | ὄρει | τούτῳ οὔτε ἐν Ἱεροσολύμοις προσκυνήσετε |
| ἀσθενούντων. ἀνῆλθεν δὲ εἰς τὸ | ὄρος | Ἰησοῦς καὶ ἐκεῖ ἐκάθητο μετὰ |
| βασιλέα, ἀνεχώρησεν πάλιν εἰς τὸ | ὄρος | αὐτὸς μόνος. Ὡς δὲ ὀψία |
| Ἰησοῦς δὲ ἐπορεύθη εἰς τὸ | ὄρος | τῶν ἐλαιῶν. Ὄρθρου δὲ πάλιν |

Auf diese Weise werden *alle* Wörter (ausgenommen Stoppwörter)[217] indexiert und ihr gemeinsames Auftreten in einer Kookkurrenz-Matrix erfasst, die der Tabelle 2.5 ähnlich ist. Die Kontextlänge muss selbstverständlich der Sprache[218] und der literarischen Form der Texte angepasst werden. Bei der Analyse mit der hier verwendeten Software INFOMAP wurde meistens mit der Kontextlänge $|c| = 15$ gearbeitet[219] und es werden abhängig von der Häufigkeit nur Wörter aus dem Kontext verwendet, die andere Wörter am besten charakterisieren (*content-bearing words*).[220] Die INFOMAP Software ermöglicht anschließend eine Suche in dem erstellten semantischen Raum (meistens $\mathbb{R}^{100}$) und man kann (a) mit einem *Wort* nach ähnlichen *Wörtern*, (b) mit einem *Wort* nach typischen *Texten*, (c) mit einem *Text* nach ähnlichen *Texten* und (d) mit einem *Text* nach typischen *Wörtern* suchen.[221] Die typische Ausgabe enthält die Kosinusmaße der jeweiligen Wörter/Texte, wobei sich bei dem ersten Wort/Text mit dem Kosinusmaß der Größe 1 um die Eingabe handelt. Die Tabelle 2.6 zeigt als Beispiel die Ausgabe (a) für das Wort $|ἥλιος|$ und $|sun|$ im griechischen und englischen Text der Bibel[222] mit dem Kosinusmaß der ersten 10

---

[215] Vgl. WIDDOWS, Geometry, 175ff.

[216] Joh 4,20.21; Joh 6,3.15 und Joh 8,1.

[217] Siehe die Anmerkung 209 auf S. 70.

[218] Bei einer flektierten Sprache, wie bei dem Griechischen, sollte die Kontextlänge etwas größer sein; bei einer kleinen Kontextgröße ($|c| = 5–15$) wird außerdem vor allem die Syntax in Vordergrund treten, bei einer größeren Kontextgröße ($|c| = 15–30$) die Semantik.

[219] So auch STUDENOVSKÝ, Search.

[220] Vgl. WIDDOWS, Geometry, 172ff.

[221] Vgl. STUDENOVSKÝ, Search.

[222] Bei dem griechischen Text handelt es sich um die Septuaginta (LXX[9]) mit dem Text des Novum Testamentum Graece (NA[27]) und bei dem englischen Text um die King James Version (KJV).

Wörter. Die letzte Spalte enthält zum Vergleich die empirischen Daten aus dem Edinburgh Associative Thesaurus (EAT) und zeigt bei jedem assoziierten Wort die Anzahl aus insgesamt 100 Antworten auf das Stimuluswort |sun|.[223] Man kann auf

Tabelle 2.6: *Die Assoziationen zur ‹Sonne› mit* INFOMAP *und EAT*

| ἥλιος (LXX[9], NA[27]) | 1,000000 | sun (KJV) | 1,000000 | sun (EAT) | 100 |
|---|---|---|---|---|---|
| σελήνη | 0,578669 | moon | 0,615134 | moon | 25 |
| σκότος | 0,540054 | firmament | 0,481579 | shine | 17 |
| φῶς | 0,405572 | stars | 0,437190 | hot | 8 |
| εὐλογεῖτε | 0,382949 | darkness | 0,400780 | bright | 4 |
| ὕδατα | 0,382898 | light | 0,393871 | shade | 3 |
| ὑπερυψοῦτε | 0,375800 | clouds | 0,390217 | yellow | 3 |
| ὑμνεῖτε | 0,375746 | morning | 0,339995 | glare | 2 |
| ἄγγελοι | 0,374595 | degrees | 0,329406 | god | 2 |
| ὑποκάτω | 0,341607 | vanity | 0,327208 | heat | 2 |
| οὐρανοῦ | 0,338847 | night | 0,322667 | light | 2 |

den ersten Blick sehen, dass die theoretischen und empirischen Daten relativ viel gemeinsames haben und der ‹Mond› sogar als erster immer ganz oben steht.[224] Wir sehen aber auch, dass wir auf diese Weise keine saubere *lexikalische Semantik* erhalten, sondern in der Tat *Assoziationen*. Das bestätigt auch die Übereinstimmung mit dem EAT, die auch bei anderen Wörtern zu beobachten ist. In den Ergebnissen befinden sich nämlich nicht nur Wörter aus der semantischen Domäne der Himmelsobjekte,[225] die zu erwarten wären, sondern auch Wörter aus den verwandten semantischen Domänen, wie z. B. |clouds| aus der semantischen Domäne der atmosphärischen Objekte,[226] und weiter *paradigmatische* und *syntagmatische* Assoziationen, die oft eine Opposition bilden, wie z. B. |light| und |darkness|. Es gibt also keine scharfen Grenzen zwischen einzelnen semantischen Domänen und man muss in den Ergebnissen zuerst lesen können. Nur ein erfahrener Bibelleser würde aber darauf kommen, was die Wörter |degrees| und |vanity| mit der ‹Sonne› zu tun haben. Für das Wort |vanity| können wir uns bei dem Buch Kohelet bedan-

---

[223] The Edinburgh Associative Thesaurus (EAT) ist zugänglich online unter http://www.eat.rl.ac.uk [15. Juni 2012]. Zur Literatur siehe das Literaturverzeichnis unter EAT.

[224] Das ist auch in der Lutherbibel (LUTH) der Fall, in der cos(Sonne, Mond) = 0,627645. Diese Eigenschaft lässt sich zur Bildung zweisprachiger semantischer Räume nutzen, die die Suche in beiden Sprachen ermöglichen, vgl. WIDDOWS, Geometry, 167ff. So erhält man z. B. bei der Suche |Mond| (1,000000) in einem deutsch-englischen semantischen Raum zuerst |moon| (0,849618), |sun| (0,615605), |Sonne| (0,590578) usw. Es kann aber auch auf Deutsch nach englischen Texten gesucht werden oder umgekehrt, siehe STUDENOVSKÝ, Search.

[225] Vgl. LOUW/NIDA, 1.26–1.33 mit ‹σῶμα ἐπουράνιον›, ‹φωστήρ›, ‹ἥλιος›, ‹σελήνη›, ‹ἀστήρ›, ‹ἄστρον›, ‹φωσφόρος›, ‹ἀστὴρ πρωϊνός›.

[226] LOUW/NIDA, 1.34–1.38.

ken, denn es geht um die „vanity under the sun,"[227] und für das Wort |degrees| sind
die Psalmen, die „songs of degrees,"[228] und das Buch Jesaja verantwortlich.[229] Die
Psalmen spiegeln sich auch in den Ergebnissen der Suche im griechischen Text in
den Wörtern |εὐλογεῖτε|, |ὑπερυψοῦτε| und |ὑμνεῖτε| wider. Solche Ergebnisse sind
selbstverständlich nicht immer erwünscht, aber sie lassen sich kaum verhindern,
zumal viele Wörter auch innerhalb eines Textes mehrdeutig sein können. Das Wort
|Vater| kann in den Evangelien sowohl ‹Vater› als auch ‹Gott› bedeuten. Deswegen
bietet uns die hier verwendete Variante der LSA die Möglichkeit der *Negation*[230]
und es reicht, wenn wir bei der Suche im semantischen Raum Vater NOT Gott
schreiben, um nach einem menschlichen Vater zu suchen, oder sun NOT vanity,
um die Eitelkeit unter der Sonne zu beseitigen – damit wird nicht nur das Wort
|vanity|, sondern auch die Bedeutung von ‹vanity› negiert und der entsprechende
Teil des semantischen Raumes ausgeblendet.

Das eigentliche Problem sich in den Ergebnissen der Analyse zu orientieren
liegt aber sehr oft nur in der Mehrdimensionalität des semantischen Raumes: Das
berechnete Kosinusmaß in der Tabelle 2.6 gibt uns zwar die ‚Entfernung' der Wör-
ter von |sun| weiter, sagt uns aber nichts über die wirkliche Verteilung der Wörter
im semantischen Raum, so dass wir uns darüber eine Vorstellung machen könnten, wie bei dem zweidimensionalen semantischen Raum in der Abbildung 2.5 –
wir wissen z. B. nicht, wie weit das Wort |clouds| von |light| entfernt ist. Um es
herauszufinden, müssten wir erst einen Blick direkt in den mehrdimensionalen semantischen Raum werfen. Das ist zwar nicht möglich, es gibt aber Verfahren mit
deren Hilfe ein mehrdimensionaler Raum auf einen drei- oder zweidimensionalen Raum reduziert werden kann. Eines von ihnen sind sogenannte *Self Organizing
Maps* (SOM), die in siebziger Jahren von Teuvo Kohonen an der Helsinki University of Technology (seit 2010 Aalto University) entwickelt worden sind.[231] Es geht im
Grunde um neuronale Netzwerke, die ähnlich wie unser Gehirn einen mehrdimensionalen Raum auf eine zweidimensionale Karte abbilden können. Die Entfernung
der Wörter im semantischen Raum lässt sich anschließend wie bei einer üblichen
topographischen Karte von ihrer Entfernung auf der Karte ablesen. Die Distanz
der Wörter (die ‚Berge' zwischen ihnen) können außerdem farbig bzw. grau ska-
liert hervorgehoben werden. Die Abbildung 2.7 auf S. 76 zeigt die SOM-Karte für
die Ergebnisse der semantischen Suche nach |sun| in KJV in der Tabelle 2.6.[232] Weil
die Daten in diesem Fall direkt aus der Suche mit INFOMAP stammen, steht |sun| als

---

[227] Siehe z. B. Koh 4,7: „Then I returned, and I saw *vanity* under the *sun*."
[228] Vgl. Ps 121.
[229] Vgl. Jes 38,8: „Behold, I will bring again the shadow of the *degrees*, which is gone down in the *sun*
dial of Ahaz, ten *degrees* backward. So the *sun* returned ten *degrees*, by which *degrees* it was gone down."
[230] WIDDOWS, Geometry, 200–245.
[231] Zur Theorie und Anwendung siehe KOHONEN, Maps. Zu anderen Möglichkeiten vgl. WIDDOWS,
Geometry, 183ff. Die INFOMAP Software ermöglicht das Speichern der Ergebnisse zur weiteren Verar-
beitung mit MATLAB und so kann man zu der Clusteranalyse selbstverständlich auch andere Methoden
verwenden.
[232] Die Karte wurde mit SOM in MATLAB generiert, auf die graue Skalierung wurde hier verzichtet.

Abbildung 2.7: *Die Kartierung mit Self Organizing Maps (SOM)*

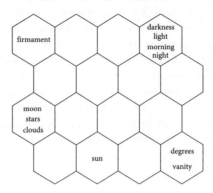

Suchwort von anderen Wörtern getrennt. Allein steht auch das Wort |firmament|, das in der Gruppe keinen Anschluss fand, und einen eigenen Cluster bilden die unerwünschten Wörter |degrees| und |vanity|, die semantisch mit dem ‹Himmel› nicht viel gemeinsames haben. Die übrigen Wörter bilden eindeutige semantische Cluster der Himmelsobjekte (|moon|, |stars|) und der atmosphärischen Objekte (|clouds|) und der semantischen Oppositionen, die wir oben erwähnt haben: |darkness| × |light| und |morning| × |night|. Die Kartierung des semantischen Raumes mit SOM kann also durchaus zur besseren Orientierung in den rein numerischen Ergebnissen beitragen und sollte bei der Analyse nicht vernachlässigt werden.

Einen anderen Weg zur Verbesserung der semantischen Analyse stellt die Lemmatisierung des Textkorpus[233] oder seine Erweiterung dar. Besonders die Erweiterung des Textkorpus führt zu einer Annäherung an die lexikalische Semantik,[234] die immerhin das eigentliche Ziel der semantische Analyse ist. Man verliert dadurch aber gleichzeitig die Möglichkeit die besondere Semantik der einzelnen Texte zu erforschen, was aus der Perspektive dieser Arbeit eher ein Nachteil ist. Es interessiert uns nämlich nicht die Bedeutung, die wir im Lexikon nachschlagen können, sondern die Bedeutung im Text und mit ihr verbundene Assoziationen und intertextuelle Beziehungen. Denn die Assoziationen der ersten Christen sind uns nicht zugänglich und wir haben keine empirischen Daten wie heute, damit wir unsere Analyse mit ihnen abgleichen können – sie hinterließen aber ihren Abdruck in den Texten und der lässt sich mit geeigneten Methoden noch heute lesen. Die semantische Suche ermöglicht uns außerdem die ‚Fahndung' nach der *Intertextu-*

---

[233] Bei der Lemmatisierung geht zwar ein Teil der Struktur der Texte verloren, die Suche wird aber vereinfacht und die Ergebnisse teilweise verbessert.

[234] So erhält man z. B. bei der Suche nach dem Wort |πατήρ| in dem deutlich größeren Textkorpus des Perseus, der neben der Septuaginta und dem Neuen Testament auch die pagane griechische Literatur enthält, folgende Ergebnisse: |πατήρ| (1,000000), |πατρὸς| (0,813340), |πατέρα| (0,753574), |πατρί| (0,683312), |μήτηρ| (0,652644), |μητρὸς| (0,597235), |μητέρα| (0,554594), |πάτερ| (0,508490), |υἱὸν| (0,501133), |μητρί| (0,490209).

*alität*, indem wir die Ähnlichkeit der Texte exakt bestimmen können, wie z. B. die
Ähnlichkeit der Evangelien im Neuen Testament (NA$^{27}$) in der Tabelle 2.7.[235] Auf

Tabelle 2.7: *Die Ähnlichkeit der Evangelien in NA$^{27}$*

| $\cos(c_a, c_b)$ | Mt | Mk | Lk | Joh |
|---|---|---|---|---|
| Mt | 1,000000 | 0,945056 | 0,948113 | 0,858802 |
| Mk | 0,945056 | 1,000000 | 0,924428 | 0,869796 |
| Lk | 0,948113 | 0,924428 | 1,000000 | 0,853912 |
| Joh | 0,858802 | 0,869796 | 0,853912 | 1,000000 |

diese Weise können wir auch Texte finden, die nicht die ‚richtigen‘ Stichwörter enthalten und sich in keiner Synopse als Parallelen finden lassen. So ergibt sich z. B.
die Erzählung über die Hochzeit in Kana in Galiläa in Joh 2,1–12 neben Lk 5,33–39
und Mt 9,14–17 als die nächste Parallele zu Mk 2,18–22, obwohl sie nicht in der
Synopsis Quattuor Evangeliorum (SQE$^{15}$) als Parallele vermerkt ist.[236] Der letzte, aber kein geringer Vorteil dieses Verfahrens liegt darin, dass die Semantik bei
der Analyse *nur* dem Text bzw. dem Kontext entnommen wird und „[i]n ihm, im
Kontext also, liegt auch die Hauptgarantie dafür, daß die Bedeutungsinterpretati-
on, die Wahl einer der im Code enthaltenen Möglichkeiten durch den Interpreten,
kein rein subjektiver Akt ist.“[237]

## 2.5 Poetizität und Intertextualität

Das eigentliche Ziel der strukturalen Analyse in dieser Arbeit ist selbstverständlich
nicht das Betreiben der Sprachstatistik an sich, sondern die Erfassung der *poetischen Strukturen* von Texten, denn nur erfasste poetische Strukturen können *vergli-
chen* und betreffend ihrer Poetizität *quantifiziert* werden. Das Schöne zu erfassen[238]

---

[235] Bei der Analyse wurde der lemmatisierte griechische Text des NA$^{27}$ verwendet und die Berechnung
erfolgte mit INFOMAP. Die Ergebnisse sind in STUDENOVSKÝ, Search, online zugänglich und bestätigen im Grunde die mit anderen exegetischen Methoden gewonnenen Forschungsergebnisse: Johannes
ist am ähnlichsten dem Markusevangelium, jedoch mit einem deutlich niedrigerem Kosinusmaß, als
das die Synoptiker untereinander haben, Matthäus und Lukas stehen sich wegen der gemeinsamen Q-
Quelle näher, als sie dem Markusevangelium sind, und aus der Markusperspektive ist wiederum das
ähnlichste Evangelium eindeutig das Matthäusevangelium. Auch die übrigen Ergebnisse der Analyse
bestätigen die bekannten Beziehungen innerhalb des NT: der nächste Text nach den Evangelien sind
bei Lukas die Apostelgeschichte (0,817074) und bei Johannes ist es der erste Johannesbrief (0,741248),
bei dem Kolosserbrief ist der ähnlichste Text der Epheserbrief (0,950335), bei dem 2. Petrusbrief der
Judasbrief (0,758842) und auch die paulinischen Briefe und die Pastoralbriefe bilden im semantischen
Raum eindeutige Cluster.
[236] Der Text von Mk 2,18–22 (1,000000) wird mit Mt 9,14–17 (0,981238), Lk 5,33–39 (0,964272) und
Joh 2,1–12 (0,419350) assoziiert, vgl. das Kapitel 4.1.
[237] ČERVENKA, Bedeutungsaufbau, 90.
[238] Eco, Schönheit, 37ff.

und die Schönheit zu berechnen[239] versucht der Mensch schon seit der Antike und auch „Augustinus hatte in *De quantitate animae* eine strenge Theorie vom Schönen als geometrischer Regelmäßigkeit entwickelt":[240]

„Das gleichseitige Dreieck ist ihr zufolge schöner als das ungleichseitige, weil mehr Gleichheit in ihm ist; noch schöner ist das Quadrat, in dem gleiche Winkel gleichen Seiten gegenüberstehen; am schönsten aber ist der Kreis, bei dem kein Winkel die kontinuierliche Gleichheit des Umfangs nicht unterbricht. Aber auch der Kreis wird übertroffen vom Punkt, der unteilbar ist, ein Zentrum, das Anfang und Ende von sich selbst darstellt, Ursprung der schönsten aller Figuren, des Kreises."[241]

Die Vorstellung davon, was das ‹Schöne› sei, wechselt sich zwar von Epoche zur Epoche, nicht aber die Eigenschaft der ästhetischen Struktur im unterschiedlichen Maße *poetisch wirksam* zu sein. Das gilt auch für das ‹Hässliche›: Das Bild des Teufels ist gerade dann ‚schön' bzw. poetisch wirksam, wenn es die Hässlichkeit des Teufels gut wiedergibt und also hässlich ist.[242] Aus diesem Grund wollen wir hier zwischen *Schönheit* und *Poetizität* unterscheiden – die Schönheit ist subjektiv, die Poetizität ist dagegen eine Eigenschaft der Struktur, die bestimmt werden kann, und hier lag Augustinus gar nicht so falsch.

Im Jahr 1933 unternahm der Harvarder Mathematiker George D. Birkhoff den Versuch einer quantitativen Ästhetik und stellte in seinem Buch *Aesthetic Measure* eine Formel für das ästhetische Maß ($M$) vor,[243] das als Verhältnis zwischen Ordnung ($O$) und Komplexität ($C$) definiert wird:

$$M = \frac{O}{C} \tag{2.15}$$

Das ästhetische Maß $M$ einer Klasse von ästhetischen Objekten ist um so höher, je größer die Ordnung $O$ und je kleiner die Komplexität $C$ ist. Die Formel an sich ist relativ einleuchtend und kann unter anderem erklären, warum in der Kunstfotografie oft schwarz-weiß bevorzugt wird,[244] oder warum bei der Intertextualität Echos und Anspielungen *poetischer* sind als Zitate (siehe unten); Augustinus würde sich über sie aber besonders freuen: Als G. D. Birkhoff das ästhetische Maß verschiedener Polygone berechnete,[245] bestätigte er (wohl unbewusst) auch die Einschätzung des Augustinus: Das gleichseitige Dreieck ist mit dem ästhetischen Maß

---

[239] Eco, Schönheit, 61ff.

[240] Eco, Kunst, 67.

[241] Eco, Kunst, 67 (Augustinus, De quantitate animae, VIII,13ff.).

[242] Eco, Kunst, 162. Siehe auch Eco, Häßlichkeit.

[243] Birkhoff, Measure, 4, hier die wörtliche Formulierung (im Original kursiv): „Within each class of aesthetic objects, to define the order $O$ and the complexity $C$ so that their ratio $M = O/C$ yields the aesthetic measure of any object of the class."

[244] Bei zwei Fotografien mit dem selben Motiv ist die Komplexität einer Schwarzweißfotografie kleiner (gemessen an der Anzahl der Farben) als einer Farbfotografie, die Ordnung ist aber die gleiche.

[245] G. D. Birkhoff blieb in seinem Buch nicht nur bei der mathematischen Theorie, aber präsentierte gleich auch die Anwendung der Formel auf geometrischen Objekten (Kap. II), Vasen (Kap. IV), Ornamenten (Kap. III), Musik (Kap. V–VII) und Poesie (Kap. VIII).

$M = 1,16$ tatsächlich ‚schöner‘ als das ungleichseitige ($M = 0,63$) und noch ‚schöner‘ ist das Quadrat ($M = 1,50$).[246]

G. D. Birkhoff fand auch Nachfolger, die versucht haben seine Formel zu operationalisieren und auf Texte anzuwenden, was aber meines Wissens bis heute niemandem gelungen ist.[247] In Deutschland handelte es sich vor allem um Max Bense[248] und Rul Gunzenhäuser.[249] Das Problem liegt nicht so in der Birkhoffschen Formel, sondern darin, wie man Ordnung und Komplexität bei Texten bestimmt und quantifiziert[250] – hier haben sich fast alle bisherige Versuche ausschließlich der Informationstheorie bedient und versucht, die Ordnung und Komplexität über den Entropie-Begriff zu quantifizieren.[251] Das war m. E. ein falscher Ansatz,[252] wenn nicht ein Missverständnis der Birkhoffschen Formel, denn durch diese Verfahrensweise wurde vor allem das Syntagma, nicht aber das Paradigma der Texte erfasst, das erst durch die Interpretation der Textur entsteht.[253] Das Paradigma ist aber bei literarischen Kunstwerken für die von Birkhoff beschriebene „realization that the object is characterized by a certain harmony, symmetry, or *order* (*O*)“ entscheidend.[254] Das ästhetische Maß von G. D. Birkhoff, aufgefasst als Funktion $M = f_m(O, C)$,[255] entspricht aber interessanterweise dem von R. Jakobson beobachteten Verhältnis von Paradigma ($P$) und Syntagma ($S$) der poetischen Funktion $f_p(P, S)$:

$$f_m(O, C) \longleftrightarrow f_p(P, S) \tag{2.16}$$

Das wirft auf die Birkhoffsche Formel ganz neue Licht und öffnet uns neue Möglichkeiten zur Ermittlung der *Poetizität* von Texten:

1. Die Komplexität ($C$) kann in Bezug auf das Syntagma ($S$) numerisch wie gewohnt durch die Menge der Elemente, aus denen das Objekt besteht, bestimmt werden, z. B. also aus der Zahl der Wörter.[256]
2. Die Ordnung ($O$) repräsentiert hingegen das Paradigma des Textes ($P$) und kann nur durch das Erfassen seiner poetischen Struktur und der in ihr vorhan-

---

[246] Birkhoff, Measure, Plate II.

[247] Zum Problem s. Eco, Einführung, 157ff.

[248] Bense, Einführung.

[249] Gunzenhäuser, Maß.

[250] Vgl. Ebeling/Freund/Schweitzer, Strukturen, 206–232, hier 216: „Es gibt es keine klar begründbare Methodik zur Bestimmung dessen, was in einem ästhetischem Objekt als Ordnung oder Komplexität bezeichnet werden soll. Insbesondere bleibt es problematisch, wie die Elementenmenge, aus denen ein Objekt konstituiert wird, ausgewählt und quantifiziert werden soll."

[251] Einen Überblick bieten Ebeling/Freund/Schweitzer, Strukturen, 206–232.

[252] Vgl. das Resultat von Ebeling/Freund/Schweitzer, Strukturen, 229. Die Analyse von Texten ergab lediglich, dass sie sich als natürliche Sequenzen „gerade auf der Grenze zwischen Ordnung und Chaos" befinden, was zwar „ein notwendiges, nicht aber ein hinreichendes" Kriterium ist, „um das Häßliche durch Abweichung von der Norm vom Schönen zu trennen."

[253] Siehe das Kapitel 2.3.2 auf S. 38.

[254] Birkhoff, Measure, 3–4.

[255] Vgl. Birkhoff, Measure, 12f.

[256] S. Ebeling/Freund/Schweitzer, Strukturen, 214.

denen Symmetrien quantifiziert werden, z. B. mit Hilfe der oben beschriebenen (Hierarchischen) Denotativen Textanalyse.

Wir können also vorläufig im Rahmen einer *Arbeitshypothese* auch folgende Feststellung übernehmen:

> „Der Text ist auf der denotativen Seite umso kompakter, je weniger Hrebs es in ihm gibt. Ornamentale Texte, z. B. poetische, enthalten viele Hrebs, wissenschaftliche relativ weniger, weil sich in diesen der Inhalt stark konzentriert."[257]

Aus dieser Perspektive ist auch klar, warum bei der Intertextualität Echos und Anspielungen poetischer sind als Zitate: Sie bereichern das Paradigma des Textes und erhöhen dadurch die Ordnung ($O$), die sie expandieren lassen, im Gegensatz zu Zitaten vergrößern sie aber kaum die Komplexität ($C$).[258] Aus dem selben Grund wird auch das Johannesevangelium im Unterschied zu den Synoptikern als poetischer wahrgenommen: Nicht nur, dass der an Symmetrien reichen Ordnung seines poetischen Textes das relativ kleine Vokabular gegenüber steht, sondern die von Johannes häufig verwendete *literarische Intertextualität* bringt mit sich immer eine sekundäre Ordnung, die die *Poetizität* des johanneischen Textes gegenüber seinen Prätexten noch weiter erhöht, zumal die Intertextualität Texte immer metaphorisiert.[259] Es ist also zu erwarten, dass in johanneischen Texten mit intertextuellen Bezügen zu den Synoptikern auch das ästhetische Maß $M$ gegenüber den Prätexten größer wird. Hiermit lässt sich auch die *Zeitpfeilrichtung* der Intertextualität bestimmen: der poetischer Text ist hier der jüngere.[260]

---

[257] ALTMANN/ALTMANN, Erlkönig, 124. Ebenso die Textanalysen von ZIEGLER/ALTMANN, Textanalyse, 49–83, stellen einen Unterschied zwischen Prosa, Brief und Poesie fest.
[258] Die Komplexität wird auch hier an der Zahl der Wörter gemessen.
[259] RICŒUR, Figuring, 144–166.
[260] Gegen BERGER, Anfang.

Kapitel 3

# Das Johannesevangelium als Erzählung

## 3.1 Einführung

Wenn wir heute ein Buch kaufen, stellt sich selten die Frage, was zu seinem *Text* gehört und es hat fast immer einen Umschlag mit einem Klappentext, der uns über seinen *Autor*, *Titel* und die literarische *Gattung* informiert. So wissen wir gleich von *wem* über *was* unser Buch ist und *wie* wir es zu lesen haben – es sei denn, wir werden absichtlich irre geführt, was sehr oft bei einem literarischen Pseudonym der Fall ist. Das Johannesevangelium ist uns bekannterweise ohne Umschlag und Klappentext überliefert worden und so wissen beispielsweise nicht, wer es verfasste; das ist aber nur das kleinere Problem. Das größere Problem stellt die Tatsache dar, dass es bis heute nicht klar ist, *wie* man ein Evangelium eigentlich lesen soll: Ist es eine neue Gattung *sui generis*,[1] ein Zeugnis,[2] eine Biographie,[3] ein Roman[4] oder hat Ludger Schenke recht, wenn er meint, es sei ein Drama?[5] Ludger Schenke scheint mir jedenfalls richtig zu liegen, indem er schreibt:

„Selten wohl, vielleicht niemals sonst in der Geschichte der Weltliteratur ist dem Autor eines von Unzähligen hochgeschätzten literarischen Werkes durch seine Kritiker solches Unrecht zugefügt worden wie dem unbekannten Autor des JohEv in seiner vorliegender Gestalt. [...] Dabei hätten die Kritiker sich schon durch Aristoteles warnen lassen können, der in seiner Poetik über die ‚Technik‘ der Dichtkunst feststellt: ‚Wenn Unmögliches dargestellt wird, ist das ein Fehler. Gleichwohl ist es dann richtig, wenn sie (die Dichtkunst) ihr gestecktes Ziel (τέλος) erreicht‘; dieses ist nach Aristoteles die Erschütterung des Rezipienten.“[6]

Das Johannesevangelium ist zwar nicht der erste Fall der Literaturgeschichte, wo die Kritik zu kurz greift und die Interpretationen weit auseinander gehen, es ist aber zweifelsohne vom Anfang an einer der prominentesten – man denke nur an die Kontroversen in der frühen Kirche.[7] Doch was ist das innere Ziel dieses Evangeliums? Wie beschreibt sich das Johannesevangelium selbst? In dieser Hinsicht lassen sich m. E. im Text zwei Aussagen finden, die uns als erste Wegweiser dienen können: Erstens, das vierte Evangelium zählt sich zu der Welt der Bücher, also

---

[1] HENGEL, Evangelien.
[2] BAUCKHAM, Testimony.
[3] FRICKENSCHMIDT, Evangelium.
[4] REISER, Alexanderroman.
[5] SCHENKE, Johannesevangelium.
[6] SCHENKE, Johannesevangelium, 202. Aristoteles, Poetica, 1460b: „ἀδύνατα πεποίηται, ἡμάρτηται· ἀλλ᾽ ὀρθῶς ἔχει, εἰ τυγχάνει τοῦ τέλους τοῦ αὐτῆς.“
[7] Vgl. NAGEL, Rezeption.

zur *Literatur* (vgl. Joh 20,30 und Joh 21,24)[8] und zweitens, das Ziel des Buches ist der *Glaube* und das *Leben* durch diesen Glauben (Joh 20,31). Das ist „der Vertrag, den der implizite Autor seinem Leser vorschlägt"[9] und ein Ziel, das die bekannten Gattungsdefinitionen sprengt.

Das Johannesevangelium geht hiermit über die klassische Historiographie und Biographie hinaus und eine solche Lektüre würde auch wenig Sinn machen, denn von welcher historischen und/oder literarischen Bedeutung ist eine Geschichte über einen in einer römischen Provinz gekreuzigten Rabbi, die dazu viel „Unmögliches"[10] darstellt?[11] Man wird deswegen besser tun, es als ein *erzählendes Kunstwerk*[12] zu betrachten, das sich, wie ein historischer oder biographischer Roman, der poetischen Sprache und des *Fiktiven*[13] bedient,[14] um das gesteckte Ziel zu erreichen. Die Voraussetzung für eine *sinnvolle* Lektüre einer Erzählung ist gerade der oben erwähnte Fiktionsvertrag:

> „Die Grundregel jeder Auseinandersetzung mit einem erzählenden Werk ist, daß der Leser stillschweigend einen *Fiktionsvertrag* mit dem Autor schließen muß, der das beinhaltet, was Coleridge ‚the willing suspension of disbelief', die willentliche Aussetzung der Ungläubigkeit nannte."[15]

Im Hinblick auf Joh 20,31 muss das vierte Evangelium also vor allem *gläubig* gelesen werden – erst bei dieser „willentlichen Aussetzung der Ungläubigkeit" bekommt die unmögliche Geschichte des Gekreuzigten einen *Sinn*. Nun, die Antwort auf die Frage, wie man das Evangelium liest, um „durch den Glauben das Leben in seinem Namen zu haben" (Joh 20,31b), lässt sich nur in der Welt des Textes finden. Für den ersten Schritt gilt also abgewandelt Goethes Divanmotto: „Wer Johannes will verstehen, der muß seine Welt begehen."[16]

---

[8] So auch BECKER, Frage, 211: „Joh 20:30; 21:24 sind die ältesten Belege dafür, daß ein Evangelium als etwas Geschriebenes, als Buch bezeichnet wird."

[9] ZUMSTEIN, Bibel, 81.

[10] Wie z. B. eine Auferstehung, vgl. Aristoteles, Poetica, 1460b.

[11] Vgl. Origenes, In librum Jesu Nave homilia, VIII,2, hier auf S. 19.

[12] Ähnlich urteilt auch THYEN, Werk, oder ZUMSTEIN, Bibel.

[13] Siehe TEMPLETON, Testament, 29f.: „Fiction, the term 'fiction' is wider than fact, because it can include fact. And can affirm what it includes. But together with the actual, it can include the possible; and, with the merely possible, the possible that will some day, or later today, become actual. In other words, fiction is (I am supposing), for the writers of the New Testament, a superordinate concept, a concept superior to fact."

[14] Vgl. Origenes, Commentarii in Ioh, X,5,19–20, hier auf S. 17.

[15] ECO, Wald, 103.

[16] Zietiert nach THYEN, Werk, 119.

## 3.2 Text

Der Text des Johannesevangeliums beginnt mit „Ἐν ἀρχῇ [...]" in Joh 1,1 und endet mit „[...] τὰ γραφόμενα βιβλία" in Joh 21,25.[17] Bis auf die textkritisch eindeutig sekundären Passagen in Joh 5,3b.4 und 7,53–8,11[18] wird hier das vierte Evangelium einschließlich Joh 21 als literarische Einheit verstanden, denn keine alte neutestamentliche Handschrift bezeugt eine Fassung des Johannesevangeliums mit einer anderen Kapitelreihenfolge[19] oder ohne Joh 21.[20] Auch *textintern* gibt es keinen Grund dafür, warum sich der reale Leser des Evangeliums mit der ‚ursprünglichen' Gestalt seines Buches beschäftigen sollte. Das zeigen nicht nur die Analysen von RUCKSTUHL/DSCHULNIGG, Stilkritik,[21] sondern auch die in STUDENOVSKÝ, Search, gemessene *sprachliche* und *inhaltliche* Kohärenz des Johannesevangeliums.

Zu diesem Zweck wurde ein Korpus mit dem lemmatisierten griechischen Text der 89 Kapitel der vier kanonischen Evangelien verwendet (NA[27]) und über das Kosinusmaß[22] die Ähnlichkeit der Kapitel innerhalb des Korpus gemessen. Mit Hilfe der SOM[23] wurden an-

---

[17] Verse Joh 21,24–25 sind m. E. in den Text des Evangeliums ausreichend integriert und weisen typische Merkmale eines Epilogs auf. Vgl. THYEN, Johannesevangelium, 793ff., und STUDENOVSKÝ, Weg, 532–533, anders SCHNELLE, Evangelium, 314f. Zur Analyse des johanneischen Epilogs (Joh 21,1–25) siehe das Kapitel 4.4 auf S. 256.

[18] Vgl. ALAND/ALAND, Text, 311.

[19] So BULTMANN, Art. Johannesevangelium, 840–843. Der Hypothese R. Bultmanns haben sich andere angeschlossen, vgl. BECKER, Evangelium, I, 30–32, oder VIELHAUER, Geschichte, 420–423. Einen Forschungsüberblick bietet HAENCHEN, Johannesevangelium, 48–57. Mit einer anderen oder teilweise geänderten Kapitelreihenfolge rechnen sogar einige Übersetzungen des Johannesevangeliums, wie z. B. die tschechische Übersetzung von F. Žilka, die u. a. Joh 7,16–24 zwischen Joh 5,47 und Joh 6,2 eingefügt hat, s. F. ŽILKA, Nový zákon [Neues Testament], Praha (1933) [7]1970. Freilich kann man eine Neuordnung schon im 2. Jahrhundert in Tatians Diatessaron finden, wohl aber aus einem anderen Grund. Zur Analyse und Funktion des johannesischen Plots siehe das Kapitel 3.3.2 auf S. 104.

[20] Das vermag m. E. auch das vor kurzem veröffentlichte koptische Papyrusblatt MS. Copt.e.150(P) der Bodleian Library in Oxford, abgedruckt in SCHENKE, Erscheinen, Abb. 2, 904, nicht zu ändern, zumal die kanonische Reihenfolge der Kapitel 5 und 6 und das Kapitel 21 der deutlich ältere griechische Papyrus Bodmer II (𝔓[66]) bezeugt. Ebenso die Argumentation von LATTKE, Buchschluß, ist nicht überzeugend, vgl. HENGEL, Frage, 218, Anm. 36. Dennoch lassen sich im Fall Joh 21 sogar Übersetzungen des Evangeliums ohne dieses Kapitel finden, vgl. THYEN, Johannes 21, 147: „Fast unisono – und zumeist wenig liebevoll – behandelt die ‚kritische Forschung' das 21. Kapitel des Johannesevangeliums als den sekundären ‚Nachtrag' irgendeines ‚kirchlichen' oder ‚johanneischen Redaktors' [...] Ja, die Verfechter solcher Theorien wähnen sich ihrer Sache so sicher und ihr Einfluß reicht so weit, daß dem ahnungslosen Leser einer viersprachigen ‚Hotelbibel' das gesamte Kapitel und damit ein für die Lektüre des Johannesevangeliums schlechthin konstitutives Moment glatt unterschlagen wird (Wittler 1980)." Über den ‚sekundären Charakter' von Joh 21 besteht in der Forschung zwar ein breiter Konsens, vgl. den kurzen Überblick bei SCHNELLE, Evangelium, 315, doch was man sich darüber genau vorstellt, ist oft sehr unterschiedlich, vgl. ZUMSTEIN, Erinnerung, 192–216. Zur Funktion des johanneischen Epilogs (Joh 21,1–25) siehe das Kapitel 4.4 auf S. 256.

[21] Vgl. RUCKSTUHL/DSCHULNIGG, Stilkritik, mit der Kritik bei FREY, Eschatologie, I, 432ff.; dagegen erneut BECKER, Frage, 238–240. Für die literarische Einheit des Johannesevangeliums plädiert ebenso HENGEL, Frage, 224–264, zur Analyse vgl. vor allem 238–242.

[22] Zum Kosinusmaß siehe das Kapitel 2.4.3.2 auf S. 70.

[23] Zur Clusteranalyse mit SOM vgl. das Kapitel 2.4.3.3 auf S. 75.

schließend alle 89 Kapitel aufgrund ihrer Kosinus-Ähnlichkeit einer Clusteranalyse unterzogen. Die Ergebnisse bestätigen die sprachliche und inhaltliche Kohärenz des Johannesevangeliums: Bilden die Synoptiker relativ oft gemischte Cluster, in denen sich Kapitel aus allen
drei synoptischen Evangelien befinden, bilden die Kapitel des Johannesevangeliums Cluster
nur miteinander – die einzige Ausnahme stellt typischerweise die johanneische Passionsgeschichte dar, wo Joh 18/19 zuerst größere Ähnlichkeit mit Mk 14/15 (0,806682/0,835435),
Mt 26/27 (0,800625/0,782706 ) und Lk 22/23 (0,749545/0,745928) aufweist, nicht aber das
Kapitel Joh 21, das sich Joh 13 (0,783331), Joh 20 (0,702908) und Joh 18 (0,682618) anschließt.[24] Ein ähnliches Bild ergab sich bei der Analyse innerhalb des Johannesevangeliums, wo das ‚Nachtragskapitel‘ ebenso leicht Anschluss an die Exposition der Passionsgeschichte (Joh 13 mit 0,605868), die Passions- und Auferstehungsgeschichte (Joh 18/20 mit
0,476550/0,542268) und weiter an die Mitte (Joh 6 mit 0,510967) und den Anfang (Joh 1 mit
0,491735) des Evangeliums fand.[25]

Der Text des Johannesevangeliums wird hier zwischen ca. 100–125 n. Chr. datiert,[26]
wobei die obere Grenze dieser Zeitspanne sehr eng mit der (nicht mehr so sicheren)
Datierung des Papyrus $\mathfrak{P}^{52}$ (John Rylands Library, Gr. P. 457) zusammenhängt.[27]
Die untere grenze dieser Zeitspanne ergibt sich dann aus der Rezeption der *drei*
synoptischen Evangelien durch das vierte Evangelium.[28]

### 3.2.1 Paratext

Im Unterschied zu einem Menschen kommt ein Text selten ganz ‚nackt‘ zur Welt.
Viel öfters kommt er schon als Buch gekleidet und „the paratext is what enables a
text to become a book and to be offerred as such to its readers and, more generally,
to the public.“[29] Einen Paratext bilden verschiedene „Arten zusätzlicher, auto- oder
allographer Signale, die den Text mit einer (variablen) Umgebung ausstatten und
manchmal mit einem offiziellen oder offiziösen Kommentar versehen, dem sich
auch der puristischste und äußeren Informationen gegenüber skeptischste Leser
nicht so leicht entziehen kann, wie er möchte und es zu tun behauptet.“[30] Dies gilt
ebenso für antike Texte: auch in literarischen Werken der Antike findet man „Titel,
Untertitel, Zwischentitel, Vorworte, Nachworte, Hinweise an den Leser [...] Margi-

---

[24] Die Ergebnisse decken sich mit der Analyse des *englischen* Textes der Evangelien (KJV) von
WIDDOWS/COHEN, Gospels, 255: „[...] given that one chapter in a cluster is from a particular Gospel,
what is the probability that another chapter in the same cluster is from the same Gospel? Typical results
obtained in this experiment were: John: 0.66 Matthew: 0.28 Luke: 0.24 Mark 0:18. [...] This shows that
that the chapters in John's Gospel have, on average, stronger mutual similarities than those of the other
three Gospels, which are much more easily mixed together."

[25] STUDENOVSKÝ, Search.

[26] Gegen BERGER, Anfang, 11–20, u. a.

[27] Zur Beschreibung und Datierung des im Jahr 1935 von C. H. Roberts veröffentlichten Papyrus
siehe ALAND/ALAND, Text, 94–113. Die früher allgemein akzeptierte Datierung um 125 n. Chr. muss
heute aber wohl nach oben korrigiert werden, vgl. schon die Einwände von SCHMIDT, Anmerkungen.
Zum Problem der Datierung der neutestamentlichen Papyri vgl. den Artikel von BARKER, Dating.

[28] Siehe das Kapitel 5 auf S. 297.

[29] GENETTE, Paratexts, 1.

[30] GENETTE, Palimpseste, 11–12.

nalien" oder sogar „Illustrationen"[31] – ein schönes Beispiel des zuletzt genannten bietet beispielsweise das Petrusevangelium in P. Cair. 10759.[32] Es ist der Verdienst von Martin Hengel auf die so lange vernachlässigte Bedeutung der Paratexte kanonischer Evangelien – der Evangelienüberschriften – hingewiesen zu haben,[33] denn Paratexte tun viel mehr als den Text nur zu umrahmen, sie interpretieren ihn als Ganze. Sie sind zwar nicht mit dem Text gleichzusetzen,[34] doch sie „sind Teil des Werkes und dürfen nicht einfach ignoriert werden."[35]

Zum *Paratext* des vierten Evangeliums gehört der Titel Εὐαγγέλιον κατὰ Ἰωάννην, mit dem sein Text schon sehr früh versehen, wenn nicht herausgegeben werden musste,[36] zumal ihn schon die Papyri Bodmer II ($\mathfrak{P}^{66}$) und Bodmer XV ($\mathfrak{P}^{75}$) bezeugen. Andere auto- oder allographe Signale, die sich in den Handschriften des Johannesevangeliums finden lassen, gehören meines Erachtens entweder zum Text[37] oder sind sekundär.[38] Jedenfalls wird das *Evangelium nach Johannes* auch heute unter diesem weit ins 2. Jahrhundert n. Chr. hineinreichenden Titel herausgegeben, der gleichermaßen die Verfasser- (3.2.2) und Gattungsfrage (3.2.3) anspricht.

## 3.2.2 Autor

Die textexterne Frage nach dem *realen Autor* des Johannesevangeliums könnte im begrenzten Rahmen dieser Arbeit angesichts der Quellenlage nicht besser und ausführlicher behandelt werden, als es im Jahr 1993 Martin Hengel in seinem Buch „Die johanneische Frage" getan hat[39] und es ist auch nicht mein Ziel. Denn im Unterschied zu Martin Hengel bin ich der Meinung, dass alle Aussagen, die wir hier auf der Grundlage des johanneischen Textes über den realen Autor machen könnten, in Wirklichkeit entweder auf den idealen *Modell-Autor* und/oder den *Erzähler* des Evangeliums zu beziehen sind, auf die ich noch später zu sprechen komme (s. das Kapitel 3.3.1), und als literarische Fiktionen[40] nichts mit dem realen Autor zu tun haben. Mit Roland Barthes gesagt: ‚the birth of the reader must be ranso-

---

[31] GENETTE, Palimpseste, 11.

[32] Eine Abbildung bietet Lührmann, Fragmente, 83, 85, 93.

[33] HENGEL, Evangelienüberschriften.

[34] In diesem Sinne behält KÜGLER, Jünger, 25, recht, wenn er schreibt: „Es ist uns kein Textteil überliefert, der vor Joh 1,1 zu stehen hätte und auch keiner, der an 21,25 anzuschließen wäre [...]."

[35] HENGEL, Frage, 205, Anm. 1.

[36] Vgl. HENGEL, Frage, 204–209, hier 204–205: „Wäre der Titel später hinzugefügt worden, müßten irgendwo in der Überlieferung Varianten auftauchen, das ist aber nirgendwo auch nur in Andeutungen der Fall." Zur notwendigen Konsequenz dieser Annahme, nämlich der Kenntnis anderer Evangelien, vgl. THYEN, Johannesevangelium, 794.

[37] Dies gilt besonders für Joh 21,24–25.

[38] Wie der im NT häufig belegte ‚liturgische' Paratext ἀμήν, der mit C[2] oder 𝔐 auch nach Joh 21,25 zu lesen ist.

[39] HENGEL, Frage, besonders 204–274.

[40] Siehe auch KÜGLER, Jünger, und THYEN, Studien, 290: „Der Maler und sein Modell sind fraglos reale Personen, das Porträt natürlich nicht."

med by the death of the Author."[41] Ich bin mir selbstverständlich dessen bewusst, dass dies keine Antwort auf die alte Frage der Johannesexegese ist, welchen denn „Ἰωάννης" die Evangeliumsüberschrift meint. Doch in diesem Fall scheint mir die Frage die Antwort zu sein, denn erst der Leser, der sie stellt und die im Text intendierte Anonymität nicht mehr währt und für den ein „κατὰ" im Paratext einen Sinn macht, weil er auch *andere* Evangelien kennt,[42] bekommt bei seiner *intertextuellen* Lektüre die Antwort „Ἰωάννης".[43] Die Autorschaft des Zebedäus gehört zur Intertextualität und die kirchliche Tradition beweist nur, dass das vierte Evangelium dank dieser literarischen Technik, die an die Pseudepigraphie grenzt[44] und doch keine ist,[45] als einziges einem Augenzeugen zugeschriebene Evangelium sein Ziel erfolgreich erreichte.[46] Die häufige Verwendung des literarischen Pseudonyms in der Literatur illustriert außerdem mehr als deutlich, dass man nicht den realen Autor kennen muss, um ein Buch zu verstehen.[47] Das hatte sehr wahrscheinlich auch der Modell-Autor des Johannesevangeliums gewusst, denn im Hinblick auf Joh 21,24 muss man davon ausgehen, dass der wirkliche Name des Jüngers keine Rolle spielt und es sich textintern um eine gewollte *Anonymität* handelt, die wir bei der Lektüre zuerst respektieren müssen.

---

[41] BARTHES, Death.

[42] THYEN, Johannesevangelium, 794.

[43] Der Modell-Leser, der die Synoptiker kennt, kommt sehr schnell zur Schlussfolgerung, es kann sich bei dem Lieblingsjünger nur um Johannes, den Sohn des Zebedäus, handeln, vgl. CHAPMAN, Names, hier CHAPMAN, Names, 18: „That is to say [...] *every time the author mentions himself, he is with Peter*; they are seen to be the closest friends, inseparable, devoted. Peter whispers to John: Peter follows John to the High Priest's hall: Magdalen finds them together, and they run together to the tomb: it is to Peter that John confides his amazement, 'It is the Lord': when his martyrdom is prophesied, Peter's first thought is 'What shall this man do?'"

[44] Zum Begriff der Pseudonymität bzw. der Homonymität s. KLAUCK, Briefliteratur, 302.

[45] Ähnlich (und doch in der Intention ganz anders) auch THYEN, Buch, 59: „Ich betrachte das Johannesevangelium darum als ein *anonymes Pseudepigraph*, das heißt als ein Buch, das als Denkmal für einen verfasst wurde, der in der Nachfolge seines Herrn als Märtyrer gestorben ist (Mk 10,35ff.). Die alten Väter haben dessen *Namen* richtig erraten. Aber sie haben nicht beachtet, dass der Zebedäussohn Johannes wegen seines frühen Martyriums nicht der reale, sondern nur *der fiktionale* Autor unseres Evangeliums sein kann." Nach BULTMANN, Evangelium, 554, mache sich der reale Autor historisch die Tatsache zunutze, „daß ein Herrenjünger ein überraschend hohes Alter erreichte, sodaß die Meinung aufkam, er werde bis zur Parusie am Leben bleiben, und diese Meinung wird früh die Gestalt eines Herrenwortes gewonnen haben." Joh 21,22f. würde dann einen eleganten Weg darstellen, „das vorliegende Evg unter die Autorität des ältesten Zeugen zu stellen." Diese These lässt sich meines Wissens leider nicht verifizieren, zumal sie nicht nur die Historizität dieses legendären Herrenjüngers, sondern auch seine Kenntnis bei dem realen Autor des Epilogs voraussetzt. Zu den Johanneslegenden s. HENGEL, Frage, 9–95, zur Auslegung von Joh 21,22f. s. weiter Kapitel 3.3.1 und 4.4.4.

[46] Dies bestätigt zuletzt auch das Buch von BAUCKHAM, Testimony.

[47] Die Rolle des realen Autors dokumentiert sehr gut an eigenem Beispiel ECO, Nachschrift. Vgl. außerdem ECO, Wald, (21f.) 21: „Ich will hier gleich sagen, daß mir der empirische Autor eines erzählenden Textes (und in Wahrheit jedes Textes) recht wenig bedeutet."

### 3.2.3 *Titel und Gattung*

„Ein Titel ist leider bereits ein Schlüssel zu einem Sinn", schreibt Umberto Eco in
der Nachschrift zu seinem Roman *Der Name der Rose*, und „[n]iemand kann sich
den Suggestionen entziehen, die von Titeln wie *Rot und Schwarz* oder *Krieg und
Frieden* ausgehen."[48] Der Titel weckt Erwartungen, lenkt die Lektüre des Lesers in
die richtige (oder falsche) Richtung und oft nimmt er sogar die Interpretation vor-
weg. Buchtitel sind außerdem eine Brücke des Textes zu der Welt der Literatur und
enthalten direkte oder indirekte intertextuelle Bezüge zu anderen Büchern, indem
sie zum Beispiel die Überschrift „Das Buch Johannes" wählen und den Text als
einen „Roman des vierten Evangeliums" charakterisieren,[49] um den Leser darauf
aufmerksam zu machen, dass es sich hier um ‹Roman› handelt, der auf der
Folie des Johannesevangeliums zu lesen ist. In diesem Sinne stellt der Paratext auch
einen „Gattungs*vertrag*"[50] dar, wie auch R. A. Burridge in seinem Buch „What are
the Gospels?" bemerkt: „Genre is a major literary convention, forming a 'contract'
between author and reader [...] The first implication of all this is that any idea of the
gospels as unique, *sui generis* works is a nonsense: authors cannot create, and readers cannot interpret, a total novelty."[51] Nun, wenn die Evangelien keine Gattung
*sui generis* seien, wo sollte man die Wiege dieser Gattung suchen?

Die Frage der Gattungsrezeption lässt sich im Fall des Buchtitels |τὸ εὐαγγέλι-
ον| leider nicht so einfach beantworten. Das Wort ist zwar seit Homer bezeugt,[52]
wurde aber nie als ein literarischer Begriff verwendet. Dies gilt, einschließend das
Verb ‹εὐαγγελίζεσθαι› und das Femininum ‹ἡ εὐαγγελία›, auch für die LXX und
die entsprechenden Belege von ‹בשר› bzw. ‹בשרה› im hebräischen AT.[53] Dagegen
kann man für die berühmte Bezeugung im Plural in der Kalenderinschrift von
Priene (OGIS 458)[54] festhalten, dass sie „markante Ereignisse aus dem Lebens-
lauf des Kaisers bezeichnet und damit eine rudimentäre narrative Dimension gewinnt."[55] Da der Begriff in diesem Sinne auch von Philo und Josephus verwendet
wird,[56] sollte man einen Einfluss des hellenistischen Sprachgebrauchs nicht ganz

---

[48] Eco, Nachschrift, 10.

[49] So Schenke, Buch.

[50] Zu diesem Begriff von P. Lejeune fügt Genette, Palimpseste, 12, Anm. 1, zurecht hinzu: „Dieser
Begriff ist recht optimistisch, was die Rolle des Lesers betrifft, der ja nichts unterschrieben hat und
entweder weiterliest oder nicht. Nichtsdestoweniger stellen Gattungs- (oder andere) Merkmale für den
Autor eine *Verpflichtung* dar, der er – bei Strafe einer schlechten Rezeption – öfter nachkommt, als zu
erwarten wäre [...]."

[51] Burridge, Gospels, 247.

[52] Siehe Art. Euangelion, in: DNP, IV, 205–206. Weitere Belege bietet BWb⁶, 643–644.

[53] Vgl. Frankemölle, Evangelium, (251–262) 251: „Narrative Elemente, aus denen sich eventuell
eine Motivation für die neutestamentlichen Geschichtserzählungen ableiten ließen, sind dem Begriff
nicht eigen."

[54] Siehe Deissmann, Licht, 312–314, Abb. ebd. 316–317. Zur Übersetzung und Bewertung siehe
Klauck, Umwelt, II, 50–51, 73–74.

[55] Klauck, Umwelt, II, 73.

[56] Vgl. Klauck, Umwelt, II, 73.

ausschließen,[57] ohne dass man gleich eine direkte Übernahme aus dem Kaiserkult postulieren muss.[58] Der literarische Wandel des Wortes ‹τὸ εὐαγγέλιον› liegt aber nicht ganz im Dunklen und beginnt nicht erst mit Markion oder Justin,[59] wie es oft behauptet wird, denn die Wende zu dem später auf eine *biographische Erzählung*[60] bezogenen literarischen Begriff setzt bereits an zwei Stellen des Markusevangeliums an und diese sind für den späteren Sprachgebrauch von entscheidender Bedeutung. Neben der oft erwähnten Stelle in Mk 1,1[61] käme auch Mk 14,9[62] in Frage: An beiden Stellen lässt sich ein Wechsel von besprechendem zu erzählendem Modus nachweisen, indem das Wort ‹εὐαγγέλιον› erstmals aus der besprochenen in die erzählte Welt[63] transponiert wurde. Darüber hinaus wurde das Wort in Mk 1,1 auf dem Hintergrund des neutestamentlichen Sprachgebrauchs literarisch ,verfremdet‘, indem es als *master word*[64] am Anfang des Textes,[65] aber vor dem Beginn der Handlung, also praktisch ,zeitlos‘, verwendet wird – dem johanneischen ‹λόγος› nicht ganz unähnlich. Auf dieser Weise gewinnt der Begriff erst einmal eine neue Dimension und wird im Rahmen des Prologs (Mk 1,1–15)[66] *strukturell* auf das gan-

---

[57] Die neue Ausgabe des DNP geht noch einen Schritt weiter, s. Art. Euangelion, in: DNP, IV, 205–206: „Die traditionsgeschichtliche Wurzel des nt. Evangelionbegriffes liegt wahrscheinlich in der hell. Herrscherverehrung. Die frühen Gemeinden knüpfen damit an geläufige Vorstellungen ihres Umfeldes an, zugleich unterscheiden sie sich durch den Sg. *e.* grundlegend von den *euangélia* der Umwelt." Anders HENGEL, Gospels.

[58] Vgl. KOESTER, Gospels, (3–4) 4: „Since the Christian usage of the term for its saving message begins only a few decades after the time of Augustus, it is most likely that the early Christian missionaries were influenced by the imperial propaganda in their employment of the word."

[59] Vgl. KOESTER, Gospels, 31–42.

[60] Zu dieser allgemeinen Einordnung vgl. REISER, Sprache, 98–105.

[61] Vgl. FRANKEMÖLLE, Evangelium, 261–262.

[62] So HENGEL, Evangelium, 11: „Insgesamt gebraucht Mk im Gegensatz zu allen späteren Evangelisten siebenmal das Wort εὐαγγέλιον. Am aufschlussreichsten ist die letzte Erwähnung (14,9) [...]. Hier wird die Einheit von Erzählung und Verkündigung als ,Heilsbotschaft‘ sichtbar. Auffallend ist, dass Markus voraussetzt, dass diese Geschichte von der Salbung Jesu vor seiner Passion nicht eine belanglose Episode darstellt, sondern zu dem ,in der ganzen Welt‘ verkündigten, d. h. erzählten, ,Evangelium‘ gehört."

[63] Zum Begriff der besprochenen und erzählten Welt und der Analyse des Modus vgl. WEINRICH, Tempus, 41–72 und 278–283.

[64] Der Begriff geht an französischen Strukturalisten M. Pleynet zurück, zitiert bei CULLER, Poetics, 136: „It is indeed this word (novel, poem) placed on the cover of the book which (by convention) genetically produces, programmes or ‘originates’ our reading. We have here (with the genre ‘novel’, ‘poem’) a *master word* which from the outset reduces complexity, reduces the textual encounter, by making it a function of the type of reading already implicit in the law of this word."

[65] Zum Problem des Anfangs bei Markus s. KLAUCK, Vorspiel, 19–35. Mk 1,1 gehört sowohl textkritisch als auch literarisch zum Text des Evangeliums und ist trotz vieler anderen Versuche dem Autor des Evangeliums zuzuschreiben. Dies gilt besonders für das Wort ‹τὸ εὐαγγέλιον›, zumal keine neutestamentliche Handschrift Mk 1,1 ohne diesen Anfang bezeugt – gerade im Gegenteil: Ungeachtet Mk 1,1 kommt es später in der handschriftlichen Überlieferung zu seiner Verdoppelung in der Evangeliumsüberschrift.

[66] Vgl. KLAUCK, Vorspiel, 27–30. Wie der Prolog bei Johannes (Joh 1,1–18), dessen Prätext u. a. Markus ist, reflektiert der Markusprolog in seiner proleptischen Funktion das Evangelium und sein Geschehen als Ganzes.

ze Markusevangelium bezogen.[67] Liegt hier eine literarische ‚Verfremdung' vor, ist es auch wenig verwunderlich, dass sich nur schwer eine Traditionsgeschichte dieses Begriffs sowohl für den biblisch-jüdischen als auch für den griechischen Sprachraum rekonstruieren lässt.[68] Das erste *Evangelium* nach Markus hatte nicht nur die Erzählstruktur dieser Gattung geprägt, sondern ihr gleich auch ihren Namen gegeben, mit Origenes kurz gesagt: „καὶ Μάρκος, εἰδὼς ὃ γράφει, ‚ἀρχήν' διηγεῖται ‚τοῦ εὐαγγελίου', τάχα εὑρισκόντων ἡμῶν τὸ τέλος αὐτοῦ παρὰ τῷ Ἰωάννῃ ...".[69]

Unter diesen Umständen kann man sich nicht wundern, dass Origenes am Anfang seines Johanneskommentars zuerst eine lange Abhandlung[70] der ‚Gattungsreflexion' und der Frage widmet, was die Bezeichnung „εὐαγγέλιον" bedeuten mag und wie der Leser sie zu verstehen habe:

„Τί δὲ βούλεται δηλοῦν ἡ ‚εὐαγγέλιον' προσηγορία, καὶ διὰ τί ταύτην ἔχει τὴν ἐπιγραφὴν ταῦτα τὰ βιβλία, ἤδη καιρὸς ἐξετάσαι. Ἔστι τοίνυν τὸ εὐαγγέλιον λόγος περιέχων ἀπαγγελίαν πραγμάτων κατὰ τὸ εὔλογον διὰ τὸ ὠφελεῖν εὐφραινόντων τὸν ἀκούοντα, ἐπὰν παραδέξηται τὸ ἀπαγγελλόμενον· οὐδὲν δ' ἧττον ὁ τοιοῦτος λόγος εὐαγγέλιόν ἐστιν, ἄν καὶ πρὸς τὴν σχέσιν τοῦ ἀκούοντος ἐξετάζηται. Ἢ εὐαγγέλιόν ἐστι λόγος περιέχων ἀγαθοῦ τῷ πιστεύοντι παρουσίαν ἢ λόγος ἐπαγγελλόμενος παρεῖναι ἀγαθὸν τὸ προσδοκώμενον. Πάντες δὲ οἱ προειρημένοι ἡμῖν ὅροι ἐφαρμόζουσι τοῖς ἐπιγραφομένοις εὐαγγελίοις. Ἕκαστον γὰρ εὐαγγέλιον, σύστημα ἀπαγγελλομένων ὠφελίμων τῷ πιστεύοντι καὶ μὴ παρεκδεξαμένῳ τυγχάνον ὠφέλειαν ἐμποιοῦν, κατὰ τὸ εὔλογον εὐφραίνει, διδάσκον τὴν δι' ἀνθρώπους τοῦ πρωτοτόκου πάσης κτίσεως Χριστοῦ Ἰησοῦ σωτήριον αὐτοῖς ἐπιδημίαν."[71].

Er kommt letztendlich zu dem Schluss, die vier Evangelien tragen diese besondere Überschrift aus dem Grund, weil sie, im Unterschied zum Alten Testament und

---

[67] Dies wird noch deutlicher, wenn man die *relative Häufigkeit* des Wortes ‹τὸ εὐαγγέλιον› im NT in Betracht zieht, wo sich vor Markus nur die paulinischen und deuteropaulinischen Briefe behaupten können, was aber nicht überraschend ist, da das Wort ursprünglich in der *besprochenen* und nicht in der *erzählten* Welt zuhause war: Phil: 4,73, 1 Thess: 3,51, Gal: 2,67, Phlm: 2,54, 2 Thess: 2,14, 2 Tim: 2,06, 2 Kor: 1,53, Eph: 1,45, Kol: 1,09, Röm: 1,09 1 Kor: 0,99, Mk: 0,54; vgl. dagegen Mt: 0,19, Apg: 0,10, Offb: 0,09 (berechnet mit ACCORDANCE am Text von NA[27]). Es ist deswegen kein Zufall, dass gerade Markus das Wort ‹τὸ εὐαγγέλιον› auch als ein ‚master word' in dem Prolog verwendet.

[68] Siehe die in diesem Zusammenhang eher spärlichen Ergebnisse von FRANKEMÖLLE, Evangelium, 251–262.

[69] Origenes, Commentarii in Ioh, I,4,22: „und Markus, wohl wissend was er schreibt, erzählt den ‚Anfang der Heilsbotschaft', vielleicht weil wir ihre Vollendung (τέλος) bei Johannes finden...". Es ist nicht der erste und letzte Fall in der Literaturgeschichte, wo sich ein charakteristisches Merkmal eines Textes später als Bezeichnung für die ganze Gattung etablierte.

[70] Origenes, Commentarii in Ioh, I,2,12–15,89.

[71] Origenes, Commentarii in Ioh, I,5,27–28: „Nun wäre zu untersuchen, was die Benennung ‚Evangelium' zu erkennen geben will, und warum diese Bücher diesen Titel haben. Evangelium ist eine Rede, die eine Botschaft enthält von Tatsachen, die ob ihres Heilswertes den Hörer dann zu Recht erfreuen, wenn er das Verkündete auch wirklich erhält. Und dieses Wort ist auch dann nicht weniger eine ‚Heilsbotschaft', wenn es in seiner Beziehung zum Hörer bestimmt wird. Danach ist Evangelium eine Rede, die für den Glaubenden die Gegenwärtigkeit eines Gutes enthält, oder eine Rede, die verkündet, daß das erwartete Gut da ist. All diese unsere Definitionen treffen auf die ausdrücklich so genannten Evangelien zu. Denn jedes Evangelium ist eine Sammlung für den Gläubigen heilsbedeutender Botschaften, die *dem* Heil bringen, der sie nicht in falschem Sinn aufnimmt. Sie erfreuen zu Recht und lehren die heilbringende Ankunft ‚des Erstgeborenen aller Schöpfung' (Kol 1,15) Christi Jesu bei den Menschen."

auch zu den übrigen Schriften des Neuen Testaments,[72] unmittelbar das Kommen (παρουσία) und den Aufenthalt (ἐπιδημία) ‹Jesu› bezeugen, der – als die Erfüllung aller Verheißungen – selbst das ‹Evangelium› ist.[73] In diesem Sinne sind die Evangelien Erstlinge (ἀπαρχὴ) aller Schrift,[74] obwohl sie später geschrieben wurden, und deren Erstling ist wiederum das Johannesevangelium,[75] „τὸν γενεαλογούμενον εἰπὸν καὶ ἀπὸ τοῦ ἀγενεαλογήτου ἀρχόμενον."[76] Die Verbindung der Gattungsfrage mit der *Christologie*[77] steht bis heute im Hintergrund von vielen Aussagen über die Analogielosigkeit dieser *„original christliche*[n] *Schöpfung"*[78] und am Ende scheinen sich auch hier die Geister an der alten Frage zu scheiden: „Τίνα με λέγουσιν οἱ ἄνθρωποι εἶναι;" (Mk 8,27), denn für die meisten Leser dieser literarischen Gattung ist ‹Jesus› mehr als ein Rabbi[79] oder Prophet und das ‹Evangelium› mehr als eine antike „romanhafte[...] Biographie".[80] Die Besonderheit und der Ursprung der literarischen Gattung ‹Evangelium› ist auf diese Art und Weise vom Anfang an zweifelsohne mit der Besonderheit und dem Ursprung der Person ‹Jesu› verbunden, was dem Modell-Leser die ersten Verse dieser literarischen Werke (vgl. Mk 1,1/Joh 1,1) auch gleich signalisieren.

Die Tatsache, dass die ‹Lebensgeschichte des Jesus von Nazaret› historisch den Anfang der Gattung ‹Evangelium› markiert, beantwortet leider noch lange nicht die Frage, was genau die *Gattungsmerkmale* eines ‹Evangeliums› sein sollten,[81] falls man überhaupt über eine literarische Gattung sprechen kann, wie sich schon im Jahr 1921 am Ende seiner Untersuchung zur Geschichte der synoptischen Tradition Rudolf Bultmann fragte:

---

[72] Origenes, Commentarii in Ioh, I,6,32–36.

[73] Origenes, Commentarii in Ioh, I,8,51.

[74] Origenes, Commentarii in Ioh, I,2,12.

[75] Vgl. Origenes, Commentarii in Ioh, I,4,23: „Τολμητέον τοίνυν εἰπεῖν ἀπαρχὴν μὲν πασῶν γραφῶν εἶναι τὰ εὐαγγέλια, τῶν δὲ εὐαγγελίων ἀπαρχὴν τὸ κατὰ Ἰωάννην [Man kann deshalb unbedenklich sagen, die Evangelien seien die Erstlinge der Schrift, der Erstling der Evangelien aber sei das nach Johannes]...".

[76] Origenes, Commentarii in Ioh, I,4,21: „das von Dem spricht, dessen irdische Geschlechterreihe bereits aufgeschrieben ward, und das dort einsetzt, wo Er ohne Abstammung ist."

[77] Vgl. auch Burridge, Reading, 34: „One implication of the biographical hypothesis is that the Gospels are about a person, more than theological ideas. Therefore the hermeneutical key for understanding them is not to be found in presumed problems in their hypothetical communities, but rather in their Christology."

[78] Bultmann, Geschichte, 400. Vgl. auch Bultmann, Geschichte, 399: „Mir scheint, so sehr wir zum Verständnis der Einzelstücke der synoptischen Tradition der Analogien bedürfen, so wenig für das Evangelium als Ganzes. Die etwa vorhandenen Analogien lassen nur die Eigenart des Evangeliums um so deutlicher hervortreten."

[79] Zur „absence of rabbinic biography" vgl. Burridge, Reading, (39–42) 42: „Rabbinic biography is not possible, because no rabbi is unique and each is only important as he represents the Torah, which holds the central Place. To write a biography is to replace the Torah by putting a human person in the centre of stage. The literary genre makes a major theological shift which becomes an explicit christological claim – that Jesus of Nazareth is Torah embodied."

[80] Reiser, Alexanderroman, 160.

[81] Dies gilt ebenfalls für apokryphe Evangelien, vgl. Klauck, Evangelien, 280.

„Kann man es als eigentlich *literarische Gattung* bezeichnen? Man kann m. E. den Begriff einer literarischen Gattung nur an ihrer Geschichte gewinnen, in der sich allein eine Gattung als solche erweist. [...] Daß es nicht dazu kam, liegt an der Kanonisierung unserer vier Evangelien, die die Evangelienschreibung abschnitt.“[82]

Diese Historisierung des Gattungsbegriffs bzw. seine historische Verifizierung wurde zwar teilweise zurecht kritisiert, da sie nicht ausreichend die außerkanonischen Evangelien berücksichtigt,[83] doch die Gattungsfrage blieb nach wie vor offen. Selbst die Kritiker Bultmanns meinen, der Titel |Evangelium| sei keine hinreichende Bestimmung der Gattung.[84] Aber auch in dem Fall, in dem man die Evangelien ohne weiteres einfach einer antiken „romanhaften Biographie“[85] zuordnen und ihrem Titel jegliche Gattungsbegrifflichkeit absprechen würde, ist hiermit noch lange nicht die rezeptionsgeschichtliche Frage geklärt, warum man dann überhaupt von ‹Evangelien› spricht und wie die wirkungsvolle Geschichte dieser Literatur[86] zu deuten ist.

Sollten die Evangelienüberschriften im 1. Jahrhundert n. Chr. noch keine „hinreichende Bestimmung der Gattung“[87] darstellen, sind sie ohne Zweifel ein Beweis für eine frühe *Gattungsrezeption*: „Die Form des Titels εὐαγγέλιον κατὰ Ἰωάννην ergab sich aus der Imitation der inscriptiones bzw. subsriptiones der älteren, um 100 bereits verbreiteten Evangelien nach Markus, Lukas und Matthäus, die das vierte Evangelium durchweg schon voraussetzt.“[88] Diese Tendenz spiegelt sich später auch in den Bezeichnungen der apokryphen Evangelien wider,[89] und das sogar auch dann, wenn diese im Vergleich zu den kanonischen Evangelien sehr unterschiedliche (Erzähl-)Strukturen aufweisen, wie zum Beispiel das |Εὐαγγέλιον κατὰ Θωμᾶν| (EvThom),[90] wo die Gattungszugehörigkeit nur durch die paratextuelle

---

[82] BULTMANN, Geschichte, 400. Bultmanns Urteil, das er mit M. Dibelius teilt und das in seinen Grundzügen an F. Overbeck zu führen wäre, prägte lange Zeit maßgeblich die Forschung, vgl. das Nachwort von G. Theißen in: BULTMANN, Geschichte, (409–452) 446–451, oder VIELHAUER, Geschichte, 348–355.

[83] Vgl. CANCIK, Gattung, (87–92) 91: „Das Argument, Evangelium sei keine Gattung, da es keine Geschichte und zu wenig Exemplare habe, war falsch auch schon zu Overbecks Zeiten, d. h. vor der Entdeckung neuer Texte in Akhmim, Kairo, Oxyrrhynchos, Nag Hammadi.“ Hier hat sich meines Erachtens aber Bultmann doch eine kleine ‚Hintertür‘ offen gelassen, s. BULTMANN, Geschichte, 400: „Anders könnte es freilich mit den gnostischen Evangelien stehen, doch erlauben die vorhandenen Reste kein Urteil.“

[84] CANCIK, Gattung, 92: „Natürlich gibt weder das Kriterium ‚Jesusliteratur‘ noch der Titel ‚Evangelium‘ eine hinreichende Bestimmung der Gattung.“ Ähnlich urteilt REISER, Sprache, 105: „Die Bezeichnung ist zweifellos passend. Eine eigene Gattung im literaturwissenschaftlichen Sinn ist damit nicht gemeint.“

[85] REISER, Alexanderroman, 160.

[86] Vgl. nur die Aufzählung bei KLAUCK, Evangelien, 10–12.

[87] CANCIK, Gattung, 92.

[88] HENGEL, Frage, 206.

[89] Vgl. HENGEL, Evangelien, 107–111.

[90] Zur frühen Bezeugung dieser Bezeichnung vgl. zum Beispiel Origenes, Homiliae in Luc, I,5,10: „Scio quoddam evangelium, quod appellatur secundum Thoman... (φέρεται γὰρ καὶ τὸ κατὰ Θωμᾶν εὐαγγέλιον...). [Ich kenne ein Evangelium, das nach Thomas genannt wird].“

Bezeichnung |εὐαγγέλιον| signalisiert wird. Diese *paratextuelle* Gattungszugehö-
rigkeit unterscheidet sich aber grundsätzlich von der *architextuellen* Gattungszugehörigkeit der kanonischen und einiger apokrypher Evangelien:[91] Sie wohnt nicht
dem Text inne, vielmehr gründet sie sich nur auf dem *Paratext*.[92] Die architextuelle
Gattungszugehörigkeit geht dagegen auf die in der poetischen Struktur des Textes
enthaltenen Gattungsmerkmale zurück und wird dank ihnen von Lesern erkannt,
auch wenn sie – wie im Fall der kanonischen Evangelien – nicht immer deklariert
wird.[93] Die Frage nach der Gattungszugehörigkeit der Evangelien ist hiermit eine
Rückfrage nach dem *Architext*[94] und in erster Linie eine poetologische Frage:

> „Gegenstand der Poetik [...] ist nicht der in seiner Besonderheit betrachtete einzelne Text
> (dies wäre eher Aufgabe der Literaturkritik), sondern der *Architext*, oder, wenn man so will,
> die Architextualität des Textes [...], d. h. die Gesamtheit jener allgemeinen und übergreifen-
> den Kategorien [...], denen jeder einzelne Text angehört."[95]

Die Gattungsbezüge eines literarischen Werkes sind in dieser Hinsicht eine Form
der *Intertextualität*.[96] Hiermit ist auch die alte Bultmannsche These über die *„original christliche Schöpfung"*[97] der Gattung Evangelium endgültig tot, denn in der
Welt der Literatur ist noch kein Text vom Himmel gefallen und, wie U. Eco sagt,
„[w]enn ein Autor behauptet, er habe im Rausch der Inspiration geschrieben, lügt
er."[98]

Man sollte sich deswegen auch in der Exegese bei der Gattungsbestimmung der
Evangelien von dem „traditionellen Abstraktionsverfahren durch Klassenbildung"
mit seinem „Streit um die historische und/oder transhistorische Bestimmbarkeit
von Gattungen" verabschieden.[99] Die literarischen Gattungen lassen sich dann zusammen mit Ludwig Wittgenstein besser mit dem Begriff der *Familienähnlichkeit*[100]
erfassen,[101] indem sie nicht mehr durch eine bestimmte Menge gemeinsamer Gattungsmerkmale charakterisiert werden, sondern wie die Mitglieder einer Familie

---

[91] Zur Architextualität und Paratextualität vgl. GENETTE, Palimpseste, 9–18, und hier die Übersicht
im Kapitel 2.2.2 auf S. 33f.

[92] Dantes „Göttliche *Komödie*" oder Puschkins „*Roman* in Versen Eugen Onegin" können hier als
weitere Beispiele dienen.

[93] GENETTE, Palimpseste, 14: „Jedenfalls wird von einem Text nicht verlangt, daß er seine Zugehörigkeit zu einer Gattung kennt und deshalb auch deklariert: Weder bezeichnet sich ein Roman explizit
als Roman noch ein Gedicht als Gedicht."

[94] GENETTE, Palimpseste, 9, 13–14, ausführlich GENETTE, Architext.

[95] GENETTE, Palimpseste, 9.

[96] Vgl. JACOBS, Gattungskonzept, 18ff.

[97] BULTMANN, Geschichte, 400.

[98] ECO, Nachschrift, 18.

[99] HEMPFER, Gattung, 653.

[100] WITTGENSTEIN, Untersuchungen, § 67: „Ich kann diese Ähnlichkeiten nicht besser charakterisieren als durch das Wort ‚Familienähnlichkeiten'; denn so übergreifen und kreuzen sich die verschiedenen
Ähnlichkeiten, die zwischen Gliedern einer Familie bestehen [...]."

[101] So auch BURRIDGE, Gospels, 39: „The attraction of ‚family resemblance' is that it is sufficiently vague
to cope with the blurred edges of genre (unlike ‚class'), yet still sharp enough to have some meaning.
‚Family resemblance theory seems to hold out the best hope to the genre critic.'"

durch „ein kompliziertes Netz von Ähnlichkeiten, die einander übergreifen und kreuzen. Ähnlichkeiten im Großen und Kleinen."[102] Der Wittgensteinsche Familienähnlichkeitsbegriff ist „kein Klassen-, sondern ein Typusbegriff"[103] und setzt nicht voraus, „daß alle ‚Mitglieder' einer Familie durch eine bestimmte Menge gemeinsamer Merkmale charakterisiert sind, sondern, daß die Ähnlichkeit zwischen den ‚Familienmitgliedern' auf jeweils unterschiedlichen Mengen sich unterschiedlich überlappender Merkmale basiert."[104] L. Wittgenstein geht in seinen Philosophischen Untersuchungen sogar noch einen Schritt weiter, indem er annimmt, es gibt innerhalb einer Familie gar keine *allen* Mittgliedern gemeinsamen Merkmale. Diese Öffnung des Gattungsbegriffs ist zwar der größte Vorteil des von dem Wittgensteinschen Konzept der Familienähnlichkeit ausgehenden Modells, die Kehrseite eines offenen Gattungsbegriffs stellt aber natürlich die Tatsache dar, dass die Menge der einer literarischen Gattung gemeinsamen Merkmale unbestimmt bleibt. Die Konsequenz ist „ein netzartiges Verhältnis aller Texte untereinander",[105] das G. Genette eben als die *Architextualität* bezeichnet – ‚kein Text ist eine Insel',[106] sondern wie in einer Menschenfamilie ist jeder Text durch unzählige Merkmale mit *allen* anderen Texten verwandt. Dieses „komplizierte[...] Netz von Ähnlichkeiten"[107] kann man sich auch als einen mehrdimensionalen Raum ($\mathbb{R}^n$) vorstellen,[108] in dem jedes Merkmal eine Dimension darstellt. In diesem Gattungsmodell (Raum) hat die Familie der ‹Evangelien› dann gemeinsame Merkmale (Dimensionen) nicht nur mit der ‹Biographie›, ‹Historiographie› oder dem ‹Roman›, sondern mehr oder weniger mit allen anderen Texten und erst die *Reduktion* der Merkmale (Dimensionalität) ermöglicht uns überhaupt den die ‹Evangelien› umliegenden Raum zu erfassen und abzubilden.[109] Ist diese Reduktion einerseits unvermeidlich, da man sonst gar keine Aussage machen dürfte, denn bekannterweise „[w]ovon man nicht sprechen kann, darüber muß man schweigen",[110] bringt sie auf anderer Seite mit sich, dass einige Merkmale (Dimensionen) notwendigerweise verloren gehen, wie auch R. A. Burridge zugibt: „It must, of course, be borne in mind that such a representation applies from the point of view of βίος only. [...] A different picture could be drawn by placing another genre at the centre, such a history, and seeing which genres relate to that."[111] Der Vorteil von diesem dynamischen Modell liegt aber zweifelsohne darin, dass es über die Reduktion obskure (nicht gattungstypische) Merkmale ausschließen kann, denn nicht nur in der Natur, sondern auch in der

---

[102] Wittgenstein, Untersuchungen, § 66.
[103] Hempfer, Gattung, 653.
[104] Hempfer, Gattung, 653.
[105] Jacobs, Gattungskonzept, 19.
[106] In Anspielung an Donne, Selections, 272: „No man is an island, entire of itself; every man is a piece of the continent, a part of the main."
[107] Wittgenstein, Untersuchungen, § 66.
[108] Zum Konzept vgl. das Kapitel 2.4.3.
[109] Vgl. die Abbildung bei Burridge, Gospels, Figure 1, 66.
[110] Wittgenstein, Tractatus, 7.
[111] Burridge, Gospels, 66.

Welt der Literatur kann man Sonderbarem begegnen, und wie Mark Edwards in seinem Beitrag „Gospel and Genre: Some Reservations" treffend bemerkt: „One does not conclude that birds are mammals because platypus lays eggs."[112]

Die Arbeit von R. A. Burridge hat hier meines Erachtens klar die *verwandtschaftliche* Linie zwischen der antiken ‹βίος-Literatur› und den kanonischen ‹Evangelien› gezeichnet und gezeigt, dass die Evangelien in der Tat keine *creatio ex nihilo* sind, und mein Ziel ist nicht die Menge der Gattungsmerkmale zu bezweifeln, die die Evangelien und die antike ‹βίος-Literatur› offensichtlich gemeinsam haben. Was mich interessiert und wo ich anknüpfen will, ist eher *ein* Merkmal, das diesen beiden Gattungen *nicht* gemeinsam ist und damit bei der Gattungsbestimmung, (die immer eine Reduktion der Dimensionalität bedeutet), verständlicherweise verloren gegangen ist. Dieses Merkmal stellt meines Erachtens aber zweifelsohne ein Merkmal dar, dass *allen* ‹Evangelien› gemeinsam ist, und sie von der übrigen ‹βίος-Literatur› unterscheidet, sowie das Schnabeltier von anderen Säugetieren die besondere Tatsache unterscheidet, dass es Eier legt.[113] Ich will damit auf das ganz offensichtliche und schon oben erwähnte Merkmal zurückkommen, dass das ‹Evangelium› als Gattung vom Anfang an die ‹Geschichte des Jesus von Nazaret› gebunden ist, denn es gibt meines Wissens kein ‹Evangelium›, das über den göttlichen Ursprung, das Leben, den Tod und die Auferstehung von jemandem anderen erzählt.[114] Man muss allein aus diesem Grund fragen, haben wir vor uns wirklich nur einen einzigartigen ‹βίος› als historische Variable einer vorhandenen Gattung der antiken Literatur oder mehr? Zu diesem Merkmal der Evangelien notiert auch Marius Reiser in seiner Studie zum Alexanderroman und dem Markusevangelium: „Der entscheidende Unterschied jedenfalls von Markusevangelium und Alexanderroman dürfte kaum in der Gattung zu suchen sein; was aus der romanhaften Biographie ein Evangelium gemacht hat, ist allein die Person, um deren Leben und heilsgeschichtliche Bedeutung es geht, ist allein das Thema: Jesus (der) Christus."[115] Dies ist meines Erachtens der Grund, warum das ‹Evangelium›, als literarische Gattung betrachtet, im Unterschied zur ‹Biographie› außerhalb der üblichen literarischen Kategorien liegt, denn wie Northrop Frye bemerkt:

„If superior in *kind* both to other men and to the environment of other men, the hero is a divine being, and the story about him will be a *myth* in the common sense of a story about a god. Such stories have an important place in literature, but are as a rule found outside the normal literary categories."[116]

Die Gattung ‹Biographie› kann nur das Leben eines ‹Menschen› erfassen, das einen Anfang und ein Ende hat, bei einem *göttlichen Wesen* muss sie jedoch natur-

---

[112] EDWARDS, Gospel, 58.

[113] EDWARDS, Gospel, 58.

[114] Nur Philostratus, Vita apollonii, 8,30–31, könnte mit Vorsicht als ein Beispiel für die wohl mündliche Wirkungsgeschichte der Evangelien dienen. Zur Bewertung siehe KLAUCK, Umwelt, I, 140–146.

[115] REISER, Alexanderroman, 160.

[116] FRYE, Anatomy, 33.

gemäß zu kurz greifen. Wenn die Evangelien also antike Biographien sind, dann sind sie von der poetischen Struktur her ‚gesprengte' Biographien und stellen eine ‚verfremdete' Gattung dar, indem sie zur Biographie *Gottes* und zum *heiligen* Text wurden: Man kann zwar noch den Grundriss und die Bausteine einer Biographie erkennen, im Großen und Ganzen haben sie aber mit der antiken Biographie in ihrer Funktion genauso wenig gemeinsam wie die christliche Basilika mit ihrem griechischen Vorbild. Es ist die ‹Story›, der ‚Inhalt', was in diesem Fall die ‚Form' so radikal verändert und das gilt am meisten für das Johannesevangelium,[117] das in dieser Hinsicht „not so much a specimen as a species in itself" ist.[118]

## 3.3 Erzählung

Ist das Johannesevangelium dann aber überhaupt eine Erzählung? Und was ist eigentlich eine Erzählung? Ein Telefonbuch ist jedenfalls keine Erzählung: „‚Zu viele Personen, zu wenig Handlung!' – So lautet ein alter Witz über das Telefonbuch als missglückte Erzählung."[119] Nach einer der bekanntesten Definitionen von Gerald Prince ist die Erzählung „the representation of at least two real or fictive events in a time sequence, neither of which presupposes or entails the other."[120] Die wesentliche Eigenschaft einer Erzählung ist also die *Temporalität*, wobei der Baustein einer Erzählung das *Ereignis* ist. Bilden das Ereignis bzw. die Ereignisse die *Story* oder das ‹Was› der Erzählung, findet die Temporalität ihren Ausdruck in dem *Plot* oder dem ‹Wie› der Erzählung.[121] Die Erzählung kann in einem *Diskurs* mündlich vorgetragen werden, viel öfter liegt sie uns aber schriftlich als Text vor. Wie sich alle diese Teile der Erzählung semiotisch zueinander verhalten, illustriert das Schema 3.1.[122]

$$\text{TEXT} = \frac{\text{Inhalt}}{\text{Ausdruck}} = \frac{\text{Story/Plot}}{\text{Diskurs}} \tag{3.1}$$

Wir sehen, „daß Story und Plot keine Fragen der Sprache sind. Es sind Strukturen, die sich fast immer auch in ein anderes semiotisches System übersetzen lassen [...]."[123] Dass das Johannesevangelium nach der oben eingeführten Definition eine Erzählung ist, wurde meines Wissens nie bezweifelt, es wird ihm lediglich vorgeworfen eine *beschädigte* Erzählung zu sein: Es sei ‚geflickt', voll von ‚Aporien' ja sogar ‚ruiniert', meinte der historische Kritiker,[124] und man kann sich seinem

---

[117] Vgl. Origenes, Commentarii in Ioh, I,4,21.

[118] EDWARDS, Gospel, 56.

[119] LAHN/MEISTER, Einführung, 3.

[120] PRINCE, Narratology, 4.

[121] Vgl. MARTINEZ/SCHEFFEL, Einführung, 20–26.

[122] Das Schema 3.1 folgt der in den graphischen Konventionen auf S. XV eingeführten Regel Signifikat über Signifikant und orientiert sich an dem Schema von ECO, Wald, 50, das auch dem Bedeutungsaufbau des literarischen Werkes in der Abbildung 2.1 auf S. 39 entspricht.

[123] ECO, Wald, 51.

[124] SCHWARTZ, Aporien, I, 344, 355.

Urteil eigentlich nicht wundern, denn es ist die Aufgabe eines Kritikers den Text kritisch zu prüfen und wer sucht, der findet bekanntlich (Lk 11,10). Es ist aber verwunderlich, wenn dasselbe jemand behauptet, der die narrative Analyse zu pflegen meint.[125] Lässt man außer Acht, dass der Ansatz „rescuing narrative criticism from its apparently antihistorical bias"[126] im Endefekt einem Versuch die Narratologie vor sich selbst zu retten gleicht, dann wird auch noch das Ziel der Methode verfehlt und der johanneische Text nicht *interpretiert*, sondern wieder nur *gebraucht*:

> „Einen Text kritisch zu interpretieren heißt, ihn in der Absicht zu lesen, im Vollzug der eigenen Reaktionen auf ihn etwas über seine Natur zu entdecken. Einen Text zu gebrauchen heißt dagegen, mit einem Stimulus zu beginnen, der auf weiteres abzielt, und dabei das Risiko zu akzeptieren, den Text vom semantischen Gesichtspunkt aus fehlzuverstehen."[127]

Sind nämlich die so oft besprochenen ‚Aporien' schon dem (letzten) Autor des Johannesevangeliums bekannt worden, was meines Wissens niemand ernsthaft bestreiten will, dann muss man fragen, warum er sie wohl im Text gelassen hat? Und hier muss ich dem Urteil von Hartwig Thyen zustimmen: „Hier waltet weder Unvermögen noch Tabu-Ehrfurcht vor dem ‚heiligen Text', sondern reflektierte literarische Absicht."[128] Kein antiker Leser bzw. Interpret wäre auch so einfältig, in dem vierten Evangelium aufgrund dieser ‚Aporien' mehrere Schriften zu sehen und es auf diese Weise zu lesen. Vielmehr stellen solche ‚Aporien' jene „Stolpersteine" dar,[129] die uns zu einer aufmerksamen und vertieften Lektüre führen sollten. Wer sie kurzerhand beseitigt, verliert ihre intendierte Bedeutung und riskiert den Endtext des Johannesevangeliums „vom semantischen Gesichtspunkt aus fehlzuverstehen."[130]

Die *synchrone Lektüre* der narrativen Analyse deckt sich außerdem im Wesentlichen sehr gut mit den hermeneutischen Annahmen der antiken Leser und Interpreten und kann hiermit ebenso *historisch* begründet werden. Die vier wichtigsten Annahmen der antiken Interpreten hat James Kugel in seinem umfangreichen Buch „Traditions of the Bible" zusammengestellt.[131] Laut ihnen ist die Bibel oder die Schrift für einen antiken Interpreten:

1. a fundamentally cryptic document;
2. one great Book of Instruction,
   and as such is a fundamentally relevant text;
3. perfect and perfectly harmonious;
4. somehow divinely sanctioned,
   of divine provenance, or divinely inspired.[132]

---

[125] So STIBBE, Breaking, im Anschluss an CULPEPPER, Anatomy, 231.
[126] STIBBE, Breaking, 152.
[127] ECO, Streit, 71.
[128] THYEN, Studien, 89.
[129] Origenes, De principiis, IV,2,9, vgl. REISER, Bibelkritik, 360ff.
[130] ECO, Streit, 71.
[131] KUGEL, Traditions, 14–19.
[132] Zusammengefasst und abgekürzt nach KUGEL, Traditions, 14 [1.–2.], 17 [3.] und 18 [4.].

Die vermeintlichen Aporien oder besser gesagt, die Spannungen in der Kohärenz des Lektüreablaufes,[133] müssen also gerade bei der narrativen Analyse der biblischen Texte als inhärente Eigenschaften der Erzählung verstanden und interpretiert werden und dürfen nicht einfach literarkritisch beseitigt werden, zumal ihnen eine fundamentale Funktion bei dem Bedeutungsaufbau der Erzählung zukommt: Erst dank Joh 20,30–31 kann man das ‚Nachtragskapitel' Joh 21 als einen *Epilog* verstehen (vgl. das Kapitel 4.4), es ist vor allem die ‚unstimmige' Zeitangabe „τῇ ἡμέρᾳ τῇ τρίτῃ" in Joh 2,1, die nach dem dreimaligen „τῇ ἐπαύριον" in Joh 1,29.35.43 erfolgt und jeden Leser, der bis fünf zählen kann, zu einer vertieften Deutung der Zahl *Drei* führt (vgl. das Kapitel 4.1) und auch die „best known of all the Gospel's aporias"[134] in Joh 14,31 stellt für den johanneischen Modell-Leser keine wirkliche Aporie, sondern vielmehr eine Einladung zur intertextuellen Lektüre dar: Der Leser wird wohl in Joh 14,31 annehmen, dass Jesus mit seinen Jüngern tatsächlich den Abendmahlssaal verlassen hat und sich bis Joh 18,1 unter freiem *Himmel* (vgl. Joh 17,1) aufhält, wozu nach J. Köstenberger auch der Hintergrund mit einem *Weinberg* (vgl. Joh 15,1–17) gut passen würde.[135] Kennt er ferner das Markusevangelium, wird er in Joh 14,31 den Anklang an Mk 14,42 kaum überhören können.[136] Die Worte, die Jesus in Joh 15–17 zu den Jüngern spricht, bekommen hiermit einen ganz neuen und von dem Abendmahl-Diskurs getrennten Rahmen. Von dem johanneischen Modell-Leser wird allgemein viel mehr Mitarbeit bei der Interpretation verlangt und die Kenntnis der synoptischen Evangelien spielt dabei keine geringe Rolle. Nur aus diesem Grund kann sich das vierte Evangelium im Unterschied zu den Synoptikern erlauben, einiges *nicht* zu erzählen und den Modell-Leser diese ‚Lücken' und ‚Aporien', die in den meisten Fällen auf den besonderen Charakter des johanneischen Plots zurückzuführen sind, interpretativ füllen und auflösen zu lassen.

### 3.3.1 Erzähler: Wer erzählt?

Man ist sich relativ einig darin, dass man für eine Erzählung einen *Erzähler* braucht: „Es gibt weder eine Erzählung ohne Erzähler, noch eine Geschichte, die sich von sich selbst erzählt."[137] Doch es muss nicht immer die Stimme des Erzählers sein, die wir bei der Lektüre einer Erzählung hören: auch die *Figuren* können sprechen und sehr oft mischt sich in das Gespräch auch der *Modell-Autor* ein.[138] Die Stimmen der Figuren sind am einfachsten zu identifizieren: Sie werden meistens durch die

---

[133] Eco, Lector, 115.

[134] Ashton, Thoughts, 3.

[135] Köstenberger, Encountering, 260.

[136] Zur Interpretation der im Johannesevangelium ‚aufgesprengten' markinischen Gethsemaneperikope vgl. ausführlich Frey, Evangelium, 86ff.

[137] Zumstein, Analyse, 8, vgl. Genette, Erzählung, 258.

[138] Zu den hier verwendeten Begriffen s. besonders Martinez/Scheffel, Einführung, und Ebner/Heininger, Exegese, 98ff. Zum Begriff des Modell-Autors/Lesers s. Eco, Lector, 61ff.

Inquit-Formel[139] als direkte oder indirekte Rede markiert und oft mit „λέγει" oder „ἀπεκρίθη" eingeleitet, wie zum Beispiel die Antworten des Täufers in Joh 1,21. Die Stimme des Erzählers von dem des Modell-Autors zu unterscheiden scheint dagegen viel schwieriger zu sein.[140] So sind einige im Fall des Lukasevangeliums der Meinung, in seinem Prolog (Lk 1,1–4) meldet sich der Erzähler zu Wort.[141] Doch meines Erachtens wendet sich hier der Modell-Autor ‚Lukas' an seinen Modell-Leser ‚Theophilus' und erst in Lk 1,5ff. zieht er sich zurück und wir bekommen nur die Stimme des Erzählers zu hören. Ähnlich verhält es sich in Mk 13,14[142] und an anderen Stellen, wo der Modell-Leser angesprochen wird.[143] Der Modell-Autor und der Erzähler können eine und dieselbe Person sein und mit einer Stimme sprechen, dies sollte uns aber nicht daran hindern die Stimme des Modell-Autors zu erkennen, wenn er etwas zu sagen hat,[144] denn noch nie hat meines Wissens ein Erzähler eine Erzählung *geschrieben*, es sei denn in der *erzählten Welt*, wie der Johannes auf Patmos (Offb 1,11).[145] In einer schriftlichen Erzählung ist es immer der Erzähler, der sie *erzählt*, der Erzähladressat, der sie *zuhört*, der Modell-Autor, der sie *geschrieben hat* und der Modell-Leser, der sie *liest*. Der Modell-Autor gehört zum Diskurs, der Erzähler dagegen zur Erzählung, wie es folgendes Schema illustriert:

$$\underbrace{\textit{Modell-Autor}}_{\text{Diskurs}} \rightarrow \underbrace{\textit{Erzähler} \rightarrow \textit{Adressat}}_{\text{Erzählung}} \rightarrow \underbrace{\textit{Modell-Leser}}_{\text{Diskurs}} \qquad (3.2)$$

Die Erzählsituation im vierten Evangelium unterscheidet sich auf den ersten Blick nicht viel von der Erzählsituation der Synoptiker und wenn man nur einen kleinen Abschnitt der johanneischen Erzählung lesen würde, wie beispielsweise Joh 2,1–12 oder Joh 4,46–54, könnte man den Eindruck gewinnen, dass die Erzählung, wie in den synoptischen Evangelien,[146] von einem *extradiegetisch-heterodiegetischen* Erzähler erzählt wird, der *allwissend* und *allgegenwärtig* ist: Es gibt keinen Punkt der Erzählung, an dem er nicht anwesend wäre, und es gibt nichts in seiner Geschichte, was er nicht verstehen und erklären könnte (vgl. z. B. Joh 2,21 oder Joh 6,71). Er kann berichten, was seine Figuren denken (Joh 2,9), gleichzeitig an zwei Orten anwesend sein (Joh 4,46),[147] er weiß mehr als er erzählt (Joh 3,24) und sogar, was am Anfang vor der Schöpfung der Welt war (Joh 1,1). Mit anderen Worten: Er ist viel

---

[139] Lahn/Meister, Einführung, 121.

[140] Dies kann auch einer der Gründe sein, warum nicht alle Narratologen an einen impliziten Autor (Modell-Autor) glauben, vgl. Ebner/Heininger, Exegese, 100. Ich räume hier dem Modell-Autor zusammen mit U. Eco etwas mehr Rechte ein.

[141] Ebner/Heininger, Exegese, 100.

[142] Anders Klauck, Vorspiel, 43.

[143] Vgl. Ebner/Heininger, Exegese, 101: „Wenn der Adressat der Erzählung keine Figur der erzählten Welt ist, fällt er praktisch mit dem so genannten *impliziten Leser* zusammen."

[144] Vgl. das Beispiel von Eco, Wald, 34ff.

[145] Der Erzähler ist hier als textinterne Instanz dem Modell-Autor untergeordnet (vgl. das Schema 2.3 im Kapitel 2.2.3 auf S. 36 und das Schema 3.2 in diesem Kapitel).

[146] Ebner/Heininger, Exegese, 105.

[147] Zur Analyse vgl. auch Culpepper, Anatomy, 20–49.

mehr als ein Zeuge des Geschehens, er ist auch der Interpret der ganzen Geschichte und dem entspricht auch die *Null-Fokalisierung* der johanneischen Erzählung.

Die Erzählperspektive (*point of view*) des johanneischen Erzählers fällt mit der Perspektive *Gottes* zusammen und nur noch die Figur *Jesu*[148] und der *Paraklet*[149] verfügen bei Johannes über dasselbe Wissen.[150] Doch, was die Erzählperspektive betrifft, wirft schon der johanneische Prolog (Joh 1,18) für den aufmerksamen Leser die ersten Fragen auf: Wer sind *die*, unter denen (ἐν ἡμῖν) im V. 14 das Wort zeltete und die seine Herrlichkeit sahen (ἐθεασάμεθα)? Der Verdacht einer *intradiegetisch-homodiegetischen* Erzählperspektive, der sich in dem Prolog (Joh 1,14) und in einer Figurenrede Jesu (Joh 3,11) langsam einschleicht, wird in der Passionsgeschichte (Joh 19,35) erhärtet und in dem Epilog (Joh 21,24) dann endgültig bestätigt – die intradiegetisch-homodiegetische Erzählperspektive ist auf das Zeugnis des *Lieblingsjüngers* zurückzuführen.[151] Die Tabelle 3.1 bietet eine Übersicht der für beide Erzählperspektiven relevanten Texte und die Tabelle 3.3 zeigt, wie sie sich voneinander abheben lassen: Der Schlüssel zu ihrer Differenzierung ist die Oppo-

Tabelle 3.1: *Der Erzähler bei Johannes*

| Joh 1,14 | Joh 3,11 | Joh 19,35 | Joh 21,24 |
|---|---|---|---|
| Καὶ ὁ λόγος σὰρξ ἐγένετο καὶ ἐσκήνωσεν **ἐν ἡμῖν**, καὶ **ἐθεασάμεθα** τὴν δόξαν αὐτοῦ, δόξαν ὡς μονογενοῦς παρὰ πατρός, πλήρης χάριτος καὶ ἀληθείας. | Ἀμὴν ἀμὴν λέγω σοι ὅτι **ὃ οἴδαμεν** λαλοῦμεν καὶ **ὃ ἑωράκαμεν μαρτυροῦμεν**, καὶ τὴν μαρτυρίαν ἡμῶν οὐ λαμβάνετε. | Καὶ **ὁ ἑωρακὼς** μεμαρτύρηκεν, καὶ ἀληθινὴ αὐτοῦ ἐστιν ἡ μαρτυρία, καὶ ἐκεῖνος **οἶδεν** ὅτι ἀληθῆ λέγει, ἵνα καὶ ὑμεῖς πιστεύ[ς]ητε. | Οὗτός ἐστιν ὁ μαθητὴς **ὁ μαρτυρῶν** περὶ τούτων καὶ ὁ γράψας ταῦτα, καὶ **οἴδαμεν** ὅτι ἀληθής αὐτοῦ ἡ μαρτυρία ἐστίν. |

sition von |οἴδαμεν → λαλοῦμεν| × |ἑωράκαμεν → μαρτυροῦμεν| in der Figurenrede Jesu von Joh 3,11, die beide Erzählperspektiven für kurze Zeit in dem etwas rätselhaften Plural vereint.[152] Das Paradigma von Wissen/Reden markiert selbstverständlich die Erzählperspektive des allwissenden Erzählers (vgl. 1.2.1 und 1.2.2

---

[148] Vgl. Joh 3,11.

[149] Vgl. Joh 16,13.

[150] Siehe Martinez/Scheffel, Einführung, 97: „Allerdings gibt es auch Texte, in denen das logische Privileg des Erzählers, die unbedingte Gültigkeit seiner Behauptungen, auch auf einige der Figuren ausgedehnt ist – Texte, bei denen es grundsätzlich sinnlos wäre, den Geltungsanspruch einer Figurenrede anzuzweifeln. Eine solche logisch privilegierte Figurenrede finden wir zum Beispiel in der Regel dann vor, wenn die Figur als Medium einer übernatürlichen Instanz autorisiert ist." Zum Johannesevangelium vgl. auch Frey, Eschatologie, II, 264: „Dies bestätigt sich, wenn man untersucht, wer in diesem Evangelium *nicht* Opfer von Mißverständnissen wird: Hier lassen sich nur Jesus selbst, der Lieblingsjünger als der impliziter Autor und der implizite Leser benennen."

[151] Vgl. Bauckham, Testimony, 73–91.

[152] Dieses *Wir* spiegelt sich bei Johannes auch auf der Erzählebene wider, wo nicht selten die Stimme des Erzählers und die Figurenrede zu verschmelzen scheinen (vgl. Joh 3,14.31). Zum Phänomen vgl. auch Frey, Eschatologie, II, 252–257, und die dort zitierte Literatur.

in der Tabelle 3.3) und das Paradigma von Sehen/Bezeugen die Erzählperspektive des Lieblingsjüngers (vgl. 1.1 in der Tabelle 3.3). Da der *Lieblingsjünger* (*L*) eine Figur der erzählten Welt ist und offensichtlich nicht überall anwesend sein konnte (s. z. B. Joh 4,8), müsste er eigentlich ein Erzähler zweiter Stufe sein und seine Erzählung (sein Zeugnis) eine Untermenge der Erzählung des johanneischen *Erzählers* (*E*) bilden: *L* ∈ {*Sehen/Bezeugen*} ⊂ *E* ∈ {*Wissen/Reden*}. Dies ist zwar eine der häufigsten Lösungen zur Zusammenführung der beiden Erzählperspektiven, allerdings nicht die richtige. Im Johannesevangelium meldet sich nämlich auch der *Modell-Autor* zu Wort und der hat für den Modell-Leser eine viel kühnere Antwort bereit. Die Tabelle 3.2 fasst beide Schlüsseltexte Joh 20,30–31 und Joh 21,24–25 zusammen und hebt das für den Modell-Autor typische Paradigma hervor: das *Schreiben der Bücher* (vgl. 2.1 in der Tabelle 3.3). In beiden Texten wird

Tabelle 3.2: *Der Modell-Autor bei Johannes*

| Joh 20,30–31 | Joh 21,24–25 |
|---|---|
| [30] Πολλὰ μὲν οὖν καὶ ἄλλα σημεῖα ἐποίησεν ὁ Ἰησοῦς ἐνώπιον τῶν μαθητῶν [αὐτοῦ], ἃ οὐκ ἔστιν γεγραμμένα ἐν τῷ βιβλίῳ τούτῳ· | [24] Οὗτός ἐστιν ὁ μαθητὴς ὁ μαρτυρῶν περὶ τούτων καὶ **ὁ γράψας ταῦτα**, καὶ οἴδαμεν ὅτι ἀληθὴς αὐτοῦ ἡ μαρτυρία ἐστίν. |
| [31] ταῦτα δὲ γέγραπται ἵνα πιστεύ[σ]ητε ὅτι Ἰησοῦς ἐστιν ὁ χριστὸς ὁ υἱὸς τοῦ θεοῦ, καὶ ἵνα πιστεύοντες ζωὴν ἔχητε ἐν τῷ ὀνόματι αὐτοῦ. | [25]Ἔστιν δὲ καὶ ἄλλα πολλὰ ἃ ἐποίησεν ὁ Ἰησοῦς, ἅτινα ἐὰν **γράφηται καθ᾽** ἕν, οὐδ᾽ αὐτὸν οἶμαι τὸν κόσμον χωρῆσαι **τὰ γραφόμενα** βιβλία. |

der Schreibakt reflektiert und das deutet darauf, dass wir uns auf der *Diskurs*-Ebene befinden (s. das Schema 3.2). In Joh 20,31 werden mit „πιστεύ[σ]ητε" nun auch direkt die *Modell-Leser* angesprochen (vgl. 2.2 in der Tabelle 3.3) und nicht nur die Erzähladressaten, wie noch in Joh 19,35. Das „ταῦτα" in V. 31 bezieht sich hier nicht nur auf das Zeugnis von Joh 19,35, sondern auf das ganze Buch (vgl. „ἐν τῷ βιβλίῳ τούτῳ" in V. 30) und auf diese Weise muss auch das „ταῦτα" in Joh 21,24 verstanden werden (vgl. 2.1 in der Tabelle 3.3):[153] Der Lieblingsjünger (*L*)[154] – „ὁ γράψας ταῦτα" – ist der Modell-Autor (*M*) der ganzen geschriebenen Erzählung von Joh 1–21 (*M* ≡ *L*). Die Frage „Wer spricht?" bekommt damit eine ganz neue Brisanz, denn der *Lieblingsjünger als Modell-Autor* kann nicht weniger Wissen haben als der (von ihm erschaffene) *allwissende Erzähler*. Die einzige vernünftige Lösung dieses Problems ist die Lösung der griechischen Väter[155] und das auch von der narrativen Ökonomie her, denn man sollte die Zahl der Erzählinstanzen nicht unnötig

---

[153] Vgl. CHAPMAN, Testimony, 386–387, hier 387: „It seems therefore quite inconceivable that any interpolator should have composed this very Johannine and only half serious verse, xxi 25, as an imitation of xx 30. But if it is genuine, or rather, since it is genuine, it follows that the μαρτυρία of the preceding verse refers to the whole Gospel, and not to c. xxi only. For ὁ γράψας ταῦτα evidently refers to the whole Gospel, on account of the parallel with xx 30; and the refusal to write more is also paralleled there; verses 24 and 25 are intended to close the whole book, just as xx 30–31 had done at first."

[154] Siehe Joh 21,20.

[155] CHAPMAN, Testimony, 379.

Tabelle 3.3: *Der Erzähler und Modell-Autor bei Johannes*

1. Erzählung (Erzähler/Erzähladressat)

   1.1 Intradiegetische Erzählperspektive

      1.1.1 Sehen

              Joh 1,14  ἐθεασάμεθα

              Joh 3,11  ἑωράκαμεν

              Joh 19,35  ὁ ἑωρακὼς → Joh 21,24 ὁ μαθητὴς

      1.1.2 Bezeugen

              Joh 3,11  μαρτυροῦμεν

              Joh 19,35  μεμαρτύρηκεν (ἀληθινὴ ἐστιν ἡ μαρτυρία) → Joh 21,24

                          ὁ μαρτυρῶν περὶ τούτων (ἀληθὴς ἡ μαρτυρία ἐστίν)

   1.2 Extradiegetische Erzählperspektive

      1.2.1 Wissen

              Joh 3,11  οἴδαμεν

              Joh 19,35  ἐκεῖνος οἶδεν → Joh 21,24 οἴδαμεν

      1.2.2 Reden

              Joh 3,11  λαλοῦμεν

              Joh 19,35  ἀληθῆ λέγει

      1.2.3 Glauben

              Joh 19,35  πιστεύ[σ]ητε

2. Diskurs (Modell-Autor/Modell-Leser)

   2.1 Schreiben der Bücher

              Joh 20,31  γέγραπται → Joh 21,24 ὁ γράψας

              Joh 20,31  ταῦτα → Joh 21,24 ταῦτα

   2.2 Glauben/Leben

              Joh 20,31  πιστεύ[σ]ητε (πιστεύοντες ζωὴν ἔχητε)

vermehren: Der allwissender Erzähler (*E*) – der in der johanneischen Erzählung im Plural spricht und sich auch in Joh 21,24 mit „οἴδαμεν" zu Wort meldet – ist mit dem Modell-Autor (*M*) und dem Lieblingsjünger (*L*) identisch (*M* ≡ *E* ≡ *L*)[156] oder anders gesagt: Der Modell-Autor *Johannes* (*M*) verwendet in seiner Erzählung sowohl eine intradiegetische (*L*) als auch eine extradiegetische (*E*) Erzählperspektive.

    Ein Erzähler kann gewiss über sich selbst in der dritten Person sprechen oder einen Plural der ersten Person verwenden,[157] es sollte jedoch geklärt werden, warum er innerhalb einer Erzählung zwei Erzählperspektiven einsetzt. Die intradiegetische Erzählperspektive ist in der johanneischen Erzählung zwar vom Anfang

---

[156] Anders CULPEPPER, Anatomy, 43–49.

[157] Siehe BAUCKHAM, Jesus, 358–411, besonders 369ff., und CHAPMAN, Testimony, 383ff.

an präsent (vgl. die Tabelle 3.3), sie steht jedoch im Hintergrund und tritt nur auf ein paar Stellen deutlich hervor. Am auffälligsten ist es in Joh 19,35, wo der Modell-Leser zwischen dem, der das gesehen und bezeugt hat: „ὁ ἑωρακὼς μεμαρτύρηκεν" (V. 35a), und jenem, der weiß: „ἐκεῖνος οἶδεν" (V. 35c), unterscheiden soll,[158] unter dem Kreuz befindet sich aber nur *eine* Figur, die für beide Aufgaben in Frage kommt – der Lieblingsjünger (vgl. Joh 19,26).[159] Dieses ‚Rätsel‘ wird erst am Ende des Epilogs gelöst. Das Ende des Epilogs (Joh 21,24–25) greift in V. 25 auf Joh 20,30 zurück[160] und in V. 24 auf Joh 19,35. Hier wird der Lieblingsjünger tatsächlich mit dem Zeugen von Joh 19,35 identifiziert: „ὁ ἑωρακὼς μεμαρτύρηκεν" (V. 35a) → „ὁ μαθητὴς ὁ μαρτυρῶν περὶ τούτων" (V. 24a), indem sein Zeugnis mit fast identischen Worten als wahr bezeichnet wird: „ἀληθινὴ αὐτοῦ ἐστιν ἡ μαρτυρία" (V. 35b) → „ἀληθὴς αὐτοῦ ἡ μαρτυρία ἐστίν" (V. 24d). Darüber hinaus wird der Lieblingsjünger mit „ὁ γράψας ταῦτα" (V. 24b) als der Modell-Autor enthüllt und hiermit fällt er bei Johannes notwendigerweise auch mit dem Erzähler zusammen. Er muss es also sein, der in Joh 19,35 *weiß* („οἶδεν") und sich in Joh 21,24 mit „οἴδαμεν" zu Wort meldet: „ἐκεῖνος οἶδεν" (V. 35c) → „οἴδαμεν" (V. 24c), vgl. 1.2.1 in der Tabelle 3.3. Der Grund, warum er in Joh 19,35 im Unterschied zu Joh 3,11 und Joh 21,24 nicht den Plural „οἴδαμεν" verwendet, sondern den Singular „οἶδεν", liegt darin, dass hier die Figur des Jüngers unter dem Kreuz *fokussiert* werden soll: Der Modell-Leser soll keinen Zweifel haben, dass der Lieblingsjünger in diesem Fall sowohl der ‚Sehende‘ (V. 35a) als auch der ‚Wissende‘ (V. 35c) ist.[161] Der Ein-

---

[158] So auch Thyen, Johannesevangelium, 749: „Diesen durch ἐκεῖνος markierten Subjektwechsel innerhalb von V. 35 haben bereits die griechischen Kirchenväter wahrgenommen." Ähnlich urteilt Bultmann, Evangelium, 526.

[159] Die Lösung von Thyen, Johannesevangelium, 748–752, der in dem Zeugen den synoptischen Hauptmann sehen will, würde die ganze für den Lieblingsjünger paradigmatische Isotopie von Sehen/Bezeugen sprengen und den Kern seines Zeugnisses einer Nebenfigur zuschreiben. Gegen diese Lösung spricht meines Erachtens auch der Epilog, der in Joh 21,24 den Lieblingsjünger mit dem Zeugen von Joh 19,35 identifiziert. Der Anklang an den Markustext ist zwar kaum zu überhören, doch es scheint mir viel wahrscheinlicher, dass das Bekenntnis des synoptischen Hauptmanns von Mk 15,39 bei dem intertextuellen Spiel in dem Zeugnis des Lieblingsjüngers *transvalorisiert* wurde. Zur Deutung von „αἷμα καὶ ὕδωρ" in Joh 19,34 und dem alttestamentlichen Hintergrund vgl. Kugel, Traditions, 815.

[160] In Joh 20,30 und Joh 21,25 meldet sich direkt der Modell-Autor zum Wort (vgl. „οἶμαι" in V. 25b) und es wird die *nichtrealisierte Erzählung* besprochen: Nicht nur der Erzähler könnte viel mehr erzählen: „πολλὰ μὲν οὖν καὶ ἄλλα σημεῖα ἐποίησεν ὁ Ἰησοῦς ἐνώπιον τῶν μαθητῶν [αὐτοῦ]" (V. 30a) → „ἔστιν δὲ καὶ ἄλλα πολλὰ ἃ ἐποίησεν ὁ Ἰησοῦς," (V. 25a), sondern auch der Modell-Autor könnte viel mehr Bücher schreiben: „ἃ οὐκ ἔστιν γεγραμμένα ἐν τῷ βιβλίῳ τούτῳ" (V. 30b) → „ἅτινα ἐὰν γράφηται καθ᾽ ἕν, οὐδ᾽ αὐτὸν οἶμαι τὸν κόσμον χωρῆσαι τὰ γραφόμενα βιβλία." (V. 25b).

[161] Vgl. Bauckham, Jesus, 380: „It is interesting to compare 21:24 with the only explicit reference to the Beloved Disciple's witness in the Gospel. The two statements 'we know that his testimony is true' (21:24) and 'he knows that he tells the truth' (19:35) are exactly equivalent, one phrased in the first person, the other in the third person. The emphatic 'he' (ekeinos) in 19:35 functions to provide 'augmented empowerment' for the testimonial claim, just as the first person plural does in 21:24. 19:35 also illustrates that, at least for some of the most important elements in the Beloved Disciple's testimony, there is no one other than himself who can vouch for the truth of his witness. In both 19:35 and 21:24 all he can do is to solemnly aver that his testimony is true. Other people cannot corroborate this; they can only believe it."

wand von Hartwig Thyen, man brauche wegen dem Zeugenrecht von Dtn 19,15 mindestens zwei Personen (vgl. Joh 8,17),[162] gilt bei Johannes so literarisch nicht und es wäre ein Missverständnis der johanneischen Konzeption, sich hier darauf zu berufen. Es ist zwar richtig, dass Jesus in Joh 5,31 sagte: „Ἐὰν ἐγὼ μαρτυρῶ περὶ ἐμαυτοῦ, ἡ μαρτυρία μου οὐκ ἔστιν ἀληθής", doch, was er damit wirklich meinte, zeigt sich in Joh 8,13, wenn ihm die Pharisäer vorwerfen: „Σὺ περὶ σεαυτοῦ μαρτυρεῖς· ἡ μαρτυρία σου οὐκ ἔστιν ἀληθής." Er antwortet in V. 14 einfach: „Κἂν ἐγὼ μαρτυρῶ περὶ ἐμαυτοῦ, ἀληθής ἐστιν ἡ μαρτυρία μου, ὅτι *οἶδα* πόθεν ἦλθον καὶ ποῦ ὑπάγω· ὑμεῖς δὲ *οὐκ οἴδατε* πόθεν ἔρχομαι ἢ ποῦ ὑπάγω." Der Unterschied zwischen dem Zeugnis Jesu und dem Zeugnis der Menschen liegt in seinem besonderen *Wissen* und seinem *Bleiben* im Vater, denn auch der Vater gibt über ihn ein Zeugnis ab (Joh 5,37). Auf diese Weise bleiben nach Ostern auch die Jünger in Jesus (Joh 14,20) und legen das Zeugnis nicht allein ab (Joh 15,27), sondern auch der Paraklet, der in ihnen ist (Joh 15,17) und sie in die ganze Wahrheit führt (Joh 16,13), gibt ein Zeugnis ab (Joh 15,26). Es ist das Werk des Parakleten, das aus dem ‚sehenden' Zeugen den ‚wissenden' Erzähler und Modell-Autor macht. Die mit dem Paradigma Sehen/Bezeugen verbundene *intradiegetisch-homodiegetische Erzählperspektive* ist *vorösterlich/vorpfingstlich* (vgl. Joh 20,22). Sie ist aus der Zeit, als der Geist noch nicht da war (Joh 7,39) und die Jünger nicht alles verstanden haben (vgl. Joh 2,22). Aus diesem Grund musste sie später notwendigerweise in den Hintergrund treten und blieb in der Erzählung des Jüngers, den Jesus liebte, nur deswegen erhalten, weil er mit Jesus von Anfang an war (vgl. Joh 15,27). Die *extradiegetisch-heterodiegetische Erzählperspektive*, die mit dem Paradigma Wissen/Reden verbunden ist („ἐκεῖνος οἶδεν ὅτι ἀληθῆ λέγει, ἵνα καὶ ὑμεῖς πιστεύ[σ]ητε", Joh 19,35), ist dagegen *nachösterlich/nachpfingstlich* und sie ist für den Modell-Leser, der glauben soll, von entscheidender Bedeutung, denn so lautet die Seligpreisung des Auferstandenen: „μακάριοι οἱ μὴ ἰδόντες καὶ πιστεύσαντες" (Joh 20,29).

In diesem Sinne ist das Zeugnis des Lieblingsjüngers das ganze Johannesevangelium (Joh 1–21) und es lässt sich von ihm inhaltlich nicht trennen. Den einzigen möglichen Einwand würde die These darstellen, der Lieblingsjünger sei laut Joh 21,23 gestorben und Joh 21 und/oder Joh 21,24–25 sei von jemandem anderen geschrieben worden.[163] Hier muss man zuerst sagen, dass nirgendwo gesagt wird, der Lieblingsjünger sei gestorben, sondern lediglich: „ἐξῆλθεν οὖν οὗτος ὁ λόγος εἰς τοὺς ἀδελφοὺς ὅτι ὁ μαθητὴς ἐκεῖνος οὐκ ἀποθνῄσκει…" (Joh 21,23). Der Tod des Lieblingsjüngers (des Modell-Autors!) müsste von dem Erzähler festgestellt werden und das ist in dem Johannesevangelium bei weitem nicht der Fall,[164]

---

[162] Thyen, Johannesevangelium, 749.

[163] So Culpepper, Anatomy, 47, u. a., anders beispielsweise Welck, Zeichen, 329.

[164] Wenn es der Fall wäre, müssten wir für Joh 21 und/oder Joh 21,24–25 einen neuen Modell-Autor postulieren, erzähltheoretisch wäre dann aber viel einfacher in der Autorschaft des Lieblingsjünger nur eine Fiktion in Fiktion zu sehen (vgl. z. B. die Herausgeberfiktion in Lahn/Meister, Einführung, 88–90), wo der reale Autor zwar einen fiktiven Autor schafft, diesen aber später sterben lässt, um am Ende selber zu Wort zu kommen. Die ‚johanneische Frage' würde jedoch ab diesem Punkt ziemlich viel

denn in V. 23 wird lediglich konstatiert, der Lieblingsjünger sei nicht leiblich un-
sterblich, obwohl zu den „Brüdern"[165] in dieser Richtung ein seltsames Wort Jesu
gelangte (vgl. das Kapitel 4.4.4). Diese Tatsache konnte aber den Lieblingsjünger
als Modell-Autor nicht daran hindern diese Zeilen selbst verfasst zu haben, sondern im Gegenteil: Er musste es sein, der sie geschrieben hat, denn es wäre äußerst
verwunderlich, wenn der Jünger, der vorher an der Brust Jesu lag (V. 20) und zu
ihm so nahe hatte, die Worte Jesu in seinem eigenen Evangelium missverstanden
hätte. Aus diesem Grund scheint mir Origenes recht zu haben, wenn er in seinem
Kommentar schreibt:

„Εἴπερ δὲ ἃ ἐλάλει ῥήματα ὁ Ἰησοῦς πνεῦμά ἐστιν καὶ οὐ γράμμα, δι᾽ ὅλων ζωή ἐστιν καὶ
οὐδαμῶς θάνατος, καὶ μιμούμενος αὐτὸν ὁ μαθητὴς ὃν ἠγάπα πνεῦμα καὶ ζωὴν ἀναγράφει,
ἀκουστέον τοῦ ᾿Ην ἀνακείμενος εἷς ἐκ τῶν μαθητῶν αὐτοῦ ἐν τῷ κόλπῳ τοῦ Ἰησοῦ ἀξίως
τιμῆς, ἧς πρέπει διδόναι τὸν υἱὸν τοῦ θεοῦ καὶ λαμβάνειν τὸν ἀγαπώμενον ὑπ᾽ αὐτοῦ."[166]

Der Tod ist bei Johannes das Los des Petrus, der als guter Hirte für die Schafe stirbt
(Joh 21,15–19), das Leben und Bleiben sind dagegen das Los des Jüngers, den Jesus
liebte, der dies alles bezeugt und aufgeschrieben hat (Joh 21,20–24).[167] Die einzige
Funktion von Joh 21,23 ist den Lieblingsjünger aus der erzählten in die reale Welt
zu transponieren[168] und ihn neben dem realen *Märtyrer* Simon Petrus zu stellen.
Wie erfolgreich dieser „Geniestreich"[169] war, belegt schon die Wirkungsgeschichte
der „johanneischen Legende".[170]

### 3.3.2 Plot: Wie wird erzählt?

„Also ist ohne Zweifel die Welt nicht *in* der Zeit, sondern zugleich *mit* der Zeit
erschaffen worden", schreibt Augustinus in seiner berühmten Schrift *De civitate
Dei*,[171] und mit der erzählten Welt ist es nicht anders – auch sie wird von dem
Erzähler immer zugleich *mit* der Zeit erschaffen,[172] die wir die *erzählte Zeit* oder

---

an die ‚pymsche Frage' erinnern (nach A. E. Poe alias A. G. Pym, zum Nachlesen bei Eco, Wald, 29ff.)
und die Verschachtelung der Erzählinstanzen an die russische Matrjoschka.

[165] Das betrifft aber nicht den Modell-Leser, wie Kügler, Jünger, 484, richtig bemerkt.

[166] Origenes, Commentarii in Ioh, XXXII,20,263: „Wenn die Reden, die Jesus sprach, Geist sind, nicht
Buchstabe, dann sind sie durch und durch Leben, nicht Tod. Der Jünger, den Jesus liebte, schrieb also
Jesus nachahmend Geist und Leben. Wenn man das Wort hört: ‚Einer seiner Jünger lag an der Brust
Jesu', muß man die Ehre würdigen, die darin liegt, daß der Sohn Gottes es ist, der solches gewährt, und
muß beachten, daß der von Ihm Geliebte es ist, der solches empfängt."

[167] Vgl. Studenovský, Weg, 548–550, hier ausführlich das Kapitel 4.4.4.

[168] Eine typische Funktion des Epilogs.

[169] Thyen, Johannes 21, 164.

[170] Culpepper, Zebedee.

[171] Augustinus, De civitate Dei, XI,6: „[...] procul dubio non est mundus factus *in* tempore, sed *cum*
tempore [kursiv von mir]."

[172] Vgl. Genette, Erzählung, 153: „Aufgrund einer Dissymmetrie, deren tiefere Gründe für uns im
Verborgenen liegen, die aber den Strukturen der Sprache eingeschrieben ist (oder doch wenigstens den
großen ‚Kultursprachen' des Okzidents), kann ich ohne weiteres eine Geschichte erzählen, ohne genau
anzugeben, an welchem Ort sie spielt und ob dieser Ort mehr oder weniger weit von dem Ort entfernt

die Zeit der Story nennen.[173] Diese der Erzählung eigene Zeit hat im Unterschied zu der realen Zeit zwei besondere Eigenschaften: erstens, sie hat keine feste Richtung und zweitens, sie hat keine konstante Geschwindigkeit. Mit anderen Worten: Das in der realen Welt wahrgenommene Fortschreiten der Gegenwart von der Vergangenheit kommend zur Zukunft hin gibt es so in der erzählten Welt nicht. Von unserem Standpunkt her betrachtet, findet die Erzählung jedoch immer *in* der Zeit statt und unterliegt damit gleichzeitig der realen Zeit, die wir im Bezug auf die Erzählung die *Erzählzeit* oder die Zeit des Diskurses nennen können. Erzählungen zeichnen sich also durch „eine doppelte Zeitlichkeit aus"[174] und diese findet beim Erzählen ihren Ausdruck im Plot.[175] Der Plot ermöglicht, dass eine Nacht bei Johannes (Joh 3,1–21) nur ein paar Minuten (21 Verse) dauern kann oder dass die Ereignisse bei Markus nicht immer der chronologischen Ordnung folgen müssen (Mk 6,16–29). Auf diese Weise entsteht der *Chronotopos* (das Raum-Zeit-Kontinuum) der erzählten Welt, in dem „räumliche und zeitliche Merkmale zu einem sinnvollen und konkreten Ganzen" verschmelzen.[176]

Es gibt aber auch Erzählungen, die keinen Plot, sondern nur eine Story haben, wie das *Rotkäppchen*,[177] wo der Plot keine Anachronien aufweist und praktisch mit der Story zusammenfällt. Die Frage „Does a gospel have a plot?"[178] ist hier also nicht zu weit hergeholt und lässt sich erzähltheoretisch folgendermaßen formulieren:

„Folgt der Erzähler auf der Diskurs-Ebene der ‚realen' Anordnung der Begebenheiten auf der Ebene der Geschichte (*ordo naturalis*), oder bietet er in seinem Bericht die Geschehnisse in einer künstlichen Ordnung dar, die den Erfordernissen des Erzählens angemessenen ist (*ordo artificialis*)?"[179]

Da wir die ‚reale' Anordnung der Begebenheiten auf der Ebene der Geschichte bei der *Story Jesu* nicht kennen,[180] sind wir nur auf textinterne Kriterien angewiesen. Die Synoptiker sind in dieser Hinsicht zwar kein James Joyce (1882–1941),[181] doch

---

ist, wo ich sie erzähle, während es mir so gut wie unmöglich ist, sie nicht zeitlich in Bezug auf meinen narrativen Akt zu situieren, da ich sie notwendigerweise in einer Zeitform der Gegenwart, Vergangenheit oder Zukunft erzählen muß."

[173] Zu diesem Kapitel vgl. auch STUDENOVSKÝ, Weg, 533–536.

[174] LAHN/MEISTER, Einführung, 136.

[175] Siehe das Kapitel 3.3 auf S. 95 und die Definition von ECO, Lector, 128: „Der Plot [...] ist die Geschichte, wie sie tatsächlich erzählt wird, wie sie an der Oberfläche erscheint mit ihren zeitlichen Verschiebungen, Sprüngen, Einblendungen von vorangegangenen und zukünftigen Ereignissen (beziehungsweise Antizipationen und ‚flash-backs'), Beschreibungen, Abschweifungen, eingeschobenen Reflexionen."

[176] BACHTIN, Chronotopos, 7.

[177] Vgl. ECO, Wald, 49.

[178] CULPEPPER, Anatomy, 84–86.

[179] LAHN/MEISTER, Einführung, 138.

[180] STUDENOVSKÝ, Weg, 537–546, hier das Kapitel 3.3.3.

[181] Vgl. das Hauptwerk von JOYCE, Ulysses.

auch sie haben einen Plot,[182] der sich im Großen und Ganzen auf dem von Markus entworfenen *Weg Jesu von Galiläa nach Jerusalem* orientiert,[183] und mit dem sie
auf einen nicht nur in der Antike beliebten Weg- bzw. Reise-Topos zurückgreifen
– man denke nur an die Odyssee.[184] Im Vergleich zu heutigen Romanen handelt es
sich gewiss um einen einfachen und relativ linearen Plot, doch auch hier findet der
Modell-Leser in den drei Leidensankündigungen Jesu (Mk 8,31; Mk 9,31; Mk 10,33
par.) typische interne Prolepsen,[185] die sich mit dem zukünftigen Geschehen in Jerusalem beschäftigen, oder in Mk 6,17–29 die schon erwähnte interne Analepse,
die das Schicksal von Johannes dem Täufer nacherzählt,[186] aber auch externe Prolepsen, wie die synoptische Apokalypse (Mk 13 par.), oder externe Analepsen, die
vor allem die alttestamentlichen Erzählungen im Hinblick auf Christus deuten (vgl.
Mt 12,40). Alle diese Anachronien werden innerhalb der Erzählungen jedoch klar
signalisiert und der Modell-Leser kann in diesem Plot der Story Jesu relativ einfach
folgen.

Bei Johannes sieht die Situation dagegen ganz anders aus und D. A. Templeton
übertreibt nicht viel, wenn er meint: „What John does with Jesus is what *Ulysses*
does to the *Odyssey*."[187] Der johanneische Plot folgt nicht dem *ordo naturalis* der
Story und dies betrifft in erster Linie nicht das auf mehrere Passafeste ausgedehnte
Wirken Jesu (Joh 2,13; 6,4; 13,1), die oft erwähnte Voranstellung der Tempelreinigung an den Anfang des Evangeliums (Joh 2,13–22), mit der sich schon Origenes
auseinandersetzt,[188] oder die unterschiedliche Chronologie der Passionsgeschichte
(Joh 19,14). In diesen Fällen würde nämlich der johanneische Leser, der die ‚reale' Anordnung der Begebenheiten auf der Ebene der Geschichte (oder die Synoptiker) nicht kennt, zuerst gar nichts merken und aus der Erzählung einfach eine
ganz andere Story konstruieren. In dieser Story fände die Tempelreinigung am Anfang statt, Jesus besuchte mehrmals Jerusalem und wäre an einem anderen Tag gekreuzigt worden. Will Johannes seinem Modell-Leser aber wirklich eine *andere Geschichte* erzählen? Ich denke nicht.[189] Das Johannesevangelium will ebenso wenig
eine andere Geschichte erzählen, wie es das Abendmahl durch die Fußwaschung
(Joh 13,1–30) ersetzen will. Es gibt vielmehr Signale,[190] die die lineare Zeit- und

---

[182] So auch die Analyse von CULPEPPER, Anatomy, 86: „Not only do the gospels have plots, but the
plot is, in a sense, the evangelist's interpretation of the story [...].“

[183] STUDENOVSKÝ, Weg, 537–546, hier das Kapitel 3.3.3.

[184] Homerus, Odyssea.

[185] Zum Begriff der internen und externen Anachronien (Prolepsen und Analepsen) siehe LAHN/
MEISTER, Einführung, 138–143.

[186] Vgl. EBNER/HEININGER, Exegese, 79f.

[187] TEMPLETON, Testament, 63.

[188] Origenes, Commentarii in Ioh, X,20ff.

[189] Vgl. auch SCHNELLE, Evangelium, 64: „Mit der Voranstellung der Tempelreinigung folgt der
4. Evangelist einer theologischen Chronologie: Weil die Tempelreinigung historisch Auslöser für den
Kreuzestod Jesu war und das Kreuz von Beginn an die Dramaturgie des 4. Evangeliums kompositionell
bestimmt, muß die Tempelreinigung am Anfang des öffentlichen Wirkens Jesu stehen.“

[190] Siehe auch die Übersicht der johanneischen Zeit- und Ortsangaben im Anhang A.

Handlungsabfolge *relativieren* und in denen man lange Zeit nur ‚Aporien‘ sah,[191] die auf die Entstehungsgeschichte des Textes zurückzuführen sind. Wie aber Jean Zumstein meines Erachtens richtig urteilt, lassen sich diese ‚Spannungen und Brüche‘ im Text gerade im Hinblick auf den johanneischen Plot besser erklären:

> „Zwar können die Spannungen und Brüche zwischen den verschiedenen Szenen der Erzählung durch die komplexe und bewegte Entstehungsgeschichte des Textes erklärt werden, aber wie wertvoll diese Erklärung auch immer sein mag, die Erzählung bleibt ungeordnet solange angenommen wird, dass der implizite Autor die Osterereignisse in ihrer dramatischen Abfolge zu schildern beabsichtigt. Ist dies aber wirklich der Fall? [...] Der aufmerksame Leser weiss, dass die Analyse des Aufbaus ein schwieriges Problem des Joh bildet. Er weiss, dass es problematisch ist, einen dramatischen Plot wiederherstellen zu wollen, um der zeitlich-logischen Ereignisabfolge der joh Erzählung Rechnung zu tragen. Denn der Gesamtplot des Joh ist kein dramatischer, sondern ein thematischer Plot.“[192]

Das Johannesevangelium hat in der Tat keinen linearen (dramatischen) Plot, der auf einer absoluten Chronologie aufbaut[193] und dem *ordo naturalis* der Geschichte gehorcht, sondern einen *allegorischen* (thematischen) Plot, in dem die Zeit dem *allegorischen Chronotopos* angehört und seinem *ordo artificialis* folgt. Die Zeitangaben des johanneischen Chronotopos stellen nur auf den ersten Blick wirkliche Zeitangaben dar, doch bei einer näheren Betrachtung kommt ihnen eine andere Bedeutung zu, die sie als wirkliche Zeitangaben schnell wieder relativiert – wie etwa der ‚präzisen Zeitangabe‘ „ἦν δὲ παρασκευὴ τοῦ πάσχα, ὥρα ἦν ὡς ἕκτη“ in Joh 19,14, die auf keiner Erinnerung eines Augenzeugen, sondern auf der in Joh 1,29 eingeführten Symbolik beruht: „ἴδε ὁ ἀμνὸς τοῦ θεοῦ ὁ αἴρων τὴν ἁμαρτίαν τοῦ κόσμου.“[194] Der Modell-Leser kennt in Joh 19,14 zwar den *Tag* und sogar die *Stunde*, in der Jesus von Pilatus zum König proklamiert wurde, nicht aber das Jahr der Kreuzigung, das diesen Tag in einer absoluten Chronologie historisch verankern würde und das bekanntermaßen in keinem Evangelium vermerkt ist. Diese ‚Zeitangaben‘ fokussieren bestimmte Teile der Erzählung (vgl. auch Joh 1,39 und Joh 4,6) oder haben eine symbolische Bedeutung, wie die *Nacht* in Joh 3,2 oder der *Winter* in Joh 10,22, doch nur selten dienen sie wirklich dazu, die erzählte Zeit voranzutreiben – die Zeit ist bei Johannes eine Fiktion und eine Allegorie.[195]

---

[191] Vgl. die Übersicht von Thyen, Art. Johannesevangelium, 203–205.

[192] Zumstein, Erinnerung, 179.

[193] In dieselbe Richtung zeigt die neue Arbeit von Estes, Mechanics, 163: „[...] within Johannine studies lies an implicit assumption of an absolute chronology, which leads modern critics to see a disjointed text in the Gospel. Yet a number of the alleged flaws in the temporal mechanics of the Fourth Gospel are nothing more than an unfamiliar, pre-modern chronology at work in ancient narrative. Only when contrasted to an absolute timeline does the thematic placement of Jn 5 and 6 or the cleansing of the temple seem disjointed.“

[194] Dazu richtig Frey, Eschatologie, II, 181–185, hier 184: „Der chronologischen Notiz kommt so eine eminent *(kreuzes-)theologische Bedeutung zu.*“

[195] Vgl. in diesem Zusammenhang Estes, Mechanics, 163: „In fact, since the Gospel is non-absolute and without any absolute temporal coordinates in the text, there is no way to ascertain exactly which Passover is linked to the temple cleansing (2:13). In this regard, the standard three year approach to the

Neben diesen Quasi-Zeitangaben spielt Johannes mit zahlreichen Analepsen und Prolepsen,[196] die den Modell-Leser zwingen, im Werk ständig zu ‚blättern‘ und es mehrmals zu lesen. Das Ergebnis ist ein Plot, der eher an eine *Theaterbüh-ne* erinnert, die sich aus relativ wenigen, doch um so präziser ausgebauten Szenen zusammensetzt. Die Verknüpfung der einzelnen Bilder zu den großen Szenen geschieht bei Johannes nicht wie bei den Synoptikern chronologisch, sondern *syllep-tisch* – anachronisch, nach den räumlichen, thematischen oder sonstigen Zusammenhängen.[197] Dies ist literarisch dadurch ermöglicht, dass die erzählte Welt des vierten Evangeliums sehr kompakt ist und von dem Modell-Autor sehr genau gestaltet wird: Sie hat nur begrenzte Zahl an *Schauplätzen*, die sich dazu fast zyklisch wiederholen, und eine ebenso begrenzte Anzahl an *Figuren*, denen der Leser immer wieder begegnet. Man könnte fast das Gefühl haben, als ob Johannes für seine Theateraufführung nicht genug Schauspieler und Kulissen hätte: Die Nebenrollen der namenlosen Figuren aus den synoptischen Erzählungen werden mit (oft bekannten) Namen besetzt, wie die Rolle eines Unbekannten, der in Mt 26,51f. dem Diener des Hohenpriesters ein Ohr abschlägt, mit *Petrus* in Joh 18,10f., wo Johannes sogar den Namen des Dieners *Malchus* kennt, und kurze synoptische meta-diegetische Erzählungen[198] werden zu langen Episoden entfaltet und komplett in das johanneische Milieu übertragen, wie die Geschichte des armen *Lazarus* aus Lk 16,19–31, der bei Johannes in der Tat aufersteht (vgl. Lk 16,31) und dem der johanneische Modell-Leser in Joh 11 im Haus der betanischen Geschwister *Ma-ria* und *Marta* begegnet. Unter solchen Umständen ist es nicht überraschend, dass es ausgerechnet die *Maria* ist, die Jesus in Betanien mit dem kostbaren Nardenöl salbt (Joh 12,1–11), und keine unbekannte Frau wie noch in Mk 14,3–9, und dass es nur der *Judas* sein kann, der darüber murrt. Bei Johannes gibt es (wie in jeder fiktiven Erzählung) *keine Zufälle*.[199] Es ist kein Zufall, dass Jesus im Kreis der Hohenpriester und Pharisäer gerade von *Nikodemus* verteidigt wird (Joh 7,50–52) und es ist auch kein Zufall, dass es bei Johannes *Nikodemus* ist, der am Ende (mit Joseph von Arimatäa) den Leichnam Jesu begräbt (Joh 19,39). Doch nicht nur die Figuren, sondern auch die Schauplätze kehren in der johanneischen Story immer wieder zu-

---

events in the Fourth Gospel appears to be on very shaky ground. Moreover, a lack of an absolute time-line precludes all but the most primitive efforts at harmonizing the Fourth Gospel with the Synoptics.“. Andere urteilen zurückhaltender wie BULTMANN, Art. Johannesevangelium, 846: „Die Entfernung von der Geschichte Jesu und der Urgemeinde schließt nicht aus, daß das J. im einzelnen zuverlässige histo-rische Daten erhalten hat. Dazu gehören zwar nicht die Festreisen Jesu, die nur ein redaktionelles Mittel zur Gliederung des Stoffes sind, wohl aber sehr wahrscheinlich die Datierung der Kreuzigung Jesu auf den 14. Nisan statt auf den 15. wie bei den Synoptikern.“

[196] Siehe die Auflistung der Analepsen und Prolepsen bei CULPEPPER, Anatomy, 54–70.

[197] Zum Begriff der Syllepse (Simullepse) s. LAHN/MEISTER, Einführung, 140, und die einführende Definition von GENETTE, Erzählung, 58: „Da wir diese retrospektiven und antizipativen Anachronien *Analepsen* und *Prolepsen* getauft haben, könnte man diese anachronistischen Gruppierungen, die ir-gendeiner räumlichen, thematischen oder sonstigen Verwandtschaft gehorchen, *zeitliche Syllepsen* nen-nen (sofern sie eben zusammen-fassen).“

[198] Vgl. GENETTE, Erzählung, 165ff.

[199] Vgl. ČERVENKA, Bedeutungsaufbau, 81.

rück: *Kana in Galiläa* und *Kafarnaum*, der *See von Galiläa von Tiberias, Jerusalem*, der *Ort, wo Johannes taufte* oder *Betania*, das Dorf von Maria, Marta und Lazarus und diese Liste könnte man hier noch lange fortsetzen.

Das Johannesevangelium gleicht in dieser Hinsicht einem Spiegellabyrinth und diese Ähnlichkeit ist nicht ganz zufällig: So wie ein Irrgarten die geradlinige Bewegung im Raum verhindert, lässt der johanneische Plot keine lineare Bewegung in der Zeit zu. Der Modell-Leser wird im Kreis geführt, doch nur auf dieser Weise gelingt es dem Modell-Autor Bilder, die in dem Syntagma der Erzählung weit voneinander liegen, zu jenen großen Szenen zu verknüpfen, die er für seine dramatische Aufführung braucht. Die Funktion des johanneischen Plots ließe sich insofern mit der Funktion des johanneischen Leitwortsystems vergleichen, wie sie Udo Schnelle beschreibt:

„Sowohl innerhalb kleinerer Textabschnitte als auch über große Textsequenzen hinweg kommt den Leitworten eine vernetzende Funktion zu. Durch Wiederaufnahme, Amplifikation, Aufbau von Spannungsbögen, Rückverweis oder Substitution strebt der Evangelist eine Verdichtung seiner Botschaft an."[200]

Die Bewegung im Kreis, Wiederholung und Entfaltung schon vorhandener poetischen Strukturen sind charakteristische Merkmale der johanneischen Erzähltechnik. Nicht nur im Großen, sondern auch im Kleinen, lassen sich bekannte Muster der johanneischen Symbolik und Theologie (= der johanneischen Theopoetik) wie in einem spiralen *Fraktal*[201] fast bis ins Unendliche immer wieder wiedererkennen. Der johanneische Plot ist kein Weg, wie der Plot der Synoptiker, wo sich die Szenerie langsam und kontinuierlich verwandelt und der den Modell-Leser, der mit Jesus von Galiläa nach Jerusalem unterwegs ist, auf seiner Reise zu immer neuen Plätzen führt. Wer einen solchen linearen Reise-Plot bei Johannes sucht, wird in der Tat nur Aporien finden,[202] denn sein Plot ist eine *rotierende* Bühne: der Wechsel zwischen den Szenen findet abrupt statt, die Kulissen wiederholen sich und die Schauspieler sind meistens bekannt. Der Grund für diese übersichtliche Besetzung, einfache Szenerie und den theaterähnlichen Plot liegt weder in der Entstehungsgeschichte des Textes (BULTMANN, Evangelium) noch in dem Unvermögen des Erzählers (STIBBE, Breaking), sondern darin, dass sich der Schwerpunkt der Erzählung in den zahlreichen Monologen befindet und diese am Ende wie ein Drama von dem *dramatischen Modus*[203] der besprochenen Welt[204] beherrscht wird (vgl. die Abbil-

---

[200] SCHNELLE, Evangelium, 11.

[201] Zum Begriff s. MANDELBROT, Geometry, 4–5.

[202] Vgl. BULTMANN, Evangelium, 154: „Die überlieferte Folge der Kapp. 5 und 6 kann nicht die ursprüngliche sein. Wenn sich Jesus nach 6,1 ‚auf die andere Seite' (πέραν) des Sees begibt, so muß er vorher auf der einen Seite gewesen sein; in Kap. 5 aber weilt er in Jerusalem."

[203] Zum dramatischen (mimetischen) Modus vgl. LAHN/MEISTER, Einführung, 117–120, hier 117: „Diese Passagen nähern sich dann der Gestalt des Dramas an, und der Leser kann den Eindruck gewinnen, dass er nicht einen Erzähltext, sondern ein Theaterstück liest."

[204] Zur Analyse des Modus im Griechischen siehe WEINRICH, Tempus, 278–283.

Abbildung 3.1: *Der narrative und dramatische Modus in Joh 1–21 (NA$^{27}$)*

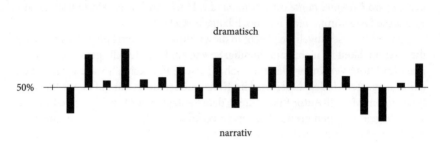

dung 3.1).[205] Auch wenn man also nicht ganz die Meinung L. Schenkes teilen muss, das Johannesevangelium sei ein Drama,[206] kann man ihm *in puncto* Plot zustimmen: das vierte Evangelium ist in dieser Hinsicht für eine Theateraufführung bestens geeignet.[207]

### 3.3.3 Story: Was wird erzählt?

Die Story oder der Mythos (μῦθος) ist nach Aristoteles „das Fundament und Gewissermaßen die Seele der Tragödie"[208] und das gilt auch für die Erzählung,[209] denn eine Erzählung kann ohne Plot auskommen, nicht aber ohne Story.[210] Wie man eine Story am besten zusammenfasst, zeigt Aristoteles selbst am Beispiel der Odyssee:

---

[205] Im Unterschied zu den Synoptikern, in deren Erzählungen mit 53% (Mt) und 55% (Mk, Lk) der narrative Modus dominiert, ist es bei Johannes gerade umgekehrt und der dramatische Modus beherrscht mit 54% die Erzählung. Die Abbildung 3.1 zeigt die Verteilung beider Modi in Joh 1–21 (berechnet mit ACCORDANCE am griechischen Text von NA$^{27}$).

[206] So SCHENKE, Johannesevangelium, vgl. dazu FREY, Eschatologie, I, 315–320.

[207] Vgl. SCHENKE, Johannesevangelium, 224–228.

[208] Aristoteles, Poetica, 1450a: „ἀρχὴ μὲν οὖν καὶ οἷον ψυχὴ ὁ μῦθος τῆς τραγῳδίας."

[209] Vgl. Aristoteles, Poetica, 1449b: „ἃ μὲν γὰρ ἐποποιία ἔχει, ὑπάρχει τῇ τραγῳδίᾳ, ἃ δὲ αὐτῇ, οὐ πάντα ἐν τῇ ἐποποιίᾳ [denn was die Epik enthält, ist auch in der Tragödie vorhanden, doch was die Tragödie enthält, ist nicht alles in der Epik vorhanden]."

[210] ECO, Wald, 49. Zu diesem Kapitel vgl. auch STUDENOVSKÝ, Weg, 537–546. Ich bin mir dessen bewusst, dass einige Narratologen, wie CHATMAN, Story, 19, oder PRINCE, Narratology, 56, in den aristotelischen Termini λόγος und μῦθος das Begriffspaar *story* und *plot* sehen wollen, doch meines Erachtens lässt sich diese Zweiteilung bei Aristoteles nicht belegen und was hier Aristoteles einmal mit λόγος und andermal mit μῦθος bezeichnet, deckt sich beidemal am besten mit unserem Begriff der Story. Dies gilt vor allem dann, wenn U. Eco recht hat, dass es Erzählungen gibt, die „nur eine Story und keinen Plot haben" (ECO, Wald, 49) und der Mythos „das Fundament und Gewissermaßen die Seele der Tragödie" ist (Aristoteles, Poetica, 1450a). Zu dem aristotelischen Begriff des Mythos in der heutigen Narratologie vgl. dann weiter LAHN/MEISTER, Einführung, 219.

„Τῆς γὰρ Ὀδυσσείας οὐ μακρὸς ὁ λόγος ἐστίν· ἀποδημοῦντός τινος ἔτη πολλὰ καὶ παραφυ-λαττομένου ὑπὸ τοῦ Ποσειδῶνος καὶ μόνου ὄντος, ἔτι δὲ τῶν οἴκοι οὕτως ἐχόντων ὥστε τὰ χρήματα ὑπὸ μνηστήρων ἀναλίσκεσθαι καὶ τὸν υἱὸν ἐπιβουλεύεσθαι, αὐτὸς δὲ ἀφικνεῖται χειμασθείς, καὶ ἀναγνωρίσας τινὰς ἐπιθέμενος αὐτὸς μὲν ἐσώθη τοὺς δ' ἐχθροὺς διέφθειρε. τὸ μὲν οὖν ἴδιον τοῦτο, τὰ δ' ἄλλα ἐπεισόδια.“[211]

Doch wie hat Aristoteles die Story der Odyssee aus dem Plot bekommen? Oder, anders gefragt: Wie rekonstruiert der Modell-Leser, *was* geschehen ist? Die Antwort auf diese Frage zu geben, ist die Aufgabe der Story-Analyse und für die braucht man zuerst eine gute Definition der Story oder, wie die russischen Formalisten sagen, der Fabel,[212] die uns Umberto Eco anbieten kann:

„Die Fabel ist das grundlegende Schema der Erzählung, die Logik der Erzählung, die Syntax der Personen, der zeitlich geordnete Ablauf der Ereignisse.“[213]

Die Story kann zwar oft problemlos nur aufgrund der Zeit- und Ortsangaben re-konstruiert werden,[214] diese allein dürfen aber nicht das einzige Kriterium sein, zu-mal sie nicht selten fehlen oder, wie im Johannesevangelium (vgl. das Kapitel 3.3.2), ambivalent sind. Aus diesem Grund muss bei der Analyse gleichermaßen die *Lo-gik der Erzählung* berücksichtigt werden. Denn ungeachtet dessen, dass die Zeit- und Ortsangaben wichtige Koordinaten des literarischen Raum-Zeit-Kontinuums sind, bedarf die Story einer ‚Bewegung' oder besser gesagt einer *Handlung* und die-se Handlung liegt in der Verknüpfung von mindestens zwei Ereignissen miteinan-der[215] und folgt der Logik der Erzählung.[216]

Diese Auffassung der Story mag zunächst sehr modern anmuten, ihr Grund-riss lässt sich aber schon in der Poetik des Aristoteles finden, laut der die Ereignisse nach der Wahrscheinlichkeit oder der Notwendigkeit aufeinander folgen sollten.[217]

---

[211] Aristoteles, Poetica, 1455b: „Denn der Stoff der ‚Odyssee' ist an sich nicht umfangreich: Jemand weilt viele Jahre in der Fremde, wird ständig von Poseidon überwacht und ist ganz allein; bei ihm zu Hause steht es so, daß Freier seinen Besitz verzehren und seinem Sohne nachstellen. Er kehrt nach schweren Bedrängnissen zurück und gibt sich einigen Personen zu erkennen; er fällt über seine Feinde her, bleibt selbst unversehrt und vernichtet die Feinde. Das ist das, was unbedingt zu Stoff gehört; alles Übrige ist Ausgestaltung im Einzelnen."

[212] Zu den unterschiedlichen Termini für Story und Plot s. die Übersicht bei Lahn/Meister, Einfüh-rung, 215, oder bei Martinez/Scheffel, Einführung, 26.

[213] Eco, Lector, 128.

[214] Siehe Eco, Wald, 39–66.

[215] Zum Begriff der Handlung s. Lahn/Meister, Einführung, 210f., und die Definition von Prince, Narratology, 4, hier im Kapitel 3.3 auf S. 95.

[216] Vgl. die Definition der Fabel von Schutte, Literaturinterpretation, 139: „Die Fabel ist relativ un-abhängig von der gedachten bzw. rekonstruierbaren Verlaufsform der Geschichte; sie ist verknüpft nicht nach der Zeitfolge, sondern nach Ursache und Wirkung oder sie suggeriert dies."

[217] Aristoteles, Poetica, 1451b: „τῶν δὲ ἁπλῶν μύθων καὶ πράξεων αἱ ἐπεισοδιώδεις εἰσὶν χείρισται· λέγω δ' ἐπεισοδιώδη μῦθον ἐν ᾧ τὰ ἐπεισόδια μετ' ἄλληλα οὔτ' εἰκὸς οὔτ' ἀνάγκη εἶναι [unter den einfachen Fabeln und Handlungen sind die episodischen die schlechtesten. Ich bezeichne die Fabel als episodisch, in der die Episoden weder nach der Wahrscheinlichkeit noch nach der Notwendigkeit auf-einander folgen]."

Eine gute Story sollte also in dieser Hinsicht ein Ganzes bilden, das Aristoteles bekannterweise folgendermaßen definiert:

„Ὅλον δέ ἐστιν τὸ ἔχον ἀρχὴν καὶ μέσον καὶ τελευτήν. ἀρχὴ δέ ἐστιν ὃ αὐτὸ μὲν μὴ ἐξ ἀνάγκης μετ’ ἄλλο ἐστίν, μετ’ ἐκεῖνο δ’ ἕτερον πέφυκεν εἶναι ἢ γίνεσθαι· τελευτὴ δὲ τοὐναντίον ὃ αὐτὸ μὲν μετ’ ἄλλο πέφυκεν εἶναι ἢ ἐξ ἀνάγκης ἢ ὡς ἐπὶ τὸ πολύ, μετὰ δὲ τοῦτο ἄλλο οὐδέν· μέσον δὲ ὃ καὶ αὐτὸ μετ’ ἄλλο καὶ μετ’ ἐκεῖνο ἕτερον.“[218]

Heute würde man sagen, dass jede gute Story eine *Exposition, Verwicklung* und *Lösung* haben muss und in der modernen Narratologie können noch einige Teile dazu kommen: *Abstract* – Exposition – Verwicklung – Bewertung – Lösung – *Coda*, wobei Abstract (Vorgeschichte) und Coda (Nachgeschichte) nicht immer eine Erzählung begleiten müssen und die Bewertung (die ‚Moral‘ der Geschichte) an verschiedenen Stellen plaziert werden kann.[219] Die *Story Jesu* fasst meines Erachtens am besten Lukas in seiner Apostelgeschichte 10,37–41 zusammen:[220]

„*(A)* Ὑμεῖς οἴδατε τὸ γενόμενον ῥῆμα καθ’ ὅλης τῆς Ἰουδαίας, ἀρξάμενος ἀπὸ τῆς Γαλιλαίας μετὰ τὸ βάπτισμα ὃ ἐκήρυξεν Ἰωάννης, Ἰησοῦν τὸν ἀπὸ Ναζαρέθ, ὡς ἔχρισεν αὐτὸν ὁ θεὸς πνεύματι ἁγίῳ καὶ δυνάμει, *(M)* ὃς διῆλθεν εὐεργετῶν καὶ ἰώμενος πάντας τοὺς καταδυναστευομένους ὑπὸ τοῦ διαβόλου, ὅτι ὁ θεὸς ἦν μετ’ αὐτοῦ. καὶ ἡμεῖς μάρτυρες πάντων ὧν ἐποίησεν ἔν τε τῇ χώρᾳ τῶν Ἰουδαίων καὶ [ἐν] Ἱερουσαλήμ. *(E)* ὃν καὶ ἀνεῖλαν κρεμάσαντες ἐπὶ ξύλου, τοῦτον ὁ θεὸς ἤγειρεν [ἐν] τῇ τρίτῃ ἡμέρᾳ καὶ ἔδωκεν αὐτὸν ἐμφανῆ γενέσθαι, οὐ παντὶ τῷ λαῷ, ἀλλὰ μάρτυσιν τοῖς προκεχειροτονημένοις ὑπὸ τοῦ θεοῦ, ἡμῖν, οἵτινες συνεφάγομεν καὶ συνεπίομεν αὐτῷ μετὰ τὸ ἀναστῆναι αὐτὸν ἐκ νεκρῶν.“

Die lukanische Zusammenfassung der Story Jesu basiert hier auf dem Lukasevangelium und letztendlich auf der Story des Markusevangeliums,[221] und ihre Strukturelemente – der Anfang (ἀρχή), die Mitte (μέσον) und das Ende (τελευτή)[222] – lassen sich in allen drei synoptischen Evangelien[223] leicht wieder erkennen:

---

[218] Aristoteles, Poetica, 1450b: „Ein Ganzes ist, was Anfang, Mitte und Ende hat. Ein Anfang ist, was selbst nicht mit Notwendigkeit auf etwas anderes folgt, nach dem jedoch natürlicherweise etwas anderes eintritt oder entsteht. Ein Ende ist umgekehrt, was selbst natürlicherweise auf etwas anderes folgt, und zwar notwendigerweise oder in der Regel, während nach ihm nichts anderes mehr eintritt. Eine Mitte ist, was sowohl selbst auf etwas anderes folgt als auch etwas anderes nach sich zieht.“

[219] Vgl. MARTINEZ/SCHEFFEL, Einführung, 145–147, und LABOV/WALETZKY, Erzählanalyse, 78–126.

[220] Zur Abgrenzung von Anfang (A), Mitte (M) und Ende (E) der Story s. u.

[221] Vgl. POKORNÝ, Bedeutung, 409: „Diese These könnte nur der mögliche Nachweis der Unabhängigkeit des Johannesevangeliums relativieren, denn die ganze gemeinsame Struktur der Evangelien, ihre *pattern*, müßte dann schon vor Markus vorhanden sein. Diejenigen, die das, wohl sehr behutsam, behaupten [SCHNACKENBURG, Johannesevangelium; BROWN, Gospel], haben jedoch eine positive Antwort auf die Frage nach dem Ursprung der gemeinsamen Struktur der kanonischen Evangelien bisher nicht gegeben. Die einzige Lösung hat C. H. Dodd mit seiner Annahme des Urmodels des Evangeliums in Apg 10.36.38–43 angeboten [DODD, Framework]. Da jedoch die Apostelgeschichte vom Autor des Lukasevangeliums stammt und die Kenntnis des Markusevangeliums voraussetzt, hat diese Hypothese keinen großen Widerhall gefunden [...].“

[222] Aristoteles, Poetica, 1450b.

[223] Die immer noch am wenigsten umstrittene Zwei-Quellen-Theorie und hiermit die Priorität des Markusevangeliums werden im Rahmen dieser Arbeit vorausgesetzt. Zur Argumentation und Einführung s. POKORNÝ/HECKEL, Einleitung, 321ff.

*Der Anfang (A)* – die Exposition der Story Jesu (vgl. Apg 10,37–38)[224] – ist mit dem Auftreten von *Johannes dem Täufer* (A.1.) verbunden (Mk 1,1–8 par.)[225] und ebenso die *Taufe Jesu* (A.2.) (Mk 1,9–11 par.), der *Anfang des galiläischen Wirkens Jesu* (A.3.) (Mk 1,14ff. par.) und die *Berufung der ersten Jünger* (A.4.) gehören zur Exposition: Die Hauptfiguren werden in die Erzählwelt eingeführt, die Zeit und der Ort der Handlung angegeben und das Milieu charakterisiert.

*Die Mitte (M)* – die Verwicklung der Story Jesu (vgl. Apg 10,38–39) – umfasst das *Wirken Jesu in Galiläa* (und Umgebung) (M.1.) (Mk 1–9 par.), das *Wirken in Judäa* (und Umgebung) (M.2.) und den *Weg nach Jerusalem* (M.3.) (Mk 10 par.), auf dem auch die ganze Verwicklung geschieht, die mit dem zentralen Konflikt, der Katastrophe (καταστροφή), in Jerusalem verbunden ist, und die Story schlägt langsam in einer Peripetie (περιπέτεια) um.

*Das Ende (E)* – die Lösung der Story Jesu (vgl. Apg 10,39–41) – (Mk 11–16,8 par.) schildert das *Wirken Jesu in Jerusalem* (und Umgebung) (E.1.) und bringt nicht nur die Katastrophe, die *Kreuzigung* Jesu in Jerusalem (E.2.), sondern in einer Wiedererkennung (ἀναγνώρισις) auch die Lösung: Die *Auferstehung* des Gekreuzigten (E.3.) und bei Matthäus und Lukas auch seine *Erscheinungen* (E.4.).[226] In keinem synoptischen Evangelium ist die Story mit einer Coda abgeschlossen.[227]

Diese Anordnung der Ereignisse in der synoptischen Story Jesu, die in ihrem Grundriss Apg 10,37–41 entspricht, erscheint auf den ersten Blick als die einzig mögliche, und wir sind sie so gewöhnt, dass man sich nur schwer andere vorstellen kann. Dass diese Version der Story Jesu aber gar nicht so selbstverständlich ist, wie sie aussieht, belegen nicht nur die apokryphen Evangelien,[228] aber auch die Kirchengeschichte des Eusebius, der mit Berufung auf Papias zum Markusevangelium bemerkt:

„Καὶ τοῦθ' ὁ πρεσβύτερος ἔλεγεν· Μάρκος μὲν ἑρμηνευτὴς Πέτρου γενόμενος, ὅσα ἐμνημόνευσεν, ἀκριβῶς ἔγραψεν, οὐ μέντοι τάξει τὰ ὑπὸ τοῦ κυρίου ἢ λεχθέντα ἢ πραχθέντα. οὔτε γὰρ ἤκουσεν τοῦ κυρίου οὔτε παρηκολούθησεν αὐτῷ, ὕστερον δέ, ὡς ἔφην, Πέτρῳ· ὃς πρὸς τὰς χρείας ἐποιεῖτο τὰς διδασκαλίας, ἀλλ' οὐχ ὥσπερ σύνταξιν τῶν κυριακῶν ποιούμενος λογίων, ὥστε οὐδὲν ἥμαρτεν Μάρκος οὕτως ἔνια γράψας ὡς ἀπεμνημόνευσεν. ἑνὸς γὰρ ἐποιήσατο πρόνοιαν, τοῦ μηδὲν ὧν ἤκουσεν παραλιπεῖν ἢ ψεύσασθαί τι ἐν αὐτοῖς."[229]

---

[224] Nur das Proömium des Lukasevangeliums (Lk 1,1–4) und die Genealogie des Matthäusevangeliums (Mt 1,1–17) lassen sich an dieser Stelle mit einem Abstract vergleichen.

[225] Matthäus- und Lukasevangelium bringen noch ihre Vorgeschichte, die zwar vor dem Anfang der markinischen Story liegen, in beiden Evangelien jedoch zur Exposition gehören.

[226] Zu Mk 16,7 und Mt 28,16–20 s. u.

[227] Lk 24,53 ist für eine Coda zu elliptisch.

[228] Hier sind vor allem die gnostischen Evangelien zu nennen, die auf die Story Jesu gar im Großen und Ganzen verzichten, wie das Thomasevangelium (EvThom), oder man denke an das Philippusevangelium (EvPhil), das im § 21 die gewöhnliche Abfolge von Jesu Tod und Auferstehung „auf den Kopf [stellt]", s. KLAUCK, Evangelien, 172.

[229] Eusebius, Historia ecclesiastica, III,39,15: „Auch dies lehrte der Presbyter: Markus hat die Worte und Taten des Herrn, an die er sich als Dolmetscher des Petrus erinnerte, genau, allerdings nicht ordnungsgemäß, aufgeschrieben. Denn nicht hatte er den Herrn gehört und begleitet; wohl aber folgte er später, wie gesagt, dem Petrus, welcher seine Lehrvorträge nach den Bedürfnissen einrichtete, nicht

Nach diesem Zeugnis folge also schon die Story des Markusevangeliums nicht der realen Anordnung der Begebenheiten auf der Ebene der Geschichte (*ordo naturalis*), die wir nicht kennen, und die Anordnung der Ereignisse im Evangelium sei großteils eine Fiktion des Markus. Dass Markus bei dem Entwurf seiner Story auf einen erzählerischen Rahmen (*frame*)[230] der christlichen Verkündigung zurückgegriffen hätte, wie C. H. Dodd im Jahr 1932 zu belegen meinte,[231] lässt sich nicht nachweisen[232] und ist in Anbetracht der neu entdeckten apokryphen Evangelien eher unwahrscheinlich. Die neutestamentliche Story Jesu ist jedenfalls keine historiographische Kurzfassung der Lebensgeschichte des Jesus von Nazaret und der Leser wird besser tun, es auch nicht zu erwarten, denn es ist nicht die Aufgabe des Dichters zu erzählen, was wirklich geschehen ist, sondern was geschehen könnte, und zwar nach den oben genannten Regeln der *Wahrscheinlichkeit* und *Notwendigkeit*.[233]

In dieser Hinsicht wurde die evangelische Story m. E. nur auf zwei Grundlagen entworfen: 1. das Arrangement der wichtigsten Story-Elemente wurde einzig von der *Logik der Erzählung* vorbestimmt,[234] die sich aus dem schon vor Markus durch den christlichen Glauben geprägten Christus-Mythos[235] ergibt, den wir auch

---

aber so, daß er eine zusammenhängende Darstellung der Reden des Herrn gegeben hätte. Es ist daher keineswegs ein Fehler des Markus, wenn er einiges so aufzeichnete, wie es ihm das Gedächtnis eingab. Denn für eines trug er Sorge: nichts von dem, was er gehört hatte, auszulassen oder sich im Berichte keiner Lüge schuldig zu machen."

[230] Nicht zu verwechseln mit dem narratologischen Begriff *frame*, vgl. LAHN/MEISTER, Einführung, 216, und hier die Anm. 533 auf S. 281.

[231] So in Bezug auf Apg 10,37–41/Apg 13,23–31 (par. 1 Kor 15,3–7/1 Kor 11,23–25) DODD, Framework, 399: „In view of this evidence, I cannot see any intristic improbability in the supposition that the primitive Church did transmit an outline of the Ministry of Jesus, with some regard at least to its topographical and chronological setting. The outline which we have recognized as existing in fragmentary form in the framework of Mark may well have belonged to a form of the primitive *kerygma*. It implies a somewhat more elaborate form of it than those which are preserved in the Acts of the Apostles; but these, no doubt, are summaries of summaries."

[232] Die Apostelgeschichte ist außerdem von dem Lukasevangelium und dieses wiederum von dem Markusevangelium abhängig. Zur Argumentation s. auch POKORNÝ, Bedeutung, 409.

[233] Aristoteles, Poetica, 1451b.

[234] Also im Unterschied zu DODD, Framework, 399, *ungeachtet* irgendwelcher „topographical and chronological setting."

[235] Ähnlich im Anschluss an BULTMANN, Geschichte, 308–310, die Analyse der Story von EISEN, Fabric, 207–208. Vgl. auch POKORNÝ, Anfang, 118–119: „Die Aussage über die Auferstehung Jesu in Mk 16,6, die den Namen Gottes durch das Passiv umschreibt (ἠγέρθη), ist von der Osterverkündigung her geprägt (1 Kor 15,4; Röm 6,9), zu der auch das ὤφθη gehört (1 Kor 15,5ff; Lk 24,34). Will man auf das Ereignis des ὤφθη in der Zukunft hinweisen, muß man das Futurum ὄψεσθαι benutzen. Grammatisch ist es also möglich, die Botschaft des Engels (16,6) auf die Erscheinungen des auferstandenen Jesus zu beziehen. [...] Entscheidend spricht für diese Behauptung der Vergleich mit dem elementaren Abriß der Heilsgeschichte im ersten Korintherbrief 15,3b–5. Es wird dort über das *Kreuz*, die Bestattung und die *Erweckung* von den Toten gesprochen. Dann wird bezeugt, daß *Petrus* und *andere Jünger* (die Zwölf) den auferstandenen Jesus gesehen haben (ὤφθη). In Markus 16,6 werden die Ereignisse des 15. Kapitels rekapituliert: ‚Ihr sucht ... den *Gekreuzigten*.‘ Dann kommt das Neue: ‚Er wurde auferweckt ..., aber sagt seinen *Jüngern* und *Petrus*: Er geht euch voran nach Galiläa; dort werdet ihr ihn *sehen* (ὄψεσθε)‘. Die Analogien gewinnen an Gewicht, wenn man bedenkt, daß die Formel aus 1 Kor 15,3–5 in 1 Kor 15,1 als

bei Johannes und Paulus[236] finden: Präexistenz bei Gott → Inkarnation/Geburt → Wirken in der Welt → Kreuzigung/Tod → Auferstehung/Erscheinung → Rückkehr zu Gott, hier gibt es für eine andere Anordnung der Ereignisse kaum Spielraum;[237] und 2. von der durch die Zeit- und Ortsangaben gesteuerten Entfaltung der Ereignisse in *Zeit* und *Raum*, die von der Bewegung Galiläa → Jerusalem getragen wird und allein auf den (fiktiven) markinischen Reise-Plot zurückzuführen ist (vgl. das Kapitel 3.3.2). Die dramatische Spannung ergibt sich aus dem Kontrast zwischen Galiläa und Jerusalem und ihrer Opposition im literarischen Raum,[238] die die Story überbrücken muss: Der Weg Jesu beginnt im Prolog (Mk 1,1–15)[239] mit dem öffentlichen Wirken in Galiläa (Mk 1,14ff.) am Anfang des Evangeliums. Das Ende des galiläischen Wirkens Jesu (Mk 10,33) markiert den *Wendepunkt* dieses Weges und der Erzählung, die topographische und dramatische Wende überschneiden sich. Der Wechsel der Szenen Galiläa × Jerusalem tritt sofort nach dem *Messiasbekenntnis des Petrus* bei Cäsarea Philippi ein (Mk 8,27–30) und ist durch die drei Leidensankündigungen Jesu (Mk 8,31–33; Mk 9,31–32 und Mk 10,32–34) eng an die Katastrophe in Jerusalem gebunden.[240] Nicht ohne Bedeutung ist die Tatsache, dass die Figur, die gerade auf dieser Stelle fokussiert wird, niemand anders als Petrus ist: Es folgt das *Satanswort* Jesu (Mk 8,33) und alles, was in Jerusalem geschehen muss, wird angedeutet (Mk 8,31–33). Der Weg Jesu im Markusevangelium endet in Jerusalem. Nachdem Jesus Galiläa in Mk 10,32 endgültig verlassen hatte, kommt er nie mehr zurück, oder besser gesagt, nicht in der *erzählten Welt* des Markusevangeliums.[241] Im Unterschied zu den beiden Synoptikern (Lk 24,13–53; Mt 28,9–20), die uns ein schönes abgeschlossenes *happy end* bieten, kann sich der Modell-Leser des Markusevangeliums über keine Erscheinungen Jesu freuen, zumal das Evange-

---

Evangelium bezeichnet wird und daß die Worte ‚Anfang des Evangeliums‘ am Anfang des markinischen Werkes stehen (1,1)."

[236] Zur paulinischen Story Jesu s. WEDDERBURN, Story, 163: „The story of Jesus which Paul knows is clearly a narrative of events, a ‘story’, but it differs from being a story of the earthly Jesus in that it tells of a ‘prehistory’ in Jesus' existence before his human life on earth, and it also tells of what happened to him subsequently, after Jesus' this-worldly life came to an end."

[237] Nicht mal hat aber das oben erwähnte EvPhil daran gehindert, die logische Abfolge Tod → Auferstehung in Frage zu stellen, vgl. KLAUCK, Evangelien, 172.

[238] Vgl. BÖSEN, Galiläa, 262–274, hier 269: „Markus strukturiert sein ‚Evangelium‘ – darüber besteht weitgehender Konsens – um ‚Galiläa‘ und ‚Jerusalem‘ wie um zwei Pole, der eine hell und licht, der andere dunkel und düster. Strömen Jesus hier die Menschen des In- und Auslandes in Scharen zu, fordern sie dort in gleicher Menge lautstark seinen Tod. Der Gegensatz kann nicht größer sein. Wie gelingt es, ihn zu überbrücken?" Vgl. weiter LOHMEYER, Galiläa, MARXEN, Evangelist, PREUSS, Galiläa, GNILKA, Evangelium, SCHENKE, Studien, VAN ECK, Galilee oder FREYNE, Galilee, zum Johannesevangelium dann auch HOPPE, Ortsangaben, 42f. Zum historischen Hintergrund der Opposition von Galiläa und Jerusalem vgl. den Beitrag von FREYNE, Geography, und die dort zitierte Literatur.

[239] Zu der Abgrenzung und dem Aufbau des Markusprologs s. KLAUCK, Vorspiel.

[240] BÖSEN, Galiläa, 270. Vgl. auch Söding, Evangelist, 47f., oder POKORNÝ/HECKEL, Einleitung, 366: „Im Blick auf die *literarische Gestaltung* stellt das *Petrusbekenntnis* (8,27–31) in der Mitte des Markusevangeliums den bedeutendsten Wendepunkt dar. Von nun an bewegt sich alles auf die Kreuzigung zu."

[241] Siehe ALAND, Schluß, POKORNÝ, Entstehung, 110ff. und ausführlich POKORNÝ, Anfang.

lium in Mk 16,7f. ein *open end* hat. Der auferstandene und erhöhte Herr solle den Jüngern nach Galiläa vorausgehen, allerdings wird dies von Markus nicht erzählt – eine Story, die „Evangelium" (Mk 1,1) heißt, dürfte nicht auf diese Art und Weise enden: Die erzählerische Ellipse in Mk 16,7, die das Ende des Evangeliums offen lässt, überlässt dem Modell-Leser, diese Lücke zu füllen.[242] Bei Markus ist *Galiläa* nämlich nicht nur die Landschaft im Norden Palästinas, die Heimat Jesu und des Evangeliums oder eine „terra christiana",[243] in der man (wenn schon) τὴν ἀρχὴν τοῦ εὐαγγελίου Ἰησοῦ Χριστοῦ suchen soll, sondern sie stellt vom Anfang an eine wesentliche Komponente der erzählten Welt dar. Diese erzählte Welt ist eine vom Evangelisten geschaffene Welt, die sich zwar mit der realen Welt überschneidet, aber keinesfalls identisch ist.[244] Der Modell-Leser, der den Auferstandenen sehen will, muss in das *Galiläa des Evangeliums* zurückkehren – nicht in den Norden Palästinas.[245] Dort wird er dem Auferstandenen begegnen, indem er ihn in dem irdischen Jesus von Nazaret wiedererkennt – das ist die ἀναγνώρισις im Markusevangelium.[246] Die erste Erzählung, die der Modell-Leser bei seiner Re-Lektüre des Evangeliums zu lesen bekommt, ist nach dem Prolog (Mk 1,1–15) die *Berufung der ersten Jünger* (Mk 1,16–20) und zweifelsohne ist sich auch der Modell-Autor des Markusevangeliums dieses Zusammenhanges bewusst: der Jüngerkreis soll wiederhergestellt, Petrus soll verziehen und die Jünger sollen in die Nachfolge neuberufen werden.[247] Diese Interpretation bekräftigt auch die Kontextanalyse von Mk 14,28, wo die Vorhersage der Zerstreuung der Jünger (Mk 14,27), der Verleugnung des Petrus (Mk 14,30) und des Vorausgehens Jesu nach Galiläa (Mk 14,28) in einer Opposition stehen und erst das προάγειν Jesu von Mk 16,7 und die Neuberufung in der Re-Lektüre von Mk 1,17 eine erneute Nachfolge ermöglicht.[248]

Während die Evangelien nach Matthäus und Lukas die Story Jesu und praktisch auch den Plot des Markusevangeliums im Großen und Ganzen übernommen haben,[249] wählte das Johannesevangelium aus bestimmten Gründen den (im wahren

---

[242] Zu der literarischen Technik und der theologischen Bedeutung des offenen Schlusses bei Markus vgl. BOOMERSHINE/BARTHOLOMEW, Technique, MAGNESS, Sense, und vor allem HECKEL, Evangelium, 32–62.

[243] LOHMEYER, Galiläa, 28.

[244] Vgl. WELLEK/WARREN, Theorie, 190.

[245] Gegen LOHMEYER, Evangelium; richtig BÖSEN, Galiläa, 274: „Mk 14,28 und 16,7 müssen daher, wenn sie richtig verstanden werden sollen, an Mk 1–9 ‚rückgekoppelt' und mit dem dort Berichteten aufgefühlt werden."

[246] Vgl. Söding, Evangelist, 56: „Daß Jesus aber seinen Jüngern ‚nach Galiläa' vorangehen wird und daß der Engel im leeren Grab die Frauen daran erinnert, was Jesus ‚gesagt hat' (Mk 16,7), zeigt, daß nach Markus das Auferstehungs-Kerygma selbst zurück an den Ort und an das Wort (vgl. 9,7) des irdischen Jesus verweist."

[247] So auch Söding, Evangelist, 47f.: „Sowohl nach Jesu Wort an die Jünger auf dem Weg vom Abendmahlssaal nach Getsemani (14,28) als auch nach dem Wort des Engels an die Frauen im leeren Grab (16,7) wird der Auferweckte seinen Jüngern nach Galiläa ‚vorangehen' – und sie also wiederum in die Nachfolge rufen, in der sie allererst verstehen, wer Jesus ist."

[248] Siehe auch SCHENKE, Studien, 433.

[249] Obwohl Matthäus seinen Stoff mehr thematisch anordnet und Lukas den Weg Jesu von Galiläa nach Jerusalem in der großartigen Komposition des ‚Reiseberichtes' (Lk 9,51–19,27) schildert, sind in

Sinne des Wortes) dramatischen Plot aus (vgl. das Kapitel 3.3.2). In diesem Plot stellt es die Story Jesu in einzelnen Szenen dar, die sich der topographischen Ordnung nach folgendermaßen gliedern lassen:[250]

0. Joh 1,1–18 [P] → 1. Joh 1,19–51 [J|Jo|Be] → 2. Joh 2,1–12 [G|Kan|Kaf] → 3. Joh 2,13–3,21 [Je] → 4. Joh 3,22–36 [J|Jo] → 5. Joh 4,1–42 [S] → 6. Joh 4,43–54 [G|Kan|Kaf] → 7. Joh 5,1–47 [Je] → 8. Joh 6,1–24 [G|See] → 9. Joh 6,25–71 [G|Kaf] → 10. Joh 7,1–10 [G] → 11. Joh 7,11–10,39 [Je] → 12. Joh 10,40–42 [J|Jo] → 13. Joh 11,1–11,53 [J|Be] → 14. Joh 11,54–57 [J|Efr] → 15. Joh 12,1–11 [J|Be] → 16. Joh 12,12–20,31 [Je] → 17. Joh 21 [G|See].

Dieses Schema zeigt deutlich, dass sich die Schauplätze der johanneischen Erzählung in einem gewissen Rhythmus wiederholen und sich als Elemente größerer Makro-*Szenographien*[251] auffassen lassen:

0. [P] → 1. [J] → 2. [G] → 3. [Je] → 4. [J] → 5. [S] → 6. [G] → 7. [Je] → 8.9.10. [G] → 11. [Je] → 12.13.14.15. [J] → 16. [Je] → 17. [G].

Die topographische Makro-Szenographie a) *Galiläa* (G) bilden Kana in Galiläa (Kan), der See von Galiläa (See) und Kafarnaum (Kaf); die Makro-Szenographie b) *Judäa* (J) bilden der Ort am Jordan (Jo), Betania (Be) und Efraim (Efr), die letzte Zuflucht Jesu; die Szenographie c) bildet *Jerusalem* (Je), das in der erzählten Welt des Johannesevangeliums als die Stadt des Leidens eigene Szene darstellt und die letzte Szenographie ist d) *Samarien* (S) mit Sychar. Der Prolog (P) liegt außerhalb von Zeit und Raum der Handlung. Berücksichtigt man die Erzählzeit,[252] liegt der Schwerpunkt der johanneischen Erzählung eindeutig in Jerusalem (Je), dessen Szenographie 65% der Erzählzeit umfasst (!) und auch ohne Abschiedsreden Jesu den größten Teil der Erzählung darstellen würde. Die zweitgrößte Szenographie ist Galiläa (G) mit 15%, danach Judäa (J) mit 13% und Samarien (S) mit 5%. Der Prolog (P) umfasst nur 2%.[253]

Angesicht dieser Tatsache, könnte man fragen, warum Johannes in seiner Story überhaupt über das *Wirken Jesu in Galiläa* erzählen will, wenn er das öffentliche Wirken Jesu in Jerusalem kennt und dies eindeutig auch im Zentrum seines Interesses steht. Hätte die Hochzeit in Kana in Galiläa nicht nahe bei Jerusalem genauso

---

beiden Evangelien die Spuren des Plots und der Story des Markusevangeliums deutlich erkennbar: In beiden Evangelien fängt das öffentliche Wirken Jesu in Galiläa an (Mt 4,12f.; Lk 4,14f.) und das Ende des galiläischen Wirkens Jesu stellt die dramatische Wende dar, zumal sich die Handlung nach dem Messiasbekenntnis des Petrus bei Cäsarea Philippi (Mt 16,13–20; Lk 9,18–21) langsam in Richtung Jerusalem verschiebt – auch hier ist der Wechsel durch die drei Leidensankündigungen Jesu mit der Katastrophe in Jerusalem verbunden (Mt: 16,21–23; 17,22–23; 20,17–19; Lk: 9,22, vgl. auch 9,31; 9,43b–45; 18,31–34). Nur bei Matthäus kommt der Auferstandene nach Galiläa zurück (Mt 28,16–20).

[250] STUDENOVSKÝ, Weg, 542, s. auch die Übersicht der johanneischen Ortsangaben im Anhang A. Zu den einzelnen hier angeführten Ortsangaben vgl. auch den Beitrag von HOPPE, Ortsangaben.

[251] Zum Begriff vgl. ECO, Lector, 98–105, und hier die Anm. 533 auf S. 281.

[252] Hier gerechnet mit ACCORDANCE über die Zahl der Wörter im griechischen Text des NA[27] und prozentuell ausgedrückt.

[253] Vgl. auch STUDENOVSKÝ, Weg, 542f.

gut stattfinden können? Warum würde es nicht reichen, Jesus nur einmal, wenn überhaupt, von Galiläa nach Jerusalem kommen zu lassen? Und, last but not least, warum muss am Ende ein Epilog die Erscheinung des Auferstandenen am See von Galiläa von Tiberias schildern, wenn ihm seine Jünger gerade in Jerusalem begegnet sind? Man könnte auf diese Fragen zwar die Antwort geben, das vierte Evangelium wurde sich des öffentlichen Wirkens des historischen Jesus in Galiläa bewusst und wollte es ebenso berücksichtigen, dies erklärt aber nur schwer den ziemlich komplizierten Plot mit dem mehrfachen und abrupten Wechsel der Szenen zwischen Galiläa und Jerusalem und kaum den Epilog in Joh 21. Die bessere Antwort und die Arbeitshypothese, die ich hiermit postulieren will, scheint zu sein, dass das Johannesevangelium die synoptische Story Jesu mit ihrer dominanten *galiläischen Szenographie* rezipiert[254] und ihre Elemente in seine Erzählung integriert – nicht um die synoptischen Evangelien ‚ergänzen‘ oder ‚verdrängen‘ zu wollen,[255] sondern um das Buch,[256] das vor allem das ‚Zeugnis‘ des Lieblingsjüngers erzählen will (vgl. Joh 21,24),[257] für den versierten Modell-Leser an die Synoptiker anschlussfähig zu machen. Die Leser des Johannesevangeliums, zu denen damals wie heute auch die Leser der Synoptiker gehören, sollen in dem Buch ein *(geistiges) Evangelium* erkennen,[258] das zwar einen anderen Plot hat, aber dieselbe Story Jesu erzählt. Man könnte in diesem Sinne also auch sagen, dass *die Lösung des Origenes*[259] *die literarische Absicht des Johannes war*. Dass dieses literarische Bemühen erfolgreich war, zeigt die Wirkungsgeschichte dieser Komposition, die in dem Vierevangelienkanon[260] ihre deutlichste Bestätigung findet. Deswegen ist das wichtigste Argument für die johanneische Kenntnis der Synoptiker und das grundlegende Paradigma für das Verständnis der Beziehung des Johannesevangeliums zu den Synoptikern die Architextualität dieses Werkes[261] – hier eine unausgesprochene Beziehung, zumal Offensichtliches nicht mehr eigens betont werden muss.[262]

Die Synoptiker stellen für Johannes keine ‚Quelle‘, sondern eine *Folie* dar, auf die er seine eigene Erzählung schreibt, die in diesem Sinne tatsächlich einen „Palimpsest"[263] darstellt. Dies ist die einfachste Erklärung nicht nur dafür, warum das

---

[254] So neulich auch BEUTLER, Search, 31.

[255] Zumal das in ihm niedergeschriebene ‚Zeugnis‘ für den Glauben der Modell-Leser vollkommen ausreichend ist (Joh 20,31)!

[256] Das Wort „Buch" (Joh 20,30) impliziert immer andere Bücher (vgl. Joh 21,25).

[257] Zum Auswahlcharakter der johanneischen Erzählung vgl. Joh 20,30 und Joh 21,25.

[258] Dass die Intertextualität die Allegorie katalysiert, wurde ja oben gesagt, vgl. das Kap. 1.3.

[259] Origenes, Commentarii in Ioh, X,3,14.

[260] Dazu HECKEL, Evangelium, 105–218.

[261] So auch SCHNELLE, Evangelium, 16: „Während die beachtlichen Übereinstimmungen im Detail immer verschiedenen Interpretationen zugänglich sind, weisen die Rezeption der Gattung Evangelium und die Kompositionsanalogien auf Markus als die grundlegende synoptische Vorlage des Johannesevangeliums hin."

[262] GENETTE, Palimpseste, 13.

[263] Zum Begriff siehe den Umschlag von GENETTE, Palimpseste: „Palimpsest: wörtlich ein Schriftstück, dessen ursprünglicher Text durch einen anderen ersetzt wurde, ohne daß der ursprüngliche gänzlich verschwunden, vielmehr unter dem neuen noch lesbar ist: ein bildhafter Beleg dafür, daß sich unter

Abbildung 3.2: *Übereinstimmungen mit den Synoptikern in Joh 1–21 (NA²⁷)*

vierte Evangelium so viel ,ausgelassen' hat, zumal für den Aufbau einer architektuellen Beziehung gar nicht so viele Elemente und Strukturen des Prätextes übernommen werden müssen, sondern vor allem für den kunstvollen Plot des Johannesevangeliums, der die *statische* Opposition Galiläa × Jerusalem in eine *dynamische* umwandelt und die *lineare* Bewegung Galiläa → Jerusalem um eine *zyklische* ergänzt, um die Synoptiker in Zeit und Raum zu überlagern. Die synoptischen Erzähl-Strukturen und -Elemente sind bei Johannes jedoch nicht ganz verwischt worden und ihr Abdruck ist sowohl auf der Makroebene als auch auf der Mikroebene der johanneischen Erzählung gut erkennbar. Das besondere daran: Sie sind nicht, wie es auch sein könnte, in dem ganzen Johannesevangelium chaotisch zerstreut, sondern konzentrieren sich besonders an bestimmten Stellen, wie es die Abbildung 3.2[264] anhand der graphischen Verteilung der wichtigsten wörtlichen Übereinstimmungen mit den Synoptikern bei Johannes 1–21 darstellt.[265] Interessanterweise entsprechen diese Stellen genau den strukturierenden Sequenzen der synoptischen Story,[266] nämlich dem Anfang (A), der Mitte (M) und dem Ende (E), wie wir sie oben festgestellt haben:

Wie bei Markus (Mk 1,1–8) beginnt auch bei Johannes (Joh 1,6.7.15; vgl. Joh 1,19–28) die Story Jesu mit einem Prolog und dem *Auftreten von Johannes dem Täufer* (A.1.), dem die Anspielung auf die *Taufe Jesu* (A.2.) (Joh 1,29–34) und die *Berufung der ersten Jünger* (A.4.) (Joh 1,35ff.) folgen. Der Anfang (A) des Johannesevangeliums wird nicht nur ähnlich strukturiert wie bei Markus, sondern es werden auch kleinere Elemente der Erzählung reproduziert.[267]

---

einem Text stets ein weiterer verborgen kann, der selten ganz getilgt ist – Voraussetzung für eine doppelte Lesart, bei der sich zumindest ein Hypertext und sein Hypotext übereinanderlagern."

[264] STUDENOVSKÝ, Weg, 544.

[265] Zu einzelnen Stellen siehe BARRETT, Evangelium, 60–61, BLINZLER, Johannes, 52–60, oder SCHNELLE, Einleitung, 540–541, und weiter den Anhang B in dieser Arbeit.

[266] So auch BRODIE, Quest, 31: „At times the fourth gospel's affinity with these sources is easy to see. In particular, John maintains visibly Mark's beginning, middle, and end (the initial preaching of John the baptizer, the central episodes in which Jesus multiplies loaves and walks on water, and the final events surrounding the passion). Thus the reader can have no doubt; one is dealing with the same Jesus."

[267] Vgl. KARRER, Intertextualität, 99. Wie an anderen Stellen des Johannesevangeliums, wird auch hier die Struktur- von der Elementenreproduktion begleitet: die *Stimme des Rufenden* (Joh 1,23), das Logion über den *Kommenden* (Joh 1,26–27), die *Taube* und die *Stimme* vom Himmel (Joh 1,32.34) etc.

Auch bei Johannes beginnt das *öffentliche Wirken Jesu in Galiläa* (M.1.) und zwar in Kana, wo Jesus sein erstes Zeichen tut (Joh 2,1–12).[268] Der Plot der johanneischen Erzählung ermöglicht dann das fast gleichzeitige Wirken Jesu in Galiläa (G), Jerusalem (Je) (M.2.), Judäa (J) (E.1.) und in Samarien (S), indem die Story Jesu mit Hilfe der oben angeführten Makro-Szenographien realisiert wird. Das Ende des galiläischen Wirkens Jesu stellt auch bei Johannes den *Wendepunkt* seines Hin-und-Her-Reisens zwischen Galiläa und Jerusalem dar und ist wie in der synoptischen Story eng mit der Katastrophe in Jerusalem verbunden. Diese Wende schildert die umfangreichste galiläische Szene in Joh 6,1–7,10 mit den zahlreichen intertextuellen Bezügen zu den Synoptikern.[269] An ihrem Ende (Joh 7,9.10), nach dem Aufenthalt am *See von Galiläa* und dem Streitgespräch mit Juden in Kafarnaum (Joh 6,1–59), als sein Jüngerkreis gespalten worden ist (Joh 6,60ff.), geht Jesus *zum letzten Mal nach Jerusalem* (M.3.), wo er gekreuzigt wird. Wie bei Markus, kommt er nach Galiläa nie mehr zurück, es sei denn, als Auferstandener (Joh 21). Die Figur, die an dieser Stelle fokussiert wird, ist niemand anders als Petrus, zumal die dramatische Wende nach dem *Petrusbekenntnis* (Joh 6,69) und dem *Satanswort* Jesu (Joh 6,70) folgt, das bei Johannes zwar eindeutig auf Judas bezogen ist (Joh 6,71), klar aber den Modell-Leser in einer Prolepse auf die Jerusalemer Katastrophe vorbereitet (vgl. Joh 6,70.71 und Joh 13,2).

Die letzten zahlreichen intertextuellen Bezüge zu den Synoptikern finden sich dann am Ende (E) der johanneischen Story.[270] Das Geschehen in Jerusalem bringt die Katastrophe (E.2.) – die *Kreuzigung* Jesu (Joh 19,16b-30), und die Lösung der Verwicklung in einer Wiedererkennung (ἀναγνώρισις) – die *Auferstehung* des Gekreuzigten (Joh 20,1–10) (E.3.), auf die bei Johannes (wie bei Matthäus und Lukas) auch die *Erscheinungen* des Auferstandenen folgen (Joh 20,11–29) (E.4.). Ist in keinem synoptischen Evangelium die Story Jesu mit einer Coda abgeschlossen, wurde das Johannesevangelium mit einem *Epilog* ausgestattet (Joh 21) – das *open end* des

---

[268] Dass sich zu der Erzählung von der *Hochzeit in Kana in Galiläa* (Joh 2,1–12) als zu der einzigen Erzählung des galiläischen Wirkens Jesu keine Parallele bei den Synoptikern findet, muss als äußerst auffällig gelten, vor allem, wenn man bedenkt, dass Johannes die markinische Story offensichtlich kennt und das erste Zeichen in Kana mit dem zweiten (Joh 4,46–54), den Synoptikern bekannten Heilungswunder (Mt 8,5–13; Lk 7,1–10), in einer Ringkomposition zusammenschließt (vgl. Joh 4,54). In Joh 2,1–12 sind außerdem Motive verarbeitet, die bei den Synoptikern in demselben Kontext am Anfang des galiläischen Wirkens Jesu vorkommen (vgl. das Kapitel 4.1). Dass der Modell-Autor für diese Motive eine den Synoptikern vollkommen unbekannte Geschichte entworfen habe, könnte hier aber durchaus in seinem Interesse sein, wenn er den Anfang des Wirkens Jesu in Galiläa und die Berufung der ersten Jünger *vor* den synoptischen Anfang des öffentlichen Wirkens Jesu platzieren wollte (vgl. die Anspielung in Joh 3,24 und Mk 1,14).

[269] Die Kompositionsanalogien zu den Synoptikern bauen vor allem auf folgenden drei Sequenzen auf: auf der *wunderbaren Speisung* (Joh 6,1–15), dem *Seewandel Jesu* (Joh 6,16–21) und dem *Petrusbekenntnis* (Joh 6,69), in denen sich auch die wörtlichen Übereinstimmungen häufen (vgl. die Analyse im Kapitel 4.3 und die Übersicht im Anhang B).

[270] Und zwar vor allem in den Episoden der *Passions-* (Joh 18–19) und *Ostergeschichte* (Joh 20–21). Zur Exposition der Passionsgeschichte muss man meines Erachtens schon die *Salbung in Betanien* (Joh 12,1–11) und den *Einzug in Jerusalem* (Joh 12,12–19), wie auch die Anspielung auf *Gethsemane* (Joh 12,27; Joh 18,11b) und die Exposition der *Abendmahlsszene* (Joh 13,1ff.) zählen.

Markusevangeliums (Mk 16,7) bot dem Modell-Autor den Erzählraum für diese Erzählung an, in dem sich das bei Markus versprochene Vorausgehen des Auferstandenen nach Galiläa verwirklicht. Den versierten Modell-Leser, der das Markusevangelium kennt, überrascht dieser Epilog nicht, denn die johanneische Erzählung lehnt sich schon in Joh 1–20 an die markinische Story an und ihre Elemente und Strukturen bestimmen nun auch die Makro-Szenographie *Galiläa* und viele Topics von Joh 21. Ohne sie bliebe nicht nur die Existenz, sondern auch die Komposition des johanneischen Epilogs, der in dieser Hinsicht von der Intertextualität entscheidend geprägt ist, großteils ein Rätsel.

## 3.4 Mythos

Das vierte Evangelium ist zweifelsohne ein erzählendes Kunstwerk und wenn D. A. Templeton recht hat (und ich denke, er hat), dass Fiktion Fakten enthalten kann,[271] nicht aber umgekehrt, dann ist das Johannesevangelium eine *fiktive* Erzählung. Die Seele[272] dieser Erzählung ist die Story Jesu, wie wir sie oben skizziert haben. Hätte die Story Jesu mit der Passionsgeschichte geendet, wäre sie eine *Tragödie*[273] – nicht nur historisch, sondern auch nach der bekannten Typologie von Northrop Frye.[274] Die Story Jesu wäre in diesem Sinne dem *herbstlichen* Mythos über sterbende Götter ähnlich:

„Tragic stories, when they apply divine beings, may be called Dionysiac. These are stories of dying gods, like Hercules with his poisoned shirt and his pyre, Orpheus torn to pieces by the Bacchantes, Balder murdered by the treachery of Loki, Christ dying on the cross and marking with the words 'Why hast thou forsaken me?' a sense of his exclusion, as divine being, from the society of the Trinity."[275]

Die Erzählungen der Evangelien enden aber nicht mit der Passionsgeschichte, sondern mit der Auferstehung und der Wiedererkennung Jesu, und die Story kehrt am Ende in gewissem Sinne zu ihrem Anfang (Mk 16,7). Wie M. W. G. Stibbe richtig bemerkt, ist die (johanneische) Story in dieser Hinsicht „u-förmig" und entspräche

---

[271] TEMPLETON, Testament, 29–30.

[272] Aristoteles, Poetica, 1450a.

[273] Anders CULPEPPER, Anatomy, 82–84, der das vierte Evangelium der „romance" zuordnet, auch wenn er zugibt: „The fit is certainly not perfect." Zur Kritik siehe STIBBE, Gospel, 62–72.

[274] FRYE, Anatomy. Die Handlung einer Story lässt sich nach FRYE, Anatomy, 163–239, einem der vier archetypischen Handlungsschemata (*mythoi*) zuordnen, die er in seiner Typologie (nicht nur) aufgrund ihrer zyklischen Wiederholung in der Literatur mit vier Jahreszeiten assoziiert. Es handelt sich um den Mythos des Frühlings, die *Komödie*, den Mythos des Sommers, die *Romance* (hier gibt es im Deutschen keinen entsprechenden Ausdruck), den Mythos des Herbsts, die *Tragödie*, und den Mythos des Winters, die *Ironie* bzw. die *Satire*. Die Typologie von Northrop Frye lässt sich selbstverständlich auch auf ‚historische Stories' anwenden, wie WHITE, Metahistory, 7–11, belegt. Zur Einordnung im Rahmen der Narratologie vgl. MARTINEZ/SCHEFFEL, Einführung, 155–159.

[275] FRYE, Anatomy, 35f.

damit eher der Komödie.[276] Das Johannesevangelium ist selbstverständlich keine Komödie, und ich werde mich hier dem Urteil von M. W. G. Stibbe anschließen, dass sich die johanneische Story keinem der vier *mythoi* eindeutig zuordnen lässt, sondern „all four of these generic modes at different points" verwendet[277] und in dieser Hinsicht „[t]he four *mythoi* that we are dealing with, comedy, romance, tragedy, and irony, may now be seen as four aspects of a central unifying myth."[278] Der Grund liegt meines Erachtens jedoch auch hier darin, dass die neutestamentliche Story Jesu „a *myth* in the common sense of a story about a god" ist[279] und dass sie als solche außerhalb der üblichen literarischen Kategorien liegt.[280]

Als ein wichtiges strukturierendes Element dieses Mythos hat sich in den kanonischen Evangelien die *galiläische Szenographie* erwiesen: In jedem Evangelium steht das Wirken Jesu in Galiläa am Anfang der Story, das Ende seines galiläischen Wirkens stellt immer einen entscheidenden Wendepunkt der Handlung dar, und in drei[281] der kanonischen Evangelien kehrt die Handlung am Ende nach Galiläa zurück. Das *Wirken Jesu in Galiläa bei Johannes* bietet hiermit also einen besonders geeigneten Ausgangspunkt für eine genauere Analyse der intertextuellen Bezüge des vierten Evangeliums zu den Synoptikern. Diese Analyse ist das Ziel des nächsten Kapitels (4) und die Textbasis[282] besteht aus folgenden Szenen dieses Mythos:[283]

4.1 Das galiläische Wirken Jesu beginnt bei Johannes im Frühling, kurz vor dem Passafest der Juden, mit der *Hochzeit in Kana in Galiläa (Joh 2,1–12)* und mit dem Mythos der Komödie:[284] die Menge am Wein, das Missverständnis, die Ignoranz des Speisemeisters und die implizierten Trunkenheit und Prasserei, das alles sind komische Elemente;[285]

4.2 das Mittag und der Durst Jesu in Joh 4,6ff. leiten die sommerliche Atmosphäre ein,[286] und das Wirken Jesu in Galiläa setzt mit dem abenteuerlichen Mythos der Romance[287] fort, wenn der *Prophet in seine Heimat (Joh 4,43–54)* kommt;

4.3 das Wirken Jesu in Galiläa kulminiert mit der langen Rede über das *Brot vom Himmel* und endet in *Joh 6,1–7,10*; der Konflikt wird realistisch und voll von

---

[276] STIBBE, Gospel, 66: „John's gospel is not a tragedy, the overall plot is U-shaped and therefore nearer to comedy. However, comedy itself will not do as a totally satisfying generic description; there is too much unresolved conflict and a total absence of reconciliation between hero and opponents to justify that claim."

[277] STIBBE, Gospel, 66.

[278] FRYE, Anatomy, 192.

[279] FRYE, Anatomy, 33. So auch WILDER, Rhetoric, 120.

[280] Vgl. das Kapitel 3.2.3 auf S. 94.

[281] Zum Lukasevangelium vgl. aber die galiläischen *Echos* in Lk 24,6: „[...] μνήσθητε ὡς ἐλάλησεν ὑμῖν ἔτι ὢν ἐν τῇ Γαλιλαίᾳ" und in Apg 1,11: „οἳ καὶ εἶπαν· ἄνδρες Γαλιλαῖοι [...]."

[282] Für eine komplette Übersicht der Texte s. STUDENOVSKÝ, Concordances.

[283] Die Analyse der *mythoi* lehnt sich im folgenden an STIBBE, Gospel, 66–70.

[284] FRYE, Anatomy, 163ff.

[285] STIBBE, Gospel, 66.

[286] STIBBE, Gospel, 67.

[287] FRYE, Anatomy, 186ff.

Ironie,[288] denn es ist der Mythos des Winters (Joh 10,22), der die Story in Joh 5–10 beherrscht;[289]

4.4 in dem *Epilog (Joh 21,1–25)* kehrt auch die johanneische Story zurück zu ihrem Anfang, nach Galiläa und zu dem Mythos der Komödie, mit der frühlingshaften Atmosphäre der Auferstehung, dem nackten Petrus und einer großen Menge Fische.

---

[288] FRYE, Anatomy, 223ff.
[289] STIBBE, Gospel, 68.

Kapitel 4

# Das Wirken Jesu in Galiläa bei Johannes

Das Ziel dieses Kapitels ist nicht eine umfassende Analyse der oben angeführten Texte, die das Wirken Jesu in Galiläa bilden, wohl aber der johanneisch-synoptischen *Intertexte*. Der Intertext wird hier in Anlehnung an H. F. Plett als „a text *between* other texts"[1] definiert und als die Schnittmenge $T_i$ des johanneischen Posttextes[2] $T_{Joh}$ und der synoptischen Prätexte $T_S = \{T_{Mt}, T_{Mk}, T_{Lk}\}$ aufgefasst: $T_i = T_{Joh} \cap T_S$. In diesem Fall wird aber die Schnittmenge nicht nur von Zeichen bzw. Wörtern gebildet, wie bei der Dotplot-Analyse[3] oder den intertextuellen Konkordanzen,[4] sondern auch von poetischen Strukturen.[5] Zu der Analyse der poetischen Strukturen werden im folgenden neben der narrativen Analyse auch die oben referierten Methoden der *strukturalen Analyse* verwendet, die Hierarchische Denotative Textanalyse (HDT)[6] und die Latente Semantische Analyse (LSA)[7], doch, wenn möglich, wird im Interesse der Lesbarkeit des Textes auf die mathematische Notation der poetischen Strukturen und ihrer Mengen verzichtet.

## 4.1 Die Hochzeit in Kana (Joh 2,1–12)

Leitvers: „Denn das Gesetz wurde durch Mose gegeben ..." (Joh 1,17a)

### 4.1.1 *Einführung*

Die Erzählung über die Hochzeit in Kana in Galiläa hat einen umfangreichen Hintergrund an Parallelen aus der paganen[8] und der jüdischen (alttestamentlichen)[9] Literatur und man kann sie sowohl auf der paganen[10] als auch auf der jüdischen[11] Folie lesen – beide Lektüren ergeben einen *Sinn* und die Interpretationen schließen sich nicht aus. Meines Erachtens deuten sie eher auf einen verschmolzenen Horizont auf, in dem man in Bezug auf das Weinmotiv den Messias von dem Dionysos

---

[1] PLETT, Intertextualities, 5.
[2] Vgl. die Definition der Intertextualität in 2.2.1 auf S. 31.
[3] STUDENOVSKÝ, Dotplot, hier das Kapitel 1.2.1.
[4] STUDENOVSKÝ, Concordances, hier das Kapitel 1.2.2.
[5] Zur Elementen- und Strukturreproduktion vgl. das Kapitel 2.2.2 auf S. 34.
[6] Vgl. das Kapitel 2.4.2 auf S. 52.
[7] Vgl. das Kapitel 2.4.3 auf S. 67.
[8] NW I/2, 87–131.
[9] LITTLE, Echoes, 7–73.
[10] EISELE, Jesus.
[11] ZIMMERMANN, Christologie, 203–217.

nicht mehr so scharf unterscheiden kann[12] und wie C. K. Barrett bemerkt: „Es ist indessen viel zu charakteristisch für Joh, Stoff mit einem zweifachen Hintergrund, einem jüdischen und einem heidnischen, zu gebrauchen [...]."[13] Doch, wie schon gesagt, mein Ziel ist nicht, die Erzählung von diesem historischen Hintergrund her einer umfassenden Analyse zu unterziehen und für die eine oder andere Interpretationsmöglichkeit zu plädieren. Das wäre im begrenzten Rahmen dieser Arbeit nur schwer machbar und es wurde außerdem schon oft erörtert.[14] Das Ziel dieses Kapitels ist vielmehr die Frage zu beantworten, ob die Erzählung von Joh 2,1–12 bei einer intertextuellen Lektüre auch auf der *synoptischen Folie* einen Sinn ergibt, denn wenn ja, kann man sich bei ihrer Interpretation nicht nur auf die paganen und/oder alttestamentlichen Prätexte beschränken, wie es bis jetzt in der Regel der Fall war.[15]

### 4.1.2 Text und Prätexte

In der Synopsis Quattuor Evangeliorum (SQE[15], Nr. 22 und 23) und in den meisten Johanneskommentaren werden bei der Erzählung über die Hochzeit in Kana keine synoptischen Parallelen aufgelistet.[16] Einer der wenigen Johanneskommentare, die bei der Interpretation der Stelle die synoptischen Prätexte heranziehen, ist der Kommentar von Charles Kingsley Barrett, der Joh 2,1–11 zu dem mit der synoptischen Tradition verwandten Material zählt[17] und zur Stelle vermerkt:

> „Es besteht aber auch eine Beziehung zur früheren Evangelientradition. Bei Mt 22,1–14; 25,1–13 (vgl. Lk 12,36) wird ein Hochzeitsfest zur gleichnishaften Beschreibung des Reiches Gottes verwendet. Mk 2,19 (Mt 9,15; Lk 5,34) heißt es, die Jünger seien in der Gegenwart Jesu wie Gäste bei einem Hochzeitsfest: Man kann nicht erwarten, daß sie fasten. Am allerwichtigsten aber ist, daß Mk 2,22 (Mt 9,17; Lk 5,37f) das Gleichnis vom Wein und den Weinschläuchen gebraucht wird. Gegenüber dem Judentum ist die Botschaft Jesu grundlegend neu. Die joh Erzählung könnte einfach aus diesen Elementen gefertigt worden sein."[18]

Doch wann liegt wirklich eine ‚Parallele' vor und wann wurde nur das selbe ‚Motiv' verarbeitet? Und wie ‚ähnlich' muss ein Text sein, um als ein Prätext gelten zu können?[19] Meines Erachtens können wir über eine Parallele (oder ein Zitat, eine

---

[12] HENGEL, Interpretation, 112: „Thus, to make a long story short, the old opposition, here Dionysus, there old Israel and Judaism, had basically become obsolete as concerning wine-tradition. The motifs swapped back and forth over contiguous borders even in the small Jewish territory of Palestine, 'Dionysus' had been at home in Palestine for a long time."

[13] BARRETT, Evangelium, 212.

[14] Siehe nur den Artikel von HENGEL, Interpretation, und die ausführliche Analyse von OLSSON, Structure, 18–114.

[15] Wenn ich mich also im folgenden nur auf die intertextuellen Bezüge mit den Synoptikern beschränke, bedeutet es selbstverständlich nicht, dass ich andere Prätexte ausschließen wollte.

[16] Vgl. aber die Verbindung zu den in der Tabelle 4.1 angeführten Texten über Joh 3,29 in SQE[15], Nr. 45 und 94.

[17] BARRETT, Evangelium, 35.

[18] BARRETT, Evangelium, 212.

[19] Zum Kriterium vgl. auch FREY, Evangelium, 79.

Anspielung, ein Echo) immer dann sprechen, wenn eine *poetische Elementen-* oder *Strukturreproduktion* vorliegt und eine *intertextuelle Lektüre* möglich ist,[20] die einen *Sinn* bzw. einen Überschuss an Bedeutung ergibt.[21] Die Ähnlichkeit, die sich durch die Elementen- und Strukturreproduktion konstituiert, ist zwar nicht das einzige Kriterium der literarischen Intertextualität, sie stellt aber einen guten Ausgangspunkt für die Analyse dar, vor allem dann, wenn uns die SQE[15] keine Parallelen anbieten kann. Hier bestätigt die Latente Semantische Analyse die Einschätzung C. K. Barretts, denn der Text von Mk 2,18–22 (1,000000) wird in dem Korpus der vier kanonischen Evangelien nicht nur mit Mt 9,14–17 (0,981238) und Lk 5,33–39 (0,964272), sondern auch mit Joh 2,1–12 (0,419350) assoziiert.[22] Der Abstand zwischen Mk 2,18–19 und Joh 2,1–12 kann im Vergleich zu den Synoptikern auf den ersten Blick zwar relativ groß erscheinen, man muss aber bedenken, dass bei der Berechnung des Kosinusmaßes im Korpus auch die Ähnlichkeit zu anderen Texten aus dem selben Evangelium berücksichtigt wird, die die ‚intertextuelle Ähnlichkeit' selbstverständlich abschwächt.[23] Wir können also die Texte Mk 2,18–22, Mt 9,14–17 und Lk 5,33–39 als Prätexte zu Joh 2,1–12 in Betracht ziehen. Damit ist selbstverständlich nicht gesagt, dass nur diese (synoptischen) Texte die Prätexte von Joh 2,1–12 seien, sie sind aber, gemessen an ihrer Ähnlichkeit mit Joh 2,1–12, die wahrscheinlichsten.[24]

Die Gliederung (*Sequenzierung*)[25] des Textes sowie der Prätexte ist in diesem Fall einfach (vgl. die Synopse in der Tabelle 4.1 auf S. 148):

### 4.1.2.1 Sequenzierung des Textes

Die Erzählung in Joh 2,1–12 (Textsequenzen II.A. und II.B.) beginnt in V. 1–2 mit einer typischen *Exposition*[26] (A. Hochzeit) mit der Zeit-, Orts- und Situationsangaben, in der auch die Figuren eingeführt werden. Es folgt in V. 3–5 die *Verwicklung*[27] mit dem festgestellten Weinmangel (B. Weinmangel) und einer *Prolepse* in V. 4 und

---

[20] Siehe das Kapitel 2.2.

[21] Anders Dunderberg, Johannes, 26f. Ich beschränke mich hier jedoch bewusst nur auf die literarische Intertextualität (vgl. das Kapitel 2.2.2). Zum semantischen Mehrwert vgl. Stocker, Theorie, 80–87.

[22] Vgl. Studenovský, Search. Der griechische Text wurde in diesem Korpus (Gospels: GNT-P) nicht lemmatisiert und hält sich inkl. der Paragrapheinteilung an den Text von NA[27].

[23] So wird Joh 2,1–12 (1,000000) in dem selben Korpus nicht etwa zuerst mit Mk assoziiert, sondern mit Joh 4,43–54 (0,545496); vgl. das Kapitel 4.2.

[24] Zu den wörtlichen Übereinstimmungen siehe Studenovský, Concordances.

[25] Alle Texte ($T_{Joh}$) und Prätexte ($T_S$) werden hier vor allem im Hinblick auf die Intertextualität sequenziert, wobei bei der Sequenzierung immer von dem Text ausgegangen und die Bezeichung der narrativen Sequenzen (A ... Z) und ihre Benennung auf alle korrespondierenden Sequenzen der Prätexte übertragen wird. Für die Einheiten der narrativen Analyse werden die arabischen Zahlen verwendet. Der johanneische Text wird im Rahmen dieses Kapitels mit entsprechenden römischen Ziffern (I ... XXI) bezeichnet (II für Joh 2, IV für Joh 4, VI für Joh 6 und XXI für Joh 21) und weitere Unterteilung in Textsequenzen mit großen Buchstaben markiert (I.A ... XXI.Z).

[26] Orientation.

[27] Complication.

danach auch in V. 6–10 die *Lösung*[28], die in V. 6 eine kleine Exposition der Wunderszene (C. Wasserkrüge), in V. 7–8 die Wunderhandlung (D. Weinwunder) und in V. 9–10 die Bestätigung des Wunders (E. Wein/Bräutigam) umfasst. Der Erzähler schließt in V. 11 mit einer typischen *Bewertung*[29] (F. Erstes Zeichen) ab, indem er die Bedeutung des Wunders erläutert, doch auch der Vers 12 (G. Kafarnaum) gehört zur Erzählung, zumal er eine *Coda* bildet (Textsequenz II.B.), die noch kurz die Schicksale der Figuren nach der erzählten Handlung reflektiert. Intratextuell verbunden ist mit der Erzählung über die Hochzeit in Kana nicht nur die zweite Kana-Erzählung in Joh 4,43–54, sondern auch die Antwort des Johannes in Joh 3,29 (E'. Bräutigam), die dem aufmerksamen Modell-Leser in einer *Analepse* bestätigt, dass Jesus der Bräutigam ist (Textsequenz II.C.).[30] Hier eine Zusammenfassung:

II.A.  Die Hochzeit in Kana (Joh 2,1–11)

    1. Exposition

      A. Hochzeit (V. 1–2)

    2. Verwicklung (Prolepse)

      B. Weinmangel (V. 3–5)

    3. Lösung

      C. Wasserkrüge (V. 6)
      D. Weinwunder (V. 7–8)
      E. Wein/Bräutigam (V. 9–10)

    4. Bewertung

      F. Erstes Zeichen (V. 11)

II.B.  Die Hochzeit in Kana (Joh 2,12)

    5. Coda

      G. Kafarnaum (V. 12)

II.C.  Die Antwort des Johannes (Joh 3,29)

    6. Analepse

      E'. Bräutigam (V. 29)

### 4.1.2.2 Sequenzierung der Prätexte

Die synoptischen Prätexte stimmen strukturell überein und wir können uns hier deswegen nur auf die Sequenzierung von Mk 2,18–22 beschränken (Textsequenz II.A.), dem auch Lk 5,33–39 und Mt 9,14–17 folgen: Die Erzählung beginnt in V. 18 mit einer kurzen Exposition, in der die Frage nach dem Fasten gestellt wird

---

[28] Solution.
[29] Evaluation.
[30] Vgl. die detailliertere Analyse von Stibbe, John, 42–49, und hier das Kapitel 4.1.4.

(A. Fasten); diese Frage wird in V. 19–20 von Jesus mit einem Bildwort[31] über den Bräutigam beantwortet (E. Bräutigam) und anschließend auf zwei Beispielen in V. 21 (Kleid) und in V. 22 (E. Wein) die Opposition von Alt × Neu erläutert. Bei Lukas gehört zu der Exposition (A. Fasten) auch das unmittelbar vorangehende Mahl in Lk 5,27–32, das mit der Textsequenz II.A. von Lk 5,33–39 eine Komposition bildet und das intratextuell ebenso bei Matthäus (Mt 9,10–13) und Markus (Mk 2,15–17) der Fastenthematik einen kontrastierenden Hintergrund bietet. Intra- und intertextuell verbunden sind mit der Erzählung auch Mk 1,21 par. (Textsequenz II.B./G. Kafarnaum), Lk 7,33–34 und Mt 11,18–19 (Textsequenz II.C./E'. Johannes × Jesus) und weitere kurze Sequenzen aus dem Kontext, die der Übersichtlichkeit wegen in der Synopse 4.1 nicht verzeichnet sind, wie Mk 3,33 par. (vgl. Joh 2,4).

### 4.1.3 Analyse der Intertextualität

Die intertextuelle Verbindung zwischen dem johanneischen Text und den synoptischen Prätexten wird in diesem Fall ganz offensichtlich vor allem über folgende zwei Wörter (Elemente) aufgebaut: *Wein* (οἶνος) und *Bräutigam* (νυμφίος),[32] die beide zu dem Topos der *Hochzeit* (γάμος) gehören. Das Wort |οἶνος| kommt in den Evangelien nämlich sonst nur in dem Kontext der *Passionsgeschichte* und in Bezug auf *Johannes den Täufer* vor, der keinen Wein trinken wird (Lk 1,15).[33] Zu diesem Topos gehören auch die zwei Belege von |οἰνοπότης| in Mt 11,19 und Lk 7,34, die wir bei der intertextuellen Lektüre im Kapitel 4.1.4 noch einbeziehen werden.[34] Bei dem Wort |νυμφίος| ist die Verbindung noch deutlicher, zumal das Wort nur in den oben angeführten Texten und in dem Gleichnis von Mt 25,1–13 vorkommt. Nun könnte man natürlich auch hier einwenden, Johannes habe in der Erzählung nur ein aus der Tradition gut bekanntes Motiv verarbeitet, wie beispielsweise Matthäus in Mt 22,1–14 (vgl. Lk 14,16–24). Dagegen spricht jedoch das Gesamtbild, das charakteristische Merkmale der intertextuellen Arbeitsweise des vierten Evangelisten ($M_i$) aufweist. Diese sollten an dieser Stelle kurz angeführt werden:

$M_1$

Johannes zitiert die Synoptiker zwar selten direkt und übernimmt auch keine langen Wortsequenzen,[35] die aus den synoptischen Evangelien übernommenen Elemente und Strukturen kommen aber in einem *gleichen Kontext* oder von ihm nicht weit entfernt vor, wobei sehr oft die ursprüngliche *Anordnung* der Elemente und Strukturen auch in dem Syntagma der johanneischen Erzählung beibehalten wird.

---

[31] Siehe die Analyse von KLAUCK, Allegorie, 160ff.

[32] Zur Stelle vgl. STUDENOVSKÝ, Concordances.

[33] Bei Lukas wäre noch Lk 10,34 zu nennen, hier wird aber Wein als Heilmittel eingesetzt.

[34] Vgl. die Synopse in der Tabelle 4.1 auf S. 148.

[35] Siehe Kapitel 1.2.1 und 1.2.2.

$M_2$

Bei dieser Elementen- und Strukturreproduktion werden oft auch weniger bedeutende Elemente und Strukturen aus dem *unmittelbaren Kontext* der synoptischen Evangelien übernommen bzw. impliziert, die an sich unauffällig wären und sich auch nicht direkt an dem Bedeutungsaufbau der Erzählung beteiligen. Mit diesen beiden Merkmalen[36] verrät der vierte Evangelist jedenfalls eine detailliertere Kenntnis der Komposition der synoptischen Evangelien als bei der (architextuellen) Rezeption der Gattung Evangelium.[37]

$M_3$

Ein weiteres wichtiges Merkmal der intertextuellen Arbeitsweise des vierten Evangelisten stellt die ,*Aufsprengung*'[38] der synoptischen Prätexte dar, bei der Elemente und Strukturen, die sich bei den Synoptikern in einer geschlossenen Komposition befinden, in dem Johannesevangelium an mehreren Stellen ,zerstreut' werden. Umgekehrt kommt aber auch eine *Zusammenfassung* von narrativen Sequenzen vor, die in den synoptischen Evangelien nicht Teil einer Komposition sind.[39] Diese für das Johannesevangelium typische Aufsprengung bzw. Zusammenfassung von Elementen und Strukturen der Prätexte ermöglicht auf einer höheren Ebene die Verknüpfung der in dem Syntagma der Erzählung weiter voneinander liegenden Erzählsequenzen zu einem Ganzen und korrespondiert von der literarischen Technik her mit der schon oben erwähnten Verwendung von Analepsen und Prolepsen bei den *intra*textuellen Bezügen.

$M_4$

Das letzte aber sehr wichtige Merkmal der johanneischen Vorgehensweise ist die *allegorische Relektüre* der Prätexte: In diesem Fall werden bei einer intertextuellen Relektüre einfache synoptische Logien, Gleichnisse und Motive zu komplexen Erzählungen entfaltet[40] und mit einer zweiten (allegorischen) Bedeutung versehen,[41]

---

[36] Vgl. DUNDERBERG, Johannes, 28, und FREY, Evangelium, 80.

[37] Siehe das Kapitel 3.2.3.

[38] So auch FREY, Evangelium, 97: „Diese ,Aufsprengung' des überkommenen Textzusammenhangs entspricht exakt der Vorgehensweise, die sich für den vierten Evangelisten auch im Blick auf die Gethsemaneperikope beobachten ließ."

[39] Ähnlich in Bezug auf die johanneische Auswahl der synoptischen Heilungen auch GOULDER, John, 219: „It is in fact John's policy greatly to lessen the number of synoptic healings, and to combine features from them so as to expound more fully their significance as **signs**."

[40] So auch SCHNELLE, Johannes, 1808: „Dabei läßt sich ein für den Evangelisten nicht untypisches literarisches Verfahren beobachten: Die Komposition umfangreicher Szenen aus synoptischen Einzellogien (vgl. Joh 20,2–10 mit Lk 24,12)." Vgl. auch WILLIAMS, Gospel, 311: „Furthermore, two factors can sometimes be shown to have been at work upon this material: 1) the dramatization of saying- or parable-material into narrative; and 2) the tendency for details from one narrative to be transplanted into some other narrative of similar theme."

[41] Die intertextuelle Lektüre geht der allegorischen Relektüre der Prätexte voraus und die allegorische Bedeutung wird aufgrund der intertextuellen (Re-)Lektüre (re-)konstruiert, siehe die Definition der Allegorie auf S. 25 und KURZ, Metapher, 33: „Die allegorische wird nicht als eine mit der initialen

wobei die *metadiegetische* Ebene[42] der Erzählung, die bei den Synoptikern noch gut erkennbar ist, oft weitgehend aufgelöst wird. Das ist meines Erachtens auch der Grund, warum wir bei Johannes keine typischen Gleichnisse (Parabel)[43] finden, obwohl es der johanneischen Bildersprache nicht an Metaphern fehlt (vgl. Joh 16,25).[44]

Dieser Umgang des vierten Evangelisten mit den synoptischen Prätexten lässt sich im Blick auf die Erzählung über die Hochzeit in Kana in Joh 2,1–12 nachweisen und soll in diesem Kapitel etwas mehr exemplarisch erörtert werden:

$M_1$

Sowohl bei Johannes als auch bei den Synoptikern befinden sich die Elemente |οἶνος| und |νυμφίος| eingeschlossen in einer Komposition (Textsequenz II.A.) am *Anfang des galiläischen Wirkens Jesu* und hiermit in einem gleichen Kontext,[45] in dem ihnen das *Auftreten Johannes des Täufers*, die *Taufe Jesu*[46] und die *Berufung der ersten Jünger* vorausgehen.[47] Das gilt vor allem für Markus (Mk 2) und Lukas (Lk 5), aber teilweise auch für Matthäus (Mt 9), wenn man die lange Bergpredigt (Mt 5–7) berücksichtigt. Dabei ist diese Platzierung von der Logik der Erzählung her gar nicht zwingend, denn für einen Diskurs (Synoptiker) oder eine Erzählung (Johannes) über ‹Bräutigam› und ‹Wein› gibt es an dieser Stelle keinen Grund. Wenn aber Johannes den Anfang der synoptischen Evangelien kannte, liegt auch die Verwendung dieser bei den Synoptikern am Anfang liegenden Elemente an dieser Stelle auf der Hand.

$M_2$

Einen weiteren Hinweis in diese Richtung stellen auch der Anfang (A. Hochzeit) und vor allem die Coda am Ende der Erzählung (G. Kafarnaum) und die für Johannes typische Reproduktion von Elementen und Strukturen aus dem unmittelbaren Kontext der Textsequenz II.A. in den synoptischen Evangelien dar: Was den Anfang der Erzählung betrifft, ist es bestimmt nicht ohne Bedeutung, dass wir schon in den synoptischen Evangelien einen Kontrast zwischen dem unmittelbar vorangehenden *Mahl* in Mk 2,15–17 (Mt 9,10–13), das bei Lukas (Lk 5,27–32) sogar zur Exposition gehört, und der Fastenthematik vorfinden, denn auch das vierte Evangelium baut erzählerisch einen Kontrast zu der Fastenthematik auf (vgl. das Kapitel 4.1.4).[48] Man könnte hier sogar noch einen Schritt weiter gehen, wenn man zusam-

---

Bedeutung identische, sondern als eine zweite, eine zusätzliche Bedeutung rekonstruiert. Rekonstruiert, weil die zweite aus der ersten konstruiert wird.“

[42] Zum Begriff siehe an dieser Stelle Genette, Erzählung, 163 und 253ff.

[43] Zur Definition s. Zimmermann, Kompendium, 25ff.

[44] Vgl. Zimmermann, Kompendium, 699ff.

[45] Siehe auch die graphische Übersicht im Anhang C.

[46] In Joh 1,32 selbstverständlich nur die Anspielung auf die Taufe (vgl. SQE[15], Nr. 18).

[47] Siehe die Synopse im Anhang B.

[48] So auch Williams, Gospel, 312: „The similarity between these apparently dissimilar introductions becomes clearer when it is remembered that both are set at feast; in Luke, this is Levis's feast (Luke 5,29),

men mit M. D. Goulder annehmen wollte, dass es sich bei Levi (Lk 5,27–32 par.) um den bei Johannes aus *Kana* stammenden Nathanael handele (Joh 21,2).[49]

Noch interessantere Berührungspunkte zu dem synoptischen Kontext der Textsequenz II.A. bietet aber das Ende der Erzählung: Bei Johannes handelt es sich bei dem Weinwunder in Kana bekannterweise um das *erste Zeichen*, das mit dem zweiten Zeichen in Kana (Joh 4,43–54) die bekannte Kana-Ringkomposition[50] bildet. Nun, was diese zwei Zeichen verbindet, ist (unter anderem) nicht nur Kana, sondern auch *Kafarnaum* (vgl. Joh 2,12 und Joh 4,46). Lässt sich aber in Joh 4,46 die Tatsache, dass die Heilung des Sohnes eines königlichen Beamten in Kafarnaum geschieht, relativ einfach durch die Übernahme aus den synoptischen Prätexten (Mt 8,5/Lk 7,1) erklären, ist die Erwähnung von Kafarnaum in Joh 2,12 (Textsequenz II.B./G. Kafarnaum) auf den ersten Blick nicht gerade einleuchtend. Die Stelle ergibt erst bei der intertextuellen Lektüre einen Sinn: Bei Markus und Lukas geschehen nämlich die ersten Wunder Jesu[51] nirgendwo anders als in Kafarnaum (vgl. Mk 1,21 und Lk 4,23) und bei Matthäus (Mt 4,13a.23b) kann man immerhin lesen: „καὶ καταλιπὼν τὴν Ναζαρὰ ἐλθὼν κατῴκησεν εἰς Καφαρναοὺμ [...] καὶ θεραπεύων πᾶσαν νόσον καὶ πᾶσαν μαλακίαν ἐν τῷ λαῷ." Die Ortsangabe |Καφαρναούμ|, die in den synoptischen Evangelien unmissverständlich mit dem Anfang des Wunderwirkens Jesu verbunden ist, begleitet also in Joh 2,12 die oben beschriebene Elementenreproduktion ($M_1$) und schließt die johanneische Kana/Kafarnaum-Ringkomposition von Joh 2,1–12 und Joh 4,43–54 intertextuell an den synoptischen Anfang des *Wirkens Jesu in Galiläa* an.[52] Kaum zufällig erscheint hier im Hinblick auf diese für Johannes typische Reproduktion von Elementen und Strukturen aus dem unmittelbaren Kontext auch die kontextuelle Nähe und die intertextuelle Verbindung von Joh 2,4 und Mk 3,33,[53] wo die Distanz zwischen Jesus und seiner

---

and Luke 5,33 begins in such a way (οἱ δὲ εἶπον πρὸς αὐτόν) as to make the conversation continuous with other conversations placed at the same occasion."

[49] Vgl. GOULDER, John, 216–219, besonders 217: „John is loyal to his texts, and might hesitate to introduce Nathanael without synoptic authority. Philip was the fifth in the Marcan apostolic list, and seventh name was Matthew. Our first Gospel has renamed the toll-collector called in Mk 2,13f from Levi to Matthew, and John knows enough Hebrew to equate Matthatyahu, the Gift of *the Lord*, with Nathanael, God-gave. So perhaps he sees himself as an interpreter of the Synoptics. Mark had described the call of an initial five apostles, and so has John. Both lists include Peter and Andrew, and both end with the apostle whom God gave Matthew/Nathanael. Philip is fifth in Mark's apostolic list, and fourth in John's. John has dispensed with the troublesome Zebedaids, and included his own Favourite Disciple, never to be named. It is a neat Job."

[50] Vgl. z. B. POKORNÝ/HECKEL, Einleitung, 539.

[51] Diese werden bei Johannes nicht erzählt, ausgenommen die schon erwähnte Heilung des Sohnes eines königlichen Beamten in Kafarnaum (Joh 4,43–54), die bei Lukas ebenso am Anfang des galiläischen Wirkens Jesu steht (Lk 7,1–10) und bei Matthäus (Mt 8,5–13) sogar das *zweite* ausführlich beschriebene Wunder Jesu darstellt.

[52] Dazu weiter ausführlich Kapitel 4.2 und 4.3. Siehe vor allem das Kapitel 4.2.3 und die Tabelle 4.2 auf S. 157 und das Kapitel 4.3.3 und die Tabelle 4.5 auf S. 207.

[53] So auch THYEN, Johannesevangelium, 155: „Wohl kaum zufällig erinnert diese Distanzierung des ‚Fremden vom Himmel' (de Jonge) von seiner irdischen Mutter an die Szene wie Mk 3,31–35."

*Familie* thematisiert wird (vgl. auch in Joh 6,42 und Joh 7,5) und die auch die sonst relativ unmotivierte Einführung der Brüder Jesu in Joh 2,12 gut erklärt.

In diesem Zusammenhang könnte man selbstverständlich fragen, warum sich dann auch bei Johannes das erste Zeichen Jesu nicht in Kafarnaum, sondern in Kana abspielt? Der Grund liegt meines Erachtens darin, dass es sich im Falle der Hochzeit in Kana um eine fiktive Komposition handelt (s. das Kapitel 4.1.4) und der Anfang der Zeichen in dem johanneischen Chronotopos mit Absicht *vor* den synoptischen Anfang des Wirkens Jesu gelegt wurde.[54] Diesen markiert die Gefangennahme Johannes des Täufers (Mk 1,14 par.),[55] auf die in Joh 3,24 angespielt wird und die als Anspielung für einen johanneischen Modell-Leser ohne synoptische Vorkenntnisse eigentlich unverständlich ist,[56] denn die Gefangennahme Johannes des Täufers wird im vierten Evangelium nicht erzählt.[57] Der johanneische Erzähler baut nicht nur ein sehr symmetrisches,[58] sondern auch ein zu den Synoptikern paralleles Erzähluniversum auf und geht bei seiner Gestaltung relativ konsequent vor: eine für den synoptischen Modell-Leser unbekannte Geschichte soll sich auch auf einem für den synoptischen Modell-Leser unbekannten Ort abspielen.[59]

$M_3$

Eine für das vierte Evangelium typische ‚Aufsprengung' findet sich in diesem Fall in der *Analepse* von Joh 3,29 (Textsequenz II.C./E'. Bräutigam), wo in der Antwort des Johannes in V. 29 das Element |νυμφίος| von Joh 2,9 (E. Wein/Bräutigam) aufgegriffen und auf Jesus übertragen wird.[60] Was in der Erzählung von Joh 2,1–12 noch narrativ verschlüsselt war, wird dem Modell-Leser nun direkt im besprechenden Modus mitgeteilt: Jesus ist der Bräutigam, da er die Braut hat.[61]

---

[54] So auch BARRETT, Evangelium, 240.

[55] Zur Stelle vgl. SQE[15], Nr. 17 und 30, wo aber Joh 3,24 nicht angeführt wird.

[56] Vgl. THYEN, Johannesevangelium, 228.

[57] Dass damit auch die Berufung der ersten Jünger in Joh 1,35ff. (einschließlich des Lieblingsjüngers) vor die synoptische Berufung (Mk 1,16ff. par.) fällt, ist bestimmt nicht ohne Bedeutung. Es gilt aber weiterhin, was oben gesagt wurde, und zwar, dass man das vierte Evangelium nicht mit den Synoptikern harmonisieren kann und soll. Im Fall von Joh 3,24 handelt es sich aber um einen intertextuellen Bezug, dessen Funktion gerade darin besteht, diese Verbindung aufzubauen und den Modell-Leser darauf aufmerksam zu machen, dass Johannes *noch nicht* ins Gefängnis geworfen war.

[58] Diese Symmetrie spiegelt sich auch in der Kana-Ringkomposition wider, wo Jesus in Joh 4,46 nach Kana zurückkehrt, obwohl er direkt nach Kafarnaum hätte gehen können.

[59] Eine analoge Auswahl trifft Johannes bei den Figuren und kontrolliert damit sehr genau die Berührungspunkte mit den Synoptikern.

[60] Den intratextuellen Bezug von Joh 3,29 bestätigt auch die typische Elementenreproduktion im Kontext (analog dem Merkmal $M_2$ bei der johanneischen Intertextualität), denn nur in Joh 3,25 und in Joh 2,6 kommt das Wort |καθαρισμός| vor, vgl. BARRETT, Evangelium, 242: „Wenn καθαρισμός in V. 25 ein Verweis auf das Wunder zu Kana (2,1–11) ist, dann könnte auch das Bild von der Hochzeit in diesem Vers einer sein."

[61] Diesen ‚Verdacht' musste der Modell-Leser schon in Joh 2,1–12 haben und das vor allem aus folgenden zwei Gründen: erstens, weil die Braut mit keinem Wort erwähnt wird, was für eine Hochzeitserzählung sehr ungewöhnlich ist, und zweitens, weil der Speisemeister in der Rede zu dem Bräutigam

Die Aufsprengung der Elemente könnte auch in diesem Fall von der synoptischen Komposition beeinflusst werden: Die Antwort des Johannes in Joh 3,27ff. stellt das *letzte Zeugnis Johannes des Täufers* im vierten Evangelium dar und erörtert zum letzten Mal die Frage nach der Beziehung von Johannes und Jesus während Johannes noch am Leben ist.[62] Auch bei den Synoptikern Matthäus (Mt 11,2–19) und Lukas (Lk 7,18–35) findet sich in einem ähnlichen Abstand[63] eine letzte Erörterung der Frage nach der Bedeutung des Täufers, die mit dem Vergleich von Johannes und dem Menschensohn in Lk 7,33–34/Mt 11,18–19 (Textsequenz II.C./E'. Johannes × Jesus) endet. In diesem Fall ist Johannes zwar schon im Gefängnis, doch immerhin noch am Leben und so kann man diese Textsequenz analog das *letzte Zeugnis über Johannes den Täufer* nennen. Im Unterschied zum Johannesevangelium ist die Textsequenz II.C. bei Matthäus und Lukas nicht über das Element |νυμφίος|, sondern über das Element |οἶνος| ebenso intratextuell mit der Textsequenz II.A. verbunden und in beiden Fällen handelt es sich um eine Analepse.

Zusammenfassend lässt sich also sagen, dass es zwischen der Erzählung über die Hochzeit in Kana in Joh 2,1–12 und den Synoptikern zahlreiche intertextuelle Bezüge gibt, die vor allem die johanneische Komposition betreffen und auf der Makroebene der Erzählung gut erkennbar sind. Die Intertextualität gleicht jedoch ‚einem Netz, das ins Meer geworfen ist und Fische aller Art fängt‘[64] und je kleiner die Maschenweite, desto mehr wird gefangen, was nicht immer wünschenswert ist. Es ist deswegen die Aufgabe des Fischers, nicht nur das Netz auf den zu fangenden Fisch abzustimmen, sondern am Ende auch die guten Fische von den schlechten Fischen zu trennen. Das wichtigste Kriterium dafür ist in diesem Fall das Merkmal $M_4$ und die Frage, ob und wenn ja, was für einen *Sinn* die intertextuelle Lektüre des Johannesevangeliums auf der synoptischen Folie ergibt? Aus diesem Grund soll dem Merkmal $M_4$ und hiermit der Mikroebene der Erzählung das ganze Unterkapitel gewidmet werden.

### 4.1.4 Allegorische Bedeutung

Das Johannesevangelium ist zweifelsohne zuerst für einen Modell-Leser ohne synoptische Vorkenntnisse gedacht und gut verständlich, denn solche Stellen wie Joh 1,32 oder Joh 3,29 bilden in seiner Komposition eher eine Ausnahme. Ihre Existenz ist jedoch ein Hinweis dafür, dass es bei Johannes auch einen Modell-Leser zweiter Stufe gibt, der die Synoptiker kennt. Diesem *versierten* Modell-Leser will der Modell-Autor des vierten Evangeliums eine intertextuelle Lektüre ermöglichen

---

in Joh 2,9–10 eigentlich Jesus anspricht. Die johanneische Ironie ist an dieser Stelle unüberhörbar; vgl. auch das Kapitel 4.1.4.

[62] In der Analepse von Joh 5,33–36 ist Johannes wohl nicht mehr am Leben, vgl. Joh 5,35: „ἐκεῖνος ἦν ὁ λύχνος ὁ καιόμενος καὶ φαίνων, ὑμεῖς δὲ ἠθελήσατε ἀγαλλιαθῆναι πρὸς ὥραν ἐν τῷ φωτὶ αὐτοῦ."

[63] Der Abstand zwischen der Textsequenz II.A. und II.C. beträgt bei Matthäus 1413 Wörter/85 Verse (9,14–11,18), bei Lukas 1656 Wörter/89 Verse (5,33–7,33) und bei Johannes 979 Wörter/54 Verse (2,1–3,29).

[64] Mt 13,47. Das Meer steht hier selbstverständlich für die Tiefe der Heiligen Schrift.

und er regt ihn zu ihr sogar an. Diese intertextuelle Lektüre konstituiert eine zweite Bedeutung, die mit der ersten Bedeutung nicht identisch ist, sie aber auch nicht ausschließt; vielmehr führt sie den Modell-Leser zu einer vertieften Lektüre. Diese zweite Bedeutung wollen wir hier laut der im Kapitel 1.3 auf S. 25 eingeführten Definition die *allegorische Bedeutung* nennen.[65]

Die Allegorie wird zwar durch die Intertextualität katalysiert, ist aber gleichzeitig in der poetischen Struktur des Textes verankert und so muss auch der Weg zu der allegorischen Bedeutung, die sich aus der intertextuellen Lektüre ergibt, über die im Kapitel 2.4 beschriebene *strukturale Analyse* führen,[66] vor allem dann, wenn man nicht in einem Meer von Assoziationen versinken und sich in dem Netz der Intertextualität selbst fangen will. Zu diesem Zweck kann entweder die Denotative Textanalyse (2.4.1) oder die Hierarchische Denotative Textanalyse (2.4.2) verwendet werden, wobei wir uns hier auf die Analyse der *diskurssemantischen Einheiten* auf der Wort-Ebene, also auf *Wort-Hrebs*,[67] beschränken werden. Die Denotative Textanalyse (DT) sieht auf den ersten Blick zwar kompliziert aus, man macht aber letztendlich nichts anderes, als dass man *alle Wörter nach ihrer Bedeutung (Denotation) in Mengen (diskurssemantischen Einheiten) zusammenfasst* und dabei bei der Hierarchischen Denotativen Textanalyse (HDT) lediglich noch die Syntax und den Bedeutungsaufbau berücksichtigt. Die Schlüsselrolle spielen bei der Analyse immer Substantive und Verben, oft Adjektive und Adverbien und ausnahmsweise Pronomina, die bei Wiederholung selbständige komplexe diskurssemantische Einheiten bilden (können).[68] Den *ersten Überblick* über die diskurssemantische Struktur kann man sich also auch mit Hilfe der Wortstatistik verschaffen, denn Substantive und Verben *werden* und Adjektive, Adverbien und Pronomina *können* bei

---

[65] Anders in Anlehnung an die Definition von GOPPELT, Art. Allegorie II, 239, OLSSON, Structure, 114: „The text can *not* be described as an *allegory*. There is no consistent identification of expressions in the text with a transferred meaning, but several elements, for instance, may represent the same thing." Doch, ungeachtet der fraglichen Definition, nach der eine Allegorie im strengen Sinn eine Darstellung sei, die in allen Einzelzügen bildlichen Sinn habe, also eine ‚metaphora continua' (GOPPELT, Art. Allegorie II, 239), stellt sich in Anbetracht der Ergebnisse von Olsson eher die Frage, ob der „Sinai screen" (OLSSON, Structure, 102–109) allein der richtige Schlüssel zu einer allegorischen Deutung ist.

[66] Eine der wichtigsten Arbeiten zur Struktur und Bedeutung im Johannesevangelium ist zweifelsohne immer noch die Arbeit von OLSSON, Structure, die uns hier aber leider nicht viel helfen kann. Erstens natürlich deswegen, weil sie sich nicht direkt mit der Intertextualität auseinandersetzt, zweitens jedoch deswegen, weil es sich streng genommen um keine *text*linguistische Analyse handelt. Das gibt auch OLSSON, Structure, (8–17), 8, zu: „When, with some reservations, I describe my book as a text-linguistic analysis, I do not envisage a theoretical and highly formalised investigation, but an exegetical analysis in which *the text* itself is placed in the center, and some general *linguistic* conclusions on how texts are constituted and understood are applied. This must be made clear, as the German term 'textlinguistisch' is, to a great extent, associated with theoretical and often formalised analyses of textual problems." Das Ziel meiner Arbeit ist aber gerade eine möglichst objektive und aus diesem Grund auch etwas mehr formalisierte Untersuchung der Struktur und des Bedeutungsaufbaus der johanneischen (Inter-)Texte durchzuführen.

[67] Im Weiteren nur als *Hreb* bzw. *diskurssemantische Einheit* bezeichnet.

[68] Siehe die Regel Nr. 2.1 (Substantive und Verben), Nr. 2.2 (Adjektive und Adverbien) und Nr. 5.2 (Pronomina) in dem Kapitel 2.4.2.3.

Wiederholung ($n \geq 2$) selbständige komplexe diskurssemantische Einheiten/Hrebs ($H$) bilden, deren Mengen-Hrebs ($H^M$)[69] wiederum den *Kern des Textes* bilden, wenn sie mindestens zwei unterschiedliche unabhängige Lexeme enthalten:

„Den *Kern des Textes* bilden diejenigen Hrebs, deren Mengen-Hrebs {...} mindestens zwei unterschiedliche unabhängige Lexeme enthalten. Für die Zugehörigkeit zum Kern des Textes ist also nicht die Häufigkeit der Elemente eines Listen-Hrebs, sondern der Umfang des Mengen-Hrebs, d. h. die Zahl unterschiedlicher Entitäten im Hreb, entscheidend."[70]

Zu dem Kern des Textes werden also alle selbständigen komplexen diskurssemantischen Einheiten/Hrebs gerechnet, deren Mengen-Hreb-Umfang $|H_i^M| \geq 2$,[71] wobei wir die Mächtigkeit des Kerns über die Summe dieser Zahlen als

$$|Kern| = \sum_{i \in Kern} |H_i^M| \qquad (4.1)$$

berechnen können.[72] Hiermit können wir erst einmal zwischen dem Kern und der Peripherie eines Textes unterscheiden und werden uns im folgenden selbstverständlich vor allem auf den Kern der Texte konzentrieren.

Bei der Erzählung über die Hochzeit in Kana in Joh 2,1–11 (Textsequenz II.A.) ergibt sich rein wortstatistisch folgendes Bild:[73]

II.A.  Joh 2,1–11 ($n \geq 2$)

N  Ἰησοῦς (6), οἶνος (5), ἀρχιτρίκλινος (3), μήτηρ (3), ὕδωρ (3), Γαλιλαία (2), γάμος (2), διάκονος (2), Κανά (2), μαθητής (2), ὑδρία (2).

V  λέγω (7), εἰμί (3), ἀντλέω (2), γεμίζω (2), γίνομαι (2), οἶδα (2), ποιέω (2), φέρω (2).

ADJ  καλός (2).

ADV  ἐκεῖ (2).

PRON  αὐτός (11), σύ (3), ἐγώ (2).

Alle hier angeführten Substantive (N) und Verben (V) bilden selbständige diskurssemantische Einheiten[74] und viele gehören außerdem zu dem Kern des Textes.

---

[69] Zu den verschiedenen diskurssemantischen Einheiten siehe das Kapitel 2.4.2.4 auf S. 61.

[70] QL, 428. Vgl. auch ZIEGLER/ALTMANN, Textanalyse, 21–48.

[71] Den Kern des Textes kann man selbstverständlich bei langen Texten etwas mehr einschränken, vgl. ZIEGLER/ALTMANN, Textanalyse, 36.

[72] QL, 428. Die Bezeichnung des Mengen-Hrebs (im Original mit geschweiften Klammern {$H_i$} symbolisiert) wurde von mir geändert ($H_i^M$), zumal hier für Mengen-Hrebs die Bezeichnung $H^M$ verwendet wird.

[73] Die Zahl der Wörter wird in Klammern neben ihrer lemmatisierten Form angegeben und die Wortarten werden mit N (Substantiv), V (Verb), ADJ (Adjektiv), ADV (Adverb) und PRON (Pronomen) gekennzeichnet. Die grammatische Analyse und die Berechnung erfolgten mit ACCORDANCE am griechischen Text von NA[27] und können von anderen Lexika abweichen.

[74] Zur Etablierung der diskurssemantischen Einheiten siehe das Kapitel 2.4.2.4.

Auch die übrigen Wörter (ADJ, ADV, PRON) können natürlich selbständige diskurssemantische Einheiten bilden, es ist in diesem Fall jedoch ganz offensichtlich,
dass alle diese diskurssemantischen Einheiten bei der HDT mit den jeweiligen Substantiven in komplexen diskurssemantischen Einheiten zusammengefast werden
und allein nicht zum Kern des Textes gehören können. Von den oben angeführten
Wörtern bilden also bei der HDT[75] zuerst nur folgende Wörter komplexe diskurssemantische Einheiten, die zu dem Kern des Textes gehören:[76]

1. $H_{Diener}$ = {διάκονος, ἀντλέω, γεμίζω, οἶδα, ποιέω, φέρω, αὐτός, σύ}

2. $H_{Mutter}$ = {μήτηρ, Ἰησοῦς, λέγω, εἰμί, αὐτός, σύ}

3. $H_{Jesus}$ = {Ἰησοῦς, λέγω, ποιέω, αὐτός, ἐγώ}

4. $H_{Wein}$ = {οἶνος, γίνομαι, εἰμί, καλός}

5. $H_{Speisemeister}$ = {ἀρχιτρίκλινος, λέγω, οἶδα}

6. $H_{Wasser}$ = {ὕδωρ, γίνομαι, εἰμί}

7. $H_{Kana}$ = {Κανά, Γαλιλαία, ἐκεῖ}

8. $H_{Krüge}$ = {ὑδρία, εἰμί, αὐτός}

9. $H_{Hochzeit}$ = {γάμος, γίνομαι}

10. $H_{Jünger}$ = {μαθητής, αὐτός}

Bereits in dieser Übersicht zeigt sich die Grundstruktur der johanneischen Erzählung: Im Vordergrund stehen die handelnden Figuren (‹Diener›, ‹Mutter›, ‹Jesus›,
‹Speisemeister›, ‹Jünger›), wobei die Diener am meisten und die Jünger Jesu am
wenigsten aktiv sind. Zu den wichtigsten Elementen gehören ‹Wein›, ‹Wasser› und
die ‹Krüge› und eher im Hintergrund steht das Motiv der ‹Hochzeit›. Dies wird
noch dadurch unterstrichen, dass die Braut mit keinem Wort erwähnt wird und
die Figur des Bräutigams gar nicht aktiv wird, obwohl auch sie zu dem Kern des
Textes gehört.[77] Das alles spricht vorläufig dafür, dass der *frame* ‹Hochzeit› der johanneischen Erzählung von Joh 2,1–11 nur einen statischen Rahmen bietet und das

---

[75] Die Denotative Textanalyse (DT) geht hier etwas anders vor und das Verfahren lässt sich an dieser
Stelle etwas vereinfacht folgendermaßen zusammenfassen: Bei ZIEGLER/ALTMANN, Textanalyse, 21–48,
werden im Grunde nur *Pronomina* aufgelöst und mit den jeweiligen Substantiven in diskurssemantischen Einheiten zusammengefasst, alle anderen Wortarten bilden immer selbständige diskurssemantische Einheiten; in QL, 426–428, kommen dagegen noch *Artikel* und *Verben* bzw. deren Suffixe dazu
und bilden zusammen mit dem jeweiligen Substantiv eine diskurssemantische Einheit. Ich sehe jedoch
keinen Grund, warum man andere Wortarten, die mit den Substantiven und Verben syntaktisch und
semantisch verknüpft sind und mit ihnen eine *diskurs-semantische Einheit* bilden, auf ähnliche Weise
nicht berücksichtigen sollte.

[76] Die diskurssemantischen Einheiten werden nur als Mengen-Hrebs ($H^M$) angegeben und die jeweiligen ‹Bedeutungen› mit Indizes gekennzeichnet ($H_{Bedeutung}$). Alle nicht angeführten Wörter, die zu
diesen diskurssemantischen Einheiten gehören, wurden zuerst ausgelassen.

[77] Siehe unten die diskurssemantische Einheit $H_{Bräutigam}$.

eigentliche Handlungskonzept der *frame* ‹Wunder› mit der Verwandlung von ‹Wasser› in ‹Wein› ist, dem sich auch alle Handlungssequenzen der Erzählung (*scripts*) zuordnen lassen.[78]

Bei der Analyse müssen wir jedoch auch Wörter berücksichtigen, die nur einmal vorkommen ($n = 1$). Diese bilden an sich zwar keine diskurssemantischen Einheiten, sie können aber die bereits etablierten diskurssemantischen Einheiten stärken und hiermit die Mächtigkeit der diskurssemantischen Einheiten im Kern des Textes ändern oder untereinander komplexe diskurssemantische Einheiten bilden, die ebenso zum Kern des Textes gehören. In der Textsequenz II.A. sind es folgende Wörter:

II.A.　Joh 2,1–11 ($n = 1$)

　　N　ἄνθρωπος, ἀρχή, γυνή, δόξα, ἡμέρα, καθαρισμός, μετρητής, νυμφίος, σημεῖον, ὥρα.

　　V　γεύομαι, ἔχω, ἥκω, καλέω, κεῖμαι, μεθύσκω, πιστεύω, τηρέω, τίθημι, ὑστερέω, φανερόω, φωνέω, χωρέω.

　ADJ　δύο, ἐλάσσων, ἕξ, Ἰουδαῖος, λίθινος, πᾶς, τρεῖς, τρίτος.

　ADV　ἄνω, ἄρτι, καί, νῦν, οὔπω, πρῶτος.

PRON　ὅς, οὗτος, τις, τίς.

Hierzu kämen selbstverständlich noch Artikel, Präpositionen und andere Wortarten, diese können wir hier aber vernachlässigen, zumal es sich um eine längere Textsequenz handelt und der Kern des Textes dadurch nicht besonders beeinflusst wird.[79] Wie wir gleich sehen, gehören viele von den hier angeführten Wörtern den bereits etablierten diskurssemantischen Einheiten an und es können auch neue diskurssemantische Einheiten etabliert werden. Den Kern der johanneischen Erzählung bilden dann der Mächtigkeit nach folgende diskurssemantische Einheiten $|H^M| \geq 2$:

1.　$H_{Krüge}$ = {αὐτός, δύο, εἰμί, ἕξ, Ἰουδαῖος, καθαρισμός, κεῖμαι, λίθινος, μετρητής, τρεῖς, ὑδρία, χωρέω}

2.　$H_{Diener}$ = {ἀντλέω, ἄνω, αὐτός, γεμίζω, διάκονος, νῦν, οἶδα, ποιέω, σύ, φέρω}

3.　$H_{Jesus}$ = {αὐτός, ἐγώ, Ἰησοῦς, καλέω, λέγω, ποιέω, φανερόω}

4.　$H_{Mutter}$ = {αὐτός, γυνή, εἰμί, Ἰησοῦς, λέγω, μήτηρ, σύ}

5.　$H_{Wein}$ = {γίνομαι, εἰμί, ἐλάσσων, καλός, οἶνος, ὑστερέω}

---

[78] Zu den Begriffen *frame* und *script* s. LAHN/MEISTER, Einführung, 216, und hier die Anm. 533 auf S. 281.

[79] Hier zum Vergleich alle diskurssemantischen Einheiten bzw. Mengen-Hrebs ($H^M$) von Joh 2,1–11 mit $|H^M| \geq 3$ (einschließlich aller anderen Wortarten), die eine Hierarchie auf der Wort-Ebene abschließen und den Kern des Textes bilden: $H_{Krüge}$ = 16, $H_{Diener}$ = 13, $H_{Jesus}$ = 10, $H_{Mutter}$ = 8, $H_{Wein}$ = 8, $H_{Speisemeister}$ = 7, $H_{Bräutigam}$ = 7, $H_{Kana}$ = 5, $H_{Jünger}$ = 5, $H_{Wasser}$ = 5, $H_{Hochzeit}$ = 4, $H_{sie}$ = 4, $H_{Stunde}$ = 4, $H_{Mensch}$ = 4, $H_{Tag}$ = 3, $H_{Zeichen}$ = 3, $H_{Herrlichkeit}$ = 3.

6. $H_{Speisemeister}$ = {ἀρχιτρίκλινος, γεύομαι, λέγω, οἶδα, φωνέω}

7. $H_{Bräutigam}$ = {ἄρτι, αὐτός, νυμφίος, σύ, τηρέω}

8. $H_{Jünger}$ = {αὐτός, καλέω, μαθητής, πιστεύω}

9. $H_{Mensch}$ = {ἄνθρωπος, πᾶς, πρῶτος, τίθημι}

10. $H_{Kana}$ = {Κανά, Γαλιλαία, ἐκεῖ}

11. $H_{Wasser}$ = {ὕδωρ, γίνομαι, εἰμί}

12. $H_{Stunde}$ = {ἥκω, οὔπω, ὥρα}

13. $H_{Hochzeit}$ = {γάμος, γίνομαι}

14. $H_{sie}$ = {ἔχω, μεθύσκω}

15. $H_{Tag}$ = {ἡμέρα, τρίτος}

16. $H_{Zeichen}$ = {ἀρχή, σημεῖον}

17. $H_{Herrlichkeit}$ = {αὐτός, δόξα}

Mit der Berücksichtigung der Wörter, die nur einmal vorkommen ($n$ = 1), haben wir die Mächtigkeit des Kerns zwar fast verdoppelt (10 zu 17 diskurssemantischen Einheiten), die Grundstruktur der Erzählung hat sich aber nicht gravierend verändert. Am auffälligsten ist die neue Dominanz der diskurssemantischen Einheit $H_{Krüge}$ (15% des Kerns) und die Etablierung der neuen diskurssemantischen Einheit $H_{Bräutigam}$, die aber zu erwarten war. Ansonsten stehen die handelnden Figuren noch mehr im Vordergrund und zu dem wichtigsten Element der Erzählung gehört nun nach den ‹Krügen› eindeutig der ‹Wein›. Interessant ist jedenfalls die Tatsache, dass die diskurssemantische Einheit $H_{Hochzeit}$ noch mehr in Hintergrund trat und von der ganz neuen diskurssemantischen Einheit $H_{Stunde}$ überholt wurde. Was den *Kern des Textes* und seine Bestimmung betrifft, können wir an dieser Stelle jedenfalls eine wichtige Beobachtung machen und daraus für weitere Analysen eine Schlussfolgerung ziehen:

Wird der Kern des Textes von Mengen-Hrebs ($H^M$) bestimmt,[80] können wir uns bei der Analyse von längeren Texten nur auf Wortarten beschränken, die für die Mächtigkeit und hiermit für die Zugehörigkeit der Mengen-Hrebs zum Kern von Bedeutung sind, zumal ihre Mengen besonders viele unterschiedliche Lexeme enthalten (vgl. die Gleichung 4.1). Das sind in dem griechischen Neuen Testament folgende Wortarten: *Substantive, Verben, Adjektive, Adverbien* und nur bedingt *Pronomina*.[81]

Damit lässt sich der Aufwand bei der Bestimmung des Kerns von langen Texten erheblich reduzieren und das sowohl bei der DT als auch bei der HDT.

---

[80] Vgl. ZIEGLER/ALTMANN, Textanalyse, 49.

[81] Das Neue Testament (NA$^{27}$) enthält 28498 Substantive mit 2442 Lexemen, 28110 Verben mit 1853 Lexemen, 8533 Adjektive mit 742 Lexemen, 3538 Adverbien mit 268 Lexemen und 16254 Pronomina mit 26 Lexemen. Die Berechnung erfolgte mit ACCORDANCE und kann von anderen Lexika abweichen.

Die Analyse erschöpft sich natürlich nicht in einer gewissermaßen objektiven Bestimmung des Kerns (Themas) eines Textes, den man eventuell noch erraten könnte.[82] Die etablierten diskurssemantischen Einheiten stellen vielmehr die poetische Grundstruktur der johanneischen Erzählung dar und sind selbst Elemente von komplexeren poetischen Strukturen, die uns hier besonders bezüglich der Synoptiker interessieren. Entscheidend ist dabei die Beziehung dieser Grundelemente zueinander und die Frage, ob sich von ihnen weitere komplexe diskurssemantische Einheiten etablieren lassen.[83] Im Unterschied zu der Etablierung der komplexen diskurssemantischen Einheiten auf der Wort-Ebene, bei der uns die *Syntax* das entscheidende Kriterium für ihre Verknüpfung bieten konnte, werden wir bei der Etablierung der weiteren diskurssemantischen Einheiten vor allem von dem *Kontext* ausgehen, wobei auch hier die Wiederholung eine wichtige Rolle spielt.[84] Dabei muss man bedenken, dass alle oben etablierten diskurssemantischen Einheiten schon komplexe diskurssemantische Einheiten sind, die wiederum in elementare diskurssemantische Einheiten zerlegt werden können – die komplexe diskurssemantische Einheit $H_{Mutter}$ beinhaltet beispielsweise auch die diskurssemantische Einheit $H_{Frau}$ usw. Was die Bedeutung betrifft, ist für uns nun auch die *allegorische Bedeutung* relevant ($M_4$), soweit sie sich laut der im Kapitel 1.3 auf S. 25 eingeführten Definition der Allegorie auf der Grundlage der poetischen Struktur und/oder der intertextuellen Lektüre etablieren lässt.

In der Textsequenz II.A. lassen sich in der Tat noch weitere diskurssemantische Einheiten etablieren: Die diskurssemantische Einheit $H_{Wasser}$ lässt sich sowohl mit der diskurssemantischen Einheit $H_{Krüge}$ verknüpfen, als auch mit der diskurssemantischen Einheit $H_{Wein}$.[85] In dem ersten Fall erhält man eine komplexe diskurssemantische Einheit, die man vorläufig ‹Gesetz› nennen könnte und in dem zweiten Fall eine komplexe diskurssemantische Einheit, die die ‹Verwandlung› von Wasser in Wein umfasst. Diese werden damit zu den zwei wichtigsten Elementen der Erzählung und außer die diskurssemantische Einheit ‹Wein› haben sie mit dem *frame* einer ‹Hochzeit› wenig zu tun. Das Motiv der Hochzeit bleibt sogar auch dann sekundär, wenn man die übrigen diskurssemantischen Einheiten wie $H_{Bräutigam}$ und $H_{Hochzeit}$ berücksichtigen würde, was die Frage nach dem ‚Motiv' für dieses Motiv aufwirft, denn einerseits wird die Handlung der Figuren eindeutig von dem *frame*

---

[82] Doch, wie ALTMANN/ALTMANN, Erlkönig, 122, bemerken, „[...] eignet sich die Intuition nur zur Entdeckung, nicht aber zur Begründung oder Argumentation. Daher sollte sie durch eine objektivere Methode ersetzt werden."

[83] Vgl. OLSSON, Structure, 77: „The result should be a plan of how the lesser elements depend on each other, how they form larger units, which in their turn have a certain relationship to each other etc." B. Olssons *statement units* sind in vieler Hinsicht den diskurssemantischen Einheiten der Denotativen Textanalyse ähnlich, es fehlen in seiner Studie zur genaue Regel, wie sie zu etablieren sind und auch ein Nachweis für ihre Akzeptabilität als Spracheinheit. B. Olssons linguistische Analyse wird ab diesem Punkt auch zu einer Art narrativen Analyse, s. OLSSON, Structure, 77–94.

[84] Siehe das Kriterium der Koinzidenz in QL, 436, und hier das Kapitel 2.4.2.

[85] Vgl. auch die bedeutende Koinzidenz beider Substantive bei $c = 1$ in Joh 2,7: |ὑδρίας ὕδατος| und in Joh 2,9: |ὕδωρ οἶνον|.

‹Wunder› bestimmt und anderseits nehmen die mit dem *frame* der ‹Hochzeit› verbundenen diskurssemantischen Einheiten einen für eine reine Wundererzählung ungewöhnlich großen Teil der poetischen Struktur ein. Betrachten wir die Grundstruktur der Erzählung noch genauer, wird außerdem noch ein anderes Problem deutlich: Die diskurssemantische Einheit $H_{Stunde}$ lässt sich keinem der möglichen *frames*, die man auch als komplexe diskurssemantische Einheiten (Makro-Hrebs) auffassen könnte, eindeutig zuordnen, da sie keinen Anschluss zu einer der komplexen diskurssemantischen Einheiten dieser beiden *frames* findet.

Unter solchen Umständen ist keine kohärente Lektüre möglich, denn für diese müsste man die diskurssemantischen Einheiten im Kern des Textes gewissermaßen auf einen gemeinsamen Nenner bringen können. Mit anderen Worten gesagt: Der Modell-Leser bleibt unsicher, was das Thema dieses „one of the most mysterious texts in the NT“[86] eigentlich sei. Textlinguistisch gesehen hat der Modell-Leser in Joh 2,1–11 nur zwei Möglichkeiten: Die erste Möglichkeit ist alles so zu belassen, wie es ist, das dominante Thema bevorzugen und die Erzählung als eine Wundererzählung in einem etwas rätselhaften Rahmen lesen. In diesem Fall bleibt die Spannung in dem Kern jedoch ungelöst. Die diskurssemantische Einheit $H_{Stunde}$ findet zwar nach der Lektüre der Passionsgeschichte in der Makrostruktur des Evangeliums einen Anschluss und wird als eine Prolepse verstanden, auch dies wirft aber auf das Thema in Joh 2,1–11 kein neues Licht. Die zweite Möglichkeit besteht für den Modell-Leser darin, eine allegorische Bedeutung zu etablieren, und wenn die meisten Leser den Text als eine Erzählung über die *Hochzeit* in Kana lesen, machen sie gerade von dieser zweiten Möglichkeit Gebrauch.

Die allegorische Bedeutung zu etablieren bedeutet in diesem Fall ‹Jesus› mit dem ‹Bräutigam› (und mit dem ‹Mensch›) zu identifizieren:

$$H_{Jesus} \equiv H_{Br\ddot{a}utigam} \equiv H_{Mensch}$$

In dem Text wird natürlich nirgendwo gesagt, Jesus sei der Bräutigam. Wenn es so wäre, wäre es auch, genau genommen, keine allegorische Bedeutung, denn die allegorische Bedeutung ist eine ‚fremde Bedeutung‘, so wie die Intertextualität das ‚fremde Wort‘ ist,[87] und ist gerade deswegen allegorisch, weil sie sich linguistisch nicht direkt etablieren lässt – es fehlt die direkte syntaktische oder kontextuelle Verknüpfung der Elemente,[88] es sei denn, die Allegorie beinhaltet gleich auch ihre Deutung, wie es in Mk 4,10–20 der Fall ist. Der Schlüssel zu dieser Bedeutung, die ja irgendwann auch entdeckt werden will, liegt aber sehr oft in einer Metapher, einer Anspielung, einer Andeutung oder unter einem Stolperstein versteckt. In Joh 2,1–11 scheint es eine Andeutung zu sein, wenn sich der Speisemeister in V. 10 mit den Worten – die eigentlich Jesus gelten müssten – an den Bräutigam wendet: „πᾶς ἄνθρωπος πρῶτον τὸν καλὸν οἶνον τίθησιν καὶ ὅταν μεθυσθῶσιν τὸν

[86] Olsson, Structure, 18.
[87] Stocker, Theorie, 102.
[88] Vgl. das Kapitel 1.3 auf S. 25f.

ἐλάσσω· σὺ τετήρηκας τὸν καλὸν οἶνον ἕως ἄρτι." Und tatsächlich versichert später dem Modell-Leser die Textsequenz II.C. in Joh 3,29, dass Jesus der Bräutigam ist.

Doch es gibt auch textlinguistische Kriterien, die uns bestätigen können, dass wir den passenden Schlüssel zu einer allegorischen Bedeutung gefunden haben. Der Schwerpunkt im Kern der johanneischen Erzählung verschiebt sich nun eideutig in die Richtung der ‹Hochzeit› und was noch mehr von Bedeutung ist: Die Figur Jesu kann nun beiden *frames* als ein gemeinsamer Nenner dienen, die diskurssemantische Einheit $H_{Stunde}$ anschließen und ermöglicht damit auf einer höheren Ebene eine kohärente (allegorische) Lektüre der ganzen Erzählung. Ist Jesus einmal mit dem Bräutigam identifiziert,[89] erhalten damit auch weitere diskurssemantische Einheiten im Bezug auf Jesus eine neue (allegorische) Bedeutung und es bildet sich ein allegorisches *Spiegelbild* der poetischen Struktur aus, in dem die wichtigsten Elemente und Strukturen der Erzählung reproduziert werden. Das wichtigste empirische Kriterium der Allegorie ist also die *Symmetrie*, beziehungsweise nach H. J. Klauck die *punktuelle Übertragbarkeit*.[90] Diese ist meines Erachtens auf diskurssemantische Einheiten zu beziehen und sie muss nicht *alle* Elemente und/oder Strukturen eines Textes einschließen, wie oft angenommen wird, damit es sich um eine echte Allegorie handelt[91] – wie bei der Intertextualität, sind auch bei der Allegorie verschiedene Arten der Elementen- und Strukturreproduktion möglich.[92] Es ist aber zu erwarten, dass die allegorische Übertragung der Bedeutung vor allem Elemente und Strukturen im *Kern des Textes* und nicht sekundäre Motive in seiner Periferie betrifft und das kann man auch bei der Erzählung über die Hochzeit in Kana beobachten: Die meisten Johanneskommentare stellen gerade bei den diskurssemantischen Einheiten im Kern des Textes (Kern-Hrebs) eine allegorische/symbolische Bedeutung fest,[93] ähnlich wie M. W. G. Stibbe:

„In the Cana episode in 2.1–11 Jesus replaces the old rituals of purification. The phrase 'they have no more wine' (2.3) symbolizes the inadequacy of Judaism; Judaism now has no more to offer humanity by way of salvation. The fact that there are only six jars (2.6) further signals the failure and incompleteness of the old order. The saving of the good wine until now shows that Jesus is the fulfilment of Judaism (2.10)."[94]

---

[89] Der Christus ist auch bei der auf die neutestamentlichen Schriften bezogenen Allegorie der Hauptschlüssel jeder allegorischen Deutung, vgl. die Aspekte der christlichen Allegorese bei REISER, Bibelkritik, 107, hier das Kapitel 1.3 auf S. 23.

[90] Siehe KLAUCK, Art. Allegorie/Allegorese III, 305: „Wenn punktuelle Übertragbarkeit von Einzelelementen eines bildhaften Textes, teils verbunden mit referentiellem Bezug auf außertextliche Gegebenheiten, als primäres Merkmal einer literarischen *Allegorie* gelten darf, weisen eine Reihe von Bildreden im AT und NT in unterschiedlichem Umfang allegorische Züge auf."

[91] Gegen OLSSON, Structure, 114.

[92] Siehe das Kapitel 2.2.2 auf S. 34.

[93] Hier decken sich im Grunde auch die von B. Olsson festgestellten Elemente mit symbolischer Bedeutung mit den oben etablierten diskurssemantischen Einheiten im Kern des Textes, vgl. die Auflistung von OLSSON, Structure, 113.

[94] STIBBE, John, 43. Ähnlich auch BARRETT, Evangelium, 212f., und viele andere (s. u.).

Ausschlaggebend für die *allegorische Interpretation* von Joh 2,1-11 ist die von den diskurssemantischen Einheiten im Kern des Textes gebildete poetische Struktur, die neben den ‹Figuren› vor allem die Bedeutung der ‹Krüge›, die Opposition zwischen ‹Wasser› und ‹Wein› und das Motiv der ‹Hochzeit› umfasst, und ihre Übertragung auf eine geeignete Interpretationsfolie. Diese kann auch die Folie eines *Prätextes* sein und in Joh 2,1-11 wird sie von den meisten Auslegern der paganen und/oder der jüdischen Literatur entnommen. Wie schon gesagt, muss die Übertragung nicht alle diskurssemantischen Einheiten des Kerns einschließen, je mehr sie aber umfasst, desto besser und hier kann die synoptische Folie im Vergleich zu den paganen und/oder jüdischen Prätexten deutlich mehr als nur mitzuhalten. Es waren meines Erachtens vielmehr die Synoptiker, deren Motive sich der vierte Evangelist bei seiner allegorischen Relektüre in Joh 2,1-12 und Joh 3,29 bediente und die am Anfang der johanneischen Komposition standen, wie es die folgende Analyse zeigt.

Die von den diskurssemantischen Einheiten im Kern des Textes gebildete poetische Grundstruktur der johanneischen Erzählung tritt schon bei der wortstatistischen Übersicht der synoptischen Parallelen der Textsequenz II.A. ganz klar hervor:[95]

II.A.  Mk 2,18-22 (*n* ≥ 2)

    N  ἀσκός (4), *μαθητής* (4), *οἶνος* (4), *νυμφίος* (3), ἡμέρα (2), Ἰωάννης (2), Φαρισαῖος (2).

    V  νηστεύω (6), δύναμαι (2), εἰμί (2), ἔρχομαι (2), λέγω (2).

    ADJ  παλαιός (3), καινός (2), νέος (2), οὐδείς (2).

II.A.  Lk 5,33-39 (*n* ≥ 2)

    N  ἀσκός (4), *οἶνος* (3), ἐπίβλημα (2), ἡμέρα (2), ἱμάτιον (2), *νυμφίος* (2).

    V  λέγω (4), νηστεύω (3), εἰμί (2), πίνω (2), ποιέω (2), σχίζω (2).

    ADJ  παλαιός (5), καινός (4), νέος (4), οὐδείς (3).

II.A.  Mt 9,14-17 (*n* ≥ 2)

    N  ἀσκός (4), *οἶνος* (3), ἱμάτιον (2), *μαθητής* (2), *νυμφίος* (2).

    V  νηστεύω (3), βάλλω (2), λέγω (2).

    ADJ  νέος (2), παλαιός (2).

Zuerst ist die Elementen-Reproduktion zu konstatieren (kursiv markiert), denn die diskurssemantischen Einheiten $H_{Jünger}$, $H_{Wein}$ und $H_{Bräutigam}$ gehören auch bei den Synoptikern zum *Kern* und dominieren drei wichtige Textsequenzen des Diskurses:

---

[95] Die grammatische Analyse und die Berechnung erfolgten mit ACCORDANCE am griechischen Text von NA[27] und können von anderen Lexika abweichen.

A. Fasten, E. Bräutigam und E. Wein (vgl. die Synopse in der Tabelle 4.1). Die ‹Jünger› gehören zur Exposition (A. Fasten) und es liegt hier eine Opposition zwischen den ‹Jüngern des Johannes und der Pharisäer›, die ‹fasten›, und den ‹Jüngern Jesu›, die ‹nicht fasten›, vor. Diese lässt sich grundsätzlich auf die Opposition ‹Johannes› × ‹Jesus› zurückführen und wird auf diese Weise auch in Lk 7,33–34/Mt 11,18–19 aufgefasst und etwas mehr drastisch illustriert: ‹Johannes› isst kein Brot und trinkt keinen Wein, der ‹Menschensohn› ist dagegen ein Fresser und Trinker (ἄνθρωπος φάγος καὶ οἰνοπότης) und ein Freund der Zöllner und Sünder, was eine *Analepse* zu Lk 5,27–32/Mt 9,10–13 ist. Von Jesus wird die Fastenfrage mit dem Bildwort über den Bräutigam beantwortet: die ‹Hochzeitsgäste› (οἱ υἱοὶ τοῦ νυμφῶνος) können nicht fasten, solange der ‹Bräutigam› bei ihnen ist, was auch am Beispiel von ‹neuem› ‹Wein› verdeutlicht wird, denn diesen füllt auch niemand in ‹alte› ‹Schläuche›. Mit anderen Worten gesagt: Die Opposition ‹Johannes› × ‹Jesus› entspricht strukturell der Opposition zwischen ‹Alt› × ‹Neu›, wobei die zum Kern gehörigen diskurssemantischen Einheiten $H_{Bräutigam}$ und $H_{Wein}$ einen großen Teil dieser Struktur bilden. Das ‹Alte› wird mit ‹Johannes› und ‹fasten› assoziiert, das ‹Neue› mit ‹Jesus› (≡ ‹Bräutigam›) und mit ‹nicht fasten› (≡ ‹Hochzeit›). Am Ende ergibt sich also in dem Kern der synoptischen Erzählungen folgende Oppositionsreihe:

$$‹fasten›     ×     ‹nicht fasten› ≡ ‹Hochzeit›$$
$$‹Johannes›     ×     ‹Jesus› ≡ ‹Bräutigam›$$
$$‹Alt›     ×     ‹Neu›$$

Bei Lukas käme noch die Opposition von ‹besser› × ‹nicht besser› hinzu, denn diejenigen, die den alten Wein schon getrunken haben, meinen: „ὁ παλαιὸς χρηστός ἐστιν" (Lk 5,39), und bei allen drei Synoptikern gibt es eine *Prolepse*, die eine Zeit fokussiert, in der auch die ‹Hochzeitsgäste› fasten werden, „ἐν ἐκείνῃ τῇ ἡμέρᾳ" (Mk 2,20). Es sind exakt diese Elemente und Strukturen aus dem Kern der synoptischen Erzählungen, die das Johannesevangelium in seiner fabelhaften Erzählung über die Hochzeit in Kana umsetzt[96] und die die intertextuelle Arbeitsweise des vierten Evangelisten auf der Mikroebene und hiermit das oben angesprochene Merkmal $M_4$ kennzeichnen.

Die ‹Jünger› gehören bei Johannes ebenso zur Exposition (A. Hochzeit) und wie bei den Synoptikern geht es in der Erzählung letztendlich um sie (vgl. Joh 2,11), was teilweise erklärt, warum sie zu den eher passiven Figuren gehören. Die Opposition ‹Johannes› × ‹Jesus› tritt in dem vierten Evangelium am deutlichsten in Joh 3,29 hervor. Die Streitfrage der ‹Jünger› um die ‹Reinigung› (Joh 3,25f.) wird hier von

---

[96] Vgl. auch THYEN, Johannesevangelium, 152: „Statt nach einer unbekannten *Quelle* unserer Erzählung zu fahnden [...], liegt es u. E. sehr viel näher, auch unsere Erzählung von der Hochzeit zu Kana [...] als ein absichtsvolles intertextuelles Spiel mit synoptischen Prätexten zu begreifen. In diesem Sinn böte sie vor dem Hintergrund von Mk 2,18–21 eine höchst lebensvolle Illustration der Worte Jesu [...]." Im Weiteren (S. 152–163) lehnt sich H. Thyen jedoch weitgehend an B. Olssons *Sinai screen* (OLSSON, Structure, 102–109) an und geht damit bei seiner Auslegung fast ausschließlich von alttestamentlichen Prätexten aus.

Johannes genauso wie von Jesus in Mk 2,19 par. beantwortet: ‹Jesus› ist der ‹Bräutigam›, zumal er die Braut hat.[97] Es wird dabei gar nicht die Frage der ‹Reinigung› an sich erörtert, sondern die ‹Zeit›. Die ‹Zeit des Johannes› geht zu Ende und die ‹Zeit des Messias› (≡ ‹Bräutigams›) beginnt (vgl. Joh 3,28–30). Die Opposition ‹Johannes› × ‹Jesus› (≡ ‹Bräutigam›) entspricht strukturell auch hier der Opposition zwischen ‹Alt› × ‹Neu›, die im Hintergrund steht:

$$\text{‹Alt› × ‹Neu› → ‹Johannes› × ‹Jesus› (≡ ‹Bräutigam›)}$$

Der Zeitpunkt, in dem das ‹Alte› auf das ‹Neue› trifft und von ihm abgelöst wird, gleicht einer ‹Hochzeit› und die wird in der Textsequenz II.A. (Joh 2,1–11) beschrieben, zu der die Textsequenz II.C. (Joh 3,29) nur eine Analepse und eine Entfaltung des schon in Joh 2,1–11 vorhandenen Motives ist. Hier tritt die gesamte poetische Struktur der synoptischen Folie noch deutlicher hervor, unter anderem auch deswegen, weil es sich um das erste (und damit paradigmatische) Zeichen Jesu handelt. Was den Umfang der diskurssemantischen Einheiten betrifft, stehen in dem Kern der Erzählung über die Hochzeit in Kana ganz vorne die sechs steinernen ‹Krüge› und auch von dem Standpunkt der narrativen Analyse kann man sagen, dass sie dank der ausführlichen Beschreibung geradezu nach einer Erklärung rufen.

Wie der Modell-Leser in Joh 2,6 erfährt, sind die ‹Krüge› für die ‹Reinigung der Juden› bestimmt – sie bilden zusammen mit ‹Wasser› eine komplexe diskurssemantische Einheit, die wir oben vorläufig ‹Gesetz› genannt haben und die bei Johannes für das ‹Alte› steht. Der ‹Wein› symbolisiert bei Johannes dagegen das ‹Neue›.[98] Damit entspricht in Joh 2,1–11 die Opposition ‹Wasser› × ‹Wein› strukturell der synoptischen Opposition von ‹Alt› × ‹Neu›:

$$\text{‹Alt› × ‹Neu› → ‹Wasser› × ‹Wein› (∈ ‹Hochzeit›)}$$

Der ‹Wein› gehört außerdem zum Topos der ‹Hochzeit› und wird in diesem Kontext mit ‹nicht fasten› assoziiert, sowie das ‹Wasser› mit ‹fasten› assoziiert werden kann. Das vierte Evangelium bleibt jedoch nicht bei der Übernahme dieser poetischen Strukturen, sondern es geht noch einen Schritt weiter: Werden bei den Synoptikern die oben genannten Oppositionen nur festgestellt, gibt es bei Johannes eine *Handlung*. In dieser Handlung werden die sechs leeren steinernen ‹Krüge› zuerst mit ‹Wasser› gefüllt, das erst danach zu ‹Wein› wird. Die Tatsache, dass auch noch das ‹Wasser› von Jesus bzw. den Dienern besorgt werden muss, deutet darauf hin, dass Jesus nicht nur das ‹Alte› ins ‹Neue› verwandelt, sondern auch das Ziel des ‹Alten› im Bezug auf die ‹Reinigung der Juden› erfüllt. Dass der von Jesus in großer Menge geschenkte ‹Wein› von hervorragender Qualität ist, versteht sich von selbst. Nicht ganz uninteressant ist in diesem Kontext aber die johanneische Weinregel in

---

[97] Die Frage, wer die Braut sei, wir in Joh 4,1–42 beantwortet, vgl. STIBBE, Gospel, 67f.

[98] Vgl. auch SCHWANK, Evangelium, 82: „Johannes spricht einzig im Zusammenhang mit Kana vom ‚Wein‘, und hier wird der Wein zum Sinnbild einer neuen Ordnung."

Joh 2,10, die man auch als ein *Echo*[99] von Lk 5,39 verstehen könnte, zumal sie – wie Lukas auch – auf die menschliche Erfahrung Bezug nimmt, diese aber konsequenter korrigiert, indem sie die zeitliche Abfolge umdreht: Nicht der ‹alte› Wein, der zuerst auf den Tisch kommt ist besser (so ist es bei Menschen), sondern der ‹neue› Wein, den der ‹Bräutigam› (≡ ‹Jesus›) für diese Zeit aufbewahrt hat.

Wie wir sehen können, übernahm das Johannesevangelium in der Erzählung über die Hochzeit in Kana bis jetzt praktisch die gesamte poetische Grundstruktur der Synoptiker ohne große Änderungen. Es gibt aber eine kleine Ausnahme. Diese stellt die oben erwähnte Prolepse in Mk 2,20 par. dar, die den Modell-Leser darüber unterrichtet, dass es in der Zukunft eine Zeit des Fastens auch für die ‹Hochzeitsgäste› geben werde. Eine solche Zeit – sowie die Praxis des Fastens an sich – gibt es aber in dem vierten Evangelium nicht. Doch textintern kann die Prolepse bei den Synoptikern nur auf die *Passionsgeschichte* und den Tag (Mk 2,20) oder die Tage (Lk 5,35, Mt 9,15b) der Abwesenheit des ‹Bräutigams› (≡ ‹Jesus›) bezogen werden[100] und exakt diese Verbindung findet sich auch bei Johannes, wenn Jesus seiner Mutter antwortet: „οὔπω ἥκει ἡ ὥρα μου" (Joh 2,4) – auch hier liegt eine *Prolepse* vor, die den Zeitpunkt der ‹Hochzeit› mit dem ‹Leiden› (der ‹Stunde› Jesu) verbindet. Zusammenfassend lässt sich also sagen, dass diese Ausnahme eher die Regel bestätigt und die johanneische Erzählung nicht nur die gesamte poetische Struktur der synoptischen Texte reproduziert, sondern sie in der Handlung Jesu auch *transvalorisiert*, indem sie noch entscheidender das ‹Neue› betont. Das ‹Wasser› für die ‹Reinigung› *wird* zum ‹Wein› für die ‹Hochzeit›:

$$\text{‹Wasser›} \in \text{‹Reinigung›} \equiv \text{‹Alt›} \rightarrow \text{‹Wein›} \in \text{‹Hochzeit›} \equiv \text{‹Neu›}$$

In dieser Hinsicht könnte man sogar sagen, dass das ‹Alte› und hiermit beispielsweise auch die Möglichkeit, die noch Lk 5,39 andeutet, nämlich den ‹alten› ‹besseren› ‹Wein› zu trinken, bei Johannes gar nicht geben kann.

Die metadiegetische Ebene, auf der sich bei den Synoptikern die Figurenrede befindet, wird in dem vierten Evangelium auch in diesem Fall typischerweise aufgelöst und Elemente und Strukturen, die das Bildwort Jesu bilden, werden von Johannes in die erzählte Welt transponiert.[101] Dabei werden praktisch alle relevanten diskurssemantischen Einheiten übertragen, so dass die intertextuelle Lektüre der johanneischen Erzählung auf der *synoptischen Folie* in diesem Sinn nicht nur eine fast punktuelle allegorische Deutung ermöglicht, sondern durchaus einen *Sinn* ergibt, den viele Ausleger ohnehin andeuten[102] und dessen Kern C. H. Dodd folgendermaßen prägnant zusammenfasst:

---

[99] Zum Begriff vgl. die Übersicht im Kapitel 2.2.2 auf S. 34.

[100] Vgl. außerdem THEISSEN/MERZ, Jesus, 236: „Auch diese Perikope kann nicht aus dem Urchristentum abgeleitet werden [...]."

[101] Ähnlich bereits DODD, Tradition, 227, freilich ohne einen systematischen Rückgriff auf die synoptischen Prätexte: „This leads me to hazard a further suggestion: that the traditional nucleus of this *pericopé* may have been a parable, in which, as in other parables, the setting was a wedding feast."

[102] Ausführlich SMITMANS, Weinwunder, besonders 46–49 und 217–224.

„What then is the water which is replaced by this wine of God? The evangelist has given us hint when he says that the waterpots were there κατὰ τὸν καθαρισμὸν τῶν Ἰουδαίων. They stand for the entire system of Jewish ceremonial observance [...] Thus the first of signs already symbolizes the doctrine that ὁ νόμος διὰ Μωϋσέως ἐδόθη, ἡ χάρις καὶ ἡ ἀλήθεια διὰ Ἰησοῦ Χριστοῦ ἐγένετο (i. 17). It is thus that the glory of Christ is manifested – by a sign which sets forth the truth that with His coming the old order in religion is superseded by a new order."[103]

Dieser diskurssemantischen Tiefenstruktur entspricht auch der Mythos der Erzählung von Joh 2,1–12, nämlich der Mythos der *Komödie*.[104] Dieser ist der Mythos des Frühlings und des Anfangs, verbunden mit der Erscheinung einer ‹neuen Gesellschaft›, die um den Helden herum herauskristallisiert und deren Erscheinung häufig durch eine festliche Zeremonie, meistens eine ‹Hochzeit›[105] signalisiert wird: „*Anagnorisis*, or recognition of a newborn society rising in triumph around a still somewhat mysterious hero and his bride, is archetypal theme of comedy."[106] Diese ‹neue Gesellschaft› der „new people of God"[107] ist im Unterschied zu der ‹alten Gesellschaft› jung und frei und die Bewegung der Handlung von der ‹alten› zur ‹neuen› Gesellschaft ist „the movement from *pistis* to *gnosis*, from a society controlled by habit, ritual bondage, arbitrary law and the older characters to a society controlled by youth and pragmatic freedom" und „fundamentally, as the Greek words suggest, a movement from illusion to reality."[108] Das ist in Kürze die allegorische Bedeutung der johanneischen Relektüre der Synoptiker und in diesem Punkt hat P. Gardner-Smith recht, wenn er zu Joh 2,1–11 bemerkt: „those critics are probably right who consider its origin to be an allegory."[109] Es ist aber eine *Allegorie über die Synoptiker*. Diese bildet nicht nur die Tiefenstruktur der Erzählung, sondern stand m. E. auch am Anfang der johanneischen Komposition, denn von ihr lässt sich die symboli-

---

[103] Dodd, Interpretation, 299. So auch Barrett, Evangelium, 212: „In jedem Fall scheint es klar zu sein, daß Joh die Überwindung des Judentums in der Herrlichkeit Jesu zeigen wollte. Es ist möglich, daß er dabei Stoff aus dionysischen Quellen entnahm. Aber es war jüdisches Reinigungswasser, das sich in den Wasserkrügen befand und zum Wein des Evangeliums wurde." Zur weiteren Interpretation vgl. auch Nielsen, Dimension, 263: „Hinsichtlich des Weinwunders leuchtet die sakramentale Deutung weniger ein und setzt eine allegorische Deutung voraus. [...] Für die Interpretation bedeutet das, dass das johanneische Abendmahl infolge der Weinwundererzählung die jüdischen Reinheitsvorschriften überbietet. [...] Diese sakramentale Deutung des Weinwunders ist aber der pneumatologischen untergeordnet. Der Wein verweist zunächst auf die Geistausgießung [...]." Zur Interpretation von Joh 1,17 vgl. in diesem Kontext Weder, Ursprung, 132–136.

[104] Frye, Anatomy, 163ff.

[105] Vgl. Frye, Anatomy, 163.

[106] Frye, Anatomy, 192.

[107] Olsson, Structure, 109.

[108] Frye, Anatomy, 169. Vgl. auch Goulder, John, 221: „In this way the Johannine sign can be seen as a direct development of the theme of the Marcan pericope. Mark saw Jewish Christianity as hopeless error, a doomed attempt to sew new, unshrunk cloth on the old garment of Judaism, to put new wine of the gospel into the old Jewish structures. It could not work: the rent would be worse, the old wineskins would burst, and the Church's wine run to waste. The demands to fast were a typical symbol of the wrong-headedness. John's sign has the same basic message."

[109] Gardner-Smith, John, 11. Mit den Kritikern meint er z. B. Loisy, Le Quatrième Évangile, 139ff.

sche Bedeutung aller anderen sekundären Motiven, wie die Bedeutung des ‹dritten› Tages oder die Bedeutung der ‹sechs› Krüge ableiten[110] und in ihr lässt sich auch die intertextuelle Lektüre der von Johannes mit großer Wahrscheinlichkeit ebenso verwendeten paganen und/oder jüdischen Prätexten problemlos verankern, nicht aber umgekehrt.

Tabelle 4.1: *Synopse der vier Evangelien zu Joh 2,1–12 (NA²⁷)*

| Joh 2,1–11 | Mk 2,18–22<br>Vgl. 2,15–17 | Lk 5,33–39<br>Vgl. 5,27–32 | Mt 9,14–17<br>Vgl. 9,10–13 |
|---|---|---|---|
| A. Hochzeit<br>¹ Καὶ τῇ ἡμέρᾳ τῇ τρίτῃ γάμος ἐγένετο ἐν Κανὰ τῆς Γαλιλαίας, καὶ ἦν ἡ μήτηρ τοῦ Ἰησοῦ ἐκεῖ·<br>² ἐκλήθη δὲ καὶ ὁ Ἰησοῦς καὶ **οἱ μαθηταὶ αὐτοῦ** εἰς τὸν γάμον. | A. Fasten<br>¹⁸ Καὶ ἦσαν οἱ μαθηταὶ Ἰωάννου καὶ οἱ Φαρισαῖοι νηστεύοντες. καὶ ἔρχονται καὶ λέγουσιν αὐτῷ· διὰ τί οἱ μαθηταὶ Ἰωάννου καὶ οἱ μαθηταὶ τῶν Φαρισαίων νηστεύουσιν, **οἱ δὲ σοὶ μαθηταὶ** οὐ νηστεύουσιν; | A. Fasten<br>³³ Οἱ δὲ εἶπαν πρὸς αὐτόν· οἱ μαθηταὶ Ἰωάννου νηστεύουσιν πυκνὰ καὶ δεήσεις ποιοῦνται ὁμοίως καὶ οἱ τῶν Φαρισαίων, **οἱ δὲ σοὶ** ἐσθίουσιν καὶ πίνουσιν. | A. Fasten<br>¹⁴ Τότε προσέρχονται αὐτῷ οἱ μαθηταὶ Ἰωάννου λέγοντες· διὰ τί ἡμεῖς καὶ οἱ Φαρισαῖοι νηστεύομεν [πολλά], **οἱ δὲ μαθηταί σου** οὐ νηστεύουσιν; |
| B. Weinmangel<br>³ καὶ ὑστερήσαντος **οἴνου** λέγει ἡ μήτηρ τοῦ Ἰησοῦ πρὸς αὐτόν· **οἶνον** οὐκ ἔχουσιν. | E. Bräutigam<br>¹⁹ καὶ εἶπεν αὐτοῖς ὁ Ἰησοῦς· μὴ δύνανται οἱ υἱοὶ **τοῦ νυμφῶνος** ἐν ᾧ ὁ **νυμφίος** μετ᾽ αὐτῶν ἐστιν νηστεύειν; ὅσον χρόνον ἔχουσιν **τὸν νυμφίον** μετ᾽ αὐτῶν οὐ δύνανται νηστεύειν. | E. Bräutigam<br>³⁴ ὁ δὲ Ἰησοῦς εἶπεν πρὸς αὐτούς· μὴ δύνασθε τοὺς υἱοὺς **τοῦ νυμφῶνος** ἐν ᾧ ὁ **νυμφίος** μετ᾽ αὐτῶν ἐστιν ποιῆσαι νηστεῦσαι; | E. Bräutigam<br>¹⁵ᵃ καὶ εἶπεν αὐτοῖς ὁ Ἰησοῦς· μὴ δύνανται οἱ υἱοὶ **τοῦ νυμφῶνος** πενθεῖν ἐφ᾽ ὅσον μετ᾽ αὐτῶν ἐστιν ὁ **νυμφίος**; |
| Prolepse<br>⁴ [καὶ] λέγει αὐτῇ ὁ Ἰησοῦς· τί ἐμοὶ καὶ σοί, γύναι; οὔπω ἥκει ἡ ὥρα μου.<br>⁵ λέγει ἡ μήτηρ αὐτοῦ τοῖς διακόνοις· ὅ τι ἂν λέγῃ ὑμῖν ποιήσατε. | Prolepse<br>²⁰ ἐλεύσονται δὲ ἡμέραι ὅταν ἀπαρθῇ ἀπ᾽ αὐτῶν ὁ **νυμφίος**, καὶ τότε νηστεύσουσιν ἐν ἐκείνῃ τῇ ἡμέρᾳ. | Prolepse<br>³⁵ ἐλεύσονται δὲ ἡμέραι, καὶ ὅταν ἀπαρθῇ ἀπ᾽ αὐτῶν ὁ **νυμφίος**, τότε νηστεύσουσιν ἐν ἐκείναις ταῖς ἡμέραις. | Prolepse<br>¹⁵ᵇ ἐλεύσονται δὲ ἡμέραι ὅταν ἀπαρθῇ ἀπ᾽ αὐτῶν ὁ **νυμφίος**, καὶ τότε νηστεύσουσιν. |
| C. Wasserkrüge<br>⁶ ἦσαν δὲ ἐκεῖ λίθιναι ὑδρίαι ἓξ κατὰ τὸν καθαρισμὸν τῶν Ἰουδαίων κείμεναι, χωροῦσαι ἀνὰ μετρητὰς δύο ἢ τρεῖς. | C./D. Alt × Neu<br>Kleid<br>²¹ᵃ Οὐδεὶς ἐπίβλημα ῥάκους ἀγνάφου ἐπιράπτει ἐπὶ ἱμάτιον παλαιόν· | C./D. Alt × Neu<br>Kleid<br>³⁶ᵃἜλεγεν δὲ καὶ παραβολὴν πρὸς αὐτοὺς ὅτι οὐδεὶς ἐπίβλημα ἀπὸ ἱματίου καινοῦ σχίσας ἐπιβάλλει ἐπὶ ἱμάτιον παλαιόν· | C./D. Alt × Neu<br>Kleid<br>¹⁶ᵃ οὐδεὶς δὲ ἐπιβάλλει ἐπίβλημα ῥάκους ἀγνάφου ἐπὶ ἱματίῳ παλαιῷ· |
| D. Weinwunder<br>⁷ᵃ λέγει αὐτοῖς ὁ Ἰησοῦς· | | | |

---

[110] Vgl. Olsson, Structure, 21–25 und 49f.

| Joh 2,1–11 | Mk 2,18–22 | Lk 5,33–39 | Mt 9,14–17 |
|---|---|---|---|
| Vgl. 3,29 | | Vgl. 7,33–34 | Vgl. 11,18–19 |

| Joh 2,1–11 | Mk 2,18–22 | Lk 5,33–39 | Mt 9,14–17 |
|---|---|---|---|
| [7b] γεμίσατε τὰς ὑδρίας ὕδατος. καὶ ἐγέμισαν αὐτὰς ἕως ἄνω. [8] καὶ λέγει αὐτοῖς· ἀντλήσατε νῦν καὶ φέρετε τῷ ἀρχιτρικλίνῳ· οἱ δὲ ἤνεγκαν. | [21b] εἰ δὲ μή, αἴρει τὸ πλήρωμα ἀπ᾽ αὐτοῦ τὸ καινὸν τοῦ παλαιοῦ καὶ χεῖρον σχίσμα γίνεται. | [36b] εἰ δὲ μή γε, καὶ τὸ καινὸν σχίσει καὶ τῷ παλαιῷ οὐ συμφωνήσει τὸ ἐπίβλημα τὸ ἀπὸ τοῦ καινοῦ. | [16b] αἴρει γὰρ τὸ πλήρωμα αὐτοῦ ἀπὸ τοῦ ἱματίου καὶ χεῖρον σχίσμα γίνεται. |
| **E. Wein/Bräutigam** [9] ὡς δὲ ἐγεύσατο ὁ ἀρχιτρίκλινος τὸ ὕδωρ **οἶνον** γεγενημένον καὶ οὐκ ᾔδει πόθεν ἐστίν, οἱ δὲ διάκονοι ᾔδεισαν οἱ ἠντληκότες τὸ ὕδωρ, φωνεῖ **τὸν νυμφίον** ὁ ἀρχιτρίκλινος | **E. Wein** [22] καὶ οὐδεὶς βάλλει **οἶνον** νέον εἰς ἀσκοὺς παλαιούς· εἰ δὲ μή, ῥήξει **ὁ οἶνος** τοὺς ἀσκοὺς καὶ **ὁ οἶνος** ἀπόλλυται καὶ οἱ ἀσκοί· ἀλλὰ **οἶνον** νέον εἰς ἀσκοὺς καινούς. | **E. Wein** [37] καὶ οὐδεὶς βάλλει **οἶνον** νέον εἰς ἀσκοὺς παλαιούς· εἰ δὲ μή γε, ῥήξει **ὁ οἶνος** ὁ νέος τοὺς ἀσκοὺς καὶ αὐτὸς ἐκχυθήσεται καὶ οἱ ἀσκοὶ ἀπολοῦνται· [38] ἀλλὰ **οἶνον** νέον εἰς ἀσκοὺς καινοὺς βλητέον. [39] [καὶ] οὐδεὶς πιὼν παλαιὸν θέλει νέον· λέγει γάρ· ὁ παλαιὸς χρηστός ἐστιν. | **E. Wein** [17] οὐδὲ βάλλουσιν **οἶνον** νέον εἰς ἀσκοὺς παλαιούς· εἰ δὲ μή γε, ῥήγνυνται οἱ ἀσκοὶ καὶ **ὁ οἶνος** ἐκχεῖται καὶ οἱ ἀσκοὶ ἀπόλλυνται· ἀλλὰ βάλλουσιν **οἶνον** νέον εἰς ἀσκοὺς καινούς, καὶ ἀμφότεροι συντηροῦνται. |
| [10] καὶ λέγει αὐτῷ· πᾶς ἄνθρωπος πρῶτον **τὸν καλὸν οἶνον** τίθησιν καὶ ὅταν μεθυσθῶσιν τὸν ἐλάσσω· σὺ τετήρηκας **τὸν καλὸν οἶνον** ἕως ἄρτι. | | | |
| **F. Erstes Zeichen** [11] Ταύτην ἐποίησεν ἀρχὴν τῶν σημείων ὁ Ἰησοῦς ἐν Κανὰ τῆς Γαλιλαίας καὶ ἐφανέρωσεν τὴν δόξαν αὐτοῦ, καὶ ἐπίστευσαν εἰς αὐτὸν **οἱ μαθηταὶ αὐτοῦ.** | Vgl. 1,21 | Vgl. 4,23 | Vgl. 4,23 |

| Joh 2,12 | Mk 1,21 | Lk 4,23 | Mt 4,13 |
|---|---|---|---|
| **G. Kafarnaum** [12] Μετὰ τοῦτο κατέβη εἰς **Καφαρναοὺμ** αὐτὸς καὶ ἡ μήτηρ αὐτοῦ καὶ οἱ ἀδελφοὶ [αὐτοῦ] καὶ οἱ μαθηταὶ αὐτοῦ καὶ ἐκεῖ ἔμειναν οὐ πολλὰς ἡμέρας. | **G. Kafarnaum** [21] Καὶ εἰσπορεύονται εἰς **Καφαρναούμ**· καὶ εὐθὺς τοῖς σάββασιν εἰσελθὼν εἰς τὴν συναγωγὴν ἐδίδασκεν. | **G. Kafarnaum** [23] [...] ὅσα ἠκούσαμεν γενόμενα εἰς τὴν **Καφαρναοὺμ** ποίησον καὶ ὧδε ἐν τῇ πατρίδι σου. | **G. Kafarnaum** [13] καὶ καταλιπὼν τὴν Ναζαρὰ ἐλθὼν κατῴκησεν εἰς **Καφαρναοὺμ** τὴν παραθαλασσίαν ἐν ὁρίοις Ζαβουλὼν καὶ Νεφθαλίμ· |

| Joh 3,29 | Mk | Lk 7,33–34 | Mt 11,18–19 |
|---|---|---|---|
| Vgl. 2,1–11 | Vgl. 2,18–22 | Vgl. 5,33–39 | Vgl. 9,14–17 |
| E'. Bräutigam | | | |
| 29 ὁ ἔχων τὴν νύμφην **νυμφίος** ἐστίν· ὁ δὲ φίλος **τοῦ νυμφίου** ὁ ἑστηκὼς καὶ ἀκούων αὐτοῦ χαρᾷ χαίρει διὰ τὴν φωνὴν **τοῦ νυμφίου.** αὕτη οὖν ἡ χαρὰ ἡ ἐμὴ πεπλήρωται. | Vgl. 2,19–20 | Vgl. 5,34–35 | Vgl. 9,15 |
| | | E'. Johannes × Jesus | E'. Johannes × Jesus |
| Vgl. 2,1–11; 3,29 | Vgl. 2,18–20 par. | 33 ἐλήλυθεν γὰρ Ἰωάννης ὁ βαπτιστὴς μὴ ἐσθίων ἄρτον μήτε πίνων **οἶνον,** καὶ λέγετε· δαιμόνιον ἔχει. 34 ἐλήλυθεν ὁ υἱὸς τοῦ ἀνθρώπου ἐσθίων καὶ πίνων, καὶ λέγετε· ἰδοὺ ἄνθρωπος φάγος καὶ **οἰνοπότης,** φίλος τελωνῶν καὶ ἁμαρτωλῶν. | 18 ἦλθεν γὰρ Ἰωάννης μήτε ἐσθίων μήτε πίνων, καὶ λέγουσιν· δαιμόνιον ἔχει. 19 ἦλθεν ὁ υἱὸς τοῦ ἀνθρώπου ἐσθίων καὶ πίνων, καὶ λέγουσιν· ἰδοὺ ἄνθρωπος φάγος καὶ **οἰνοπότης,** τελωνῶν φίλος καὶ ἁμαρτωλῶν. καὶ ἐδικαιώθη ἡ σοφία ἀπὸ τῶν ἔργων αὐτῆς. |

## 4.2  Der Prophet in seiner Heimat (Joh 4,43–54)

Leitvers: „Er kam in sein Eigentum …" (Joh 1,11a)

### 4.2.1  Einführung

Die Philosophen haben es in ihrer Heimat schwer,[111] werden verkannt[112] und am besten sollten sie ihre Heimatstadt meiden.[113] Ein in der antiken Literatur weit ver-

---

[111] Dio Chrysostomus, Orationes, XLVII,6: „Τί οὖν; πάλαι τις ἤδη κάθηται λέγων, σὺ πρὸς Ὅμηρον καὶ Πυθαγόραν καὶ Ζήνωνα παραβάλλεις αὐτόν; Μὰ Δί' οὐκ ἔγωγε, πλὴν ὅτι πᾶσι τοῖς φιλοσόφοις ἔδοξε χαλεπὸς ἐν τῇ πατρίδι ὁ βίος. [Aber da sitzt schon lange einer und fragt: ‚Was soll das? Warum vergleichst du dich mit Homer, Pythagoras und Zenon?' Das tue ich nicht, bei Gott, nur waren eben alle Philosophen der Meinung, es sei schwer, in seiner Heimat zu leben.]"

[112] Philostratus, Apollonii epistulae, XLIV,1 (deutsche Übersetzung nach NW I/2, 257): „Τί θαυμαστόν, εἴ με τῶν ἄλλων ἀνθρώπων ἰσόθεον ἡγουμένων, τινῶν δὲ καὶ θεόν, μόνη μέχρι νῦν ἡ πατρὶς ἀγνοεῖ, δι' ἣν ἐξαιρέτως ἐσπούδασα λαμπρὸς εἶναι; [Was ist daran verwunderlich, wenn, obgleich mich einige Menschen für Gott gleich halten, andere aber auch für einen Gott, bis jetzt mein Vaterland, um dessen willen ich vorzugsweise bemüht war, berühmt zu sein, allein unkundig ist?]"

[113] Epictetus, Dissertationes ab Arriano digestae, III,16,11: „Διὰ τοῦτο καὶ τῶν πατρίδων συμβουλεύουσιν ἀποχωρεῖν οἱ φιλόσοφοι, ὅτι τὰ παλαιὰ ἔθη περισπᾷ καὶ οὐκ ἐᾷ ἀρχὴν γενέσθαι τινὰ ἄλλου ἐθισμοῦ. [Das ist auch der Grund, warum die Philosophen die Entfernung aus der Heimat raten, weil man durch die alten Bekanntschaften zu sehr davon abgehalten wird und schon die Anfänge einer neuen Lebensgewohnheit immer von denselben gehindert werden.]"

breiteter Topos, der auch in den Evangelien gut bezeugt ist: „Προφήτης ἐν τῇ ἰδίᾳ
πατρίδι τιμὴν οὐκ ἔχει" (Joh 4,44b).[114] Ausgewachsen aus der Erfahrung der Philosophen und bestätigt an dem Schicksal der Propheten[115] reflektiert dieses Wort
auch in dem vierten Evangelium die Ablehnung Jesu in *seiner Heimat.* Doch, ganz
anders als bei den Synoptikern oder in dem Thomasevangelium, bereitet dasselbe
Wort Jesu bei Johannes vielen Exegeten offensichtlich einige Kopfschmerzen vor.
Eine „Randnotiz" sei es, vermutet Jürgen Becker, „die ein Leser aus der joh. Gemeinde frühzeitig an den Textrand schrieb, und die bei der Vervielfältigung des Joh
dann in den Text eingebaut wurde."[116] Und auch Michael Theobald, der in seiner
Monographie zu den Herrenworten im Johannesevangelium ansonsten wertvolle
Beobachtungen macht, meint glauben zu müssen: „Allein die Möglichkeit dieser
Hypothese verbietet es schon, 4,44 als Argument für Synoptikerkenntnis des Evangelisten ins Feld zu führen."[117] Warum hätte aber ein Leser, den an dieser Stelle
sonst gut verständlichen Text komplizierter machen wollen? Der Rand von Joh 6,42
wäre außerdem für eine solche ,Randnotiz' viel geeigneter.

Andere folgen wiederum Origenes[118] und fühlen sich verpflichtet, die ,eigentliche' Heimat Jesu in *Judäa* oder *Jerusalem* zu suchen[119] und das auch dann, wenn
sie Joh 4,44 „als Spiel des Erzählers mit den synoptischen Prätexten" verstehen wollen.[120] Dem scheint jedoch das Johannesevangelium in Joh 1,46 und vor allem in
Joh 7,41.52 eindeutig zu widersprechen[121] und außerdem böte sich dem Modell-
Autor für eine solche Anmerkung auch in diesem Fall ein viel geeigneter Platz
nach Joh 4,3, wo sein Modell-Leser den Bezug auf Judäa/Jerusalem hätte nicht so
leicht missverstehen können. In Joh 4,44 ist das Wort Jesu aber fest in einem *galiläischen* Kontext eingebettet und wenn man die johanneische Kenntnis der Synoptiker
ernsthaft in Betracht zieht, kann es meines Erachtens keinen Zweifel geben, dass die
‹πατρίς› Jesu bei Johannes *Galiläa* ist. Die Frage, was das Wort Jesu in diesem Kontext zu bedeuten habe, zu beantworten, ist die Aufgabe folgender Untersuchung.
Eines kann aber schon jetzt gesagt werden: Es zielt nicht nur auf die Galiläer in

---

[114] Vgl. auch SQE[15], Nr. 33, und EvThom, Logion 31.

[115] Lk 13,34 par.

[116] BECKER, Evangelium, II, 222.

[117] THEOBALD, Herrenworte, 39, Anm. 74.

[118] Vgl. Origenes, Commentarii in Ioh, XIII,55,372: „Πατρὶς δὴ τῶν προφητῶν ἐν τῇ Ἰουδαίᾳ ἦν, καὶ
φανερόν ἐστιν τιμὴν αὐτοὺς παρὰ Ἰουδαίοις μὴ ἐσχηκέναι, λιθασθέντας, πρισθέντας, πειρασθέντας, ἐν
φόνῳ μαχαίρας ἀποθανόντας [The country of the prophets, of course, was in Judea, and it is clear that
they had had no honor among the jews, since they were stoned, sawn in two, tried, and put to death by
the sword]."

[119] Siehe beispielsweise BARRETT, Evangelium, 263, oder DODD, Interpretation, 353.

[120] THYEN, Johannesevangelium, 284–287, hier 284. Die Erklärung für diesen Widerspruch versucht
H. Thyen auf S. 286 zu liefern: „[D]iese neue Gestaltung der alten Erzählung von Jesu Verwerfung in
Nazaret (Lk 4,16ff) [versetzt] den Leser in erstaunte Spannung und fordert ihn dazu heraus, darüber
nachzudenken, ob – trotz Jesu unbestrittener Herkunft aus Galiläa und seiner Verwerfung in Nazaret,
um die er ja aus den älteren Evangelien weiß – die wahre πατρίς des messianischen Gottessohnes in
einem tieferen Sinn nicht dennoch nur die Davidsstadt *Jerusalem* sein kann."

[121] So bereits BULTMANN, Evangelium, 150, Anm. 6.

Joh 4,43–45, sondern vor allem auf die folgende Erzählung über den ⟨βασιλικός⟩ von Kafarnaum und zweifelsohne gibt dem Modell-Leser Hinweise, wie er die kurze Erzählung in Joh 4,46–54 zu verstehen habe und mehr als andere Stellen des Evangeliums fordert dieser Vers seine intertextuelle Kompetenz heraus.

### 4.2.2 *Text und Prätexte*

Im Unterschied zu dem ersten Zeichen Jesu in Kana in Galiläa (Joh 2,1–12) müssen wir in diesem Fall nach den synoptischen Parallelen zu Joh 4,43–54 nicht lange suchen.[122] Die SQE[15] bietet uns hier in Nr. 33 (zu Joh 4,43–45) und in Nr. 85 (zu Joh 4,46–54) gleich alle wichtigsten Prätexte aus den synoptischen Evangelien,[123] wobei die Besonderheit diesmal darin besteht, dass Joh 4,46–54 die einzige große Parallele zur Spruchquelle Q im Rahmen des galiläischen Wirkens Jesu bei Johannes darstellt.[124] Wir können also direkt zur Sequenzierung des johanneischen Textes und der synoptischen Prätexte übergehen (vgl. die Synopse in der Tabelle 4.3 auf S. 165):

#### 4.2.2.1 *Sequenzierung des Textes*

Die Textsequenz Joh 4,43–54 ist am Anfang durch die Zeitangabe „μετὰ δὲ τὰς δύο ἡμέρας" in V. 43 und am Ende durch den zusammenfassenden Satz in V. 54, nach dem das typische Gliederungssignal „μετὰ ταῦτα" in Joh 5,1 folgt, für den Modell-Leser klar markiert und ist auf der syntagmatischen Ebene, die der Erzählung als Rede gehört, als eine *Einheit* zu lesen.[125] Eingeschlossen zwischen dem Aufenthalt Jesu in Samarien (Joh 4,1–42) und seinem Auftritt bei dem Fest in Jerusalem (Joh 5) stellt diese Textsequenz ein Erzählkontinuum dar, das die zweite Szene des galiläischen Wirkens Jesu bei Johannes bildet.[126] Die *Zeit-* und *Ortsangaben* ermöglichen eine relativ einfache Unterteilung dieses Erzählkontinuums in zwei Textsequenzen IV.A. und IV.B., der in diesem Fall auch die SQE[15] folgt. In V. 43 markiert die Zeitangabe ⟨δύο ἡμέραι⟩ zusammen mit der Ortsangabe ⟨Γαλιλαία⟩ den Anfang der Textsequenz IV.A. (Joh 4,43–45) und in V. 46a markiert wiederum die Zeitangabe ⟨πάλιν⟩ gemeinsam mit der Ortsangabe ⟨Κανὰ τῆς Γαλιλαίας⟩ den Anfang der Textsequenz IV.B. (Joh 4,46–54). Das Erzählkontinuum wird hiermit in zwei Raumzei-

---

[122] Siehe das Kapitel 4.1.2 auf S. 126.

[123] Dementsprechend gibt es eine große Anzahl von Studien, die sich der Beziehung von Joh 4,43–54 zu den Synoptikern widmen, vgl. die Forschungsberichte von BLINZLER, Johannes, NEIRYNCK, John II, und zuletzt LABAHN/LANG, Johannes. Der Unterschied der vorliegenden Analyse zu den früheren Untersuchungen liegt darin, dass sie sich bewusst auf die literarische Intertextualität beschränkt, wie sie im Kapitel 2.2.1 definiert wurde.

[124] Vgl. Q 7,1.3.6b-9.?10? in Hoffmann/Heil, Spruchquelle Q, 46f. Doch, anders als beispielsweise LINDARS, Capernaum, 2000, erwägt, zeigt die folgende Analyse, dass der johanneische Prätext nicht die Spruchquelle Q sein kann.

[125] Ein Eingriff in den Text oder seine Umgestaltung lässt sich an dieser Stelle textkritisch nicht rechtfertigen, vgl. auch SCHNELLE, Evangelium, 95, Anm. 167.

[126] Vgl. das Kapitel 3.3.3.

ten (R) geteilt,[127] wobei die *erste* Raumzeit $R_{Galiläa}$ die *zweite* Raumzeit $R_{Kana}$ auf gewisse Weise überlagert bzw. beinhaltet:

$$R_{Kana} \subset R_{Galiläa}$$

Die Zeit- und Ortsangaben „ἐν τῇ ἑορτῇ" und „ἐν Ἱεροσολύμοις" in V. 45b stellen eine *Analepse* dar und beziehen sich eindeutig auf die in Joh 2,13ff. erzählte Raumzeit, die sie weiter füllen, denn der Modell-Leser bekommt eine neue Information betreffend des Aufenthaltes der Galiläer in Jerusalem. Nur die Ortsangabe ‹Καφαρναούμ› in V. 46c und die Zeitangabe ‹ἐχθὲς ὥραν ἑβδόμην› in V. 52 spalten das Erzählkontinuum weiter und strukturieren für den Modell-Leser eine *dritte* Raumzeit $R_{Kafarnaum}$, die nur von der ersten Raumzeit $R_{Galiläa}$ überlagert wird, zu der zweiten Raumzeit $R_{Kana}$ jedoch parallel existiert:

$$\{R_{Kafarnaum} \mid R_{Kana}\} \subset R_{Galiläa}$$

Nicht nur der Raum und die Zeit, sondern auch der Modus und die Stimme des Erzählers strukturieren diese drei erzählten Welten und bestätigen die bisherigen Beobachtungen: In der Textsequenz IV.A. ist nur die Stimme eines allwissenden, extra- und heterodiegetischen Erzählers zu hören, die Hauptfigur Jesu wird fokussiert (A. Heimat Jesu) und in einem Erzählerkommentar in V. 44 findet sich eine transponierte Rede Jesu (D. Zeugnis Jesu), die als ein *Zitat* gestaltet ist (E. Logion). Ansonsten werden die ‹Γαλιλαῖοι› und ‹Γαλιλαία› eher aus einer ‚Vogelperspektive' betrachtet, die die schon oben erwähnte Jerusalemer Analepse nur betont (B. Positive Reaktion). Das alles spricht dafür, dass wir es in Joh 4,43–45 mit einem *Abstract* zu tun haben, also mit einer Art thematischer Exposition zur Erzählung. Die wirkliche *Exposition* findet sich erst in der Textsequenz IV.B. in V. 46, in dem die zwei Schauplätze der Handlung, ‹Κανά› und ‹Καφαρναούμ› (F. Kana/Kafarnaum), und die zweite Hauptfigur, der ‹βασιλικός› (G. Hauptmann), eingeführt werden und die Situation kurz geschildert wird: „ὁ υἱὸς ἠσθένει." Diese Situation führt in V. 47 zu einer *Verwicklung*, zumal sich der ‹βασιλικός› entscheidet Jesus aufzusuchen und ihn um Hilfe zu bitten. In der Verwicklung kommen das erste Mal auch die Figuren zu Wort: zuerst nur indirekt, in einer erzählten Rede des königlichen Beamten in V. 47 (H. Erste Bitte), später aber direkt, in einem für das vierte Evangelium typischen Dialog mit der berichteten Rede Jesu und des königlichen Beamten in V. 48–49 (I. Erste Antwort/J. Zweite Bitte). Die zweite Antwort Jesu in V. 50 leitet die *Lösung* ein (K. Zweite Antwort). Diese erzählt in V. 50d die Gedanken und die Handlung des königlichen Beamten, führt in V. 51a kurz seine Diener in die Szene ein, stellt in V. 51b das Wunder fest (L. Wunder), vor allem bringt sie aber in V. 53c den Glauben des Beamten und seines Hauses zum Ausdruck (N. Glaube).

Das bei Johannes sorgfältig ausgearbeitete Stundenmotiv in V. 52–53b (M. Stunde) ermöglicht dem Modell-Leser nicht nur das Vergehen eines Tages der erzähl-

---

[127] Zum Begriff der Raumzeit siehe in diesem Kontext BACHTIN, Chronotopos, 7.

ten Zeit wahrzunehmen, sondern verbindet in jener Stunde auch das parallele Geschehen der oben erwähnten Raumzeiten $R_{Kana}$ und $R_{Kafarnaum}$. Die *Bewertung* dieser Ereignisse, die so seltsam *gleichzeitig* geschehen sind, kann selbstverständlich nicht ganz dem Leser überlassen werden und wird von dem Erzähler in V. 54 kurz in einem Kommentar zusammengefasst (O. Zweites Zeichen). *Intratextuell* ist das zweite Zeichen Jesu in Joh 4,43–54 natürlich mit dem ersten Zeichen in Joh 2,1–12 verbunden, aber auch mit der Textsequenz IV.C. in Joh 6,42, die eine *Analepse* zu Joh 4,44b darstellt und die negative Reaktion der Galiläer zum Ausdruck bringt (C. Negative Reaktion). Hier noch eine kurze Zusammenfassung:[128]

IV.A.  Der Prophet in seiner Heimat (Joh 4,43–45)

      1.  Abstract (Zitat/Analepse)

          A.  Heimat Jesu (V. 43)
          B.  Positive Reaktion (V. 45)
  IV.C.  C.  Negative Reaktion (Joh 6,42)
          D.  Zeugnis Jesu (V. 44a)
          E.  Logion (V. 44b)

IV.B.  Der Hauptmann von Kafarnaum (Joh 4,46–54)

      2.  Exposition

          F.  Kana/Kafarnaum (V. 46a)
          G.  Hauptmann (V. 46b–c)

      3.  Verwicklung

          G.  Hauptmann (V. 47a–b)
          H.  Erste Bitte (V. 47c–d)
          I.  Erste Antwort (V. 48)
          J.  Zweite Bitte (V. 49)

      4.  Lösung

          K.  Zweite Antwort (V. 50a–c)
          L.  Wunder (V. 50d-51b)
          M.  Stunde (V. 52–53b)
          N.  Glaube (V. 53c)

      5.  Bewertung

          O.  Zweites Zeichen (V. 54)

*4.2.2.2 Sequenzierung der Prätexte*

Mit Ausnahme des Markusevangeliums, das keine Parallele zu der Textsequenz IV.B. enthält, finden sich bei allen drei Synoptikern Texte, die als Prätexte der jo-

---

[128] Vgl. die Synopse in der Tabelle 4.3 auf S. 165.

hanneischen Erzählung in Frage kommen und die sich relativ einfach in Anlehnung an das Johannesevangelium strukturieren lassen. Die Parallelen zur Textsequenz IV.A. mit dem Wort Jesu (E. Logion) finden sich in den synoptischen Evangelien in Mt 13,54–58/Mk 6,1–6a/ Lk 4,16–31 (vgl. SQE[15], Nr.
33) und im Unter-
schied zu dem johanneischen Abstract stellen sie kurze Erzählungen dar, in denen
auch die Figuren direkt zu Wort kommen. Sie beginnen mit einer kurzen Exposition, die die Handlung an einem Samstag in einer Synagoge in der *Heimat* Jesu
(Mt 13,54a–b/Mk 6,1–2a) bzw. in seiner *Heimatstadt* Nazaret (Lk 4,16a) situiert
und der bei Lukas (Lk 4,16b–21) gleich auch seine Lesung und Predigt folgt (A. Heimat Jesu). Dieser – bei Matthäus und Markus nur transponierten – Rede Jesu folgt
bei allen drei Synoptikern (Mt 13,54c–d/Mk 6,2b–c/Lk 4,22a) zuerst eine durchaus
*positive Reaktion* seiner Zuhörer (B. Positive Reaktion), die aber sehr schnell in eine
*negative Reaktion* umschlägt (C. Negative Reaktion), zumal die Zuhörer ganz offensichtlich an der Herkunft Jesu Anstoß nehmen (Mt 13,55–57a/Mk 6,3/Lk 4,22b).
Dieser negativen Reaktion seiner Landsleute folgt bei allen drei Synoptikern die
*Antwort Jesu* (D. Antwort Jesu) mit dem berühmten *Logion* (E. Logion) über den
Propheten in seiner Heimat (Mt 13,57b–c/Mk 6,4/ Lk 4,23a.24b), wobei bei Lukas die Antwort Jesu deutlich ausführlicher ausfällt (vgl. Lk 4,23b–d.25–26) und
sogar eine Wutreaktion der Zuhörer hervorruft (vgl. Lk 4,28–30). Dass dort Jesus
unter solchen Umständen bis auf einige Handauflegungen *keine* (Mk 6,5) oder nur
*wenige* (Mt 13,58) *Wunder* tun kann, ist für den Modell-Leser einleuchtend und
kann auch bei Lukas aus dem Kontext verstanden werden (vgl. Lk 4,29f.). Nur bei
Markus *bewundert* Jesus den Unglauben seiner Landsleute (Mk 6,6a) und nur bei
Lukas (Lk 4,31a) geht er von dort *zum ersten Mal* nach *Kafarnaum* hinab (vgl. aber
Lk 4,23c).

Die Parallelen zur Textsequenz IV.B. finden sich in dem Matthäus- und Lukasevangelium in Mt 8,5–13/Lk 7,1–10[129] und auch sie lassen sich relativ einfach in
Anlehnung an das Johannesevangelium strukturieren. Die Erzählungen beginnen
in Mt 8,5a.c/Lk 7,1b–2 mit einer typischen *Exposition*, die den Ort der Handlung
festlegt (F. Kafarnaum), die zweite Hauptfigur einführt (G. Hauptmann) und auf
die in den beiden Evangelien die *Verwicklung* folgt (Mt 8,5b.d–12/Lk 7,3a–9). Die
Verwicklung enthält in Mt 8,5d–6/Lk 7,3c–5 die *erste Bitte* an Jesus (H. Erste Bitte),
die jedoch bei Lukas durch die Gesandtschaft der jüdischen Ältesten übermittelt
und von ihr ausführlich begründet wird (vgl. Lk 7,3b–5), und in Mt 8,7/Lk 7,6 auch
die *erste Antwort* Jesu (I. Erste Antwort). Diese ist in beiden Fällen positiv, auch
wenn sie bei Lukas nicht in Worten, sondern in der Handlung Jesu besteht (vgl.
Mt 8,7b/Lk 7,6b). Die *zweite Bitte* des Hauptmanns in Mt 8,8–9/Lk 7,6c–8 (J. Zweite Bitte), die bei Lukas diesmal von den Freunden des Hauptmanns übermittelt
wird (Lk 7,6b), ist bei den Synoptikern im Grunde nur eine Bitte, Jesus solle sich
nicht bemühen persönlich zu kommen (Mt 8,8b/Lk 7,6d–7a), sondern er könne nur
ein Wort sprechen (Mt 8,8c.9/Lk 7,7b.8), um seinen Sohn/Diener (ὁ παῖς) zu hei-

---

[129] Vgl. aber auch Mk 2,1 und SQE[15], Nr. 85.

len (Mt 8,8d/Lk 7,7c). Diese erstaunliche Bitte und den Glauben des Hauptmann *bewundert* Jesus (Mt 8,10–12/Lk 7,9) und es folgt in Mt 8,13/Lk 7,10 die *Lösung*. Diese enthält bei Lukas (Lk 7,10b) nur die Feststellung des *Wunders* (L. Wunder), bei Matthäus jedoch noch die *zweite Antwort* Jesu in Mt 8,13a–c (K. Zweite Antwort) und das *Stundenmotiv* (M. Stunde) am Ende der Erzählung in Mt 8,13e. In keinem der synoptischen Evangelien ist die Erzählung durch eine Bewertung oder Coda abgeschlossen.

### 4.2.3 *Analyse der Intertextualität*

Den markantesten Unterschied zwischen der johanneischen Erzählung und den synoptischen Prätexten stellt diesmal selbstverständlich vor allem die Tatsache dar, dass nur in dem vierten Evangelium die Textsequenzen IV.A. und IV.B. direkt aufeinander folgen (vgl. die Tabelle 4.2). Dies bedeutet jedoch nicht, dass sie bei den Synoptikern gar keinen Zusammenhang hätten. Vielmehr zeigt eine genauere Lektüre, dass Johannes für die Verknüpfung dieser Textsequenzen sehr wohl einen guten Grund hatte und wir es hier mit den typischen *Merkmalen* $M_{1-3}$ der intertextuellen Arbeitsweise des vierten Evangelisten zu tun haben.[130] Es gibt keinen Zweifel daran, dass Johannes das *erste* (Joh 2,1–12) und das *zweite* (Joh 4,43–54) Zeichen Jesu in Kana in Galiläa in eine enge Verbindung bringen will und sie deswegen in der bekannten *Ringkomposition*[131] zusammenschließt (vgl. Joh 4,46a.54). Dies ist meines Erachtens auch der Hauptgrund dafür, warum Jesus in Joh 4,46a wieder „εἰς τὴν Κανὰ τῆς Γαλιλαίας, ὅπου ἐποίησεν τὸ ὕδωρ οἶνον" kommt und nicht etwa direkt nach *Kafarnaum*, wo das Wunder geschieht. Beide Erzählungen sind außerdem sehr ähnlich strukturiert,[132] was auf eine genuine johanneische Komposition deutet. In dieser Komposition entspricht die Reihenfolge der Textsequenzen II.A. Handlung (Joh 2,1–11) → II.B. Coda (Joh 2,12) → II.C. Analepse (Joh 3,29) bei dem ersten Zeichen Jesu in Galiläa der Reihenfolge der Textsequenzen IV.A. Abstract (Joh 4,43–45) → IV.B. Handlung (Joh 4,46–54) → IV.C. Analepse (Joh 6,42) bei dem zweiten Zeichen Jesu in Galiläa und in beiden Fällen handelt es sich um eine Kana → Kafarnaum Komposition (II.A. → II.B. ≡ IV.A. → IV.B.).

Wie gesagt, sind die Textsequenzen IV.A. und IV.B. zwar in keinem der synoptischen Evangelien miteinander verknüpft, sie sind aber in dem Syntagma der Erzählung nicht so weit voneinander entfernt, auch wenn sie nur bei Lukas in derselben Reihenfolge folgen – doch hier stimmen nicht einmal die Synoptiker überein (vgl. die Tabelle 4.2 und die graphische Übersicht im Anhang C). Das Hauptargument für die johanneische Kenntnis der synoptischen Prätexte liegt aber nicht in der kontextuellen Entfernung oder der Reihenfolge dieser Textsequenzen, sondern darin, dass Johannes ganz offensichtlich die synoptische *Kafarnaum*-Kompositi-

---

[130] Zu den Merkmalen vgl. das Kapitel 4.1.3 auf S. 129.

[131] Siehe das Kapitel 4.1.3 und die Synopse in der Tabelle 4.1. Ähnlich STIBBE, John, 12.

[132] Das gilt auch für die Mikroebene beider Erzählungen, vgl. STIBBE, John, 70f.

Tabelle 4.2: *Textsequenzen zu Joh 2,1–12 und Joh 4,43–54 in Übersicht*

| Textsequenz | II.A. | II.B. | II.C. | IV.A. | IV.B. | IV.C. |
|---|---|---|---|---|---|---|
| Johannes | 2,1–11 | 2,12 | 3,29 | 4,43–45 | 4,46–54 | [6,42] |
| Markus | 2,18–22 | 1,21 | | 6,1–6a | [2,1] | IV.A. |
| Lukas | 5,33–39 | 4,23 | (7,33–34) | 4,16–31a | 7,1–10 | IV.A. |
| Matthäus | 9,14–17 | 4,13a | (11,18–19) | 13,54–58 | 8,5–13 | IV.A. |

on[133] übernimmt und in seine *Kana/Kafarnaum*-Ringkomposition umsetzt, denn die Textsequenz II.B. stellt in allen drei synoptischen Evangelien den *ersten* und die Textsequenz IV.B. den *zweiten Besuch* Jesu in dieser galiläischen Stadt dar und diese sind in dem vierten Evangelium mit dem *ersten* und mit dem *zweiten Zeichen* Jesu in Galiläa verknüpft (vgl. die Synopse in der Tabelle 4.3). In Joh 4,46–54 übernimmt der vierte Evangelist mit der Textsequenz IV.B. also eine Erzählung, die über das Element ‹Καφαρναούμ› schon bei den Synoptikern *intratextuell* mit dem Anfang des galiläischen Wirkens Jesu und mit der Textsequenz II.B. verbunden ist und hiermit zu ihrem Kontext gehört ($M_1$).

Die *Kana/Kafarnaum*-Ringkomposition erklärt selbstverständlich noch nicht die johanneische Anbindung der Textsequenz IV.A. an die Textsequenz IV.B., zumal diese bei den Synoptikern nicht in Kafarnaum, sondern in der *Heimat* Jesu (Mt 13,54a–b/Mk 6,1–2a) bzw. in seiner *Heimatstadt* Nazaret (Lk 4,16a) situiert ist. Doch der Schlüssel zur Verbindung beider Textsequenzen liegt nicht weit, sondern in der johanneischen Rezeption des Lukasevangeliums bzw. der Textsequenz IV.A. in Lk 4,16–31a und in ihrem unmittelbaren Kontext ($M_2$). Nur bei Lukas wird nämlich im Rahmen dieser Textsequenz in einer Prolepse Bezug auf das Geschehen in *Kafarnaum* genommen (Lk 4,23c) und nur bei Lukas endet die Textsequenz IV.A. mit „καὶ κατῆλθεν εἰς Καφαρναοὺμ πόλιν τῆς Γαλιλαίας" (Lk 4,31a), worauf ein Wunder folgt. Warum Johannes nicht dieses Wunder erzählt, sondern auf die Heilungsgeschichte bei dem *zweiten* Besuch Jesu in Kafarnaum in Lk 7,1–10 zurückgreift, ist einleuchtend.[134] Zu beachten ist aber, dass wir in diesem Fall nicht nur mit einer *Zusammenfassung* von narrativen Sequenzen, die in den synoptischen Evangelien nicht Teil einer Komposition sind, zu tun haben, sondern dass hier ebenso eine für den vierten Evangelisten typische *Aufsprengung* der synoptischen Prätexte vorliegt ($M_3$). Diese betrifft die Textsequenz IV.A., die bei den Synoptikern ganz in Mt 13,54–58/Mk 6,1–6a/Lk 4,16–31a zu finden ist, bei Johannes aber in Joh 4,43–45 (IV.A.) und in Joh 6,42 (IV.C.) aufgesprengt vorkommt. Diese Aufsprengung trägt auch intratextuell die johanneische Handschrift und gehört zur

---

[133] Siehe auch das Kapitel 4.3.3 und die Tabelle 4.5 auf S. 207.

[134] Das Wunder in Lk 4,31b–37 ist für das Johannesevangelium natürlich vollkommen ungeeignet: erstens, weil es bei Lukas mit dem ersten Aufenthalt Jesu in Kafarnaum zusammenfällt und hiermit in der johanneischen Komposition zu Joh 2,12 gehören würde, und zweitens, weil es sich um eine Dämonenaustreibung handelt, mit denen das vierte Evangelium bekannterweise nichts zu tun haben will.

Erzählstrategie des vierten Evangeliums, denn wie im Fall von Joh 2,1–11 (II.A.) und Joh 3,29 (II.C.) handelt es sich auch bei Joh 6,42 (IV.C.) um eine *Analepse*, die dem Modell-Leser das Wort Jesu von Joh 4,43–45 (IV.A.) nun direkt bestätigt. Der mit den Synoptikern vertraute Modell-Leser profitiert von dieser Analepse freilich doppelt.

Die johanneische Struktur- und Elementenreproduktion der synoptischen Prätexte auf der Makroebene, die vor allem die literarische Komposition betrifft, wird auch in diesem Fall von einer zahlreichen Struktur- und Elementenreproduktion auf der Wort- bzw. der Mikroebene der Erzählung begleitet,[135] die mit der intertextuellen Relektüre der Synoptiker durch den vierten Evangelisten eng verbunden ist ($M_4$). Deswegen werden wir uns der Struktur- und Elementenreproduktion auf der Mikroebene zusammen mit der Frage nach der *allegorischen Bedeutung* der johanneischen Relektüre im folgenden Kapitel widmen.

### 4.2.4 Allegorische Bedeutung

Die Kernfrage, auf die dieses Kapitel eine Antwort geben sollte, lautet: Welche Bedeutung hat die Verbindung beider Textsequenzen für das Johannesevangelium und welchen Sinn hat ihre intertextuelle Lektüre auf der synoptischen Folie für den Modell-Leser? Oder etwas kürzer ausgedrückt: Was ist die *intentio intertextualitatis* der johanneischen Komposition von Joh 4,43–54? Der Schlüssel zum Verständnis dieser Komposition liegt in dem *Abstract* von Joh 4,43–45, das oft eher zu einem Missverständnis führt, und in seinen intra- und intertextuellen Bezügen. Ausgenommen das etwas rätselhafte *Zitat* in Joh 4,44b, auf das ich gleich noch zu sprechen komme, ist die schon oben mehrmals erwähnte Jerusalemer *Analepse* in Joh 4,45 der einzige klare Bezug innerhalb der Textsequenz IV.A. zu einem anderen Text des Johannesevangeliums: „ὅτε οὖν ἦλθεν εἰς τὴν Γαλιλαίαν, ἐδέξαντο αὐτὸν οἱ Γαλιλαῖοι πάντα ἑωρακότες ὅσα ἐποίησεν ἐν Ἱεροσολύμοις ἐν τῇ ἑορτῇ, καὶ αὐτοὶ γὰρ ἦλθον εἰς τὴν ἑορτήν." Die Analepse erinnert den Modell-Leser an das Geschehen in Jerusalem (vgl. Joh 2,13ff.) und vermittelt ihm eine neue Information, nämlich, dass *auch die Galiläer* bei diesem Fest in Jerusalem waren. Dies bedeutet unter anderem, dass der Modell-Leser spätestens hier nicht nur die erste, positive, sondern auch die zweite, deutlich skeptische Hälfte in V. 24–25 des Erzählerkommentars von Joh 2,23–25 *auch auf die Galiläer* beziehen darf, die zum V. 23 in einer Opposition steht:

„[23] Ὡς δὲ ἦν ἐν τοῖς Ἱεροσολύμοις ἐν τῷ πάσχα ἐν τῇ ἑορτῇ, πολλοὶ ἐπίστευσαν εἰς τὸ ὄνομα αὐτοῦ θεωροῦντες αὐτοῦ τὰ σημεῖα ἃ ἐποίει· × [24] αὐτὸς δὲ Ἰησοῦς οὐκ ἐπίστευεν αὐτὸν αὐτοῖς διὰ τὸ αὐτὸν γινώσκειν πάντας [25] καὶ ὅτι οὐ χρείαν εἶχεν ἵνα τις μαρτυρήσῃ περὶ τοῦ ἀνθρώπου· αὐτὸς γὰρ ἐγίνωσκεν τί ἦν ἐν τῷ ἀνθρώπῳ."

Die Textsequenz IV.A. ist also keine bloße „transitional passage"[136] zur Überleitung von Samarien nach Galiläa, denn ohne solche Übergangspassagen kommt das

---

[135] In der Synopse kursiv und fett gedruckt, vgl. die Tabelle 4.3.
[136] STIBBE, John, 12.

vierte Evangelium gut aus – man denke nur an Joh 6,1, sondern sie ist ein Erzählerkommentar zu der Handlung, die in diesem Fall erst in der Textsequenz IV.B.
folgt, und deswegen nennen wir sie hier auch ein Abstract.

Die Anbindung eines längeren Erzählerkommentars an die Handlung, die sehr
oft mit einem intra- und/oder intertextuellen Bezug verbunden ist, ist ein typisches
Strukturmerkmal des johanneischen Erzählstils und kommt noch an anderen Stellen des Evangeliums vor, von denen der Modell-Leser hier jedoch mindestens drei
noch in frischer Erinnerung haben muss:

1. Joh 2,11–12: In diesem mit einer Coda (V. 12) verknüpften Erzählerkommentar
   deutet der Erzähler die Bedeutung des ersten Zeichens Jesu. Dieses Zeichen,
   mit dem Jesus seine Herrlichkeit bei der Hochzeit in Kana in Galiläa offenbart,
   erfolgt unmittelbar nach der Berufung der ersten Jünger und es sind auch nur
   die *Jünger* Jesu, die an ihn glauben: „καὶ ἐπίστευσαν εἰς αὐτὸν οἱ μαθηταὶ αὐτοῦ"
   (V. 11). Über den Glauben der Anderen wird nichts gesagt.[137]
2. Joh 2,23–25: Dieser Erzählerkommentar fasst in einer Elipse die Zeichen Jesu in
   Jerusalem und berichtet über den Glauben der *Jerusalemer*: „πολλοὶ ἐπίστευσαν
   εἰς τὸ ὄνομα αὐτοῦ θεωροῦντες αὐτοῦ τὰ σημεῖα ἃ ἐποίει" (V. 23). In V. 24–25
   wird jedoch auch die schon oben erwähnte Skepsis gegenüber diesem Glauben
   zum Ausdruck gebracht, die ihren Schatten noch auf Joh 4,45 wirft.
3. Joh 4,39–42: In diesem dritten und wohl längsten Erzählerkommentar wird der
   Aufenthalt Jesu in Samarien reflektiert und über den Glauben der *Samariter* berichtet. Das Erstaunliche daran ist, dass sie *ohne Zeichen* zum Glauben an Jesus
   kommen, viele von ihnen zuerst nur auf das Wort einer Frau hin (V. 39), dann
   aber noch viele mehr aufgrund der eigenen Worte Jesu (V. 41). Der Glaube der
   Samariter wird im Unterschied zu Joh 2,23–25 nicht nur in keiner Hinsicht in
   Frage gestellt,[138] sondern der Erzähler lässt sie am Ende noch bekennen: „οὗτός
   ἐστιν ἀληθῶς ὁ σωτὴρ τοῦ κόσμου" (V. 42).[139]

An dieser Stelle muss sich der Modell-Leser schon fragen, wie es wohl mit dem
Glauben der *Galiläer* ist.[140] Da das erste Zeichen in Joh 2,1–12 zwar in Galiläa, aber
eher im Verborgenen geschah, sind die Galiläer die letzten, die noch kein Zeichen
Jesu gesehen haben, es sei denn in Jerusalem in Joh 2,13ff. Das darf eine gute Erzählung, in der es um den Glauben geht (Joh 20,30–31), natürlich nicht zulassen und
das erwartete Zeichen kommt mit der Heilung des Sohnes eines königlichen Beamten von Kafarnaum in Joh 4,46–54. Doch, wer den üblichen Erzählerkommentar zu
dem Glauben der Galiläer erwarte, werde enttäuscht. Nicht etwa: „τοῦτο δὲ πάλιν
δεύτερον σημεῖον ἐποίησεν ὁ Ἰησοῦς ἐλθὼν ἐκ τῆς Ἰουδαίας εἰς τὴν Γαλιλαίαν *καὶ
ἐπίστευσαν εἰς αὐτὸν οἱ Γαλιλαῖοι*" kann er am Ende lesen, sondern er liest gleich am

---

[137] Vgl. außerdem Joh 7,5.

[138] Vgl. in diesem Kontext auch die Bilanz des Unglaubens in Joh 12,37–43.

[139] Zur Bedeutung dieses Bekenntnisses vgl. van Tilborg, Reading, 38–51.

[140] So auch Schnelle, Evangelium, 96, mit dem kleinen Unterschied, dass er Joh 4,46–54 auf den
Glauben eines ‚Heiden‘ bezieht, dass ist bei dem ‹βασιλικός› aber nicht der Fall.

Anfang in V. 44: „αὐτὸς γὰρ Ἰησοῦς ἐμαρτύρησεν ὅτι προφήτης ἐν τῇ ἰδίᾳ πατρίδι τιμὴν οὐκ ἔχει." Und die Antwort auf die Frage, was dieses Wort Jesu im Kontext von V. 45 zu bedeuten hat, würde der Leser in dem Johannesevangelium wohl auch vergeblich suchen, denn die erfordert eine *intertextuelle Kompetenz*.[141]

Die Erzählung von Joh 4,43–54 enthält zwar viele Signale, die eine intertextuelle Lektüre fordern, das auffälligste von ihnen ist aber bestimmt das *Zitat* in Joh 4,44. Der Modell-Leser kann zwar im Prinzip das Wort Jesu als eine Analepse, die auf Joh 1,46 zurückblickt, oder als eine Prolepse,[142] die Joh 6,42 voraussieht, verstehen, eine ganz kohärente Lektüre ergibt sich daraus aber nicht: Neben der Spannung zu dem unmittelbaren Kontext (V. 45), die die Frage aufwirft, was die Ehre eines Propheten mit Zeichen und der doch offensichtlich positiven Reaktion der Galiläer zu tun hat, bleibt auch die Tatsache problematisch, dass der Modell-Leser das vermeintlich wiederaufgenommene Wort Jesu (vgl. „ἐμαρτύρησεν" in V. 44a) in der erzählten Welt des vierten Evangeliums nirgendwo findet. Wie Michael Theobald in seiner Studie zu den Herrenworten belegt, ist das im Johannesevangelium der einzige Fall:

> „Auffällig ist zunächst die Nr. 1 [Joh 4,44], und zwar aus zwei Gründen: Zum einen begegnet μαρτυρεῖν in einer Zitateinleitungsformel vor Jesus-Worten sonst nicht mehr, zum anderen hat das mitgeteilte Zitat seinen Bezugspunkt nicht irgendwo in dem 4,44 vorausgehenden Text, sondern *außerhalb seiner*; m. a. W.: Der Autor setzt die Kenntnis dieses Jesus-Worts bei seinen Lesern nicht aufgrund des eigenen Evangelienbuchs voraus, sondern wegen seiner generellen Bekanntheit, die sich aus anderen Quellen speist; dabei kann man an die synoptischen Evangelien bzw. die synoptische Tradition denken, muss es aber nicht."[143]

Dass es sich tatsächlich um ein Zitat aus den synoptischen Evangelien handelt, bestätigt der Vergleich von Joh 4,44b mit Mt 13,57c/Mk 6,4b/Lk 4,24b, der in diesem Fall sowohl die Elementen- als auch die Strukturreproduktion nachweist (s. die Synopse in der Tabelle 4.3).[144] Gegen eine Übernahme aus der Überlieferung spricht eindeutig die Reproduktion von weiteren Strukturen und Elementen aus dem unmittelbaren *Kontext* dieses Wortes Jesu in der Textsequenz IV.A. bei den Synoptikern, wie beispielsweise die schon oben erwähnte Reproduktion von Mt 13,55/Mk 6,3a/Lk 4,22b in Joh 6,42a. Die Übernahme einzelner Wörter oder kurzer Wortsequenzen ist zwar bekannterweise kein Beweis für eine literarische Abhängigkeit,[145] doch, wenn diese Wörter oder Wortsequenzen ein *Strukturmuster* bilden, kann im Hinblick auf die poetische Funktion dieser Elementen- und Strukturreproduktion die *literarische Intertextualität* nachgewiesen werden (vgl. das Kapitel 2) und das ist bei Johannes der Fall. Denn mit dem Zitat in V. 44b will der

---

[141] Zu dieser Stelle auch DUNDERBERG, Anomalies, 120: „Moreover, the strange combination of the refection and reception of Jesus in Galilee could encourage us to speak of creative intertextuality in John." Vgl. auch die Analyse von DUNDERBERG, Johannes, (74–97) 93.

[142] So DUNDERBERG, Anomalies, 115f.

[143] THEOBALD, Herrenworte, 37f.

[144] Zu den Kriterien siehe das Kapitel 2.2.2.

[145] So auch die Resultate in den Kapiteln 1.2.1 und 1.2.2.

vierte Evangelist den Modell-Leser nicht nur an die bei den Synoptikern bezeugte Ablehnung Jesu in seiner Heimat erinnern, sondern der Modell-Leser sollte auch die darauf folgende Geschichte über die Heilung des Sohnes eines königlichen Beamten von Kafarnaum im Licht dieses kurzen Abstracts lesen.

Der Anfang der johanneischen Erzählung von Joh 4,43–45 ist zuerst ähnlich strukturiert wie bei den Synoptikern (A. Heimat Jesu) und mit Markus stimmt Johannes sogar wörtlich überein (vgl. Joh 4,43/Mk 6,1a). Die *Heimat Jesu* ist in dem vierten Evangelium aber nicht einfach die ‹πατρίς› (Mt 13,54a/Mk 6,1a) oder ‹Ναζαρά› (Lk 4,16a), sondern ‹Γαλιλαία› (Joh 4,43), wie es auch die Stellen Joh 1,45f. oder Joh 7,41.52 bekräftigen.[146] Dementsprechend sind es bei Johannes auch die ‹Γαλιλαῖοι›, die auf die Ankunft Jesu in seiner Heimat sehr *positiv reagieren*: „ἐδέξαντο αὐτὸν οἱ Γαλιλαῖοι" (Joh 4,45a). Doch auch hier sind es vor allem „τὰ σημεῖα ἃ ἐποίει" (vgl. Joh 2,23/4,45b), die die Menschen beeindrucken bzw. positiv stimmen (B. Positive Reaktion), und die unausgesprochene Erwartung, Jesus werde nun *Zeichen* auch in seiner Heimat tun, die Lk 4,23c–d artikuliert:

„²³ᶜ ὅσα ἠκούσαμεν γενόμενα εἰς τὴν Καφαρναοὺμ
²³ᵈ ποίησον καὶ ὧδε ἐν τῇ πατρίδι σου."

Bei Lukas erwarten also die Bewohner des Heimatdorfes ‹Nazaret›, Jesus werde in seiner Heimat das tun, was sie ‹gehört› haben, das in ‹Kafarnaum› geschah. Die Rezeption des Lukasevangeliums durch den vierten Evangelisten lässt ein *Echo* von dieser Erwartung in der Erzählstrategie des Johannesevangeliums widerhallen, nur sind es selbstverständlich nicht die Bewohner von Nazaret, die nun die Zeichen Jesu in seiner Heimat erwarten, sondern es sind

„⁴⁵ᵇ οἱ Γαλιλαῖοι πάντα ἑωρακότες ὅσα ἐποίησεν ἐν Ἱεροσολύμοις ἐν τῇ ἑορτῇ."

Dies ist ganz in Übereinstimmung mit der Tatsache, dass die ‹πατρίς› Jesu bei Johannes ‹Galiläa› ist und diese auch in dem vierten Evangelium die Opposition zu ‹Jerusalem› bildet.[147] Die *johanneische* strukturelle Opposition von ‹Ἱεροσόλυμα› × ‹Γαλιλαία› verknüpft mit ‹ὁράω› entspricht hier also exakt der *lukanischen* strukturellen Opposition von ‹Καφαρναούμ› × ‹Ναζαρά› verknüpft mit ‹ἀκούω›, wobei Joh 4,45b an Lk 4,23c–d anklingt.[148] Interessanterweise handelt es sich außerdem sowohl bei ‹Jerusalem› in Joh 2,45b als auch bei ‹Kafarnaum› in Lk 4,23c um Zeichen bzw. Wunder, die von dem Erzähler (noch) nicht erzählt worden sind.

Dass diese Erwartung in den synoptischen Evangelien nicht erfüllt wird und die erste positive Reaktion der Menschen in der Heimat Jesu nicht von langer Dauer ist

---

[146] Johannes korrigiert diese Aussagen nicht, obwohl ihm die in Mt 2,1–6/Lk 2,1–11 bezeugte Betlehemtradition bekannt ist (vgl. das Kapitel 5.2 auf S. 305). Dass der wahre Geburtsort Jesu in dem Kontext von ‹Heimat› aber irrelevant ist, zeigen schon Matthäus und Lukas, die in der Textsequenz IV.A. den in ihren eigenen Erzählungen angeführten Geburtsort Jesu in Betlehem auch mit keinem Wort erwähnen.

[147] Vgl. das Kapitel 3.3.3.

[148] Wir könnten die Erwartung der Galiläer an Jesus bei Johannes und die Erwartung des johanneischen Modell-Lesers in Anklang an Lk 4,23c–d so paraphrasieren: ‚Was wir ‹gesehen› haben, dass in ‹Jerusalem› beim Fest geschah, das ‹tu› auch hier in deiner ‹Heimat›.'

(C. Negative Reaktion), weiß der mit den Synoptikern vertraute Modell-Leser sehr gut. So darf ihn der Modell-Autor in Joh 4,44 nur an das Wort Jesu erinnern, „ὅτι προφήτης ἐν τῇ ἰδίᾳ πατρίδι τιμὴν οὐκ ἔχει" (E. Logion), denn spätestens in Joh 6,42 und in der ‚galiläischen Krise' von Joh 6 erfüllt sich dieses Wort auch in der erzählten Welt des Johannesevangeliums.[149] Doch der Modell-Autor will damit nicht nur ein einzelnes Wort Jesu in Erinnerung rufen, sondern auch die Konsequenzen dieser *negativen Reaktion* der Landsleute Jesu in den synoptischen Evangelien, die in der Tat dramatisch sind: Jesus kann in seiner eigenen Heimat *kaum Wunder* tun – bei Matthäus und Markus wegen dem Unglauben (Mt 13,58/Mk 6,5–6a) und bei Lukas wegen der Wut (Lk 4,28–30) der Menschen. Das ist bei Johannes von weitem nicht der Fall: Ungeachtet der skeptischen Untertöne, die schon die oben erwähnte Jerusalemer Analepse in Joh 4,45b/Joh 2,24–25 zum Ausdruck bringt und die auch in Joh 4,48b mitschwingen,[150] erfüllt der *johanneische* Jesus diese Erwartung: „ἐὰν μὴ σημεῖα καὶ τέρατα ἴδητε, οὐ μὴ πιστεύσητε" (I. Erste Antwort). Der hier verwendete *Plural* signalisiert dem Modell-Leser, dass die Antwort Jesu in V. 48b und hiermit das zweite Zeichen Jesu in Joh 4,46–54 nicht nur dem ‹Königlichen› von Kafarnaum, sondern auch den ‹Galiläern› gelten muss: Die in dem Abstract eingeführten ‹Galiläer› stellen nämlich neben ‹Jesus› und dem ‹Königlichen› die einzigen Figuren dar, die sich auf der Szene befinden, denn der in V. 46c erwähnte ‹Sohn› befindet sich in Kafarnaum. Doch, auch wenn wir den ‹Sohn› des ‹Königlichen› mitzählen würden, schließt die Ihr-Gruppe von V. 48b *alle* ‹Galiläer› mit ein und das ist meines Erachtens auch der Grund, warum hier der Modell-Autor den Begriff ‹βασιλικός› (V. 46b) und nicht etwa den synoptischen Begriff ‹ἑκατοντάρχης› (Mt 8,5c/Lk 4,2a) verwendet: Der königliche Beamte von Kafarnaum und sein Haus sollen die Ersten sein, die in *Galiläa* an Jesus glauben (vgl. Joh 4,53c).[151]

Für den versierten Modell-Leser bildet damit die johanneische Relektüre der synoptischen Erzählung über den Hauptmann von Kafarnaum (Textsequenz IV.B.) einen *Kontrapunkt* zu der Ablehnung Jesu in seiner galiläischen Heimat (Textsequenz IV.A.) und der thematische Schwerpunkt der Erzählung verschiebt sich bei Johannes eindeutig in diese Richtung, wie es auch folgende Übersicht zu der diskurssemantischen Struktur der Texte bestätigt:[152]

---

[149] Siehe das Kapitel 4.3.

[150] Zu der Schattenseite des auf *Zeichen* beruhenden Glaubens bei Johannes vgl. die Studie von BECKER, Zeichen, besonders 252f. Der johanneische Modell-Autor scheint hier meines Erachtens den Modell-Leser im Blick zu haben, wie SCHNELLE, Evangelium, 92, richtig bemerkt: „Schließlich ist auch der Leser jemand, der glauben muß, ohne selbst Zeichen zu sehen. Als solcher wird er am Ende des Evangeliums seliggepriesen (20,29). Also kann Jesus in 4,48 die Zeichen nicht zur *notwendigen* Voraussetzung des Glaubens erklären wollen."

[151] So schon BROWN, Gospel, I, 191: „The official is looked upon as representing the Galileans of vss. 44–45."

[152] Die grammatische Analyse und die Berechnung erfolgten mit ACCORDANCE am griechischen Text von NA[27] und können von anderen Lexika abweichen.

IV.B.  Joh 4,46–54 (*n* ≥ 2)

N  Ἰησοῦς (6), υἱός (4), Γαλιλαία (3), ὥρα (3), Ἰουδαία (2), σημεῖον (2).

V  λέγω (7), ζάω (3), καταβαίνω (3), πιστεύω (3), ἀποθνῄσκω (2), ἔρχομαι (2), ποιέω (2), πορεύομαι (2).

ADJ  βασιλικός (2).

ADV  πάλιν (2).

IV.B.  Lk 7,1–10 (*n* ≥ 2)

N  δοῦλος (4), Ἰησοῦς (4), ἑκατοντάρχης (2).

V  λέγω (6), εἰμί (4), ἔρχομαι (4), πορεύομαι (3), ἀκούω (2), εἰσέρχομαι (2), εὑρίσκω (2), ἔχω (2), πέμπω (2), ποιέω (2).

ADV  οὐδέ (2).

IV.B.  Mt 8,5–13 (*n* ≥ 2)

N  ἑκατοντάρχης (3), παῖς (3), βασιλεία (2), Ἰησοῦς (2), κύριος (2).

V  λέγω (8), εἰμί (3), ἔρχομαι (3), εἰσέρχομαι (2), ἰάομαι (2), ποιέω (2), πορεύομαι (2).

Die Übersicht spiegelt zwar in Joh 4,46–54 den typischen johanneischen Wortschatz wider, im Grunde genommen reproduziert das vierte Evangelium aber alle wichtigsten diskurssemantischen Einheiten der synoptischen Handlungsstruktur: ‹Ἰησοῦς› ≡ {‹Ἰησοῦς›, ‹κύριος›}, ‹υἱός› ≡ {‹δοῦλος›, ‹παῖς›}, ‹βασιλικός› ≡ {‹ἑκατοντάρχης›}, ‹λέγω› ≡ {‹λέγω›}, ‹ποιέω› ≡ {‹ποιέω›} etc. Die übrigen diskurssemantischen Einheiten im Kern der Texte verraten uns etwas über die thematischen Schwerpunkte der Erzählung und hier zeichnet sich bei Johannes ein deutliches Interesse an den *topographischen* (‹Γαλιλαία› × ‹Ἰουδαία›), *zeitlichen* (‹πάλιν›, ‹ὥρα›) und den *paradigmatischen* (‹ζάω› × ‹ἀποθνῄσκω›, ‹πιστεύω›) Aspekten dieses Zeichens (‹σημεῖον›). Die synoptische Pointe, die in dem ‚bewundernswerten‘ Glauben eines Heiden auf das bloße Wort Jesu liegt (Mt 8,10–12/Lk 7,9), wäre hier nicht nur überflüssig, sondern sogar störend.[153] Es ist deswegen wenig verwunderlich, dass der Modell-Autor diese Pointe seiner Prätexte ganz weglässt und den königlichen Beamten, der in seinem Evangelium vielmehr ein liebender Vater ist, in V. 49b–c sogar ein bisschen verzweifelt wirken lässt: „κύριε, κατάβηθι πρὶν ἀποθανεῖν τὸ παιδίον μου" (J. Zweite Bitte). Der johanneische Jesus weiß ohnehin, was „ἐν τῷ ἀνθρώπῳ" ist (Joh 2,25), und würde nie die Tatsache bewundern, dass „ὁ ἄνθρωπος τῷ λόγῳ" glaubte (Joh 4,50d, vgl. Mt 8,8c–12/Lk 7,7b–9), denn den Glauben und das Bekenntnis der Samariter in Joh 4,39–42 bewunderte er auch nicht.[154]

---

[153] Vgl. auch Bultmann, Evangelium, 152: „Der Evglist hat damit der Geschichte ihre ursprüngliche Pointe genommen [...]. Dann wird er auch den heidnischen Offizier zum jüdischen Hofbeamten gemacht haben."

[154] Vgl. auch Dunderberg, Anomalies, 122: „The Johannine story differs from its synoptic parallels by stating that there is nothing special in the official's faith in miracles."

Die *Pointe* des Johannesevangeliums und seiner *allegorischen Relektüre* der Synoptiker liegt in dem geretteten *Leben* des todkranken Sohnes des königlichen Beamten[155] und darin, dass dieses rettende Zeichen nun öffentlich in der galiläischen *Heimat* Jesu geschah – ungeachtet dessen, dass ein Prophet „ἐν τῇ ἰδίᾳ πατρίδι" keine Ehre hat (Joh 4,44), denn das sieht bei Johannes schon der Prolog voraus, in dem der Modell-Leser erfährt, dass Jesus „εἰς τὰ ἴδια ἦλθεν, καὶ οἱ ἴδιοι αὐτὸν οὐ παρέλαβον" (Joh 1,11).[156] Der vierte Evangelist übernimmt aus den synoptischen Evangelien auch nur jene Motive, die mit diesem zentralen Thema zusammenhängen: Er arbeitet das matthäische Stundenmotiv (M. Stunde) ausführlich aus, sodass es über das geschehene Wunder keinen Zweifel geben kann, und bei Lukas lehnt er sich nicht nur an die poetische Struktur der Erzählung an, wie wir es oben aufgezeigt haben, sondern er spielt auch auf den lukanischen Prätext 1 Kön 17,17–24 von der Textsequenz IV.A. (vgl. Lk 4,26) an: „Mit dem Wort: Βλέπε, ζῇ ὁ υἱός σου, hatte nämlich Elia einst der Witwe von Sarepta ihren toten Sohn lebendig wiedergegeben [...]."[157] Das Wunder wird in dem Johannesevangelium also nicht nur durch die viel größere Entfernung zwischen Kana und Kafarnaum gesteigert,[158] die das Wort Jesu und der königliche Beamte zu überbrücken haben, sondern vor allem dadurch, dass Jesus – im Unterschied zu den Synoptikern und anders als Elija – dieses Zeichen in seiner Heimat vollbringt. Der johanneische Jesus ist an dieser Stelle ein ‹romantischer›, rettender Held[159] und auch das Motiv der mit den vielen Abenteuern verbundenen ‹Reise› zwischen ‹Ἰουδαία› und ‹Γαλιλαία› in Joh 2–4 und das Motiv von ‹Leben› und ‹Tod›, in dem es um das ‹ζῆν› oder ‹ἀποθνήσκειν› des geliebten Sohnes des Königlichen geht, im Kern des Textes bestätigen, dass die Story der Erzählung von Joh 4,43–54 über den Propheten in seiner Heimat von dem abenteuerlichen Mythos[160] der *Romance*[161] geprägt wird, der die johanneische Story bis Joh 6 beherrscht.

---

[155] Siehe Joh 4,50c.51b.53b.

[156] Dies bedeutet selbstverständlich nicht, dass |τὰ ἴδια| bei Johannes direkt oder sogar ausschließlich auf ‹Galiläa› zu beziehen wäre: Die Bedeutung und der intratextuelle Bezug zu Joh 1,11 etablieren sich erst in dem Kontext von Joh 4,44. Zur Bedeutung von |τὰ ἴδια| s. WEDER, Ursprung, 60–64, hier 61: „Die Bedeutung dieses Wortes ist vielschichtig. Geht man vom Sprachgebrauch des Evangelisten aus, so kann mit diesem Wort die besondere Zugehörigkeit gemeint sein. An anderen Stellen gewinnt das Neutrum die Bedeutung von Heimat, eigene Welt. Festzuhalten ist, dass das Wort an keiner Stelle ‚Israel' bedeutet."

[157] THYEN, Johannesevangelium, 288.

[158] So SCHNELLE, Evangelium, 99.

[159] Vgl. FRYE, Anatomy, 187: „Hence the hero of romance is analogous to the mythical Messiah or deliverer who comes from an upper world, and his enemy is analogous to the demonic powers of a lower world. The conflict however takes place in, or at any rate primarily concerns, *our* world, which is in the middle [...]."

[160] Zum Begriff s. das Kapitel 3.4.

[161] FRYE, Anatomy, 186–206.

Tabelle 4.3: *Synopse der vier Evangelien zu Joh 4,43–54 (NA²⁷)*

| Joh 4,43–45 | Lk 4,16–31a | Mk 6,1–6a | Mt 13,54–58 [Vgl. 13,53] |
|---|---|---|---|
| 1. Abstract | 1. Abstract | 1. Abstract | 1. Abstract |
| A. Heimat Jesu | A. Heimat Jesu | A. Heimat Jesu | A. Heimat Jesu |
| ⁴³ Μετὰ δὲ τὰς δύο ἡμέρας | ¹⁶ᵃ Καὶ | ¹ᵃ Καὶ | ⁵⁴ᵃ Καὶ |
| ἐξῆλθεν ἐκεῖθεν | ἦλθεν | ἐξῆλθεν ἐκεῖθεν καὶ ἔρχεται | ἐλθὼν [⁵³ ἐκεῖθεν] |
| εἰς τὴν Γαλιλαίαν· | εἰς Ναζαρά, οὗ ἦν τεθραμμένος, | εἰς τὴν πατρίδα αὐτοῦ, | εἰς τὴν πατρίδα αὐτοῦ, |
| | ¹⁶ᵇ καὶ εἰσῆλθεν κατὰ τὸ εἰωθὸς αὐτῷ ἐν τῇ ἡμέρᾳ τῶν σαββάτων εἰς τὴν συναγωγὴν καὶ ἀνέστη ἀναγνῶναι. ¹⁷ καὶ ἐπεδόθη αὐτῷ βιβλίον τοῦ προφήτου Ἠσαΐου καὶ ἀναπτύξας τὸ βιβλίον εὗρεν τὸν τόπον οὗ ἦν γεγραμμένον· ¹⁸ πνεῦμα κυρίου ἐπ᾽ ἐμὲ οὗ εἵνεκεν ἔχρισέν με εὐαγγελίσασθαι πτωχοῖς, ἀπέσταλκέν με, κηρύξαι αἰχμαλώτοις ἄφεσιν καὶ τυφλοῖς ἀνάβλεψιν, ἀποστεῖλαι τεθραυσμένους ἐν ἀφέσει, ¹⁹ κηρύξαι ἐνιαυτὸν κυρίου δεκτόν. ²⁰ καὶ πτύξας τὸ βιβλίον ἀποδοὺς τῷ ὑπηρέτῃ ἐκάθισεν· καὶ πάντων οἱ ὀφθαλμοὶ ἐν τῇ συναγωγῇ ἦσαν ἀτενίζοντες αὐτῷ. ²¹ ἤρξατο δὲ λέγειν πρὸς αὐτοὺς ὅτι σήμερον πεπλήρωται ἡ γραφὴ αὕτη ἐν τοῖς ὠσὶν ὑμῶν. | ¹ᵇ καὶ ἀκολουθοῦσιν αὐτῷ οἱ μαθηταὶ αὐτοῦ. ²ᵃ καὶ γενομένου σαββάτου ἤρξατο διδάσκειν ἐν τῇ συναγωγῇ, | ⁵⁴ᵇ ἐδίδασκεν αὐτοὺς ἐν τῇ συναγωγῇ αὐτῶν, |
| V. 44 s. u. | Vgl. 4,23–24 | Vgl. 6,4 | Vgl. 13,57b–c |

| Joh 4,43–45 [Vgl. 6,42] | Lk 4,16–31a | Mk 6,1–6a | Mt 13,54–58 |
|---|---|---|---|
| **B. Positive Reaktion** | **B. Positive Reaktion** | **B. Positive Reaktion** | **B. Positive Reaktion** |
| 45a ὅτε οὖν ἦλθεν εἰς *τὴν Γαλιλαίαν*, ἐδέξαντο αὐτὸν οἱ *Γαλιλαῖοι* | 22a Καὶ *πάντες ἐμαρ-τύρουν αὐτῷ* καὶ *ἐθαύμαζον ἐπὶ τοῖς λόγοις τῆς χάριτος τοῖς ἐκπορευομέ-νοις ἐκ τοῦ στόματος αὐτοῦ* | 2b καὶ *πολλοὶ ἀκού-οντες ἐξεπλήσσοντο λέγοντες· πόθεν τού-τῳ ταῦτα, καὶ τίς ἡ σοφία ἡ δοθεῖσα τούτῳ,* | 54c *ὥστε ἐκπλήσ-σεσθαι αὐτοὺς* καὶ *λέγειν· πόθεν τούτῳ ἡ σοφία αὕτη* |
| 45b *πάντα ἑωρακότες ὅσα ἐποίησεν ἐν Ἱεροσολύμοις ἐν τῇ ἑορτῇ, καὶ αὐτοὶ γὰρ ἦλθον εἰς τὴν ἑορτήν.* | Vgl. 4,23c | 2c καὶ *αἱ δυνάμεις τοι-αῦται διὰ τῶν χειρῶν αὐτοῦ γινόμεναι;* | 54d καὶ *αἱ δυνάμεις;* |
| **C. Negative Reaktion** | **C. Negative Reaktion** | **C. Negative Reaktion** | **C. Negative Reaktion** |
| [6,42a **καὶ ἔλεγον· οὐχ οὗτός ἐστιν** Ἰησοῦς ὁ υἱὸς Ἰωσήφ, οὗ ἡμεῖς οἴδαμεν *τὸν πατέρα* καὶ **τὴν μητέρα;** | 22b **καὶ ἔλεγον·** οὐχὶ υἱός ἐστιν Ἰω-σὴφ οὗτος; | 3a **οὐχ οὗτός ἐστιν** ὁ τέκτων, ὁ υἱὸς *τῆς Μαρίας* καὶ ἀδελφὸς Ἰακώβου καὶ Ἰωσῆτος καὶ Ἰούδα καὶ Σίμωνος; καὶ οὐκ εἰσὶν αἱ ἀδελφαὶ αὐτοῦ ὧδε πρὸς ἡμᾶς; | 55 **οὐχ οὗτός ἐστιν** ὁ *τοῦ τέκτονος* **υἱός;** οὐχ ἡ **μήτηρ** αὐτοῦ *λέγεται Μαριὰμ* καὶ οἱ ἀδελφοὶ αὐτοῦ Ἰάκωβος καὶ Ἰωσὴφ καὶ Σίμων καὶ Ἰούδας; 56a καὶ αἱ ἀδελφαὶ αὐτοῦ οὐχὶ πᾶσαι πρὸς ἡμᾶς εἰσιν; |
| 6,42b *πῶς νῦν λέγει ὅτι ἐκ τοῦ οὐρανοῦ καταβέβηκα;*] | Vgl. 4,28–29 | 3b καὶ *ἐσκανδαλίζοντο ἐν αὐτῷ.* | 56b καὶ *πόθεν οὖν τούτῳ ταῦτα πάντα;* 57a καὶ *ἐσκανδαλίζον-το ἐν αὐτῷ.* |
| **D. Zeugnis Jesu** | **D. Antwort Jesu** | **D. Antwort Jesu** | **D. Antwort Jesu** |
| 44a *αὐτὸς γὰρ Ἰησοῦς* ἐμαρτύρησεν | 23a καὶ *εἶπεν πρὸς αὐτούς·* | 4a καὶ *ἔλεγεν αὐτοῖς ὁ* **Ἰησοῦς** | 57b ὁ δὲ **Ἰησοῦς** *εἶπεν αὐτοῖς·* |
| | 23b *πάντως ἐρεῖτέ μοι τὴν παραβολὴν ταύτην· ἰατρέ, θεράπευσον σεαυτόν·* | | |
| Vgl. 4,45b | 23c *ὅσα ἠκούσαμεν γενόμενα εἰς τὴν Καφαρναοὺμ* | Vgl. 6,2c | Vgl. 13,54d |
| Vgl. 4,46–54 | 23d **ποίησον** καὶ *ὧδε ἐν τῇ πατρίδι σου.* 24a *εἶπεν δέ· ἀμὴν λέγω ὑμῖν* | Vgl. 6,5 | Vgl. 13,58 |

| Joh 4,43–45<br>[Vgl. 6,42] | Lk 4,16–31a | Mk 6,1–6a | Mt 13,54–58 |
|---|---|---|---|
| E. Logion | E. Logion | E. Logion | E. Logion |
| 44b ὅτι προφήτης ἐν τῇ ἰδίᾳ πατρίδι τιμὴν οὐκ ἔχει. | 24b ὅτι οὐδεὶς προφή-της δεκτός ἐστιν ἐν τῇ πατρίδι αὐτοῦ. | 4b ὅτι οὐκ ἔστιν προ-φήτης ἄτιμος εἰ μὴ ἐν τῇ πατρίδι αὐτοῦ | 57c οὐκ ἔστιν προφή-της ἄτιμος εἰ μὴ ἐν τῇ πατρίδι |
|  | 25 ἐπ᾿ ἀληθείας δὲ λέγω ὑμῖν, πολλαὶ χῆραι ἦσαν ἐν ταῖς ἡμέραις Ἠλίου ἐν τῷ Ἰσραήλ, ὅτε ἐκλείσθη ὁ οὐρανὸς ἐπὶ ἔτη τρία καὶ μῆνας ἕξ, ὡς ἐγένετο λιμὸς μέγας ἐπὶ πᾶσαν τὴν γῆν, | καὶ ἐν τοῖς συγγενεῦ-σιν αὐτοῦ καὶ ἐν τῇ οἰκίᾳ αὐτοῦ. | καὶ ἐν τῇ οἰκίᾳ αὐτοῦ. |
|  | 26 καὶ πρὸς οὐδεμίαν αὐτῶν ἐπέμφθη Ἠλίας εἰ μὴ εἰς Σάρεπτα τῆς Σιδωνίας πρὸς γυναῖκα χήραν. 27 καὶ πολλοὶ λεπροὶ ἦσαν ἐν τῷ Ἰσραὴλ ἐπὶ Ἐλισαίου τοῦ προφήτου, καὶ οὐδεὶς αὐτῶν ἐκαθαρίσθη εἰ μὴ Ναιμὰν ὁ Σύρος. |  |  |
|  | C. Negative Reaktion |  |  |
| Vgl. 6,42b | 28 καὶ ἐπλήσθησαν πάντες θυμοῦ ἐν τῇ συναγωγῇ ἀκού-οντες ταῦτα 29 καὶ ἀναστάντες ἐξέβα-λον αὐτὸν ἔξω τῆς πόλεως καὶ ἤγαγον αὐτὸν ἕως ὀφρύος τοῦ ὄρους ἐφ᾿ οὗ ἡ πόλις ᾠκοδόμητο αὐτῶν ὥστε κατακρημνίσαι αὐτόν· 30 αὐτὸς δὲ διελθὼν διὰ μέσου αὐτῶν ἐπορεύετο. | Vgl. 6,3b | Vgl. 13,56b–57a |
|  |  | Keine Wunder | Wenige Wunder |
| Vgl. 4,46–54! |  | 5 καὶ οὐκ ἐδύνατο ἐκεῖ ποιῆσαι οὐδε-μίαν δύναμιν, εἰ μὴ ὀλίγοις ἀρρώστοις ἐπιθεὶς τὰς χεῖρας ἐθεράπευσεν. | 58 καὶ οὐκ ἐποίησεν ἐκεῖ δυνάμεις πολλὰς διὰ τὴν ἀπιστίαν αὐτῶν. |

| Joh 4,43–45 | Lk 4,16–31a | Mk 6,1–6a | Mt 13,54–58 |
|---|---|---|---|
| [Vgl. 2,12] | | [Vgl. 1,21] | [Vgl. 4,13a.23b] |
| Vgl. 4,46–54 | Vgl. 7,1–10 | [Vgl. 2,1] | Vgl. 8,5–13 |
| | | Bewunderung Jesu | |
| Vgl. 4,48 | Vgl. 7,9 | 6a καὶ ἐθαύμαζεν διὰ τὴν ἀπιστίαν αὐτῶν. | Vgl. 8,10 |
| Kana/Kafarnaum | Kafarnaum | Kafarnaum | Kafarnaum |
| (zum ersten Mal) | (zum ersten Mal) | (zum ersten Mal) | (zum ersten Mal) |
| [Vgl. 2,12] | [31a Καὶ κατῆλθεν εἰς Καφαρναοὺμ πόλιν τῆς Γαλιλαίας.] | [Vgl. 1,21] | [Vgl. 4,13a.23b] |
| F. Kana/Kafarnaum | F. Kafarnaum | F. Kafarnaum | F. Kafarnaum |
| (zum zweiten Mal) | (zum zweiten Mal) | (zum zweiten Mal) | (zum zweiten Mal) |
| Vgl. 4,46 | Vgl. 7,1 | [Vgl. 2,1] | Vgl. 8,5 |


| Joh 4,46–54 | Lk 7,1–10 | Mk [Vgl. 2,1] | Mt 8,5–13 |
|---|---|---|---|
| 2. Exposition | 2. Exposition | | 2. Exposition |
| F. Kana/Kafarnaum | F. Kafarnaum | F. Kafarnaum | F. Kafarnaum |
| (zum zweiten Mal) | (zum zweiten Mal) | (zum zweiten Mal) | (zum zweiten Mal) |
| 46aἮλθεν οὖν πάλιν εἰς τὴν Κανὰ τῆς Γαλιλαίας, | 1b εἰσῆλθεν εἰς Καφαρναούμ. | [2,1a Καὶ εἰσελθὼν πάλιν εἰς Καφαρναοὺμ | 5a Εἰσελθόντος δὲ αὐτοῦ εἰς Καφαρναοὺμ |
| ὅπου ἐποίησεν τὸ ὕδωρ οἶνον. | | | |
| G. Hauptmann | G. Hauptmann | | G. Hauptmann |
| 46b Καὶ ἦν τις βασιλικὸς | 2aἙκατοντάρχου | | 5c ἑκατόνταρχος |
| 46c οὗ ὁ υἱὸς ἠσθένει ἐν Καφαρναούμ. | 2b δέ τινος δοῦλος κακῶς ἔχων ἤμελλεν τελευτᾶν, ὃς ἦν αὐτῷ ἔντιμος. | | |

| Joh 4,46–54 | Lk 7,1–10 | Mk [Vgl. 2,1] | Mt 8,5–13 |
|---|---|---|---|
| 3. Verwicklung | 3. Verwicklung | | 3. Verwicklung |
| ⁴⁷ᵃ οὗτος ἀκούσας ὅτι Ἰησοῦς ἥκει ἐκ τῆς Ἰουδαίας εἰς τὴν Γαλιλαίαν | ³ᵃ ἀκούσας δὲ περὶ τοῦ Ἰησοῦ | ²,¹ᵇ δι᾽ ἡμερῶν ἠκού-σθη ὅτι ἐν οἴκῳ ἐστίν.] | |
| ⁴⁷ᵇ ἀπῆλθεν πρὸς αὐτὸν | ³ᵇ ἀπέστειλεν πρὸς αὐτὸν πρεσβυτέρους τῶν Ἰουδαίων | | ⁵ᵇ προσῆλθεν αὐτῷ |
| H. Erste Bitte | H. Erste Bitte | | H. Erste Bitte |
| ⁴⁷ᶜ καὶ ἠρώτα ἵνα καταβῇ | ³ᶜ ἐρωτῶν αὐτὸν ὅπως ἐλθὼν | | ⁵ᵈ παρακαλῶν αὐτὸν |
| ⁴⁷ᵈ καὶ ἰάσηται αὐτοῦ τὸν υἱόν, ἤμελλεν γὰρ ἀποθνή-σκειν. | ³ᵈ διασώσῃ τὸν δοῦλον αὐτοῦ. ⁴ οἱ δὲ παραγενόμε-νοι πρὸς τὸν Ἰησοῦν παρεκάλουν αὐτὸν σπουδαίως λέγοντες ὅτι ἄξιός ἐστιν ᾧ πα-ρέξῃ τοῦτο· ⁵ ἀγαπᾷ γὰρ τὸ ἔθνος ἡμῶν καὶ τὴν συναγωγὴν αὐτὸς ᾠκοδόμησεν ἡμῖν. | | ⁶ καὶ λέγων· κύριε, ὁ παῖς μου βέβληται ἐν τῇ οἰκίᾳ παραλυτικός, δεινῶς βασανιζόμενος. |
| I. Erste Antwort | I. Erste Antwort | | I. Erste Antwort |
| ⁴⁸ᵃ εἶπεν οὖν ὁ Ἰησοῦς πρὸς αὐτόν· | ⁶ᵃ ὁ δὲ Ἰησοῦς | | ⁷ᵃ καὶ λέγει αὐτῷ· |
| ⁴⁸ᵇ ἐὰν μὴ σημεῖα καὶ τέρατα ἴδητε, οὐ μὴ πιστεύσητε. | Vgl. 7,9 | | ⁷ᵇ ἐγὼ ἐλθὼν θερα-πεύσω αὐτόν. |
| Vgl. 4,50e–51a | ⁶ᵇ ἐπορεύετο σὺν αὐτοῖς. ἤδη δὲ αὐτοῦ οὐ μακρὰν ἀπέχον-τος ἀπὸ τῆς οἰκίας ἔπεμψεν φίλους | | |
| J. Zweite Bitte | J. Zweite Bitte | | J. Zweite Bitte |
| ⁴⁹ᵃ λέγει πρὸς αὐτὸν ὁ βασιλικός· | ⁶ᶜ ὁ ἑκατοντάρχης λέγων αὐτῷ· | | ⁸ᵃ καὶ ἀποκριθεὶς ὁ ἑκατόνταρχος ἔφη· |

| Joh 4,46–54 | Lk 7,1–10 | Mk [Vgl. 6,6a] | Mt 8,5–13 |
|---|---|---|---|
| ⁴⁹ᵇ **κύριε,** **κατάβηθι** | ⁶ᵈ **κύριε,** μὴ σκύλλου, οὐ γὰρ ἱκανός εἰμι ἵνα ὑπὸ τὴν στέγην μου εἰσέλθῃς· ⁷ᵃ διὸ οὐδὲ ἐμαυτὸν ἠξίωσα πρὸς σὲ ἐλθεῖν· | | ⁸ᵇ **κύριε,** οὐκ εἰμὶ ἱκανὸς ἵνα μου ὑπὸ τὴν στέγην εἰσέλθῃς, |
| Vgl. 4,50d | ⁷ᵇ **ἀλλὰ εἰπὲ λόγῳ,** | | ⁸ᶜ **ἀλλὰ μόνον εἰπὲ** **λόγῳ,** |
| ⁴⁹ᶜ *πρὶν ἀποθανεῖν* *τὸ παιδίον μου.* | ⁷ᶜ **καὶ ἰαθήτω** **ὁ παῖς μου.** | | ⁸ᵈ **καὶ ἰαθήσεται** **ὁ παῖς μου.** |
| Vgl. 4,50d | ⁸ καὶ γὰρ ἐγὼ **ἄνθρω-** **πός** εἰμι ὑπὸ ἐξουσίαν τασσόμενος ἔχων ὑπ᾽ ἐμαυτὸν στρατιώ-τας, καὶ λέγω τούτῳ· πορεύθητι, καὶ πο-ρεύεται, καὶ ἄλλῳ· ἔρχου, καὶ ἔρχεται, καὶ τῷ δούλῳ μου· ποίησον τοῦτο, καὶ ποιεῖ. | | ⁹ καὶ γὰρ ἐγὼ **ἄνθρω-** **πός** εἰμι ὑπὸ ἐξουσί-αν, ἔχων ὑπ᾽ ἐμαυτὸν στρατιώτας, καὶ λέγω τούτῳ· πορεύθητι, καὶ πορεύεται, καὶ ἄλλῳ· ἔρχου, καὶ ἔρ-χεται, καὶ τῷ δούλῳ μου· ποίησον τοῦτο, καὶ ποιεῖ. |
| | Bewunderung Jesu | | Bewunderung Jesu |
| Vgl. 4,48 | ⁹ ἀκούσας δὲ ταῦτα ὁ Ἰησοῦς *ἐθαύμασεν* αὐτὸν καὶ στραφεὶς τῷ ἀκολουθοῦντι αὐτῷ ὄχλῳ εἶπεν· λέγω ὑμῖν, οὐδὲ ἐν τῷ Ἰσραὴλ τοσαύτην **πίστιν** εὗρον. | [Vgl. 6,6a] | ¹⁰ ἀκούσας δὲ ὁ Ἰη-σοῦς *ἐθαύμασεν* καὶ εἶπεν τοῖς ἀκολου-θοῦσιν· ἀμὴν λέγω ὑμῖν, παρ᾽ οὐδενὶ τοσαύτην **πίστιν** ἐν τῷ Ἰσραὴλ εὗρον. |
| | | | ¹¹ λέγω δὲ ὑμῖν ὅτι πολλοὶ ἀπὸ ἀνατολῶν καὶ δυσμῶν ἥξουσιν καὶ ἀνακλιθήσονται μετὰ Ἀβραὰμ καὶ Ἰσαὰκ καὶ Ἰακὼβ ἐν τῇ βασιλείᾳ τῶν οὐρανῶν, ¹² οἱ δὲ υἱοὶ τῆς βασιλείας ἐκβληθήσονται εἰς τὸ σκότος τὸ ἐξώτερον· ἐκεῖ ἔσται ὁ κλαυθμὸς καὶ ὁ βρυγμὸς τῶν ὀδόντων. |

| Joh 4,46–54 | Lk 7,1–10 | Mk | Mt 8,5–13 |
|---|---|---|---|
| 4. Lösung | 4. Lösung | | 4. Lösung |
| K. Zweite Antwort | | | K. Zweite Antwort |
| 50a λέγει αὐτῷ ὁ Ἰησοῦς· 50b πορεύου, 50c ὁ υἱός σου ζῇ. | | | 13a καὶ εἶπεν ὁ Ἰησοῦς τῷ ἑκατοντάρχῃ· 13b ὕπαγε, 13d γενηθήτω σοι. |
| L. Wunder | L. Wunder | | |
| 50d ἐπίστευσεν ὁ ἄνθρωπος τῷ λόγῳ ὃν εἶπεν αὐτῷ ὁ Ἰησοῦς | Vgl. 7,7b–8 | | 13c ὡς ἐπίστευσας Vgl. 8,8c–9 |
| 50e καὶ ἐπορεύετο. 51a ἤδη δὲ αὐτοῦ καταβαίνοντος οἱ δοῦλοι αὐτοῦ ὑπήντησαν αὐτῷ λέγοντες | Vgl. 7,6b–c 10a Καὶ ὑποστρέψαντες εἰς τὸν οἶκον οἱ πεμφθέντες | | |
| | | | L. Wunder |
| 51b ὅτι ὁ παῖς αὐτοῦ ζῇ. | 10b εὗρον τὸν δοῦλον ὑγιαίνοντα. | | 13d καὶ ἰάθη ὁ παῖς [αὐτοῦ] |
| M. Stunde | | | |
| 52 ἐπύθετο οὖν τὴν ὥραν παρ᾽ αὐτῶν ἐν ᾗ κομψότερον ἔσχεν· εἶπαν οὖν αὐτῷ ὅτι ἐχθὲς ὥραν ἑβδόμην ἀφῆκεν αὐτὸν ὁ πυρετός. 53a ἔγνω οὖν ὁ πατὴρ ὅτι | | | |
| | | | M. Stunde |
| 53b [ἐν] ἐκείνῃ τῇ ὥρᾳ ἐν ᾗ εἶπεν αὐτῷ ὁ Ἰησοῦς· ὁ υἱός σου ζῇ, | | | 13e ἐν τῇ ὥρᾳ ἐκείνῃ. |
| N. Glaube | | | |
| 53c καὶ ἐπίστευσεν αὐτὸς καὶ ἡ οἰκία αὐτοῦ ὅλη. | | | |

| Joh 4,46–54 | Lk 7,1–10 | Mk | Mt 8,5–13 |
|---|---|---|---|
| | | [Vgl. 6,5] | [Vgl. 13,58] |
| 5. Bewertung | | | |
| O. Zweites Zeichen | | | |
| ⁵⁴ Τοῦτο [δὲ] πάλιν δεύτερον σημεῖον ἐποίησεν ὁ Ἰησοῦς ἐλθὼν ἐκ τῆς Ἰουδαίας εἰς τὴν Γαλιλαίαν. | | [Vgl. 6,5] | [Vgl. 13,58] |

## 4.3 Das Brot vom Himmel (Joh 6,1–7,10)

Leitvers: „Das Wort ist Fleisch geworden …" (Joh 1,14a)

### 4.3.1 Einführung

Die Erzählsequenz Joh 6,1–7,10 nimmt in der johanneischen Story eine besondere Stellung ein.[162] Sie bildet das *Ende* des galiläischen Wirkens Jesu, denn nachdem Jesus in Joh 7,10 Galiläa verlässt, kommt er erst als Auferstandener im Epilog von Joh 21 zurück, und gleichzeitig bildet sie auch den *Anfang des Endes*, zumal sie in Joh 6,70f. unmissverständlich die bevorstehende Katastrophe in Jerusalem fokussiert.[163] Mit anderen Worten gesagt: Diese größte galiläische Szene repräsentiert einen wichtigen *Wendepunkt* der johanneischen Handlung und für das galiläische Wirken Jesu bei Johannes stellt sie den Wendepunkt *par excellence* dar.[164] Man könnte an dieser Stelle sogar Ethelbert Stauffer zitieren, der in seiner romanhaften Studie zum historischen Jesus aus dem Jahr 1957 schreibt: „Die Passahzeit des Jahres 31 bezeichnet den Kulminationspunkt der galiläischen Wirksamkeit Jesu (J 6,14f). Alsbald setzt die Peripetie ein (J 6,60ff). [...] Die Abfallbewegung greift bis tief in den großen Jüngerkreis Jesu ein (J 6,66ff)."[165] Die johanneische Szene ist freilich eine literarische Fiktion, doch mindestens in der *erzählten* Welt des vierten Evangeliums kann die alte Frage, „die besonders die Leben-Jesu-Forschung des 19. Jahrhunderts beschäftigt hat: Gab es im Leben des vorösterlichen Jesus so etwas wie eine ‚galiläische Krise',[166] positiv beantwortet werden, denn hier erfüllt sich für den johanneischen Modell-Leser auch die Prolepse von Joh 4,44, „ὅτι προφήτης ἐν τῇ ἰδίᾳ πατρίδι τιμὴν οὐκ ἔχει."

---

[162] Zu folgenden Ausführungen vgl. auch das Kapitel 3.3.3.

[163] Das reflektiert mit der Überschrift „Der Weg zur Passion" auch die SQE¹⁵ bei Nr. 157 (Joh 6,60–66).

[164] So auch SCHNACKENBURG, Johannesevangelium, II, 12: „Im Rahmen des Ev bringt dieses Kapitel einen Ausschnitt aus der galiläischen Wirksamkeit Jesu, und zwar den Höhe- und Wendepunkt [...]." ANDERSON, Discourse, 1, nennt Joh 6 mit Recht „the Grand Central Station of Johannine critical issues."

[165] STAUFFER, Jesus, 66–71, hier 69f.

[166] So MUSSNER, Jesus, 74. Auch den von Franz Mußner in MUSSNER, Jesus, 74–77, angesprochenen „galiläischen Frühling" findet der Modell-Leser in Joh 2,1–12. In Anlehnung an Northrop Frye könnte man natürlich noch den ‚galiläischen Sommer' von Joh 4,43–54 hinzufügen, vgl. das Kapitel 4.2.4.

Abbildung 4.1: *Die Häufigkeit der intertextuellen Bezüge zu den Synoptikern*

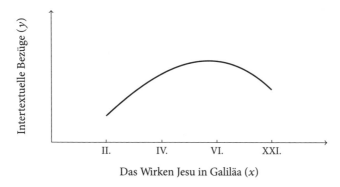

Was die Story Jesu betrifft (vgl. das Kapitel 3.3.3), entspricht die Erzählsequenz Joh 6,1–7,10 in ihrer Funktion strukturell der durch die drei Leidensankündigungen Jesu markierten *Wende* bei den Synoptikern,[167] die in allen vier Evangelien gleich nach dem Messiasbekenntnis des Petrus ansetzt (s. Joh 6,67–71/Mk 8,27–30 par.). Es ist deswegen nicht verwunderlich, dass gerade an dieser Stelle des Wirkens Jesu in Galiläa bei Johannes auch die Kurve der absoluten Häufigkeit der intertextuellen Bezüge des vierten Evangeliums zu den Synoptikern kulminiert, wie es die Abbildung 4.1 illustriert: Im Hinblick auf die Elementenreproduktion nimmt die Häufigkeit der intertextuellen Bezüge zu den Synoptikern von Joh 2,1–12 (II.) über Joh 4,43–54 (IV.) bis Joh 6,1–7,10 (VI.) zu und in Joh 21,1–25 (XXI.)[168] nimmt sie wieder ab. Damit ergibt sich hier ein für das Johannesevangelium typisches Bild, indem die Häufigkeit der intertextuellen Bezüge zu den Synoptikern auf einer Stelle kulminiert, die für die ganze Handlung von entscheidender Bedeutung ist. In dieser Hinsicht kann der Erzählsequenz Joh 6,1–7,10 nur die johanneische Passionsgeschichte konkurrieren,[169] doch hier handelt es sich um keine wirkliche Konkurrenz, wenn man das oben Gesagte in Betracht zieht und der Intra- und Intertextualität dieser Erzählung, die Joh 6 mit der *Passionsgeschichte* verbindet, den entsprechenden Platz bei der Interpretation einräumt.

### 4.3.2 Text und Prätexte

Wie in den vorherigen Kapiteln, werde ich mich auch hier ausschließlich der Intertextualität des vierten Evangeliums mit den Synoptikern widmen und die (zahlreichen) intertextuellen Bezüge von Joh 6 zu anderen Schriften der antiken Literatur[170] nur dann berücksichtigen, wenn sie für die johanneische Rezeption der syn-

---

[167] Mk 8,31–33/Mk 9,31–32/Mk 10,32–34 par.

[168] Vgl. das Kapitel 4.4.

[169] Siehe die Abbildung 3.2 auf S. 119.

[170] Zur Intertextualität von Joh 6 zu anderen Schriften siehe neben dem NW I/2, 332–383, vor allem BORGEN, Bread, HYLEN, Allusion, weiter LITTLE, Echoes, 75–66, und THEOBALD, Schriftzitate.

optischen Evangelien relevant sind. Dies bedeutet selbstverständlich auch in diesem Fall nicht, dass ich die johanneische Intertextualität nur auf die synoptischen Prätexte reduzieren wollte, sondern es geht vielmehr um die Frage, ob in der johanneischen Komposition von Joh 6,1–7,10 neben den zahlreichen intertextuellen Bezügen zu anderen Schriften auch die älteren kanonischen Evangelien eine Rolle gespielt haben können. Die synoptischen Parallelen zu Joh 6,1–7,10 listet die SQE[15] in Nr. 146/153 (Joh 6,1–15), Nr. 147 (Joh 6,16–21), Nr. 148 (Joh 6,22–25), Nr. 149 (Joh 6,26–59), Nr. 157 (Joh 6,60–66), Nr. 158 (Joh 6,67–71), Nr. 238 (Joh 7,1–9), Nr. 239 (Joh 7,10) u. a. auf,[171] doch angesichts der Länge dieser Erzählsequenz empfiehlt es sich in diesem Fall eher mit der narrativen Sequenzierung zu beginnen, bevor man nach den synoptischen Parallelen der jeweiligen Textsequenzen zu fahnden beginnt.[172]

### 4.3.2.1 Sequenzierung des Textes

Das 6. Kapitel des Johannesevangeliums lässt sich dank dem typischen Gliederungssignal „μετὰ ταῦτα" in Joh 6,1 und Joh 7,1 von dem Kontext relativ einfach abheben[173] und „stellt eine wohldurchdachte Komposition und geschlossene Einheit dar."[174] Damit haben wir bereits die letzte Textsequenz VI.E. (Joh 7,1–10) etabliert, die das Verbleiben Jesu in Galiläa und seinen (letzten) *Weg nach Jerusalem* reflektiert. Da die Gliederung eines Textes zugleich eine Interpretation ist, sollten die Kriterien der Aufteilung möglichst einfach und transparent bleiben.[175] Den sichersten Weg bietet in dieser Hinsicht bei erzählenden Texten immer noch die narrative Analyse, die sich vor allem an den Zeit- und Ortsangaben des Erzählers orientiert.[176]

Den ersten kohärenten Chronotopos bildet in diesem Sinne die Textsequenz VI.A. (Joh 6,1–15), die über die *wunderbare Speisung*[177] der etwa 5000 Männer erzählt. Diese beginnt in V. 1 mit „μετὰ ταῦτα" und der absoluten Ortsangabe „πέραν

---

[171] Nr. 149, 157, 238 und 239, jedoch ohne synoptische Parallelen.

[172] Vgl. auch DUNDERBERG, Johannes, 127ff.

[173] THYEN, Johannesevangelium, 331. Der Übergang zwischen Joh 5 und Joh 6 ist in der Tat „abrupt" (SCHNELLE, Evangelium, 115), für den johanneischen Plot aber relativ typisch (vgl. das Kapitel 3.3.2). Es ist eine der Stellen im Johannesevangelium, wo der Plot eher an Filmschnitt oder eine Drehbühne erinnert.

[174] SCHNACKENBURG, Johannesevangelium, II, 12. Zur literarischen Integrität von Joh 6 siehe die strukturale Analyse von CROSSAN, Analysis, hier 4: „John 6 may be taken as an integrated whole for both external and internal reasons." So im Hinblick auf die „starke Durchdringung von Joh 6,1–25 mit 38(39) Vorkommen von insgesamt 25 johanneischen Stilmerkmalen" auch RUCKSTUHL, Speisung, 2003.

[175] Dies scheint gerade im Falle des Johannesevangeliums eine wirkliche Herausforderung zu sein, denn man findet kaum zwei Johanneskommentare, die in der Gliederung von Joh 6 übereinstimmen. Nicht selten sind die Kriterien der Aufteilung so schwer nachvollziehbar, dass die Strukturierung des Textes fast willkürlich erscheint. So bildet beispielsweise MACKAY, Relationship, 257, ohne überzeugende Begründung eine Textsequenz, die mit Joh 6,59 beginnt.

[176] Vgl. auch die Übersicht zu den johanneischen Zeit- und Ortsangaben im Anhang A.

[177] Die oft verwendete Bezeichnung „Brotvermehrung" bringt zwar richtig das Hauptthema von Joh 6 zur Geltung, ist aber angesichts der Fische in Joh 6,11 etwas ungenau.

τῆς θαλάσσης τῆς Γαλιλαίας τῆς Τιβεριάδος" und endet in V. 15 mit der Zeit- und Ortsangabe „πάλιν εἰς τὸ ὄρος". Sie erinnert den Modell-Leser daran, dass Jesus schon einmal, nämlich in V. 3, „εἰς τὸ ὄρος" aufstieg, und schafft damit ein relativ geschlossenes Erzählkontinuum. Der Anfang in V. 1–4 bildet eine kurze Exposition, die neben den schon erwähnten Zeit- und Ortsangaben die Figuren der Erzählung einführt (s. „ὁ Ἰησοῦς" in V. 1, „ὄχλος πολύς" in V. 2 und „τῶν μαθητῶν αὐτοῦ" in V. 3) und mit der absoluten Zeitangabe bzw. der Situationsangabe „ἐγγὺς τὸ πάσχα, ἡ ἑορτὴ τῶν Ἰουδαίων" in V. 4 endet. Die Frage Jesu „πόθεν ἀγοράσωμεν ἄρτους ἵνα φάγωσιν οὗτοι;" in V. 5 leitet unmissverständlich die Verwicklung ein, die sich aus dem Erzählerkommentar in V. 6, der negativen Antwort des Philippus in V. 7 und der positiven Antwort des Andreas in V. 8f. zusammensetzt. Doch erst die Handlung Jesu in Joh 6,10f. bringt die Lösung. Eine typische Bewertung in Form eines Erzählerkommentars (vgl. z. B. Joh 2,11) findet man in der Textsequenz VI.A. zwar nicht, die Reaktion der Menschenmenge in V. 14 und die Reaktion Jesu in V. 15 kann man aber als eine Art erzählter Bewertung auffassen.[178]

Mit der Zeitangabe „ὡς δὲ ὀψία ἐγένετο" und der Ortsangabe „ἐπὶ τὴν θάλασσαν" in Joh 6,16 beginnt die Textsequenz VI.B. (Joh 6,16–21), die über den *Seewandel Jesu* und die wunderbare Landung der Jünger in Kafarnaum erzählt. Die Hauptfiguren dieser kurzen Erzählung sind nur die Jünger und Jesus, denn die Menschenmenge von Joh 6,2 bleibt zuerst auf dem Festland. Der stürmische See, der auch der Schauplatz dieser Geschichte ist, sorgt in V. 18 für die Verwicklung und die auf dem See wandelnde Gestalt Jesu in V. 19 sorgt für Angst bei den Jüngern. Erst die Worte Jesu „ἐγώ εἰμι· μὴ φοβεῖσθε" in V. 20 bringen die Lösung und das Boot landet in V. 21 am Ufer, das sie erreichen wollten, in Kafarnaum.

Das alles geschieht an einem Tag (Textsequenz VI.A.) und in einer Nacht (Textsequenz VI.B.) der erzählten Zeit, wie es die Zeitangabe „τῇ ἐπαύριον" in Joh 6,22 bestätigt, die einen neuen Tag in der erzählten Welt und eine neue Textsequenz VI.C (Joh 6,22–59) der Erzählung einleitet, in der es um das *Brot vom Himmel* geht. Im Zentrum steht der Dialog Jesu in V. 25–58, der als sein Lehren in der Synagoge von Kafarnaum situiert wird: „Ταῦτα εἶπεν ἐν συναγωγῇ διδάσκων ἐν Καφαρναούμ" (V. 59). In ihm findet der Modell-Leser nun auch eine ausführliche Bewertung und Deutung dessen, was am vorigen Tag geschah. Die Textsequenz VI.C. wird von dem *dramatischen* Modus der besprochenen Welt beherrscht[179] und der *narrative* Anfang in V. 22–24 dient wohl vor allem dazu, die Menschenmenge, die sich in V. 22 immer noch „πέραν τῆς θαλάσσης" befindet, als Zuhörer und Dialogpartner Jesu nach Kafarnaum zu bringen. Der Grund, warum der Erzähler (relativ umständlich)[180] die Menschenmenge nach Kafarnaum bringt, liegt darin, dass

---

[178] Die Tatsache, dass es in den ersten Erzählsequenzen von Joh 6 keine andere Bewertung gibt, verdankt man aber vor allem dem auf sie folgenden Dialog in Joh 6,25–58.

[179] Vgl. die Analyse in der Abbildung 3.1 auf S. 110.

[180] So bemerkt schon BULTMANN, Evangelium, 160: „[...] als *deus ex machina* kommen Schiffe aus Tiberias in die Nähe des Speisungsortes und bringen die Menge nach Kapernaum hinüber."

er Figuren braucht, die Jesu Zeichen gesehen haben (V. 26).[181] Das verbindet *alle* Dialogpartner Jesu: Die ‹Menschenmenge›, die am Anfang in V. 25 Jesus die Frage „ῥαββί, πότε ὧδε γέγονας;" stellt, die den ganzen Dialog in Bewegung setzt, die murrenden und streitenden ‹Juden› in V. 41.52 und, wenn man die Textsequenz VI.D. (Joh 6,60–71) heranzieht, die zwar durch die Ortsangabe in V. 59 von dem Dialog getrennt ist, in gewissem Sinne aber seine Fortsetzung darstellt, auch die ‹vielen Jünger› in V. 60 und die ‹Zwölf› in V. 67. Der Kreis der Zuhörer und Dialogpartner Jesu ist aber keineswegs eine stabile Größe und es lässt auf die Intention des Erzählers in Joh 6 schließen, wenn er ihn im Laufe der Erzählung auf etwa 12:5000 reduziert:

‹οἱ δώδεκα› ⊂ ‹πολλοὶ ἐκ τῶν μαθητῶν› ⊂ ‹οἱ Ἰουδαῖοι› ⊂ ‹ὁ ὄχλος›

Fünftausend sehen die Zeichen und folgen Jesus (V. 26), doch der Kreis der „διδακτοὶ θεοῦ" (V. 45) ist klein: „διὰ τοῦτο εἴρηκα ὑμῖν ὅτι οὐδεὶς δύναται ἐλθεῖν πρός με ἐὰν μὴ ᾖ δεδομένον αὐτῷ ἐκ τοῦ πατρός" (Joh 6,65).

Mit der Ortsangabe in Joh 6,59 setzt der Erzähler eine deutliche Zäsur zwischen den Dialog Jesu mit der ‹Menschenmenge›/den ‹Juden› und das Gespräch mit den ‹Jüngern›/den ‹Zwölf› und etabliert hiermit die Textsequenz VI.D. (Joh 6,60–71). Retrospektiv kann der Modell-Leser aber fragen, ob nicht etwa schon der Seewandel Jesu (Textsequenz VI.B.) die ‹Zwölf› von den anderen getrennt hat und ob dies sogar nicht von Anfang an die Absicht des Erzählers gewesen ist. Die Textsequenz VI.D widmet sich ausschließlich der *Reaktion der Jünger* – zuerst der *negativen* Reaktion der ‹πολλοὶ ἐκ τῶν μαθητῶν› in V. 60–66 und danach der *positiven* Reaktion der ‹δώδεκα› in V. 67–71, die ihren Ausdruck in dem Bekenntnis des Petrus findet (V. 68f). Wie schon oben gesagt wurde, schließt das typische Gliederungssignal „μετὰ ταῦτα" in Joh 7,1 das 6. Kapitel und hiermit auch die Textsequenz VI.D. ab und etabliert die letzte Textsequenz VI.E. (Joh 7,1–10) des galiläischen Wirkens Jesu. Diese beschreibt den *Weg nach Jerusalem* und nicht nur die neue absolute Zeitangabe „ἡ ἑορτὴ τῶν Ἰουδαίων ἡ σκηνοπηγία" in V. 2, sondern auch die neuen Figuren, „οἱ ἀδελφοί" in V. 3, heben sie von dem vorherigen Geschehen ab.

Im Hinblick auf die Makro-Szenographie ‹Galiläa›[182] und die Struktur von Joh 6,1–71[183] lässt sich die Erzählung von Joh 6 inklusive Joh 7,1–10 als eine größere Komposition auffassen, in der die narrativen Textsequenzen VI.A. und VI.B. einer (narrativen) *Exposition* (VI.1.) entsprechen und die dramatische Textsequenz VI.C. einer (dramatischen) *Verwicklung* (VI.2.), die Textsequenz VI.D. einer *Lösung* (VI.3.) und die Textsequenz IV.E. einer *Coda* (VI.4.) entspricht. Hier ein kur-

---

[181] Ähnlich auch SCHWANK, Evangelium, 205: „Die unrealistische Darstellung macht also deutlich, auf was es dem Evangelisten ankommt. Er will mit wenigen überleitenden Bemerkungen die Menge möglichst schnell wieder zu Jesus finden lassen. Dabei vermeidet er es, Jesus einfach in Kafarnaum mit einer neuen Volksmenge ins Gespräch zu bringen. Dieselben Menschen, die das Zeichen der Brotvermehrung gesehen haben, sollen auch nach Jesus ‚suchen‘."

[182] Siehe das Kapitel 3.3.3.

[183] CROSSAN, Analysis.

zer Überblick,[184] inklusive kleinerer Einheiten A.–L., die besonders für die intertextuellen Bezüge zu den Synoptikern relevant sind und in diesem Kontext auch besprochen werden:

VI.1. Exposition

VI.A. Die wunderbare Speisung (Joh 6,1–15)

    1. Exposition (V. 1–4)

        A. Zeichen an den Kranken (V. 2b)

    2. Verwicklung (V. 5–9)

    3. Lösung (V. 10–13)

    4. Erzählte Bewertung (V. 14–15)

VI.B. Der Seewandel Jesu (Joh 6,16–21)

    1. Exposition (V. 16–17a)

    2. Verwicklung (V. 17b–19)

        B. Seesturm (V. 18)

    3. Lösung (V. 20–21)

VI.2. Verwicklung

VI.C. Das Brot vom Himmel und das Thema ‹Brot› (Joh 6,22–59)

    1. Exposition – narrativer Modus (V. 22–24)

        C. Überfahrt (V. 22–24)

    2. Dialog – dramatischer Modus (V. 25–59)

        D. Streitgespräch (V. 25–58)

        D.1. ‹Brot› (Analepse zu VI.A.) (V. 26f.)

        D.2. Werke Gottes? (V. 28f.)

        D.3. Zeichenforderung (V. 30f.)

        D.4. Exoduszitat (V. 31)

  IV.C. D.5. Intertextuelle Analepse zu IV.A. (V. 42)

        D.6. Jesajazitat (V. 45)

        D.7. Zeichen Jesu (V. 50f./39f.44.54)

        D.8. Wahre Speise (V. 53–58)

        E. Kafarnaum (zum dritten Mal) (V. 59)

VI.3. Lösung

VI.D. Die Reaktion der Jünger und das Thema ‹Nachfolge› (Joh 6,60–71)

    1. Negative Reaktion der Jünger (V. 60–66)

        F. Jüngerverstockung (V. 60–64)

        G. ‹Nachfolge› (V. 65f.)

---

[184] Vgl. auch die Übersicht in der Tabelle 4.6 und die Synopse in der Tabelle 4.7.

Im Hinblick auf die *Intratextualität* weist die Erzählung von Joh 6,1–7,10 zahlreiche intratextuelle Verbindungen zum Rest des Evangeliums auf, wie beispielsweise zu der schon am Anfang erwähnten Passionsgeschichte oder zu der Berufung der ersten Jünger in Joh 1,35–51, und ist auch mit allen Textsequenzen des galiläischen Wirkens Jesu vernetzt: mit Joh 2,1–12 über das Element der ‹Brüder› in Joh 2,12/Joh 7,5, mit Joh 4,43–54 strukturell über Joh 6,42 (Textsequenz IV.C.) und mit Joh 21,1–25 gleich über mehrere Elemente, am auffälligsten aber über die Ortsangabe ‹See von Tiberias› in Joh 6,1/21,1. In diesem Sinne ähnelt die Vernetzung von Joh 6,1–7,10 und Joh 21,1–25 der Ringkomposition von Joh 2,1–12 und Joh 4,43–54.

Was die *Intertextualität* betrifft, sind die wichtigsten synoptischen Prätexte der johanneischen Erzählung leicht zu finden[185] und ein Problem stellt eher die Tatsache dar, dass sie relativ umfangreich sind und dies nicht nur dank den ‚Verdoppelungen‘ in Mt 14/15 und Mk 6/8. In Joh 6 häufen sich sowohl die *Kompositionsanalogien* als auch die *wörtlichen Übereinstimmungen* und die Intertextualität dieses Kapitels mit den Synoptikern, besonders mit Mk, gehört heutzutage schon in die Einleitungsliteratur.[186] Dieses Bild bestätigen auch die im Rahmen dieser Arbeit erstellten intertextuellen Konkordanzen:[187] Sie verzeichnen zu Joh 6,1–7,10 viel mehr wörtliche Übereinstimmungen als zu anderen Textsequenzen des galiläischen Wirkens Jesu bei Johannes (s. die Abbildung 4.1), dabei auch viele Wortsequenzen der Länge von 4 Wörtern und zwar 7 mit Markus, 6 mit Matthäus und 1 mit Lukas, was auf die etwas kleinere textuelle Distanz von Johannes und Markus in diesem Intertext zurückgeführt werden kann. Dasselbe lässt sich auch über die über das Kosinusmaß[188] gemessene Ähnlichkeit sagen. Dies alles führt in der Johannesforschung dazu, dass man Joh 6 bei der Frage der Beziehung des Johannes-

---

[185] Siehe nur die SQE[15] zu den oben angegebenen Nummern und den Anhang B zur Stelle.

[186] Vgl. SCHNELLE, Einleitung, 540f., oder POKORNÝ/HECKEL, Einleitung, 548f.

[187] STUDENOVSKÝ, Concordances, vgl. das Kapitel 1.2.2.

[188] STUDENOVSKÝ, Search, vgl. das Kapitel 2.4.3.

evangeliums zu den Synoptikern „häufig für einen Schlüsseltext gehalten" hat[189] und meines Erachtens immer noch hält, für „un terrain privilégié pour la comparaison synoptique",[190] wo man besonders oft eine direkte literarische Abhängigkeit von den älteren Evangelien nachzuweisen versucht. Dabei wird das Problem von den meisten Exegeten mit dem klassischen Instrumentarium der exegetischen Methoden angegangen und diese konzentrieren sich (verständlicherweise) vor allem auf die narrativen Textsequenzen in Joh 6,1–21.60–71 mit der überwiegenden *Elementenreproduktion* bzw. den wörtlichen Übereinstimmungen und lassen die Textsequenz VI.C. (Joh 6,22–59) mit dem Dialog und der überwiegenden *Strukturreproduktion* in der Regel aus.[191] Doch gerade wenn der vierte Evangelist die älteren Evangelien in der schriftlichen Form kannte und verwendete, kann man erwarten, dass er auch jene Texte las, die bei den Synoptikern zwischen den Textsequenzen VI.B. und VI.D liegen (vgl. die Tabelle 4.6 auf S. 231) und dass diese ihre Spuren in Joh 6,22–59 hinterließen.

Die Analyse der Textsequenz VI.C. ist hiermit also genauso wichtig, wie die Analyse der übrigen narrativen Textsequenzen, wenn nicht sogar wichtiger. Denn was die Elementenreproduktion bzw. die wörtlichen Übereinstimmungen betrifft, muss man auch im Fall von Joh 6 festhalten, was am Ende des Kapitels 1.2.2 gesagt wurde, nämlich, dass alle diese Übereinstimmungen an sich nicht ausreichend sind, um als ein Nachweis einer direkten literarischen Abhängigkeit des Johannesevangeliums von den Synoptikern zu dienen.[192] Der Modell-Autor geht mit seinen synoptischen Prätexten sehr frei um und das ist auch das Einzige, was sich bei Johannes mit dem klassischen Instrumentarium der exegetischen Methoden nachweisen lässt,[193] denn der johanneische Posttext ist primär eine neue (geistige) *Sinnbildung*, die auf das Wirken des Parakleten zurückzuführen ist, und stellt keine Reproduktion der Prätexte im synoptischen Sinne dar.[194] Das 6. Kapitel unterscheidet sich in dieser Hinsicht nicht vom Rest des Johannesevangeliums und „[m]ethodisch gilt es, die sprachlichen, literarischen und theologischen Elemente d[ies]er Sinnbildung zu erfassen, um das johanneische Spiel mit seinen Prätexten plausibel machen zu können."[195]

### 4.3.2.2 Sequenzierung der Prätexte

Bei der Sequenzierung der synoptischen Prätexte werde ich von den etablierten Textsequenzen der Erzählung in Joh 6,1–7,10 ausgehen und mich auf längere Texte

---

[189] DUNDERBERG, Johannes, 126.

[190] VOUGA, Jean 6, 267.

[191] So auch die Analyse von DUNDERBERG, Johannes, (125–174) 127.

[192] Vgl. die Resultate der Dotplot Analyse in STUDENOVSKÝ, Dotplot, hier das Kapitel 1.2.1.

[193] Das gilt auch für die Analyse zu Joh 6/Mk 8 von ANDERSON, Christology, 90–109.

[194] Die ungeschriebene ‚Regel' der älteren Evangelienforschung, die sich unter dem Motto ‚Wer nicht abschreibt, greift auf mündliche Überlieferung zurück' zusammenfassen ließe, ist eine Kurzschlussfolgerung und scheint gerade bei Johannes vollkommen fehl am Platz zu sein.

[195] LABAHN/LANG, Johannes, 514.

der synoptischen Evangelien beschränken, die für den Vergleich mit dem Johannesevangelium eine Sequenzierung erfordern. Die Übersicht in der Tabelle 4.6 auf S. 231 und die darauf folgende Synopse in der Tabelle 4.7 enthalten weitere kürzere Zitate, Anspielungen und Echos. Die Prätexte zu der Textsequenz VI.A. über die *wunderbare Speisung* finden sich in Mk 6,32–44/8,1–9, Mt 14,13–21/15,29–39 und in Lk 9,10b–17. Sie lassen sich in Anlehnung an die johanneische Erzählung in Joh 6,1–15 relativ einfach gliedern und ausgenommen die erzählte Bewertung (Joh 6,14–15) findet man in allen synoptischen Textsequenzen eine 1. Exposition, 2. Verwicklung und 3. Lösung (vgl. die Tabelle 4.7). Besonders auffällig sind in diesem Kontext selbstverständlich die ‚Verdoppelungen' bei Mt und Mk, die nicht nur die narrative Textsequenz VI.A. über die wunderbare Speisung der *Fünf-* bzw. *Viertausend* betreffen, sondern die sich in Bezug auf die Struktur und Thematik bis zu der Textsequenz VI.D. und dem Thema ‹Nachfolge› (G.) bei Mk und dem Petrusbekenntnis (H.) bei Mt verfolgen lassen (vgl. die Tabelle 4.6). Nur Lukas geht hier ähnlich wie Johannes vor und gibt diese ‚Verdoppelungen' des markinischen Prätextes in seiner Erzählung nicht weiter. Von dem Standpunkt der narrativen Analyse handelt es sich aber bei der matthäischen und markinischen Komposition keinesfalls um ‚Verdoppelungen', sondern um zwei unterschiedliche Ereignisse in der erzählten Welt dieser Evangelien, wie es ziemlich eindeutig die Mahnung Jesu an die verstockten Jünger in Mt 16,9f. und Mk 8,19f. belegt. Von den kleineren Erzähleinheiten in der Textsequenz VI.A. sollten noch die Zeichen Jesu an den Kranken (A.) erwähnt werden, die sich im Rahmen der Exposition nur in Joh 6,2b, Mt 14,14/15,30f. und Lk 9,11 befinden, bei Markus rahmen sie dagegen diese Erzählungen um.

Ähnlich einfach lassen sich in Anlehnung an die Erzählung von Joh 6,16–21 die synoptischen Prätexte der Textsequenz VI.B. vom *Seewandel Jesu* in Mk 6,45–52/53 und Mt 14,22–33/34 gliedern, die in beiden Evangelien nach der Erzählung über die wunderbare Speisung der *Fünftausend* folgen und in denen man leicht eine typische 1. Exposition, 2. Verwicklung und 3. Lösung findet, wobei man das Ende der Lösung in Mk 6,51c und Mt 14,33 sogar als eine sehr kurze Bewertung verstehen könnte, die jedoch keine Entsprechung bei Johannes hat (vgl. die Tabelle 4.7). Nach der Speisung der *Viertausend* folgt bei Mt und Mk zwar kein zweiter Seewandel Jesu, immerhin findet man aber in Mk 8,10 und Mt 15,39 eine *Seeüberfahrt*, die an dieser Stelle zweifelsohne zu einem bedeutenden Kompositionsmerkmal beider Evangelien gehört (vgl. die Wiederholung in Mk 8,13 und Mt 16,5). Das kann man nicht über Lukas sagen, der neben dem Seewandel Jesu auch die Seeüberfahrt(en) auslässt. Das Einzige, was Johannes und Lukas in der Textsequenz VI.B. verbinden könnte, wäre das Seesturmmotiv (B.), dessen Echo sich in Joh 6,18 findet, doch hier steht die johanneische Elementenreproduktion von |ἀνέμου μεγάλου| näher Mk 4,37 als Lk 8,23.

Nach dem Seewandel Jesu folgt bei Johannes die Textsequenz VI.C. mit der Erzählung über das *Brot vom Himmel* (Joh 6,22–59), die von der Überfahrt (C.)

der Menschenmenge eingeleitet und von dem Streitgespräch (D.) dominiert wird. Bei Matthäus und Markus wird die Textsequenz VI.C. vor allem von dem Streitgespräch Jesu in Mk 7,1–15 und Mt 15,1–11 und der Zeichenforderung der Pharisäer (und Saddzuäer) in Mk 8,11–13 und Mt 16,1–4 gebildet (vgl. die Übersicht in der Tabelle 4.6). Diese Zuordnung wird unten zwar noch einer detaillierteren Analyse der Intertextualität unterzogen, besonders was das Streitgespräch (D.) betrifft, grundsätzlich sprechen für sie aber folgende zwei Tatsachen:

1. Die oben angeführten Erzählsequenzen folgen gleich *nach* oder im unmittelbaren Kontext einer wunderbaren ‹Speisung› und einer ‹Seeüberfahrt›, (die in Mk 6,53 und Mt 14,34 mit dem Seewandel Jesu verbunden ist), und diese lassen sich zweifelsohne den oben etablierten Textsequenzen VI.A. und VI.B. zuordnen, und *vor* dem ‹Petrusbekenntnis›, das sich wiederum eindeutig der Textsequenz VI.D. zuordnen lässt (vgl. die Synopse in der Tabelle 4.7 unter H. Petrusbekenntnis).

2. Wie bei Johannes, wird es auch in diesen Erzählsequenzen das Thema ‹Brot› aufgegriffen und hiermit eine Analepse zu der Textsequenz VI.A. gebildet (vgl. D.1. ‹Brot› (Analepse zu VI.A) in der Tabelle 4.6). Dies scheint auf den ersten Blick zwar nur für Mk 7,1–15 und Mt 15,1–11 zu stimmen (vgl. Mk 7,2.5 und Mt 15,2), doch bei Mk 8,11–13 und Mt 16,1–4 erfolgt die ‹Seeüberfahrt› gleich danach (vgl. Mk 8,13 und Mt 16,5) und leitet die Textsequenz VI.D. ein, die bei Matthäus und Markus ebenso das Thema ‹Brot› aufgreift und es mit der Lehre Jesu über den ‹Sauerteig› der Pharisäer (und des Herodes/der Saddzuäer) verbindet (vgl. Mk 8,14ff. und Mt 16,5ff.). Dass es sich auch in diesem Fall um eine Analepse zu VI.A. handelt, belegt die Figurenrede Jesu in Mk 8,19f. und Mt 16,9f.

Die zu der Textsequenz VI.C. zugehörigen Erzählsequenzen bei Matthäus und Markus befinden sich also nicht nur in einem identischen Kontext, sondern weisen auch strukturelle und thematische Ähnlichkeiten auf. Bei Lukas liegt ähnliche Kompositionsanalogie nicht vor und die Motive der Textsequenz VI.C. findet der Modell-Leser erst zwei Kapitel später in Lk 11,16.29.37–54 und Lk 12,1 ‚aufgesprengt' (vgl. die Tabelle 4.6).

Die Textsequenz VI.D. ist bei Johannes (Joh 6,60–71) von dem Dialog durch V. 59 (E. Kafarnaum) klar getrennt und obwohl sie das Thema der Textsequenz VI.C. aufgreift, widmet sie sich ausschließlich der *Reaktion der Jünger* und dem Thema der ‹Nachfolge›, wobei sie in dem ersten Teil die *negative* Reaktion der (vielen) Jünger und in dem zweiten Teil die *positive* Reaktion der Zwölf thematisiert. Diese Doppelgliederung liegt auch bei den Synoptikern Matthäus und Markus vor und das sogar doppelt: Die Reaktion der Jünger auf das Streitgespräch in VI.C. (Mk 7,1–15/Mt 15,1–11) finden wir in Mk 7,17–23/Mt 15,12–20 und im Hinblick auf die Verstockung der Jünger kann man sie kaum als positiv bezeichnen, und die Jüngerverstockung (F.) wird auch gleich nach der Zeichenforderung in VI.C. (Mk 8,11–13/Mt 16,1–4) in den Erzählungen von Mk 8,14–21/Mt 16,5–12 thematisiert (vgl. die Tabelle 4.6), wo ebenso noch das Thema ‹Brot› nachhallt. Die positive Reaktion der Jünger, die zweifelsohne in dem Petrusbekenntnis (H.) gipfelt, findet der synoptische Modell-Leser dann gleich in Mk 8,27–30, Mt 16,13–20 und nun auch bei Lukas in Lk 9,18–21, der hier nach der Textsequenz VI.A. mit seiner Erzählung fortsetzt, denn das Lukasevangelium lässt nicht nur die Textsequenzen VI.B. und VI.C. aus, sondern auch die negative Reaktion der Jünger am Anfang der Textsequenz VI.D. Das Petrusbekenntnis wird auch bei den Synoptikern von einer Passionsprolepse (J.) begleitet (Mk 8,31/Mt 16,21/Lk 9,22) und mit Ausnahme des Lukasevangeliums auch von einem Satanswort (I.) Jesu (Mk 8,33/Mt 16,23). Im Unterschied zum Johannesevangelium wird bei den Synoptikern erst an dieser Stelle das Thema der ‹Nachfolge› (G.) ausführlich erörtert (Mk 8,34–9,1/Mt 16,24–28/Lk 9,23–27).

In der Textsequenz VI.D. löst sich nun auch endgültig die etwas ‚spiegelbildliche‘ Komposition von Mk 6,32ff./8,1ff. und Mt 14,13ff./15,29ff. auf, wobei die Tabelle 4.6 ziemlich deutlich die jeweiligen Schwerpunkte dieser Kompositionen aufzeigt: Ungeachtet der schon oben erwähnten strukturellen und thematischen ‚Verdoppelungen‘ befindet sich der Schwerpunkt der Textsequenzen VI.A., VI.B. und VI.C. bei Matthäus und Markus am Anfang der Komposition in Mk 6/7 und Mt 14/15 und der Schwerpunkt der Textsequenz VI.D. am Ende der Komposition in Mk 7/8 und Mt 15/16; ab dem Petrusbekenntnis (H.) kann man dann in beiden Evangelien nur einem Faden folgen.

Die Textsequenz VI.E. schließt das Wirken Jesu in Galiläa ab und beschreibt das Verbleiben Jesu in *Galiläa* und seinen *Weg nach Jerusalem*. Dieser erfolgt auch bei den Synoptikern im nahen Kontext der Textsequenz VI.D. und zwar bei Markus in Mk 9,30/10,1, bei Matthäus in Mt 17,22/19,1 und bei Lukas in Lk 9,51. Nur bei Markus (und Johannes) begegnet der Modell-Leser an dieser Stelle dem Motiv einer heimlichen Reise Jesu (L.)

### 4.3.3 Analyse der Intertextualität

Wie bereits die in der Tabelle 4.6 wiedergegebene Sequenzierung der synoptischen Prätexte erkennen lässt, wurden der *Kontext* und die *Anordnung* der von Johannes übernommenen Elemente und Strukturen in aller Regel beibehalten ($M_1$) und das nicht nur bei den vorwiegend narrativen Textsequenzen VI.A. und VI.B., sondern in der gesamten Komposition von Joh 6,1–7,10.[196] Diejenigen also, die sich hier der Unabhängigkeitstheorie anschließen wollen und mit P. Gardner-Smith meinen, „they were no doubt associated in oral tradition“,[197] müssen mit Hilfe dieser ‚oral tradition‘ nicht nur die Verbindung der Textsequenzen VI.A. und VI.B. erklären, sondern auch die darauf folgende (synoptische) Anordnung der Textsequenzen VI.C., VI.D. und VI.E. und die bis ins Detail reichenden Übereinstimmun-

---

[196] Die Ausnahme bildet in dieser Hinsicht nur das Lukasevangelium, das die Textsequenzen VI.B., VI.C. und den Anfang der Textsequenz VI.D. auslässt.

[197] Gardner-Smith, John, 33.

gen innerhalb der kleineren Erzähleinheiten A.–L.[198] Die folgende Untersuchung wird aber zeigen, dass die Erzählung durchgehend Merkmale $M_{1-3}$ der intertextuellen Arbeitsweise des vierten Evangelisten aufweist, die nicht auf die mündliche Überlieferung zurückgeführt werden können, sondern vielmehr auf die allegorische Relektüre der synoptischen Prätexte zurückzuführen sind ($M_4$).

*Textsequenz VI.A.*

In der *Exposition* der Textsequenz VI.A. (Joh 6,1–4) bietet sich dem johanneischen Modell-Leser ein rätselhaftes Bild: Am *See von Galiläa* (von Tiberias) sieht er Jesus, der von einer durch die *Krankenheilungen* beeindruckten *Menschenmenge* gefolgt wird und auf einen *Berg* steigt, wo er sich mit seinen Jüngern niedersetzt. Dabei hat der Modell-Leser bis jetzt über diesen ‹See von Galiläa›, den der Erzähler so selbstverständlich wie unvermittelt in V. 1 einführt, noch gar nichts und von den ‹Krankenheilungen› nur sehr wenig gelesen. Auch der ‹Berg› in V. 3 muss dem Modell-Leser dem eher städtisch geprägten Milieu[199] des vierten Evangeliums etwas fremd vorkommen. Kurz gesagt: In Joh 6 begegnet der johanneische Modell-Leser zum ersten Mal dem *synoptischen Milieu* in seiner vollen Pracht, denn dieses wird vom Wirken Jesu am ‹See› und auf ‹Bergen› geradezu konstituiert und ‹Krankenheilungen› und eine Jesus ständig folgende ‹Menschenmenge› gehören dort zum Alltag.

Um so eine erzählte Welt zu konstruieren, braucht der Modell-Autor nicht viele Elemente des Prätextes zu übernehmen, sondern es reicht, wenn er sich die typischen, oder besser gesagt, die *konstitutiven*[200] Elemente und Strukturen der ‚fremden‘ erzählten Welt aussucht.[201] Zu diesen gehören in der Exposition zweifelsohne die Wortsequenz |τῆς θαλάσσης τῆς Γαλιλαίας| in V. 1, |αὐτῷ ὄχλος πολύς| in V. 2a und das ‹Bergmotiv› in V. 3 mit den übernommenen Elementen |εἰς τὸ ὄρος Ἰησοῦς| und |ἐκεῖ ἐκάθητο|, die in diesem Fall alle aus Mt 15,29f. stammen (vgl. die Synopse in der Tabelle 4.7).[202] Die Reproduktion und die Anordnung dieser

---

[198] Ähnlich auch THYEN, Johannesevangelium, 332: „Aber angesichts nicht nur der frappanten Übereinstimmungen von Details, die bis in den Wortlaut hineinreichen […], sondern zumal der *Erzählfolge*, reicht es sicher nicht aus, hier vage auf die vermeintliche ‚mündliche Tradition‘ zu verweisen […]. Die gesamte markinische Folge und damit der *literarisch* vorgegebene Zusammenhang von Brotwunder (Mk 6,32–44 und 8,1–10) – Seewandel (Mk 6,45–52) – Zeichenforderung (Mk 8,11–13) – Brotrede (Mk 8,14–21) – Petrusbekenntnis (Mk 8,27–30) – Leidensweissagung (Mk 8,31) – und Satanswort (Mk 8,32f) findet sich in spezifisch johanneischer Metamorphose in unserm Kapitel wieder.“

[199] Der Schwerpunkt der johanneischen Erzählung liegt mit 65% in Jerusalem (vgl. das Kapitel 3.3.3) und ein |Berg| wird sonst nur in Joh 4,20f. erwähnt (Joh 8,1 scheidet aus textkritischen Gründen aus).

[200] Als konstitutive Elemente und Strukturen der Erzählung können alle diskurssemantischen Einheiten betrachtet werden, die zum Kern des Textes gehören (vgl. die Definition 4.1 auf S. 136).

[201] Es ist deswegen wenig verwunderlich, wenn RUCKSTUHL, Speisung, 2018, in seiner Analyse von Joh 6,1–25 feststellt, dass es sich bei vielen Elementen um „Grunddaten oder eindrückliche Umstände“ handelt.

[202] Zu dem Bergmotiv in Joh 6,3/Mt 15,29 s. auch DUNDERBERG, Johannes, 154–156, hier 155: „Es handelt sich hier nicht nur um irgendwelche sprachliche Übereinstimmungen, die bei der Bestimmung des mt-joh Verhältnisses außer acht gelassen werden dürfen. Erstens kann die Angabe in Joh 6,3 nicht

Elemente in der Exposition der johanneischen Erzählung reichen volkommen aus, damit die erzählte Welt dem versierten und mit den synoptischen Evangelien vertrauten Modell-Leser familiär vorkommt. Dass der Modell-Autor in V. 2b auch die ‹Zeichen an den Kranken› erwähnt (und nicht erzählt), kann man nur so verstehen, dass er den Modell-Leser zu einer *intertextuellen Lektüre* der Erzählung einladen will. Denn in diesem Fall weist der Modell-Autor zu jenen in der Vergangenheit liegenden Ereignissen hin, die der Modell-Leser in seinem Evangelium nur unbefriedigend identifizieren kann,[203] die aber bei Mt und Lk exakt an dieser Stelle und bei Mk im nahen Kontext zu finden sind (vgl. die Synopse in der Tabelle 4.7). Angesichts der oben angeführten reproduzierten Elemente scheint es jedoch wahrscheinlich zu sein, dass in diesem Fall dem Modell-Autor vor allem die Erzählung von Mt 15,29ff. als Prätext diente. In dieser Erzählung werden die Krankenheilungen auch ausführlicher erzählt (V. 30) und überdies wird dort auch eine Reaktion der Menschen beschrieben (V. 31).

Zu den typischen Merkmalen der intertextuellen Arbeitsweise des vierten Evangelisten gehört aber nicht nur die hier beobachtete Reproduktion von Elementen und Strukturen aus dem gleichen Kontext, oft bei der Beibehaltung ihrer ursprünglichen Anordnung ($M_1$), sondern auch die schon früher erwähnte ‚Aufsprengung‘ ($M_3$), bei der nicht selten auch weitere Elemente und Strukturen aus dem unmittelbaren Kontext der aufgesprengten Wort- bzw. Textsequenz(en) impliziert werden ($M_2$). Der Modell-Autor lässt also Elemente und Strukturen aus, um sie später anzuführen bzw. nur zu implizieren, von dem Standpunkt der Analyse verrät er damit jedenfalls ihre Kenntnis. Dies ist der Fall bei der Textsequenz IV.C. (Joh 6,42), die in den synoptischen Prätexten zum Kontext der Textsequenz IV.A. gehört,[204] doch es lassen sich genug weitere Beispiele finden und man kann diese Arbeitsweise des vierten Evangelisten sogar auf der Mikroebene in der Exposition und am Anfang der Verwicklung der Textsequenz VI.A. in Joh 6,1–5a beobachten: Die oben erwähnte Wortsequenz von Mt 15,29, die bei Matthäus die Erzählung einleitet, findet sich bei Johannes auf zwei Verse in Joh 6,1.3 verteilt und rahmt so die Exposition um, und erst am Anfang der Verwicklung in Joh 6,5a findet man ein schwaches Echo von Mk 6,34/Mt 14,14a, das vom Kontext her eigentlich zur Exposition ge-

---

als ein für Joh typisches Motiv erklärt werden, weil das Bergmotiv im Joh nur hier eine Rolle spielt. Zweitens dient Mt 15,29b als Einleitung einer *Speisungsgeschichte*, und drittens ist diese Einleitung bei Mt deutlich redaktionell. [...] Man kann sich deswegen kaum des Eindrucks erwehren, daß *für Joh 6,3 das erste Evangelium in seiner redaktionellen Endgestalt die Vorlage bot*.“

[203] In Frage kämen zwar die in Joh 4,46ff. und in Joh 5,1ff. erzählten Heilungen, diese weisen aber wenig Zusammenhang mit der in V. 2a erwähnten Menschenmenge auf. Es gilt hier, was zu Joh 6,2 ganz richtig SCHNACKENBURG, Johannesevangelium, II, 17, bemerkt: „Woher die große Volksmenge stammt, die hier unvermittelt auftaucht, wird nicht gesagt. Von einem ‚Nahfolgen‘ so vieler Menschen ist sonst nirgends im Joh-Ev die Rede; es ist eine der Stellen, die eine Kenntnis des syn. Erzählungsstoffes voraussetzen.“

[204] Vgl. die Synopse zu Joh 4,43–54 in der Tabelle 4.3.

hört.[205] Eine der auffälligsten Stellen[206] in Joh 6 ist in dieser Hinsicht aber bestimmt die Konstatierung des Wunders in der Lösung von der Textsequenz VI.A.: Während alle fünf synoptischen Prätexte an dieser exponierten Stelle das Wunder einstimmig mit der Wortsequenz mit den Elementen |ἔφαγον| und |καὶ ἐχορτάσθησαν| feststellen (Mk 6,42/8,8a, Mt 14,20a/15,37a und Lk 9,17a), steht bei Johannes nur |ὡς δὲ ἐνεπλήσθησαν| (Joh 6,12a). Es dauert aber nicht lange und die Wortsequenz mit fast identischen Elementen |ἐφάγετε| und |καὶ ἐχορτάσθητε| taucht am Anfang der Textsequenz VI.D. in Joh 6,26 im Munde Jesu auf, wo sie eine Analepse zur Textsequenz VI.A. bildet (vgl. die Synopse in der Tabelle 4.7). Auf diese Art und Weise werden bei Johannes nicht nur intratextuelle Bezüge hergestellt, sondern es wird vor allem die Richtigkeit der früher angeregten intertextuellen Lektüre bestätigt und damit ihre Kohärenz garantiert.

Die *Verwicklung* und *Lösung* der Erzählung in der Textsequenz VI.A. liefern ein ähnliches Bild. Die Anordnung der Erzählsequenzen wird bei gleichzeitiger Übernahme von konstitutiven Elementen und Strukturen der synoptischen Prätexte beibehalten und die wenigen Veränderungen lassen sich relativ problemlos auf die (intertextuelle) Arbeitsweise des Modell-Autors zurückführen. Zu den größeren Veränderungen gehört das neue *Handlungsschema* und das Fehlen des *Wüstenmotivs* bei der Verwicklung in Joh 6,5–9. Sind es bei den Synoptikern die Jünger, die in Mk 6,35/Mt 14,15/Lk 9,12 die Verwicklung einleiten, liegt bei Johannes die Initiative bei Jesus (vgl. Joh 6,5) und das ursprüngliche Handlungsschema

1. Jünger → 2. Jesus → (3. Jünger → 4. Jesus)[207] → 5. Jünger → Lösung

wird deutlich vereinfacht:[208]

1. Jesus → 2. Philippus → 3. Andreas → Lösung.

In diesen drei Schritten reproduziert das johanneische Handlungsschema jedoch alle für die nachfolgende Lösung der Erzählung erforderlichen Elemente und Strukturen der synoptischen Verwicklung: Die Frage, mit der Jesus in Joh 6,5b Philippus prüft (vgl. Joh 6,6), entspricht *strukturell* vollkommen der Aufforderung Jesu „δότε αὐτοῖς ὑμεῖς φαγεῖν" in Mk 6,37a/Mt 14,16/Lk 9,13a, denn mit dieser Frage werden bei den Synoptikern die Jünger geprüft, und außerdem greift die Frage in Joh 6,5b mit |πόθεν|, |ἀγοράσωμεν| und |φάγωσιν| *Elemente* aus der Figurenrede der Jünger in Mk 8,4/Mt 15,33 und Mk 6,35.37 auf. Der Modell-Autor schafft also auf diese

---

[205] Mitleid (ausgerechnet mit der später feindlichen Menschenmenge) kann hier der Modell-Leser von johanneischem Jesus – der genau weiß, was er tun will (Joh 6,6) – nicht ernsthaft erwarten.

[206] Vgl. schon DUNDERBERG, Johannes, 153.

[207] Dieser Teil der Handlung fehlt in Mt 14 und Lk 9.

[208] Zu dem Grund dieser Vereinfachung s. SCHNACKENBURG, Johannesevangelium, II, 19, der nicht ganz unzutreffend bemerkt: „Der joh. Jesus scheint von vornherein nichts anderes als die Speisung im Sinne zu haben." Die Textsequenz VI.A. dient in der Makrokomposition von Joh 6,1–7,10 als eine narrative Exposition (VI.1.).

Art und Weise sogleich eine mit den Synoptikern identische Situation, die aus der Perspektive der Jünger *unlösbar* erscheint[209] und jede andere Einleitung der Verwicklung überflüssig macht. Das bei den Synoptikern an dieser Stelle verarbeitete *Wüstenmotiv* (vgl. das Element ‹ἔρημος› in Mk 6,35/8,4 par.) scheint bei Johannes zuerst in der Tat zu fehlen, der Modell-Leser findet es aber in Joh 6,31 im Munde der Menschenmenge. Diese Umgestaltung ($M_3$) hängt mit der allegorischen Relektüre der Prätexte zusammen und wird im Kapitel 4.3.4 besprochen. Dass bei Johannes die Initiative von den Jüngern auf Jesus verlagert wird und die Rolle der namenlosen Jünger die Jünger Philippus und Andreas übernehmen, ist typisch johanneisch und muss hier nicht besonders erörtert werden.[210] Interessant ist vielmehr, dass auf die prüfende Frage Jesu in Joh 6,5 *zwei* Antworten folgen: zuerst die Antwort des Philippus in V. 7 und dann die Antwort des Andreas in V. 8. Andreas wird aber gar nicht gefragt (vgl. Joh 6,5b), oder besser gesagt, die Frage zu seiner Antwort gibt es nur bei den Synoptikern, wo Jesus die Jünger in Mk 6,38a tatsächlich fragt: „πόσους ἄρτους ἔχετε;" (vgl. die Synopse in der Tabelle 4.7). Das ist bei Johannes nicht der Fall und die Antworten beider Jünger scheinen dem Modell-Autor vor allem zur Übertragung der Elemente aus dem Prätext zu dienen: In der Antwort des Philippus reproduziert er in der Wortsequenz |διακοσίων δηναρίων ἄρτοι| Elemente von Mk 6,37b und in der Antwort des Andreas und der Wortsequenz mit den Elementen |ὧδε|, |ἔχει πέντε ἄρτους| und |καὶ δύο| werden mit deutlicher Anlehnung an Mt 14,17 Elemente von Mk 6,38b/Mt 14,17/Lk 9,13b reproduziert.

Doch können die ‹5 Brote› und ‹2 Fische› in der Antwort des Andreas als *konstitutiv* für die Erzählung gelten, kann man dies über die ‹200 Denare› in der Antwort des Philippus nicht ganz sagen und Matthäus und Lukas lassen dieses Element der Erzählung auch relativ problemlos aus.[211]

Zieht man für die Analyse den Prätext Mk 6,32–44 heran, stellt man leicht fest, dass die komplexen diskurssemantischen Einheiten ‹5 Brote› ($H_{Brote}$ = {ἄρτος πέντε,}) und ‹2 Fische› ($H_{Fische}$ = {ἰχθύς δύο,}) eindeutig zum Kern des Textes gehören, denn für den Mengen-Hreb-Umfang ($H^M$) aller ihren Elemente gilt $|H^M| \geq 2$: πέντε (2), ἄρτος (5), δύο (3), ἰχθύς (4).[212] Bei den Elementen ‹διακόσιοι› und ‹δηνάριον› ist dagegen $|H^M|$ = 1 und die diskurssemantische Einheit ‹200 Denare› gehört an sich nicht zum Kern, sondern vielmehr zur Periferie des Textes.

---

[209] Aus der Perspektive des Modell-Lesers sieht die Situation natürlich anders aus, denn dieser kennt die richtige Antwort auf die Frage Jesu. Vgl. Konings, Dialog, 529: „John uses πόθεν with a pronounced preference and stereotyped theological meaning, suggesting the answer ἄνωθεν, ‚From above!‘. And this is the answer the disciples should give also in Jn 6, as the Bread from Heaven Discourse Jn 6,30ff shows."

[210] Vgl. das Kapitel 3.3.2. Die Nennung der Namen ist allgemein ein charakteristisches Merkmal des johanneischen Plots und zu den charakteristischen Figurenmerkmalen des johanneischen Jesus gehört wiederum, „daß sein Handeln und v. a. sein Gang in den Tod nicht von äußeren Einflüssen abhängen, sondern souverän, im Einklang mit dem Vater und zu der von ihm bestimmten Zeit erfolgen", Frey, Eschatologie, III, 427.

[211] Es ist deswegen nicht klar, wie Ruckstuhl, Speisung, 2018, die Wortsequenz „διακοσίων δηναρίων" ohne weiteres als ein „Grunddatum" bezeichnen kann.

[212] Vgl. die Definition 4.1 im Kapitel 4.1.4 auf S. 136.

Die ‹200 Denare› finden sich also in Joh 6,7 keinesfalls „natürlicherweise und sozusagen notwendig"[213] und das verstärkt zusammen mit der doppelten Antwort in Joh 6,7ff. den Eindruck, dass es sich in diesem Fall um ein *intertextuelles Spiel* mit Mk 6,37b handelt,[214] das zur Steigerung des Wunderbaren dient.[215]

Zu den kleineren aber auffälligen Veränderungen, die in Kommentaren regelmäßig vermerkt werden, zählen in der Verwicklung noch das Hinzufügen von ‹παιδάριον› und ‹κρίθινος› und das Ersetzen von ‹ἰχθύς› durch ‹ὀψάριον› in Joh 6,9. Diese Unterschiede zu den Synoptikern sind meines Erachtens auf die alttestamentlichen Prätexte zurückzuführen:[216] In dem ersten Fall auf die *Elischa*-Erzählung von 4 Kön 4,42–44 (LXX[9]), wo wir neben zahlreichen strukturellen Ähnlichkeiten das Element ‹κρίθινος› zusammen mit den Elementen ‹ἄρτος› und ‹ἐσθίω› finden,[217] wobei im nahen Kontext auch das Element ‹παιδάριον› vorkommt (vgl. 4 Kön 4,41), und in dem zweiten Fall auf die *Mose*-Erzählung in Num 11 (LXX[9]) und die Wortsequenz |τὸ ὄψος τῆς θαλάσσης| in Num 11,22, die sich hier auf das von den weinenden Israeliten verlangte ‹Fleisch› (Num 11,4), hier ganz konkret ‹Fische› (Num 11,5), bezieht.[218] Der von Johannes verwendete Ausdruck |ὀψάριον| ist Deminutiv von |ὄψον|[219] und hat in dem vierten Evangelium die analoge Bedeu-

---

[213] Gegen RUCKSTUHL, Speisung, 2018.

[214] Vgl. THYEN, Johannesevangelium, 338: „Da stellen die Jünger Jesus nämlich die rhetorische Frage: ‚Sollen wir etwa hingehen und für zweihundert Denare Brote kaufen und sie ihnen zu essen geben?' Ist dabei noch vorausgesetzt, daß zur Sättigung dieser Menschenmenge die den Jüngern schlechthin unerschwingliche Summe von zweihundert Denare aufgebracht werden müßte, so läßt Johannes Philippus erklären, daß selbst eben diese Summe bei weitem nicht ausreichen würde, die vielen Hungrigen zu sättigen. Daß solche Steigerungen des Wunderbaren ein typischer Zug unseres Evangeliums sind, ist oft beobachtet worden."

[215] Vgl. auch DUNDERBERG, Johannes: „Der Unterschied zu Mk 6,37 besteht darin, daß nach Joh 6,7 sogar die 200 Denare für die Speisung der Leute nicht ausreichen würden. Immerhin bezieht sich die joh Darstellung hier auf eine Angabe, die sich im Mk als *redaktionell* erwies."

[216] Vgl. ausführlich LITTLE, Echoes, 133ff. Anders BULTMANN, Evangelium, 157.

[217] 4 Kön 4,42–44 (LXX[9]): „[42] Καὶ ἀνὴρ διῆλθεν ἐκ Βαιθσαρισα καὶ ἤνεγκεν πρὸς τὸν ἄνθρωπον τοῦ θεοῦ πρωτογενημάτων εἴκοσι ἄρτους κριθίνους καὶ παλάθας, καὶ εἶπεν Δότε τῷ λαῷ καὶ ἐσθιέτωσαν. [43] καὶ εἶπεν ὁ λειτουργὸς αὐτοῦ Τί δῶ τοῦτο ἐνώπιον ἑκατὸν ἀνδρῶν; καὶ εἶπεν Δὸς τῷ λαῷ καὶ ἐσθιέτωσαν, ὅτι τάδε λέγει κύριος Φάγονται καὶ καταλείψουσιν. [44] καὶ ἔφαγον καὶ κατέλιπον κατὰ τὸ ῥῆμα κυρίου."

[218] Num 11,4f. (LXX[9]): „[4] Καὶ ὁ ἐπίμικτος ὁ ἐν αὐτοῖς ἐπεθύμησαν ἐπιθυμίαν, καὶ καθίσαντες ἔκλαιον καὶ οἱ υἱοὶ Ισραηλ καὶ εἶπαν Τίς ἡμᾶς ψωμιεῖ κρέα; [5] ἐμνήσθημεν τοὺς ἰχθύας, οὓς ἠσθίομεν ἐν Αἰγύπτῳ δωρεάν, καὶ τοὺς σικύας καὶ τοὺς πέπονας καὶ τὰ πράσα καὶ τὰ κρόμμυα καὶ τὰ σκόρδα." Vgl. dazu LITTLE, Echoes, 139: „Mention of 'flesh' is followed immediately by an expressed longing for *fish* which they used to get free in Egypt (Num 11:5). The list of food the give thereafter is all fruit or vegetable. Fish, therefore, ranks as meat. Moses, in protest to God, takes up the fish theme. Instead of ἰχθύς he speaks of ὄψος, complaining that all the fish of the sea would not suffice to feed his people (Num 11:22). By introducing ὀψάριον, the diminutive of ὄψος, John is recalling this scene."

[219] Vgl. BWb[6], 1215. Der Ausdruck |ὀψάριον| findet sich im Neuen Testament nur in dem Johannesevangelium und im Alten Testament nur in Tob 2,2 (LXX[9]/S): „Καὶ παρετέθη μοι ἡ τράπεζα, καὶ παρετέθη μοι ὀψάρια πλείονα, καὶ εἶπα τῷ Τωβια τῷ υἱῷ μου Παιδίον, βάδιζε καὶ ὃν ἂν εὕρῃς πτωχὸν τῶν ἀδελφῶν ἡμῶν ἐκ Νινευητῶν αἰχμαλώτων, ὃς μέμνηται ἐν ὅλῃ καρδίᾳ αὐτοῦ, καὶ ἄγαγε αὐτὸν καὶ φάγεται κοινῶς μετ᾽ ἐμοῦ· καὶ ἰδὲ προσμενῶ σε, παιδίον, μέχρι τοῦ σε ἐλθεῖν." Eine intertextuelle Lektüre von Joh 6,1–15 auf der Folie von Tob 2,2 bietet LITTLE, Echoes, 139.

tung ‹Fisch› mit der Konnotation ‹Essen›, wobei die Konnotation ‹Meer› nicht ganz negiert wird. Deswegen kann der Modell-Autor in dem Epilog Joh 21 den Ausdruck |ὀψάριον| exakt in dem Sinne von Num 11,22 auch für die gerade im See gefangenen ‹Fische› gebrauchen (vgl. Joh 21,9.10), obwohl er den Ausdruck |ἰχθύς| gut kennt und diesen sogar im nahen Kontext richtig verwendet (vgl. Joh 21,8.11).[220] Das legt den Schluss nahe, dass der Modell-Autor mit dem in Joh 6,9.11 verwendeten Ausdruck |ὀψάριον| nicht einfach etwas ‚kulinarisch‘ zwischen ‹Bratfisch›[221] und ‹Fisch› unterscheiden will, sondern vielmehr seinen eigenen Text an dieser Stelle von der Folie der synoptischen Prätexte deutlich abzuheben versucht, um den Modell-Leser auf den alttestamentlichen Prätext aufmerksam zu machen.[222] Dies gilt für alle oben erwähnten Veränderungen in Joh 6,9: Sie sollten den Modell-Leser dazu anregen, dass er bei seiner intertextuellen Lektüre neben den *synoptischen* auch die *anderen* (alttestamentlichen) Prätexte in Betracht zieht. Die Analyse im Kapitel 4.3.4 wird außerdem zeigen, dass die hier verwendeten alttestamentlichen Prätexte die synoptische Folie sehr gut ergänzen und die Komposition von Joh 6,5–9 „can be very well understood as a coherent Johannine redaction based on the Synoptic feeding stories and the OT narratives of Moses and Elisha, who explain most of the differences between John and the Synoptic narration."[223] Die Verschmelzung der synoptischen und alttestamentlichen Prätexte gehört zur intertextuellen Arbeitsweise des vierten Evangelisten.

Das Herzstück der Textsequenz VI.A. bildet natürlich die *Lösung* (Joh 6,10–13) mit dem verarbeiteten ‹Grasmotiv› (V. 10a), der Zahlenangabe über die ‹5000 Männer› (V. 10b), der ‹Handlung› Jesu (V. 11) und mit der Konstatierung des ‹Wunders› (V. 12a), zu der auch die abschließende Zahlenangabe über die ‹12 Körbe› (V. 12b–13) gehört. Mit der Ausnahme der Zahlenangabe über die ‹5000 Männer› (V. 10b), die bei Mk und Mt am Ende steht und nur in Lk 9,14a wie bei Joh vor der ‹Handlung› zu lesen ist, folgt die johanneische Komposition auch an dieser Stelle der Komposition der synoptischen Erzählungen und die Strukturreproduktion wird auch hier von der Elementenreproduktion[224] begleitet (s. die Synopse in der Tabelle 4.7): Am *Anfang* in V. 10 findet der Modell-Leser das ‹Lagern› der Menschen auf dem ‹Gras› mit den Elementen |ἀναπεσεῖν| bzw. |ἀνέπεσαν| (vgl. Mk 6,40/8,6a und Mt 15,35) und |χόρτος| (vgl. Mk 6,39 und Mt 14,19a) und die Zahlenangabe über die ‹5000 Männer› mit den Elementen |οἱ ἄνδρες| und |ὡς πεν-

---

[220] So auch SCHNACKENBURG, Johannesevangelium, II, 20, Anm. 1. Zu Joh 21,10 vgl. außerdem SCHWANK, Evangelium, 493: „Es ist kaum möglich, einmal mit ‚Bratfisch‘ und das andere Mal mit ‚Fisch‘ zu übersetzen; denn in V. 10 befinden sich in dem Netz sicher keine ‚Bratfische‘, und doch steht auch hier das Wort *opsárion*." Intratextuell dient die Verwendung von |ὀψάριον| in Joh 21 zweifelsohne als Analepse zu Joh 6, vgl. das Kapitel 4.4.

[221] Die Übersetzung zu Joh 6,9.11 von SCHWANK, Evangelium, 194f.

[222] Vgl. auch KONINGS, Dialog, 532: „Moreover, since John had in mind Num 11 [...], the ὄψος τῆς θαλάσσης of Num 11,22 LXX may have influenced his word choice."

[223] KONINGS, Dialog, 533.

[224] Zu den Begriffen der Elementen- und Strukturreproduktion und ihrer Wechselwirkung vgl. den Aufsatz von KARRER, Intertextualität, und hier das Kapitel 2.2.2 auf S. 32.

τακισχίλιοι| (vgl. Mk 6,44/8,9a, Mt 14,21/15,38 und Lk 9,14a); das *Ende* der Lösung markiert das Sammeln der ‹übriggebliebenen Brotstücke› in die ‹12 Körbe› mit den Elementen |τὰ περισσεύσαντα κλάσματα| in V. 12b und |δώδεκα κοφίνους κλασμάτων| in V. 13 (vgl. Mk 6,43/8,8b, Mt 14,20b/15,37b und Lk 9,17b) und die *Mitte* der Lösung bildet die ‹Handlung› in V. 11 mit der Struktur- und Elementenreproduktion von a) ‹Nehmen› mit den Elementen |ἔλαβεν| und |τοὺς ἄρτους|, b) ‹Danken› mit |εὐχαριστήσας| und c) ‹Verteilen› mit |διέδωκεν| (vgl. Mk 6,41/8,6b, Mt 14,19b/15,36 und Lk 9,16) und einer abschließenden Erwähnung der ‹Fische›, die sich so nur bei Johannes und Markus findet (vgl. Mk 6,41/8,7). Diese Erwähnung der ‹Fische› am Ende der Handlung und die darauf folgende Konstatierung des ‹Wunders› in V. 12a sind die zwei einzigen Stellen, an denen der Modell-Autor *nur* von der Strukturreproduktion Gebrauch macht, und die angesichts der in der Lösung der Textsequenz VI.A. sonst reichen Elementenreproduktion um so auffälliger sind. In beiden Fällen hat der Modell-Autor aber einen triftigen Grund, warum er keine Elemente aus den synoptischen Prätexten übernimmt: In dem ersten Fall spricht er konsequenterweise nicht über ‹ἰχθύς›, sondern über ‹ὀψάριον› (vgl. Joh 6,9), und damit fällt das wichtigste Element einer möglichen Elementenreproduktion aus, und in dem zweiten Fall reproduziert er die Elemente der synoptischen Wortsequenz |καὶ ἔφαγον [πάντες] καὶ ἐχορτάσθησαν| erst in der intertextuellen Analepse in Joh 6,26 (vgl. die Synopse in der Tabelle 4.7), und auch dies geschieht sehr wohl mit Absicht (vgl. das Kapitel 4.3.4).[225]

Dass die Initiative bei dem ‹Verteilen› von den Jüngern auf Jesus verlagert wird, ist typisch johanneisch, und es gilt auch hier, was schon oben gesagt wurde. Die einzige wirklich bedeutsame Veränderung der synoptischen Folie stellt im Rahmen der ‹Handlung› in Joh 6,11 nur das ‹Danken› dar, das Johannes *nicht* mit dem ‹Brechen› des Brotes verbindet. Das ‹Brechen› des Brotes figuriert aber in allen fünf synoptischen Erzählungen (vgl. die Synopse in der Tabelle 4.7) und wird als eine Anspielung auf die *Eucharistie* verstanden und dies meines Erachtens zu Recht: Im Unterschied zu dem in Joh 6,11 verwendeten Verb ‹εὐχαριστέω› kommt nämlich das Verb ‹κλάω› bzw. ‹κατακλάω› im NT ausschließlich im Kontext der wunderbaren Speisung (Mt 14,19/15,36; Mk 6,41/8,6.19; Lk 9,16) und des letzten Abendmahls bzw. der Eucharistie (Mt 26,26; Mk 14,22; Lk 22,19/24,30; Apg 2,46, Apg 20,7.11, Apg 27,35; 1 Kor 10,16, 1 Kor 11,24) vor. Eine eucharistische Konnotation lässt sich zwar auch im Fall von ‹εὐχαριστέω› in Joh 6,11 nicht ganz ausschließen,[226] hier muss man aber sagen, dass wir über die Eucharistie im johanneischen Kontext so gut wie gar nichts wissen. Wenn Johannes aber die Synoptiker kannte, ist das Auslassen von ‹κλάω› bzw. ‹κατακλάω› in V. 11 eine Tatsache, die gegen eine Anspielung auf die Eucharistie an dieser Stelle spricht, und in dieselbe Richtung würde auch das Auslassen der Gebet-Wortsequenz |ἀναβλέψας εἰς τὸν οὐρανὸν|

---

[225] Dieses bewusste Verzichten auf eine Elementenreproduktion an einer exponierten Stelle der Handlung bestätigt die im Kapitel 4.1.3 gemachte Beobachtung, dass der Modell-Autor die Berührungspunkte seiner Erzählung mit den Synoptikern genau kontrollieren will.

[226] Vgl. SCHNACKENBURG, Johannesevangelium, II, 21f.

von Mk 6,41/Mt 14,19b zeigen. Wir können also vorläufig festhalten: Ungeachtet des Passakontextes (Joh 6,4) und der intratextuellen Bezüge zur Passionsgeschichte lässt der Modell-Autor in Joh 6,11 Elemente aus, die bei den Synoptikern auf die Eucharistie anspielen.

Zu den kleinen aber viel umrätselten Elementen der Lösung gehört das ‹Grasmotiv› in Joh 6,10a, das hier schon deshalb erwähnt werden muss, weil es oft als Argument gegen die Kenntnis der Synoptiker ins Feld geführt wird.[227] Das ‹Grasmotiv› findet sich bei den Synoptikern in Mk 6,39/Mt 14,19a, doch im Unterschied zu Markus spricht der vierte Evangelist nicht über „τῷ χλωρῷ χόρτῳ“ also über das *grüne* ‹Gras›, sondern über *viel* ‹Gras›: „ἦν δὲ χόρτος πολὺς ἐν τῷ τόπῳ.“ Was hat Johannes gegen das Grün? Und hat er dagegen überhaupt etwas? Man könnte nämlich argumentieren, die Farbe kümmert ihn wenig und, weil er ja eben kein Kopist ist, schreibt er einfach |χόρτος πολὺς|, ähnlich wie Mt 14,19a nur |τοῦ χόρτου| hat. Oder man könnte den Text von Joh 6,10 so lesen, wie es Ulrich Busse tut, zumal ‹χόρτος› mit ‹χλωρός› bzw. ‹χλόη› fest *assoziiert*[228] wird: „Zusätzlich ruft die Nennung des Passatermins die Exodustradition wach. Dem entspricht wiederum die Anspielung auf das traditionelle Motivs vom Wüstenlager, indem nun vom ‚Platz mit vielem grünen Gras‘ (V. 10) geredet wird.“[229] Dass Johannes mit „vielem grünen Gras“ auf das „Wüstenlager“ anspielen wollte, ist meines Erachtens zwar fraglich, denn in diesem Fall würde er wohl auch die Einteilung der Menschenmenge in Gruppen von Mk 6,40/Lk 9,14c und das oben erwähnte ‹Wüstenmotiv› übernehmen,[230] stattdessen fügt er hier aber die Zahlenangabe über die ‹5000 Männer› ein, um das Dramatische zu steigern, das ‹Grasmotiv› scheint aber offensichtlich eine ganze Reihe von Assoziationen zu wecken. Am häufigsten werden in diesem Kontext selbstverständlich die alttestamentlichen Anspielungen und Echos besprochen[231] und hier besonders der Psalm 23,2 bzw. 22,2 (LXX[9]): „εἰς τόπον χλόης, ἐκεῖ με κατεσκήνωσεν, ἐπὶ ὕδατος ἀναπαύσεως ἐξέθρεψέν με.“ Gegen diese Anspielung spricht aber nicht nur die Tatsache, dass der Modell-Autor in Joh 6,10 ausgerechnet das Element ‹χλωρός› auslässt, sondern auch, dass er im Unterschied zu Mk 6,34

---

[227] So regelmäßig Paul N. Anderson, zuletzt in ANDERSON, Study, 45: „The problem with such a view, however, is that despite all these similarities, none of them is identical. Mark has 'green' grass; John has 'much' grass.“

[228] Vgl. STUDENOVSKÝ, Search, hier das Kapitel 2.4.3. In dem Korpus mit dem lemmatisierten griechischen Text der LXX[9] und des NA[27] (Morphologically parsed LXX & GNT: LXXM+GNTM) wird ‹χόρτος› (1,000000) zuerst mit ‹χλωρός› (0,495410) und ‹χλόη› (0,467764) assoziiert und auch umgekehrt werden ‹χλωρός› und ‹χλόη› zuerst mit ‹χόρτος› und erst dann beispielsweise mit ‹βοτάνην› (0,410258) oder ‹σπόρος› (0,405400) assoziiert. Dass es sich um ganz feste Assoziationen handelt, können (mindestens für das Englische) auch die empirischen Daten vom Edinburgh Associative Thesaurus (EAT) bestätigen: Die erste Assoziation zu ‹grass› ist ‹green› (0,57) und umgekehrt (0,31).

[229] BUSSE, Johannesevangelium, 139.

[230] So auch SCHNACKENBURG, Johannesevangelium, II, 21: „Es fällt aber auf, daß im joh. Bericht das ‚viele Gras‘ eigens hervorgehoben wird und die Einteilung in Gruppen (Mk: zu 100 und 50; Lk: zu 50) unterbleibt. So ist eine Erinnerung an das ‚Wüstenlager‘ Israels und die Volksgliederung getilgt. [...] Aber dadurch verstärkt sich der Eindruck, daß der Evangelist kein ‚Wüstenmilieu‘ zeichnen will.“

[231] Vgl. LITTLE, Echoes, 140–143.

Jesus in der Exposition nicht als einen Hirten charakterisiert. Das Auslassen bei-der Elemente weckt vielmehr den Eindruck, dass solche Assoziationen im Rahmen dieser Erzählung neutralisiert werden sollten und wie LITTLE, Echoes, 142, treffend bemerkt: „John was not writing a pastoral idyll." Das an dieser Stelle unerwünsch-te ‹Hirtenmotiv› könnte also bei dem Auslassen von ‹χλωρός› eine Rolle spielen, dies erklärt aber noch nicht das Verbleiben und die Funktion des ‹Grasmotivs› im johanneischen Text.

Unter den Prätexten, die sich hier als Folie anbieten, käme in dieser Hinsicht noch die Erzählung von Gen 1,29 × 3,18f. (LXX[9]) als Prätext in Frage, die wir hier noch kurz ansprechen wollen:

„[1,29] καὶ εἶπεν ὁ θεός Ἰδοὺ δέδωκα ὑμῖν πᾶν χόρτον σπόριμον σπεῖρον σπέρμα, ὅ ἐστιν ἐπάνω πάσης τῆς γῆς, καὶ πᾶν ξύλον, ὃ ἔχει ἐν ἑαυτῷ καρπὸν σπέρματος σπορίμου ὑμῖν ἔσται εἰς βρῶσιν. × [3,18] ἀκάνθας καὶ τριβόλους ἀνατελεῖ σοι, καὶ φάγῃ τὸν χόρτον τοῦ ἀγροῦ. [19] ἐν ἱδρῶτι τοῦ προσώπου σου φάγῃ τὸν ἄρτον σου ἕως τοῦ ἀποστρέψαι σε εἰς τὴν γῆν, ἐξ ἧς ἐλήμφθης· ὅτι γῆ εἶ καὶ εἰς γῆν ἀπελεύσῃ."

In diesem Prätext kommen nicht die Elemente ‹χλωρός› bzw. ‹χλόη› vor, dagegen enthält er aber alle wichtigen Elemente der johanneischen Erzählung, wie ‹χόρτος›, ‹βρῶσις›, ‹ἐσθίω› oder ‹ἄρτος›, und kann auch etwas Licht auf die johanneische Komposition in V. 10 werfen:

„There is much grass (χόρτος πολύς) by the lakeside. There is a connection between the vegetation and the large number of people (ὄχλος πολύς) assembled on it. Echoes of the creation narrative are now fortified by the grass which is among the first items created after the earth and the seas (Gen 1:11–12) to provide food for humanity [...]. Jesus, the new bread-tree of life, is reversing Adam and Eve's fall from grace, of which the χόρτος is a reminder. In a new creation, with new food, sentence of death is annulled."[232]

Diese allegorische[233] Verbindung zwischen ‹Gras› (χόρτος πολύς) und ‹Menschen› (ὄχλος πολύς) ist gewiss da[234] und die Folie von Genesis 1 und 3 macht bei der in-tertextuellen Lektüre von Joh 6 auch Sinn. Es gibt aber auch einfachere Erklärungen für das ‹Grasmotiv› bei Johannes und man könnte beispielsweise der Meinung sein, es sei einfach *Lokalkolorit*,[235] wie seiner Zeit (1902) in Zürich Hans Konrad Furrer:

„Am rechten Ufer des Sees angelangt, wanderte Jesus nach 6,2, begleitet von viel Volk, dem See entlang und stieg dann auf einen Berg hinauf. Dieser Berg kann kein anderer sein als die Hochterrasse, die ungefähr 300 Meter südlich über die Ebene Gennesar sich erhebt. [...] Der Boden der Terrasse ist äusserst fruchtbar, im Frühling mit Gras und Blumen üppig ge-schmückt (V. 10 ‚es war reiches Gras an dem Platze')."[236]

---

[232] LITTLE, Echoes, 142.

[233] Vgl. die Definition der Allegorie im Kapitel 1.3 auf S. 25.

[234] Siehe auch Luther, Johannes-Evangelium, 220: „Aufs erste war viel Heu oder Gras an dem Ort. Das konnte der Evangelist nicht übergehen, obwohl es doch so aussieht, als sei es nicht groß vonnö-ten. Es bedeutet aber das jüdische Volk, welches daher grünt und blüht wie das Gras durch äußerliche Heiligkeit, Weisheit, Ehre, Gut usw., wie Jesaias (40,6) spricht [...]."

[235] Zum Begriff vgl. THEISSEN, Lokalkolorit, 5–13.

[236] FURRER, Geographische, 262.

Ich denke zwar nicht, dass es sich in diesem Fall um ‚Lokalkolorit' handelt, dass aber |viel Gras| keine andere Bedeutung als ‹viel Gras› haben muss, kann man auch bei Johannes nicht ganz ausschließen. Im Hinblick auf die Fiktionalität des johanneischen Textes sollte man aber für solche scheinbar funktionslose Details der Erzählung, „die beim Leser den Eindruck der Realitätstreue erwecken",[237] lieber den Begriff *Wirklichkeitseffekt*[238] verwenden. Nicht jede Beschreibung ist zwar ein Wirklichkeitseffekt,[239] doch der Verdacht, dass es sich in Joh 6,10 um ein Wirklichkeitseffekt handeln könnte, erhärtet sich, wenn man untersucht, welche Elemente der Erzählung in dem vierten Evangelium mit der Wortsequenz |ἦν δὲ| eingeleitet werden: Es sind ausschließlich Elemente, die dem Modell-Leser eine Hintergrundinformation liefern und meistens keine andere (symbolische) Bedeutung haben, wie „ἦν δὲ ὁ Φίλιππος ἀπὸ Βηθσαϊδά" (Joh 1,44), „ἦν δὲ καὶ ὁ Ἰωάννης βαπτίζων ἐν Αἰνὼν ἐγγὺς τοῦ Σαλείμ" (Joh 3,23), „ἦν δὲ σάββατον ἐν ἐκείνῃ τῇ ἡμέρᾳ" (Joh 5,9), „ἦν δὲ ἡ Βηθανία ἐγγὺς τῶν Ἱεροσολύμων" (Joh 11,18), „ἦν δὲ ὄνομα τῷ δούλῳ Μάλχος" (Joh 18,10) oder „ἦν δὲ ἐν τῷ τόπῳ ὅπου ἐσταυρώθη κῆπος" (Joh 19,41).[240] Natürlich gibt es auch hier Ausnahmen, wo der mit |ἦν δὲ| eingeleiteten Hintergrundinformation zweifelsohne eine symbolische Bedeutung zukommt, wie bei den Zeitangaben zu den jüdischen Festen (vgl. Joh 6,4) oder in Joh 13,30: „ἦν δὲ νύξ." Ob das aber auch auf Joh 6,10 zutrifft, muss meines Erachtens mindestens offen bleiben – die Funktion von ‹χόρτος› in der johanneischen Erzählung ist nicht ganz klar und mit dem Auslassen von ‹χλωρός› wird die Menge der möglichen symbolischen Assoziationen von dem Modell-Autor bewusst *reduziert*.[241] Die Funktion der johanneischen Wirklichkeitseffekte, zu denen meines Erachtens auch Joh 6,10 zählt, ist dagegen offensichtlich: „All these reality effects contribute to the history-like quality of John's story."[242]

Die erzählte *Bewertung* in Joh 6,14f. schließt erzählerisch die Textsequenz VI.A. ab und von der Komposition her hat sie bei den Synoptikern keine Entsprechung[243] – die synoptischen Erzählungen enden abrupt und einen Abschluss der Handlung findet der Modell-Leser eigentlich nur in Mk 8,9b: „καὶ ἀπέλυσεν αὐτούς" (vgl. auch Mk 6,45/Mt 14,22). Es ist deswegen verständlich, dass hier einige Exegeten einen für die Wundergeschichten typischen ‚Chorschluss'[244] vermissen: „Das Fehlen eines solchen oder analogen Schlußes ist mir unverständlich", schreibt Eugen

---

[237] LAHN/MEISTER, Einführung, 6.

[238] Vgl. den Begriff „Realitätseffekt" bei MARTINEZ/SCHEFFEL, Einführung, 117.

[239] GENETTE, Erzählung, 223.

[240] Hier alle Stellen: Joh 1,44, Joh 3,1.23, Joh 4,6, Joh 5,5.9, Joh 6,4.10, Joh 7,2, Joh 9,14, Joh 11,1.2.18.38.55, Joh 13,30, Joh 18,10.14.18.25.28.40 und Joh 19,14.19.23.41.

[241] Ganz anders urteilt hier THYEN, Johannesevangelium, 339: „Im Unterschied zu Mk 6,39, wo Jesus selbst erklärt, daß die Leute sich gruppenweise *auf der grünen Wiese* zu Tisch legen sollen (ἀνακλῖναι πάντας συμπόσια συμπόσια ἐπὶ τῷ χλωρῷ χόρτῳ), erweckt dieser selbständiger Hauptsatz aus dem Munde des Erzählers den Eindruck, als kämen hier symbolische Obertöne ins Spiel (vgl. etwa Ps 23,1f)."

[242] STIBBE, John, 84.

[243] Es sei denn, man will hier ein schwaches Echo von Mt 15,31 hören.

[244] Vgl. THEISSEN, Wundergeschichten, 78ff.

Ruckstuhl, doch dann setzt er fort: „Dieser Schluß liegt aber in Joh 6,14 vor", und will bei Johannes nicht nur diesen ‚verlorenen Chorschluss' entdeckt haben, sondern auch die ‚wahre Geschichte' durchschimmern sehen: „Daß dieser Schluß der Erzählung nicht erfunden ist, sondern alte und zuverlässige Überlieferung darstellt, ist auch heute noch erkennbar. [...] Daß Jesus sich nach dem Wunder vom Volk einfach ‚verabschieden' konnte, als ob nichts geschehen wäre (Mk 6,45f Par Mt 14,22f), ist eher unwahrscheinlich."[245] Das Hauptproblem mit dieser Art von Argumentation[246] liegt darin, dass sie sich ganz offensichtlich nicht auf die *erzählte Welt* der Evangelien und die Wahrscheinlichkeit der Erzählung bezieht,[247] sondern auf die *reale Welt* des Galiläas und die Wahrscheinlichkeit der Geschichte,[248] und dann darf man auch fragen, wie wahrscheinlich es eigentlich ist, dass jemand mit 5 Broten und 2 Fischen etwa 5000 Menschen sättigt? Die erzählte Welt ist nicht mit der realen Welt identisch[249] und bedient sich einer anderen Logik: Was in der realen Welt als sehr unwahrscheinlich gelten muss, kann in der erzählten Welt sehr wahrscheinlich sein. Der Schluss der synoptischen Erzählungen der Textsequenz VI.A. stellt in diesem Sinne ein *open end* dar und es steht dem Modell-Leser frei, diese Lücke zu füllen. Dieser kann sich über die Gleichgültigkeit der Menschen oder über das Schweigen des Erzählers wundern, er wird aber keinen ‚fehlenden Schluss' außerhalb des Textes suchen, zumal er selbst *im Text* untergebracht ist.[250] Wenn man schon zwischen den Zeilen lesen will, stellt man eher fest, dass das offene Ende dem Modell-Leser bei den Synoptikern noch eine ganz andere und vielleicht etwas mehr beunruhigende Lektüremöglichkeit bietet: Es könnte ja sein, dass die Menschen auf das Wunder deswegen nicht reagieren, weil sie *kein Wunder sehen* – das Gespräch findet nur zwischen Jesus und seinen Jüngern statt, die Handlung geschieht nur vor ihren Augen und die Brote (und Fische) werden von den Jüngern verteilt. Streng genommen sind bei den Synoptikern dem Wunder als Figuren nur Jesus und die Jünger anwesend und die Menschenmenge hindert nichts daran anzunehmen, die Jünger haben das Essen (für 200 Denare) gekauft.

Diese Lektüre kommt dagegen bei Johannes nicht in Frage,[251] denn selbst 200 Denare würden nicht ausreichen (V. 7), die 5 Brote und die 2 Fische bringt ein Außenstehender (V. 8), das Essen wird von Jesus selbst direkt an die Menschen verteilt (V. 11) und vor allem stellt am Ende der Erzähler fest, dass die Menschen *das Zeichen sehen* (V. 14). Die johanneische Komposition lässt keine andere Interpretation zu, als die in V. 14, die die Menschenmenge zu dem *Bekenntnis* führt: „οὗτός ἐστιν ἀληθῶς ὁ προφήτης ὁ ἐρχόμενος εἰς τὸν κόσμον." Dass die Bewertung in

---

[245] Ruckstuhl, Speisung, 2008f.

[246] E. Ruckstuhl schließt sich hier C. H. Dodd an, vgl. Dodd, Tradition, 213ff.

[247] Siehe Ruckstuhl, Speisung, 2012, Anm. 22.

[248] Vgl. schon die Bedenken bei Schnackenburg, Johannesevangelium, II, 24, der am Ende zu dem Schluss kommt: „Die Schwierigkeit löst sich nur dann, wenn man den Sinn von V 14 nicht auf historischer Ebene sucht, sondern in der darstellerischen Absicht des Evangelisten."

[249] Vgl. Wellek/Warren, Theorie, 190, hier ausführlich das Kapitel 2.3.2.

[250] Eco, Lector, 14.

[251] Anders Schenke, Johannes, 124.

Joh 6,14f. keine Entsprechung bei den Synoptikern hat, bedeutet aber nicht, es handelt sich an dieser Stelle um eine ganz freie Komposition: Der Modell-Autor bleibt auch hier seiner intertextuellen Arbeitsweise treu ($M_2$) und antizipiert in dem Bekenntnis in V. 14 die Meinung der Menschen von Mk 8,28/Mt 16,14/Lk 9,19, die er in der Textsequenz VI.D. nicht mehr referiert (vgl. die Synopse in der Tabelle 4.7). Dieses ist im Licht von Joh 2,23f. zu lesen[252] und hängt eng mit der allegorischen Relektüre der synoptischen Prätexte zusammen, deswegen wird es im Kapitel 4.3.4 ausführlich besprochen. Doch auch in V. 15 übernimmt der Modell-Autor mit der Wortsequenz |εἰς τὸ ὄρος αὐτὸς μόνος| Elemente[253] aus dem unmittelbaren Kontext der Textsequenz VI.A., nämlich das ‹Bergmotiv› von Mk 6,46f./Mt 14,23: Wenn Jesus erkennt,[254] dass die Menschen ihn zum König ausrufen wollen, zieht er sich wieder zurück auf den ‹Berg› (vgl. V. 3).[255] Im Unterschied zu den Synoptikern, wo Jesus seine Jünger nötigen muss ohne ihn wegzufahren (vgl. Mk 6,45/Mt 14,22), hat der johanneischer Erzähler auf diese Weise Jesus von seinen Jüngern viel geschickter getrennt und die Szene für die nachfolgende Seewandelerzählung vorbereitet.[256]

*Textsequenz VI.B.*

Die Erzählung über den *Seewandel Jesu* bringt der Modell-Autor in der Textsequenz VI.B. (Joh 6,16–21) und sie folgt in ihrer Komposition den Erzählungen von Mk 6,45–52 und Mt 14,22–23 (vgl. die Übersicht in der Tabelle 4.6). Die *Exposition* in Joh 6,16–17a beginnt wie bei den Synoptikern mit einer ‹Zeitangabe›, fokussiert in der Mitte die Figuren der ‹Jünger› und schließt mit einer ‹Zielangabe› ab, der bei den Synoptikern noch das ‹Bergmotiv› folgt (vgl. die Synopse in der Tabelle 4.7). Dieses fehlt natürlich bei Johannes, zumal es der Modell-Autor schon in der Bewertung der Textsequenz VI.A. verwendet und Jesus sich in seiner Story bereits auf dem ‹Berg› befindet. Konsequenterweise sind es dann bei Johannes nur die Jünger, die noch am Abend die Entscheidung treffen nach ‹Kafarnaum› zu fahren, „das wohl von Anfang an das Ziel ihrer Reise gewesen sein dürfte",[257] und die hiermit für alle mit dieser abendlichen Seefahrt verbundenen Gefahren allein verantwortlich sind. Diese Strukturreproduktion wird auch hier von der Elementenreproduktion begleitet ($M_1$): In der Wortsequenz |ὀψία ἐγένετο| verwendet der Modell-Autor Elemente aus der Einleitung der synoptischen Verwicklung (Mk 6,47/Mt 14,23b),

---

[252] So auch BULTMANN, Evangelium, 158.

[253] So auch BARRETT, Evangelium, 291.

[254] Vgl. SCHWANK, Evangelium, 201: „Der Evangelist sagt aber nicht, die Leute hätten dem Jesus von Nazareth als dem König, etwa wie am Palmsonntag, zugejubelt. Es heißt nur, Jesus habe diese unmittelbar bevorstehende Gefahr ‚erkannt'."

[255] Dass Jesus den Berg bei dem Verteilen des Essens in V. 11 wohl verlassen haben musste, kann der Modell-Leser meines Erachtens leicht ergänzen. DUNDERBERG, Johannes, 155, sieht in Joh 6,3.15 eine ‚Anomalie'.

[256] Deswegen ist auch die Frage von RUCKSTUHL, Speisung, 2009, „Und warum sollten die Jünger Jesus vor dieser Verabschiedung [Mk 6,45f./Mt 14,22f.] verlassen?" von der Logik der Erzählung her relativ sinnlos, denn der Erzähler *musste* die Jünger von Jesus trennen.

[257] THYEN, Johannesevangelium, 341.

bei der Fokussierung der Jünger reproduziert er in den Wortsequenzen |οἱ μαθηταὶ αὐτοῦ| und |ἐμβάντες εἰς πλοῖον| Elemente von Mk 6,45/Mt 14,22 und auch die (von den Synoptikern absichtlich abweichende)[258] Zielangabe „Καφαρναούμ" wird immerhin von dem Element |πέραν| begleitet, das der markinischen und matthäischen Zielangabe gemeinsam ist, denn Mk nennt „τὸ πέραν πρὸς Βηθσαϊδάν" als Ziel und bei Mt steht nur „τὸ πέραν". Bis auf das von dem Modell-Autor schon früher verwendete ‹Bergmotiv› findet der versierte Modell-Leser bei Johannes also eine Exposition, die *strukturell* mit der synoptischen Exposition übereinstimmt.

Die *Verwicklung* in Joh 6,17b–19 liefert von der intertextuellen Arbeitsweise her ein sehr ähnliches Bild, denn auch hier stimmt die Struktur der johanneischen Erzählung mit den Synoptikern überein: Die Verwicklung wird von dem Motiv der einbrechenden ‹Dunkelheit› eingeleitet, wobei für eine sehr kurze Zeit die Figur ‹Jesu› fokussiert wird. Bemerkenswert ist hier aber die veränderte *Erzählperspektive*, denn bei Johannes schifft sich in V. 17a wohl auch der Erzähler ein und im Unterschied zu den Synoptikern wird alles konsequent aus der Perspektive der Jünger erzählt.[259] Danach folgt in V. 18 das ‹Seesturmmotiv› (B. Seesturm) und der Fokus des Erzählers verschiebt sich von Jesus auf den See und das Boot mit den Jüngern. Die ‹Zeit- und Ortsangabe› in V. 19, die bei Johannes die *Zeit* in Stadien des auf dem See zurückgelegten Weges ausdrückt,[260] reproduziert nicht nur strukturell die synoptischen ‹Zeitangaben› von Mk 6,48b/Mt 14,25, sondern gibt zugleich die *Position* des Schiffes an, indem sie in der Wortsequenz |ὡς σταδίους εἴκοσι πέντε ἢ τριάκοντα| (relativ genau)[261] die ‹Ortsangabe› |ἐν μέσῳ τῆς θαλάσσης| von Mk 6,47 weitergibt, der auch die ‹Ortsangabe› |σταδίους πολλοὺς ἀπὸ τῆς γῆς| von Mt 14,24 nicht widerspricht. Die ‹Zeit- und Ortsangabe› leitet zugleich das *zentrale Motiv* der Textsequenz VI.B. und das Ende der Verwicklung ein: Die Jünger sehen ‹Jesus auf dem See› und haben ‹Furcht›. Die Wortsequenz |περιπατοῦντα ἐπὶ τῆς θαλάσσης| in V. 19 reproduziert die wichtigsten Elemente des zentralen Motivs der Seewandelerzählung von Mk 6,49/Mt 14,26 und es bestätigt sich die schon oben gemachte Beobachtung, dass die Strukturreproduktion bei Johannes an exponierten Stellen der Handlung von einer zunehmenden Elementenreproduktion begleitet wird. Dies gilt auch für das erwähnte ‹Seesturmmotiv› in V. 18, wo in der Wortsequenz |ἀνέμου μεγάλου| nicht nur das Element |ἄνεμος| von Mk 6,48a/Mt 14,24 reproduziert wird, sondern wo auch eine Anspielung auf den (bei Johannes nicht erzählten) *Seesturm* von Mk 4,37 par. vorliegt, und ebenso für die ‹Zeit- und Ortsangabe› in V. 19, wo der versierte Modell-Leser den „nautische[n] Ausdruck"[262]

---

[258] Zur Bedeutung dieser Abweichung siehe unten.

[259] So auch Bultmann, Evangelium, 159, u. a.

[260] Die Lutherbibel (LUTH) wandelt Joh 6,19 gleich in eine reine Zeitangabe um: „Als sie nun etwa eine Stunde gerudert hatten [...]."

[261] So auch Dunderberg, Johannes, 163. Es sollte jedoch festgehalten werden, dass sich die Angabe ‹ὡς σταδίους εἴκοσι πέντε ἢ τριάκοντα› auf den See von Galiläa in der *erzählten* Welt des vierten Evangeliums bezieht und bei der intertextuellen Lektüre der Angabe ‹ἐν μέσῳ τῆς θαλάσσης› entspricht, und das ungeachtet der Maße des Sees von Galiläa in der *realen* Welt.

[262] Schnackenburg, Johannesevangelium, II, 35.

|ἐλαύνειν| von Mk 6,48a und die Maßeinheit |στάδιον| von Mt 14,24 findet (vgl. die Synopse in der Tabelle 4.7). Die einzige Ausnahme stellt in diesem Sinne im Rahmen der Textsequenz VI.B. nur das Motiv der ‹Dunkelheit› am Anfang der Verwicklung in V. 17b dar. Die fehlende Elementenreproduktion lässt sich in diesem Fall aber relativ einfach dadurch erklären, dass Johannes die Elemente |ὀψία| und |γίνομαι|, die bei den Synoptikern die ‹Dunkelheit› *assoziieren*,[263] schon am Anfang der Exposition als Zeitangabe verwendet. Ungeachtet dieser Tatsache hält er sich aber auch hier an die diskurssemantische Struktur der synoptischen Prätexte und *nennt* die einbrechende ‹Dunkelheit›, die ein wichtiges Element der Verwicklung darstellt (und der bei Johannes noch eine symbolische Bedeutung zukommt), an dieser Stelle wörtlich: „καὶ σκοτία ἤδη ἐγεγόνει".

Mit |ἐφοβήθησαν| – dem letzten Element der johanneischen Verwicklung – reproduziert der Modell-Autor strukturell die bei den Synoptikern deutlich ausführlicher beschriebene ‹Furcht› der Jünger (vgl. Mk 6,49/Mt 14,26), vor allem spielt er aber schon auf das ‹ἐγώ εἰμι›-Wort Jesu an, das dieses Element aus der Perspektive der narrativen Rezeption aufgreift und in Joh 6,20 die *Lösung* der Erzählung bringt. Die Wortsequenz |ἐγώ εἰμι· μὴ φοβεῖσθε|, die bei Johannes die einzige direkte Rede der Textsequenz VI.B. darstellt, steht dabei zweifelsohne im Zentrum der Lösung und stammt samt ihrer Einleitung mit den Elementen |λέγει| und |αὐτοῖς| aus Mk 6,50b/Mt 14,27, wo ihr noch |θαρσεῖτε| vorangeht. Dieses Element lässt der vierte Evangelist aus, denn er greift in dem Wort Jesu in V. 20 nur die ‹Furcht› der Jünger von V. 19 auf (ἐφοβήθησαν → μὴ φοβεῖσθε) und diese ist mit der ‹Furcht› der Jünger bei den Synoptikern alles andere als vergleichbar: Haben die Jünger bei Johannes keine Zweifel, dass sie *Jesus* sehen (θεωροῦσιν τὸν Ἰησοῦν), denken sie bei den Synoptikern ein *Gespenst* (φάντασμά) zu sehen, sind erschrocken (ἐταράχθησαν) und schreien vor Furcht auf (ἀνέκραξαν/ἀπὸ τοῦ φόβου ἔκραξαν). Im Hinblick auf die *diskurssemantische Struktur* steht damit bei den Synoptikern an dieser Stelle eindeutig die ‹Furcht› der Jünger vor dem mutmaßlichen Gespenst im Vordergrund und nicht das ‹ἐγώ εἰμι›-Wort Jesu, das hier aus dem selben Grund vor allem der Selbstidentifikation Jesu dienen muss. Dass sich dieser Tatsache sehr wohl auch der Modell-Autor des Johannesevangeliums bewusst ist, der diese etwas obskure *ghost story* für seine Christologie in Joh 6 kaum gebrauchen kann,[264] spiegelt sich in der deutlichen *Reduktion* der mit der ‹Furcht› verbundenen Elemente in der johanneischen Erzählung wider, die das ‹ἐγώ εἰμι›-Wort Jesu in den Vordergrund bringt und es dem Modell-Autor leichter macht, es mit einer zusätzlichen Bedeutung zu versehen. Damit korrespondiert auch die Auslassung des *Seewandels Petri* (Mt 14,28–31), denn dieser würde zu viel die Figur des Petrus fokussieren und damit den Modell-Leser ebenso von dem ‹ἐγώ εἰμι›-Wort Jesu ablenken. Ein *Echo* dieses Seewandels findet sich meines Erachtens aber zusammen mit ande-

---

[263] Diese wird dem synoptischen Modell-Leser erst in Mk 6,48b/Mt 14,25 bestätigt.
[264] Vgl. auch Joh 20,19–23/Lk 24,36–49.

ren intratextuellen Bezügen zu Joh 6 in dem Epilog von Joh 21,[265] in dem sich der Modell-Autor mit der Figur des Petrus ausführlich beschäftigt (vgl. Joh 21,7 und das Kapitel 4.4).

Der einzige wirklich signifikante Unterschied zwischen Johannes und den Synoptikern stellt von der Struktur- und Elementenreproduktion her erst das *Ende* der Lösung dar: Zur großen Überraschung eines versierten Modell-Lesers schließt die johanneische Erzählung die Textsequenz VI.B. nicht mit einer ‹wunderbaren Stille› (Mk 6,51f./Mt 14,32f.), sondern mit einer ‹wunderbaren Landung› (Joh 6,21) ab. Das Motiv der ‹wunderbaren Landung› gehört im Hinblick auf die Intertextualität zweifelsohne zu den *rätselhaftesten* Unterschieden der johanneischen Story gegenüber die synoptische Folie und die kardinale Frage lautet natürlich, woher dieses fremde Motiv stammt und welche Bedeutung es in der johanneischen Komposition hat? Doch zuerst muss die Frage erörtert werden, ob es überhaupt eine ‹wunderbare Landung› gab: Der johanneische Text lässt nämlich auch eine (rationalistische) Lektüre zu, die „ἐπὶ τῆς θαλάσσης" im Sinne von Joh 21,1 versteht[266] und damit die gestellte Frage nach dem Motiv einer ‹wunderbaren Landung› überflüssig macht. In dieser Variante der Story sind die Jünger schon fast ans Ufer angelangt, wenn sie Jesus *am See* zu laufen sehen, und es geschieht nichts Wunderbares: „Vielmehr hatten die Jünger in ihrer Ermüdung und vermutlich im Morgengrauen nicht gemerkt, daß Jesus am Ufer entlang lief, als er neben dem Boot sichtbar wurde."[267] Über diese Erklärung würde sich wahrscheinlich jeder Modernist freuen, doch wie Ian D. Mackay zu dieser Stelle richtig bemerkt: „If a choice must be made it is possibly not between a miracle or a natural event but between coincidental or intentional ambiguity."[268] Denn es ist in der Tat auffällig, dass der Modell-Autor die Textsequenz VI.B. nicht gegenüber dieser Lektüre absichert, wie er es bei der Textsequenz VI.A. tut. Vielmehr scheint diesmal das Gegenteil der Fall zu sein: Die ‹Zeit- und Ortsangabe› in V. 19 besagt an sich nicht genau, wo sich das Boot auf dem See befindet, die Angabe „ἐπὶ τῆς θαλάσσης" ist in dem vierten Evangelium dank Joh 21,1 ambivalent, der Erzähler stellt kein ‹Zeichen› fest, im Unterschied zu Mt 14,33 gibt es in V. 21 auch keinen ‚Chorschluss' und die Menschenmenge fragt Jesus in V. 25 „ῥαββί, πότε ὧδε γέγονας;" und nicht etwa „ῥαββί, πῶς ὧδε γέγονας;"[269] Den johanneischen Modell-Leser hindert also nichts daran die Story von Joh 6,16–21 als ein ganz natürliches Ereignis zu lesen und es wäre ziemlich verwunderlich, wenn sich dieser Lektüremöglichkeit auch der Modell-Autor nicht bewusst sein sollte. Der Grund für diese wohl *gewollte Doppeldeutigkeit* der johanneischen Seewandelerzählung liegt meines Erachtens aber nicht darin, dass der Modell-Autor ein Missverständnis der Synoptiker aufklären und den Seewandel Jesu in Frage stellen wollte, wie es die rationalistische Wunderauslegung tut,

---

[265] So auch der Kommentar von THYEN, Johannesevangelium, 784.

[266] Siehe BERNARD, John, I, 184–187.

[267] RUCKSTUHL, Speisung, 2015.

[268] MACKAY, Relationship, 173f.

[269] So auch MACKAY, Relationship, 173.

sondern darin, dass er diese aus den synoptischen Evangelien übernommene Story, in der es *nur* die Jünger sind, die Jesus „ἐπὶ τῆς θαλάσσης" zu gehen sehen, für den Modell-Leser nicht als ein ‹Zeichen› *verifizieren* kann und will. Dies sollte man bei Johannes aber nicht abwertend verstehen, sondern gerade im Gegenteil: Wie die ‹Auferstehung› und die ‹Erscheinungen› Jesu in Joh 20 oder der ‹wunderbare Fischfang› in dem Epilog von Joh 21, ist der ‹Seewandel› Jesu in Joh 6 ein *wunderbares Ereignis*, das *nur* für die Augen der seit Joh 2,11 bereits glaubenden Jünger bzw. die des glaubenden Modell-Lesers bestimmt ist,[270] und das mit den ‹Zeichen› im Sinne von Joh 20,30f. nicht verwechselt werden darf.

Der *versierte* Modell-Leser weiß bei Johannes aber ganz gewiss, dass sich das Boot mit den Jüngern „ὡς σταδίους εἴκοσι πέντε ἢ τριάκοντα" vom Ufer entfernt „ἐν μέσῳ τῆς θαλάσσης" befindet (Joh 6,19/Mk 6,47), also „σταδίους πολλοὺς ἀπὸ τῆς γῆς" (Mt 14,24), und kann deswegen in der Textsequenz VI.B. nicht nur problemlos den wunderbaren ‹Seewandel› Jesu erkennen, sondern auch das *intertextuelle Spiel* des Modell-Autors mit den Prätexten schätzen, das zu einer vertieften Lektüre dieser ihm gut bekannten Erzählung führt. Das Motiv der ‹wunderbaren Landung› am Ende der Textsequenz VI.B. gehört zu diesem Spiel und illustriert sehr gut die intertextuelle Arbeitsweise des vierten Evangelisten. Der Modell-Autor lehnt sich auch hier zuerst an die synoptischen Prätexte an, indem er dieses wunderbare Element der Erzählung sehr ähnlich einleitet: Steigt bei den Synoptikern Jesus |εἰς τὸ πλοῖον| (Mk 6,51/Mt 14,32) und es herrscht sofort die ‹wunderbare Stille›, wollen ihn bei Johannes die Jünger immerhin |εἰς τὸ πλοῖον| (Joh 6,21) nehmen, bevor ebenso plötzlich die ‹wunderbare Landung› kommt, die das Einsteigen Jesu ins Boot erzählerisch überflüssig macht. Schon dank dieser Einleitung kann der Modell-Leser die ‹wunderbare Landung› als ein strukturelles Äquivalent der ‹wunderbaren Stille› erkennen und sich die Frage nach der Bedeutung dieses *zweiten Wunders*[271] stellen. Dabei muss er nicht die antike pagane Literatur[272] bemühen oder gar an ein Märchenmotiv[273] denken, denn die richtige Bedeutung ergibt sich – wie an den meisten Stellen des Johannesevangeliums – aus einer *synchronen intertextuellen Lektüre* der johanneischen Erzählung auf der *alttestamentlichen* und *synoptischen* Folie. Was das Alte Testament betrifft, kommt an dieser Stelle zwar eine Reihe von Prätexten in Frage, die sich mit dem ‹Seewandel› Jesu in Verbindung bringen lassen,[274] doch für das Ende der Erzählung und das Motiv der ‹wunderbaren Landung› eignet sich in dieser Hinsicht meines Wissens nur der Psalm 107,[275] in dem der Modell-Leser auch weitere Motive der Textsequenz VI.A. (Ps 107,4–9)

---

[270] Vgl. auch SCHENKE, Johannes, 124ff.

[271] So bereits Origenes, Commentarii in Prov, XIII,33, bei der Auslegung von Spr 30,19.

[272] Vgl. die in NW I/2, 351f., angeführte Literatur.

[273] Vgl. BULTMANN, Evangelium, 159, Anm. 8, und die dort zitierte Literatur.

[274] Siehe HYLEN, Allusion, 131–134. Die pagane, jüdische und christliche Symbolik des Seewandels bespricht ausführlich die Arbeit von MADDEN, Walking, 19–36.

[275] So auch die Kommentare von LIGHTFOOT, Gospel, 157, BROWN, Gospel, I, 255, BARRETT, Evangelium, 294, oder zuletzt MOLONEY, Gospel, 204.

Tabelle 4.4: *Die ‹wunderbare Landung› auf der Folie von Ps 107*

| Joh 6 | Mk 6 | Mt 14 | Ps 106 (LXX⁹) |
|---|---|---|---|
| 21a ἤθελον οὖν λαβεῖν αὐτὸν εἰς τὸ πλοῖον, | 51a καὶ ἀνέβη πρὸς αὐτοὺς εἰς τὸ πλοῖον | 32a καὶ ἀναβάντων αὐτῶν εἰς τὸ πλοῖον | 28b καὶ ἐκ τῶν ἀναγκῶν αὐτῶν ἐξήγαγεν αὐτοὺς |
| | 51b καὶ ἐκόπασεν ὁ ἄνε-μος, καὶ λίαν [ἐκ περισσοῦ] ἐν ἑαυτοῖς ἐξίσταντο· | 32b ἐκόπασεν ὁ ἄνεμος. | 29 καὶ ἐπέταξεν τῇ καταιγίδι, καὶ ἔστη εἰς αὔραν, καὶ ἐσίγησαν τὰ κύματα αὐτῆς· 30a καὶ εὐφράνθησαν, ὅτι ἡσύχασαν, |
| 21b καὶ εὐθέως ἐγένετο τὸ πλοῖον ἐπὶ τῆς γῆς εἰς ἣν ὑπῆγον. | Vgl. 6,53! | Vgl. 14,34 | 30b καὶ ὡδήγησεν αὐτοὺς ἐπὶ λιμένα θελήματος αὐτῶν. |

und VI.B (Ps 107,23–30) findet. Die johanneische Komposition von V. 21 lässt sich dann als eine fortgesetzte intertextuelle Lektüre der Synoptiker auf der Folie von Ps 107,23–30 verstehen, wie es die Tabelle 4.4 an der Auswahl von Ps 106,28b–30 (LXX⁹) mit den Parallelen von Joh 6,21, Mk 6,51 und Mt 14,32 zeigt.[276] Im Hinblick auf den alttestamentlichen Prätext mag es jedoch immerhin etwas auffällig sein, dass Johannes in V. 21 nicht deutlicher auf |ἐπὶ λιμένα θελήματος αὐτῶν| (Ps 107,30) anspielt, sondern nur über |ἐπὶ τῆς γῆς εἰς ἣν ὑπῆγον| spricht, und die Intertextualität zwischen Joh 6,21 und Ps 107,30 sich hiermit nur auf die Strukturreproduktion beschränkt. Man sollte aber zwischen der für die Komposition verwendeten *Folie*, die hier wohl der Psalm 107 darstellt, und dem Grund bzw. dem *Motiv* für die ‹wunderbare Landung› in V. 21 unterscheiden. Der Grund für dieses ‹zweite Wunder› liegt meines Erachtens bei Johannes nicht in dem intertextuellen Spiel mit dem alttestamentlichen Prätext, sondern vielmehr in der intertextuellen Relektüre der markinischen Erzählung: Bei Markus wollen die Jünger nämlich „εἰς τὸ πέραν πρὸς Βηθσαϊδάν" (Mk 6,45) fahren, nach dem nächtlichen Abenteuer kommen sie aber in Gennesaret an, wohin sie eigentlich *nicht wollten*: „καὶ διαπεράσαντες ἐπὶ τὴν γῆν ἦλθον εἰς Γεννησαρὲτ καὶ προσωρμίσθησαν" (Mk 6,53).[277] Bei Johannes wollen die Jünger dagegen nach Kafarnaum fahren (Joh 6,16) und sie kommen auf eine wundersame Weise in der Tat dort an, wohin sie *wollten*: „καὶ εὐθέως ἐγένετο τὸ πλοῖον ἐπὶ τῆς γῆς εἰς ἣν ὑπῆγον" (Joh 6,21b).[278] Dieses intertextuelle Spiel mit dem markinischen Prätext wird auch hier von der Elementenreproduktion begleitet ($M_2$) und für den Modell-Leser markiert, denn mit |ἐπὶ τῆς γῆς| übernimmt Johannes Elemente von der ‹Landung› der Jünger in Mk 6,53/Mt 14,34 (vgl. die

---

[276] Die intertextuelle Lektüre von Ps 107 (106) kann man hier noch einen Schritt weiter fortsetzen, wenn man V. 32 auf die ‹Synagoge› in der Textsequenz VI.C. bezieht: „ὑψωσάτωσαν αὐτὸν ἐν ἐκκλησίᾳ λαοῦ καὶ ἐν καθέδρᾳ πρεσβυτέρων αἰνεσάτωσαν αὐτόν" (LXX⁹).

[277] Das Matthäusevangelium lässt eine genaue Zielangabe in der Exposition der Textsequenz VI.B. lieber aus und spricht nur über „τὸ πέραν" (vgl. Mt 14,22).

[278] Vgl. auch MACKAY, Relationship, 188.

Synopse in der Tabelle 4.7). Im Unterschied zum Markus bringt also bei Johannes der ‹Herr› (vgl. Joh 6,23) die Jünger wirklich „zum erwünschten Lande".[279]

*Textsequenz VI.C.*

Die Textsequenz VI.C. über das *Brot vom Himmel* (Joh 6,22–59) besteht aus einer kurzen Einleitung in Joh 6,22–24 (C. Überfahrt) im *narrativen* Modus und aus einem langen Dialog in Joh 6,25–59 (D. Streitgespräch) im *dramatischen* Modus. Wie schon oben gesagt wurde, dient die Überfahrt (C.) vor allem dazu, die Menschenmenge, die sich immer noch „πέραν τῆς θαλάσσης" befindet,[280] nach Kafarnaum zu bringen,[281] zumal der Erzähler für Jesus Dialogpartner braucht, die am vorigen Tag die ‹Zeichen› gesehen haben (vgl. Joh 6,2.14.26). Der komplizierte Aufbau von Joh 6,22–24, der in vielen Kommentaren konstatiert und in den Textvarianten des NA[27] reflektiert wird,[282] zeigt aber, dass dies nicht die einzige Funktion dieser Erzählsequenz sein kann und wenn man die Erzählstrategie in Betracht zieht, wird auch die scheinbare „obscurity"[283] dieses kurzen Textes schnell geklärt. Der Erzähler, der in V. 17a zusammen mit den Jüngern das Boot bestiegen hat und sich nun in Kafarnaum befindet, fokussiert die Menschenmenge am anderen Ufer des Sees, wobei er sie *rekapitulieren* lässt, was am vorigen Tag geschah,[284] nachdem er sie verlassen hat: „Sie machten sich klar, daß dort (am Vortag) kein anderes Boot als nur das eine gewesen war und daß Jesus nicht zusammen mit seinen Jüngern dieses Boot bestiegen hatte; daß (damit) vielmehr allein seine Jünger (ohne ihn) abgefahren waren."[285] Auf diese Weise bestätigt die unwissende Menschenmenge, ähnlich wie „der ahnungslose ἀρχιτρίκλινος"[286] in Joh 2,9f., den Seewandel Jesu. Wenn dann andere Boote aus Tiberias kommen und die Leute feststellen, dass dort weder Jesus noch seine Jünger sind, fahren sie nach Kafarnaum, um ihn zu suchen.

Die Antwort auf die Fragen, warum die anderen Boote aus Tiberias kommen, wohin sie fahren und wie alle Menschen in diese Boote passen,[287] wird dem Modell-Leser überlassen. Mindestens die letzte dieser drei Fragen gehört aber eindeutig zu

---

[279] Ps 107,30b in der Übersetzung der Lutherbibel (LUTH).

[280] Dazu bemerkt richtig THYEN, Johannesevangelium, 344: „Der Kontext erfordert es, daß πέραν τῆς θαλάσσης hier das gleiche Seeufer bezeichnen muß, wie 6,1, nämlich das Ostufer, wo Jesus die Menschen wunderbar gespeist hatte. Dieses Ufer ist aus der Erzählperspektive das ‚jenseitige‘, weil der Erzähler unter den mit Jesus nach Kapharnaum gekommenen gesucht werden muß." Anders BULTMANN, Evangelium, 160.

[281] So auch SCHNACKENBURG, Johannesevangelium, II, 44.

[282] Vgl. nur BARRETT, Evangelium, 294–298, hier 297: „Diese Verse sind sehr verworren."

[283] BORGEN, Christianity, 208.

[284] Ähnlich auch SCHNACKENBURG, Johannesevangelium, II, 46: „Die folgende Darstellung (von εἶδον ab) greift auf den Vorabend zurück [...]."

[285] Die Übersetzung von THYEN, Johannesevangelium, 343. Zu der Übersetzung von V. 22 s. auch BULTMANN, Evangelium, 160, Anm. 2.

[286] BULTMANN, Evangelium, 160.

[287] Vgl. WELLHAUSEN, Evangelium, 30: „Die Schiffe von Tiberias müßten eine förmliche Flotte gewesen sein, um die Menge transportieren zu können, und woher kommt es, daß sie nach Kapernaum zurückfahren? sind sie etwa von der Menge gechartert? Sie gleichen einem deus ex machina."

den Fragen, die ein versierter Modell-Leser des Evangeliums nicht stellt, und zwar aus dem selben Grund, aus dem ein versierter Modell-Leser von Rotkäppchen[288] nicht fragt, wie zwei Menschen in den Bauch eines Wolfes passen können. Der Modell-Autor hätte natürlich die Menschenmenge nach Kafarnaum auch laufen lassen können,[289] doch wie schon oben gesagt wurde, konstruiert er in Anlehnung an die Synoptiker ein sehr symmetrisches Erzähluniversum und in diesem kommt für die Menschenmenge nur eine Seeüberfahrt in Frage. Die Erzählsequenz von Joh 6,22–24 stellt eine *johanneische* Komposition, die strukturell den Überfahrten von Mk 6,53/8,10 und Mt 14,34/15,39 entspricht (vgl. die Synopse in der Tabelle 4.7),[290] auch wenn sie sonst kaum Elemente der synoptischen Erzählungen übernimmt.[291]

Die Frage der Menschenmenge in Joh 6,25 leitet den Dialog (D. Streitgespräch) ein und der Erzähler wechselt in den *dramatischen* Modus. Dieser Moduswechsel betrifft selbstverständlich auch die Intertextualität,[292] die nun mehr *thematisch* wird. Dies bedeutet nichts anderes, als dass die Elementen- und Strukturreproduktion vor allem komplexe diskurssemantische Einheiten auf höheren Ebenen des literarischen Werkes betrifft.[293] Mit anderen Worten gesagt: Es sind vor allem die Themen der Prätexte, die im dramatischen Modus zur ‚Zielscheibe' der Intertextualität werden. Damit sinkt gleichzeitig die Elementen- und Strukturreproduktion auf der Wortebene, die sich auf die Gegenstände der erzählten Welt bezieht, denn es wird nicht mehr erzählt, sondern es wird das Erzählte bzw. das in der erzählten Welt Geschehene *besprochen*. Das Ergebnis ist ein Netz von thematischen intertextuellen Bezügen, wie es die Übersicht in der Tabelle 4.6 weitergibt. In Joh 6,22–59 handelt es sich um die Geschehnisse des vorigen Tages, worauf den Modell-Leser die intratextuelle Analepse zu der Textsequenz VI.A. in Joh 6,26 aufmerksam macht: „ἀμὴν ἀμὴν λέγω ὑμῖν, ζητεῖτέ με οὐχ ὅτι εἴδετε σημεῖα, ἀλλ᾽ ὅτι ἐφάγετε ἐκ τῶν ἄρτων καὶ ἐχορτάσθητε." Diese stellt für den versierten Modell-Leser zugleich eine *intertextuelle Analepse* dar, zumal sie mit |ἐφάγετε ἐκ τῶν ἄρτων καὶ ἐχορτάσθη-τε| die Schlüsselwortsequenz der synoptischen Prätexte aufgreift (vgl. die Synopse in der Tabelle 4.7). Der versierte Modell-Leser bekommt damit also bereits am Anfang des Dialogs einen Hinweis für die *intertextuelle Lektüre* dieser Textsequenz und in diesem Hinweis wird mit dem Element ‹ἄρτος› auch das *Leitthema* der Textsequenz VI.C. genannt.[294] Dieses Leitthema kann hier jeder Leser auch leicht erraten,

---

[288] KHM, Nr. 26.

[289] Gegen SCHENKE, Johannes, 130.

[290] Siehe auch die Übersicht bei MACKAY, Relationship, 205.

[291] Ob in ‹Tiberias› (Joh 6,1.23) eine Anspielung auf ‹Cäsarea Philippi› in Mk 8,27 par. vorliege (s. MACKAY, Relationship, 200f.), kann an dieser Stelle meines Erachtens offen bleiben.

[292] Das wird bei der Analyse der Intertextualität des vierten Evangeliums mit den Synoptikern immer noch kaum berücksichtigt.

[293] Vgl. die Abbildung 2.1 auf S. 39.

[294] Vgl. auch SCHNELLE, Evangelium, 114: „Joh. 6 ist in seiner vorliegenden Gestalt eine vom 4. Evangelisten szenisch-dramatisch gestaltete literarische Einheit, die sich aus verschiedenen Einzeltraditionen zusammensetzt, die jeweils um das Stichwort Brot organisiert sind."

zumal die komplexe diskurssemantische Einheit ‹Brot› den *Kern* des Textes dominiert, wie es die folgende Übersicht zeigt:[295]

VI.C.   Joh 6,25–58 | D. Streitgespräch ($n \geq 2$)

N   ἄρτος (15), πατήρ (14), οὐρανός (10), ζωή (9), Ἰησοῦς (7), θεός (6), σάρξ (6), αἷμα (4), ἡμέρα (4), θέλημα (4), υἱός (4), βρῶσις (3), αἰών (2), ἄνθρωπος (2), ἔργον (2), κόσμος (2), μάννα (2), σημεῖον (2).

V   λέγω (19), εἰμί (18), δίδωμι (10), ἐσθίω (9), καταβαίνω (7), ζάω (6), πιστεύω (6), ὁράω (5), ἀνίστημι (4), ἔρχομαι (4), ἔχω (4), τρώγω (4), ἀποθνήσκω (3), ἀποκρίνομαι (3), ἐργάζομαι (3), πέμπω (3), πίνω (3), ποιέω (3), ἀπόλλυμι (2), ἀποστέλλω (2), γογγύζω (2), γράφω (2), δύναμαι (2), μένω (2).

ADJ   πᾶς (5), αἰώνιος (4), ἔσχατος (4), ἀληθής (2), ἔρημος (2), Ἰουδαῖος (2).

PRON   ἐγώ (40), αὐτός (24), οὗτος (12), σύ (11), ὅς (6), τις (3), τίς (3), ἀλλήλων (2), ἐκεῖνος (2).

Diese Tatsache ist von besonderer Bedeutung vor allem im Hinblick auf die Intertextualität: Das Thema ‹Brot› führt nämlich nicht nur die intertextuelle Lektüre von Joh 6,25–58 (D. Streitgespräch) an, indem es sowohl bei Johannes als auch bei den Synoptikern jene Analepse (D.1. ‹Brot›) bildet, die über das Element ‹ἄρτος› den Dialog (Joh 6,26) bzw. das Streitgespräch (Mk 7,2/Mt 15,2) mit der Textsequenz VI.A. verbindet (vgl. die Synopse in der Tabelle 4.7), sondern es trägt auch bedeutend zu der Kohärenz der intertextuellen Lektüre bei, denn was U. Schnelle in seinem Kommentar zu Joh 6 bemerkt, trifft ebenso auf die synoptischen Prätexte zu, „die jeweils um das Stichwort Brot organisiert sind."[296] Das ermöglicht dem versierten Modell-Leser alle zugehörigen Prätexte der Textsequenz VI.C. und ebenso VI.D. (vgl. Mk 8,14/Mt 16,5!) leicht zu identifizieren und die intertextuelle Lektüre kontinuierlich fortzusetzen. Das Ziel dieses Kapitels ist zwar nicht die allegorische Relektüre der zur Textsequenz VI.C. zugehörigen Prätexte zu erörtern (vgl. dazu das Kapitel 4.3.4), doch bereits die *Anordnung* und die *Thematik* der synoptischen Prätexte innerhalb der Erzählsequenz ‹D. Streitgespräch› zeigen, dass die Synoptiker für die intertextuelle Lektüre des johanneischen Dialoges in Joh 6,25–28 sehr gut als Folie dienen und mit großer Wahrscheinlichkeit dem Modell-Autor auch entscheidende Impulse für seine Komposition können gegeben haben (vgl. die Übersicht in der Tabelle 4.6).

Der Modell-Leser kann in der Tat nach der schon erwähnten *intra*- und *intertextuellen Analepse zu VI.A.* (D.1.), die hier als Signal dient (Signalbedingung), seine intertextuelle Lektüre problemlos fortsetzen, zumal auch die weiteren Erzählsequenzen des johanneischen Dialoges thematische intertextuelle Bezüge zu den Er-

---

[295] Die grammatische Analyse und die Berechnung erfolgten mit ACCORDANCE am griechischen Text von NA[27] und können von anderen Lexika abweichen.

[296] SCHNELLE, Evangelium, 114.

zählsequenzen der synoptischen Streitgespräche aufweisen (Funktionalitätsbedingung).[297] Die Übertragung ist in diesem Fall zwar meistens allegorisch und findet auf höheren Ebenen des literarischen Werkes statt (s. das Kapitel 4.3.4), es lassen sich aber auch hier an einigen Stellen einfache *Elementen-* und *Strukturreproduktionen* beobachten (vgl. die Synopse in der Tabelle 4.7):

*D.2.*

Werke Gottes? In dieser Erzählsequenz entsprechen ‹τὰ ἔργα τοῦ θεοῦ› bzw. ‹τὸ ἔργον τοῦ θεοῦ› von Joh 6,28f. zuerst strukturell ‹τὴν ἐντολὴν τοῦ θεοῦ› in Mk 7,8/ Mt 15,3 und ‹τὸν λόγον τοῦ θεοῦ› in Mk 7,13/Mt 15,6b, wobei sich bei |τοῦ θεοῦ| um eine schwache, aber klare Elementenreproduktion handelt. Das intertextuelle Spiel des vierten Evangelisten mit seinen synoptischen Prätexten scheint hier aber noch etwas subtiler zu sein und die johanneische Opposition ‹τὰ ἔργα τοῦ θεοῦ› × ‹τὸ ἔργον τοῦ θεοῦ› von Joh 6,28f. findet meines Erachtens ihre eigentliche Entsprechung in der Opposition ‹ἡ παράδοσις τῶν ἀνθρώπων› × ‹ἡ ἐντολὴ τοῦ θεοῦ› von Mk 7,8/Mt 15,3 bzw. in der darauf folgenden Opposition ‹ἡ παράδοσις ὑμῶν› × ‹ὁ λόγος τοῦ θεοῦ› von Mk 7,13/Mt 15,6b.[298]

*D.3.*

Die ‹Zeichenforderung› der Menschenmenge in Joh 6,30 folgt in den synoptischen Prätexten zwar erst später in Mk 8,11/Mt 16,1/ Lk 11,16, womit die Kontinuität der intertextuellen Lektüre auf der synoptischen Folie unterbrochen wird, trotzdem gehört sie aber zu den *auffälligsten intertextuellen Bezügen* des vierten Evangeliums mit den Synoptikern in der Textsequenz VI.C. und wird in den meisten Arbeiten in dieser Hinsicht diskutiert.[299] Schon diese Tatsache zeigt, dass der versierte Modell-Leser hier keine großen Schwierigkeiten hat, die synoptischen Prätexte zu erkennen und sie mit der johanneischen ‹Zeichenforderung› (D.3.) in Verbindung zu bringen. Der Grund dafür ist vor allem die *Strukturreproduktion*, denn die ‹Zeichenforderung› wird bei Matthäus und Markus mit der (zweiten) ‹wunderbaren Speisung› in Mk 8,1–9/Mt 15,29–39 und der ‹Überfahrt› in Mk 8,10/15,39 verbunden ($M_1$), die Johannes in seiner Komposition vereint,[300] doch auch die *Elementenreproduktion* sollte hier nicht außer Acht gelassen werden: Diese besteht nicht nur aus dem Element |σημεῖον|, sondern auch aus der Wortsequenz |ἀπὸ/ἐκ/ἐξ τοῦ οὐρανοῦ|, die in Mk 8,11/Mt 16,1/Lk 11,16 das ‹Zeichen› spezifiziert und bei Johannes in dem ‹Exoduszitat› (D.4.) in Joh 6,31 reproduziert wird. Hier führt die

---

[297] Zur Signal- und Funktionalitätsbedingung vgl. die Definition der Intertextualität im Kapitel 2.2.1.

[298] Zur Interpretation und der allegorischen Bedeutung der hier angeführten intertextuellen Bezüge s. weiter das Kapitel 4.3.4.

[299] So schon die Einleitungsliteratur, vgl. POKORNÝ/HECKEL, Einleitung, 548, oder SCHNELLE, Einleitung, 540.

[300] Vgl. auch die Resultate von MACKAY, Relationship, 117: „John is strung on structural beams like M1 [Mk 6,30–46] and has the circular shape of M2 [Mk 8,1–10]. There seems also to be a certain similarity in what is achieved structurally."

Menschenmenge als ein Beispielzeichen ‹ἄρτον ἐκ τοῦ οὐρανοῦ› an und von der intertextuellen Arbeitsweise her handelt es sich um eine für den vierten Evangelisten typische Aufsprengung ($M_3$) der Elemente auf der Wortebene.

### D.4.

Nach diesem ‚Exkurs' zu Mk 8,11–13/Mt 16,1–4 kann der Modell-Leser zurückkehren und seine intertextuelle Lektüre der Textsequenz VI.C. auf der Folie von Mk 7,1–15/Mt 15,1–11 fortsetzen und dabei einige Beobachtungen machen: Die in Joh 6 im ‹Exoduszitat› in V. 31 zum ersten Mal angeführte Wortsequenz |ἐκ τοῦ οὐρανοῦ|, die sich bei den Synoptikern auf das ‹Zeichen› bezieht, wird von nun an zu einer Schlüsselwortsequenz des johanneischen Dialoges, in dem sie sich auf das ‹Brot› ≡ ‹Jesus› bezieht und mit ‹Leben› in Verbindung steht (vgl. Joh 6,51), was später noch erörtert werden muss. In der Wortsequenz |ἔφαγον ἐν τῇ ἐρήμῳ| bringt das ‹Exoduszitat› nun auch das ‹Wüstenmotiv› von der Textsequenz VI.A. zur Geltung, das bei Johannes (nicht ohne Grund) zuerst ausgeblendet wurde.

An dieser Stelle könnte man natürlich einige Einwände erheben: Erstens, dass die Wortsequenz |ἐκ τοῦ οὐρανοῦ| nicht aus dem synoptischen, sondern aus dem alttestamentlichen Prätext stamme, und zweitens, dass die Wortsequenz |ἄρτον ἐκ τοῦ οὐρανοῦ ἔδωκεν αὐτοῖς φαγεῖν| in Joh 6,31 kein Exoduszitat sei, wenn es sich überhaupt um ein Zitat handele. In der Tat, um mit dem zuletzt erwähnten Einwand zu beginnen, findet man die Wortsequenz in BHS[5] oder LXX[9] in diesem Wortlaut nicht, doch mit |ἐστιν γεγραμμένον| ist die Wortsequenz klar als ein ‹Zitat› markiert und M. Theobald könnte im Bezug auf den *realen Autor* sogar Recht haben,[301] dass der Prätext in diesem Fall Ps 77,24 (LXX[9]) sei, obwohl Ex 16,4.15 (LXX[9]) meines Erachtens auch in Frage käme und man die anderen Prätexte, wie Neh 9,15, nicht wirklich ausschließen kann. Doch es ist nicht der *reale Autor* oder der *Modell-Autor* und diesmal auch nicht der *Erzähler*, der bei Johannes sonst sehr aktiv ist, sondern die ‹Menschenmenge›, die hier etwas Geschriebenes zitiert. Die Tatsache, dass es den zitierten Prätext in der realen Welt in diesem Wortlaut nicht gibt (und möglicherweise nie gab), unterstreicht nur die Fiktionalität dieser Szene und bestätigt das oben Gesagte,[302] dass die erzählte Welt sich zwar mit der realen Welt überschneidet, aber keinesfalls identisch ist.[303] Die ‹Menschenmenge› gibt die Schrift, aus welcher *sie* zitiert, nicht an und der Wortlaut *unserer* Schrift und die des realen Autors sind in dieser Hinsicht irrelevant. Zweifelsohne beziehen sich die ‹Menschenmenge› und alle in Frage kommenden Prätexte aber auf die ‹Exodus-Erzählung›[304] und bei der intertextuellen Lektüre scheint einiges sogar dafür zu sprechen, dass der Modell-Autor[305] das Buch des Mose im Blick hat.

Was den ersten Einwand betrifft, so ist natürlich klar, dass die ‹Menschenmenge› nicht die synoptischen Evangelien zitieren kann und die Wortsequenz |ἐκ τοῦ οὐρανοῦ| damit

---

[301] THEOBALD, Schriftzitate, 329.

[302] Siehe das Kapitel 2.3.2.

[303] WELLEK/WARREN, Theorie, 190. In diesem Sinne würde es sich um ein *fiktives* Zitat handeln und nicht etwa um ein ‚falsches' Zitat – eine Kategorie, die meines Erachtens etwas irreführend ist und die in der Arbeit von GEIGER, Zitate, zu finden ist.

[304] Vgl. auch THYEN, Johannesevangelium, 351: „Da aber ja in jedem Fall unübersehbar die Erzählung von Ex 16 im Hintergrund steht und sich sowohl Neh 9,15 als auch Ps 78,24f darauf beziehen, braucht die Frage, welcher der drei Texte hier denn nun zitiert wede, nicht entschieden zu werden [...].“

[305] Über den realen Autor können wir in dieser Hinsicht keine Aussage machen.

in der *erzählten Welt* des Evangeliums nur aus einem ‚alttestamentlichen' Prätext stammen kann. Aus der Perspektive der intertextuelle Lektüre (und hiermit im Bezug auf den Modell-Autor) sieht die Situation freilich anders aus: Die Synoptiker stellen für die Erzählung von Joh 6 immerhin den *primären* Prätext dar, denn es wird an erster Stelle über ‹Jesus› und eine ‹Zeichenforderung› erzählt, und die Wortsequenz |ἐκ τοῦ οὐρανοῦ| liegt in diesem Prätext vor. Ist sie auch in dem alttestamentlichen Prätext zu finden (vgl. Ex 16,4 (LXX⁹) par.), wurde die synoptische ‹Zeichenforderung› (D.3.) in diesem Fall von dem Modell-Autor in dem ‹Exoduszitat› (D.4.) zusätzlich mit einem alttestamentlichen Hintergrund versehen und es handelt sich um eine der bei Johannes nicht ganz seltenen Stellen, die von dem Modell-Leser eine synchrone intertextuelle Lektüre verlangen.

Strukturell entspricht das ‹Exoduszitat› in Joh 6,31 dem ‹Exoduszitat› in Mk 7,10/ Mt 15,4 und die Elemente ‹Μωϋσῆς› und ‹θεός› stellen eine diese Strukturreproduktion begleitende Elementenreproduktion dar, die sich auf das Paradigma des Zitats bezieht (vgl. Joh 6,32).

*D.5.*

Das Murren der ‹Juden› in Joh 6,41 ist eine Anspielung auf den „hier stets gegenwärtigen ‚Prätext' der biblischen Manna-Erzählung"[306] die folgende direkte Rede |καὶ ἔλεγον· οὐχ οὗτός ἐστιν Ἰησοῦς ὁ υἱὸς Ἰωσήφ, οὗ ἡμεῖς οἴδαμεν τὸν πατέρα καὶ τὴν μητέρα;| in Joh 6,42a hat der Modell-Autor aber den Synoptikern entnommen und es handelt sich um ein weiteres Beispiel für die kreative Verwendung mehrerer Prätexte in dem vierten Evangelium. Diese negative Reaktion in ‹Galiläa› (zusammen mit dem Abfall der Jünger in Joh 6,60ff.) erfüllt *intratextuell* die Prolepse von Joh 4,44b, bildet aber zugleich eine *intertextuelle Analepse* zur Textsequenz IV.A. (vgl. die Synopse in der Tabelle 4.3). Zu dieser Analepse gehört hier selbstverständlich auch das Element des ‹Lehrens› Jesu in einer ‹Synagoge› (vgl. Joh 6,59 und die synoptischen Prätexte der Textsequenz IV.A.). Eine ähnliche negative Reaktion der ‹Juden› findet sich in den synoptischen Prätexten der Textsequenz VI. nur in Mt 15,12 (F. Jüngerverstockung), diese gehört hier aber vom Kontext her schon zu der Textsequenz VI.D. (s. die Synopse in der Tabelle 4.7).

*D.6.*

Wie bei den Synoptikern (Mk 7,6f./Mt 15,7ff.), so auch bei Johannes (Joh 6,45), findet der Modell-Leser bei seiner intertextuellen Lektüre des Streitgespräches (D.) im Munde Jesu ein ‹Jesajazitat› (D.6.), das zu dem ‹Exoduszitat› (D.4.) einen *Kontrapunkt* bildet. Im Unterschied zu den Synoptikern steht bei Johannes zwar |ἐν τοῖς προφήταις| und nicht |Ἡσαΐας|, in der Forschung besteht aber ein relativer Konsens darüber, dass es sich um ein Zitat von Jes 54,13 (LXX⁹) handelt,[307] dem ich mich hier anschließen werde. Die Zitate sind zwar unterschiedlich und bei dem ‹Jesaja-

---

[306] THYEN, Johannesevangelium, 357. Zu den alttestamentlichen Stellen vgl. SCHNACKENBURG, Johannesevangelium, II, 75.

[307] Siehe THEOBALD, Schriftzitate, 329f.

zitat> liegt auch keine Elementenreproduktion auf der Wortebene vor, sie stellen in dem Text des Johannesevangeliums aber eine klare Strukturreproduktion dar, der wir uns später noch widmen werden (vgl. das Kapitel 4.3.4).

### D.7.

Die Wortsequenz |ἔφαγον ἐν τῇ ἐρήμῳ| in Joh 6,49 ruft nicht nur das ‹Wüstenmotiv› wieder in Erinnerung, sondern auch die Erzählsequenz D.3. ‹Zeichenforderung› in Joh 6,31, in der sie ebenso vorkommt. Doch diesmal spricht die Worte Jesus aus und die Erzählsequenz ‹Zeichen Jesu› (D.7.) bringt seine Antwort auf die ‹Zeichenforderung› von Joh 6,31, begleitet von der Schlüsselwortsequenz |ἐκ τοῦ οὐρανοῦ| in Joh 6,50f. Auch bei den Synoptikern gibt es eine Antwort Jesu auf die ‹Zeichenforderung›, die der versierte Modell-Leser in den Prätexten leicht finden kann (vgl. die Erzählsequenz D.7. in der Synopse 4.7), zumal diese bei den Synoptikern gleich nach der ‹Zeichenforderung› erfolgt und/oder von dem Element |σημεῖον| markiert wird. Der Modell-Leser stellt bei seinem ,intertextuellen Spaziergang' aber gleichzeitig fest, dass die Antworten bei Johannes und den Synoptikern sehr unterschiedlich ausfallen und im Grunde nur die johanneische Antwort *positiv* ist.

### D.8.

Die letzte Erzählsequenz des johanneischen Dialoges (D.), die starke intertextuelle Bezüge zu den Synoptikern aufweist, ist die Erzählsequenz D.8., in der es um die ‹wahre Speise› geht, die das ‹Fleisch› und das ‹Blut› des ‹Menschensohnes› (Joh 6,53) ist. Strukturell entspricht die Erzählsequenz D.8. der synoptischen Erzählsequenz über die ‹unreine Speise› in Mk 7,14f./Mt 15,10f., die bei den Synoptikern vom Kontext her zweifelsohne zum Streitgespräch (D.) der Textsequenz VI.C. gehört und damit auch zum Hintergrund der johanneischen Erzählung in Joh 6. Dass ‹Menschenfleisch zu essen› und ‹Menschenblut zu trinken› zu dem Paradigma ‹unrein› gehört, muss hier nicht besonders erörtert werden und das Entsetzen der ‹vielen Jünger› in Joh 6,60 (Textsequenz VI.D.), die an dem *literarischen Sinn* der Aussage Anstoß nehmen, bestätigt es. Das Johannesevangelium geht aber weit über die synoptische Folie hinaus und die *allegorische Relektüre* erfordert in diesem Fall von dem Modell-Leser etwas größere intertextuelle oder enzyklopädische[308] Kompetenz, denn nun spielt auch Johannes auf die Eucharistie an (vgl. die Synopse in der Tabelle 4.7 zur Stelle).

Die oben erwähnten Elementen- und Strukturreproduktionen bilden also ein hinreichend dichtes Netz von (thematischen) intertextuellen Bezügen, um dem Modell-Leser eine kontinuierliche intertextuelle Lektüre des johanneischen Dialoges (D. Streitgespräch) auf der synoptischen Folie zu ermöglichen.

---

[308] Vgl. Eco, Lector, 95.

Die letzte Erzählsequenz der Textsequenz VI.C. in Joh 6,59 (E. Kafarnaum) schließt die Rede Jesu ab und macht zwischen dem Dialog (D.) und der Reaktion der Jünger (F.) eine deutliche Zäsur, doch im Hinblick auf die *Intra-* und *Intertextualität* kommt ihr noch eine ganz besondere Bedeutung zu: Die Wortsequenz |ταῦτα εἶπεν ἐν συναγωγῇ διδάσκων ἐν Καφαρναούμ| situiert den johanneischen Dialog als Jesu ‹Lehren› in einer ‹Synagoge› (vgl. Joh 18,20) und bestätigt dem Modell-Leser die Ortsangabe ‹Kafarnaum› (Joh 6,17.24.59). Es ist nun zum *dritten* und letzten Mal, dass Jesus in der erzählten Welt des Johannesevangeliums ‹Kafarnaum› besucht und es ist meines Erachtens kein Zufall, dass auch die synoptischen Evangelien (Mk/Mt) über *drei* Besuche Jesu in ‹Kafarnaum› erzählen, die vom Thema und Kontext her mit den johanneischen Besuchen überraschend viel gemeinsames haben.[309] Die Tabelle 4.5 bietet eine Übersicht der Stellen: Die drei Besuche Jesu

Tabelle 4.5: *‹Kafarnaum› bei Johannes und den Synoptikern*

| Textsequenz | Joh | Mk | Mt | Lk |
|---|---|---|---|---|
| Erster Besuch (II.B.) | 2,12 | 1,21 | 4,13 | 4,23.31 |
| Zweiter Besuch (IV.B.) | 4,46 | 2,1 | 8,5 | 7,1 |
| Dritter Besuch (VI.C.) | 6,17.24.59 | 9,33 | (11,23) 17,24 | (10,15) |

in ‹Kafarnaum› sind in der erzählten Welt des Markus- (Mk 1,21/Mk 2,1/Mk 9,33) und Matthäusevangeliums (Mt 4,13/Mt 8,5/Mt 17,24) leicht zu finden, doch bei Lukas hängt die Zahl der Besuche davon ab, ob man Lk 4,23 als eine Analepse oder als eine Prolepse versteht: Wenn Lk 4,23 eine *Analepse* wäre, müsste es sich um eine externe/intertextuelle Analepse handeln, die über einen in den Evangelien/bei Lukas *nicht erzählten* Besuch Jesu in ‹Kafarnaum› berichten würde, und (nur) in diesem Fall würde auch das Lukasevangelium über drei Besuche Jesu in ‹Kafarnaum› erzählen. Diese intertextuelle Lektüre bringt jedoch nicht wenige Schwierigkeiten mit sich: Es lässt sich sowohl bei Markus als auch bei Matthäus keine Erzählung finden, die für eine externe intertextuelle Analepse in Lk 4,23 als Prätext in Frage käme. Die Story von Mk 1,21–28, die bei Markus zum ersten Besuch Jesu in ‹Kafarnaum› gehört, ist eine Parallele von Lk 4,31–37 und scheidet hiermit für die oben beschriebene intertextuelle Lektüre von Lk 4,23 aus, zumal sie erst nach Lk 4,23 erzählt wird. Als Prätext bliebe dann nur Mt 4,13 übrig – eine Stelle, die über keine Wunder Jesu erzählt, es sei denn, man würde noch Mt 4,23 heranziehen. In diesem Fall wäre für den versierten Modell-Leser aber einfacher (und in Anbetracht der Zwei-Quellen-Theorie wohl auch empfehlenswerter), Lk 4,14f. elliptisch zu verstehen und diese Stelle auch auf ‹Kafarnaum› zu beziehen, obwohl sie es *nicht erwähnt*. Die zweite Lektüremöglichkeit stellt eine rein externe Analepse dar, die auf ein Ereignis außerhalb der erzählten Welt hinweist. Dank dieser intertextuellen Lektüre könnte sich zwar auch der versierte lukanische Modell-Leser über drei Besuche

---

[309] Siehe auch das Kapitel 4.2.3 und die Tabelle 4.2 auf S. 157.

Jesu in ‹Kafarnaum› freuen, doch ungeachtet dessen, für welche Analepse er sich entscheiden würde, wäre der dritte Besuch Jesu in ‹Kafarnaum› die Erzählung von Lk 7,1ff. und diese ist eine eindeutige Parallele von Mt 8,5ff. und gehört in dem Intertext zur Textsequenz IV.B. Vom Kontext her würde ihm also weiterhin ein Besuch Jesu in ‹Kafarnaum› fehlen, den er in dem Intertext der Textsequenz VI.C. zuordnen könnte.

Die *Prolepse* stellt deswegen eine bessere Lektüremöglichkeit dar,[310] und das sowohl für die (intertextuelle) Lektüre des Lukasevangeliums als auch für die intertextuelle Lektüre des Johannesevangeliums auf der lukanischen Folie: Wenn man Lk 4,23 als eine interne Prolepse versteht, löst sich damit nämlich ohne weitere Schwierigkeiten das Problem, das schon der einfache lukanische Modell-Leser hat, der sich fragen muss, über welche Ereignisse in ‹Kafarnaum› denn Jesus spricht? In diesem Fall antizipiert die interne Prolepse von Lk 4,23 einfach Ereignisse, die erst in Lk 4,31ff. erzählt werden, die aber eindeutig zu dem ersten Besuch Jesu in ‹Kafarnaum› gehören. Der versierte Modell-Leser des Lukasevangeliums, der das Markusevangelium kennt, kann hier aber noch einen Schritt weiter gehen, zumal ihm die Möglichkeit einer intertextuellen Lektüre offen steht. Dieser versierter Modell-Leser geht zuerst wie der einfache Modell-Leser vor, erkennt aber in der Erzählung von Lk 4,31ff. die Story von Mk 1,21ff. und eine intertextuelle Analepse. Diese dient ihm dann als zusätzliche Bestätigung, dass die Ereignisse von Lk 4,31ff. in dem Plot zwar später erzählt werden, in der erzählten Wirklichkeit der Story aber früher geschehen sind und Jesus deswegen in seiner Rede in Lk 4,23 zurecht auf die Vergangenheit hinweist.

Der versierte Modell-Leser des Johannesevangeliums, der die Synoptiker kennt, kann sich dieser intertextuellen Lektüre nicht nur anschließen, sondern auch er kann noch einen Schritt weiter gehen und die synoptischen Prätexte mit der Erzählung von Joh 2,12 und dem ersten Besuch Jesu in ‹Kafarnaum› verbinden, wie es die Tabelle 4.5 zeigt. Dabei scheint sich auch hier die durchgehend gemachte Beobachtung zu bestätigen, dass für die intertextuelle Lektüre des Johannesevangeliums auf der synoptischen Folie die Kenntnis *aller drei synoptischen Evangelien* am meisten Sinn macht.[311] Die drei Besuche Jesu in ‹Kafarnaum› stellen in dieser Hinsicht keine Ausnahme dar: Bei dem ersten Besuch Jesu in ‹Kafarnaum› in Joh 2,12 wird nicht über Wunder erzählt und die johanneische Textsequenz II.B. enthält Elemente wie ‹μήτηρ› und ‹ἀδελφοί›, die ein ‹Zuhause› assoziieren. Damit steht Joh 2,12 thematisch deutlich näher Mt 4,13 als Mk 1,21/Lk 4,31 und die johanneische Erzählung (Coda) lässt sich auf der matthäischen Folie gut lesen, so dass man schon meinen könnte, der vierte Evangelist kenne/verwende an dieser Stelle nur das Matthäusevangelium. Doch dann findet der Modell-Leser in Joh 6,69 (Textsequenz VI.D.) die Wortsequenz |ὁ ἅγιος τοῦ θεοῦ| und diese kommt im Neuen Testament (NA[27]) sonst nur in der synoptischen Erzählung über den

---

[310] Vgl. auch das Kapitel 4.2.3.
[311] Zur Intention dieser intertextuellen Lektüre mehr das Kapitel 5.

ersten Besuch Jesu in ‹Kafarnaum› in Mk 1,21–28/Lk 4,31–37 vor und stellt in dieser Hinsicht eine klare intertextuelle Analepse und Anspielung auf das dämonische Bekenntnis von Mk 1,24/Lk 4,34 (vgl. H. Petrusbekenntnis) dar – von der intertextuellen Arbeitsweise her handelt es sich also um jene typische Aufsprengung der Elemente des Prätextes ($M_3$), mit der der Modell-Autor seine Kenntnis verrät. In der Textsequenz IV.A. lehnt sich der Modell-Autor bei der Strukturreproduktion dann wieder an die Erzählung von Lk 4,16–31a und die Prolepse von Lk 4,23 an[312] und verbindet die Erzählung über den ‹Prophet in seiner Heimat› von Lk 14,16–31a/Mk 6,1–6a/Mt 13,54–58 mit dem zweiten Besuch Jesu in ‹Kafarnaum› in Lk 7,1–10/Mt 8,5–13 (Textsequenz IV.B.). Dabei spart er die Textsequenz IV.C. aus, die vom Kontext her zu der negativen Reaktion in der Textsequenz IV.A. gehört, und verwendet sie erst später in Joh 6,42 ($M_3$). Die Erzählung von Mk 2,1ff. bleibt dabei praktisch unberücksichtigt und ein Echo findet in der johanneischen Erzählung über den ‹Prophet in seiner Heimat› nur der Anfang: „Καὶ εἰσελθὼν πάλιν εἰς Καφαρναοὺμ δι᾽ ἡμερῶν ἠκούσθη ὅτι ἐν οἴκῳ ἐστίν." Der vierte Evangelist scheint also alle drei Synoptiker und ihre *Unterschiede* zu kennen und diese Kenntnis bei seinem *intertextuellen Schreiben* auch zu verwenden, zumal die johanneische Erzählung nicht ganz selten eine intertextuelle Lektüre von einem oder zwei Synoptiker auf der Folie des oder der anderen voraussetzt und sich als ein Ergebnis dieser Lektüre erklären lässt.

Am wichtigsten ist für uns in diesem Kapitel aber natürlich der dritte und letzte Besuch Jesu in ‹Kafarnaum› in der Textsequenz VI.C. (E. Kafarnaum): Die Stelle Joh 6,59 deckt sich in der Story Jesu[313] ziemlich genau mit Mk 9,33 und Mt 17,24, indem sie sehr eng mit dem (letzten) Weg Jesu nach Jerusalem und der zweiten Leidensankündigung verbunden ist (vgl. die Übersicht in der Tabelle 4.6). Um so auffälliger ist es, dass die johanneische Erzählung mit den synoptischen Erzählungen der Erzählsequenz E. Kafarnaum thematisch sehr wenig gemeinsam hat: Die Erzählung von Mk 9,33ff. assoziiert zwar das Thema ‹Nachfolge› (Textsequenz VI.D.), Mt 17,24ff. ist aber als Folie für eine intertextuelle Lektüre des Johannesevangeliums an dieser Stelle kaum brauchbar – thematisch scheinen wir vor uns also die falschen Prätexte zu haben. Doch über ‹Kafarnaum› wird in den Evangelien nicht nur erzählt, es wird auch besprochen und zwar in Mt 11,23/Lk 10,15: „[23a/15]Καὶ σύ, Καφαρναούμ, μὴ ἕως οὐρανοῦ ὑψωθήσῃ; ἕως ᾅδου καταβήσῃ· [23b]ὅτι εἰ ἐν Σοδόμοις ἐγενήθησαν αἱ δυνάμεις αἱ γενόμεναι ἐν σοί, ἔμεινεν ἂν μέχρι τῆς σήμερον." Das Lukasevangelium ist hier besonders interessant: Lukas erzählt zwar nicht über drei Besuche Jesu in ‹Kafarnaum›, die zitierte Stelle von Lk 10,15 nimmt aber vom Kontext her exakt diesen Platz ein, denn die Textsequenz VI.A. findet sich in Lk 9,10b–17 und die sonstigen Elemente und Strukturen der Textsequenz VI.C. sind in Lk 11 zerstreut (vgl. die Übersicht in der Tabelle 4.6). Diese Stelle entspricht außerdem nicht nur strukturell dem dritten Besuch Jesu in ‹Kafarnaum› bei Johan-

---

[312] Siehe das Kapitel 4.2.3 und die Synopse in der Tabelle 4.3 zur Stelle.
[313] Vgl. das Kapitel 3.3.3.

nes, sondern ist auch im Hinblick auf das Thema der ‚galiläischen Krise' als Folie für eine intertextuelle Lektüre von Joh 6 bestens geeignet. Was die Anordnung der Story und den Plot betrifft, hällt sich der Modell-Autor des Johannesevangeliums also an Mk 9,33/Mt 17,24/(Lk 10,15) und lässt in seiner erzählten Welt Jesus *dreimal* ‹Kafarnaum› besuchen, thematisch steht aber der Intertext von Mt 11,23/Lk 10,15 als Prätext im Hintergrund.

*Textsequenz VI.D.*

Nach der Zäsur in Joh 6,59 beginnt die Textsequenz VI.D. (Joh 6,60–71), die den Dialog (D. Streitgespräch) im gewissen Sinne fortsetzt und thematisch an ihn anschließt, denn die negative Reaktion der ‹vielen Jünger› in V. 60.65 ist immerhin eine Reaktion auf die Worte Jesu in der Textsequenz VI.C. Die räumliche und situationelle Zäsur in V. 59 schafft also einen zweifachen Dialog bzw. zwei Dialoge mit einer partiellen thematischen und chronotopischen Kohärenz. Doch was sich nach der Zäsur wirklich ändert, sind die Dialogpartner: Die ‹Menschenmenge› (Joh 6,25–40) und die ‹Juden› (Joh 6,41–58) verschwinden von der Szene und werden zuerst von ‹vielen Jüngern› (Joh 6,60–66) und später von den ‹Zwölf› ersetzt (Joh 6,67–71). Am Ende sieht es sogar so aus, dass ‹Jesus› und die ‹Zwölf› auf der Szene ganz allein stehen. Das ist zwar nicht gesagt und streng genommen kann man nicht ausschließen, dass sich noch in Joh 6,71 alle oben erwähnten Dialogpartner auf der Szene befinden, zweifelsohne wird aber in Joh 6,25–71 die Menge der fokussierten Figuren kontinuierlich kleiner und das Tempo der Dialoge schneller.[314] Eine *räumliche* und/oder *zeitliche* Zäsur, die oft mit einem *Figurenwechsel* verbunden ist, dient dem Erzähler aber nicht nur dazu, die Handlung in der erzählten Welt voranzutreiben, sondern auch dazu, den *thematischen Fluss* (thematic flow) des Diskurses zu steuern.[315] Der schnelle Figurenwechsel trägt in Joh 6,60ff. also nicht nur dazu bei, dass die Handlung in der Textsequenz VI.D. dramatisch kulminiert,[316] sondern auch dazu, dass das Thema ‹Nachfolge› in den Vordergrund tritt, zumal von dem Erzähler von nun an nur die ‹Jünger› fokussiert werden.

Auch im Hinblick auf die Intertextualität hilft die mit dem Figurenwechsel verbundene räumliche Zäsur in Joh 6,59f. dem versierten johanneischen Modell-Leser die synoptischen Prätexte der Textsequenz VI.D. zu identifizieren, so dass er gleich nach dem ‹Streitgespräch› in Mk 7,17ff./Mt 15,12ff. und nach der ‹Zeichenforderung› in Mk 8,14ff./Mt 16,5ff. seine intertextuelle Lektüre fortsetzen kann. In beiden Fällen werden nach einem öffentlichem Gespräch, das vom Kontext her der Erzählsequenz D. Streitgespräch entspricht, die ‹Jünger› fokussiert und das Gespräch

---

[314] Der Dialog mit der ‹Menschenmenge› dauert 16 Verse, mit den ‹Juden› noch 18 Verse, mit den ‹vielen Jüngern› aber nur 7 Verse und mit den ‹Zwölf› sogar nur 6 Verse.

[315] Aus diesem Grund kann Jesus in Joh 6,63 sagen: „τὸ πνεῦμά ἐστιν τὸ ζῳοποιοῦν, ἡ σὰρξ οὐκ ὠφελεῖ οὐδέν […]“, ohne dass diese Aussage zu dem vorher Gesagtem im Widerspruch steht, denn mit der Zäsur in V. 59 ändert sich auch die semantische Struktur.

[316] Wird der erzählte Raum kleiner, die erzählte Zeit schneller und, wie in diesem Fall, verkleinert sich der Fokus des Erzählers, steigt die dramatische Spannung.

wird auf eine oder andere Weise *privat* fortgesetzt, wobei dieser Figurenwechsel ähnlich wie bei Johannes nach einer räumlichen Zäsur folgt – in Mk 7,17 stellt diese Zäsur das ‹Haus› und in Mk 8,14/Mt 16,5 die ‹Überfahrt› dar. In dem ersten Fall (Mk 7,17ff./Mt 15,12ff.) nehmen die ‹Jünger› außerdem direkt Bezug auf das Gespräch und in Mt 15,12 berichten sie über eine negative Reaktion der Zuhörer, wobei gleich am Anfang der Textsequenz VI.D. in Joh 6,60f. Elemente wie ‹μαθηταὶ›, ‹ἀκούειν›, ‹λόγος›, ‹σκανδαλίζειν› reproduziert werden (vgl. die Synopse in der Tabelle 4.7). Die Strukturreproduktion wird also auch an dieser Stelle des Johannesevangeliums von einer Elementenreproduktion begleitet. In dem zweiten Fall (Mk 8,14ff./Mt 16,5ff.) markiert den Anfang der intertextuellen Lektüre das Element ‹ἄρτος›, das zu dem oben erwähnten Leitthema gehört. Was alle Erzählungen aber gemeinsam haben, ist ein auf das Streitgespräch folgendes Unverständnis der Jünger (F. Jüngerverstockung), das eine *Reaktion Jesu* hervorruft, auf die eine Belehrung über die *geistige Bedeutung* des vorher Gesagten erfolgt, und das in Joh 6,66 sogar zum Abfall der ‹vielen Jünger› ausgestaltet wird (vgl. die Synopse in der Tabelle 4.7). An dieser Stelle wird bei Johannes auch das Thema der ‹Nachfolge› behandelt, wenn Jesus am Anfang der Erzählsequenz G. ‹Nachfolge› in V. 65 seinen ‹Jüngern› die *Bedingung* der ‹Nachfolge› wiederholt: „Καὶ ἔλεγεν· διὰ τοῦτο εἴρηκα ὑμῖν ὅτι οὐδεὶς δύναται ἐλθεῖν πρός με ἐὰν μὴ ᾖ δεδομένον αὐτῷ ἐκ τοῦ πατρός." Vom Kontext her kann man hier ein klares Echo von Mt 15,13 hören: „ὁ δὲ ἀποκριθεὶς εἶπεν· πᾶσα φυτεία ἣν οὐκ ἐφύτευσεν ὁ πατήρ μου ὁ οὐράνιος ἐκριζωθήσεται." Der Modell-Autor des vierten Evangeliums verrät aber auch seine Kenntnis der entsprechenden Komposition der Erzählsequenz G. ‹Nachfolge› in Mk 8,34–9,1 par. – hier folgt der Bedingung der ‹Nachfolge› (Mk 8,34 par.) auch eine *Zusage Jesu* (Mk 9,1 par.), die sich bei Johannes in einer allegorischen Relektüre in der Textsequenz VI.C. wieder finden lässt,[317] vor allem wird aber das Wort Jesu von Mk 8,35 par. später in Joh 12,25f. reproduziert[318] und damit liegt hier jene typische Aufsprengung der synoptischen Erzählsequenzen vor, die wir im Rahmen dieser Arbeit im Hinblick auf die intertextuelle Arbeitsweise des vierten Evangelisten schon mehrmals beobachten konnten ($M_3$).[319]

Wie schon oben gesagt wurde, löst sich in der Erzählsequenz G. ‹Nachfolge› auch die etwas ,spiegelbildliche' Komposition von Mk 6,32ff./8,1ff. und Mt 14,13ff./ 15,29ff. auf, denn nach Mk 7,23/Mt 15,20 erfolgen bei den Synoptikern nur Heilungen, die in Joh 6 nicht erzählt werden, und gleich nach ihnen kommt die zweite *wunderbare Speisung* (Mk 8,1ff./Mt 15,29ff.), die der johanneische Modell-Autor in

---

[317] Vgl. die Synopse in der Tabelle 4.7. Zu der Relektüre siehe das Kapitel 4.3.4.

[318] So mit Berufung auf den Kontext auch Barrett, Evangelium, 418.

[319] Eine weitere strukturelle Ähnlichkeit stellt meines Erachtens die Tatsache dar, dass in Mk 8,34ff./Lk 9,23ff. Jesus ähnlich wie bei Johannes zu einem breiteren Kreis (der potenziellen Jünger) und nicht nur zu den ‹Zwölf› spricht (im Unterschied zu der Erzählsequenz H. Petrusbekenntnis in allen vier Evangelien), wobei die Stelle von Mk 8,38/Lk 9,26 am Ende der Erzählsequenz G. ‹Nachfolge› thematisch wiederum einen guten Hintergrund für den Abfall der ‹vielen Jünger› in Joh 6,66 bieten kann.

der Textsequenz VI.A. verarbeitet. Der Modell-Leser kann also von nun an nur einem Faden folgen (mit Ausnahme von Mt 15,13) und seine intertextuelle Lektüre in Mk 8,27ff./Mt 16,13ff. und in Lk 9,18ff. fortsetzen, zumal auch das Lukasevangelium an dieser Stelle nach der Textsequenz VI.A. mit seiner Erzählung fortfährt. Diese Fortsetzung (Mt 16,13ff.) bzw. Anknüpfung (Mk 8,27ff./Lk 9,18ff.) der intertextuellen Lektüre sollte für den versierten Modell-Leser nicht schwer sein, denn in den synoptischen Prätexten folgt ein durchaus markantes Ereignis der Story Jesu und das ist das *Petrusbekenntnis* (Mk 8,27–30/Mt 16,13–20/Lk 9,18–21). Das Johannesevangelium bringt das Petrusbekenntnis in Joh 6,67–69 und obwohl es *intentional* nicht den Titel ‹ὁ χριστός›, sondern ‹ὁ ἅγιος› verwendet, spiegeln die übrigen reproduzierten Elemente in den Wortsequenzen |ἀπεκρίθη αὐτῷ Σίμων Πέτρος| in V. 68a und |σὺ εἶ|, |τοῦ θεοῦ| in V. 69b ziemlich klar die synoptischen Prätexte wider und lassen keine Zweifel über die Intertextualität mit den Synoptikern zu (vgl. die Synopse in der Tabelle 4.7). Die Erzählsequenz H. Petrusbekenntnis stellt zweifelsohne einen Höhe- und Wendepunkt der Story Jesu dar[320] und ist dank ihrer exponierten Stelle und der begleitenden Elementen- und Strukturreproduktion auch ohne eine kontinuierliche intertextuelle Lektüre sehr auffällig und hiermit auch der *Kontext* dieser Erzählsequenz. Zu diesem Kontext gehören in allen vier Evangelien die Erzählsequenzen G. ‹Nachfolge›, I. Satanswort[321] und J. Passionsprolepse, jedoch in einer *unterschiedlichen Reihenfolge* bei Johannes und den Synoptikern:

|  Johannes | Synoptiker |
|---|---|
| 1. G. ‹Nachfolge›<br>Joh 6,65–66 | 1. H. Petrusbekenntnis<br>Mk 8,27–30/Mt 16,13–20/Lk 9,18–21 |
| 2. H. Petrusbekenntnis<br>Joh 6,67–69 | 2. J. Passionsprolepse<br>Mk 8,31/Mt 16,21/Lk 9,22 |
| 3. I. Satanswort<br>Joh 6,70 | 3. I. Satanswort<br>Mk 8,32–33/Mt 16,22–23 |
| 4. J. Passionsprolepse<br>Joh 6,71 | 4. G. ‹Nachfolge›<br>Mk 8,34–9,1/Mt 16,24–28/Lk 9,23–27 |

Ein weiterer Unterschied zwischen Johannes und den Synoptikern besteht darin, dass die hier angeführte synoptische Komposition mit der Erzählsequenz D. Streitgespräch und/oder F. Jüngerverstockung keine Erzähleinheit bildet und mit ihr nur über den Kontext verbunden ist: Bei den Synoptikern[322] fragt Jesus relativ unvermittelt die ‹Jünger› bei ‹Cäsarea Philippi› (Mk/Mt) bzw. ‹einmal, wenn er allein betet› (Lk), für wen die ‹Menschen› ihn halten, und nach ihrer Antwort, die

---

[320] Zu der Story Jesu in den vier Evangelien s. das Kapitel 3.3.3.
[321] Mit Ausnahme des Lukasevangeliums (vgl. Lk 9,22f.).
[322] Siehe die Synopse in der Tabelle 4.7 zur Stelle.

später noch erörtert werden muss, fragt er ‹sie› noch einmal, für wen ‹sie› ihn halten, und es folgt das Petrusbekenntnis. Die Reihenfolge der darauffolgenden Erzählsequenzen J. Passionsprolepse und I. Satanswort wird von der Logik der Erzählung bestimmt, indem sich das Satanswort in dem Handeln des Petrus in Mk 8,32/Mt 16,22 begründet,[323] und die Erzählung mündet in dem breiten Thema der Erzählsequenz G. ‹Nachfolge›. Vereinfacht ließe sich also sagen, die synoptische Komposition geht von dem Petrusbekenntnis aus und endet bei dem Thema der ‹Nachfolge› (H. → G.).

Bei Johannes ist es gerade umgekehrt: Die Erzählsequenz H. Petrusbekenntnis kann von der Logik der Erzählung her erst nach der Erzählsequenz G. ‹Nachfolge› kommen, denn das Petrusbekenntnis entspringt dem Thema ‹Nachfolge› und bildet einen Kontrapunkt zu dem Abfall der ‹vielen Jünger› in Joh 6,66 (vgl. die Frage Jesu in Joh 6,67). Bei Johannes führt also das Thema der ‹Nachfolge› zum Petrusbekenntnis (G. → H.). Diese Änderung der Reihenfolge in der johanneischen Komposition erklärt sich gerade dadurch, dass die Erzählsequenz G. ‹Nachfolge› in dem vierten Evangelium thematisch und erzählerisch mit der Erzählsequenz F. Jüngerverstockung verbunden ist und ungeachtet der Zäsur in Joh 6,59 mit der vorherigen Erzählung eine größere Erzähl- und Kompositionseinheit bildet. Eine *strukturelle Ähnlichkeit* zwischen Johannes und den Synoptikern liegt aber darin, dass das Bekenntnis des Petrus in Joh 6,68f. kein spontanes Bekenntnis ist, wie beispielsweise das Bekenntnis des Nathanael in Joh 1,49 oder das Bekenntnis der Samariter in Joh 4,42, sondern es ist wie bei den Synoptikern die Antwort auf eine Frage Jesu (Joh 6,67). Was das Satanswort (I.) betrifft, ist dieses bei Johannes nicht von der Ablehnung der Leidensankündigung Jesu durch Petrus motiviert, sondern es geht allein auf das *übernatürliche Wissen* Jesu zurück (vgl. Joh 6,64) und stellt eine direkte Antwort Jesu auf das Petrusbekenntnis (H.) dar. Dieses Wissen ist von den Figuren auf der Szene nur ‹Jesus› zugänglich (Joh 6,64) und die ‹Zwölf› können somit das Satanswort in der erzählten Welt *auch* auf Petrus beziehen (vgl. Joh 13,21ff.), so wie es die Synoptiker (Mk/Mt) tun, nicht aber der narrative Adressat oder der Modell-Leser des Johannesevangeliums.[324] Dafür sorgt bei Johannes die Passionsprolepse (J.), die in Form eines erklärenden *Erzählerkommentars* ‹Judas› als den ‹Teufel› bezeichnet und ‹Petrus› damit entlastet: Der wirkliche ‹διάβολος› bzw. ‹σατανᾶς› kann bei Johannes nur ‹Judas› sein (vgl. Joh 8,44). Dies war sehr wohl vom Anfang an die Absicht des Modell-Autors[325] und deswegen konnte er die synoptische Ablehnung der Leidensankündigung Jesu durch Petrus, die bei den Synoptikern (Mk/Mt) zu dem Satanswort Jesu führt, in seiner Erzählung nicht gebrauchen. Die johanneische Relektüre folgt hier meines Erachtens aber der *Intention* der synoptischen Prätexte, denn diese wollen den Modell-Leser nicht darüber informieren,

---

[323] Ohne die Ablehnung der Leidensankündigung Jesu durch Petrus gäbe es bei den Synoptikern (Mk/Mt) auch kein Satanswort Jesu.

[324] Diese teilen bei Johannes zusammen mit dem Erzähler und dem Modell-Autor das Wissen Jesu, zumal sie den Geist der Wahrheit haben (Joh 16,13). Zu diesem johanneischen *Wir* s. das Kapitel 3.3.1.

[325] Das verrät der Modell-Autor schon in Joh 6,64.

dass ‹Petrus› ein ‹Satan› sei, sondern seine Aufmerksamkeit auf den *Weg der Passion* lenken, an dem der ‹Satan› Jesus hindern will. Das Satanswort muss bei den Synoptikern vom Kontext her interpretiert werden und dieser weist auf die Passion Jesu hin (vgl. Mk 8,31.34/Mt 16,21.24). Im Unterschied zu Lukas, der diese Stelle lieber ganz auslässt (vgl. Lk 9,22f.), *transvalorisiert* der vierte Evangelist in diesem Sinne vom Standpunkt seiner nachösterlichen Hermeneutik die synoptischen Prätexte.

Johannes verfährt hier also ganz anders als und doch sehr ähnlich wie Lukas, wenn er ‹Petrus› an dieser Stelle gewissermaßen entlastet.[326] Beide Evangelisten verbindet aber im Hinblick auf die Figuren des ‹Satans›/‹Teufels› und des ‹Judas› und ihre Rollen in der Passionsgeschichte[327] noch viel mehr: 1. Die Elemente ‹δώδεκα› und ‹ἐκλέγομαι› (Joh 6,70) stellen eine intertextuelle Analepse dar und einen klaren intertextuellen Bezug zu Lk 6,12–16 her,[328] wo über die Auswahl der ‹Zwölf› berichtet und ‹Judas› zugleich als ‹Verräter› bezeichnet wird. 2. Die Figur von ‹διάβολος› bzw. ‹σατανᾶς› wird nach der dramatischen Wende, die das Petrusbekenntnis und die Passionsprolepse markieren, bis zu der Passionsgeschichte in der Story der Evangelien nur bei Johannes und Lukas systematisch thematisiert,[329] wobei für unsere Erzählung vor allem folgende zwei Stellen von Bedeutung sind: a) Die erste Stelle ist Joh 12,31: „νῦν κρίσις ἐστὶν τοῦ κόσμου τούτου, νῦν ὁ ἄρχων τοῦ κόσμου τούτου ἐκβληθήσεται ἔξω.“[330] Johannes verwendet zwar nicht das Wort |διάβολος| oder |σατανᾶς|, es kann aber wenig Zweifel darüber bestehen, wer hier mit |ὁ ἄρχων τοῦ κόσμου τούτου| gemeint ist.[331] Dies bestätigt auch die intertextuelle Lektüre: Die Stelle hat zwar einen alttestamentlichen Hintergrund, der Modell-Autor spielt hier meines Erachtens aber vor allem auf Lk 10,18 an, wo Jesus zu seinen Jüngern sagt: „ἐθεώρουν τὸν σατανᾶν ὡς ἀστραπὴν ἐκ τοῦ οὐρανοῦ πεσόντα.“ Es gibt bekannterweise keinen ‹Blitz› ohne ‹Donner›,[332] doch das ‚Gewitter‘, das in diesem Fall in den Evangelien den Sturz des Gottesfeindes von Jes 14,12 begleitet, ist *intertextuell*: Bei Lukas blitzt es und bei Johannes hört man donnern: „ὁ οὖν ὄχλος ὁ ἑστὼς καὶ ἀκούσας ἔλεγεν βροντὴν γεγονέναι, ἄλλοι ἔλεγον· ἄγγελος αὐτῷ λελάληκεν“ (Joh 12,29). Bei Lk 10,18 handelt es sich außerdem um die einzige Stelle, die in den synoptischen Evangelien auf diese Art und Weise über den Satanssturz erzählt, und sie kommt in einem dem johanneischen Modell-Autor bekannten Kon-

---

[326] Aus einer anderen Perspektive gesehen: Der Modell-Autor belastet hier, ähnlich wie in Joh 12,4 (vgl. Mk 14,4/Mt 26,8), ‹Judas›, als ob er in seiner Erzählung neben dem anonymen Lieblingsjünger keine weiteren namenlosen Figuren dulden konnte (s. das Kapitel 3.3.2). Auf eine ähnliche Art und Weise belastet er in Joh 18,10f. aber auch ‹Petrus› (vgl. Mt 26,51f!).

[327] Zu intertextuellen Bezügen zwischen der johanneischen und lukanischen Passionsgeschichte ausführlich die Arbeit von LANG, Johannes.

[328] So schon SCHNACKENBURG, Johannesevangelium, II, 112f. In Mt 10,1–4/Mk 3,13–19 kommt das Element ‹ἐκλέγομαι› nicht vor.

[329] Die Stelle Mt 25,41 stellt eindeutig eine metadiegetische Erzählung dar, vgl. GENETTE, Erzählung, 165ff. Als Figur der primären Erzählung handelt der ‹Teufel› bzw. ‹Satan› bei Matthäus und Markus nur bei der Versuchung Jesu in Mk 1,13/Mt 4,1–11.

[330] Auch diese Stelle ist mit einer klaren Passionsprolepse verbunden, vgl. Joh 12,32f.

[331] Zur johanneischen Rede vom ‹Herrscher dieser Welt› vgl. FREY, Hintergrund, 22.

[332] Ungeachtet des physikalischen Zusammenhangs handelt es sich um eine feste Assoziation.

text vor, denn in Lk 10,15 spricht Jesus seinen Weheruf über ‹Kafarnaum› aus, der den thematischen Hintergrund der Erzählsequenz E. Kafarnaum bildet. Diese Stelle könnte möglicherweise auch erklären, wie Johannes überhaupt auf die Idee eines großen Jüngerkreises und eines Abfalls der ‹vielen Jünger› in Joh 6,66 gekommen ist, denn nur in Lk 10 wird über einen großen Kreis von 70/72 Jüngern erzählt, von denen in der späteren Erzählung des Lukasevangeliums jegliche Spur fehlt. In Lk 10 findet der Modell-Leser außerdem nicht nur den ‹Blitz› in V. 18, dessen ‹Donnern› noch in Joh 12,29 zu hören ist, sondern gleich danach auch ‚the bolt from the johannine blue' in V. 21f., dessen Echo unter anderem[333] auch in dem Dialog von Joh 6 nachhallt. In dem unmittelbaren Kontext befinden sich also Prätexte, die bei der intertextuellen Lektüre entweder zu Joh 6 und/oder zu Joh 12 führen ($M_2$). Der Grund, warum der Modell-Autor des vierten Evangeliums die Prätexte vor allem in diesen zwei Kapiteln verwendet, liegt meines Erachtens eindeutig darin, dass beide Kapitel in der johanneischen Komposition ein Ende bilden: Joh 6 stellt das letzte Kapitel des *galiläischen* und Joh 12 des *öffentlichen* Wirkens Jesu dar.[334]

b) Die zweite Stelle, die beide Evangelisten im Hinblick auf die Figur von ‹διάβολος› bzw. ‹σατανᾶς› und seine Rolle in der Erzählung ebenso sehr eng verbindet, ist Joh 13,27/Lk 22,3 mit der auf ‹Judas› bezogenen Elementenreproduktion von |εἰσῆλθεν|, |εἰς| und |σατανᾶς|, die sich so nur bei Lukas und Johannes finden lässt.

Das Satanswort Jesu in Joh 6,70 muss also in dem Sinne von Joh 13,27 und von der nachösterlichen Perspektive des Erzählers (V. 71) her *proleptisch* verstanden werden: ‹Judas› – einer der ‹Zwölf› – *ist* der ‹Teufel›. Das schlägt sich m. E. auch in dem Petrusbekenntnis in Joh 6,69 nieder: Angesichts der Tatsache, dass ‹Petrus› *nicht* für sich selbst, sondern für die ‹Zwölf› und damit auch für ‹Judas› spricht (V. 69a), verändert der Modell-Autor entsprechend das Bekenntnis und im Unterschied zu den Synoptikern lässt er Petrus nicht den Titel ‹ὁ χριστός› verwenden, sondern bekennen: „σὺ εἶ ὁ ἅγιος τοῦ θεοῦ" (V. 69b).[335] Damit liegt hier eine klare Anspielung auf die Synoptiker (Mk/Lk) vor,[336] denn der Titel ‹ὁ ἅγιος τοῦ θεοῦ› kommt im Neuen Testament sonst nur in dem dämonischen Bekenntnis in Mk 1,24/Lk 4,34 vor: „σε τίς εἶ, ὁ ἅγιος τοῦ θεοῦ". Dieses stammt außerdem aus einem dem Modell-Autor wohl gut bekannten Kontext, denn die Geschichte spielt sich bei dem ersten Besuch Jesu in ‹Kafarnaum› ab (vgl. die Tabelle 4.5 auf S. 207). Das johanneische Petrusbekenntnis will aber nicht „Peter in the role of the Sa-

---

[333] Vgl. die Analyse von Denaux, Q-Logion, und ebenso die Komposition in Mt 11,23–27. Der Kontext spricht an dieser Stelle aber mehr als deutlich für den lukanischen Prätext.

[334] In diesem Zusammenhang lässt sich auch die ‹Stimme› von Joh 12,28 in ihrer *bestätigenden* Funktion (vgl. Joh 12,30) als eine narrative Entsprechung der synoptischen Verklärung Jesu in der johanneischen erzählten Welt besser verstehen (vgl. SQE[15], Nr. 161). Die intratextuellen Bezüge zwischen Joh 6 und Joh 12 reflektiert in seinem Kommentar auf etwas andere Art und Weise auch Bultmann und ausgehend „von dem Inhalt des Stückes" stellt Joh 6,60–71 unmittelbar vor Joh 12,37–41, vgl. Bultmann, Evangelium, 214f.

[335] Die Lesart |ὁ ἅγιος τοῦ θεοῦ| ist gut bezeugt und als *lectio brevior* den anderen in NA[27] angeführten Lesarten vorzuziehen.

[336] Vgl. auch Mackay, Relationship, 274f.

tan"[337] stellen, selbst wenn es ein versierter Modell-Leser zweifelsohne auch als eine Anspielung auf Mk 8,32–33/Mt 16,22–23 verstehen kann, und darf als Bekenntnis nicht abwertend verstanden werden: Es reflektiert für den versierten Modell-Leser den oben beschriebenen Zusammenhang,[338] ist aber im Bezug auf die Person Jesu sowohl bei Johannes[339] als auch bei den Synoptikern vollkommen *wahr* – es ist eine *intertextuelle* Ironie.[340]

*Textsequenz VI.E.*

Die letzte Erzählsequenz des *Wirkens Jesu in Galiläa bei Johannes* in Joh 7,1–10 (VI.E. Der Weg nach Jerusalem) ist von dem topographischen Wechsel von ‹Galiläa› nach ‹Judäa› und ‹Jerusalem› geprägt und intertextuell verbindet sie die johanneische Erzählung mit Mk 9,30/10,1, Mt 17,22/19,1 und Lk 9,51. Dass diese Strukturreproduktion die Elementenreproduktion von |Γαλιλαία| und |Ἰουδαία| (Mk/Mt) begleitet, ist nicht besonders überraschend. Es fällt eher auf, dass es über ‹Jerusalem› zwar gesprochen wird, das Wort |Ἱεροσόλυμα| selbst dabei aber gar nicht vorkommt.[341] Damit steht Johannes an dieser Stelle Markus und Matthäus etwas näher als Lukas und die Tatsache, dass Jesus in Joh 7,10 wie in Mk 9,30b *heimlich unterwegs* ist (L. Heimlich unterwegs), würde dafür sprechen, dass sich der Modell-Autor in der Textsequenz VI.E. wieder mehr an die markinische Erzählung anlehnt.[342] In diesem Fall lässt sich auch der *Unglaube der Brüder* (K. Ungläubige Brüder) in Joh 7,5 als ein Echo von Mk 3,21 verstehen. Die Gesamtkomposition von Joh 6/7 (Textsequenz VI.) stellt aber – wie ihre synoptischen Prätexte auch – vor allem eine *Zwischenbilanz* des Glaubens und des Wirkens Jesu in Galiläa dar, so wie es Joh 12 für das ganze öffentliche Wirken Jesu bei Johannes tut. In dieser Hinsicht kommt den ‹Brüdern› in Joh 7 eine *intratextuelle* Funktion zu, denn sie verbinden das Ende des Wirkens Jesu in Galiläa bei Johannes mit seinem Anfang (vgl. Joh 2,12). Eine ähnliche Funktion hat im Hinblick auf die Intratextualität auch

---

[337] PAINTER, Jesus, 91.

[338] Hiermit soll hier auch die Frage von DUNDERBERG, Johannes, 172, bejaht werden, „ob der Verfasser des joh Petrusbekenntnisses den Titel so frei hatte benutzen können, falls er für Leser schrieb, die ihn sofort mit der dämonischen Aussage von Mk 1,24 zu verbinden wußten – auch wenn es um ein übernatürliches Wissen gehen sollte."

[339] Intratextuell steht bei Johannes natürlich auch bei dem Petrusbekenntnis die Passionsprolepse im Vordergrund, wie schon BULTMANN, Evangelium, 345, richtig bemerkt: „Endlich aber wird man an dieser Stelle, in der Folge auf 12,20–33 und im Vorblick auf 17,19 sagen müssen, daß Jesus durch das ὁ ἅγιος τ. θεοῦ auch als der bezeichnet wird, der sich für die Welt zum Opfer geweiht hat, zumal V. 70f. auf die Passionsgeschichte Bezug nimmt. Nicht nur die Frage Jesu V. 62, sondern auch das Bekenntnis des Petrus steht im Lichte des Mysteriums des Todes Jesu." Diese intratextuelle Lektüre schließt aber die oben skizzierte intertextuelle Lektüre nicht aus, vielmehr ergänzen sich im Falle der *literarischen Intertextualität* beide Lektüren gegenseitig, zumal die Intertextualität auf der poetischen Struktur des Textes und hiermit auf der intratextuellen Lektüre aufbaut (vgl. das Kapitel 2.2).

[340] Zu dem Begriff der intertextuellen Ironie s. ECO, Bücher, 212–237, und hier das Kapitel 5.

[341] In Joh 7,14 kommt Jesus direkt in dem ‹Tempel› an.

[342] So auch BARRETT, Evangelium, 322.

die ‹Mutter› Jesu,[343] die das erste Zeichen in Joh 2,1–12 mit der Passionsgeschichte verbindet (vgl. Joh 19,25ff.). Darauf macht den Modell-Leser schon die Prolepse in Joh 2,4 aufmerksam, die einen Zusammenhang zwischen dem ersten Zeichen und der Stunde Jesu herstellt. Da die poetische Struktur des vierten Evangeliums sehr symmetrisch ist, so *muss* es wohl in Joh 7 auch die ‹Familie› Jesu sein, die das erste Zeichen Jesu in Galiläa mit der letzten galiläischen Szene verbindet und auch hier die Handlung des Evangeliums vorantreibt: Jesus soll nicht mehr „ἐν κρυπτῷ" wirken, sondern sich „ἐν παρρησίᾳ" endlich „τῷ κόσμῳ" offenbaren (Joh 7,4). Wie in Joh 2,4 lehnt Jesus zuerst ab und geht in Joh 7,10 noch „ἐν κρυπτῷ" nach ‹Jerusalem›. Doch in Joh 7,14 offenbart er sich im ‹Tempel›, wobei er „παρρησίᾳ" spricht (vgl. Joh 7,26), und später erfüllt sich natürlich das, was seine Brüder (in ihrer Rolle dem unwissenden Kajaphas von Joh 11,50 nicht ganz unähnlich) vorhersagten: „ἴδε ὁ κόσμος ὀπίσω αὐτοῦ ἀπῆλθεν" (Joh 12,19). Am Ende in Joh 18,20 kann Jesus aber sagen: „ἐγὼ παρρησίᾳ λελάληκα τῷ κόσμῳ, ἐγὼ πάντοτε ἐδίδαξα ἐν συναγωγῇ καὶ ἐν τῷ ἱερῷ, ὅπου πάντες οἱ Ἰουδαῖοι συνέρχονται, καὶ ἐν κρυπτῷ ἐλάλησα οὐδέν", wobei ‹Synagoge› intratextuell nur auf Joh 6,25–59 bezogen werden kann. Damit stellt das Wort Jesu von Joh 18,20 eine wichtige Analepse zu der letzten galiläischen Szene in Joh 6 dar und bestätigt unsere bisherigen Beobachtungen: Die dramatische Wende, die sich in allen vier Evangelien mit der topographischen Wende überschneidet,[344] ist eng mit dem Sich-Offenbaren Jesu „ἐν παρρησίᾳ" verbunden und dies führt von der Logik der Erzählung her fast kausal zu der ‹Katastrophe› in ‹Jerusalem›.[345] Diese diskurssemantische Tiefenstruktur der Story Jesu, die sich bei den Synoptikern in dem *Messiasgeheimnis* widerspiegelt[346] und sich narrativ in dem ‹Petrusbekenntnis›, dem ‹Schweigegebot› und der ‹Passionsprolepse› (Mk 8,29–31/Mt 16,16–21/Lk 9,20–22) verdichtet finden lässt, gibt hier in einer allegorischen Relektüre auch das Johannesevangelium narrativ weiter. Mit den Worten von W. Wrede gesagt: „Man betrachte Markus durch ein starkes Vergrösserungsglas, und man hat etwa eine Schriftstellerei, wie sie Johannes zeigt."[347]

---

[343] Siehe auch HENGEL, Interpretation, 319. Zu weiteren intra- und intertextuellen Bezügen von Joh 2,1–12 und Joh 7,1–10 vgl. den Kommentar von THYEN, Johannesevangelium, 387ff.

[344] Siehe die Analyse der Story Jesu im Kapitel 3.3.3.

[345] In Mk 8,32 lässt sich die diskurssemantische Tiefenstruktur, die wir bei Johannes auf der Makroebene beobachten können, auch auf der Mikroebene entdecken: „καὶ παρρησίᾳ τὸν λόγον ἐλάλει. καὶ προσλαβόμενος ὁ Πέτρος αὐτὸν ἤρξατο ἐπιτιμᾶν αὐτῷ" – die von Jesus in V. 31 *offen* ausgesprochene Passionsprolepse führt direkt zu dem Konflikt mit Petrus und dem ‹Satanswort› Jesu in V. 33.

[346] Vgl. auch ROBINSON, Messiasgeheimnis, zum Johannesevangelium s. 115–125.

[347] WREDE, Messiasgeheimnis, (179–206) 145. Ähnlich urteilt auch BARRETT, Evangelium, 318: „Aber darüber hinaus erscheint in diesen Versen [Joh 7,1–13] wieder eines der wichtigsten und charakteristischen Themen des Mk, das der Verhüllung und der Offenbarung [...]", freilich mit dem Hinweis auf die Arbeit von W. Wrede. Zum Forschungsüberblick s. RÄISÄNEN, Secret.

### 4.3.4 Allegorische Bedeutung

Wie schon oben gesagt wurde, stellt Joh 6,1–7,10 eine größere Komposition und ein Ganzes dar.[348] Das Ziel dieses Unterkapitels ist zu erörtern, was ist die Bedeutung dieses Ganzen, und zwar vor allem im Hinblick auf die allegorische Relektüre der synoptischen Evangelien. Von der Makrostruktur der johanneischen Komposition her[349] lassen sich die Textsequenzen VI.A. (Joh 6,1–15) und VI.B. (Joh 6,16–21) als eine *narrative Exposition* (VI.1.), die Textsequenz VI.C. (Joh 6,22–59) als eine *dramatische Verwicklung* (VI.2.), die Textsequenz VI.D. (Joh 6,60–71) als eine *Lösung* (VI.3.) und die Textsequenz IV.E. (Joh 7,1–10) als eine *Coda* (VI.4.) verstehen. Diese Funktion ist natürlich am deutlichsten bei der Textsequenz VI.A. (Joh 6,1–15) zu sehen, die auch im Rahmen einer Rede eine schöne *narratio* abgeben würde, denn sie führt das Leitthema ‹Brot› ein und bietet dem Dialog in der Textsequenz VI.C. (Joh 6,22–59) eine thematische Grundlage.[350] In dieser Hinsicht erinnert die thematische Verknüpfung der Textsequenzen VI.A. und VI.C. an die typisch johanneische ‹Zeichen-Rede›- bzw. ‹Zeichen-Dialog›-Komposition,[351] wie man sie beispielsweise in Joh 5 findet. Um so auffälliger ist dann die Tatsache, dass der Modell-Autor in der narrativen Exposition (VI.1.) auch den *Seewandel Jesu* (Textsequenz VI.B.) aus den Synoptikern (Mk/Mt) übernimmt und erzählt, der zuerst keinen thematischen Zusammenhang mit dem Dialog in der Textsequenz VI.C. aufzuweisen scheint.[352]

Doch in Joh 6 geht es nicht um das ‹Brot›,[353] sondern darum, *wer* ‹Jesus› ist, oder etwas präziser ausgedrückt: Die komplexe diskurssemantische Einheit ‹ἄρτος› stellt zwar im Hinblick auf die Makrostruktur der Erzählung von Joh 6 das *Thema* dar, das *Rhema*[354] bringt aber erst das ‹ἐγώ εἰμι›-Wort Jesu in Joh 6,35.41.48.51 zum

---

[348] Ähnlich auch SCHNELLE, Evangelium, 140: „Joh. 6 ist keine traditionsgeschichtliche, wohl aber eine kompositionelle Einheit. Das gesamte Kapitel läßt sich als eine wohlüberlegte Komposition durch den Evangelisten Johannes verstehen und interpretieren, so daß sich die Annahme einer postevangelistischen Schicht erübrigt."

[349] Siehe die Übersicht im Kapitel 4.3.2.1 auf S. 177f.

[350] Vgl. auch THYEN, Studien, 235: „Jesu Lebensbrotrede erwächst aus der Erzählung von dem Zeichen der wunderbaren Speisung und aus dem Gespräch mit den Juden, das daran anknüpft. Sie gipfelt in den Ich-Bin-Worten (6,35.41.48.51), die darum aus diesem Zusammenhang nicht gelöst werden dürfen."

[351] Zur der typisch johanneischen ‹Zeichen-Rede›- bzw. ‹Zeichen-Dialog›-Komposition vgl. auch ZUMSTEIN, Erinnerung, 204f., oder BECKER, Evangelium, II, 761.

[352] Vgl. DIETZFELBINGER, Evangelium, 150: „Über Vermutungen kommt man an dieser Stelle schwerlich hinaus, zumal es überhaupt fraglich ist, welche Bedeutung der Evangelist der Episode vom Gehen Jesu auf dem Wasser zugeschrieben hat. 6,26ff ist weit ausladende Interpretation der Speisungsgeschichte; aber auf V. 16–21 wird nirgends Bezug genommen. Lediglich das ‚Ich bin es' taucht in 6,35.48 wieder auf, aber ohne erkennbaren Zusammenhang mit V. 20. Offenbar hat der Evangelist diesen Text nicht weiter ausgewertet. Weshalb hat er ihn überhaupt gebracht?"

[353] So macht auch THEOBALD, Schriftzitate, 333, ganz richtig darauf aufmerksam, dass nicht das Motiv ‹essen› im Mittelpunkt steht (gegen BORGEN, Bread, 35).

[354] Zu der Thema/Rhema-Relation im Bezug auf die diskurssemantische Struktur des Textes s. QL, 431ff. Die Mächtigkeit der diskurssemantischen Einheiten $H_{Jesus}$ und $H_{Brot}$ ist an sich zwar vergleichbar, wie es schon die Größe von ‹Ἰησοῦς› = 22 und ‹ἄρτος› = 21 zeigt, maßgeblich ist hier jedoch die mit dem ‹ἐγώ εἰμι›-Wort Jesu zustande gebrachte Relation von ‹Jesus› ≡ ‹Brot›, die hier die diskursse-

Ausdruck, in dem das ‹Brot› mit ‹Jesus› identifiziert wird.[355] Die Textsequenz VI.B. hat dabei in der narrativen Exposition VI.1. eine Schlüsselfunktion, denn sie etabliert die diskurssemantische Einheit ‹ἐγώ εἰμι›, die dann in der Textsequenz VI.C. mit der vorher in der Textsequenz VI.A. etablierten diskurssemantischen Einheit ‹ἄρτος› verknüpft wird. Die Erzählung über den *Seewandel Jesu* versieht die diskurssemantische Einheit ‹ἐγώ εἰμι› außerdem mit einer zusätzlichen Bedeutung, indem den Jüngern und dem Modell-Leser, die sich in Joh 6,20 zusammen mit dem Erzähler im Boot befinden, mit dem ‹ἐγώ εἰμι›-Wort die *Göttlichkeit* Jesu offenbart wird und das ungeachtet dessen, ob man in dem Wort Jesu „die alte Begrüßungsformel der epiphanen Gottheit" sieht,[356] denn die alttestamentliche Folie ist von dem Kontext her für den versierten Modell-Leser des Johannesevangeliums auch ohne direkten Rückgriff auf Ex 3,14[357] sehr gut verständlich.[358] Wenn die Jünger und der Modell-Leser dann also in Joh 6,35 in der Rede Jesu zum zweiten Mal dem ‹ἐγώ εἰμι›-Wort begegnen und hören, dass ‹Ἰησοῦς› ‹ὁ ἄρτος τῆς ζωῆς› ist, sind sie sich im Rückblick auf Joh 6,20 der *göttlichen* Natur dieses ‹Brotes› bewusst und können auch das Rätselwort[359] von Joh 6,32f. verstehen.

Das Verständnis der Person Jesu ist in Joh 6 aber nicht nur das *zentrale Motiv*, sondern es hat auch hermeneutische Konsequenzen. Die Verwicklung (VI.2.) zeichnet nämlich im Bezug auf die Person Jesu *zwei* unterschiedliche Interpretationslinien auf und macht deutlich, dass der Schlüssel zu dem richtigen (= geistigen) Verstehen seiner Worte (vgl. Joh 6,63) in diesem *johanneischen Christusgeheimnis*[360] liegt: 1. Die ‹Menschenmenge› und die ‹Juden› sehen in Jesus nur einen ‹Menschen›, was sie in der intertextuellen Analepse zur Textsequenz IV.A. (Der Prophet in seiner Heimat) zum Ausdruck bringen: „καὶ ἔλεγον· οὐχ οὗτός ἐστιν Ἰησοῦς ὁ υἱὸς Ἰωσήφ, οὗ ἡμεῖς οἴδαμεν τὸν πατέρα καὶ τὴν μητέρα; πῶς νῦν λέγει

---

mantische Einheit ‹Brot› strukturell ‹Jesus› zuordnet ($H_{Brot} \sqsubseteq H_{Jesus}$) und damit die Mächtigkeit dieser diskurssemantischen Einheit vergrößert (zum Konzept vgl. das Kapitel 2.4.2.4).

[355] Ähnlich auch THEOBALD, Schriftzitate, 354: „‚Thema' der Selbstprädikation [in Joh 6,35] ist die Wendung ‚Brot des Lebens'; die neue Information oder das ‚Rhema' ist die Aussage, die über dieses ‚Brot des Lebens' getroffen wird, also dessen Identifikation mit dem ἐγώ Jesu."

[356] BULTMANN, Evangelium, 159.

[357] So THYEN, Johannesevangelium, 342.

[358] Als einer der wichtigsten Prätexte steht hier meines Erachtens Ijob 9,8 (LXX[9]) im Hintergrund: „ὁ τανύσας τὸν οὐρανὸν μόνος καὶ *περιπατῶν* ὡς ἐπ' ἐδάφους *ἐπὶ θαλάσσης*."

[359] Vgl. THEOBALD, Schriftzitate, 354.

[360] Um es zuerst von dem markinischen Messiasgeheimnis zu unterscheiden. Im Unterschied zu den Synoptikern spricht Jesus bei Johannes natürlich *offen* (Joh 18,20), doch für die Zuhörer bleiben seine Person und Rede ein Rätsel, denn für sie gilt das Wort des Propheten Jesaja (Jes 6,9–10): „τετύφλωκεν αὐτῶν τοὺς ὀφθαλμοὺς καὶ ἐπώρωσεν αὐτῶν τὴν καρδίαν, ἵνα μὴ ἴδωσιν τοῖς ὀφθαλμοῖς καὶ νοήσωσιν τῇ καρδίᾳ καὶ στραφῶσιν, καὶ ἰάσομαι αὐτούς" (Joh 12,40). Anders als bei den Synoptikern (vgl. Mk 4,12 par.) sind es aber nicht Gleichnisse, worauf sich das Wort des Propheten Jesaja bei Johannes bezieht (und die wir in dem vierten Evangelium typischerweise nicht finden), sondern das Wirken Jesu an sich – die metadiegetische Ebene wird aufgelöst und Jesus selbst wird im Grunde zum ‚Gleichnis Gottes' (SCHWEIZER, Jesus). Darüber hinaus verschiebt sich bei Johannes etwas die Fragestellung: Es geht nicht mehr nur darum, dass ‹Jesus› der ‹Christus› ist (Joh 1,17), sondern vor allem darum, dass ‹Christus› der ‹Logos› ist (Joh 1,1).

ὅτι ἐκ τοῦ οὐρανοῦ καταβέβηκα;" (Joh 6,42). Die *andere* Dimension seiner Person und Rede nehmen sie nicht wahr und deswegen können sie die Worte Jesu auch nicht verstehen (Joh 6,52) und ertragen (Joh 6,60). Der Abfall der ‹vielen Jünger› in Joh 6,60–66 in der Lösung (VI.3.) wandelt diese Interpretationslinie nur in eine negative Handlungslinie um und bringt die Geschichte narrativ zum Ende. Die Worte Jesu in Joh 6,61b–63 bestätigen abschließend dem Modell-Leser, dass der Schlüssel zum Verstehen des Ganzen in der Tat in dem *geistigen* Sinn und in der Kenntnis über den *himmlischen* Ursprung des Menschensohnes liegt: „τοῦτο ὑμᾶς σκανδαλίζει; ἐὰν οὖν θεωρῆτε τὸν υἱὸν τοῦ ἀνθρώπου ἀναβαίνοντα ὅπου ἦν τὸ πρότερον; τὸ πνεῦμά ἐστιν τὸ ζῳοποιοῦν, ἡ σὰρξ οὐκ ὠφελεῖ οὐδέν· τὰ ῥήματα ἃ ἐγὼ λελάληκα ὑμῖν πνεῦμά ἐστιν καὶ ζωή ἐστιν."[361] 2. Die ‹Jünger› (und der Modell-Leser), die mit dem Erzähler in Joh 6,20 im Boot waren (!), sind dagegen in dieser Hinsicht zweifelsohne eine privilegierte Gruppe (vgl. aber Joh 20,29) und die intertextuelle Lektüre der Textsequenz VI.B. auf der synoptischen Folie (Mk/Mt) verstärkt den Eindruck, dass diese ‹Jünger› nur die ‹Zwölf› sein können. Dem entspricht auch ihre positive Reaktion in der Textsequenz VI.D. und das Bekenntnis des Petrus in Joh 6,68b–69b:

„κύριε, πρὸς τίνα ἀπελευσόμεθα;
ῥήματα ζωῆς αἰωνίου ἔχεις,
καὶ ἡμεῖς πεπιστεύκαμεν καὶ ἐγνώκαμεν ὅτι
σὺ εἶ ὁ ἅγιος τοῦ θεοῦ."

Im Unterschied zu den Synoptikern ist die erste Aussage des johanneischen Petrus über Jesus aber nicht |σὺ εἶ κτλ.|, sondern |ῥήματα ζωῆς αἰωνίου ἔχεις| und sie nimmt mit den Elementen ‹ῥῆμα› und ‹ζωή› Bezug auf den hermeneutischen Schlüssel von Joh 6,63. Damit bildet sie eine *Analepse*, die den Modell-Leser nicht lange bei dem Bekenntnis verweilen lässt, sondern ihn gleich zurück zu der Rede Jesu führt. Die Lösung (VI.3.) wandelt also einerseits auch hier die oben skizzierte Interpretationslinie in eine (positive) Handlungslinie um und diese gipfelt narrativ zweifelsohne in dem Verbleiben der ‹Zwölf› und in dem ‹Petrusbekenntnis›, doch anderseits, wenn der Modell-Leser diesen narrativen Gipfel erreicht, wird sein Blick von dem Modell-Autor gleich wieder zurück auf die Landschaft im Tal und die Lebensbrotrede Jesu gerichtet. Das vierte Evangelium ist ein literarisches Kunstwerk, dessen Bedeutungsaufbau im Wesentlichen auf einer Relektüre basiert[362] und das gilt auch für das ‹Petrusbekenntnis›, das nach der durch die Analepse veranlassten Relektüre deutlich abgeschwächt wirkt und nicht die zentrale Stelle einnimmt, wie bei den Synoptikern. Die Aufmerksamkeit des Modell-Lesers wird bei Johannes unzweideutig von dem ‹σὺ εἶ› des Petrus auf das ‹ἐγώ εἰμι› Jesu gelenkt, wenn

---

[361] Vgl. auch POPP, Kunst, 584: „Die in der Schlußpassage 6,60–71 plazierte Geistaussage ist der Schlüssel zum Verstehen des ganzen Kapitels, wie das auf die gesamte vorhergehende Brotrede zurückweisende τοῦτο in 6,61 signalisiert, die ihrerseits untrennbar mit 6,1–21 verwoben ist."

[362] Vgl. in diesem Kontext auch das Konzept der Relecture von ZUMSTEIN, Erinnerung.

auch beide Elemente zum *zentralen Motiv* gehören.[363] Der christologische Fokus auf ‹Jesus› ist für das Johannesevangelium zwar typisch, doch die Fragen, warum es so ist, und, wie man es im Hinblick auf die synoptischen Prätexte verstehen soll, verdienen meines Erachtens an dieser Stelle eine detailliertere Analyse.

Dieses zentrale Motiv von Joh 6 übernimmt das Johannesevangelium offensichtlich zusammen mit dem ‹Petrusbekenntnis› aus den synoptischen Evangelien bei der Rezeption der dramatischen und topographischen Wende der Story Jesu (vgl. die Analyse im Kapitel 3.3.3) und arbeitet es ausführlich aus, wobei es die im relativ nahen Kontext liegenden Erzählungen von der wunderbaren Speisung (Textsequenz VI.A.) und dem Seewandel Jesu (Textsequenz VI.B.) für die narrative Exposition (VI.3.) der gesamten Komposition verwendet. In der Verwicklung (VI.2.) und der Lösung (VI.3.) lässt der Modell-Autor dann auch weitere Motive und Themen aus dem Kontext dieser Erzählungen anklingen, die mit dem zentralen Motiv zusammenhängen. Die Frage, um die es dabei geht und die, wie wir schon gesehen haben, auch die Struktur der johanneischen Komposition prägt, werfen schon die synoptischen Prätexte in der Erzählsequenz H. Petrusbekenntnis auf und sie ist auch hier *zweifach* (vgl. die Synopse in der Tabelle 4.7 zur Stelle): Jesus fragt seine Jünger zuerst, *für wen* ihn die ‹Menschen› halten (Erste Frage Jesu), und nach ihrer kurzen Antwort (Was Menschen denken) fragt er sie, *für wen* ‹sie› ihn halten (Zweite Frage Jesu). Danach folgt die Antwort des Petrus (Petrusbekenntnis), der sich wiederum (bei Matthäus eine längere) Antwort Jesu anschließt (Antwort Jesu). Die erste und zweite Frage Jesu bilden dabei im Bezug auf die Figuren der Erzählung eine strukturelle Opposition von

$$‹οἱ ἄνθρωποι› \quad × \quad ‹ὑμεῖς›$$
$$‹οἱ ὄχλοι› \quad\quad ‹οἱ μαθηταί›,$$

der wiederum eine strukturelle Opposition der Antworten im Bezug auf Jesus entspricht:

$$‹Ἰωάννης ὁ βαπτιστής› \quad × \quad ‹ὁ χριστός›$$
$$‹Ἠλίας› \quad\quad\quad\quad ‹ὁ χριστὸς ὁ υἱὸς τοῦ θεοῦ τοῦ$$
$$‹Ἰερεμίας› \quad\quad\quad\quad ζῶντος›$$
$$‹εἷς τῶν προφητῶν› \quad\quad ‹ὁ χριστὸς τοῦ θεοῦ›.$$
$$‹προφήτης τις τῶν ἀρχαίων›$$

Die Antwort Jesu deutet an, dass die ‹Menschen› ‚falsch' und die ‹Jünger› ‚richtig' liegen, und in Mt 16,17 verrät Jesus auch, warum es so ist, und man kann die Reihe der strukturellen Oppositionen noch um eine ergänzen:

$$‹σὰρξ καὶ αἷμα› \quad × \quad ‹ὁ πατήρ μου ὁ ἐν τοῖς οὐρανοῖς›,$$

die Erkenntnis kommt nicht von ‹Menschen›, sondern von seinem ‹Vater im Himmel›.

---

[363] Mit seinem „σὺ εἶ" entspricht Petrus zwar „dem wiederholtem ἐγώ εἰμι Jesu" (THYEN, Johannesevangelium, 382), doch schon allein aus diesem Grund kann sein Bekenntnis nicht wie bei den Synoptikern im Mittelpunkt stehen.

Der Modell-Autor des vierten Evangeliums greift diese Fragestellung der Synoptiker auf und reproduziert nicht nur die hier beschriebenen Strukturen, sondern er gibt seinem Modell-Leser auch die Antworten. Die entsprechenden *strukturellen Oppositionen* lassen sich in Joh 6 relativ einfach finden, denn sie decken sich ziemlich genau mit den zwei oben skizzierten Interpretations- und Handlungslinien der Erzählung, die die strukturelle Opposition von

$$‹σάρξ›  ×  ‹πνεῦμα›$$

bestimmt. Dieser Interpretationsschlüssel von Joh 6,63 stimmt zwar nicht ganz mit Mt 16,17 überein, doch auch Johannes setzt das Wirken von ‹Vater› voraus, wie es die Worte Jesu in Joh 6,65 (vgl. Joh 6,44) belegen: „οὐδεὶς δύναται ἐλθεῖν πρός με ἐὰν μὴ ᾖ δεδομένον αὐτῷ ἐκ τοῦ πατρός" – die ‹Menschen› müssen ‹διδακτοὶ θεοῦ› werden (Joh 6,45), um zu Jesus kommen zu können.[364] Die Opposition zwischen dem ‹fleischlichen› und dem ‹geistigen› Sinn (V. 63) repräsentieren in der johanneischen Erzählung auf der Ebene der Handlungen die Figuren der ‹Menschenmenge› auf der einen Seite und der (zwölf) ‹Jünger› auf der anderen Seite:

$$
\begin{array}{cc}
‹ὄχλος πολύς›  ×  ‹ὑμεῖς› \\
‹οἱ ἄνθρωποι›  ‹οἱ μαθηταί› \\
‹οἱ Ἰουδαῖοι›  ‹οἱ δώδεκα›, \\
‹πολλοὶ ἐκ τῶν μαθητῶν›
\end{array}
$$

wobei neben der Struktur von dem synoptischen Paradigma auch die Elemente ‹ὄχλος›, ‹οἱ ἄνθρωποι›, ‹ὑμεῖς› und ‹οἱ μαθηταί› reproduziert werden.

Die strukturelle Opposition der *Antworten* in Bezug auf Jesus erfordert bei Johannes dagegen etwas längere Analyse. Die ‹Jünger› und der Modell-Leser, der hier mit ‹ihr› ebenso angesprochen wird, wissen, dass Jesus „ῥήματα ζωῆς αἰωνίου" hat (Joh 6,68) und „ὁ ἅγιος τοῦ θεοῦ" ist (Joh 6,69). Was aber bei Johannes auf den ersten Blick im Dunkeln zu bleiben scheint, ist die Frage, was genau die ‹Menschenmenge›, die ‹Juden› und die ‹vielen Jünger› über Jesus denken, denn im Unterschied zu den Synoptikern fragt Jesus in dem vierten Evangelium seine Jünger nicht „τίνα λέγουσιν οἱ ἄνθρωποι εἶναι τὸν υἱὸν τοῦ ἀνθρώπου;" (Mt 16,13). Die Antwort auf diese Frage bleibt der johanneische Modell-Autor seinem Modell-Leser aber nicht schuldig und dieser findet sie im *narrativen Modus* in der Bewertung der Textsequenz VI.A. (Joh 6,14–15):

„[14]Οἱ οὖν ἄνθρωποι ἰδόντες ὃ ἐποίησεν σημεῖον ἔλεγον ὅτι οὗτός ἐστιν ἀληθῶς ὁ προφήτης ὁ ἐρχόμενος εἰς τὸν κόσμον. [15]Ἰησοῦς οὖν γνοὺς ὅτι μέλλουσιν ἔρχεσθαι καὶ ἁρπάζειν αὐτὸν ἵνα ποιήσωσιν βασιλέα, ἀνεχώρησεν πάλιν εἰς τὸ ὄρος αὐτὸς μόνος."

Im V. 14 erfährt der Modell-Leser, was die ‹Menschen› *denken*, und im V. 15, was sie *wollen*,[365] wobei auch hier das ‹Propheten›-Paradigma eine bedeutende Rolle spielt, wohl mit Bezug auf Dtn 18,15.18,[366] dem auch die mit der ‹Mose›-Typologie

---

[364] Hier handelt es sich um ein schon oben erwähntes Echo von Mt 15,13f.

[365] Vgl. die Synopse in der Tabelle 4.7 zur Stelle (2. Positive Reaktion der Zwölf).

[366] Siehe auch BARRETT, Evangelium, 290f.

verbundenen Motive entsprechen würden (vgl. das Kapitel 4.3.3). Darüber hinaus muss aber auch die ‹Elija/Elischa›-Folie berücksichtigt werden,[367] die bei dem Modell-Leser mit der im vorherigen Kapitel analysierten Anspielung auf die Erzählung von 4 Kön 4,42–44 (LXX[9]) ebenso in Erinnerung gerufen wird.[368] Ein Verdacht, Jesus sei der auferstandene ‹Johannes der Täufer› haben die ‹Menschen› im vierten Evangelium zwar nicht (vgl. Mk 8,28 par.),[369] fragt man jedoch nach dem Paradigma, ist ‹Johannes› ein guter Zeuge dafür: Das Zeugnis des Johannes in Joh 1,19–23 spiegelt mit den Titeln ‹ὁ χριστός› (V. 20), ‹Ἠλίας› (V. 21a) und ‹ὁ προφήτης› (V. 21b) die synoptischen Prätexte wider[370] und dokumentiert nicht nur die Erwartungen der ‹Juden›, sondern es schafft auch Erwartungen bei dem Modell-Leser, die im Verlauf der Lektüre erfüllt oder enttäuscht werden sollten und die sich in der Frage zusammenfassen lassen, ob etwa nicht ‹Jesus› ‹der Christus›, ‹Elija› und ‹der Prophet› sein könnte?[371]

Die Erzählung in Joh 6,1–7,10 spielt bei der Beantwortung dieser Frage eine entscheidende Rolle, doch wenn man die johanneische Antwort verstehen will, muss man sich auch der strukturellen Unterschiede beider Paradigmen bewusst werden. Das johanneische Paradigma enthält im Grunde fast alle Elemente wie die Synoptiker, diese werden aber sehr unterschiedlich strukturiert: Stehen in Mk 8,28f. par. die Elemente ‹Ἠλίας› und ‹ὁ προφήτης› (V. 28) in einer Opposition zu ‹ὁ χριστός› (V. 29), werden sie bei Johannes nebeneinander gereiht und die Opposition zu ‹ὁ χριστός› wird aufgelöst. Die Intention scheint klar zu sein: ‹Jesus› ist als ‹der Logos› die Erfüllung all dieser Erwartungen, er ist ‹der Christus›, ‹Elija› und ‹der Prophet› und noch viel mehr:

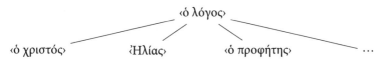

Damit verliert der Titel ‹ὁ χριστός› in dem vierten Evangelium etwas von seiner Exklusivität und im Unterschied zu dem Markusevangelium, wo der ‹Christustitel› nach dem Prolog[372] (Mk 1,1) erst in dem Petrusbekenntnis im „Zentrum des Evan-

---

[367] Die Feststellung „But Jesus is never identified with Elijah!" von DE JONGE, Expectations, 253, scheint mir hier aus diesem Grund zu enthusiastisch.

[368] Die Bedenken von SCHNACKENBURG, Johannesevangelium, II, 20, „ob man von Elisäus über Elias eine Linie zurück zu Moses und der Speisung des Volkes in der Wüste ziehen darf", sind meines Erachtens berechtigt, denn das vierte Evangelium zeichnet beide hier erwähnten Linien parallel (vgl. Joh 1,21).

[369] Johannes war nur eine ‹Lampe› (Joh 5,35), Jesus ist das wahre ‹Licht› (vgl. Joh 1,7–9).

[370] Im Vergleich mit Mk 8,28f. fehlt tatsächlich nur der ‹Johannes der Täufer›, der ist aber in Joh 1,19–23 ja eben derjenige, der spricht.

[371] Vgl. auch THYEN, Johannesevangelium, 112: „Dieses dreifach *negative* ‚Bekenntnis‘ will, wie seine Formulierung zeigt, freilich zugleich als *positives* Zeugnis für den verstanden sein, der immer wieder ἐγώ εἰμι sagen wird, und in dem alle mit dem Messias, mit dem wiederkehrenden Elia und mit dem endzeitlichen ‚Propheten wie Mose‘ verbundenen messianischen Verheißungen mehr als *erfüllt* sein sollen."

[372] Vgl. KLAUCK, Vorspiel, 19ff.

geliums" (Mk 8,29) wiederkehrt,[373] erklingt er in dem vierten Evangelium nach
dem Prolog (Joh 1,17) nicht nur in dem Zeugnis des Johannes in Joh 1,20.25 und in
Joh 3,28, sondern zusammen mit dem Titel ‹Messias› schon in der Erzählung über
die Berufung der ersten Jünger in Joh 1,41 und etwas später danach auch in Samarien in Joh 4,25. Was Petrus betrifft, weiß dieser bereits seit Joh 1,41 von seinem
Bruder Andreas (!), dass ‹Jesus› der „Μεσσίας, ὅ ἐστιν μεθερμηνευόμενον χριστός"
ist, und der Modell-Autor kann an dieser Stelle wohl auch nicht der Versuchung wi-
derstehen, diesen Zusammenhang mit einer Anspielung auf das Petrusbekenntnis
von Mt 16,16ff. noch zu unterstreichen (vgl. Joh 1,42). Narrativ würde es daher
wenig Sinn machen, wenn der Modell-Autor in Joh 6 Petrus diese längst bekannte
Tatsache in einem Bekenntnis wiederholen lässt – der Modell-Leser weiß ja bereits,
dass Jesus ‹der Christus› ist, so wie er am Ende der Erzählung von Joh 6,1–7,10 weiß,
dass er mehr als ‹Elija› und mehr als ‹der Prophet wie Mose› ist.[374] Dass Jesus der
Christus ist, ist für den Modell-Autor des Johannesevangeliums kein Thema mehr,
die Pointe der johanneischen Erzählung liegt anderswo.

Das synoptische Paradigma wird in dem vierten Evangelium nicht nur rezipiert
und dabei umstrukturiert (Joh 1,19–23), sondern auch einer *allegorischen Relektüre*
unterzogen. Bei dieser Relektüre wird ein komplexes Zeichen geschaffen, in dem
das alte Paradigma die Ausdruckseite einnimmt und die Interpretation der Opposition von

‹ἐκ τῆς γῆς›    ×    ‹ἐκ τοῦ οὐρανοῦ›

untergeordnet wird (vgl. das letzte Zeugnis des Johannes in Joh 3,31). Im Unterschied zu dem markinischen ‹Messiasgeheimnis›, das sich darin erschöpft, dass ‹Jesus› der ‹Messias› ist, stellt in dem Johannesevangelium der ‹Messias› an sich ein
‹Geheimnis› dar und in seinem unbekannten ‹himmlischen› Ursprung liegt theologisch die Pointe der johanneischen Erzählung[375] und narrativ der Grund der Miss-
verständnisse: Die ‹Menschen› erkennen in ‹Jesus› zwar richtig ‹den Propheten›
(Joh 6,14), doch sie wollen ihn zu einem ‹irdischen› ‹König› machen (Joh 6,15),
denn sie wissen nicht, dass sein ‹Königreich› nicht von dieser Welt ist (Joh 18,36).
Später fordern sie in Joh 6,31 als Zeichen „eine *dauernde* Speisung [...], wie sie das
Manna während des Wüstenzugs war."[376] Doch, was sie da verlangen, ist eine ‹irdische› und ‹vergängliche Speise› (Joh 6,27)[377] und nicht das wahre ‹Brot vom Him-

---

[373] KLAUCK, Vorspiel, 80.

[374] Dies hilft auch den johanneischen Wechsel zu dem Titel ‹ὁ ἅγιος τοῦ θεοῦ› in Joh 6,69 besser zu
verstehen und stimmt mit der oben beobachteten Verschiebung des Fokus von dem ‹σὺ εἶ› des Petrus
auf das ‹ἐγώ εἰμι› Jesu überein.

[375] Die Frage nach dem unbekannten Ursprung Jesu, die sich schon in dem ‹πόθεν› von Joh 2,9,
Joh 4,11 und Joh 6,5 zu verbergen scheint, hallt nach dem Erklingen ‹ἐν παρρησίᾳ› in Joh 7–9 noch
in Joh 19,9 nach, wenn Pilatus Jesus fragt: „πόθεν εἶ σύ;" In dieser Richtung auch der Kommentar der
Jerusalemer Bibel (JER) zu Joh 19,9.

[376] SCHWANK, Evangelium, 212.

[377] Dies schlägt sich auch in der Bitte in Joh 6,34 „κύριε, πάντοτε δὸς ἡμῖν τὸν ἄρτον τοῦτον" nieder,
die der Bitte der Samaritanerin in Joh 4,15 „κύριε, δός μοι τοῦτο τὸ ὕδωρ, ἵνα μὴ διψῶ μηδὲ διέρχωμαι
ἐνθάδε ἀντλεῖν" frappierend ähnlich ist.

mel› (Joh 6,32). Auf diese Tatsache spielt der Erzähler schon mit dem |ἵνα μή τι ἀπόληται| in Joh 6,12 an und in diesem Punkt gleicht das ‹Brot der Brotvermehrung› dem ‹Manna›, das in Wirklichkeit auch *kein* ‹Brot vom Himmel› war,[378] denn wer das wahre ‹Brot vom Himmel› isst, lebt in Ewigkeit (Joh 6,51), die Väter sind aber gestorben (Joh 6,48).

Der Erwartungshorizont der ‹Menschen› wird in Joh 6 von dem ‹irdischen› Verlangen nach dem *Bleiben* des Messias und dem „goldene[n] Zeitalter dauernden Überflusses"[379] bestimmt, in dem der *Tod* des Messias keinen Platz hat.[380] Das ist auch das Missverständnis des synoptischen Petrus, der Jesus zuerst richtig als ‹den Christus› bekennt, zu dem Jesus aber später sagen muss: „οὐ φρονεῖς τὰ τοῦ θεοῦ ἀλλὰ τὰ τῶν ἀνθρώπων" (Mk 8,33/Mt 16,23). Johannes rezipiert diese *dramatische* Struktur in seinem Evangelium und wandelt sie in eine *narrative* Handlung um, wobei die ablehnende Reaktion Jesu in Joh 6,15 nicht das Paradigma von Joh 1,19–23 verneint,[381] sondern den Modell-Leser zu einem *neuen* Verständnis der Person und Sendung Jesu führt, in dem der Tod des Messias von zentraler Bedeutung ist. Gerade durch seinen Tod gibt sich nämlich Jesus als das ‹Brot vom Himmel› an die Menschen und diejenigen, die ‹ihn› essen, werden in Ewigkeit leben: „ἐγώ εἰμι ὁ ἄρτος ὁ ζῶν ὁ ἐκ τοῦ οὐρανοῦ καταβάς· ἐάν τις φάγῃ ἐκ τούτου τοῦ ἄρτου ζήσει εἰς τὸν αἰῶνα, καὶ ὁ ἄρτος δὲ ὃν ἐγὼ δώσω ἡ σάρξ μού ἐστιν ὑπὲρ τῆς τοῦ κόσμου ζωῆς" (Joh 6,51). Dies geschieht konkret in der *Eucharistie*, auf die unmissverständlich die Elemente ‹σάρξ› und ‹αἷμα› in Joh 6,53ff. hinweisen[382] und die in dem Tod Jesu theologisch verankert ist.[383] Deshalb lässt der Modell-Autor im Unterschied zu den Synoptikern auch die Anspielung auf die Eucharistie in der Textsequenz VI.A. aus,[384] denn, wie schon oben gesagt wurde, das ‹Brot der Brotvermehrung› ist – wie das ‹Manna› in der Wüste – *keine* ‹wahre Speise›, sondern lediglich eine ‹vergängliche Speise›, mit derer Vergänglichkeit (vgl. Joh 6,12) das mit dem *wahren* ‹Brot vom Himmel› verbundene |μὴ ἀποθάνῃ| in Joh 6,50 kontrastiert wird.

---

[378] So auch THEOBALD, Schriftzitate, 351: „Inbezug auf das Manna Wunder in der Wüste wird hier implizit verneint, daß es bei ihm ‚Brot *vom Himmel*' zu essen gab, das Manna konnte nichts anderes als ‚vergängliche Speise' (6,27) sein, was auch von den Broten und Fischen zu gelten hat, die Jesus der Volksmenge gereicht hatte."

[379] SCHWANK, Evangelium, 212.

[380] Zum Tod und zu der Erhöhung des Messias bei Johannes s. FREY, Schlange, hier 186, Anm. 153: „Daß ὑψωθῆναι = sterben nicht den ganzen Sinn trifft, wird spätestens im Einwand der Jerusalemer 12,34 deutlich. Der von den Jerusalemern Jesus entgegengehaltene Widerspruch zwischen ‚Bleiben' des Messias und seinem Erhöhtwerden ist für Johannes ein Mißverständnis: Der Messias bleibt gerade für immer, indem er erhöht wird und als Erhöhter alle ‚zu sich zieht' (12,32), er bringt Frucht als Gekreuzigter (12,24)."

[381] So wie sich auch das Wort Jesu in Mk 8,33 par. nicht gegen den ‹Christustitel› richtet.

[382] Vgl. die Synopse in der Tabelle 4.7 zur Stelle und die Analyse von BULTMANN, Evangelium, 174–176. Die Gegenargumentation von BERGER, Anfang, 208–217, ist wenig überzeugend, zumal hier das vierte Evangelium auf der Kenntnis der Synoptiker aufbaut.

[383] Ganz im Sinne von 1 Kor 11,26.

[384] Vgl. auch MACKAY, Relationship, 138ff.

Das ‹Manna› und das damit verbundene ‹Wüstenmotiv› gehören zu dem Paradigma der ‹Menschenmenge›, die es mit dem ‹Exoduszitat› in Joh 6,31 aufstellt und sich damit auf ‹Mose› beruft. Zu diesem *alten* Paradigma gehören auch die ‹Werke Gottes› in Joh 6,28, die zusammen mit den anderen Elementen ebenso das ‹Gesetz› assoziieren und sich diesem Cluster im johanneischen semantischen Raum problemlos anschließen. Schon von der narrativen Situation her muss dem aufmerksamen Modell-Leser in der Erzählsequenz D.2. klar sein, dass diese ‹Werke Gottes›, die die ‹Menschen› in V. 28 tun wollen, im Grunde *keine* ‹Werke Gottes›, sondern ‹Menschenwerke› sind. Dies wird dem Modell-Leser auch gleich in V. 29 bestätigt, denn es gibt nur *ein* ‹Werk Gottes› und das ist der ‹Glaube›: „ἵνα πιστεύητε εἰς ὃν ἀπέστειλεν ἐκεῖνος." Wie das wahre ‹Brot vom Himmel› gehört bei Johannes auch der ‹Glaube› zu dem *neuen* Paradigma des schon im Kapitel 3.3.1 erwähnten narrativen ‹Wir›, zu dem auch die Figur Jesu zählt. Die ‹Glaubenden› sind die ‹διδακτοὶ θεοῦ› (Joh 6,45) und das ‹Jesajazitat› bildet damit einen Kontrapunkt zu dem ‹Exoduszitat› in Joh 6,31 und eine strukturelle Opposition, die auf ein Echo der synoptischen Prätexte schließen lässt (vgl. die Erzählsequenzen D.2., D.4. und D.6. in der Synopse 4.7). Bei den Synoptikern (Mk/Mt) werden nämlich mit einem ‹Jesajazitat› diejenigen gemahnt, die das ‹Gebot Gottes› preisgeben und stattdessen die ‹Gebote der Menschen› lehren: „διδάσκοντες διδασκαλίας ἐντάλματα ἀνθρώπων" (Mk 7,7/Mt 15,9) – sie sind also, johanneisch gesagt, *keine* ‹διδακτοὶ θεοῦ›. Das ‹Exoduszitat› in Mk 7,10/Mt 15,4 bringt dann ein Beispiel aus dem ‹Gesetz›. Das Johannesevangelium geht aber auch hier noch einen Schritt weiter und gibt sich nicht mit einer einfachen intertextuellen Relektüre der synoptischen Prätexte und einer 1:1 Strukturreproduktion zufrieden, sondern es etabliert in seiner *allegorischen Relektüre* eine weitere Bedeutungsebene, wo (auch) das ‹Gesetz› zu den ‹Menschenwerken› zählt (Joh 6,29). Auf diese Art transvalorisiert es die Synoptiker, baut auf ihrer Struktur auf und schafft einen poetischeren Text.[385]

Die Figur des ‹Mose›, das ‹Manna› und das ‹Gesetz› gehören in Bezug auf die oben angeführte Opposition ‹ἐκ τῆς γῆς› × ‹ἐκ τοῦ οὐρανοῦ› dem ‹irdischen› Bereich an und darin liegt auch das grundlegende Problem, denn das ‹Irdische› ist sozusagen von Natur aus der ‹Vergänglichkeit› und dem ‹Sterben› unterworfen.[386] Deswegen sind die Väter gestorben (Joh 6,49) und deswegen vermögen hier auch die ‹Werke Gottes›, die die Menschen in Joh 6,28 tun wollen, nicht zu helfen. Nur das wahre ‹Brot vom Himmel›, das ‹Gott› *gibt* (Joh 6,32), und das ‹Werk Gottes› (der ‹Glaube›), die dem ‹himmlischen› Bereich und „der allein in Christus erschlossenen Dimension ἐκ τοῦ οὐρανοῦ"[387] angehören, können das ewige ‹Leben› bewir-

---

[385] Zum Konzept siehe das Kapitel 2.5.

[386] Diese Zuordnung gilt also auch dann, wenn das ‹Manna› allegorisch gedeutet und auf die ‹Tora› bezogen wird. In diesem Fall wäre schon das ‹Manna› und nicht nur die ‹Werke Gottes› torakritisch zu verstehen, wie es THEOBALD, Schriftzitate, (352–357) 355, vorschlägt: „Was im Manna-Wunder geschah, war lediglich leibliche Speisung, welche die Tiefendimension wahrer ζωή nicht erreichte; auch die von Mose gegebene Tora vermag diese nicht zu vermitteln."

[387] THEOBALD, Schriftzitate, 355.

ken.[388] Die folgende Übersicht fast die hier angesprochenen Oppositionen im semantischen Raum von Joh 6 zusammen:

<table>
<tr><td>‹Mose›</td><td>×</td><td>‹Gott›</td></tr>
<tr><td>‹Manna›</td><td></td><td>‹Brot vom Himmel›</td></tr>
<tr><td>‹vergängliche Speise›</td><td></td><td>‹wahre Speise›</td></tr>
<tr><td>‹Werke Gottes›</td><td></td><td>‹Werk Gottes›</td></tr>
<tr><td>‹Gesetz›</td><td></td><td>‹Glaube›</td></tr>
<tr><td>‹sterben›</td><td></td><td>‹leben›</td></tr>
</table>

Was bei Johannes im Hinblick auf die Opposition ‹ἐκ τῆς γῆς› × ‹ἐκ τοῦ οὐρανοῦ› etwas überrascht, ist die Tatsache, dass das ‹Brot vom Himmel› wohl tatsächlich *leiblich* gegessen werden soll: die ‹Schüler Gottes› sollen nicht nur zu Jesus kommen und ‹glauben›, sondern auch sein ‹Fleisch essen› und sein ‹Blut trinken›, um das ‹Leben› in sich zu haben (vgl. Joh 6,53). Das ‹Himmlische› wird also in der Eucharistie gewissermaßen doch ‹irdisch› verankert und fassbar und bleibt nicht nur rein ‹geistig›, wie man es vielleicht zuerst erwarten würde. Genauso konkret soll aber auch das ‹Leben› sein, das Jesus denen verheißt, die das ‹Brot vom Himmel› essen: er wird sie *auferwecken* am Letzten Tag (Joh 6,39f.44.54).[389]

Die ‹Auferstehung› ist hiermit genau genommen das fassbare ‹Zeichen›, das die Menschenmenge von Jesus in Joh 6,30 fordert. Dies bestätigt auch die Antwort Jesu in Joh 6,49f., die die ‹Zeichenforderung› von V. 31 aufgreift: „οἱ πατέρες ὑμῶν ἔφαγον ἐν τῇ ἐρήμῳ τὸ μάννα καὶ ἀπέθανον· οὗτός ἐστιν ὁ ἄρτος ὁ ἐκ τοῦ οὐρανοῦ καταβαίνων, ἵνα τις ἐξ αὐτοῦ φάγῃ καὶ μὴ ἀποθάνῃ." Im Johannesevangelium geht also Jesus auf die Forderung der Menschenmenge nach einem fassbaren ‹Zeichen› ein, wogegen er bei den Synoptikern die ‹Zeichenforderung› ganz ablehnt (Mk 8,12) oder die Menschenmenge auf das ‹Zeichen des Jona› verweist (Mt 16,4/Lk 11,29).[390] Doch, wenn man den Text von Mt 12,40 heranzieht, ist das dort beschriebene ‹Zeichen des Jona› dem johanneischen ‹Zeichen Jesu› frappierend ähnlich, freilich mit dem Unterschied, dass es sich nur auf die ‹Auferstehung› Jesu bezieht: „ὥσπερ γὰρ ἦν Ἰωνᾶς ἐν τῇ κοιλίᾳ τοῦ κήτους τρεῖς ἡμέρας καὶ τρεῖς νύκτας, οὕτως ἔσται ὁ υἱὸς τοῦ ἀνθρώπου ἐν τῇ καρδίᾳ τῆς γῆς τρεῖς ἡμέρας καὶ τρεῖς νύκτας." Der aufmerksame Modell-Leser des Matthäusevangeliums kann aber das ‹Zeichen des Jona› relativ leicht entschlüsseln und ich erlaube mir hier die These zu vertreten, dass der Modell-Autor des vierten Evangeliums ein aufmerksamer Leser des Matthäusevangeliums ist. Wenn er dann in seinem Evan-

---

[388] Es ist wieder eine der Stellen im Johannesevangelium, die sehr *paulinisch* klingt, die aber meines Erachtens nicht auf eine paulinisch-johanneische Intertextualität zurückzuführen ist, sondern sich aus den Paulus und Johannes gemeinsamen Präsuppositionen der *christlichen* Theologie ergibt.

[389] Vgl. BULTMANN, Evangelium, 176: „[...] es handelt sich also um reales Essen, nicht um irgendeine geistige Aneignung", und 175: „[...] das Herrenmahl ist also, wie V. 54 noch deutlicher zeigt, als φαρμάκον ἀθανασίας verstanden [...]: der Teilnehmer am sakramentalen Mahl trägt in sich die Potenz, die ihm die Auferstehung garantiert."

[390] Siehe die Erzählsequenz D.7. in der Synopse 4.7.

gelium Jesus die ‹Auferstehung› und das ‹Leben› denen verheißen lässt, die sein ‹Fleisch essen› und sein ‹Blut trinken›, tut er das im Blick auf die ‹Auferstehung Jesu›, die den Anfang dieses ‹Zeichens Jesu› bildet. Diese Verheißung Jesu in Joh 6 löst darüber hinaus auch ein Problem, das sich bei der Lektüre der Erzählsequenz G. ‹Nachfolge› bei den Synoptikern ergibt und das die ‹Zusage Jesu› verursacht, in der er einigen Zuhörern seiner Rede zusichert, sie „οὐ μὴ γεύσωνται θανάτου" (Mk 9,1/Mt 16,28/Lk 9,27). Hier weiß der versierte Modell-Leser dank der allegorischen Relektüre der synoptischen Prätexte im Johannesevangelium, dass die ‹glaubenden› Zuhörer der „ῥήματα ζωῆς αἰωνίου" (Joh 6,68), die das ‹Brot vom Himmel› essen, bereits das ewige ‹Leben› (Joh 6,54) in sich haben (vgl. auch Joh 8,51 und das Kapitel 4.4.4).

Dies alles wird vielen Zuhörern Jesu zu *realistisch*,[391] wie auch die Vorstellung, dass „ὁ λόγος σὰρξ ἐγένετο" (Joh 1,14a). Der Konflikt spitzt sich in Joh 6,1–7,10 zu und der Mythos des *Winters* gewinnt endgültig die Oberhand: „We come now to the mythical patterns of experience, the attempts to give form to the shifting ambiguities and complexities of unidealized existence."[392] Dass sich diese dramatische Wende in der johanneischen Story Jesu[393] gerade hier vollzieht, ist – wie bereits im Rahmen dieser Arbeit mehrmals festgestellt – kein Zufall und es ergibt sich aus der Rezeption der synoptischen Prätexte: Es ist die Stelle in der Story Jesu, wo im Markusevangelium nach dem Prolog (Mk 1,1) zum zweitenmal der ‹Christustitel› erklingt (Mk 8,32) und Jesus im Hinblick auf seinen Tod in Jerusalem nicht mehr ‹ἐν παραβολαῖς› (vgl. Mk 4,34), sondern ‹παρρησίᾳ› spricht (Mk 8,32),[394] was eine ablehnende Reaktion des Petrus hervorruft (Mk 8,32/Mt 16,22). In dem vierten Evangelium markiert diesen Wendepunkt unter anderem die Verwendung des Titels ‹König› durch den Erzähler und die Aufforderung der Brüder Jesu in Joh 7,4, Jesus solle ‹ἐν παρρησίᾳ› wirken und sich der Welt offenbaren.[395] In der Tat offenbart sich Jesus von nun an in seinen ‹ἐγώ εἰμι›-Worten auch bei seinem letzten Wirken in *Jerusalem*, so wie er es in Joh 6 bei seinem letzten Wirken in *Galiläa* und in Joh 4 bei seinem einzigen Besuch in *Samarien* getan hat. Dies führt schon in Joh 6 zu der galiläischen Krise und später zu der Katastrophe in Jerusalem. Am Ende der Story, wenn Jesus in Joh 18/19 als der ‹wahre König› Israels offenbart wird, deckt dann der Modell-Autor auch das Missverständnis der Menschenmenge von Joh 6,15 in der erzählten Welt des Johannesevangeliums auf und bestätigt das Bekenntnis des Nathanaels von Joh 1,49.

---

[391] Das Konfliktpotenzial der Rede Jesu von Joh 6 spiegelt sich bis heute in dem Abendmahlverständnis der christlichen Kirchen wider, vgl. nur den Kommentar zu Joh 6,62 von Luther, Johannes-Evangelium, 246: „Aber daraus folgt noch nicht, daß Christi Fleisch als ein vergängliches geistliches Fleisch nicht mit dem Glauben im Abendmahl leiblich gegessen werden kann. Solches sollte der Geist umstoßen, so lehrt uns Zwingli, wie die Jünger haben Christi Fleisch leiblich zu essen verstanden; gerade als wüßten wir solches nicht ohne seine Meisterschaft."

[392] FRYE, Anatomy, (223–239) 223, vgl. nur Joh 6,42.

[393] Zur Story Jesu ausführlich das Kapitel 3.3.3.

[394] ROBINSON, Messiasgeheimnis, 124.

[395] Vgl. das Kapitel 4.3.3 zur Stelle.

Wie in Joh 2,1–12 (Kapitel 4.1) und in Joh 4,43–54 (Kapitel 4.2) hat die Analyse der Intertextualität also auch hier gezeigt, dass der Modell-Autor des vierten Evangeliums die älteren Evangelien *sehr gut* kennt: Er schreibt sein Evangelium nicht nur in Kenntnis der von Markus geprägten Gattung ‹Evangelium› (vgl. das Kapitel 3.2.3) und der von ihm entworfenen ‹Story Jesu› (vgl. das Kapitel 3.3.3), sondern in einem ständigen intertextuellen ‚Gespräch‘ mit den Synoptikern und die Übereinstimmungen mit ihnen, die sich in der Textsequenz VI. dank der schon oben beschriebenen *Verwicklung* der ‹Story Jesu›[396] besonders häufen,[397] reichen in den Erzählsequenzen A.–L.[398] bis ins Detail, sodass sie sich nicht mehr über „oral tradition“ erklären lassen.[399] Dies gilt auch für die kleineren Erzählsequenzen D.1. bis D.8. der bei der Analyse der johanneisch-synoptischen Intertextualität von Joh 6 oft vernachlässigten Textsequenz VI.C. Eine detaillierte Kenntnis der synoptischen Evangelien verrät der Modell-Autor aber schon auf der Makroebene der Erzählung und das nicht nur, weil er, genauso wie die Synoptiker, in seiner ‹Story Jesu› das *Wirken Jesu in Galiläa* in der Textsequenz VI.E. abschließt[400] und Jesus erst als den Auferstandenen in Joh 21 nach Galiläa zurückkehren lässt, sondern vor allem mit seiner *Kafarnaum*-Komposition:[401] Die drei bei Johannes erzählten Besuche Jesu in ‹Kafarnaum›, zu denen auch Joh 6 gehört, sind nämlich *chronotopisch* und/oder *thematisch* auf eine kreative intertextuelle Lektüre der synoptischen Evangelien zurückzuführen, bei der der Modell-Autor, als ein versierter Modell-Leser der Synoptiker, neben dem Matthäusevangelium auch das Lukasevangelium auf der Folie des Markusevangeliums liest und damit auch hier seine Kenntnis aller *drei* synoptischen Evangelien verrät.

Die Komposition von Joh 6,1–7,10 weist darüber hinaus die schon oben erwähnten Merkmale $M_{1-4}$ der intertextuellen Arbeitsweise des vierten Evangelisten auf[402] und die Analyse bestätigt, dass der Modell-Autor auch in diesem Fall ganz genau die Berührungspunkte mit den Synoptikern kontrolliert und eine sehr aufmerksame intertextuelle Lektüre betreibt: So sichert er beispielsweise die Erzählung in der Textsequenz VI.A. gegen eine missverständliche Lektüremöglichkeit ab, damit kein Leser annehmen kann, die Jünger haben das Essen für 200 Denare gekauft (vgl. Mk 6,32–44), und widmet seine Aufmerksamkeit auch solchen Details der Erzählung, wie dem ‹Grasmotiv› in Joh 6,10a, indem er intentional das Element χλωρός (Mk 6,39) auslässt. Vor allem lässt er aber in der Textsequenz VI.A. das ‹Wüstenmotiv› und die Anspielungen auf die ‹Eucharistie› aus, um ihre Elemente und Strukturen später (und ganz anders) in der Textsequenz VI.C. zu verwenden, denn der vierte Evangelist will seinem Modell-Leser in der Erzählung von

---

[396] Vgl. das Kapitel 3.3.3 auf S. 112.
[397] Vgl. die Abbildung 4.1 auf S. 173.
[398] Siehe die Übersicht in der Tabelle 4.6.
[399] Gegen GARDNER-SMITH, John, 33.
[400] Siehe die Übersicht in der Tabelle 4.6.
[401] Vgl. die Tabelle 4.5 auf S. 207.
[402] Vgl. das Kapitel 4.1.3 auf S. 129.

Joh 6,1–7,10 eine *allegorische Relektüre* der synoptischen Evangelien anbieten und in dieser ist das ‹Brot der Brotvermehrung›, wie das ‹Manna› in der ‹Wüste›, nur eine ‹vergängliche Speise›, zumal das wahre ‹Brot vom Himmel› ‹Jesus› ist. Die *göttliche* Natur dieses ‹Himmelsbrotes› wird dabei den Jüngern und dem Modell-Leser in der Textsequenz VI.B. offenbart. Diese Offenbarung geschieht in einer für das vierte Evangelium typischen synchronen intertextuellen Lektüre auf der *synoptischen* (Mk 6,45–52/Mt 14,22–33) und *alttestamentlichen* (Ps 107) Folie und auch hier widmet der Modell-Autor seine Aufmerksamkeit den erzählerischen Details seiner Prätexte, wie im Falle der ‹wunderbaren Landung› in Joh 6,21 (vgl. Ps 107,30b und Mk 6,45.53). Zusammenfassend lässt sich also sagen, dass Joh 6 auch im Hinblick auf die Intertextualität ein *christologisches* Kapitel ist, zumal der ‹himmlische› Ursprung des ‹Brotes› und hiermit des ‹Messias› das große Thema der Komposition von Joh 6,1–7,10 darstellt und der Modell-Autor hier dem (versierten) Modell-Leser, der gleich in Joh 6,1–4 mit dem synoptischen Milieu konfrontiert wird, eine *narrative Antwort auf die synoptische Frage nach der wahren Identität Jesu* gibt.[403] Diese geht nicht nur über das synoptische Petrusbekenntnis (H.) hinaus, sondern sie kommt – im Unterschied zu den Synoptikern – auch der Zeichenforderung der Menschenmenge (D.3.) nach. Der Epilog Joh 21, der mit Joh 6 im Hinblick auf die intratextuellen Bezüge eine der von Joh 2,1–12/Joh 4,43–54 sehr ähnliche *Ringkomposition* bildet, greift dann auch das zuletzt genannte Thema nochmals auf, jedoch von einer ganz anderen Perspektive.

---

[403] Vgl. die Erzählsequenz H. Petrusbekenntnis in der Synopse 4.7.

Tabelle 4.6: *Die Übersicht der wichtigsten synoptischen Prätexte zu Joh 6,1–7,10*

| Textsequenz | Joh | Mk | Mt | Lk |
|---|---|---|---|---|
| VI.A. Die wunderbare Speisung | 6,1–15 | 6,32–44 | 14,13–21 | 9,10b–17 |
| A. Zeichen an den Kranken | 6,2b | (6,54–56) | 14,14.(35f.) | 9,11 |
| VI.B. Der Seewandel Jesu | 6,16–21 | 6,45–52 | 14,22–33 |  |
| B. Seesturm | 6,18 | [4,35–41] | [8,23–27] | [8,22–25] |
| VI.C. Das Brot vom Himmel und das Thema ‹Brot› | 6,22–59 | (7,1–15) | (15,1–11) | (11,37–54) |
|  |  | (7,2.5) | (15,2) | (12,1) |
| C. Überfahrt | 6,22–24 | 6,53 | 14,34 |  |
| D. Streitgespräch | 6,25–58 | 7,1–15 | 15,1–11 | (11,37.53f.) |
| D.1. ‹Brot› (Analepse zu VI.A.) | 6,26f. | 7,2.5 | 15,2 | (11,38) |
| D.2. Werke Gottes? | 6,28f. | 7,6–13 | 15,3–9 | (11,39–52) |
| D.3. Zeichenforderung | 6,30f. | 8,11 | [12,38] | 11,16 |
| D.4. Exoduszitat | 6,31 | 7,10 | 15,4 |  |
| IV.C. D.5. Intertextuelle Analepse zu IV.A. | 6,42 | [6,3] | [13,55] | [4,22] |
| D.6. Jesajazitat | 6,45 | 7,6f. | 15,8f. |  |
| D.7. Zeichen Jesu | 6,50f./39f.44.54 | 8,12 | [12,39f.] | 11,29 |
| D.8. Wahre Speise | 6,53–58 | (7,14f.) | (15,10f.) | [22,19f.] |
| E. Kafarnaum (zum dritten Mal) | 6,59 | 9,33 | (11,23)/17,24 | (10,15) |
| VI.D. Die Reaktion der Jünger und das Thema ‹Nachfolge› | 6,60–71 | (8,14–21.27–33) | (16,5–23) | (9,18–22) |
|  | 6,65–67 | (8,34–9,1) | (16,24–28) | (9,23–27) |
| F. Jüngerverstockung | 6,60–64 | 8,14–21 | 16,5–12 | (12,1) |
| G. ‹Nachfolge› | 6,65f. | 8,34–9,1 | 16,24–28 | 9,23–27 |
| H. Petrusbekenntnis | 6,67–69 | 8,27–30 | 16,13–20 | [4,34]/9,18–21 |
| I. Satanswort | 6,70 | 8,33 | 16,23 |  |
| J. Passionsprolepse | 6,64.71 | 8,31 | 16,21 | 9,22 |
| VI.E. Der Weg nach Jerusalem | 7,1–10 | 9,30/10,1 | 17,22/19,1 | 9,51 |
| K. Ungläubige Brüder | 7,5 | [3,21] |  |  |
| L. Heimlich unterwegs | 7,10 | 9,30 |  |  |

Tabelle 4.7: Synopse der vier Evangelien zu Joh 6,1–7,10 (NA²⁷)

| Joh 6,1–15 | Mk 6,32–44 Vgl. 6,53–56 | Mk 8,1–9 Vgl. 7,31.37 | Mt 14,13–21 Vgl. 14,34–36 | Mt 15,29–39 | Lk 9,10b–17 |
|---|---|---|---|---|---|
| 1. Exposition | 1. Exposition | 1. Exposition | 1. Exposition | 1. Exposition | 1. Exposition |
| ¹ Μετὰ ταῦτα ἀπῆλθεν ὁ Ἰησοῦς πέραν τῆς θαλάσσης τῆς Γαλιλαίας τῆς Τιβεριάδος. | ³² Καὶ ἀπῆλθον ἐν τῷ πλοίῳ εἰς ἔρημον τόπον κατ' ἰδίαν. | ¹ᵃ Ἐν ἐκείναις ταῖς ἡμέραις | ¹³ Ἀκούσας δὲ ὁ Ἰησοῦς ἀνεχώρησεν ἐκεῖθεν ἐν πλοίῳ εἰς ἔρημον τόπον κατ' ἰδίαν. | ²⁹ Καὶ μεταβὰς ἐκεῖθεν ὁ Ἰησοῦς ἦλθεν παρὰ τὴν θάλασσαν τῆς Γαλιλαίας, καὶ ἀναβὰς εἰς τὸ ὄρος ἐκάθητο ἐκεῖ. | ¹⁰ᵇ Καὶ παραλαβὼν αὐτοὺς ὑπεχώρησεν κατ' ἰδίαν εἰς πόλιν καλουμένην Βηθσαϊδά. |
| Vgl. V. 3.31 | | | | | |
| Menschenmenge | | Menschenmenge | | Menschenmenge | Menschenmenge |
| ²ᵃ ἠκολούθει δὲ αὐτῷ ὄχλος πολύς, | Vgl. 6,53 | πάλιν πολλοῦ ὄχλου ὄντος | Vgl. 14,34 | | ¹¹ᵃ οἱ δὲ ὄχλοι γνόντες ἠκολούθησαν αὐτῷ. |
| | ³³ καὶ εἶδον αὐτοὺς ὑπάγοντας καὶ ἐπέγνωσαν πολλοὶ καὶ πεζῇ ἀπὸ πασῶν τῶν πόλεων συνέδραμον ἐκεῖ καὶ προῆλθον αὐτούς. | | καὶ ἀκούσαντες οἱ ὄχλοι ἠκολούθησαν αὐτῷ πεζῇ ἀπὸ τῶν πόλεων. | ³⁰ᵃ καὶ προσῆλθον αὐτῷ ὄχλοι πολλοὶ ἔχοντες μεθ' ἑαυτῶν χωλούς, τυφλούς, κυλλούς, κωφούς, καὶ ἑτέρους πολλούς | |
| Vgl. V. 5a | ³⁴ Καὶ ἐξελθὼν εἶδεν πολὺν ὄχλον καὶ ἐσπλαγχνίσθη ἐπ' αὐτούς, ὅτι ἦσαν ὡς πρόβατα μὴ ἔχοντα ποιμένα, καὶ ἤρξατο διδάσκειν αὐτοὺς πολλά. | | ¹⁴ᵃ Καὶ ἐξελθὼν εἶδεν πολὺν ὄχλον καὶ ἐσπλαγχνίσθη ἐπ' αὐτοῖς | | καὶ ἀποδεξάμενος αὐτοὺς ἐλάλει αὐτοῖς περὶ τῆς βασιλείας τοῦ θεοῦ, |

| Joh 6,1-15 | Mk 6,32-44 | Mk 8,1-9 | Mt 14,13-21 | Mt 15,29-39 | Lk 9,10b-17 |
|---|---|---|---|---|---|
| | Vgl. 6,53-56 | Vgl. 7,31.37 | Vgl. 14,34-36 | | |
| A. Zeichen an den Kranken | A. Zeichen an den Kranken | | A. Zeichen an den Kranken | | A. Zeichen an den Kranken |
| 2b ὅτι ἐθεώρουν τὰ σημεῖα ἃ ἐποίει ἐπὶ τῶν ἀσθενούντων. | Vgl. 6,54-56 | Vgl. 7,31.37 | 14b καὶ ἐθεράπευσεν τοὺς ἀρρώστους αὐτῶν. | 30b καὶ ἔρριψαν αὐτοὺς παρὰ τοὺς πόδας αὐτοῦ, καὶ ἐθεράπευσεν αὐτούς· | 11b καὶ τοὺς χρείαν ἔχοντας θεραπείας ἰᾶτο. |
| (Vgl. V. 14) | | | Vgl. 14,35f. | 31 ὥστε τὸν ὄχλον θαυμάσαι βλέποντας κωφοὺς λαλοῦντας, κυλλοὺς ὑγιεῖς καὶ χωλοὺς περιπατοῦντας καὶ τυφλοὺς βλέποντας· καὶ ἐδόξασαν τὸν θεὸν Ἰσραήλ. | |
| Bergmotiv | | | | Bergmotiv | |
| 3 ἀνῆλθεν δὲ εἰς τὸ ὄρος Ἰησοῦς καὶ ἐκάθητο μετὰ τῶν μαθητῶν αὐτοῦ. 4 ἦν δὲ ἐγγὺς τὸ πάσχα, ἡ ἑορτὴ τῶν Ἰουδαίων. | (Vgl. V. 32) | | (Vgl. V. 13) | Vgl. V. 29 | (Vgl. V. 10b) |

| Joh 6,1–15 | Mk 6,32–44 | Mk 8,1–9 | Mt 14,13–21 | Mt 15,29–39 | Lk 9,10b–17 |
|---|---|---|---|---|---|
| **2. Verwicklung** | **2. Verwicklung** | **2. Verwicklung** | **2. Verwicklung** | **2. Verwicklung** | **2. Verwicklung** |
| Jesus | Jünger | Jünger | Jünger | Jünger | Jünger |
| 5a Ἐπάρας οὖν τοὺς ὀφθαλμοὺς ὁ Ἰησοῦς καὶ θεασάμενος ὅτι **πολὺς ὄχλος ἔρχεται** πρὸς αὐτὸν | (Vgl. V. 34) | 1b καὶ μὴ ἐχόντων τί **φάγωσιν**, | (Vgl. V. 14a) | | 12 Ἡ δὲ ἡμέρα ἤρξατο κλίνειν· προσελθόντες δὲ οἱ δώδεκα εἶπαν αὐτῷ· ἀπόλυσον **τὸν ὄχλον**, ἵνα πορευθέντες εἰς τὰς κύκλῳ κώμας καὶ ἀγροὺς καταλύσωσιν καὶ εὕρωσιν ἐπισιτισμόν, ὅτι ὧδε ἐν **ἐρήμῳ** τόπῳ ἐσμέν. |
| (Vgl. V. 5b.31) | 35 Καὶ ἤδη ὥρας πολλῆς γενομένης προσελθόντες αὐτῷ οἱ μαθηταὶ αὐτοῦ ἔλεγον ὅτι **ἔρημός** ἐστιν ὁ τόπος καὶ ἤδη ὥρα πολλή· 36 ἀπόλυσον αὐτούς, ἵνα ἀπελθόντες εἰς τοὺς κύκλῳ ἀγροὺς καὶ κώμας **ἀγοράσωσιν** ἑαυτοῖς τί **φάγωσιν**. | | 15 Ὀψίας δὲ γενομένης προσῆλθον αὐτῷ οἱ μαθηταὶ λέγοντες· **ἔρημός** ἐστιν ὁ τόπος καὶ ἡ ὥρα ἤδη παρῆλθεν· ἀπόλυσον **τοὺς ὄχλους,** ἵνα ἀπελθόντες εἰς τὰς κώμας **ἀγοράσωσιν** ἑαυτοῖς βρώματα. | | |
| Jesus | Jesus | Jesus | Jesus | Jesus | Jesus |
| 5b **λέγει** πρὸς Φίλιππον. | 37a ὁ δὲ ἀποκριθεὶς εἶπεν αὐτοῖς· | 1c προσκαλεσάμενος τοὺς μαθητὰς λέγει αὐτοῖς· | 16 ὁ δὲ [Ἰησοῦς] εἶπεν αὐτοῖς· | 32a Ὁ δὲ Ἰησοῦς προσκαλεσάμενος τοὺς μαθητὰς αὐτοῦ εἶπεν. | 13a εἶπεν δὲ πρὸς αὐτούς· |
| **πόθεν ἀγοράσωμεν ἄρτους ἵνα φάγωσιν** οὗτοι; | **δότε αὐτοῖς ὑμεῖς φαγεῖν.** | 2 σπλαγχνίζομαι ἐπὶ τὸν ὄχλον, ὅτι ἤδη ἡμέραι τρεῖς προσμένουσίν μοι καὶ οὐκ ἔχουσιν τί **φάγωσιν·** | οὐ χρείαν ἔχουσιν ἀπελθεῖν, **δότε αὐτοῖς** ὑμεῖς **φαγεῖν.** | σπλαγχνίζομαι ἐπὶ τὸν ὄχλον, ὅτι ἤδη ἡμέραι τρεῖς προσμένουσίν μοι καὶ οὐκ ἔχουσιν τί **φάγωσιν.** | **δότε αὐτοῖς ὑμεῖς φαγεῖν.** |

| Joh 6,1–15 | Mk 6,32–44 | Mk 8,1–9 | Mt 14,13–21 | Mt 15,29–39 | Lk 9,10b–17 |
|---|---|---|---|---|---|
| 6 τοῦτο δὲ ἔλεγεν πειράζων αὐτόν· αὐτὸς γὰρ ᾔδει τί ἔμελλεν ποιεῖν. | | 3 καὶ ἐὰν ἀπολύσω αὐτοὺς νήστεις εἰς οἶκον αὐτῶν, ἐκλυθήσονται ἐν τῇ ὁδῷ· καί τινες αὐτῶν ἀπὸ μακρόθεν ἥκασιν. | | 32b καὶ ἀπολῦσαι αὐτοὺς νήστεις οὐ θέλω, μήποτε ἐκλυθῶσιν ἐν τῇ ὁδῷ. | |
| **Philippus** | **Jünger** | | | **Jünger** | **Jünger** |
| 7 ἀπεκρίθη αὐτῷ [ὁ] Φίλιππος· | 37b καὶ λέγουσιν αὐτῷ· | 4 καὶ ἀπεκρίθησαν αὐτῷ οἱ μαθηταὶ αὐτοῦ ὅτι | Vgl. V. 17 | 33 καὶ λέγουσιν αὐτῷ οἱ μαθηταί· | Vgl. V. 13b |
| διακοσίων δηναρίων ἄρτοι οὐκ ἀρκοῦσιν αὐτοῖς ἵνα ἕκαστος βραχύ [τι] λάβῃ. | ἀπελθόντες ἀγοράσωμεν δηναρίων διακοσίων ἄρτους καὶ δώσομεν αὐτοῖς φαγεῖν; | πόθεν τούτους δυνήσεταί τις ὧδε χορτάσαι ἄρτων ἐπ᾽ ἐρημίας; | | πόθεν ἡμῖν ἐν ἐρημίᾳ ἄρτοι τοσοῦτοι ὥστε χορτάσαι ὄχλον τοσοῦτον; | |
| | **Jesus** | **Jesus** | | **Jesus** | |
| | 38a ὁ δὲ λέγει αὐτοῖς· | 5a καὶ ἠρώτα αὐτούς· | | 34a καὶ λέγει αὐτοῖς ὁ Ἰησοῦς· | |
| Vgl. V. 8 | πόσους ἄρτους ἔχετε; ὑπάγετε ἴδετε. | πόσους ἔχετε ἄρτους; | | πόσους ἄρτους ἔχετε; | |
| **Andreas** | **Jünger** | **Jünger** | **Jünger** | **Jünger** | **Jünger** |
| 8 λέγει αὐτῷ εἷς ἐκ τῶν μαθητῶν αὐτοῦ, Ἀνδρέας ὁ ἀδελφὸς Σίμωνος Πέτρου· | 38b καὶ γνόντες λέγουσιν. | 5b οἱ δὲ εἶπαν. | 17 οἱ δὲ λέγουσιν αὐτῷ· | 34b οἱ δὲ εἶπαν. | 13b οἱ δὲ εἶπαν. |

| Joh 6,1–15 | Mk 6,32–44 | Mk 8,1–9 | Mt 14,13–21 | Mt 15,29–39 | Lk 9,10b–17 |
|---|---|---|---|---|---|
| 5 Brote + 2 Fische | 5 Brote + 2 Fische | 7 Brote | 5 Brote + 2 Fische | 7 Brote + Fische | 5 Brote + 2 Fische |
| 9 ἔστιν παιδάριον ὧδε ὃς ἔχει πέντε ἄρτους κριθίνους καὶ δύο ὀψάρια· | πέντε, καὶ δύο ἰχθύας. | ἑπτά. | οὐκ ἔχομεν ὧδε εἰ μὴ πέντε ἄρτους καὶ δύο ἰχθύας. | ἑπτὰ καὶ ὀλίγα ἰχθύδια. | οὐκ εἰσὶν ἡμῖν πλεῖον ἢ ἄρτοι πέντε καὶ ἰχθύες δύο, |
| ἀλλὰ ταῦτα τί ἐστιν εἰς τοσούτους; | | | | | εἰ μήτι πορευθέντες ἡμεῖς ἀγοράσωμεν εἰς πάντα τὸν λαὸν τοῦτον βρώματα. |
| | | | | | V. 14a s. u. |
| 3. Lösung | 3. Lösung | 3. Lösung | 3. Lösung | 3. Lösung | 3. Lösung |
| 10a εἶπεν ὁ Ἰησοῦς· | | | 18 ὁ δὲ εἶπεν· φέρετέ μοι ὧδε αὐτούς. | | 14b εἶπεν δὲ πρὸς τοὺς μαθητὰς αὐτοῦ· |
| ποιήσατε τοὺς ἀνθρώπους ἀναπεσεῖν. | 39 καὶ ἐπέταξεν αὐτοῖς ἀνακλῖναι πάντας συμπόσια συμπόσια | 6a καὶ παραγγέλλει τῷ ὄχλῳ ἀναπεσεῖν | 19a καὶ κελεύσας τοὺς ὄχλους ἀνακλιθῆναι | 35 καὶ παραγγείλας τῷ ὄχλῳ ἀναπεσεῖν | 14c κατακλίνατε αὐτοὺς κλισίας |
| Grasmotiv | Grasmotiv | | Grasmotiv | | |
| ἦν δὲ χόρτος πολὺς ἐν τῷ τόπῳ. | ἐπὶ τῷ χλωρῷ χόρτῳ. | ἐπὶ τῆς γῆς· | ἐπὶ τοῦ χόρτου, | ἐπὶ τὴν γῆν | |
| ἀνέπεσαν οὖν (Vgl. V. 10b) | 40 καὶ ἀνέπεσαν πρασιαὶ πρασιαὶ κατὰ ἑκατὸν καὶ κατὰ πεντήκοντα. | | | | [ὡσεὶ] ἀνὰ πεντήκοντα. 15 καὶ ἐποίησαν οὕτως καὶ κατέκλιναν ἅπαντας. |

| Joh 6,1–15 | Mk 6,32–44 | Mk 8,1–9 | Mt 14,13–21 | Mt 15,29–39 | Lk 9,10b–17 |
|---|---|---|---|---|---|
| 5000 Männer | 5000 Männer | 4000 Menschen | 5000 Männer | 4000 Männer | 5000 Männer |
| 10b οἱ ἄνδρες τὸν ἀριθμὸν ὡς πεντακισχίλιοι. | 44 καὶ ἦσαν οἱ φαγόντες [τοὺς ἄρτους] πεντακισχίλιοι ἄνδρες. | 9a ἦσαν δὲ ὡς τετρακισχίλιοι. | 21 οἱ δὲ ἐσθίοντες ἦσαν ἄνδρες ὡσεὶ πεντακισχίλιοι χωρὶς γυναικῶν καὶ παιδίων. | 38 οἱ δὲ ἐσθίοντες ἦσαν τετρακισχίλιοι ἄνδρες χωρὶς γυναικῶν καὶ παιδίων. | 14a ἦσαν γὰρ ὡσεὶ ἄνδρες πεντακισχίλιοι. |
| Handlung Vgl. 6,53a | Handlung [Vgl. 14,22f.] | Handlung | Handlung [Vgl. 26,26f.] | Handlung | Handlung [Vgl. 22,19] |
| a) Nehmen | a) Nehmen | a) Nehmen | a) Nehmen | a) Nehmen | a) Nehmen |
| 11 ἔλαβεν οὖν τοὺς ἄρτους | 41 καὶ λαβὼν τοὺς πέντε ἄρτους καὶ τοὺς δύο ἰχθύας | 6b καὶ λαβὼν τοὺς ἑπτὰ ἄρτους | 19b λαβὼν τοὺς πέντε ἄρτους καὶ τοὺς δύο ἰχθύας, | 36 ἔλαβεν τοὺς ἑπτὰ ἄρτους καὶ τοὺς ἰχθύας | 16 λαβὼν δὲ τοὺς πέντε ἄρτους καὶ τοὺς δύο ἰχθύας |
| b) Danken | b) Segnen/Danken und Brechen | b) Segnen/Danken und Brechen | b) Segnen/Danken und Brechen | b) Segnen/Danken und Brechen | b) Segnen und Brechen |
| ὁ Ἰησοῦς καὶ εὐχαριστήσας | ἀναβλέψας εἰς τὸν οὐρανὸν εὐλόγησεν καὶ κατέκλασεν τοὺς ἄρτους | εὐχαριστήσας ἔκλασεν | ἀναβλέψας εἰς τὸν οὐρανὸν εὐλόγησεν καὶ κλάσας | καὶ εὐχαριστήσας ἔκλασεν | ἀναβλέψας εἰς τὸν οὐρανὸν εὐλόγησεν αὐτοὺς καὶ κατέκλασεν |
| c) Verteilen | c) Verteilen | c) Verteilen | c) Verteilen | c) Verteilen | c) Verteilen |
| διέδωκεν τοῖς ἀνακειμένοις | καὶ ἐδίδου τοῖς μαθηταῖς [αὐτοῦ] ἵνα παρατιθῶσιν αὐτοῖς, | καὶ ἐδίδου τοῖς μαθηταῖς αὐτοῦ ἵνα παρατιθῶσιν, καὶ παρέθηκαν τῷ ὄχλῳ. | ἔδωκεν τοῖς μαθηταῖς τοὺς ἄρτους, οἱ δὲ μαθηταὶ τοῖς ὄχλοις. | καὶ ἐδίδου τοῖς μαθηταῖς, οἱ δὲ μαθηταὶ τοῖς ὄχλους. | καὶ ἐδίδου τοῖς μαθηταῖς παραθεῖναι τῷ ὄχλῳ. |
| Fische | | Fische | | | |
| ὁμοίως καὶ ἐκ τῶν ὀψαρίων ὅσον ἤθελον. | καὶ τοὺς δύο ἰχθύας ἐμέρισεν πᾶσιν. | 7 καὶ εἶχον ἰχθύδια ὀλίγα· καὶ εὐλογήσας αὐτὰ εἶπεν καὶ ταῦτα παρατιθέναι. | | | |

| Joh 6,1–15 | Mk 6,32–44 | Mk 8,1–9 | Mt 14,13–21 | Mt 15,29–39 | Lk 9,10b–17 |
|---|---|---|---|---|---|
| Vgl. 6,26 | Vgl. 6,45f. | | Vgl. 14,22f. | Vgl. 15,39 | Vgl. 9,18f. |
| Wunder | Wunder | Wunder | Wunder | Wunder | Wunder |
| 12a ὡς δὲ ἐνεπλήσθησαν, | 42 καὶ ἔφαγον πάντες καὶ ἐχορτάσθησαν, | 8a καὶ ἔφαγον καὶ ἐχορτάσθησαν, | 20a καὶ ἔφαγον πάντες καὶ ἐχορτάσθησαν, | 37a καὶ ἔφαγον πάντες καὶ ἐχορτάσθησαν. | 17a καὶ ἔφαγον καὶ ἐχορτάσθησαν πάντες, |
| 12 Körbe | 12 Körbe | 7 Körbe | 12 Körbe | 7 Körbe | 12 Körbe |
| 12b λέγει τοῖς μαθηταῖς αὐτοῦ· συναγάγετε τὰ περισσεύσαντα κλάσματα, ἵνα μή τι ἀπόληται. 13 συνήγαγον οὖν καὶ ἐγέμισαν δώδεκα κοφίνους κλασμάτων ἐκ τῶν πέντε ἄρτων τῶν κριθίνων ἃ ἐπερίσσευσαν τοῖς βεβρωκόσιν. | 43 καὶ ἦραν κλάσματα δώδεκα κοφίνων πληρώματα καὶ ἀπὸ τῶν ἰχθύων. | 8b καὶ ἦραν περισσεύματα κλασμάτων ἑπτὰ σπυρίδας. | 20b καὶ ἦραν τὸ περισσεῦον τῶν κλασμάτων δώδεκα κοφίνους πλήρεις. | 37b καὶ τὸ περισσεῦον τῶν κλασμάτων ἦραν ἑπτὰ σπυρίδας πλήρεις. | 17b καὶ ἤρθη τὸ περισσεῦσαν αὐτοῖς κλασμάτων κόφινοι δώδεκα. |
| Vgl. V. 10b | V. 44 s. o. | V. 9a s. o. | V. 21 s. o. | V. 38 s. o. | |
| 4. Erzählte Bewertung | 4. Erzählte Bewertung | | 4. Erzählte Bewertung | 4. Erzählte Bewertung | 4. Erzählte Bewertung |
| | Vgl. 8,27f. | | Vgl. 16,13f. | (Vgl. V. 31) | Vgl. 9,18f. |
| 14 Οἱ οὖν ἄνθρωποι ἰδόντες ὃ ἐποίησεν σημεῖον ἔλεγον ὅτι οὗτός ἐστιν ἀληθῶς ὁ προφήτης ὁ ἐρχόμενος εἰς τὸν κόσμον. | | | | | |

| Joh 6,1–15 | Mk 6,32–44 | Mk 8,1–9 | Mt 14,13–21 | Mt 15,29–39 | Lk 9,10b–17 |
|---|---|---|---|---|---|
| Vgl. 6,26 | Vgl. 6,45f. | | Vgl. 14,22f. | Vgl. 15,39 | Vgl. 9,18f. |
| | Vgl. 6,45ff. | 9b καὶ ἀπέλυσεν αὐτούς. | Vgl. 14,22ff. | (Vgl. 15,39) | (Vgl. 9,18a) |
| 15 Ἰησοῦς οὖν γνοὺς ὅτι μέλλουσιν ἔρχεσθαι καὶ ἁρπάζειν αὐτὸν ἵνα ποιήσωσιν βασιλέα, ἀνεχώρησεν πάλιν εἰς τὸ ὄρος αὐτὸς μόνος. | | | | | |

| Joh 6,16–21 | Mk 6,45–52 | (Mk 8) | Mt 14,22–23 | (Mt 15) | (Lk 9) |
|---|---|---|---|---|---|
| Vgl. 6,15 | [Vgl. 4,35–41] | (Vgl. 8,10) | [Vgl. 8,23–27] | (Vgl. 15,39) | [Vgl. 8,22–25] |
| 1. Exposition | 1. Exposition | 1. Exposition | 1. Exposition | 1. Exposition | 1. Exposition |
| Zeitangabe | Zeitangabe | | Zeitangabe | | |
| 16 Ὡς δὲ ὀψία ἐγένετο | 45 Καὶ εὐθὺς | [4,35 ὀψίας γενομένης] | 22 Καὶ εὐθέως | | [Vgl. 8,22a] |
| Jünger | Jünger | | Jünger | | |
| κατέβησαν οἱ μαθηταὶ αὐτοῦ ἐπὶ τὴν θάλασσαν 17a καὶ ἐμβάντες εἰς πλοῖον | ἠνάγκασεν τοὺς μαθητὰς αὐτοῦ ἐμβῆναι εἰς τὸ πλοῖον | [Vgl. 4,36] | ἠνάγκασεν τοὺς μαθητὰς ἐμβῆναι εἰς τὸ πλοῖον | [Vgl. 8,23] | [Vgl. 8,22b] |
| Zielangabe | Zielangabe | | Zielangabe | | |
| ἤρχοντο πέραν τῆς θαλάσσης εἰς Καφαρναούμ. | καὶ προάγειν εἰς τὸ πέραν πρὸς Βηθσαϊδάν, ἕως αὐτὸς ἀπολύει τὸν ὄχλον. | [Vgl. 4,35] | καὶ προάγειν αὐτὸν εἰς τὸ πέραν, ἕως οὗ ἀπολύσῃ τοὺς ὄχλους. | | [Vgl. 8,22c] |

| Joh 6,16–21<br>Vgl. 6,15 | Mk 6,45–52<br>[Vgl. 4,35–41]    (Mk 8)<br>(Vgl. 8,10) | Mt 14,22–23<br>[Vgl. 8,23–27]    (Mt 15)<br>(Vgl. 15,39) | (Lk 9)<br>[Vgl. 8,22–25] |
|---|---|---|---|
| **Bergmotiv**<br>Vgl. 6,15 | **Bergmotiv**<br>46 καὶ ἀποταξάμενος αὐτοῖς ἀπῆλθεν εἰς τὸ **ὄρος** προσεύξασθαι. | **Bergmotiv**<br>23a καὶ ἀπολύσας τοὺς ὄχλους ἀνέβη εἰς **τὸ ὄρος** κατ᾽ ἰδίαν προσεύξασθαι. | |
| **2. Verwicklung**<br>**Dunkelheit**<br>17b καὶ σκοτία ἤδη ἐγεγόνει<br>Vgl. 6,19 | **2. Verwicklung**<br>**Dunkelheit**<br>47 καὶ **ὀψίας γενομέ-**<br>**νης** ἦν τὸ πλοῖον ἐν μέσῳ τῆς θαλάσσης, | **2. Verwicklung**<br>**Dunkelheit**<br>23b **ὀψίας δὲ γενομέ-**<br>**νης**<br>Vgl. 14,24 | **2. Verwicklung** |
| **Jesus**<br>καὶ οὔπω ἐληλύθει πρὸς αὐτοὺς ὁ Ἰησοῦς, | **Jesus**<br>καὶ αὐτὸς **μόνος** ἐπὶ τῆς γῆς.    [Vgl. 4,38] | **Jesus**<br>**μόνος** ἦν ἐκεῖ. | |
| **B. Seesturm**<br>18 ἥ τε **θάλασσα** ἀνέ-**μου μεγάλου** πνέοντος διεγείρετο. | **B. Seesturm**<br>48a καὶ ἰδὼν αὐτοὺς βασανιζόμενος ἐν τῷ ἐλαύνειν, ἦν γὰρ ὁ **ἄνεμος** ἐναντίος αὐτοῖς,<br>[4,37 καὶ γίνεται λαῖ-λαψ **μεγάλη ἀνέμου** καὶ τὰ κύματα ἐπέ-βαλλεν εἰς τὸ πλοῖον, ὥστε ἤδη γεμίζεσθαι τὸ πλοῖον.] | **B. Seesturm**<br>24 τὸ δὲ πλοῖον ἤδη σταδίους πολλοὺς ἀπὸ τῆς γῆς ἀπεῖχεν βασανιζόμενον ὑπὸ τῶν κυμάτων, ἦν γὰρ ἐναντίος ὁ **ἄνεμος.**<br>[8,24 καὶ ἰδοὺ σεισμὸς **μέγας** ἐγένετο ἐν τῇ **θαλάσσῃ,** ὥστε τὸ πλοῖον καλύπτεσθαι ὑπὸ τῶν κυμάτων, αὐτὸς δὲ ἐκάθευδεν.] | **B. Seesturm**<br>[8,23 πλεόντων δὲ αὐτῶν ἀφύπνωσεν. καὶ κατέβη λαῖλαψ **ἀνέμου** εἰς τὴν λίμνην καὶ συνεπληροῦντο καὶ ἐκινδύνευον.] |

| Joh 6,16–21 | Mk 6,45–52 | (Mk 8) | Mt 14,22–23 | (Mt 15) | (Lk 9) |
|---|---|---|---|---|---|
| Vgl. 6,15 | [Vgl. 4,35–41] | (Vgl. 8,10) | [Vgl. 8,23–27] | (Vgl. 15,39) | [Vgl. 8,22–25] |
| Zeit- und Ortsangabe | Zeitangabe | | Zeitangabe | | |
| 19 ἐληλακότες οὖν ὡς σταδίους εἴκοσι πέντε ἢ τριάκοντα | 48b περὶ τετάρτην φυλακὴν τῆς νυκτὸς Vgl. 6,47 | | 25 τετάρτῃ δὲ φυλακῇ τῆς νυκτὸς Vgl. 14,24 | | |
| Jesus auf dem See | Jesus auf dem See | | Jesus auf dem See | | |
| | ἔρχεται πρὸς αὐτοὺς περιπατῶν ἐπὶ τῆς θαλάσσης καὶ ἤθελεν παρελθεῖν αὐτούς. | | ἦλθεν πρὸς αὐτοὺς περιπατῶν ἐπὶ τὴν θάλασσαν. | | |
| θεωροῦσιν τὸν Ἰησοῦν περιπατοῦντα ἐπὶ τῆς θαλάσσης καὶ ἐγγὺς τοῦ πλοίου γινόμενον, | 49 οἱ δὲ ἰδόντες αὐτὸν ἐπὶ τῆς θαλάσσης περιπατοῦντα | | 26 οἱ δὲ μαθηταὶ ἰδόντες αὐτὸν ἐπὶ τῆς θαλάσσης περιπατοῦντα | | |
| Furcht | Furcht | [Vgl. 4,41] | Furcht | | [Vgl. 8,25b] |
| καὶ ἐφοβήθησαν. | ἔδοξαν ὅτι φάντασμά ἐστιν, καὶ ἀνέκραξαν. 50a πάντες γὰρ αὐτὸν εἶδον καὶ ἐταράχθησαν. | | ἐταράχθησαν λέγοντες ὅτι φάντασμά ἐστιν, καὶ ἀπὸ τοῦ φόβου ἔκραξαν. | | |
| 3. Lösung | 3. Lösung | | 3. Lösung | | 3. Lösung |
| 20 ὁ δὲ λέγει αὐτοῖς· | 50b ὁ δὲ εὐθὺς ἐλάλησεν μετ᾽ αὐτῶν, καὶ λέγει αὐτοῖς· | | 27 εὐθὺς δὲ ἐλάλησεν [ὁ Ἰησοῦς] αὐτοῖς λέγων· | | |

| Joh 6,16–21 | Mk 6,45–52 | (Mk 8) | Mt 14,22–23 | (Mt 15) | (Lk 9) |
|---|---|---|---|---|---|
| Vgl. 6,15 | [Vgl. 4,35–41] | (Vgl. 8,10) | [Vgl. 8,23–27] | (Vgl. 15,39) | [Vgl. 8,22–25] |
| Ich bin es | Ich bin es | | Ich bin es | | |
| ἐγώ εἰμι· μὴ φοβεῖσθε. | θαρσεῖτε, ἐγώ εἰμι· μὴ φοβεῖσθε. | [Vgl. 4,40] | θαρσεῖτε, ἐγώ εἰμι· μὴ φοβεῖσθε. | [Vgl. 8,26a] | [Vgl. 8,25a] |
| | | | 28 ἀποκριθεὶς δὲ αὐτῷ ὁ Πέτρος εἶπεν· κύριε, εἰ σὺ εἶ, κέλευσόν με ἐλθεῖν πρός σε ἐπὶ τὰ ὕδατα. 29 ὁ δὲ εἶπεν· ἐλθέ. καὶ καταβὰς ἀπὸ τοῦ πλοίου [ὁ] Πέτρος περιεπάτησεν ἐπὶ τὰ ὕδατα καὶ ἦλθεν πρὸς τὸν Ἰησοῦν. 30 βλέπων δὲ τὸν ἄνεμον [ἰσχυρὸν] ἐφοβήθη, καὶ ἀρξάμενος καταποντίζεσθαι ἔκραξεν λέγων· κύριε, σῶσόν με. 31 εὐθέως δὲ ὁ Ἰησοῦς ἐκτείνας τὴν χεῖρα ἐπελάβετο αὐτοῦ καὶ λέγει αὐτῷ· ὀλιγόπιστε, εἰς τί ἐδίστασας; | | |
| [Vgl. 21,7] | | | | | |
| **Wunderbare Landung** | **Wunderbare Stille** | | **Wunderbare Stille** | | |
| 21 ἤθελον οὖν λαβεῖν αὐτὸν εἰς τὸ πλοῖον, | 51 καὶ ἀνέβη πρὸς αὐτοὺς εἰς τὸ πλοῖον | | 32 καὶ ἀναβάντων αὐτῶν εἰς τὸ πλοῖον | [Vgl. 8,26b] | [Vgl. 8,24b] |
| καὶ εὐθέως ἐγένετο τὸ πλοῖον ἐπὶ τῆς γῆς εἰς ἣν ὑπῆγον. | καὶ ἐκόπασεν ὁ ἄνεμος, καὶ λίαν [ἐκ περισσοῦ] ἐν ἑαυτοῖς ἐξίσταντο. 52 οὐ γὰρ συνῆκαν ἐπὶ τοῖς ἄρτοις, ἀλλ᾽ ἦν αὐτῶν ἡ καρδία πεπωρωμένη. | [Vgl. 4,39] | ἐκόπασεν ὁ ἄνεμος. 33 οἱ δὲ ἐν τῷ πλοίῳ προσεκύνησαν αὐτῷ λέγοντες· ἀληθῶς θεοῦ υἱὸς εἶ. | | |
| | Vgl. 6,53 | | Vgl. 14,34 | | |

| Joh 6,22–59 | Mk 7,1–15 | Mk 8,11–13 | Mt 15,1–11 | Mt 16,1–4 | (Lk 9) |
|---|---|---|---|---|---|
| | Vgl. 6,53 | Vgl. 8,10/(8,13) | Vgl. 14,34 | Vgl. 15,39/(16,5) | Vgl. 11,37–54 |
| 1. Exposition (narrativer Modus) | 1. Exposition (narrativer Modus) | 1. Exposition (narrativer Modus) | 1. Exposition (narrativer Modus) | 1. Exposition (narrativer Modus) | |
| C. Überfahrt | C. Überfahrt | C. Überfahrt | C. Überfahrt | C. Überfahrt | |
| 22 Τῇ ἐπαύριον ὁ **ὄχλος ὁ ἐστηκὼς** πέραν τῆς θαλάσσης εἶδον ὅτι πλοιάριον ἄλλο οὐκ ἦν ἐκεῖ εἰ μὴ ἓν καὶ ὅτι οὐ συνεισῆλθεν τοῖς μαθηταῖς αὐτοῦ | 6,53 Καὶ διαπεράσαντες ἐπὶ τὴν γῆν ἦλθον εἰς Γεννησαρὲτ καὶ προσωρμίσθησαν. | 8,10 Καὶ εὐθὺς ἐμβὰς εἰς τὸ πλοῖον μετὰ τῶν μαθητῶν αὐτοῦ ἦλθεν εἰς τὰ μέρη Δαλμανουθά. | 14,34 Καὶ διαπεράσαντες ἦλθον ἐπὶ τὴν γῆν εἰς Γεννησαρέτ. | 15,39 Καὶ ἀπολύσας **τοὺς ὄχλους** ἐνέβη εἰς τὸ πλοῖον καὶ ἦλθεν εἰς τὰ ὅρια Μαγαδάν. | |
| Vgl. V. 21 | | (Vgl. 8,13) | | (Vgl. 16,5) | |

23 ἀλλὰ ἦλθεν πλοι[άρι]α ἐκ Τιβεριάδος ἐγγὺς τοῦ τόπου ὅπου ἔφαγον τὸν ἄρτον εὐχαριστήσαντος τοῦ κυρίου. 24 ὅτε οὖν εἶδεν ὁ **ὄχλος** ὅτι Ἰησοῦς οὐκ ἔστιν ἐκεῖ οὐδὲ οἱ μαθηταὶ αὐτοῦ, ἐνέβησαν αὐτοὶ εἰς τὰ πλοιάρια καὶ ἦλθον εἰς Καφαρναοὺμ ζητοῦντες τὸν Ἰησοῦν.

| Joh 6,22–59 | Mk 7,1–15 | Mk 8,11–13 | Mt 15,1–11 | Mt 16,1–4 | (Lk 9) |
|---|---|---|---|---|---|
| 2. Dialog (dramatischer Modus) | 2. Dialog (dramatischer Modus) | 2. Dialog (dramatischer Modus) | 2. Dialog (dramatischer Modus) | 2. Dialog (dramatischer Modus) | 2. Dialog (dramatischer Modus) |
| D. Streitgespräch | D. Streitgespräch | D. Streitgespräch | D. Streitgespräch | D. Streitgespräch | D. Streitgespräch |
| Menschenmenge | Pharisäer / Schriftgelehrte | Pharisäer | Pharisäer / Schriftgelehrte | Pharisäer/Sadduzäer | Pharisäer / Gesetzeslehrer |
| 25 καὶ εὑρόντες αὐτὸν πέραν τῆς θαλάσσης εἶπον αὐτῷ· ῥαββί, πότε ὧδε γέγονας; | 1 Καὶ συνάγονται πρὸς αὐτὸν οἱ Φαρισαῖοι καί τινες τῶν γραμματέων ἐλθόντες ἀπὸ Ἱεροσολύμων. | 11a Καὶ ἐξῆλθον οἱ Φαρισαῖοι καὶ ἤρξαντο συζητεῖν αὐτῷ, κτλ. | 1 Τότε προσέρχονται τῷ Ἰησοῦ ἀπὸ Ἱεροσολύμων Φαρισαῖοι καὶ γραμματεῖς λέγοντες· | 1a Καὶ προσελθόντες οἱ Φαρισαῖοι καὶ Σαδδουκαῖοι πειράζοντες κτλ. | (Vgl. 11,37.53f.) |

| Joh 6,22–59 | Mk 7,1–15 | (Mk 8,11–13) | Mt 15,1–11 | (Mt 16,1–4) | (Lk 9) |
|---|---|---|---|---|---|
| Vgl. 6,12a.23 | Vgl. 6,42/8,8a | Vgl. 8,14ff.) | Vgl. 14,20a/15,37a | Vgl. 16,5ff.) | (Vgl. 11,37–54) |

**Joh 6,22–59**

D.1. ‹Brot›
(Analepse zu VI.A.)
Jesus

26 Ἀπεκρίθη αὐτοῖς ὁ Ἰησοῦς καὶ εἶπεν. ἀμὴν ἀμὴν λέγω ὑμῖν, ζητεῖτέ με οὐχ ὅτι εἴδετε σημεῖα, ἀλλ᾽ ὅτι ἐφάγετε ἐκ τῶν ἄρτων καὶ ἐχορτάσθητε. 27 ἐργάζεσθε μὴ τὴν βρῶσιν τὴν ἀπολλυμένην ἀλλὰ τὴν βρῶσιν τὴν μένουσαν εἰς ζωὴν αἰώνιον, ἣν ὁ υἱὸς τοῦ ἀνθρώπου ὑμῖν δώσει· τοῦτον γὰρ ὁ πατὴρ ἐσφράγισεν ὁ θεός.

D.2. Werke Gottes?
Menschenmenge

28 εἶπον οὖν πρὸς αὐτόν· τί ποιῶμεν ἵνα ἐργαζώμεθα τὰ ἔργα τοῦ θεοῦ;

**Mk 7,1–15**

D.1. ‹Brot›
(Analepse zu VI.A.)
Pharisäer/Schriftgelehrte

2 καὶ ἰδόντες τινὰς τῶν μαθητῶν αὐτοῦ ὅτι κοιναῖς χερσίν, τοῦτ᾽ ἔστιν ἀνίπτοις, ἐσθίουσιν τοὺς ἄρτους

[V. 3f. ausgelassen]

5 καὶ ἐπερωτῶσιν αὐτὸν οἱ Φαρισαῖοι καὶ οἱ γραμματεῖς· διὰ τί οὐ περιπατοῦσιν οἱ μαθηταί σου κατὰ τὴν παράδοσιν τῶν πρεσβυτέρων, ἀλλὰ κοιναῖς χερσὶν ἐσθίουσαν τὸν ἄρτον;

D.2. Werke Gottes?
Jesus
V. 6f. s. u.

8 ἀφέντες τὴν ἐντολὴν τοῦ θεοῦ κρατεῖτε τὴν παράδοσιν τῶν ἀνθρώπων. 9 καὶ ἔλεγεν αὐτοῖς· καλῶς ἀθετεῖτε τὴν ἐντολὴν τοῦ θεοῦ, ἵνα τὴν παράδοσιν ὑμῶν στήσητε.

V. 10 s. u.

**Mt 15,1–11**

D.1. ‹Brot›
(Analepse zu VI.A.)
Pharisäer/Schriftgelehrte

2 διὰ τί οἱ μαθηταί σου παραβαίνουσιν τὴν παράδοσιν τῶν πρεσβυτέρων; οὐ γὰρ νίπτονται τὰς χεῖρας [αὐτῶν] ὅταν ἄρτον ἐσθίωσιν.

D.2. Werke Gottes?
Jesus

3 ὁ δὲ ἀποκριθεὶς εἶπεν αὐτοῖς· διὰ τί καὶ ὑμεῖς παραβαίνετε τὴν ἐντολὴν τοῦ θεοῦ διὰ τὴν παράδοσιν ὑμῶν;

V. 4 s. u.

**(Lk 9)**

Pharisäer
(Vgl. 11,38)

D.2. Werke Gottes?
Jesus
(Vgl. 11,39–44.46–52)

| Joh 6,22–59 | Mk 7,1–15 | Mk 8,11–13 | Mt 15,1–11 | Mt 16,1–4 [Vgl. 12,38] | (Lk 9) Vgl. 11,16 |
|---|---|---|---|---|---|
| Jesus<br>29 ἀπεκρίθη [ὁ] Ἰησοῦς καὶ εἶπεν αὐτοῖς· τοῦτό ἐστιν τὸ ἔργον τοῦ θεοῦ, ἵνα πιστεύητε εἰς ὃν ἀπέστειλεν ἐκεῖνος. | [V. 11f. ausgelassen]<br>13 ἀκυροῦντες τὸν λόγον τοῦ θεοῦ τῇ παραδόσει ὑμῶν ᾗ παρεδώκατε· καὶ παρόμοια τοιαῦτα πολλὰ ποιεῖτε. |  | [V. 5–6a ausgelassen]<br>6b καὶ ἠκυρώσατε τὸν λόγον τοῦ θεοῦ διὰ τὴν παράδοσιν ὑμῶν.<br>V. 7ff. s. u. |  |  |
| D.3. Zeichenforderung<br>Menschenmenge<br>30 Εἶπον οὖν αὐτῷ· τί οὖν ποιεῖς σὺ σημεῖον, ἵνα ἴδωμεν καὶ πιστεύσωμέν σοι; τί ἐργάζῃ; |  | D.3. Zeichenforderung<br>Pharisäer<br>11b ζητοῦντες παρ' αὐτοῦ σημεῖον ἀπὸ τοῦ οὐρανοῦ, πειράζοντες αὐτόν. |  | D.3. Zeichenforderung<br>Pharisäer/Sadduzäer<br>1b ἐπηρώτησαν αὐτὸν σημεῖον ἐκ τοῦ οὐρανοῦ ἐπιδεῖξαι αὐτοῖς. | D.3. Zeichenforderung<br>Andere<br>11,16 ἕτεροι δὲ πειράζοντες σημεῖον ἐξ οὐρανοῦ ἐζήτουν παρ' αὐτοῦ. |
| D.4 Exoduszitat<br>31 οἱ πατέρες ἡμῶν τὸ μάννα ἔφαγον ἐν τῇ ἐρήμῳ, καθώς ἐστιν γεγραμμένον· ἄρτον ἐκ τοῦ οὐρανοῦ ἔδωκεν αὐτοῖς φαγεῖν. | D.4 Exoduszitat<br>Jesus<br>10 Μωϋσῆς γὰρ εἶπεν· τίμα τὸν πατέρα σου καὶ τὴν μητέρα σου, καί· ὁ κακολογῶν πατέρα ἢ μητέρα θανάτῳ τελευτάτω. |  | D.4 Exoduszitat<br>Jesus<br>4 ὁ γὰρ θεὸς εἶπεν· τίμα τὸν πατέρα καὶ τὴν μητέρα, καί· ὁ κακολογῶν πατέρα ἢ μητέρα θανάτῳ τελευτάτω. |  |  |
| Vgl. 6,32.35 | Vgl. 8,4 |  | Vgl. 14,13.15 | Vgl. 15,33 | Vgl. 9,12 |

Jesus

32 εἶπεν οὖν αὐτοῖς ὁ Ἰησοῦς· ἀμὴν ἀμὴν λέγω ὑμῖν, οὐ Μωϋσῆς δέδωκεν ὑμῖν τὸν ἄρτον ἐκ τοῦ οὐρανοῦ, ἀλλ᾽ ὁ πατήρ μου δίδωσιν ὑμῖν τὸν ἄρτον ἐκ τοῦ οὐρανοῦ τὸν ἀληθινόν. 33 ὁ γὰρ ἄρτος τοῦ θεοῦ ἐστιν ὁ καταβαίνων ἐκ τοῦ οὐρανοῦ καὶ ζωὴν διδοὺς τῷ κόσμῳ.

| Joh 6,22–59 | Mk 7,1–15 | Mk 8,11–13 | Mt 15,1–11 (Vgl. 15,12f.) | Mt 16,1–4 | (Lk 9) (Vgl. 11,37–54) |
|---|---|---|---|---|---|

**Menschenmenge**

34 εἶπον οὖν πρὸς αὐτόν· κύριε, πάντοτε δὸς ἡμῖν **τὸν ἄρτον** τοῦτον.

**Jesus**

35 εἶπεν αὐτοῖς ὁ Ἰησοῦς· ἐγώ εἰμι **ὁ ἄρτος** τῆς ζωῆς· ὁ ἐρχόμενος πρὸς ἐμὲ οὐ μὴ πεινάσῃ, καὶ ὁ πιστεύων εἰς ἐμὲ οὐ μὴ διψήσει πώποτε. 36 Ἀλλ᾽ εἶπον ὑμῖν ὅτι καὶ ἑωράκατέ [με] καὶ οὐ πιστεύετε. 37 πᾶν ὃ δίδωσίν μοι ὁ πατὴρ πρός ἐμὲ ἥξει, καὶ τὸν ἐρχόμενον πρός ἐμὲ οὐ μὴ ἐκβάλω ἔξω, 38 ὅτι καταβέβηκα ἀπὸ τοῦ οὐρανοῦ οὐχ ἵνα ποιῶ τὸ θέλημα τὸ ἐμὸν ἀλλὰ τὸ θέλημα τοῦ πέμψαντός με. 39 τοῦτο δέ ἐστιν τὸ θέλημα τοῦ πέμψαντός με, ἵνα πᾶν ὃ δέδωκέν μοι μὴ ἀπολέσω ἐξ αὐτοῦ, ἀλλὰ ἀναστήσω αὐτὸ [ἐν] τῇ ἐσχάτῃ ἡμέρᾳ. 40 τοῦτο γάρ ἐστιν τὸ θέλημα τοῦ πατρός μου, ἵνα πᾶς ὁ θεωρῶν τὸν υἱὸν καὶ πιστεύων εἰς αὐτὸν ἔχῃ ζωὴν αἰώνιον, καὶ ἀναστήσω αὐτὸν ἐγὼ [ἐν] τῇ ἐσχάτῃ ἡμέρᾳ.

*Zu V. 39f. siehe auch V. 50*

**D.5. Intertextuelle Analepse zu IV.A.** [Vgl. 4,43–45]

*(Mk 7,1–15)* [D.5. Intertextuelle Analepse zu IV.A.] [Vgl. 6,3]

*(Mt 15,1–11)* [D.5. Intertextuelle Analepse zu IV.A.] [Vgl. 13,55]

*(Mt 16,1–4)* [D.5. Intertextuelle Analepse zu IV.A.] [Vgl. 4,22]

**Juden**

41 Ἐγόγγυζον οὖν οἱ Ἰουδαῖοι περὶ αὐτοῦ ὅτι εἶπεν· ἐγώ εἰμι **ὁ ἄρτος ὁ καταβὰς ἐκ τοῦ οὐρανοῦ,** 42 καὶ ἔλεγον· οὐχ οὗτός ἐστιν Ἰησοῦς ὁ υἱὸς Ἰωσήφ, οὗ ἡμεῖς οἴδαμεν τὸν πατέρα καὶ τὴν μητέρα; πῶς νῦν λέγει ὅτι ἐκ τοῦ οὐρανοῦ καταβέβηκα;

*(Mt 15:)* **Pharisäer** (Vgl. 15,12)

*(Mt 16:)* **Gesetzeslehrer** (Vgl. 11,45)

**Jesus**

43 ἀπεκρίθη Ἰησοῦς καὶ εἶπεν αὐτοῖς· μὴ γογγύζετε μετ᾽ ἀλλήλων. 44 οὐδεὶς δύναται ἐλθεῖν πρός με ἐὰν μὴ ὁ πατὴρ ὁ πέμψας με ἑλκύσῃ αὐτόν, κἀγὼ ἀναστήσω αὐτὸν ἐν τῇ ἐσχάτῃ ἡμέρᾳ.

*(Mt 15:)* Vgl. 15,13

*Zu V. 44 siehe auch V. 50*

| Joh 6,22–59 | Mk 7,1–15 | Mk 8,11–13 | Mt 15,1–11 | Mt 16,1–4 [Vgl. 12,39f.] | (Lk 9) Vgl. 11,29 |
|---|---|---|---|---|---|
| D.6. Jesajazitat<br>Jesus<br>45 ἔστιν γεγραμμένον ἐν τοῖς προφήταις· καὶ ἔσονται πάντες διδακτοὶ θεοῦ· πᾶς ὁ ἀκούσας παρὰ τοῦ πατρὸς καὶ μαθὼν ἔρχεται πρὸς ἐμέ. 46 οὐχ ὅτι τὸν πατέρα ἑώρακέν τις εἰ μὴ ὁ ὢν παρὰ τοῦ θεοῦ, οὗτος ἑώρακεν τὸν πατέρα. | D.6. Jesajazitat<br>Jesus<br>6 Ὁ δὲ εἶπεν αὐτοῖς· καλῶς ἐπροφήτευσεν Ἠσαΐας περὶ ὑμῶν τῶν ὑποκριτῶν, ὡς γέγραπται [ὅτι] οὗτος ὁ λαὸς τοῖς χείλεσίν με τιμᾷ, ἡ δὲ καρδία αὐτῶν πόρρω ἀπέχει ἀπ' ἐμοῦ· 7 μάτην δὲ σέβονταί με διδάσκοντες διδασκαλίας ἐντάλματα ἀνθρώπων. | | D.6. Jesajazitat<br>Jesus<br>7 ὑποκριταί, καλῶς ἐπροφήτευσεν περὶ ὑμῶν Ἠσαΐας λέγων· 8 ὁ λαὸς οὗτος τοῖς χείλεσίν με τιμᾷ, ἡ δὲ καρδία αὐτῶν πόρρω ἀπέχει ἀπ' ἐμοῦ· 9 μάτην δὲ σέβονταί με διδάσκοντες διδασκαλίας ἐντάλματα ἀνθρώπων. | | |
| D.7. Zeichen Jesu<br>Jesus<br>47 ἀμὴν ἀμὴν λέγω ὑμῖν, ὁ πιστεύων ἔχει ζωὴν αἰώνιον. 48 Ἐγώ εἰμι ὁ ἄρτος τῆς ζωῆς. 49 οἱ πατέρες ὑμῶν ἔφαγον ἐν τῇ ἐρήμῳ τὸ μάννα καὶ ἀπέθανον· | | D.7. Zeichen Jesu<br>Jesus<br>12 καὶ ἀναστενάξας τῷ πνεύματι αὐτοῦ λέγει· τί ἡ γενεὰ αὕτη ζητεῖ σημεῖον; ἀμὴν λέγω ὑμῖν, εἰ δοθήσεται τῇ γενεᾷ ταύτῃ σημεῖον. | | D.7. Zeichen Jesu<br>Jesus<br>2a ὁ δὲ ἀποκριθεὶς εἶπεν αὐτοῖς· 4 γενεὰ πονηρὰ καὶ μοιχαλὶς σημεῖον ἐπιζητεῖ, καὶ σημεῖον οὐ δοθήσεται αὐτῇ εἰ μὴ τὸ σημεῖον Ἰωνᾶ. καὶ καταλιπὼν αὐτοὺς ἀπῆλθεν. | D.7. Zeichen Jesu<br>Jesus<br>29 Τῶν δὲ ὄχλων ἐπαθροιζομένων ἤρξατο λέγειν· ἡ γενεὰ αὕτη γενεὰ πονηρά ἐστιν· σημεῖον ζητεῖ, καὶ σημεῖον οὐ δοθήσεται αὐτῇ εἰ μὴ τὸ σημεῖον Ἰωνᾶ. |

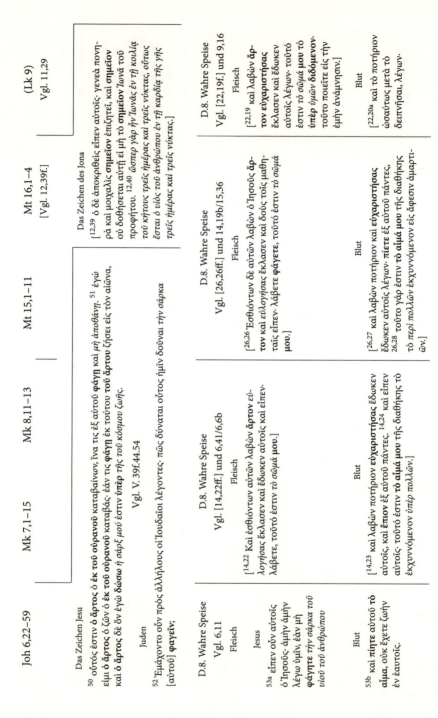

| Joh 6,22–59 | Mk 7,1–15 | Mk 8,11–13 | Mt 15,1–11 | Mt 16,1–4<br>[Vgl. 12,39f.] | (Lk 9)<br>Vgl. 11,29 |
|---|---|---|---|---|---|

**Das Zeichen Jesu** (Joh) / **Das Zeichen des Jona** (Mk 8,11–13 / Mt 16,1–4)

Joh:
50 οὗτός ἐστιν ὁ **ἄρτος** ὁ **ἐκ τοῦ οὐρανοῦ καταβαίνων**, ἵνα τις ἐξ αὐτοῦ **φάγῃ** καὶ **μὴ ἀποθάνῃ**. 51 **ἐγώ εἰμι ὁ ἄρτος ὁ ζῶν ὁ ἐκ τοῦ οὐρανοῦ καταβάς**· ἐάν τις **φάγῃ** ἐκ τούτου τοῦ **ἄρτου** ζήσει εἰς τὸν αἰῶνα, **καὶ ὁ ἄρτος** δὲ ὃν ἐγὼ δώσω ἡ σάρξ μού ἐστιν ὑπὲρ τῆς τοῦ κόσμου ζωῆς.

Vgl. V. 39f.44.54

Juden
52 Ἐμάχοντο οὖν πρὸς ἀλλήλους οἱ Ἰουδαῖοι λέγοντες· πῶς δύναται οὗτος ἡμῖν δοῦναι τὴν σάρκα [αὐτοῦ] **φαγεῖν**;

Mt 16,1–4:
[12.39 ὁ δὲ ἀποκριθεὶς εἶπεν αὐτοῖς· γενεὰ πονηρὰ καὶ μοιχαλὶς **σημεῖον** ἐπιζητεῖ, καὶ **σημεῖον** οὐ δοθήσεται αὐτῇ εἰ μὴ τὸ **σημεῖον** Ἰωνᾶ τοῦ προφήτου. 12.40 ὥσπερ γὰρ ἦν Ἰωνᾶς ἐν τῇ κοιλίᾳ τοῦ κήτους τρεῖς ἡμέρας καὶ τρεῖς νύκτας, οὕτως ἔσται ὁ υἱὸς τοῦ ἀνθρώπου ἐν τῇ καρδίᾳ τῆς γῆς τρεῖς ἡμέρας καὶ τρεῖς νύκτας.]

---

**D.8. Wahre Speise**

| Joh — Vgl. 6,11 | Mk — Vgl. [14,22ff.] und 6,41/6,6b | Mt — Vgl. [26,26ff.] und 14,19b/15,36 | Lk — Vgl. [22,19f.] und 9,16 |
|---|---|---|---|

**Fleisch**

Joh (Jesus):
53a εἶπεν οὖν αὐτοῖς ὁ Ἰησοῦς· ἀμὴν ἀμὴν λέγω ὑμῖν, ἐὰν μὴ **φάγητε τὴν σάρκα** τοῦ υἱοῦ τοῦ ἀνθρώπου

Mk:
[14.22 Καὶ ἐσθιόντων αὐτῶν λαβὼν **ἄρτον** εὐλογήσας ἔκλασεν καὶ ἔδωκεν αὐτοῖς καὶ εἶπεν· λάβετε, τοῦτό ἐστιν τὸ σῶμά μου.]

Mt:
[26.26 Ἐσθιόντων δὲ αὐτῶν λαβὼν ὁ Ἰησοῦς **ἄρτον** καὶ εὐλογήσας ἔκλασεν καὶ δοὺς τοῖς μαθηταῖς εἶπεν· λάβετε **φάγετε**, τοῦτό ἐστιν τὸ σῶμά μου.]

Lk:
[22.19 καὶ λαβὼν **ἄρτον** εὐχαριστήσας ἔκλασεν καὶ ἔδωκεν αὐτοῖς λέγων· τοῦτό ἐστιν τὸ σῶμά μου τὸ ὑπὲρ ὑμῶν **διδόμενον**· τοῦτο ποιεῖτε εἰς τὴν ἐμὴν ἀνάμνησιν.]

**Blut**

Joh:
53b καὶ **πίητε** αὐτοῦ τὸ **αἷμα**, οὐκ ἔχετε ζωὴν ἐν ἑαυτοῖς.

Mk:
[14.23 καὶ λαβὼν ποτήριον **εὐχαριστήσας** ἔδωκεν αὐτοῖς, καὶ ἔπιον ἐξ αὐτοῦ πάντες, 14.24 καὶ εἶπεν αὐτοῖς· τοῦτό ἐστιν τὸ **αἷμά μου** τῆς διαθήκης τὸ ἐκχυννόμενον ὑπὲρ πολλῶν.]

Mt:
[26.27 καὶ λαβὼν ποτήριον καὶ **εὐχαριστήσας** ἔδωκεν αὐτοῖς λέγων· **πίετε** ἐξ αὐτοῦ πάντες, 26.28 τοῦτο γάρ ἐστιν τὸ **αἷμά μου** τῆς διαθήκης τὸ περὶ πολλῶν ἐκχυννόμενον εἰς ἄφεσιν ἁμαρτιῶν.]

Lk:
[22.20a καὶ τὸ **ποτήριον** ὡσαύτως μετὰ τὸ δειπνῆσαι, λέγων·]

| Joh 6,22–59 | Mk 7,1–15 | Mt 15,1–11 | Mt 16,1–4 | Mk 8,11–13 | (Lk 9) |
|---|---|---|---|---|---|
| 54 ὁ τρώγων μου τὴν σάρκα καὶ πίνων μου τὸ αἷμα ἔχει ζωὴν αἰώνιον, κἀγὼ ἀναστήσω αὐτὸν τῇ ἐσχάτῃ ἡμέρᾳ. | | | | | [22.20b τοῦτο τὸ ποτήριον ἡ καινὴ διαθήκη ἐν τῷ αἵματί μου τὸ ὑπὲρ ὑμῶν ἐκχυννόμενον.] |
| Zu V. 54 s. V. 50 | | | | | |
| 55 ἡ γὰρ σάρξ μου ἀληθής ἐστιν βρῶσις, καὶ τὸ αἷμά μου ἀληθής ἐστιν πόσις. 56 ὁ τρώγων μου τὴν σάρκα καὶ πίνων μου τὸ αἷμα ἐν ἐμοὶ μένει κἀγὼ ἐν αὐτῷ. | Unreine Speise Vgl. 7,17–23 | Unreine Speise Vgl. 15,12–20 | | | |
| | 14 Καὶ προσκαλεσάμενος πάλιν τὸν ὄχλον ἔλεγεν αὐτοῖς· ἀκούσατέ μου πάντες καὶ σύνετε. 15 οὐδέν ἐστιν ἔξωθεν τοῦ ἀνθρώπου εἰσπορευόμενον εἰς αὐτὸν ὃ δύναται κοινῶσαι αὐτόν, ἀλλὰ τὰ ἐκ τοῦ ἀνθρώπου ἐκπορευόμενά ἐστιν τὰ κοινοῦντα τὸν ἄνθρωπον. | 10 καὶ προσκαλεσάμενος τὸν ὄχλον εἶπεν αὐτοῖς· ἀκούετε καὶ συνίετε· 11 οὐ τὸ εἰσερχόμενον εἰς τὸ στόμα κοινοῖ τὸν ἄνθρωπον, ἀλλὰ τὸ ἐκπορευόμενον ἐκ τοῦ στόματος τοῦτο κοινοῖ τὸν ἄνθρωπον. | | | |
| 57 καθὼς ἀπέστειλέν με ὁ ζῶν πατὴρ κἀγὼ ζῶ διὰ τὸν πατέρα, καὶ ὁ τρώγων με κἀκεῖνος ζήσει δι' ἐμέ. 58 οὗτός ἐστιν ὁ ἄρτος ὁ ἐξ οὐρανοῦ καταβάς, οὐ καθὼς ἔφαγον οἱ πατέρες καὶ ἀπέθανον· ὁ τρώγων τοῦτον τὸν ἄρτον ζήσει εἰς τὸν αἰῶνα. | | | | | |
| E. Kafarnaum (zum dritten Mal) | E. Kafarnaum (zum dritten Mal) Vgl. 9,33 | E. Kafarnaum (zum dritten Mal) Vgl. (11,23)/17,24 | | | E. Kafarnaum (zum dritten Mal) (Vgl. 10,15) |
| 59 Ταῦτα εἶπεν ἐν συναγωγῇ διδάσκων ἐν Καφαρναούμ. | | | | | |

| Joh 6,60–71 | Mk 7,17–23 | Mk 8,14–21.27–9,1 | Mt 15,12–20 | Mt 16,5–28 | Lk 9,18–27 |
|---|---|---|---|---|---|
| **1. Negative Reaktion der Jünger** <br> **F. Jüngerverstockung** | **1. Negative Reaktion der Jünger** <br> **F. Jüngerverstockung** | **1. Negative Reaktion der Jünger** <br> **F. Jüngerverstockung** | **1. Negative Reaktion der Jünger** <br> **F. Jüngerverstockung** | **1. Negative Reaktion der Jünger** <br> **F. Jüngerverstockung** | (Vgl. 12,1) <br><br> **1. Negative Reaktion der Jünger** <br> **F. Jüngerverstockung** |
| 60 Πολλοὶ οὖν **ἀκούσαντες ἐκ τῶν μαθητῶν αὐτοῦ** εἶπαν· σκληρός ἐστιν ὁ λόγος οὗτος· τίς δύναται αὐτοῦ ἀκούειν; | 17 Καὶ ὅτε εἰσῆλθεν εἰς οἶκον ἀπὸ τοῦ ὄχλου, ἐπηρώτων αὐτὸν **οἱ μαθηταὶ αὐτοῦ** τὴν παραβολήν. | 14 Καὶ ἐπελάθοντο λαβεῖν ἄρτους καὶ εἰ μὴ ἕνα ἄρτον οὐκ εἶχον μεθ᾽ ἑαυτῶν ἐν τῷ πλοίῳ. 15 καὶ διεστέλλετο αὐτοῖς λέγων· ὁρᾶτε, βλέπετε ἀπὸ τῆς ζύμης τῶν Φαρισαίων καὶ τῆς ζύμης Ἡρῴδου. 16 καὶ διελογίζοντο πρὸς ἀλλήλους ὅτι ἄρτους οὐκ ἔχουσιν. | 12 Τότε προσελθόντες **οἱ μαθηταὶ** λέγουσιν αὐτῷ· οἶδας ὅτι οἱ Φαρισαῖοι **ἀκούσαντες τὸν λόγον ἐσκανδαλίσθησαν;** | 5 Καὶ ἐλθόντες **οἱ μαθηταὶ** εἰς τὸ πέραν ἐπελάθοντο ἄρτους λαβεῖν. 6 ὁ δὲ Ἰησοῦς εἶπεν αὐτοῖς· ὁρᾶτε καὶ προσέχετε ἀπὸ τῆς ζύμης τῶν Φαρισαίων καὶ Σαδδουκαίων. 7 οἱ δὲ διελογίζοντο ἐν ἑαυτοῖς λέγοντες ὅτι ἄρτους οὐκ ἐλάβομεν. | |
| **Reaktion Jesu** | **Reaktion Jesu** | **Reaktion Jesu** | V. 13f. s. u. | **Reaktion Jesu** | |
| 61 **εἰδὼς δὲ ὁ Ἰησοῦς** ἐν ἑαυτῷ ὅτι γογγύζουσιν περὶ τούτου **οἱ μαθηταὶ αὐτοῦ εἶπεν αὐτοῖς·** τοῦτο ὑμᾶς **σκανδαλίζει;** | 18a καὶ λέγει **αὐτοῖς· οὕτως καὶ ὑμεῖς ἀσύνετοί ἐστε;** | 17a **καὶ γνοὺς λέγει αὐτοῖς·** τί διαλογίζεσθε ὅτι ἄρτους οὐκ ἔχετε; | 15 Ἀποκριθεὶς δὲ ὁ Πέτρος εἶπεν αὐτῷ· φράσον ἡμῖν τὴν παραβολὴν [ταύτην]. | 8 **γνοὺς δὲ ὁ Ἰησοῦς εἶπεν·** τί διαλογίζεσθε ἐν ἑαυτοῖς, ὀλιγόπιστοι, ὅτι ἄρτους οὐκ ἔχετε; | |
| **Geistige Bedeutung** | **Geistige Bedeutung** | **Geistige Bedeutung** | **Reaktion Jesu** | **Geistige Bedeutung** | |
| 62 ἐὰν οὖν θεωρῆτε τὸν υἱὸν τοῦ ἀνθρώπου ἀναβαίνοντα ὅπου ἦν τὸ πρότερον; 63a τὸ πνεῦμά ἐστιν τὸ ζῳοποιοῦν, ἡ σὰρξ οὐκ ὠφελεῖ οὐδέν. | 18b οὐ νοεῖτε ὅτι κτλ. <br><br> [V. 19f. ausgelassen] <br><br> 21 ἔσωθεν γὰρ ἐκ τῆς καρδίας τῶν ἀνθρώπων οἱ διαλογισμοὶ οἱ κακοὶ ἐκπορεύονται, πορνεῖαι, κλοπαί, φόνοι, 22 μοιχεῖαι, πλεονεξίαι, πονηρίαι, δόλος, ἀσέλγεια, ὀφθαλμὸς πονηρός, βλασφημία, ὑπερηφανία, ἀφροσύνη· | 17b οὔπω νοεῖτε οὐδὲ συνίετε; πεπωρωμένην ἔχετε τὴν καρδίαν ὑμῶν; | 16 ὁ δὲ εἶπεν· ἀκμὴν καὶ ὑμεῖς ἀσύνετοί ἐστε; <br><br> **Geistige Bedeutung** <br><br> 17 οὐ νοεῖτε ὅτι κτλ. <br><br> [V. 18 ausgelassen] <br><br> 19a ἐκ γὰρ τῆς καρδίας ἐξέρχονται διαλογισμοὶ πονηροί, φόνοι, μοιχεῖαι, | 9 οὔπω νοεῖτε, οὐδὲ μνημονεύετε κτλ. <br><br> [V. 10 ausgelassen] <br><br> 11 πῶς οὐ νοεῖτε ὅτι οὐ περὶ ἄρτων εἶπον ὑμῖν; προσέχετε δὲ ἀπὸ τῆς ζύμης τῶν Φαρισαίων καὶ Σαδδουκαίων. 12 τότε συνῆκαν ὅτι οὐκ εἶπεν προσέχειν ἀπὸ τῆς ζύμης τῶν ἄρτων ἀλλὰ ἀπὸ τῆς διδαχῆς τῶν Φαρισαίων καὶ Σαδδουκαίων. | |

| Joh 6,60–71 [Vgl. 12,25f.] | Mk 8,14–21.27–9,1 | Mt 15,12–20 / Mt 16,5–28 | Lk 9,18–27 |
|---|---|---|---|
| 63b τὰ ῥήματα ἃ ἐγὼ λελάληκα ὑμῖν πνεῦμά ἐστιν καὶ ζωή ἐστιν. 64 ἀλλ᾽ εἰσὶν ἐξ ὑμῶν τινες οἳ οὐ πιστεύουσιν. | 23 πάντα ταῦτα τὰ πονηρὰ ἔσωθεν ἐκπορεύεται καὶ κοινοῖ τὸν ἄνθρωπον. | 19b πορνεῖαι, κλοπαί, ψευδομαρτυρίαι, βλασφημίαι. 20 ταῦτά ἐστιν τὰ κοινοῦντα τὸν ἄνθρωπον, τὸ δὲ ἀνίπτοις χερσὶν φαγεῖν οὐ κοινοῖ τὸν ἄνθρωπον. | |
| ᾔδει γὰρ ἐξ ἀρχῆς ὁ Ἰησοῦς τίνες εἰσὶν οἱ μὴ πιστεύοντες καὶ τίς ἐστιν ὁ παραδώσων αὐτόν. | 18 ὀφθαλμοὺς ἔχοντες οὐ βλέπετε καὶ ὦτα ἔχοντες οὐκ ἀκούετε; καὶ οὐ μνημονεύετε, κτλ. [V. 19f. ausgelassen] 21 καὶ ἔλεγεν αὐτοῖς· οὔπω συνίετε; | | |
| **G. ‹Nachfolge›** Bedingung | **G. ‹Nachfolge›** Bedingung | 13 ὁ δὲ ἀποκριθεὶς εἶπεν· πᾶσα φυτεία ἣν οὐκ ἐφύτευσεν ὁ πατήρ μου ὁ οὐράνιος ἐκριζωθήσεται. [V. 14 ausgelassen] | **G. ‹Nachfolge›** Bedingung |
| 65 καὶ ἔλεγεν· διὰ τοῦτο εἴρηκα ὑμῖν ὅτι οὐδεὶς δύναται ἐλθεῖν πρός με ἐὰν μὴ ᾖ δεδομένον αὐτῷ ἐκ τοῦ πατρός. Vgl. V. 44f. | 34 Καὶ προσκαλεσάμενος τὸν ὄχλον σὺν τοῖς μαθηταῖς αὐτοῦ εἶπεν αὐτοῖς· εἴ τις θέλει ὀπίσω μου ἀκολουθεῖν, ἀπαρνησάσθω ἑαυτὸν καὶ ἀράτω τὸν σταυρὸν αὐτοῦ καὶ ἀκολουθείτω μοι. | **G. ‹Nachfolge›** Bedingung 24 Τότε ὁ Ἰησοῦς εἶπεν τοῖς μαθηταῖς αὐτοῦ· εἴ τις θέλει ὀπίσω μου ἐλθεῖν, ἀπαρνησάσθω ἑαυτὸν καὶ ἀράτω τὸν σταυρὸν αὐτοῦ καὶ ἀκολουθείτω μοι. | 23 Ἔλεγεν δὲ πρὸς πάντας· εἴ τις θέλει ὀπίσω μου ἔρχεσθαι, ἀρνησάσθω ἑαυτὸν καὶ ἀράτω τὸν σταυρὸν αὐτοῦ καθ᾽ ἡμέραν καὶ ἀκολουθείτω μοι. |
| [12.25 ὁ φιλῶν τὴν ψυχὴν αὐτοῦ ἀπολλύει αὐτήν, καὶ ὁ μισῶν τὴν ψυχὴν αὐτοῦ ἐν τῷ κόσμῳ τούτῳ εἰς ζωὴν αἰώνιον φυλάξει αὐτήν. 12.26 ἐὰν ἐμοί τις διακονῇ, ἐμοὶ ἀκολουθείτω, κτλ.] | 35 ὃς γὰρ ἐὰν θέλῃ τὴν ψυχὴν αὐτοῦ σῶσαι ἀπολέσει αὐτήν· ὃς δ᾽ ἂν ἀπολέσει τὴν ψυχὴν αὐτοῦ ἕνεκεν ἐμοῦ καὶ τοῦ εὐαγγελίου σώσει αὐτήν. [V. 36–38 ausgelassen] | 25 ὃς γὰρ ἐὰν θέλῃ τὴν ψυχὴν αὐτοῦ σῶσαι ἀπολέσει αὐτήν· ὃς δ᾽ ἂν ἀπολέσῃ τὴν ψυχὴν αὐτοῦ ἕνεκεν ἐμοῦ εὑρήσει αὐτήν. [V. 26f. ausgelassen] | 24 ὃς γὰρ ἂν θέλῃ τὴν ψυχὴν αὐτοῦ σῶσαι ἀπολέσει αὐτήν· ὃς δ᾽ ἂν ἀπολέσῃ τὴν ψυχὴν ἕνεκεν ἐμοῦ οὗτος σώσει αὐτήν. [V. 25f. ausgelassen] |

| Joh 6,60–71 [Vgl. 1,49/11,27] | Mk 8,14–21.27–9,1 [Vgl. 1,24] | Mt 16,5–28 | Lk 9,18–27 [Vgl. 4,34] |
|---|---|---|---|
| Zusage Jesu (Vgl. V. 50) | Zusage Jesu 9,1 Καὶ ἔλεγεν αὐτοῖς· ἀμὴν λέγω ὑμῖν ὅτι εἰσίν τινες ὧδε τῶν ἑστηκότων οἵτινες οὐ μὴ γεύσωνται θανάτου ἕως ἂν ἴδωσιν τὴν βασιλείαν τοῦ θεοῦ ἐληλυθυῖαν ἐν δυνάμει. | Zusage Jesu 28 ἀμὴν λέγω ὑμῖν ὅτι εἰσίν τινες τῶν ὧδε ἑστώτων οἵτινες οὐ μὴ γεύσωνται θανάτου ἕως ἂν ἴδωσιν τὸν υἱὸν τοῦ ἀνθρώπου ἐρχόμενον ἐν τῇ βασιλείᾳ αὐτοῦ. | Zusage Jesu 27 λέγω δὲ ὑμῖν ἀληθῶς, εἰσίν τινες τῶν αὐτοῦ ἑστηκότων οἳ οὐ μὴ γεύσωνται θανάτου ἕως ἂν ἴδωσιν τὴν βασιλείαν τοῦ θεοῦ. |
| Abfall der Jünger 66 Ἐκ τούτου πολλοὶ [ἐκ] τῶν μαθητῶν αὐτοῦ ἀπῆλθον εἰς τὰ ὀπίσω καὶ οὐκέτι μετ' αὐτοῦ περιεπάτουν. | (Vgl. V. 38) | (Vgl. V. 23.24) | (Vgl. V. 26) |
| 2. Positive Reaktion der Zwölf | 2. Positive Reaktion der Zwölf | 2. Positive Reaktion der Zwölf | 2. Positive Reaktion der Zwölf |
| H. Petrusbekenntnis | H. Petrusbekenntnis | H. Petrusbekenntnis | H. Petrusbekenntnis |
| Frage Jesu | Erste Frage Jesu | Erste Frage Jesu | Erste Frage Jesu |
| 67 εἶπεν οὖν ὁ Ἰησοῦς τοῖς δώδεκα· μὴ καὶ ὑμεῖς θέλετε ὑπάγειν; | 27 Καὶ ἐξῆλθεν ὁ Ἰησοῦς καὶ οἱ μαθηταὶ αὐτοῦ εἰς τὰς κώμας Καισαρείας τῆς Φιλίππου· καὶ ἐν τῇ ὁδῷ ἐπηρώτα τοὺς μαθητὰς αὐτοῦ λέγων αὐτοῖς· τίνα με λέγουσιν οἱ ἄνθρωποι εἶναι; | 13 Ἐλθὼν δὲ ὁ Ἰησοῦς εἰς τὰ μέρη Καισαρείας τῆς Φιλίππου ἠρώτα τοὺς μαθητὰς αὐτοῦ λέγων· τίνα λέγουσιν οἱ ἄνθρωποι εἶναι τὸν υἱὸν τοῦ ἀνθρώπου; | 18 Καὶ ἐγένετο ἐν τῷ εἶναι αὐτὸν προσευχόμενον κατὰ μόνας συνῆσαν αὐτῷ οἱ μαθηταί, καὶ ἐπηρώτησεν αὐτοὺς λέγων· τίνα με λέγουσιν οἱ ὄχλοι εἶναι; |

| Joh 6,60–71<br>[Vgl. 1,49/11,27;<br>1,42/21,15–19] | Mk 8,14–21.27–9,1<br>[Vgl. 1,24] | Mt 16,5–28 | Lk 9,18–27<br>[Vgl. 4,34] |
|---|---|---|---|
| **Was Menschen denken**<br>Vgl. V. 14 | **Was Menschen denken**<br>28 οἱ δὲ εἶπαν αὐτῷ λέγοντες [ὅτι] Ἰωάννην τὸν βαπτιστήν, καὶ ἄλλοι Ἡλίαν, ἄλλοι δὲ ὅτι εἷς τῶν προφητῶν. | **Was Menschen denken**<br>14 οἱ δὲ εἶπαν· οἱ μὲν Ἰωάννην τὸν βαπτιστήν, ἄλλοι δὲ Ἡλίαν, ἕτεροι δὲ Ἰερεμίαν ἢ ἕνα τῶν προφητῶν. | **Was Menschen denken**<br>19 οἱ δὲ ἀποκριθέντες εἶπαν· Ἰωάννην τὸν βαπτιστήν, ἄλλοι δὲ Ἡλίαν, ἄλλοι δὲ ὅτι προφήτης τις τῶν ἀρχαίων ἀνέστη. |
| | **Zweite Frage Jesu**<br>29a καὶ αὐτὸς ἐπηρώτα αὐτούς· ὑμεῖς δὲ τίνα με λέγετε εἶναι; | **Zweite Frage Jesu**<br>15 λέγει αὐτοῖς· ὑμεῖς δὲ τίνα με λέγετε εἶναι; | **Zweite Frage Jesu**<br>20a εἶπεν δὲ αὐτοῖς· ὑμεῖς δὲ τίνα με λέγετε εἶναι; |
| **Petrusbekenntnis**<br>68a ἀπεκρίθη αὐτῷ Σίμων Πέτρος· | **Petrusbekenntnis**<br>29b ἀποκριθεὶς ὁ Πέτρος λέγει αὐτῷ. | **Petrusbekenntnis**<br>16 ἀποκριθεὶς δὲ Σίμων Πέτρος εἶπεν· | **Petrusbekenntnis**<br>20b Πέτρος δὲ ἀποκριθεὶς εἶπεν. |
| | [1,24 λέγων· τί ἡμῖν καὶ σοί, Ἰησοῦ Ναζαρηνέ; ἦλθες ἀπολέσαι ἡμᾶς; οἶδά | | [4,34 ἔα, τί ἡμῖν καὶ σοί, Ἰησοῦ Ναζαρηνέ; ἦλθες ἀπολέσαι ἡμᾶς; οἶδά |
| 68b κύριε, πρὸς τίνα ἀπελευσόμεθα; ῥήματα ζωῆς αἰωνίου ἔχεις, 69a καὶ ἡμεῖς πεπιστεύκαμεν καὶ ἐγνώκαμεν ὅτι | | | |
| 69b σὺ εἶ ὁ ἅγιος τοῦ θεοῦ. | σὺ εἶ ὁ χριστός. / [σε τίς εἶ, ὁ ἅγιος τοῦ θεοῦ.] | σὺ εἶ ὁ χριστὸς ὁ υἱὸς τοῦ θεοῦ τοῦ ζῶντος. | τὸν χριστὸν τοῦ θεοῦ. / [σε τίς εἶ, ὁ ἅγιος τοῦ θεοῦ.] |
| **Antwort Jesu**<br>[Vgl. 1,42/21,15–19] | **Antwort Jesu**<br>30 καὶ ἐπετίμησεν αὐτοῖς ἵνα μηδενὶ λέγωσιν περὶ αὐτοῦ. | **Antwort Jesu**<br>17 ἀποκριθεὶς δὲ ὁ Ἰησοῦς εἶπεν αὐτῷ· μακάριος εἶ, Σίμων Βαριωνᾶ, ὅτι σὰρξ καὶ αἷμα οὐκ ἀπεκάλυψέν σοι ἀλλ' ὁ πατήρ μου ὁ ἐν τοῖς οὐρανοῖς· | **Antwort Jesu**<br>21 ὁ δὲ ἐπιτιμήσας αὐτοῖς παρήγγειλεν μηδενὶ λέγειν τοῦτο. |

| Joh 6,60–71 | Mk 8,14–21.27–9,1 | Mt 16,5–28 | Lk 9,18–27 |
|---|---|---|---|
| I. Satanswort | | | |
| 70 ἀπεκρίθη αὐτοῖς ὁ Ἰησοῦς· οὐκ ἐγὼ ὑμᾶς τοὺς δώδεκα ἐξελεξάμην; καὶ ἐξ ὑμῶν εἷς διάβολός ἐστιν. | | 18 κἀγὼ δέ σοι λέγω ὅτι σὺ εἶ Πέτρος, καὶ ἐπὶ ταύτῃ τῇ πέτρᾳ οἰκοδομήσω μου τὴν ἐκκλησίαν καὶ πύλαι ᾅδου οὐ κατισχύσουσιν αὐτῆς. 19 δώσω σοι τὰς κλεῖδας τῆς βασιλείας τῶν οὐρανῶν, καὶ ὃ ἐὰν δήσῃς ἐπὶ τῆς γῆς ἔσται δεδεμένον ἐν τοῖς οὐρανοῖς, καὶ ὃ ἐὰν λύσῃς ἐπὶ τῆς γῆς ἔσται λελυμένον ἐν τοῖς οὐρανοῖς. 20 τότε διεστείλατο τοῖς μαθηταῖς ἵνα μηδενὶ εἴπωσιν ὅτι αὐτός ἐστιν ὁ χριστός. | [Vgl. 6,12–16] |
| J. Passionsprolepse Vgl. V. 64 | J. Passionsprolepse Vgl. 9,31/10,33f. | J. Passionsprolepse Vgl. 17,22f./20,17f. | J. Passionsprolepse Vgl. 9,44/18,31ff. |
| 71 ἔλεγεν δὲ τὸν Ἰούδαν Σίμωνος Ἰσκαριώτου· οὗτος γὰρ ἔμελλεν παραδιδόναι αὐτόν, εἷς ἐκ τῶν δώδεκα. | 31 Καὶ ἤρξατο διδάσκειν αὐτοὺς ὅτι δεῖ τὸν υἱὸν τοῦ ἀνθρώπου πολλὰ παθεῖν καὶ ἀποδοκιμασθῆναι ὑπὸ τῶν πρεσβυτέρων καὶ τῶν ἀρχιερέων καὶ τῶν γραμματέων καὶ ἀποκτανθῆναι καὶ μετὰ τρεῖς ἡμέρας ἀναστῆναι· | 21 Ἀπὸ τότε ἤρξατο ὁ Ἰησοῦς δεικνύειν τοῖς μαθηταῖς αὐτοῦ ὅτι δεῖ αὐτὸν εἰς Ἱεροσόλυμα ἀπελθεῖν καὶ πολλὰ παθεῖν ἀπὸ τῶν πρεσβυτέρων καὶ ἀρχιερέων καὶ γραμματέων καὶ ἀποκτανθῆναι καὶ τῇ τρίτῃ ἡμέρᾳ ἐγερθῆναι. | 22 εἰπὼν ὅτι δεῖ τὸν υἱὸν τοῦ ἀνθρώπου πολλὰ παθεῖν καὶ ἀποδοκιμασθῆναι ἀπὸ τῶν πρεσβυτέρων καὶ ἀρχιερέων καὶ γραμματέων καὶ ἀποκτανθῆναι καὶ τῇ τρίτῃ ἡμέρᾳ ἐγερθῆναι. |
| | I. Satanswort | I. Satanswort | |
| | 32 καὶ παρρησίᾳ τὸν λόγον ἐλάλει. καὶ προσλαβόμενος ὁ Πέτρος αὐτὸν ἤρξατο ἐπιτιμᾶν αὐτῷ. 33 ὁ δὲ ἐπιστραφεὶς καὶ ἰδὼν τοὺς μαθητὰς αὐτοῦ ἐπετίμησεν Πέτρῳ καὶ λέγει· ὕπαγε ὀπίσω μου, σατανᾶ, | 22 καὶ προσλαβόμενος αὐτὸν ὁ Πέτρος ἤρξατο ἐπιτιμᾶν αὐτῷ λέγων· ἵλεώς σοι, κύριε· οὐ μὴ ἔσται σοι τοῦτο. 23 ὁ δὲ στραφεὶς εἶπεν τῷ Πέτρῳ· ὕπαγε ὀπίσω μου, σατανᾶ· σκάνδαλον εἶ ἐμοῦ, | |
| Was Menschen wollen Vgl. V. 15 | Was Menschen wollen ὅτι οὐ φρονεῖς τὰ τοῦ θεοῦ ἀλλὰ τὰ τῶν ἀνθρώπων. | Was Menschen wollen ὅτι οὐ φρονεῖς τὰ τοῦ θεοῦ ἀλλὰ τὰ τῶν ἀνθρώπων. | |

| Joh 7,1–10 | Mk 9,30/10,1 [Vgl. 3,21] | Mt 17,22/19,1 | Lk 9,51 |
|---|---|---|---|
| **1. Exposition**<br>1 Καὶ μετὰ ταῦτα περιεπάτει ὁ Ἰησοῦς ἐν **τῇ Γαλιλαίᾳ**· οὐ γὰρ ἤθελεν ἐν **τῇ Ἰουδαίᾳ** περιπατεῖν, ὅτι ἐζήτουν αὐτὸν οἱ Ἰουδαῖοι ἀποκτεῖναι.<br>2 Ἦν δὲ ἐγγὺς ἡ ἑορτὴ τῶν Ἰουδαίων ἡ σκηνοπηγία. | **1. Exposition**<br>9,30a Κἀκεῖθεν ἐξελθόντες παρεπορεύοντο διὰ **τῆς Γαλιλαίας**, | **1. Exposition**<br>17,22 Συστρεφομένων δὲ αὐτῶν ἐν **τῇ Γαλιλαίᾳ** κτλ. | |
| **2. Verwicklung**<br>3 εἶπον οὖν πρὸς αὐτὸν οἱ ἀδελφοὶ αὐτοῦ· μετάβηθι ἐντεῦθεν καὶ ὕπαγε εἰς **τὴν Ἰουδαίαν**, ἵνα καὶ οἱ μαθηταί σου θεωρήσουσιν σοῦ τὰ ἔργα ἃ ποιεῖς· 4 οὐδεὶς γάρ τι ἐν κρυπτῷ ποιεῖ καὶ ζητεῖ αὐτὸς ἐν παρρησίᾳ εἶναι. εἰ ταῦτα ποιεῖς, φανέρωσον σεαυτὸν τῷ κόσμῳ. | | | |
| **K. Ungläubige Brüder**<br>5 *οὐδὲ γὰρ οἱ ἀδελφοὶ αὐτοῦ ἐπίστευον εἰς αὐτόν.*<br>6 λέγει οὖν αὐτοῖς ὁ Ἰησοῦς· ὁ καιρὸς ὁ ἐμὸς οὔπω πάρεστιν, ὁ δὲ καιρὸς ὁ ὑμέτερος πάντοτέ ἐστιν ἕτοιμος. 7 οὐ δύναται ὁ κόσμος μισεῖν ὑμᾶς, ἐμὲ δὲ μισεῖ, ὅτι ἐγὼ μαρτυρῶ περὶ αὐτοῦ ὅτι τὰ ἔργα αὐτοῦ πονηρά ἐστιν. 8 ὑμεῖς ἀνάβητε εἰς τὴν ἑορτήν· ἐγὼ οὐκ ἀναβαίνω εἰς τὴν ἑορτὴν ταύτην, ὅτι ὁ ἐμὸς καιρὸς οὔπω πεπλήρωται. 9 ταῦτα δὲ εἰπὼν αὐτὸς ἔμεινεν ἐν **τῇ Γαλιλαίᾳ**. | **K. Ungläubige Brüder**<br>[3,21 *καὶ ἀκούσαντες οἱ παρ᾽ αὐτοῦ ἐξῆλθον κρατῆσαι αὐτόν· ἔλεγον γὰρ ὅτι ἐξέστη.*] | | |
| **3. Lösung**<br>**L. Heimlich unterwegs**<br>10 Ὡς δὲ ἀνέβησαν οἱ ἀδελφοὶ αὐτοῦ εἰς τὴν ἑορτήν, τότε καὶ αὐτὸς ἀνέβη οὐ φανερῶς ἀλλὰ [ὡς] ἐν κρυπτῷ. | **3. Lösung**<br>**L. Heimlich unterwegs**<br>9,30b καὶ οὐκ ἤθελεν ἵνα τις γνοῖ.<br>10,1 Καὶ ἐκεῖθεν ἀναστὰς ἔρχεται εἰς τὰ ὅρια **τῆς Ἰουδαίας** [καὶ] πέραν τοῦ Ἰορδάνου, κτλ. | **3. Lösung**<br>19,1 Καὶ ἐγένετο ὅτε ἐτέλεσεν ὁ Ἰησοῦς τοὺς λόγους τούτους, μετῆρεν ἀπὸ **τῆς Γαλιλαίας** καὶ ἦλθεν εἰς τὰ ὅρια **τῆς Ἰουδαίας** πέραν τοῦ Ἰορδάνου. | **3. Lösung**<br>9,51 Ἐγένετο δὲ ἐν τῷ συμπληροῦσθαι τὰς ἡμέρας τῆς ἀναλήμψεως αὐτοῦ καὶ αὐτὸς τὸ πρόσωπον ἐστήρισεν τοῦ πορεύεσθαι εἰς Ἰερουσαλήμ. |

## 4.4  Der Epilog (Joh 21,1–25)

Leitvers: „Wir haben seine Herrlichkeit gesehen ..." (Joh 1,14b)

### 4.4.1  Einführung

Das letzte Kapitel des Johannesevangeliums Joh 21,1–25[404] ist kein ‚Nachtrag'[405] eines ‚Redaktors',[406] sondern ein durchaus typischer *Epilog*, und J. Zumstein behält mit seiner Einschätzung aus dem Jahr 1999 immer noch recht, wenn er feststellt, „[e]ine der grossen Schwächen der joh Forschung zu Kap. 21 besteht darin, nicht ausreichend konsequent nach *der literarischen Gattung des Epilogs* zu fragen."[407] Denn ein Epilog ist keine einfache „proleptische Verlängerung"[408] der Story, sondern dem Epilog kommt „üblicherweise die Funktion zu, eine (stabile) Situation kurz zu schildern, die zeitlich nach dem eigentlichen Schluß liegt und aus ihm folgt: etwa wenn die beiden Helden nach einigen Jahren auf ihre zahlreiche Nachkommenschaft blicken."[409] Im Fall der Helden des johanneischen Epilogs kann es sich selbstverständlich nur um eine geistige Nachkommenschaft handeln, die in der Erzählung durch die 153 große Fische symbolisiert wird,[410] doch dass die Erscheinung Jesu am See von Tiberias in Joh 21 keine einfache Fortsetzung der in Joh 20 erzählten Ostererscheinungen sein soll, wie man sie beispielsweise aus dem Matthäusevangelium kennt (vgl. Mt 28,16–20), ist relativ offensichtlich:[411] Das letzte Kapitel wird durch den *Buchschluss* in Joh 20,30f. von der Erzählung in Joh 1–20 getrennt und die *Prolepse*, die bei Markus (Mk 14,28) und Matthäus (Mt 26,32) die Erscheinung des Auferstandenen in Galiläa voraussagt, wird bei Johannes ausgelassen (vgl. die Synopse in der Tabelle 4.8). Wenn der Modell-Autor also seinen Erzähler in Joh 21 nur eine dritte Erscheinung des Auferstandenen (in Galiläa) erzählen lassen wollte, hätte er wohl den Buchschluss aus- und die Prolepse gelassen, in seinem von zahlreichen intratextuellen Bezügen sonst so geprägten Evangelium. Doch die Zäsur in Joh 20,30f. und die Tatsache, dass es zu Joh 21 in Joh 1–20 kaum

---

[404] Zu diesem Kapitel s. auch meinen älteren Beitrag STUDENOVSKÝ, Weg, 532ff.

[405] Zur Definition s. GENETTE, Palimpseste, 274.

[406] BULTMANN, Evangelium, 542ff.

[407] ZUMSTEIN, Erinnerung, 199, Anm. 13.

[408] GENETTE, Palimpseste, 241.

[409] GENETTE, Palimpseste, 280.

[410] Siehe auch KOESTER, SYMBOLISM, 134–138, oder ZUMSTEIN, Erinnerung, 211: „Das mit 153 Fischen gefüllte Netz, das er [Petrus], ohne das es zerreisst, ans Ufer zieht, präfiguriert die pastorale Funktion des Apostels, die zahlreichen Gemeinden in der Einheit zu sammeln." Zu den verschiedenen Deutungen der Zahl 153 siehe das Kapitel 4.4.4 auf S. 277.

[411] Vgl. auch ZUMSTEIN, Erinnerung, 188: „Kap. 21 ist also nicht als Fortsetzung der in Kap. 20 begonnenen Ostergeschichte zu lesen, sondern hat eine andere Funktion. Es nimmt zur Gesamterzählung Stellung und zeigt auf, wie der erzählten Geschichte in einer veränderten Situation eine Zukunft zukommen kann und soll." Ähnlich THYEN, Johannesevangelium, 778.

Prolepsen,[412] dagegen aber viele *Analepsen* in Joh 21 zu Joh 1–20 gibt, sprechen für einen Epilog.

Denn ein Epilog lässt sich auch als eine *Coda* auf der Makroebene der Erzählung auffassen[413] und bei dieser gehört eben die analeptische Verknüpfung mit dem *Anfang* der Erzählung, die bei Johannes um eine analeptische Verknüpfung mit der *Mitte* und dem *Ende* der Story ergänzt wird,[414] zu den wichtigsten Merkmalen. Zu den weiteren wichtigen Merkmalen einer Coda gehört die Kontaktaufnahme zu den Modell-Lesern und die Antizipation der Schicksale der Helden, die beide in Joh 21,19.23–25 in der Stimme des Erzählers/Modell-Autors ebenso vorhanden sind.[415] Und dass der Modell-Autor des Johannesevangeliums von einer Coda Gebrauch machen kann, zeigt er schon, wenn auch nur in Kleinem,[416] bei der Erzählung über die Hochzeit in Kana in Galiläa (Joh 2,1–12): Die Coda (V. 12) ist hier ähnlich wie in Joh 20,30f. von einer Zäsur mit einem Erzählerkommentar getrennt (V. 11), der auf die vorherige Erzählung zurückblickt und ihre Bedeutung für den Hörer/Modell-Leser zusammenfasst, und auch hier führt der Erzähler in der Coda neue Figuren ein – die Brüder Jesu (V. 12). Der Epilog Joh 21 ist aber nicht nur intratextuell mit dem Anfang der johanneischen Erzählung verknüpft, sondern er blickt auch ganz klar auf den Anfang der *Story Jesu*[417] bei den Synoptikern zurück und es sind gerade diese intertextuellen Analepsen, die uns in diesem Kapitel interessieren werden.

### 4.4.2 Text und Prätexte

Die erste der zwei wichtigsten intertextuellen Analepsen in Joh 21 führt zu der Erzählung über den *wunderbaren Fischfang* in Lk 5,1–11 und sie wird nicht nur in der SQE[15] Nr. 41 und Nr. 360 vermerkt, sondern auch in vielen Johanneskommentaren reflektiert,[418] wenn auch von sehr unterschiedlichen Standpunkten her. Die zweite intra-[419] und intertextuelle Analepse hängt mit dieser ersten intertex-

---

[412] HASITSCHKA, Zeichen, versucht Joh 6 im Hinblick auf Joh 21 zu lesen, meines Erachtens lassen sich in Joh 6 textinterne Prolepsen aber nur bei einer *allegorischen Relektüre* finden (vgl. das Kapitel 4.4.4).

[413] Siehe die Definition von MARTINEZ/SCHEFFEL, Einführung, 146f.: „Die kommunikative Funktion dieser abschließenden Phase besteht darin, den (vergangenen) Zeitpunkt der Geschichte zu verlassen und Erzähler und Hörer in die gegenwärtige Kommunikationssituation zurückzuversetzen. Außerdem muß die Coda deutlich machen, daß die Geschichte an ihr ‚natürliches‘ Ende gelangt ist und danach nichts mehr geschehen ist, was im Rahmen dieser Geschichte noch erzählenswert wäre – die Frage ‚Und dann?‘ darf sich nach der Coda nicht mehr stellen."

[414] Zu den (relativ auffälligen) intratextuellen Bezügen von Joh 21 zu dem Anfang, der Mitte und dem Ende der Story Jesu bei Johannes siehe die Kapitel 4.4.2, 4.4.3, die Synopse in der Tabelle 4.8 und auch STUDENOVSKÝ, Weg, 552f.

[415] Vgl. STUDENOVSKÝ, Weg, 547.

[416] Die an ein Fraktal erinnernde Wiederholung und Entfaltung poetischer Strukturen gehört aber zu charakteristischen Merkmalen der johanneischen Erzählung, vgl. das Kapitel 3.3.2.

[417] Zur Story Jesu vgl. das Kapitel 3.3.3.

[418] So auch BULTMANN, Evangelium, 545f., oder BARRETT, Evangelium, 553.

[419] Intratextuell ist der Epilog Joh 21 an dieser Stelle über die Figuren von ‹Petrus› und ‹Nathanael› mit Joh 1,35–51 vernetzt, vgl. die Synopse in der Tabelle 4.8.

tuellen Analepse eng zusammen und führt zu der Erzählung über die *Berufung der ersten Jünger*, die bei den Synoptikern in Mk 1,16–20,[420] Mt 4,18–22 und eben in Lk 5,1–11 zu finden ist (vgl. SQE[15] Nr. 21 und Nr. 34). Diese drei Erzählungen stellen die längsten synoptischen Prätexte dar, und die einzigen, die von der Handlung her eine Geschichte mit einer *Exposition, Verwicklung, Lösung* (Lk/Mk/Mt) und *Bewertung* (Lk) haben (s. die Synopse in der Tabelle 4.8) und die man auch im Hinblick auf die Kohärenz der in der johanneischen Erzählung reproduzierten Elemente und Strukturen als eine Folie bezeichnen kann.[421] Zu den wichtigen Prätexten von Joh 21 gehören natürlich noch die Prolepsen in Mk 14,28/Mt 26,32 und Mk 16,7/Mt 28,7.10 samt ihres Kontextes,[422] die die *Erscheinung Jesu in Galiläa* voraussagen, wobei das markinische *open end* (Mk 16,7) von der Wirkungsgeschichte her nicht nur bei der Komposition des Endes des ersten Evangeliums Mt 28,16–20, sondern auch des johanneischen Epilogs Joh 21 eine Schlüsselrolle spielt.[423] Die Intertextualität der übrigen in der Synopse in der Tabelle 4.8 erfassten Prätexte, wie beispielsweise Lk 24,13–35.41–43, beschränkt sich auf einzelne Elemente und/oder Strukturen der johanneischen Erzählung und wird im Rahmen der Analyse besprochen.

Die Abgrenzung und Sequenzierung des johanneischen Textes und der synoptischen Prätexte ist also in diesem Fall dementsprechend einfach (vgl. die Synopse in der Tabelle 4.8):

### 4.4.2.1 Sequenzierung des Textes

Der Epilog beginnt mit dem typisch johanneischen Gliederungssignal[424] „μετὰ ταῦτα" in Joh 21,1 und endet mit dem Wort „βιβλία" in Joh 21,25, das intratextuell Bezug auf den Buchschluss in Joh 20,30 nimmt und dem damit als dem letzten Wort

---

[420] Diesen Zusammenhang vermerkt schon BULTMANN, Evangelium, 545, Anm. 4, wenn auch von einem anderen Standpunkt her, und führt die Erzählungen im Anschluss an BULTMANN, Geschichte, 232.26f., auf das „Bildwort vom Menschenfischer" zurück.

[421] Die intertextuelle Vernetzung dieser drei Erzählungen mit Joh 21,1–14 bestätigt auch die Latente Semantische Analyse in STUDENOVSKÝ, Search, denn im Korpus der vier kanonischen Evangelien wird der Text von Joh 21,1–14 (1,000000) mit Lk 5,1–11 (0,514307) als mit dem ersten nichtjohanneischen Text assoziiert und der Text von Lk 5,1–11 (1,000000) wird der Reihenfolge nach mit Mk 1,16–20 (0,712598), Mt 4,18–22 (0,679493) und Joh 21,1–14 (0,514307) assoziiert. Der griechische Text des bei der Analyse verwendeten Korpus (Gospels: GNT-P) wurde nicht lemmatisiert und hält sich inkl. der Paragrapheinteilung an den Text von NA[27].

[422] Siehe vor allem SQE[15] Nr. 315 inkl. Lk 22,31–34.39, hier die Synopse in der Tabelle 4.8.

[423] Vgl. ausführlich STUDENOVSKÝ, Weg, vor allem 546f. Die Erzählung von Mt 28,16–20 hätte zwar den Modell-Autor des vierten Evangeliums auch inspirieren können, seine *eigene* Erzählung über die Erscheinung des Auferstandenen in Galiläa zu verfassen, da sie aber sonst in dem Epilog Joh 21 kaum Spuren hinterlassen hat (vgl. die Synopse in der Tabelle 4.8), wird sie, ungeachtet der Empfehlung von ADAMCZEWSKI, Gospel, 29, auch im Rahmen dieser Arbeit nur am Rande behandelt. Die im Folgenden durchgeführte Analyse der intertextuellen Lektüre wird auch zeigen, warum sich der Modell-Autor in Joh 21 vor allem an das markinische *open end* (Mk 16,7) und die lukanische Erzählung über den wunderbaren Fischfang (Lk 5,1–11) anlehnt und das erste Evangelium hier bis auf ein paar Motive beiseite lässt.

[424] Vgl. Joh 3,22; Joh 5,1.14; Joh 6,1 und Joh 7,1.

des Johannesevangeliums im Hinblick auf das Paradigma der Intertextualität eine
besondere Bedeutung zukommt. Im Unterschied zu der Evangeliumsüberschrift,
die eindeutig zum Paratext gehört, sind die Verse 24 und 25 zum Text des Evangeliums zu zählen[425] und ausreichend in die johanneische Erzählung integriert:[426]
Mit „οὗτός ἐστιν ὁ μαθητὴς κτλ.“ nimmt der V. 24 Bezug auf die ihm direkt voraus-
gehende Erzählung und beide Verse spielen ziemlich deutlich auf den Buchschluss
in Joh 20,30f. an, der ebenso zum Text des Evangeliums gehört. Die Zäsur, die hier
einige Exegeten zwischen Joh 21,1–23 und Joh 21,24–25 feststellen,[427] ist eine rein
textinterne Zäsur und besteht darin, dass sich in Joh 21,24f. der *Modell-Autor* zum
Wort meldet. Die Textsequenz Joh 21,24–25 gehört also teilweise schon zum *Diskurs* des Evangeliums (vgl. das Kapitel 3.3.1) und allein aus diesem Grund wird
sie auch hier nicht als Erzählerkommentar zu Joh 21,15–23 behandelt, sondern als
selbständige Textsequenz XXI.C. etabliert.

Die Aufteilung der übrigen Textsequenzen von Joh 21 ist deutlich weniger umstritten und die meisten Kommentare und Übersetzungen schließen sich hier dem
griechischen Text von NA[27] an und machen eine Zäsur nach dem abschließenden Erzählerkommentar in V. 14 und nicht selten auch nach dem Erzählerkommentar in V. 19. Gegen diese Aufteilung ist von der narrativen Analyse her im
Prinzip nichts einzuwenden, denn mit dem Erzählerkommentar in V. 14, der zur
Bewertung der Geschichte gehört, endet in der Tat die Handlung der ersten Textsequenz XXI.A. (Joh 21,1–14) und nach V. 19 wird immerhin ein Ortswechsel impliziert. Doch diese zweite oft vorgenommene Zäsur lässt sich mit der ersten nicht vergleichen: Der Erzählerkommentar in V. 19a ist im Grunde nur ein eingeschobener
Kommentar und seine abschließende Funktion wird durch die Aufforderung Jesu
zur Nachfolge in V. 19b deutlich geschwächt. Darüber hinaus sind beide Erzählsequenzen Joh 21,15–19 (D. Berufung) und Joh 21,20–23 (E. Nachfolge) sehr *symmetrisch* gegeneinander aufgebaut (vgl. die Synopse in der Tabelle 4.8) und durch ein
gemeinsames *Thema* verknüpft, das auf der Opposition ⟨Tod des Petrus⟩ (V. 18f.)
× ⟨Bleiben des Lieblingsjüngers⟩ (V. 22f.) beruht. Im Hinblick auf den symmetri-
schen Aufbau und den thematischen Fluss (thematic flow) in Joh 21 werden hier
also beide Erzählsequenzen gemeinsam in der Textsequenz XXI.B. (Joh 21,15–23)
zusammengefasst.

Der Epilog Joh 21 kann hiermit auf drei Textsequenzen aufgeteilt werden: die
Textsequenz XXI.A. (Joh 21,1–14) mit der *Erscheinung des Auferstandenen*, die Textsequenz XXI.B. (Joh 21,15–23) mit dem *Gespräch mit Petrus* und die Textsequenz
XXI.C. (Joh 21,24–25), in der sich der *Modell-Autor* zum Wort meldet. Diese Aufteilung und besonders die große Zäsur nach V. 14 unterstützt auch die Analyse des
Modus, denn in der Textsequenz XXI.A. wiegt deutlich der *narrative* (erzählen-
de) Modus vor, in den Textsequenzen XXI.B. und XXI.C. dagegen der *dramatische*

---

[425] Zum Text und Paratext des Johannesevangeliums s. das Kapitel 3.2.

[426] STUDENOVSKÝ, Weg, 532f.

[427] So beispielsweise jüngst CULPEPPER, Sphragis, der eben in Joh 21,24–25 „a paratextual statement"
sieht (351) und es als „sphragis" bzw. „a literary seal" bezeichnet (359ff.).

(besprechende) Modus.[428] Der Epilog stellt also – ähnlich wie Joh 6[429] – eine typisch johanneische Komposition dar, in der auf die Textsequenz(en) im narrativen Modus die Textsequenz(en) im dramatischen Modus folgt (folgen). Die Intertextualität wird auch hier – ähnlich wie in Joh 6[430] – von dem Modus beeinflusst: In der vorwiegend narrativen Textsequenz XXI.A. werden vor allem intertextuelle Bezüge zu anderen Erzählungen hergestellt und Elemente und Strukturen der *Story* reproduziert, in den vorwiegend dramatischen Textsequenzen XXI.B. und XXI.C. wird die Intertextualität dagegen *thematisch* und etwas mehr abstrakt, denn sie nimmt vor allem Elemente und Strukturen der besprochenen Welt auf und die Elementen- und Strukturreproduktion betrifft komplexe diskurssemantische Einheiten auf höheren Ebenen des literarischen Werkes.[431] Da der Modell-Leser[432] deutlich mehr Abstraktionsarbeit leisten muss, um zu den höheren Ebenen des literarischen Werkes zu gelangen, sind die intertextuellen Bezüge in den Textsequenzen XXI.B. und XXI.C. nicht so auffällig und leicht zugänglich, wie die intertextuellen Bezüge in der Textsequenz XXI.A. Dies hat Konsequenzen für die Analyse der Intertextualität: auch sie muss hier mehr Arbeit leisten und besonders in den Textsequenzen XXI.B. und XXI.C. methodisch über die Ebene der Story hinausgehen.

Die narrative Textsequenz XXI.A. beginnt mit einem *Abstract* (V. 1), das das Thema der nachfolgenden Erzählung einleitet: die Erscheinung Jesu am See von Tiberias (B. Erscheinung Jesu in Galiläa). In der Erzählung in Joh 21,1–14 geht es also nicht um den ‹wunderbaren Fischfang›, sondern um die ‹Erscheinung des Auferstandenen›. Dies macht auch der abschließende Erzählerkommentar in V. 14 deutlich, der neben Joh 20 auch auf das Abstract Bezug nimmt: „τοῦτο ἤδη τρίτον ἐφανερώθη Ἰησοῦς τοῖς μαθηταῖς ἐγερθεὶς ἐκ νεκρῶν." Die Erzählung von dem ‹wunderbaren Fischfang› (V. 2–13) wird in die Erzählung über die ‹Erscheinung des Auferstandenen› (V. 1–14) mit Hilfe von |ἐφανέρωσεν δὲ οὕτως| (V. 1b) nur eingeschoben und von ihr überlagert und der ‹Fischfang› (C. Wunderbarer Fischfang) dient dem Modell-Autor nur als Folie auf die er die Erzählung über die ‹Erscheinung des Auferstandenen› projiziert:

‹Erscheinung› → ‹Fischfang›

Damit entsteht ein narratives ‚Palimpsest' – eine Erzählung mit einer *zweifachen* Struktur, die sich in diesem Fall in der Verwicklung, Lösung und Bewertung bemerkbar macht.[433] Doch zuerst beginnt die Erzählung ganz einfach mit einer typischen *Exposition* (V. 2), die lediglich die Figuren einzuführen hat, denn die Ortsangabe findet sich schon in dem Abstract (V. 1a) und die Zeit bleibt unbestimmt,

---

[428] Siehe die Ergebnisse in STUDENOVSKÝ, Weg, 547, Anm. 169.
[429] Vgl. das Kapitel 4.3.4 auf S. 218.
[430] Vgl. das Kapitel 4.3.3 auf S. 201.
[431] Zur Struktur des literarischen Werkes s. das Kapitel 2.3.2 auf S. 38.
[432] Dies gilt für den realen Leser auch.
[433] Die ältere Forschung versucht hier noch verschiedene Quellen auszumachen, vgl. PESCH, Fischfang, dem sich auch andere anschließen. Doch das ist meines Erachtens bei Johannes ziemlich hoffnungsloses Unternehmen und es hilft auch kaum bei dem Verstehen des Endtexts.

was bei einem Epilog nicht sehr überraschend ist. Erst in der *Verwicklung* (V. 3–5) schimmert diese zweifache Struktur durch: Die Geschichte beginnt wie eine gute Geschichte, die über einen wunderbaren Fischfang erzählen will, „as a fisherman's tale about the desperate fate of ordinary men: working the whole night long without any success."[434] Wenn es um ein Geschenkwunder[435] ginge, wäre damit die Verwicklung perfekt und in V. 4 könnte schon die Lösung kommen. Diese bringen zwar in der Tat der Morgen und die am Ufer plötzlich stehende Gestalt Jesu, doch erst in V. 6. In V. 4 verwickelt sich die Story dagegen zuerst einmal weiter: nicht nur, dass die Frage Jesu in V. 5 die Situation noch weiter zuspitzt, indem sie offenbart, dass die Jünger auch nichts zum Essen haben, sondern in V. 4b kommt noch eine *zweite* Verwicklung (3.2.) hinzu, zumal die Jünger Jesus nicht erkennen: „οὐ μέντοι ᾔδεισαν οἱ μαθηταὶ ὅτι Ἰησοῦς ἐστιν." Die Handlung hat von nun an ganz klar zwei Stränge, wobei es in dem ersten Strang, der immer mehr in den Hintergrund tritt, bis er in V. 13 endgültig verschwindet, um den ‹wunderbaren Fischfang› (C.) und in dem zweiten Strang um die ‹Erscheinung des Auferstandenen› (B.) geht.[436] Dementsprechend gibt es nicht nur eine zweifache Verwicklung, sondern auch eine zweifache Lösung.

Die erste *Lösung* (4.1.) leitet das Wort Jesu in V. 6 ein, die Jünger sollen das Netz auf der rechten Seite des Bootes auswerfen, und wie ein erfahrener Leser von Wundererzählungen (oder Evangelien) erwarten kann, ist das Netz so voller Fische, dass die Jünger es nicht wieder einholen können. In der Tatsache, dass das Netz nicht reißt (V. 11b), kann der Modell-Leser ein zweites Wunder sehen,[437] wie auch darin, dass sich in dem Netz genau 153 Fische befinden (V. 11a), hier aber natürlich nur dann, wenn ihm die Bedeutung dieser geheimnisvollen Zahl bekannt ist.[438] Doch die Geschichte geht noch weiter, denn es muss die *ganze* Verwicklung gelöst werden, und so führt das Wunder von V. 6 dazu, dass der Lieblingsjünger den *Herrn* erkennt (V. 7a) und hiermit auch zu der zweiten Lösung (4.2.), wenn er zu Petrus sagt: „ὁ κύριός ἐστιν." Die Erzählsequenz, die nach der Lösung folgt (V. 7b–14), kann man als eine narrative *Bewertung* bezeichnen[439] und auch sie ist zweifach: sie widmet sich in V. 7b–12a.13 dem ‹wunderbaren Fischfang› (C.), während in V. 12b wieder das Motiv von V. 4b und V. 7a durchschimmert. Der Erzählerkommentar in V. 14, der die Erzählung zusammen mit dem Abstract in V. 1 umrahmt, bestätigt außerdem dem Modell-Leser, dass dieser zuletzt erwähnte Strang der Handlung, in dem es um die ‹Erscheinung des Auferstandenen› (B.) geht, der eigentliche Hauptstrang der Erzählung ist. Mit der Bewertung hilft der Modell-Autor dem Modell-Leser die Geschichte zu verstehen und sie zu beurteilen: er erzählt ihm die

---

[434] LABAHN, Fishing, 131.

[435] THEISSEN, Wundergeschichten, 111–114.

[436] Diese Stränge sind aber ineinander sehr kunstvoll verwoben und sie trennen zu wollen, würde wenig Sinn machen, zumal jedes Palimpsest eine Folie braucht.

[437] Ähnlich wie bei der wunderbaren Landung in Joh 6,21, vgl. das Kapitel 4.3.3 auf S. 199.

[438] Zu den verschiedenen Deutungen der Zahl 153 siehe das Kapitel 4.4.4 auf S. 277.

[439] Ein anderes Beispiel für eine narrative (erzählte) Bewertung bei Johannes ist Joh 6,14–15.

ungewöhnliche Reaktion des Petrus (V. 7b–d), die mit der ruhigen Reaktion der anderen Jünger (V. 8) kontrastiert, er schildert das ungewöhnliche Mahl mit Jesus, bei dem kein von den gefangenen Fischen verzehrt wird (V. 9a–10.12) und er ergänzt das Wunder von V. 6, indem er Petrus allein 153 große Fische aufs Land ziehen lässt – ohne dass das Netz reißt (V. 11). Mit all diesen Elementen signalisiert die Bewertung in der Textsequenz XXI.A. dem Modell-Leser ziemlich unmissverständlich, dass die Geschichte einen *symbolischen* Sinn hat, und gibt ihm auch genauere hinweise, wo er ihn suchen soll. Wenn der Modell-Leser dann also in V. 14 den abschließenden Erzählerkommentar liest, weiß er schon, dass es in dieser Story um mehr geht, als nur um einen wunderbaren Fischfang und/oder eine dritte Erscheinung des Auferstandenen, und ist bereit, den Modell-Autor die Geschichte noch ein bisschen weiter spinnen zu lassen.

Dies macht der Modell-Autor in der dramatischen Textsequenz XXI.B. (Joh 21,15–23), in der er Jesu *Gespräch mit Petrus* schildert. Dieser Dialog setzt sich mit den Schicksalen des ‹Petrus› und des ‹Lieblingsjüngers›, der beiden Helden der vorherigen Erzählung, aber auch des Evangeliums, auseinander und lässt sich deswegen als *Coda* zu der in der Textsequenz XXI.A. erzählten Geschichte verstehen. Im Hinblick auf die zwei Hauptfiguren und das Thema kann man die Coda in zwei Erzählsequenzen aufteilen: Die erste Erzählsequenz (D. Berufung) beginnt in V. 15 und endet mit der Aufforderung Jesu zur Nachfolge in V. 19b und widmet sich ausschließlich dem Schicksal des ‹Petrus›, die zweite Erzählsequenz (E. Nachfolge) beginnt in V. 20 und endet mit dem Erzählerkommentar in V. 23 und widmet sich dem Schicksal des ‹Lieblingsjüngers›. Wie schon oben gesagt wurde, sind beide Erzählsequenzen sehr symmetrisch gegeneinander aufgebaut und verdeutlichen die Unterschiede zwischen ‹Petrus› und dem ‹Lieblingsjünger›:[440] Beide Erzählsequenzen beginnen mit einer Analepse zur Passionsgeschichte (V. 15–17/20–21) und etablieren im Bezug auf die Figuren die Opposition ‹lieben› × ‹geliebt werden›. Diese Opposition zeigt auch am besten, dass es sich bei beiden Figuren um keine wirkliche Konkurrenz handelt, denn mit ‹geliebt werden› kann niemand wirklich konkurrieren, egal wie viel er ‹lieben› würde.[441] Die *Analepsen zur Passionsgeschichte* führen den Modell-Leser außerdem zu einem der Schlüsselthemen und der Vorgeschichte des Epilogs, zu der ‹Verleugnung des Petrus› und ihrer Voraussage (vgl. die Erzählsequenz A. Voraussage in der Synopse 4.8), womit sie wiederum mehr Licht auf einige Elemente der Erzählung in der Textsequenz XXI.A. werfen, wie auf die ungewöhnliche Reaktion des Petrus in V. 7 oder das Kohlenfeuer in V. 9. Nach diesen Analepsen folgt in beiden Erzählsequenzen eine *externe Prolepse* in der Form eines Wortes Jesu (V. 18/22), die das weitere Schicksal der jeweiligen Figur thematisiert und jeweils mit einem klärenden Erzählerkommentar abgeschlossen ist (V. 19a/23). Das von Jesus in den Prolepsen angezeigte unterschiedliche Schicksal von ‹Petrus› und dem ‹Lieblingsjünger› druckt die Opposition ‹sterben› × ‹blei-

---

[440] Zur Opposition ‹Petrus› × ‹Lieblingsjünger› in Joh 21 s. auch STUDENOVSKÝ, Weg, 548ff.
[441] Zum Thema der Liebe im vierten Evangelium s. POPKES, Theologie, bes. 273–315.

ben› aus, die das Herzstück der Textsequenz XXI.B. und gewissermaßen auch des ganzen Epilogs bildet, zumal von ihrem *richtigen* Verständnis[442] auch das Schicksal des Modell-Autors bei Johannes abhängt.

Die Ursache dieser literaturtheoretischen Seltenheit liegt natürlich in der Textsequenz XXI.C. (Joh 21,24–25), in der der Modell-Leser in V. 24 erfährt, dass eine dieser beiden Figuren, nämlich der ‹Lieblingsjünger›, der *Modell-Autor* ist, und wo sich der Modell-Autor (ganz lebendig) in V. 25 selbst zu Wort meldet (vgl. auch das Kapitel 3.3.1). Die folgende Übersicht fast die hier durchgeführte Sequenzierung des johanneischen Textes noch kurz zusammen:

        A. Voraussage (Joh 13,36–38)

XXI.A. Die Erscheinung des Auferstandenen (Joh 21,1–14)

    1. Abstract

        B. Erscheinung Jesu in Galiläa (V. 1–14)

    2. Exposition

        C. Wunderbarer Fischfang (V. 2–13)

    3. Verwicklung

        3.1. V. 3–4a.5 (C.)
        3.2. V. 4b (B.)

    4. Lösung

        4.1. V. 6 (C.)
        4.2. V. 7a (B.)

    5. Bewertung

        5.1. V. 7b–12a.13 (C.)
        5.2. V. 12b.14 (B.)

XXI.B. Das Gespräch mit Petrus (Joh 21,15–23)

    6. Coda

        D. Berufung (V. 15–19)
        E. Nachfolge (V. 20–23)

XXI.C. Der Modell-Autor (Joh 21,24–25)

*4.4.2.2 Sequenzierung der Prätexte*

Von der poetischen Wirkung her sind die wichtigsten synoptischen Prätexte des johanneischen Epilogs selbstverständlich das *open end* des Markusevangeliums in Mk 16,7 (B. Erscheinung Jesu in Galiläa) und die Voraussage in Mk 14,28 (A. Voraussage), zusammen mit den in der Synopse in der Tabelle 4.8 verzeichneten Parallelen bei Matthäus und Lukas, denn ihnen verdankt der Epilog Joh 21 im Hinblick

---

[442] Vgl. STUDENOVSKÝ, Weg, 549f.

auf die *Story Jesu* den intertextuellen Impuls und den Erzählraum.[443] Diese Texte
sind aber relativ kurz und brauchen deswegen für die Analyse der Intertextualität
keine narrative Sequenzierung.

Die einzigen synoptischen Prätexte, die man in Anbetracht ihrer Länge und
der Kohärenz intertextueller Bezüge zur johanneischen Erzählung als eine Folie
bezeichnen kann und die sequenziert werden müssen, sind die drei Erzählungen
Mk 1,16–20, Mt 4,18–22 (C. Berufung der ersten Jünger) und Lk 5,1–11 (C. Wunderbarer Fischfang). Die ersten zwei Erzählungen Mk 1,16–20/Mt 4,18–22 schildern in zwei Episoden die *Berufung der ersten Jünger*, in der ersten Episode (Mk
1,16–18/Mt 4,18–20) der Brüder Simon (Petrus) und Andreas und in der zweiten
Episode (Mk 1,19–20/Mt 4,21–22) der Brüder Jakobus und Johannes, der Söhne
des Zebedäus. Die Handlung der Erzählungen ist sehr einfach und die ‹Berufung›
der zwei Brüderpaare läuft in jeder Episode nach dem selben Schema ab (vgl. die
Synopse in der Tabelle 4.8): In der *Exposition* (Mk 1,16.19/Mt 4,18.21a–c) geht Jesus entlang (am See von Galiläa) und sieht die Brüder als Fischer zu arbeiten. Die
*Verwicklung* (Mk 1,17.20a/Mt 4,19.21d) besteht darin, dass er sie zur Nachfolge ruft
und von der Logik der Erzählung her haben die Brüder natürlich auch die Möglichkeit Jesus nicht nachzufolgen. Doch sie verlassen gleich alles und folgen ihm nach
und das ist auch die *Lösung* (Mk 1,18.20b/Mt 4,20.22) dieser kleinen Geschichte.
Die Story ist in beiden Erzählungen zwar thematisch von ‹Fischen› geprägt, ein
‹Fischfang› wird aber nicht erzählt (vgl. Mk 1,16c.19c/Mt 4,18c.21.c).

Dies macht erst Lukas, der die ‹Berufung› der ersten Jünger in Lk 5,1–11 als ein
*wunderbarer Fischfang* gestaltet und ähnlich wie Joh 21,1–14 seine Erzählung auf
eine ‹Fischfang›-Folie projiziert:

‹Berufung› → ‹Fischfang›

Im Unterschied zu Johannes macht sich bei Lukas diese zweifache Struktur aber
erst in der Bewertung bemerkbar, die er für die Berufungsgeschichte nutzt, und
andere Teile der Handlung bleiben von ihr unberührt (vgl. die Synopse in der Tabelle 4.8). Die *Exposition* (V. 1–3) enthält ganz typisch die Ortsangabe, führt die Figuren ein und schildert das Fischer-Milieu. Die *Verwicklung* (V. 4–5b) und *Lösung*
(V. 5c–7) können einen erfahrenen Modell-Leser der Wundererzählungen[444] auch
nicht überraschen: Die Verwicklung besteht darin, dass Jesus Petrus auffordert, auf
den See hinauszufahren und die Netze auszuwerfen. Petrus (als erfahrener Fischer)
ist diesem Unterfangen gegenüber ziemlich skeptisch eingestellt, zumal sie bereits
ganze Nacht gearbeitet und nichts gefangen haben, doch ungeachtet dessen fährt er
aus und sie fangen so große Menge Fische, dass ihre Netze zu reißen drohen. Diese
schöne Lösung hat aber ein interessantes Nachspiel in der *Bewertung* (V. 8–11), in
der auf zwei Stellen die schon oben erwähnte zweifache Struktur der Erzählung zur
Geltung kommt: Die erste Stelle ist die betroffene Reaktion des Petrus in V. 8, die

---

[443] Vgl. STUDENOVSKÝ, Weg, 532ff.

[444] Zu den typischen Strukturmerkmalen s. THEISSEN, Wundergeschichten, 111–114.

über die (zu erwartende) Reaktion der Anderen in V. 9–10a hinausgeht, wenn er mit den Worten „ἔξελθε ἀπ᾽ ἐμοῦ, ὅτι ἀνὴρ ἁμαρτωλός εἰμι, κύριε" Jesus zu Füßen fällt. Die zweite Stelle hängt mit der ersten unmittelbar zusammen, denn es handelt sich um die Antwort Jesu auf die Reaktion des Petrus in V. 10a (D. Berufung), die gerade das Gegenteil dessen bewirkt, was Petrus von Jesus verlangt: Jesus geht nicht weg und Petrus und die anderen Jünger folgen ihm nach (E. Nachfolge). Am Ende der Erzählung ist aus dem ‹Fischer› Petrus ein ‹Menschenfischer› und aus dem ‹wunderbaren Fischfang› eine ‹Berufungsgeschichte›.

### 4.4.3 Analyse der Intertextualität

Mit der Ausnahme der Figur des ‹Lieblingsjüngers› und der Idee ihn zum ‹Modell-Autor› des Evangeliums zu machen (Textsequenz XXI.C.) gibt es in dem Epilog Joh 21 kaum Themen und Motive, die der johanneische Modell-Autor neu erfinden müsste: Die meisten Elemente und Strukturen der Erzählung entstammen der intra- und/oder intertextuellen Lektüre und sogar der Epilog an sich verdankt seiner Existenz und Komposition vor allem der poetischen Wirkung des markinischen *open end* in Mk 16,7.[445] Selten lässt sich in der Literatur die *intertextuelle Lektüre* auch so klar schon auf der Makroebene der Erzählung verfolgen, wie in dem Fall des johanneischen Epilogs: Die *Prolepsen* in Mk 14,28/Mt 26,32 (A. Voraussage) und in Mk 16,7/Mt 28,7.10 (B. Erscheinung Jesu in Galiläa) öffnen gleichermaßen den Raum für diese galiläische Episode in der Story Jesu, wobei die Erzählung von Mt 28,16–20 den Modell-Autor des vierten Evangeliums bei der Verfassung des Epilogs noch zusätzlich hätte inspirieren können. Da jedoch die Prolepse bei Matthäus am Ende erfüllt wird und bei Lukas von ihr nur die Echos in Lk 24,6/Apg 1,11 bleiben (vgl. die Synopse in der Tabelle 4.8), kommt die entscheidende Rolle dem markinischen *open end* in Mk 16,7 zu, denn nur diese Stelle führt den Modell-Leser in seiner Relektüre zurück nach Galiläa und zum Anfang des Evangeliums. Die erste Erzählung, die der Modell-Leser des Markusevangeliums nach dem Prolog (Mk 1,1–15)[446] findet, ist die Berufung der ersten Jünger in Mk 1,16–20 (C. Berufung der ersten Jünger) – und es ist gerade diese Erzählung, die der Modell-Autor des Johannesevangeliums, der ein aufmerksamer Modell-Leser der Synoptiker ist, mit der Erzählung über die Berufung der ersten Jünger in Lk 5,1–11 (C. Wunderbarer Fischfang) verbindet, zumal ihm diese mit ihren komplexen Motiven eine viel bessere Folie für den Epilog bietet. Mit diesen Texten sind natürlich nicht alle Prätexte von Joh 21 erschöpft, sie stellen aber gewissermaßen die Meilensteine auf dem Weg der intertextuellen Lektüre dar, deren Verlauf sich dann mit ihrer Hilfe in ihrer Minimalform folgendermaßen skizzieren lässt:[447]

Mk 14,28 (A.)  →  Mk 16,7 (B.)  →  Mk 1,16–20/Lk 5,1–11 (C.)

---

[445] Zum markinischen *open end* und seiner poetischen Wirkung in Joh 21 vgl. auch STUDENOVSKÝ, Weg, besonders 540–542, und hier das Kapitel 3.3.3 und die dort zitierte Literatur.

[446] Zum Prolog bei Markus s. KLAUCK, Vorspiel.

[447] Zu den Parallelen vgl. die Synopse in der Tabelle 4.8.

Die Analyse wird außerdem zeigen, dass der Modell-Autor auf diesem Weg nicht nur viele Elemente und Strukturen aus den synoptischen Prätexten und ihrer Parallelen reproduziert ($M_1$), sondern auch weitere Elemente und Strukturen aus ihrem unmittelbaren Kontext übernimmt ($M_2$)[448] und sie in Joh 21 verwendet.

So ist bereits die erste galiläische Prolepse in Mk 14,28/Mt 26,32 (A. Voraussage) in ihrem direkten Kontext von Motiven umgegeben, die in Joh 21 reproduziert und entfaltet werden. Das erste Motiv ist das ‹Hirtenmotiv› in Mk 14,27/Mt 26,31, in dem das Zitat von Sach 13,7 (LXX[9]) auf ‹Jesus› und seine ‹Jünger› bezogen wird. In diesem Fall wird in Joh 21,15–27 nicht nur das Thema transponiert, sondern es werden auch die Elemente ‹ποιμήν/ποιμαίνειν› und |τὰ πρόβατά| reproduziert. Das ‚Hirtenamt' wird dabei von ‹Jesus› dem ‹Petrus› übertragen, doch mit ‹Schaffen› werden auch hier die ‹Jünger› bezeichnet. Das ‹Hirtenmotiv›, das der Modell-Autor später in Joh 21 intratextuell mit Joh 10 verbindet, ist außerdem kontextuell mit weiteren Motiven von der Voraussage der ‹Verleugnung des Petrus› verknüpft, die bei Markus und Matthäus gleich nach der Prolepse in Mk 14,29–31/Mt 26,33–35 folgt und auch bei Johannes (Joh 13,36–38) und Lukas (Lk 22,31–34) zur identischen Erzählsequenz gehört.[449] Diese Erzählsequenz, in der Petrus seinem Herrn bis in den ‹Tod› ‹nachfolgen› will, ist sowohl *intra*textuell als auch *inter*textuell mit Joh 21 verbunden und die Motive der ‹Verleugnung›, der ‹Nachfolge› und des ‹Todes des Petrus› spielen in dem johanneischen Epilog eine wichtige Rolle. Dabei werden sie in dem johanneischen Text ähnlich wie in den synoptischen Prätexten in einer Erzählung kumuliert und die Anordnung von dem ‹Hirtenmotiv› (Mk/Mt) und den Motiven der ‹Verleugnung› und des ‹Todes des Petrus› (Mk/Mt/Lk) wird bei Johannes (Joh 21,15–17.18–19) sogar beibehalten ($M_1$). Die lukanische Folie fügt aber noch ein wichtiges Motiv hinzu, das in Joh 21 eine ebenso wichtige Rolle spielt und sich nicht auf die markinische und matthäische Folie und auch nicht auf den johanneischen Text der Erzählsequenz A. Voraussage zurückführen lässt, und zwar das Motiv der ‹Umkehr des Petrus›, wenn Jesus zu ihm sagt: „καὶ σύ ποτε ἐπιστρέψας στήρισον τοὺς ἀδελφούς σου" (Lk 22,32b). Diese ‹Umkehr›, die eine ‹Sünde› impliziert, hängt mit der ‹Verleugnung des Petrus› zusammen und das Motiv zieht sich bei Johannes wie ein roter Faden durch den ganzen Epilog: Es steht im Hintergrund der betroffenen Reaktion des Petrus in der Textsequenz XXI.A. (V. 7b–d), wo die ‹Nacktheit› des Petrus (V. 7c) auf die ‹Sünde› anspielt[450] und es spiegelt sich in der dreifachen Frage Jesu in der Textsequenz XXI.B. (V. 15–17) wider, die Petrus auf seine dreimalige ‹Verleugnung› erinnert. Auf diese Art und Weise führt der Modell-Autor dem Modell-Leser den ganzen Prozess der ‹Um-

---

[448] Zu den charakteristischen Merkmalen der intertextuellen Arbeitsweise des vierten Evangelisten s. das Kapitel 4.1.3 auf S. 129.

[449] Vgl. die Erzählsequenz A. Voraussage in der Synopse in der Tabelle 4.8.

[450] STUDENOVSKÝ, Weg, 557. Vgl. auch LABAHN, Fischen, 124, Anm. 41: „Weiterhin mag gefragt werden, ob der Hinweis auf die Nacktheit des Petrus im gegenwärtigen literarischen Kontext etwas mit der Verleumdung im Hof des Hohenpriesters zu tun hat (18,15ff.25ff.), auf die sowohl das Kohlenfeuer in 21,9 als auch das dreimalige ‚Weide meine Lämmer' später in 21,15–19 hinweisen könnte."

kehr> und der Rehabilitation des Petrus[451] wörtlich vor die Augen und schließt ihn in V. 19b mit den Worten Jesu „ἀκολούθει μοι" ab, wobei die ‹Umkehr› und die Rehabilitation des Petrus in V. 15–17 (D. Berufung) auch hier – wie in Lk 22,32b – mit der Aufgabe gegenüber seinen ‹Brüdern› verbunden ist.[452] Von diesem Hintergrund kann man meines Erachtens auch berechtigterweise fragen, ob die ersten Worte der Erzählsequenz E. Nachfolge in V. 20: „Ἐπιστραφεὶς ὁ Πέτρος κτλ." von dem Modell-Autor nur rein zufällig gewählt werden[453] oder doch auch noch eine *andere* als die wörtliche Bedeutung haben und ein *intertextuelles Spiel* mit dem lukanischen Prätext darstellen.[454]

Die erste galiläische Prolepse (A. Voraussage) enthält also schon mit den sich im nahen Kontext befindenden *Motiven* wichtige Bausteine des johanneischen Epilogs, doch es ist erst die zweite galiläische Prolepse in Mk 16,7/Mt 28,7 (B. Erscheinung Jesu in Galiläa), die nicht nur den Erzählraum in der Story Jesu öffnet, sondern ihn auch füllt, indem sie den Modell-Leser über das *open end* in Mk 16,7 zu dem Anfang des Wirkens Jesu in Galiläa und damit zu der Erzählung über die *Berufung der ersten Jünger* (Mk 1,16–20) führt, wie es bereits oben im Kapitel 3.3.3 und in STUDENOVSKÝ, Weg, ausführlich dargelegt wurde. Im Vergleich mit dem markinischen *open end* ist der Epilog Joh 21 natürlich viel komplexer, zumal es sich um eine längere Erzählung handelt, die noch dazu zahlreiche intratextuelle Bezüge zu der *Mitte* und dem *Ende* der Story Jesu enthält, es gibt aber genug intratextuelle Bezüge, die zeigen, dass der Modell-Autor des vierten Evangeliums ebenso wie Markus vom Ende her auch auf den *Anfang* der Story Jesu zurückblickt.[455] Im Unterschied zu Mk 16,7 ist es in Joh 21 aber nicht die zurück nach ‹Galiläa› weisende ‹Ortsangabe›, die das Ende des Evangeliums mit seinem Anfang verbindet, sondern es sind die ‹Figuren› des ‹Simon Petrus›, ‹Nathanael› und der ‹zwei Jünger›,[456] die in V. 2 den Modell-Leser zu dem Anfang des Wirkens Jesu in Galiläa bei Johannes und zu der Erzählung über die *Berufung der ersten Jünger* in Joh 1,35–51

---

[451] Zur Rehabilitation des Petrus in Joh 21 s. auch LABAHN, Rehabilitation, 341ff.

[452] Die Voraussage der Verleugnung des Petrus in Lk 22,32b und die dritte Prolepse in Mt 28,10 sind in den Prätexten die einzigen Stellen, wo die übrigen Jünger ähnlich wie in Joh 21,23a ‚nachösterlich' als ‹Brüder› bezeichnet werden (vgl. die Synopse in der Tabelle 4.8).

[453] Das an dieser Stelle verwendete Verb ‹ἐπιστρέφειν› ist bei Johannes ein Hapaxlegomenon.

[454] Andere argumentieren hier für ein intratextuelles Spiel mit Joh 1,38, s. NEIRYNCK, John 21, 331f.: „On the basis of the same v. 20, some may argue for the identification of the anonymous disciple in 1.35–40 with the Beloved Disciple, for this v. 20a, Ἐπιστραφεὶς ὁ Πέτρος βλέπει τὸν μαθητὴν ... ἀκολουθοῦντα, looks like a rephrasing of 1.38, στραφεὶς δὲ ὁ Ἰησοῦς καὶ θεασάμενος αὐτοὺς ἀκολουθοῦντας" (vgl. BARRETT, Evangelium, 205). Diese Identifikation ist bestimmt richtig, geschieht meines Erachtens aber schon mit der Anspielung auf Joh 1,35 in Joh 21,2. Bei der hier vorgeschlagenen intratextuellen Lektüre von V. 20 stimmt auch das Subjekt nicht überein, wie auch NEIRYNCK, John 21, 332, bemerkt, und die Relektüre würde außerdem den Lieblingsjünger narrativ zum Nachfolger Petri machen, was die Antwort Jesu in V. 22 geradezu verneint (vgl. das Kapitel 4.4.4).

[455] Vgl. STUDENOVSKÝ, Weg, 552f.

[456] In Joh 21,2 und Joh 1,35 wird sogar eine identische Wortsequenz verwendet, die in dem vierten Evangelium nur an diesen zwei Stellen vorkommt: |ἐκ τῶν μαθητῶν αὐτοῦ δύο|. Einer dieser Jünger könnte also Andreas sein (vgl. Joh 1,40). In diesem Fall wäre der nächste logische Schluss, dass der zweite namenlose Jünger der Lieblingsjünger ist.

führen. Der johanneische Modell-Autor hat hier aber nicht nur den Anfang seines eigenen Evangeliums im Blick, sondern auch den der Story Jesu bei den Synoptikern. Dies signalisiert[457] er dem Modell-Leser unmissverständlich damit, dass er in V. 2 noch zwei ‹Figuren› einführt, die außerhalb der erzählten Welt des vierten Evangeliums verweisen und als desintegratives Intertextualitätssignal wirken: ‹οἱ τοῦ Ζεβεδαίου›. Der versierte Modell-Leser des Johannesevangeliums kennt diese ‹Figuren› und ist in der Lage den *intra*textuellen Bezug zu Joh 1,35–51 mit dem *inter*textuellen Bezug zu Mt 4,18–22/Mk 1,16–20/Lk 5,1–11 zu verbinden,[458] zumal der Text und seine Prätexte bereits durch das gemeinsame Thema der ‹Berufung› und der ‹Nachfolge› verknüpft sind. Von der literarischen Technik her stellt man fest, dass der Modell-Autor hier von dem Modell-Leser wieder eine synchrone Lektüre erwartet, nur handelt es sich diesmal nicht um das Alte Testament und die Synoptiker, sondern um die Synoptiker und die Relektüre von Joh 1–20 – diese erzählten Welten sollten in dem Epilog Joh 21 wohl endgültig in einer *intertextuellen Syllepse*[459] verschmelzen.

Das Intertextualitätssignal in Joh 21,2 lenkt aber nicht nur die Lektüre ab, sondern es wirkt sich auch auf alle andere Elemente und Strukturen der Erzählung aus, von denen vielen fortan neben ihrer intratextuellen auch eine intertextuelle Funktion zukommt. So verweist beispielsweise die Ortsangabe ‹ἐπὶ τῆς θαλάσσης τῆς Τιβεριάδος› in Joh 21,1 nicht mehr nur auf die Exposition von Joh 6,1, sondern sie schließt sich der Mosaik der reproduzierten Elemente und Strukturen der synoptischen Prätexte an und erinnert den versierten Modell-Leser auch an die Erzählung, in der ‹Jesus› |παρὰ τὴν θάλασσαν τῆς Γαλιλαίας| (Mt 4,18a/Mk 1,16a) bzw. |τὴν λίμνην Γεννησαρὲτ| (Lk 5,1) entlanggehend zum ersten Mal die ‹Söhne des Zebedäus› trifft,[460] die nun als Figuren ebenso in dem Epilog auftreten. Es sind also nicht nur die ‹Figuren›, die in Joh 21 den versierten Modell-Leser auf die synoptischen Prätexte verweisen, sondern auch der ‹Ort›. Als drittes Intertextualitätssignal kommt die ‹Situationsangabe› in Joh 21,3 hinzu, wenn Petrus zu den anderen Jüngern sagt: „ὑπάγω ἁλιεύειν", denn das Topic des ‹Fischens›[461] stellt bei Johannes ein ebenso unmissverständliches Intertextualitätssignal, wie die Figuren der ‹Söhne des Zebedäus›. Dass die Erzählung über die *Berufung der ersten Jünger* in Mt 4,18–22/Mk 1,16–20/ Lk 5,1–11 die einzige Episode der Story Jesu darstellt, auf die die ‹Figuren-›, ‹Orts-› und ‹Situationsangaben› von Joh 21,1–3 in

---

[457] Siehe die Definition der Intertextualität im Kapitel 2.2.1 auf S. 31.

[458] Vgl. auch NEIRYNCK, John 21, 329: „The author of John 21 apparently combined this Johannine episode with the Lukan story of 'the first disciples', the call of Simon Peter (and the sons of Zebedee) in Luke 5.1–11."

[459] Zum Begriff der Syllepse s. GENETTE, Erzählung, 58f. Schon ein kurzer Blick auf die Handlung der Textsequenz XXI.A. bei Johannes lässt den Schluss zu, dass die *intertextuelle* Funktion sehr wohl auch die einzige Funktion ist, die die ‹Söhne des Zebedäus› in dieser Erzählung haben.

[460] Vgl. die Erzählsequenz C. in der Synopse in der Tabelle 4.8.

[461] Hier die komplexe diskurssemantische Einheit $H_{Fischen}$ mit den Elementen ‹ἁλιεύειν›, ‹ἰχθύς›, ‹δίκτυον›, ‹πλοῖον› und ‹θάλασσα›.

ihrer Gesamtheit überhaupt intertextuell verweisen können, muss hier nicht besonders erörtert werden, dem Modell-Leser wird damit aber die Richtung der intertextuellen Lektüre bestätigt: er weiß nun, dass er das *open end* von Mk 16,7 in seiner analeptischen Funktion richtig versteht, zumal noch andere Elemente und Strukturen der Erzählung den Anfang und das Ende der Story Jesu bei Johannes und den Synoptikern verbinden. Die synoptische ‹Berufungsgeschichte› bestimmt außerdem maßgeblich die *Handlung* des Epilogs, den man auf der Makroebene als eine ‹Neuberufungsgeschichte› lesen kann. Dies lässt sich am besten am Beispiel der kurzen ‹Berufungsgeschichte› in Mk 1,16–20/Mt 4,18–22 zeigen:[462] Die *Exposition* in Mk 1,16.19/Mt 4,18.21a–c, in der Jesus am See von Galiläa entlanggeht und die Jünger als Fischer zu arbeiten sieht, entspricht in dem johanneischen Text der Erzählsequenz C. Wunderbarer Fischfang (Joh 21,1–14). Hier werden in dem johanneischen Text auch die meisten Elemente reproduziert, die für eine Exposition charakteristisch sind, wie die Namen der Figuren: ‹Σίμων Πέτρος›, ‹οἱ τοῦ Ζεβεδαίου›, und Elemente, die das Milieu charakterisieren: ‹θάλασσα›, ‹ἁλιεύειν/ἁλιεύς›, ‹πλοῖον›, ‹δίκτυον›.[463] Die *Verwicklung* in Mk 1,17.20a/Mt 4,19.21d besteht in der Berufung zur Nachfolge und entspricht in dem johanneischen Text der Erzählsequenz D. Berufung (Joh 21,15–19), die mit den Worten Jesu |ἀκολούθει μοι| in V. 19b endet. Die *Lösung* einer guten ‹Berufungsgeschichte› kann natürlich nur in der Nachfolge der Berufenen liegen, über die auch in der Erzählsequenz E. Nachfolge in Mk 1,18.20b/Mt 4,20.22 und in Joh 21,20–23 erzählt wird, wobei sich das |ἠκολούθησαν αὐτῷ| der Prätexte (Mk 1,18/Mt 4,20.22) in dem |ἀκολουθοῦντα| und dem |σύ μοι ἀκολούθει| des Textes (Joh 21,20.22) widerspiegelt.

Die Struktur der Handlung von Joh 21 entspricht also der einer ‹Berufungsgeschichte› und der Modell-Leser kann sie als solche auch leicht entschlüsseln. Da aber Petrus in der erzählten Welt des Evangeliums bereits schon einmal berufen wurde (vgl. Joh 1,42), kann der Modell-Leser die für Petrus bestimmten Worte Jesu in V. 19b nur als eine ‹Neuberufung› verstehen. Diese *neue* ‹Berufung› des Petrus hängt aber nicht nur mit seiner *neuen* Aufgabe in der Textsequenz XXI.B. (Joh 21,15–23), sondern auch mit seiner ‹Verleugnung› zusammen, auf die in dieser Textsequenz deutlich angespielt wird. Es ist deshalb wenig verwunderlich, dass der Modell-Autor die Geschichte in der Textsequenz XXI.A. (Joh 21,1–14) auf die Folie von Lk 5,1–11 (C. Wunderbarer Fischfang) schreibt, die für diese Erzählung in vielerlei Hinsicht geeigneter ist, als die kurzen ‹Berufungsgeschichten› der beiden anderen Synoptiker: Die lukanische ‹Berufungsgeschichte› erzählt erstens ein Wunder und ist schon allein aus diesem Grund für die typisch johanneische ‹Zeichen-Dialog›-Komposition besonders geeignet, doch darüber hinaus verbindet sie das *zentrale Motiv* der ‹Berufung› (V. 10b) mit den Motiven der ‹Erkenntnis› der Per-

---

[462] Vgl. die Synopse in der Tabelle 4.8.

[463] Es handelt sich hier um diskurssemantische Einheiten, vgl. das Kapitel 2.4.2. Aus diesem Grund wird beispielsweise ‹ἁλιεύειν› mit ‹ἁλιεύς› zusammengefasst und das Element |ἁλιεύειν| im Text von Joh 21,3a als dem Element |ἁλιεῖς| im Prätext von Mk 1,16c/Mt 4,18c entsprechend betrachtet.

son des ‹Herrn› und der eigenen ‹Sündhaftigkeit› (V. 8),[464] die dann in Joh 21 auch in der Textsequenz XXI.B. weiter entfaltet werden. Das Motiv schließt sich hier also praktisch nahtlos an den Prätext von Lk 22,32b (A. Voraussage) an. Mit Recht bemerkt also NEIRYNCK, John 21, 329: „The interpretation of the miracle story in John 21 in the light of Luke 5.1–11 presents at least one advantage: it places the catch-of-fish story in the larger context of ch. 21."[465] Die *Reaktion des Petrus* in Lk 5,8 nimmt dabei im Hinblick auf die Intertextualität eine zentrale Stelle ein, zumal sie nicht nur die oben genannten Motive in einer Wortsequenz kumuliert, sondern sie auch *narrativ* mit dem ‹wunderbaren Fischfang› (V. 6b) und dem zentralen Motiv der ‹Berufung› (V. 10b) verbindet. Genau dies tut nämlich auch der Modell-Autor des vierten Evangeliums, wenn er – natürlich auf seine typische Art und Weise – diesen lukanischen Prätext in Joh 21 reproduziert:[466] Er verbindet in der Handlungssequenz Joh 21,6–7 die *Reaktion des Petrus* narrativ mit dem ‹wunderbaren Fischfang› (V. 6), fügt aber den Lieblingsjünger ein (V. 7a). Im Unterschied zu Lk 5,8 wird also in Joh 21 die ‹Erkenntnis›, dass es der ‹Herr› ist, Petrus von dem Lieblingsjünger vermittelt, was aber vollkommen der Intention des Epilogs entspricht (vgl. das Kapitel 4.4.4). In der Reaktion des Petrus in V. 7 werden dann Elemente und Strukturen des lukanischen Prätextes Lk 5,8 reproduziert – zuerst die Elemente ‹Σίμων Πέτρος› und ‹κύριος› in V. 7b[467] und dann wird in V. 7c–d strukturell die ‹Sündhaftigkeit› des Menschen assoziiert (vgl. Gen 2,25),[468] die Petrus in Lk 5,8 selbst erkennt/bekennt.[469] Die Wortsequenz |καὶ ἔβαλεν ἑαυ-

---

[464] Es sind gerade diese Motive, die einige Forscher zu der These veranlassen, dass es sich bei Lk 5,1–11 um eine ursprüngliche Ostererzählung handele, vgl. KLEIN, Berufung, 24–35, und die dort zitierte Literatur. Zu dieser Position bemerkt aber richtig HECKEL, Evangelium, 160: „Diese Möglichkeit wird heute kaum noch vertreten. Der umgekehrte Weg ist sehr viel wahrscheinlicher: Erst Joh 21 verschiebt vorösterliche Erzählungen in die Zeit nach der Auferstehung." Zur neueren Diskussion s. auch LABAHN, Fischen, 119f.

[465] Siehe auch HECKEL, Evangelium, 160–163, und LABAHN, Fischen. Zur Analyse der literarischen Beziehungen zwischen Johannes und Lukas vgl. weiter die Arbeit von BLASKOVIC, Johannes.

[466] Vgl. die Synopse in der Tabelle 4.8.

[467] Das bedeutet nicht, das Element ‹Σίμων Πέτρος› in Joh 21,7b stellt einen Bezug nur zu dem lukanischen Prätext her (vgl. auch Mt 4,18 oder den Bezug zu Joh 1,42 und zu den in der Synopse 4.8 eingeführten synoptischen Parallelen). Die johanneische Intra- und Intertextualität verweist den Modell-Leser in der Regel zu mehreren Prätexten und auch wenn sich beispielsweise der genaue Ausdruck |Σίμων Πέτρος| bei den Synoptikern (NA[27]) auffälligerweise außer Lk 5,8 nur noch in dem Petrusbekenntnis in Mt 16,16 findet, das man aber vom Kontext her wegen der Anspielung auf Mt 16,17 in Joh 21,15–17 auch zu den Prätexten von Joh 21 zählen muss (vgl. auch HECKEL, Evangelium, 163–166), ist für die Analyse der Intertextualität die Gesamtheit der reproduzierten Elemente und Strukturen und das Muster, das sie bei der intertextuellen Lektüre ergeben, entscheidend und hier ist der intertextuelle Bezug von Joh 21,7b zu Lk 5,8 eindeutig der stärkste.

[468] STUDENOVSKÝ, Weg, 557. So auch STIBBE, John, 211: „However, unlike Adam and Eve before the fall, Peter is unable to be naked and unashamed (Gen. 2.25). The shame of the denials has caused a deep loss of innocence in Peter as a disciple." oder THYEN, Entwicklungen, 264f.: „Hier wird (angeregt durch Lk 5,8b?) ganz bewußt die Erinnerung an die Paradieserzählung assoziiert."

[469] Ähnlich LABAHN, Fischen, 132: „In beiden Texten wird Jesus als *Kyrios* erkannt verbunden mit einer schamvollen Reaktion des Petrus. In Joh 21 geschieht dies aufgrund der Nacktheit, in Lk 5,8 aufgrund seiner Sündhaftigkeit."

τὸν εἰς τὴν θάλασσαν| (V. 7d) kann dabei zwar die Reue des Petrus assoziieren,[470] eine Anspielung auf den misslungenen ‹Seewandel Petri› in Mt 14,28–31 scheint mir hier aber wahrscheinlicher, zumal sie so den versierten Modell-Leser an ein anderes ‹Versagen› des Petrus beim ‹Nachfolgen› des ‹Herrn› erinnert[471] und sich damit dem Topic der Textsequenz XXI.A. anschließt.[472] Wie der lukanische Prätext (Lk 5,10b), mündet auch die johanneische Erzählung in Joh 21,15–19b in die ‹Berufung› bzw. ‹Neuberufung› des Petrus,[473] der hier, ebenso wie bei Lukas und im Unterschied zu Mk 1,17.20a/Mt 4,19.21d, als *einziger* Jünger (neu) berufen wird (vgl. die Erzählsequenz D. Berufung in der Synopse 4.8).

Der Modell-Autor beschränkt sich bei der Reproduktion von Elementen und Strukturen des Prätextes Lk 5,1–11 aber nicht nur auf das zentrale Motiv und die zusammenhängenden Handlungssequenzen, sondern er lehnt sich an den lukanischen Prätext durchgehend an[474] und übernimmt neben den schon oben angeführten Elementen und Strukturen, die zur Exposition der Erzählung gehören und sich teilweise auch in Mk 1,16–20/Mt 4,18–22 finden,[475] auch Elemente und Strukturen, mit denen er den versierten Modell-Leser auf den lukanischen Prätext ausdrücklich aufmerksam machen will:[476] In Joh 21,3b erwähnt er die *erfolglose Nacht* von Lk 5,5b, wobei er die Elemente ‹νύξ› und |οὐδέν| reproduziert;[477] wenn er in Joh 21,4a über die Erscheinung Jesu erzählt, lässt er *Jesus am Ufer stehen*: |ἔστη Ἰησοῦς εἰς τὸν αἰγιαλόν|, um den Modell-Leser an den Anfang der Erzählung in Lk 5,1 zu erinnern: |αὐτὸς ἦν ἑστὼς παρὰ τὴν λίμνην Γεννησαρὲτ|;[478]

---

[470] Vgl. Neirynck, John 21, 326f.: „For some scholars, it is rather the negative side of Peter's utterance, [...] his nakedness as an occasion of shame and his swimming as a reference to repentance."

[471] Thyen, Johannesevangelium, 784, wertet die Anspielung positiv und zitiert Steiger, Erinnerung, 91: „Petrus, als er den Herrn erkennt, wirft sich ins Wasser um ihm *entgegenzugehen* (Joh 21,7). Das tut er wie vormals (Mt 14,29f), doch ohne zu sinken."

[472] Die ‹Umkehr des Petrus› wird nämlich in dem johanneischen Epilog erst in der Textsequenz XXI.B. thematisiert und mit der neuen Aufgabe des Petrus verbunden.

[473] Vgl. Neirynck, John 21, 328.

[474] Studenovský, Weg, 554. Ähnlich auch Neirynck, John 21, 327: „The parallels in Luke 5 are not restricted to the central part of the story."

[475] Die Übereinstimmungen zwischen Johannes und Lukas gehen aber auch hier noch etwas weiter: Das ‹Einschiffen› der Jünger in Joh 21,3a: |ἐνέβησαν εἰς τὸ πλοῖον| erinnert auf das ‹Einschiffen› Jesu in Lk 5,3: |ἐμβὰς δὲ εἰς ἓν τῶν πλοίων| (vgl. auch Heckel, Evangelium, 162, Labahn, Fischen, 131) und nur in Joh 21,9a/Lk 5,2 wird das Verb ‹ἀποβαίνειν› in NA[27] in einem nautischen Kontext (Louw/Nida, 15.39) für das ‹Ausschiffen› verwendet.

[476] Zu den unten angeführten wörtlichen Übereinstimmungen siehe auch Studenovský, Weg, 554, die Übersicht bei Blaskovic, Erzählung, 111.116–119, Labahn, Fischen, 132, Anm. 72–75, und hier vor allem die Synopse in der Tabelle 4.8.

[477] So auch Heckel, Evangelium, 162.

[478] Vgl. auch Labahn, Fischen, 130, und Neirynck, John 21, 327f., der ferner in Anm. 28 den intertextuellen Bezug zu Mt 13,2 erwähnt: „ἐπὶ τὸν αἰγιαλὸν εἰστήκει." Dieser Bezug ist unter anderem auch deswegen interessant, weil die Wortsequenz |ἐπὶ τὸν αἰγιαλὸν| dann gleich noch einmal in Mt 13,48a in dem *Gleichnis vom Netz* verwendet wird (vgl. die Synopse in der Tabelle 4.8), wobei das Wort ‹αἰγιαλός› in den Evangelien (NA[27]) nur auf diesen zwei Stellen bei Matthäus und in Joh 21,4a zu finden ist. Diesen Zusammenhang zwischen Mt 13,48a und Joh 21,4a stellt schon Augustinus, Tractatus in Ioh, CXXII,6, fest: „Quod ipse dominus aperuit, ubi alio quodam loco de sagena in mare missa similitudinem dedit:

in Joh 21,6a–b lässt er die Jünger nur auf das *Wort des noch nicht erkannten Herrn* handeln,[479] wie es auch Petrus in Lk 5,5c–6a tut, und für das darauffolgende *Fischfangwunder* verwendet er in Joh 21,6c die mit der Wortsequenz |πλῆθος ἰχθύων πολύ| von Lk 5,6b fast identische Wendung |ἀπὸ τοῦ πλήθους τῶν ἰχθύων|.[480] Die lukanische Folie dient der johanneischen Erzählung aber auch als ein Kontrasthintergrund, beispielsweise wenn der Modell-Autor in Joh 21,11b ausdrücklich betont, dass das *Netz*, im Unterschied zu Lk 5,6c, wo die Netze zu reißen drohen, *nicht reißt*, oder wenn er in Joh 21,11a *Petrus* das volle Netz *allein* ans Land ziehen lässt, obwohl in Joh 21,8.9a wie in Lk 5,7.11 schon über das *Ziehen der Fische* von den übrigen Jüngern erzählt wird, die dann in dem (bei Lukas anderem)[481] ‹Boot› ‹kommen› und sie zum (bei Lukas ans) Land ziehen.[482]

In Anbetracht der reproduzierten Elemente und Strukturen lässt sich konstatieren, dass die *intertextuelle Lektüre* der Textsequenz XXI.A. (Joh 21,1–14) für den versierten Modell-Leser kein Problem darstellt, denn er kann der synoptischen Folie nicht nur leicht folgen, sondern sich auch über einen semantischen Mehrwert freuen.[483] Dieser versierter Modell-Leser, der den synoptischen Prätexten so aufmerksam folgt, wird nun in der Textsequenz XXI.B. (Joh 21,15–23) auch die *Pointe* seiner intertextuellen Lektüre erwarten (vgl. die Synopse in der Tabelle 4.8): Die johanneische Erzählung über den ‹wunderbaren Fischfang› (C.) und die ‹Erscheinung Jesu in Galiläa› (B.) endet nämlich zwar von der Handlung her schon in V. 14,[484] nicht aber die synoptische Folie, die noch die Erzählsequenzen D. Berufung (Lk 5,10b) und E. Nachfolge (Lk 5,11) enthält; für den *versierten* Modell-Leser des Johannesevangeliums ist die Erzählung in Joh 21,14 also genauso wenig abgeschlossen,[485] wie für den lukanischen Modell-Leser in Lk 5,10a.[486] In diesem Punkt darf der Modell-Autor seinen versierten Modell-Leser natürlich nicht ent-

---

et eam trahunt, inquit, ad littus. quod littus quid esset exponens, ait: sic erit in consummatione saeculi [Dies hat der Herr selbst erklärt, wo er an einer andern Stelle von dem ins Meer geworfenen Netze ein Gleichnis anführte: ‚und sie ziehen es‘, sagt er, ‚ans Ufer‘. Und erklärend, was unter dem Ufer zu verstehen sei, bemerkt er: ‚So wird es sein am Ende der Welt‘]."

[479] Als ‹κύριος› wird Jesus erst in Joh 21,7/Lk 5,8 erkannt und angesprochen.

[480] So auch HECKEL, Evangelium, 162. Das Wunder scheint bei Johannes außerdem noch gesteigert zu sein, vgl. NEIRYNCK, John 21, 326: „The miracle is heightened in John 21, where it is not even possible to haul the net into the boat: the disciples are dragging the net [...]."

[481] Das eine Boot und das eine Netz haben bei Johannes eine allegorische Bedeutung, vgl. das Kapitel 4.4.4. Bei BLASKOVIC, Erzählung, 117, liegt ein Fehler vor: „Johannes berichtet von zwei Booten."

[482] Der versierte und aufmerksame Modell-Leser wird außerdem merken, dass die Jünger in Joh 21,8 |οὐ [...] μακρὰν| und in Lk 5,3 |ὀλίγον| |ἀπὸ τῆς γῆς| entfernt sind.

[483] Vgl. das Kapitel 2.2.1, zum semantischen Mehrwert s. auch STOCKER, Theorie, 80–87.

[484] Siehe die Übersicht auf S. 263.

[485] Der einfache Modell-Leser, der nicht zu den *happy few* gehört, die die intertextuelle Ironie in Joh 21 zusammenruft, wird hier keine Pointe vermissen (vgl. ECO, Bücher, 229), denn der Fischfang ist erfolgreich gewesen und Jesus ist erschienen und erkannt worden; er mag sich eher wundern, dass die Erzählung in V. 15 noch weiter geht. Zur intertextuellen Ironie im vierten Evangelium s. das Kapitel 5.

[486] In der einfachen Berufungsgeschichte des Markus- und Matthäusevangeliums bilden die Erzählsequenzen D. Berufung und E. Nachfolge sogar erst die eigentliche Verwicklung (Mk 1,17.20a/ Mt 4,19.21d) und Lösung (Mk 1,18.20b/Mt 4,20.22).

täuschen und lässt in der Textsequenz XXI.B. den Erzähler in V. 15–19 noch über die *Berufung* des Petrus (D. Berufung) und in V. 20–23 auch über seine *Nachfolge* und die des Lieblingsjüngers (E. Nachfolge) erzählen, bevor er sich in der Textsequenz XXI.C. (Joh 21,24–25) selbst zum Wort meldet. Doch ungeachtet dessen, dass die Textsequenz XXI.A. mit dem Topic des ‹Fischens› das Thema der ‹Mission› assoziiert,[487] und auch gegenüber der Erwartung des versierten Modell-Lesers, wird Petrus in der Textsequenz XXI.B. *nicht* als ‹Menschenfischer› (vgl. Lk 5,10b/Mk 1,17/Mt 4,19), sondern *neu* als ‹Hirte› berufen. Die ‹Berufung zum Hirten› bei Johannes entspricht aber *strukturell* der ‹Berufung zum Menschenfischer› in den synoptischen Prätexten.[488] Wie fremd diese neue Berufung des Petrus dem Modell-Leser zuerst auch vorkommen mag, ist das ‹Hirtenmotiv› dem johanneischen Modell-Leser nicht unbekannt und er kann es gewiss *intratextuell* gleich mit der Hirtenrede Jesu in Joh 10 verbinden. Dies macht der versierte Modell-Leser natürlich auch,[489] doch für ihn stellt die offensichtliche Verfremdung der synoptischen Prätexte in der Textsequenz XXI.B. auch ein desintegratives Intertextualitätssignal zweiter Stufe dar,[490] das ihn zu einer *intertextuellen Relektüre* der Prätexte veranlasst. Das ‹Hirtenmotiv› in Joh 21,15ff. kann ihn dabei wieder an die Voraussage der ‹Verleugnung des Petrus› in der Erzählsequenz A. Voraussage (vgl. Mk 14,27/Mt 26,31) und an Lk 22,32b erinnern, wo Jesus nicht nur die ‹Verleugnung›, sondern auch die ‹Umkehr› des Petrus voraussagt. Wenn der versierte Modell-Leser nun also *zum zweiten Mal* die Erzählsequenz A. Voraussage liest, stellen für ihn die Worte Jesu in Lk 22,32b bereits eine intertextuelle Prolepse dar, die auf die Szene in Joh 21 anspielt. In ihrem Licht kann der Modell-Leser die Text-

---

[487] Vgl. beispielsweise Ruckstuhl, Johannes 21, 342–346, oder Koester, Symbolism, 134f., der im Anschluss an Brown, Gospel, II, 1097, die thematische Verbindung zwischen dem ‹Ziehen der Fische› und der ‹Mission› auch ohne einen direkten Rückgriff auf die synoptischen Prätexte über das in Joh 21,6.11 verwendete Verb ‹ἕλκειν› herzustellen versucht (vgl. Joh 6,44 und Joh 12,32 und hier weiter das Kapitel 4.4.4).

[488] So auch Neirynck, John 21, 328f.: „The commission to Peter in the saying of Luke 5.10c, 'you will be catching men', has no direct parallel in John 21.1–14, but in Peter's appointment as shepherd of the flock (John 21.15,16,17) the more Johannine metaphor of the sheep (cf. John 10) will be substituted for that of the fish. [...] In John 21, Peter's commission to his pastoral task is te real 'parallel' to the fishers-of-men saying." In diesem Punkt ändert auch das Lukasevangelium (Lk 5,10b) den markinischen Prätext (Mk 1,17), vgl. Neirynck, John 21, 328f., bzw. Goulder, Luke, 325. Zu der biblischen Konnotation von ‹Menschenfischer› bemerkt aber richtig Mánek, Fishers, 139: „In the background of Jesus' picture 'fishers of men' it is therefore necessary to see the waters in their biblical conception. The waters are the underworld, the place of sin and death. To fish out a man means to rescue him from the kingdom of darkness, out of the sphere, which is hostile to God and remote from God. To be 'fishers of men' is the task of mankind's salvation. Jesus does not make a play of words when addressing his first disciples as future 'fishers of men'."

[489] Vgl. Eco, Bücher, 223: „Es gibt keine Leser, die ausschließlich Leser zweiten Grades sind; im Gegenteil, um ein Leser zweiten Grades zu werden, muß man zunächst ein guter Leser ersten Grades gewesen sein."

[490] Es handelt sich also um ein desintegratives Intertextualitätssignal auf der Ebene der intertextuellen und nicht der textuellen Lektüre, vgl. das Kapitel 2.2.1 auf S. 31.

sequenz XXI.B. als die in Lk 22,32b angekündigte ‹Umkehr des Petrus› lesen,[491] wobei viele Elemente der Erzählung eine neue Bedeutung erhalten, wie zum Beispiel die Worte |ἐλυπήθη ὁ Πέτρος| in Joh 21,17, die als ‹Reue› gedeutet werden können. Außerdem schließen sich in der Regel der intertextuellen Relektüre neue Prätexte an, wenn bei der Verbindung des Textes und des Prätextes ein neues Paradigma entsteht: Die Elemente der ‹Liebe› und ‹Reue›, die mit dem Paradigma der ‹Umkehr› assoziiert und in dem Gespräch Jesu mit Petrus in Joh 21,15–17 bereits vorhanden sind, können den versierten Modell-Leser an die Szene in Lk 7,47 erinnern und die Frage Jesu |ἀγαπᾷς με πλέον τούτων;| von Joh 21,15 bekommt auf dem Hintergrund der Antwort Jesu |ὅτι ἠγάπησεν πολύ| von Lk 7,47 eine ganz neue Bedeutung, indem sich das Element ‹πολύς› nicht nur auf die ‹Liebe› des Petrus, sondern auch auf die ‹Vergebung› Jesu bezieht.

Ist dieser Kreis zwischen dem Text und Prätext einmal geschlossen, bleibt von der intertextuellen Relektüre kaum ein Element oder eine Struktur des Textes und des Prätextes unberührt und nicht nur dem Text, sondern auch dem Prätext kommt eine neue Bedeutung zu. Im Fall von Lk 5,1–11 und Joh 21,1–14 belegt dies schon die ‚intertextuelle Relektüre' des Augustinus, Tractatus in Ioh, CXXII,7, aus der hier nur ein kurzer Ausschnitt zitiert werden soll:

„His signis et si qua alia potuerit reperiri, ibi ecclesia in hoc saeculo, hic uero in fine saeculi figurata est; ideo illud ante, hoc autem post resurrectionem domini factum est; quia ibi nos christus significauit uocatos, hic resuscitatos. Ibi retia non mittuntur in dexteram, ne solos significent bonos, nec in sinistram, ne solos malos; sed indifferenter, laxate, inquit, retia uestra in capturam, ut permixtos intellegamus bonos et malos; hic autem, inquit: mittite in dexteram nauigii rete, ut significaret eos qui stabant ad dexteram, solos bonos. Ibi rete propter significanda schismata rumpebatur; hic uero quoniam tunc iam in illa summa pace sanctorum nulla erunt schismata, pertinuit ad euangelistam dicere: et cum tanti essent, id est, tam magni, non est scissum rete, tamquam illud respiceret ubi scissum est, et in illius mali comparatione commendaret hoc bonum.“[492]

Wie man leicht sieht, liest Augustinus nicht nur Joh 21 auf dem Hintergrund von Lk 5, wie es auch die meisten modernen Leser tun, sondern er liest, als ein antiker Leser, gleichzeitig auch Lk 5 auf dem Hintergrund von Joh 21, wobei er die Erzäh-

---

[491] So auch THYEN, Johannesevangelium, 787.

[492] Augustinus, Tractatus in Ioh, CXXII,7: „Durch diese Zeichen, und wenn man vielleicht noch andere finden kann, wurde dort die Kirche in dieser Welt, hier aber am Ende der Welt dargestellt; darum ist jenes vor, dieses aber nach der Auferstehung des Herrn geschehen, weil Christus uns dort als Berufene, hier als Wiedererweckte kennzeichnete. Dort werden die Netze nicht auf die rechte Seite ausgeworfen, damit sie nicht bloß die Guten andeuten, noch auch auf die linke Seite, damit sie nicht bloß die Bösen andeuten, sondern unterschiedslos: ‚Werfet eure Netze aus zu einem Fischfange', sagt er, damit wir die Vermischung der Guten und Bösen erkennen; hier aber sagt er: ‚Werfet das Netz auf die rechte Seite des Schiffes', um jene zu bezeichnen, die auf der rechten Seite standen, nämlich bloß die Guten. Dort zerriß das Netz, damit die Spaltungen angedeutet würden; hier aber, weil dann in jenem höchsten Frieden der Heiligen keine Spaltungen mehr sein werden, lag dem Evangelisten daran zu sagen: ‚Und obwohl ihrer so viele waren', oder so große, ‚zerriß das Netz nicht', gleich als ob er jenes Ereignis im Auge hätte, wo es zerriß, und im Vergleich mit jenem Übel dieses Gut hervorheben würde."

lung über den ‹wunderbaren Fischfang› bei Lukas auf die *Gegenwart*, die bei Johannes aber auf die *Endzeit* der Kirche bezieht.[493] Die Intertextualität hat hier also eindeutig eine poetische Funktion und führt den versierten Modell-Leser Schritt für Schritt zu einer vertieften Deutung sowohl des Textes als auch des Prätextes,[494] die am Ende in der *allegorischen Relektüre* ($M_4$) zu einem neuen Ganzen, dem Intertext,[495] verschmelzen. In diesem neuen Ganzen erhalten nicht nur der ursprüngliche Text und seine Prätexte eine neue (allegorische) Bedeutung, sondern auch viele Prätexte, die bei der intertextuellen Lektüre keine oder nur kleine Rolle spielen, werden erst bei der allegorischen Relektüre aktuell und können erst dann ihr intertextuelles Potenzial ganz entfalten. Dies ist auch in Joh 21 der Fall und deswegen, um methodisch sauber vorzugehen, werden diese Prätexte im nächsten Kapitel untersucht.

### 4.4.4 Allegorische Bedeutung

Haben wir uns in dem vorherigen Kapitel hauptsächlich mit der Frage beschäftigt, *wie* der Epilog Joh 21 geschrieben wurde, soll dieses Kapitel auch der Frage nachgehen, *warum* er geschrieben wurde, also der Frage nach der Bedeutung der Erzählung. Zu den Prätexten, die eher zu der allegorischen Relektüre als zu der intertextuellen Lektüre gehören, zählt dabei zweifelsohne Lk 24,13–35.41–43, denn diesem Prätext werden praktisch alle Motive entnommen, die aus der johanneischen Erzählung in Joh 21 eine Erzählung über die *Erscheinung des Auferstandenen* machen:[496] Die Tatsache, dass die Jünger Jesus bei seiner Erscheinung in Joh 21,4b ‹nicht erkennen›: „οὐ μέντοι ᾔδεισαν οἱ μαθηταὶ ὅτι Ἰησοῦς ἐστιν", muss den versierten Modell-Leser an Lk 24,16 erinnern: „οἱ δὲ ὀφθαλμοὶ αὐτῶν ἐκρατοῦντο τοῦ μὴ ἐπιγνῶναι αὐτόν", und seine ‹Wiedererkennung› in Joh 21,7a wieder an Lk 24,31a: „αὐτῶν δὲ διηνοίχθησαν οἱ ὀφθαλμοὶ καὶ ἐπέγνωσαν αὐτόν." Ähnlich wie in Lk 24,30.41f. ist auch bei Johannes die Gewissheit, dass es Jesus ist, mit einem gemeinsamen ‹Mahl› verbunden: „εἰδότες ὅτι ὁ κύριός ἐστιν" (Joh 21,12b).[497] Im Unterschied zu dem lukanischen Prätext ist es bei Johannes aber natürlich die Aufgabe des Lieblingsjüngers,[498] dem Petrus und den Anderen die Augen zu öff-

---

[493] Von den modernen Kommentaren vgl. auch Schwank, Evangelium, 497f. Zur Deutung des wunderbaren Fischfang bei Augustinus ausführlich Theobald, Fischzug, hier 182.

[494] Vgl. Ricœur, Figuring, 144–166, und hier Kapitel 1.3 und 2.1. Die einfache intertextuelle Lektüre ist hier dem Phänomen nicht gerecht und führt zu dem Schluss, für den Fortna, Reading, (389–392) 391, ein Beispiel ist: „I confess, in short, to see no way that Lk 5 sheds light on this intricate passage." Das Problem ist hier der Leser und nicht der Text: Was einem modernen Leser „obscure" erscheinen mag (vgl. Fortna, Reading, 390, Anm. 13, der hier Goulder, Luke, 323, zitiert), kann für einen antiken Leser durchaus einen Sinn machen.

[495] Zum Begriff s. Plett, Intertextualities, 5, und hier das Kapitel 4 auf S. 125.

[496] Siehe die Synopse in der Tabelle 4.8.

[497] Vgl. auch Labahn, Fischen, 133, und Neirynck, John 21, 324: „The contrast between οὐ μέντοι ᾔδεισαν οἱ μαθηταὶ ὅτι Ἰησοῦς ἐστιν in v. 4 and εἰδότες ὅτι ὁ κύριός ἐστιν in v. 12 does correspond with the progression in the Emmaus story from v. 16 ('their eyes were kept from recognizing him') to v. 31 ('and their eyes were opened and they recognized him')."

[498] Vgl. das Kapitel 3.3.1.

nen, indem er in V. 7a zu Petrus sagt: „ὁ κύριός ἐστιν", die *Strukturreproduktion* von den oben genannten Motiven reicht aber aus, damit der versierte Modell-Leser auf die Szene von Lk 24 aufmerksam wird. Die Worte |λαμβάνει τὸν ἄρτον καὶ δίδωσιν αὐτοῖς, καὶ τὸ ὀψάριον ὁμοίως| in Joh 21,13 spielen für ihn dann nicht nur auf Joh 6,11 an, sondern auch auf das ‹Brot› in Lk 24,30b und den ‹Fisch› in Lk 24,42, wobei auch die Frage Jesu in Lk 24,41b: „ἔχετέ τι βρώσιμον ἐνθάδε;" den versierten Modell-Leser an eine ähnliche Frage Jesu in Joh 21,5a: „μή τι προσφάγιον ἔχετε;" erinnern muss.[499] Was die *Elementenreproduktion* betrifft, kann man konstatieren, dass in Joh 21,13 jegliche eucharistische Konnotation getilgt wird, denn der Prätext Lk 24,30b enthält neben den Elementen |λαβὼν τὸν ἄρτον| und |ἐπεδίδου αὐτοῖς|, die sich in dem johanneischen Text bis auf ‹ἐπι› widerspiegeln, auch die Elemente |εὐλόγησεν καὶ κλάσας|, die ausgelassen werden. Dies entspricht der Elementenreproduktion in Joh 6,11: Der Modell-Autor lässt auch hier intentional Elemente aus, die in dem synoptischen Prätext auf die Eucharistie anspielen.[500] Dies bedeutet, dass sich das Mahl in Joh 21 nicht einfach als ein eucharistisches Mahl deuten lässt[501] und eine andere Bedeutung haben muss.[502]

Der Prätext Lk 24 hilft also dem Modell-Autor die Erzählung in Joh 21 in die *österlichen Motive* zu kleiden. Diese Motive dienen aber nicht der Ausschmückung des Erzählten, sondern sie weisen den Modell-Leser auf das Thema der ‹Auferstehung› hin und verdeutlichen die neue andersartige Existenzweise Jesu, die nicht mehr mit der Existenzweise der Jünger identisch ist. Diese Distanz zwischen ‹Jesus› und den ‹Jüngern› unterstreicht auch die veränderte Erzählperspektive,[503] denn in Joh 21,1–14 wird – ähnlich wie in Joh 6,16–21[504] – von der Perspektive der ‹Jünger›[505] erzählt: „The reader sees what the disciples see and experience [...]."[506] Der ‹Auferstandene› betrachtet dagegen das Geschehen vom ‹Ufer› her allein und seine Perspektive ist dem Modell-Leser nicht zugänglich. Erst nach dem gemeinsamen ‹Mahl› in Joh 21,15 fallen beide Perspektiven wieder zusammen. Das ‹Mahl› stellt also nicht nur den Punkt dar, an dem der Erzähler feststellt, die ‹Jünger› *wissen*, „ὅτι ὁ κύριός ἐστιν" (Joh 21,12b), sondern auch den Punkt, wo die Distanz zwi-

---

[499] So auch NEIRYNCK, John 21, 324: „The similarity of this question (μή τι προσφάγιον ἔχετε;) to Luke 24.41 (ἔχετέ τι βρώσιμον ἐνθάδε;) cannot be overlooked."

[500] Vgl. das Kapitel 4.3.3. Im Unterschied zu Joh 6,11 wird in Joh 21,13 auch nicht das Verb ‹εὐχαριστέω› verwendet, obwohl hier der Epilog ziemlich deutlich auf Joh 6 anspielt.

[501] Anders zum Beispiel ZUMSTEIN, Erinnerung, 203 und 208.

[502] RUCKSTUHL, Johannes 21, 347, strebt hier eine Kompromisslösung an: „Dennoch darf 21,13 eucharistisch verstanden werden, da der Horizont unserer Erzählung unverkennbar nachösterlich-kirchlicher ist. Wie immer es damit stehen mag, jedenfalls wird man angesichts der Querbezüge zwischen der Speisung an unserer Stelle und der Speisung in Joh 6 kaum leugnen können, daß das Brot und der Fisch auf Jesus selbst hindeuten, der den Jüngern nach dem Fischfang als Nahrung zum ewigen Leben gereicht wird und sie aufs engste mit ihm, dem auferstandenen und erhöhten Herrn, verbindet."

[503] Zum *point of view* in Joh 21 ausführlich RESSEGUIE, Gospel, 96–100.

[504] Vgl. das Kapitel 4.3.3.

[505] NEIRYNCK, John 21, 326.

[506] RESSEGUIE, Gospel, 97.

schen ‹Jesus› und den ‹Jüngern› aufgehoben wird.[507] Der Modell-Leser kann von nun an auch den *point of view* ‹Jesu› übernehmen, der für die Betrachtung der ganzen Erzählung von entscheidender Bedeutung ist: Es handelt sich nämlich um den *point of view* des ‹Auferstandenen› und dieser kann nicht nur auf das (irdische) ‹Leben›, sondern auch auf den ‹Tod› *zurück*blicken. Dies ist auch der *point of view* des Modell-Autors und des Erzählers, die nicht nur von der Gegenwart (des Modell-Lesers) her auf die Vergangenheit des irdischen Wirkens Jesu zurückblicken (vgl. Joh 1,14b), sondern in Joh 21 auch von der *Ewigkeit* her auf die Gegenwart (des Modell-Lesers),[508] und der Modell-Leser, der den Epilog verstehen will, muss diesen *point of view* einnehmen.[509] In der Erzählung über den ‹wunderbaren Fischfang› der Textsequenz XXI.A., die auf die synoptischen Prätexte und hiermit auch auf die Berufung der Jünger als ‹Menschenfischer› anspielt,[510] kann man zweifelsohne ein Bild für ‹Mission› sehen (vgl. Joh 20,21), in dem das *eine Boot* und das *eine unzerreißbare Netz* die Einheit der Kirche und die Fische die Geretteten symbolisieren,[511] gleichzeitig muss man aber auch sehen, dass es sich um einen *vollendeten Fischzug* handelt: Die Fische werden ans Land gezogen (Joh 21,11) und der ‹Fischfang› gehört, vom ‹Ufer› her betrachtet, der Vergangenheit an. Dem entspricht auch die Zahl der 153 Fische,[512] die als eine *Dreieckszahl* (ἀριθμὸς τρίγωνος)

---

[507] Vgl. auch BULTMANN, Evangelium, 549: „Diese Scheidewand wird beseitigt, indem Jesus jetzt Brot und Fisch den Jüngern zum Essen verteilt (V. 13)."

[508] Siehe das Kapitel 3.3.1. Zu den temporalen Horizonten und ihrer Verschmelzung bei Johannes vgl. FREY, Eschatologie, II, 247–283.

[509] Der reale Leser Augustinus kann hier als Beispiel dienen, wenn er den wunderbaren Fischfang in Lk 5,1–11 auf die Gegenwart, den in Joh 21,1–14 aber auf die *Endzeit* der Kirche bezieht (Augustinus, Tractatus in Ioh, CXXII,7, hier auf S. 274). Ein wichtiger Wegweiser ist für ihn dabei nicht nur das *Gleichnis vom Netz* in Mt 13,47–50 (Augustinus, Tractatus in Ioh, CXXII,6, hier die Anm. 478 auf S. 271), sondern auch die *Auferstehung* des Herrn.

[510] Vgl. das vorherige Kapitel und Lk 5,10b/Mk 1,17/Mt 4,19 in der Synopse 4.8.

[511] Neben Augustinus, Tractatus in Ioh, CXXII,7, vgl. auch KOESTER, SYMBOLISM, 134–138, oder CULPEPPER, Designs, 381f., und RUCKSTUHL, Johannes 21, (342–346) 345: „Das übertragene Verständnis des Netzes, das nicht zerreißt, fordert das übertragene Verständnis des Fischfangs und ist somit nochmals ein kräftiger Hinweis auf die Zeichenhaftigkeit des Fangwunders." In diesem Fall lässt sich dann auch das in Joh 21,6.11 verwendete Verb ‹ἑλκύειν› schon in Joh 6,44 *proleptisch* verstehen (HASITSCHKA, Zeichen) und auf die ‹Mission› beziehen, vgl. BARRETT, Evangelium, 555: „dies legt die Annahme nahe, daß eine allegorische Interpretation der Geschichte beabsichtigt gewesen sein mag – der Fischzug ist die Mission der Apostel, die Fische sind die Bekehrten." Zur missionstheologischen Konzeption des Johannesevangeliums vgl. POPKES, Theologie, 329–354, und OKURE, Mission.

[512] Zu den verschiedenen Deutungen der Zahl 153 vgl. NICKLAS, Fische, 367f., und die ausführliche Übersicht von CULPEPPER, Designs, (383–394) 384, wo er sie in „(1) literal/historical interpretations – there were actually 153 fish, or at least the number serves only to add specificity; it has no symbolic significance, (2) Jerome's interpretation of the 153 fish as different kinds of people drawn into the church, (3) allegorical and algebraic interpretations based on 153, (4) interpretations based on 153 as a triangular number, (5) allegorical and algebraic interpretations based on 17, (6) interpretations based on gematria, and (7) the conclusion that the 153 had a symbolic meaning we can no longer uncover" aufteilt. Im Hinblick auf die Wirkungsgeschichte scheint es jedoch die Interpretation Nr. 1, die zum Beispiel auch KOESTER, SYMBOLISM, 311–316, vertritt, der gegen eine symbolische Bedeutung der Zahl (nicht aber der Erzählung) plädiert, am wenigsten wahrscheinlich. Hier ist dem Urteil von THYEN, Johannesevangelium, 785, zuzustimmen: „Da Johannes hier eine genaue Zahl nennt und nicht wie sonst

besonders geeignet ist,[513] die *Vollkommenheit* dieses Fischzugs zu symbolisieren,[514] wie es auch ein *gleichseitiges Dreieck* ist,[515] das sich aus 153 Punkten ergibt (vgl. die Abbildung 4.2).

Dass die Zahl 153 eine Dreieckszahl ist, kann man leicht überprüfen, auch ohne die Punkte in der Abbildung 4.2 zählen oder die Zahlen von 1 bis 17 addieren zu müssen, denn für jede Dreieckszahl $t_n$, wo $n \in \mathbb{N}$, gilt

$$t_n = \sum_{i=1}^{n} i = \frac{n(n+1)}{2} \tag{4.2}$$

und hier ist 153 $= 17 * (17 + 1)/2$.[516] Die Tatsache, dass die Zahl 153 eine Dreieckszahl ist, beantwortet aber selbstverständlich noch lange nicht die Frage, warum in dem johanneischen Epilog gerade *diese* Dreieckszahl verwendet wird und was für eine Bedeutung die Zahl 17 haben soll. Eine mögliche Antwort bietet hier der Artikel von EMERTON, Fishes, aus dem Jahr 1958, den man zusammen mit CULPEPPER, Designs, 391, wohl als „[t]he most widely accepted proposal for a solution to the riddle by use of gematria" bezeichnen darf.[517] J. A. Emerton macht aufmerksam auf Ez 47,10,[518] wo über eine eschatologische Quelle aus dem Jerusalemer Tempel gesprochen wird:

„The prophecy tells of the miraculous stream of waters which will flow from Jerusalem and bring healing and life to the Dead Sea. There will be many fish, and fishermen will stand from En-gedi to En-eglaim, which will be a place for the spreading out of nets. If the number 153 does represent *gematria*, it is not unreasonable to look for it in the proper names in this Old Testament passage. עין may not be significant since it means 'spring' and is not necessarily to

---

von ‚etwa (ὡς) 150' spricht, kann man an der symbolischen Bedeutung dieser Zahl schwerlich zweifeln." Zu den numerologischen Lösungen vgl. die Arbeit von MENKEN, Techniques, und BAUCKHAM, Testimony, 271–284. Zu der pythagoreischen Legende, in der Pythagoras auf wundersame Weise die genaue Anzahl der gefangenen Fische errät, vgl. LABAHN, Fischen, 125, Anm. 48. Die außerhalb der Fachliteratur weit verbreitete Behauptung: „Archimedes (*c.* 287–212 B.C.E.), in his treatise *On the Measurement of the Circle*, uses the whole number ratio 153:265 to accurately approximate the irrational ratio $\sqrt{3}$, 'the measure of the fish' or the *vesica piscis*. Moreover, Archimedes uses this value in such a manner as to suggest that this approximation was well known to his contemporaries: it required no word of explanation at all.", hier FIDELER, Jesus, 307, ist dagegen eine Legende an sich und lässt sich nicht belegen, was freilich nicht bedeutet, Archimedes verwendet in der Kreismessung die Zahl 153 (ρνγ') nicht, vgl. Archimedes, Dimensio circuli, III (Γ).

[513] Zu Dreieckszahlen im Neuen Testament vgl. COLSON, Numbers, und HART, Numbers, weitere Belege und Literatur s. VAN DEN BERGH VAN EYSINGA, Apokalypse.

[514] Siehe die ausführliche Auslegung des Augustinus, Tractatus in Ioh, CXXII,8.

[515] Vgl. schon Xenokrates, Fragmenta, 23 (Heinze), wo das gleichseitige Dreieck dem Göttlichen zugeordnet wird, und hier auch das Kapitel 2.5.

[516] Die Zahl des Tieres in Offb 13,18 ist auch eine Dreieckszahl: $666 = 36 * (36 + 1)/2$, vgl. VAN DEN BERGH VAN EYSINGA, Apokalypse, 295. Zum Verhältnis der Apokalypse zu den übrigen johanneischen Schriften s. den Beitrag von Jörg Frey bei HENGEL, Frage, 326–429.

[517] Vgl. THYEN, Johannesevangelium, 785, und BAUCKHAM, Testimony, 278–280, der die Ergebnisse von Emerton noch um einige weitere Beobachtungen ergänzt.

[518] Ez 47,10 (BHS[5] [LXX[9]]): „והיה יעמדו עליו דוגים מעין גדי ועד־עין עגלים משטוח לחרמים יהיו למינה תהיה, דגתם כדגת הים הגדול רבה מאד [καὶ στήσονται ἐκεῖ ἁλεεῖς ἀπὸ Αιναγαδιν ἕως Αιναγαλιμ· ψυγμὸς σαγηνῶν ἔσται, καθ᾽ αὑτὴν ἔσται, καὶ οἱ ἰχθύες αὐτῆς ὡς οἱ ἰχθύες τῆς θαλάσσης τῆς μεγάλης πλῆθος πολὺ σφόδρα]."

Abbildung 4.2: *Ein Dreieck aus 153 Punkten*

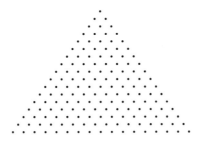

be thought of as an essential part of the proper names. The numerical value of גדי is 17 (ג = 3, ד = 4, י = 10), and that of עגלים is 153 (ע = 70, ג = 3, ל = 30, י = 10, מ = 40). It may, therefore, be that John observed the fact that the numerical values of Gedi and Eglaim were 17 and 153 and that these numbers were mathematically related."[519]

Der größte Vorteil der Lösung von Emerton ist offensichtlich: Im Unterschied zu anderen Ansätzen erklärt sie nicht nur die *Zahlen* 153 und 17, sondern bezieht auch den *Kontext* von Joh 21 ein.[520] Der wunderbare Fischzug in Joh 21,1–14 bekommt dann auf der Folie von Ez 47,1–12 einen *eschatologischen* Charakter.[521]

Doch, wenn der ‹wunderbare Fischfang› in der Textsequenz XXI.A. ein Bild für die *vollendete* ‹Mission› der Welt ist, und die rückblickende Perspektive des Epilogs und die symbolische Bedeutung vieler Elemente der Erzählung[522] sprechen dafür, ist die Thematik von Joh 21 nicht nur *ekklesiologisch*, wie oft zu Recht betont wird,[523] sondern auch *eschatologisch*.[524] Die Analyse des Verbes ‹ἑλκύειν›, das in Joh 21,6.11 für das ‹Ziehen der Fische› und in Joh 6,44 und Joh 12,32 für „das Hingezogenwerden der Menschen zu Christus"[525] gebraucht wird, scheint dies auch zu bestätigen: Wenn man den *Kontext* berücksichtigt, in dem das Verb in diesem Sinne verwendet wird, zeigt sich, dass es sich in Joh 6,44 um die ‹Auferstehung› und den ‹letzten Tag›:

„[44] οὐδεὶς δύναται ἐλθεῖν πρός με ἐὰν μὴ ὁ πατὴρ ὁ πέμψας με ἑλκύσῃ αὐτόν, κἀγὼ ἀναστήσω αὐτὸν ἐν τῇ ἐσχάτῃ ἡμέρᾳ",

---

[519] EMERTON, Fishes, 88.

[520] In Joh 7,38 liegt außerdem sehr wahrscheinlich bereits eine Anspielung auf Ez 47 vor, vgl. EMERTON, Fishes, 88, Anm. 4, und den Beitrag von DANIÉLOU, Joh. 7,38.

[521] So auch Hieronymus, Commentarii in Ez, XIV,47, der dann aber mit dem Hinweis auf Oppianus Cilix eine andere Erklärung der Zahl in Joh 21,11 liefert.

[522] Hier wären noch die ‹Siebenzahl› der Jünger, die ‹rechte› Seite des Schiffes oder die Oppositionen ‹Nacht› × ‹Morgen› und ‹Meer› × ‹Land› zu nennen, vgl. Augustinus, Tractatus in Ioh, CXXII,6.

[523] Vgl. ZUMSTEIN, Erinnerung, 206f., und auch die dort zitierte Literatur.

[524] Dieses Thema wird in den Kommentaren natürlich nicht übersehen, es wird jedoch meistens nur auf die Frage einer (enttäuschten) *Parusieerwartung* in Joh 21,22f. reduziert – zum Problem vgl. FREY, Eschatologie, III, 14–22.

[525] BARRETT, Evangelium, 555.

und in Joh 12,31–33 um das ‹Gericht über diese Welt› (V. 31) und den ‹Tod Jesu›
(V. 33) handelt:

„[31] νῦν κρίσις ἐστὶν τοῦ κόσμου τούτου, νῦν ὁ ἄρχων τοῦ κόσμου τούτου ἐκβληθήσεται ἔξω·
[32] κἀγὼ ἐὰν ὑψωθῶ ἐκ τῆς γῆς, πάντας ἑλκύσω πρὸς ἐμαυτόν [33] τοῦτο δὲ ἔλεγεν σημαίνων
ποίῳ θανάτῳ ἤμελλεν ἀποθνῄσκειν."

In dem Kontext von ‹ἑλκύειν› kommen also auch in Joh 6 und Joh 12 Elemente
vor, die auf eine eschatologische Thematik hinweisen.[526] Damit erhärtet sich der
Eindruck, dass der johanneische Epilog bei der allegorischen Relektüre auf dem
eschatologischen Hintergrund zu lesen ist und der *point of view* der Erzählung sich
am *Ende der Zeit* befindet. Wenn wir also mit $t_0$ die Gegenwart des Modell-Lesers,
mit $t_{+1}$ seine Zukunft und mit $t_{-1}$ seine Vergangenheit bezeichnen, so liegt der *point
of view* der Erzählung von Joh 21 in $t_\infty$:[527]

$$t_{-1} < t_0 < t_{+1} < t_\infty$$

Es wäre nun äußerst seltsam, wenn der Erzähler diese Erzählperspektive des ‹Auferstandenen› $(t_\infty)$ im Verlauf der Textsequenz XXI.B. wieder verlassen sollte, und
in dem Text gibt es dafür auch keine Anzeichen.[528] Wenn also ‹Jesus› in Joh 21,18
den ‹Tod des Petrus› ankündigt, blickt er auf ihn zugleich schon zurück. Die rückblickende Perspektive des Epilogs ergibt sich hiermit *narrativ* und muss nicht *historisch* begründet werden, auch wenn es anzunehmen ist, dass Petrus zum Zeitpunkt
der Erzählung bereits tot sei.[529] Dies ist aber im Hinblick auf die Erzählperspektive $(t_\infty)$ bei der allegorischen Relektüre belanglos, wie auch die Frage, zu welchem
Zeitpunkt der ‹Lieblingsjünger› sterbe. Die Textsequenz XXI.B. (Joh 21,15–23) unterscheidet sich in dieser Hinsicht nicht von der Textsequenz XXI.A. und ist, wie
die Erzählung über den ‹wunderbaren Fischfang› in Joh 21,1–14, im Hinblick auf
das *Ende der Zeit* zu lesen.

Im Unterschied zur Textsequenz XXI.A. werden in der Textsequenz XXI.B. nur
zwei Jünger fokussiert: ‹Petrus›, in der Erzählsequenz Joh 21,15–19 (D. Berufung),
und der ‹Lieblingsjünger›, in der Erzählsequenz Joh 21,20–23 (E. Nachfolge). Wie
schon oben im Kapitel 4.4.2 gesagt wurde, sind beide Erzählsequenzen sehr *symme-*

---

[526] Die intratextuellen Bezüge bestätigten außerdem auch die ekklesiologische Perspektive von Joh 21,
denn in Joh 6,44 werden die ‹Menschen› vom ‹Vater›, in Joh 12,32 von ‹Jesus›, in Joh 21,6.11 aber von
den ‹Jüngern› gezogen, wenn auch aufgrund der Handlung offensichtlich wird (V. 3b), dass die Jünger
ohne Jesus nichts tun können (Joh 15,5), vgl. auch KOESTER, SYMBOLISM, 135: „The story of the great
catch shows that Jesus would accomplish this 'drawing' through his disciples."

[527] Dies ist meines Erachtens auch einer der größten Unterschiede zwischen Joh 21 und Joh 20, denn
im Kapitel Joh 20, das zweifelsohne ebenso zu der Zeit nach der *Stunde Jesu* gehört (vgl. FREY, Eschatologie, II, 215–227), liegt der *point of view* der Erzählung immerhin in $t_0$, wobei sich $t_{-1}$ der Vergangenheit
des irdischen Wirkens Jesu und $t_{+1}$ der Zukunft der Gemeinde zuordnen lässt, vgl. FREY, Eschatologie, II, 247–283.

[528] Zum zeitlichen Aspekt der Erzählperspektive vgl. LAHN/MEISTER, Einführung, 103–116.

[529] Vgl. HENGEL, Frage, 210–219.

*trisch* gegeneinander aufgebaut:[530] sie beginnen mit einer Analepse zur Passionsgeschichte (V. 15–17/20–21), setzen mit einem Wort Jesu fort (V. 18/22) und enden mit einem Erzählerkommentar (V. 19a/23), wobei in der Erzählsequenz D. Berufung noch die Worte Jesu zu ‹Petrus› in V. 19b folgen: „ἀκολούθει μοι" – hier endet aber auch die Erzählsequenz E. Nachfolge mit den von dem Erzähler zitierten Worten Jesu über den ‹Lieblingsjünger›: „ἐὰν αὐτὸν θέλω μένειν ἕως ἔρχομαι".[531] Beide Erzählsequenzen sind dabei *thematisch* um das jeweilige *Wort Jesu* in V. 18/22 zentriert, was die Annahme bekräftigt, in Joh 21 „ergreift Christus die Initiative, um die nachösterliche Bedeutung von Petrus und dem Lieblingsjünger aufzuzeigen" und „der Vergleich des Schicksals und der Stellung dieser beiden Figuren wird zum Hauptanliegen der Erzählung."[532] Dies geschieht in der Textsequenz XXI.B. vor allem mit Hilfe von *intra-* und *intertextuellen Szenographien*,[533] indem der Modell-Autor sowohl auf Texte von Joh 1–20 als auch auf synoptische Prätexte zurückgreift und die jeweiligen *frames* und *scripts* in Joh 21 dazu verwendet, um die Handlung von ‹Petrus› und dem ‹Lieblingsjünger› und ihre Bedeutung für den (versierten) Modell-Leser zu veranschaulichen. Mann kann vorausschicken, dass die bei ‹Petrus› verwendeten Szenographien deutlich verständlicher sind, erstens, weil ihnen der Lebensweg des ‹historischen Petrus› einen geeigneten Hintergrund bietet, und zweitens, weil sie bis heute zu den allgemeinen Szenographien gehören. Die bei dem ‹Lieblingsjünger› verwendeten Szenographien kann man dagegen ganz offensichtlich nicht als allgemein bezeichnen, was sie (zumindest heutzutage) weniger verständlich macht – vielleicht liegt der Grund dafür aber auch einfach darin, dass für Menschen der ‹Tod› von Natur aus viel greifbarer ist, als das ‹ewige Leben›.

Wenn Petrus von Jesus in der Textsequenz XXI.B. das ‹Hirtenamt› übertragen wird, enthält er damit eine *Sonderstellung*, die er in den kanonischen Evangelien sonst nur in Mt 16,17–19 genießt. Die Stelle Joh 21,15–17 entspricht also *strukturell* dem matthäischen Prätext: „In beiden Fällen beauftragt Jesus den Petrus, für

---

[530] Vgl. die Synopse in der Tabelle 4.8.

[531] Die Worte |τί πρὸς σέ| beziehen sich auf Petrus und sind textkritisch unsicher, vgl. METZGER, Commentary, 221.

[532] ZUMSTEIN, Erinnerung, (206–214) 207, vgl. auch die narrative Analyse von CULPEPPER, Anatomy, 120–123. Zum Folgenden s. auch meinen Beitrag STUDENOVSKÝ, Weg, 548–551.

[533] Zum Begriff s. ECO, Lector, (98–105) 104: „Die intertextuellen Szenographien sind [...] rhetorische und erzählerische Schemata, die Teil eines selektierten und bewußt eingeschränkten Wissensschatzes darstellen, eines Fundus, über den nicht alle Mitglieder einer bestimmten Kultur verfügen." Im Rahmen dieser Arbeit werden diese komplexe *allgemeine*, *intra-* und *intertextuelle Szenographien* so aufgefasst, dass sie die schon im Kapitel 4.1.4 verwendeten Begriffe *frames* und *scripts* umfassen: *script* ⊂ *frame* ⊂ *Szenographie*. Zu diesen Begriffen s. LAHN/MEISTER, Einführung, 216: „Ein *frame* (Rahmen) ist ein bestimmter Situationskontext; das *script* beschreibt eine zugeordnete Handlungssequenz, die von uns typischerweise in diesem Kontext vollzogen wird. Wenn beispielsweise der *frame* ‚Restaurant' vorliegt, so ist Teil des zugeordneten Skripts die Handlungssequenz ‚einen Tisch aussuchen – hinsetzen – Menü lesen Bestellung aufgeben' usw." Vgl. auch ECO, Lector, 102f., wo eine Hierarchie von maximalen Szenographien, Motiv-Szenographien und situationsbezogenen Szenographien postuliert wird. Der Begriff der maximalen Szenographie entspricht dabei am Besten dem hier im Kapitel 3.3.3 verwendeten Begriff der Makro-Szenographie.

die Gläubigen zu sorgen. Die Bezeichnungen für die Gemeinschaft der Gläubigen wechselt von „οἰκοδομήσω μου τὴν ἐκκλησίαν" zu „ποίμαινε τὰ πρόβατά μου" (Joh 21,16fin) bzw. „βόσκε τὰ πρόβατά μου" (Joh 21,17fin)."[534] Die dreimalige Ansprache des Petrus |Σίμων Ἰωάννου| bei seiner ‹Neuberufung› in Joh 21 sollte den Modell-Leser außerdem an seine ‹Berufung› in Joh 1,42 und den versierten Modell-Leser auch wieder an den matthäischen Prätext erinnern, denn in Joh 1,42 liegt eine Anspielung auf den Namen des Petrus |Σίμων Βαριωνᾶ| in Mt 16,17[535] und auf das Wortspiel mit |Πέτρος| und |πέτρᾳ| in Mt 16,18 vor: „σὺ εἶ Σίμων ὁ υἱὸς Ἰωάννου, σὺ κληθήσῃ Κηφᾶς, ὃ ἑρμηνεύεται Πέτρος." Im Unterschied zu Matthäus hat aber diese Sonderstellung für Petrus bei Johannes *ihren Preis* und hier werden von dem Modell-Autor die dem (versierten) Modell-Leser gut bekannten intra- (und intertextuellen) Szenographien verwendet: Wenn Petrus in Joh 21,15–17 als ‹Hirte› berufen wird, wird als erste die dem Modell-Leser aus der ‹Hirtenrede› in Joh 10 bekannte intratextuelle Szenographie aktiv und hiermit auch das *script* von Joh 10,11: „ὁ ποιμὴν ὁ καλὸς τὴν ψυχὴν αὐτοῦ τίθησιν ὑπὲρ τῶν προβάτων." Dass dieses *script* auch wirklich Petrus zugeordnet werden kann, wird dem Modell-Leser in Joh 21,18 bestätigt, wo Jesus den ‹Tod des Petrus› ankündigt. In Joh 21,19a liegt außerdem eine deutliche Anspielung auf Joh 12,33 vor: „τοῦτο δὲ εἶπεν σημαίνων ποίῳ θανάτῳ δοξάσει τὸν θεόν." Diese intratextuelle Anspielung ist ebenso wenig zufällig, wie die intratextuellen Bezüge von ‹ἑλκύειν› in Joh 21,6.11 zu Joh 6,44/Joh 12,32, und verbindet thematisch Joh 12 mit Joh 21 und den in Joh 12,33 angekündigten ‹Tod Jesu› mit dem ‹Tod des Petrus› in Joh 21,18 – auch Petrus wird als ‹guter Hirte› das Leben für die Schaffe geben.

Die intertextuelle Szenographie wird vor allem über die Worte Jesu zu Petrus |ἀκολούθει μοι| in Joh 21,19b aufgerufen, denn hier wird der ‹Tod› des Petrus über den Kontext *narrativ* und *thematisch* mit seiner ‹Nachfolge› verbunden. Die Verbindung beider Elemente weist auf eine intertextuelle Szenographie hin, die man als ‹Kreuz der Nachfolge› bezeichnen könnte, und die dem versierten Modell-Leser gut bekannt sein muss, zumal sie in dem vertrauten Kontext von Mt 16,17–19 und der Textsequenz VI.D.[536] in Mk 8,34b–35 par.[537] zu finden ist:

„[34b] εἴ τις θέλει ὀπίσω μου ἀκολουθεῖν, ἀπαρνησάσθω ἑαυτὸν καὶ ἀράτω τὸν σταυρὸν αὐτοῦ καὶ *ἀκολουθείτω μοι*. [35] ὃς γὰρ ἐὰν θέλῃ τὴν ψυχὴν αὐτοῦ σῶσαι ἀπολέσει αὐτήν· ὃς δ᾽ ἂν ἀπολέσει τὴν ψυχὴν αὐτοῦ ἕνεκεν ἐμοῦ καὶ τοῦ εὐαγγελίου σώσει αὐτήν."

Die Aussage von Mk 8,35 par. wird außerdem auch in Joh 12,25 aufgenommen, also in dem Kontext, wo Jesus seinen ‹Tod› ankündigt (vgl. Joh 12,23f.27f.32f.), auf den in Joh 21,19a im Bezug auf den ‹Tod des Petrus› angespielt wird, und wo Jesus diejenigen, die ihm dienen wollen, zur Nachfolge auffordert (Joh 12,26). Der

---

[534] HECKEL, Evangelium, 165. Zur Analyse der hier erwähnten Struktur- und Elementenreproduktion von Mt 16,17–19 in Joh 21,15–17 vgl. HECKEL, Evangelium, 163–166, und die dort zitierte Literatur.

[535] Neben HECKEL, Evangelium, 164, vgl. auch THYEN, Johannesevangelium, 787.

[536] Vgl. die Tabelle 4.6 im Kapitel 4.3 auf S. 231.

[537] Zu den Parallelen s. die Synopse in der Tabelle 4.8.

versierte Modell-Leser kann also kaum Zweifel haben, dass die ihm aus der intertextuellen Szenographie bekannten *scripts* ‹Kreuz nehmen›, ‹nachfolgen›, ‹Leben
verlieren› auf Petrus zu beziehen sind, denn sie stimmen auch mit der intratextuellen Szenographie von Joh 10 überein und erfüllen auch die Prolepse von Joh 13,36f.
(A. Voraussage).[538] So wird Petrus in dem Epilog Joh 21 nicht nur als der, den Jesus
‹verleugnete› und ‹umkehren› musste, erinnert, sondern wegen seiner ‹Liebe› zu Jesus und seinem ‹Tod› in der Nachfolge auch als ‹Hirte› und ‹Märtyrer› der Kirche
anerkannt.[539] Die Bedeutung, die ‹Petrus› in seiner ekklesiologischen Funktion in
Joh 21 zukommt, lässt sich hiermit kaum überschätzen, denn im Hinblick auf die
rückblickende Erzählperspektive ($t_\infty$) des Epilogs ist dies eine Bedeutung, die er für
*immer* hat, und damit wirklich nur mit seiner Bedeutung in Mt 16,18 vergleichbar.

Vergleicht man also die Bedeutung des Petrus in Joh 1–20 mit seiner Bedeutung in Joh 21,[540] kann man sich berechtigterweise fragen: „Welches ist der Sinn
dieses ehrwürdigen Aufstiegs Petri in Kap. 21?"[541] Die Antwort auf diese Frage
lässt sich meines Erachtens, wie die Pointe der meisten Erzählungen, am Ende
der Geschichte in der Textsequenz XXI.C. finden, denn hier verrät der Modell-
Autor dem Modell-Leser sein eigentliches Anliegen: Es geht ihm in Wirklichkeit
nicht um ‹Petrus›, wie der Modell-Leser noch in der Textsequenz XXI.B. vermuten
könnte, sondern um den ‹Jünger›, „ὁ μαρτυρῶν περὶ τούτων καὶ ὁ γράψας ταῦτα"
(Joh 21,24), der nun neben ‹Petrus› gestellt werden soll.[542] Diese Erzählstrategie,
bei der eine Figur die Bedeutung einer anderen Figur der Erzählung aufzeigt, ist
dem Modell-Autor keineswegs fremd: Er verwendet sie am Anfang des Evangeli-
ums in Joh 1,20f., wo die drei *negativen* Antworten ‹Johannes des Täufers› |ἐγὼ οὐκ
εἰμί|, |οὐκ εἰμί| und |οὔ|, *positiv* auf ‹Jesus› hinweisen, der auf diese Art und Weise
als |ὁ χριστός|, |Ἠλίας| und |ὁ προφήτης| bezeichnet wird.[543] Hier, am Ende der Er-
zählung, soll nun ‹Petrus› die Bedeutung des ‹Lieblingsjüngers› und seines ‹Evangeliums› aufzeigen – seinen ehrwürdigen Aufstieg in Joh 21 verdankt ‹Petrus› meines
Erachtens also vor allem dem ‹Lieblingsjünger›. Die Erzählstrategie in Joh 21 ist
aber deutlich komplexer und basiert im Unterschied zu Joh 1,20f. nicht auf *einfachen* Oppositionen. Es ist zwar schon richtig, dass der ‹Lieblingsjünger› ‹kein Hirte›
und ‹kein Märtyrer› ist, dies ist aber bestimmt nicht das, was der Modell-Autor dem
Modell-Leser in dem Epilog mitteilen will. Die einfachen Oppositionen, die sich in
Joh 21 im Gegensatz zu der ‹Liebe› des Petrus als ‹Hirte›, seiner ‹Nachfolge› als

---

[538] Ähnlich auch RUCKSTUHL, Johannes 21, 353 und 355.

[539] So auch ZUMSTEIN, Erinnerung, 211.

[540] Siehe die Analyse von ZUMSTEIN, Erinnerung, 210f.

[541] ZUMSTEIN, Erinnerung, 209.

[542] Vgl. BULTMANN, Evangelium, 555: „Das Bezeichnende ist vielmehr, daß die beiden als gleichen
Rangs dargestellt werden; der Herr hat über den einen so, über den anderen so verfügt. Dann kann
aber, da der Rang des Petrus doch unbezweifelt ist und durch V. 15–17 ja gerade bestätigt wurde, die
eigentliche Pointe nur darin liegen, daß für den Lieblingsjünger die gleiche Geltung beansprucht wird."

[543] Vgl. auch THYEN, Johannesevangelium, 382.

‹Jünger› und seinem ‹Tod› als ‹Märtyrer› ergeben,[544] sind außerdem im Falle des Lieblingsjüngers *alle falsch*, wie es die folgende Übersicht zeigt:

|  |  | ‹Petrus› | × |  | ‹Lieblingsjünger› |  |  |
|---|---|---|---|---|---|---|---|
|  |  |  |  | *falsch* |  | *wahr* |
| ‹Hirte› | → | ‹liebt› | × | ‹liebt nicht› | × | ‹wird geliebt› |
| ‹Jünger› | → | ‹folgt nach› | × | ‹folgt nicht nach› | × | ‹folgt bereits nach› |
| ‹Märtyrer› | → | ‹stirbt› | × | ‹stirbt nicht› | × | ‹bleibt› |

Über die Liebe des Lieblingsjüngers zu Jesus wird in der Textsequenz XXI.B. zwar keine direkte Aussage gemacht, der Modell-Leser kann sie aber voraussetzen, denn das Bild, was für ‹Jesus› und den ‹Lieblingsjünger› in Joh 21,20 verwendet wird (vgl. Joh 13,23.25), muss ihn wieder an das Bild von Joh 1,18 erinnern: „Θεὸν οὐδεὶς ἑώρακεν πώποτε· μονογενὴς θεὸς ὁ ὢν εἰς τὸν κόλπον τοῦ πατρὸς ἐκεῖνος ἐξηγήσατο.“[545] Dass der Lieblingsjünger Jesus nicht nachfolge, wird in dem Text ausdrücklich verneint (V. 20), wie auch das, dass er nicht sterbe (V. 23). Die *wahren* Oppositionen, bestehen vielmehr darin, dass der Lieblingsjünger ‹geliebt wird›, ‹bereits nachfolgt› (V. 20) und ‹bleibt› (V. 22), und vieles deutet darauf hin, dass wir es hier mit einer übertragenen (allegorischen) Bedeutung zu tun haben, wo ‹bleiben› nichts mit ‹nicht sterben› zu tun hat und ‹geliebt werden› und ‹nachfolgen› über ‹bleiben› definiert werden.

Der Grund, warum die einfachen Oppositionen im Falle des ‹Lieblingsjüngers› nicht zutreffen, liegt darin, dass der Handlung des ‹Lieblingsjüngers› eine fundamental *andere Szenographie der Nachfolge* zugrunde liegt. Die für die Handlung des ‹Petrus› verwendete Szenographie ist durch *Bewegung* gekennzeichnet: Die ‹Liebe› zu Jesus führt ihn zur ‹Nachfolge› und die ‹Nachfolge› in den ‹Tod›. In dieser bei den Synoptikern verbreiteten Szenographie der Nachfolge wird ‹nachfolgen› sogar als ‹gehen› aufgefasst.[546] Die bei dem ‹Lieblingsjünger› angewendete Szenographie wird dagegen von *Bleiben* bestimmt: Jesus ‹nachfolgen› und ihn zu ‹lieben› bedeutet in seinem Wort/seiner Liebe zu ‹bleiben› (vgl. Joh 15,1–17). Dies ist die *johanneische Szenographie der Nachfolge*, wie sie auch in Joh 8,31 zu finden ist:

„[31]ἔλεγεν οὖν ὁ Ἰησοῦς πρὸς τοὺς πεπιστευκότας αὐτῷ Ἰουδαίους· ἐὰν ὑμεῖς μείνητε ἐν τῷ λόγῳ τῷ ἐμῷ, ἀληθῶς μαθηταί μού ἐστε.“

Diese intratextuelle Szenographie wird in Joh 21 über das ‹μένειν› in V. 22f. aufgerufen und es kann keinen Zweifel geben, dass sie auf den ‹Lieblingsjünger› zutrifft und seiner Handlung zugrunde liegt. Dafür spricht nicht nur das oben erwähnte Bild von Joh 13,23, das auf Joh 1,18 anspielt, sondern auch die Tatsache, dass dieser ‹Jünger› von Jesus ‹geliebt wird›, denn dies ist nach Joh 14,21ff. ein sichtbares Zeichen, dass er als ‹Jünger› Jesus ‹liebt› und sein ‹Wort bewahrt›. Der ‹Lieblings-

---

[544] Zu weiteren Oppositionen s. STUDENOVSKÝ, Weg, 548ff.
[545] Vgl. Origenes, Commentarii in Ioh, XXXII,20.
[546] Vgl. Mk 8,34b–35 par. in der Synopse in der Tabelle 4.8.

jünger› ist im vierten Evangelium nämlich nicht nur der Modell-Autor, sondern auch der *Modell-Jünger*, dessen Handlung paradigmatisch ist.

Denjenigen dann, die das ‹Wort bewahren›, gilt bei Johannes die *Zusage Jesu* von Joh 8,51, sie werden in Ewigkeit den Tod nicht schauen:

„[51]ἀμὴν ἀμὴν λέγω ὑμῖν, ἐάν τις τὸν ἐμὸν λόγον τηρήσῃ, θάνατον οὐ μὴ θεωρήσῃ εἰς τὸν αἰῶνα."

Diese Zusage kann wohl nur die ‹Auferstehung› und das ‹ewige Leben› meinen[547] und korrespondiert mit der ‹Zusage Jesu› von Joh 6,[548] wobei sie selbstverständlich im Sinne von Joh 11,25f.[549] verstanden werden muss und nicht als bloße irdische Unsterblichkeit. Auf diese Weise ist die Zusage Jesu zweifelsohne auch auf den ‹Lieblingsjünger› zu beziehen, der als der Modell-Jünger im Johannesevangelium an erster Stelle das ‹Wort bewahrt›, und auch hier darf man sie natürlich nicht so verstehen, „ὅτι ὁ μαθητὴς ἐκεῖνος οὐκ ἀποθνήσκει" (Joh 21,23b). Wenn nun das ‹μένειν› in Joh 21,22 über das |ἕως ἔρχομαι| näher bestimmt wird, muss dies im Hinblick auf die Erzählperspektive ($t_\infty$) im Sinne der ‹Zusage Jesu› von Joh 6 verstanden werden, als „‚*bleiben* εἰς ζωὴν αἰώνιον', bis in den neuen, durch die Auferweckung der Toten charakterisierten Äon"[550] (Joh 6,27). Der Modell-Autor ist sich selbstverständlich sehr gut dessen bewusst, dass er damit bei dem versierten Modell-Leser auf die ganz andere intertextuelle Szenographie anspielt, die sich in Mk 9,1 par.[551] finden lässt:

„[1] Καὶ ἔλεγεν αὐτοῖς· ἀμὴν λέγω ὑμῖν ὅτι εἰσίν τινες ὧδε τῶν ἑστηκότων οἵτινες οὐ μὴ γεύσωνται θανάτου ἕως ἂν ἴδωσιν τὴν βασιλείαν τοῦ θεοῦ ἐληλυθυῖαν ἐν δυνάμει',

auf deren Hintergrund ‹bleiben› in Joh 21,22 als ‹nicht sterben› missverstanden werden kann. Dass diese Szenographie im Hinblick auf Joh 1–20 eine *fremde* Szenographie ist, ist meines Erachtens offensichtlich,[552] und der einzige Grund, warum der Modell-Autor sie hier über das |ἕως ἔρχομαι| und den Erzählerkommentar in V. 22f. aufruft, kann nur darin liegen, dass er hiermit in seinem Evangelium das eben erwähnte Missverständnis verhindern und eine *terminierte Parusieerwar-*

---

[547] Vgl. Bultmann, Evangelium, 246: „Wie seine Worte nach 6,63 ‚Geist und Leben' sind, so wird dem Glauben an sein Wort das Leben geschenkt, über das der Tod keine Macht mehr hat." Zur „Verbindung des gegenwärtigen und des zukünftigen Heils" in den Zusagen Jesu in Joh 6 vgl. Frey, Eschatologie, III, (391–397) 395.

[548] Vgl. die Erzählsequenz G. ‹Nachfolge› im Kapitel 4.3.4 und in der Synopse 4.7. Die ‹Auferstehung› ist bei Johannes auch das fassbare ‹Zeichen› Jesu, das dem synoptischen ‹Zeichen des Jona› entspricht, vgl. die Erzählsequenz D.7. Zeichen Jesu im Kapitel 4.3.4 und in der Synopse 4.7.

[549] Joh 11,25b–26a: „[25b] ἐγώ εἰμι ἡ ἀνάστασις καὶ ἡ ζωή· ὁ πιστεύων εἰς ἐμὲ κἂν ἀποθάνῃ ζήσεται, [26a] καὶ πᾶς ὁ ζῶν καὶ πιστεύων εἰς ἐμὲ οὐ μὴ ἀποθάνῃ εἰς τὸν αἰῶνα."

[550] Frey, Eschatologie, III, 395.

[551] Siehe die Synopse in der Tabelle 4.8.

[552] Vgl. auch Heckel, Evangelium, (172–177) bes. 174–175, hier 174: „Die Auslegung der Brüder bezeugt, daß zwei unterschiedliche theologische Konzeptionen aufeinandergetroffen sind. [...] Daß die Auslegung der Brüder (Joh 21,23*) nicht aus der johanneischen Tradition herausgewachsen ist, läßt sich auch indirekt erweisen durch die ganz anders geartete Ausrichtung des verwandten Traditionsstoffes in Joh 8,52fin."

*tung*[553] ablehnen will. Dafür spricht schon die Tatsache, dass er gleich in dem Erzählerkommentar in V. 23 die Interpretation, die ‹bleiben› als ‹nicht sterben› missversteht und zu den ‹Brüdern› gelangte,[554] ablehnt, doch darüber hinaus lädt er den Modell-Leser mit den zahlreichen in den vorherigen Kapiteln erwähnten intratextuellen Bezügen von Joh 21 zu Joh 6 zur Relektüre dieses Kapitels ein, denn in diesem Kapitel hat er den Prätext von Mk 9,1 par. bereits einmal der allegorischen Relektüre unterzogen.[555] Die in dem Epilog reproduzierten Elemente und Strukturen, wie zum Beispiel das ‹Mahl› Jesu mit den Jüngern in der Textsequenz XXI.A., sollen dann den Modell-Leser vor allem an die Rede Jesu über das ‹Brot› bzw. „τὴν βρῶσιν τὴν μένουσαν εἰς ζωὴν αἰώνιον" (Joh 6,27) erinnern, und ihn auf dem Hintergrund von Joh 6 zu einer vertieften Deutung von ‹μένειν› in Joh 21 führen. Im Hinblick auf diese Relektüre und die oben angeführte Szenographie wird nun nicht nur die *Bedeutung* des in Joh 21 zweimal betonten ‹Bleibens› des ‹Lieblingsjüngers› viel klarer, sondern auch die in der Textsequenz XXI.C. festgehaltene *Funktion* dieses ‹Jüngers›, „ὁ μαρτυρῶν περὶ τούτων καὶ ὁ γράψας ταῦτα" (Joh 21,24), bekommt damit ganz klare Konturen: Denn was dieser Jünger als Modell-Autor in seinem ‹Evangelium› *aufgeschrieben* hat, sind ‹Worte›, die „πνεῦμά ἐστιν καὶ ζωή ἐστιν" (Joh 6,63),[556] und hiermit kommt ihm, der „ἐν τῷ κόλπῳ τοῦ Ἰησοῦ" lag (Joh 13,23), im Bezug auf ‹Jesus› eine analoge Funktion zu, wie jenem, „ὁ ὢν εἰς τὸν κόλπον τοῦ πατρὸς" (Joh 1,18), im Bezug auf den ‹Vater›[557] („ἐκεῖνος ἐξηγήσατο"), und dies ist meines Erachtens auch das Hauptanliegen des Epilogs von Joh 21.

---

[553] Zum Problem vgl. FREY, Eschatologie, III, (14–22) 22: „Vielmehr erweist sich die Parusieerwartung als solche, ohne eine spezielle Terminierung, als ein Element der eschatologischen Tradition im johanneischen Kreis, das auf die Ankündigung Jesu selbst zurückgeführt, in Weiterführung älterer Logien wie Mk 9,1 zeitweise gar mit Terminierungen verbunden und auch nach der Krise dieser terminierten Erwartung keineswegs preisgegeben, sondern in nicht-terminierter Gestalt beibehalten wurde." Anders als Jörg Frey bin ich im Hinblick auf die oben eingeführte *johanneische Szenographie* und angesichts der Tatsache, dass es sich bei dem Lieblingsjünger um den *Modell-Autor* und *-Jünger* des Johannesevangeliums handelt, natürlich der Meinung, dass die terminierte Parusieerwartung vom Anfang an eine dem ‚johanneischen Kreis' fremde Szenographie darstellt.

[554] Vgl. HECKEL, Evangelium, 170f. Die Annahme, die ‹Brüder› in Joh 21,23 teilen diese Interpretation, ist nicht zwingend.

[555] Siehe die Erzählsequenz G. ‹Nachfolge› im Kapitel 4.3.4 und in der Synopse 4.7.

[556] In diesem Zusammenhang vgl. den Anfang des Thomasevangeliums (EvThom), wo den von Thomas *aufgeschrieben* Worten Jesu eine vergleichbare Bedeutung zukommt: „[0] οὗτοι οἱ λόγοι οἱ [ἀπόκρυ]φοι οὓς ἐλά]λησεν Ἰη(σοῦ)ς ὁ ζῶν κ[αὶ ἔγραψεν Ἰούδα ὁ] καὶ Θωμᾶ(ς). [1] καὶ εἶπεν· [ὃς ἂν τὴν ἑρμηνεί]αν τῶν λόγων τούτ[ων εὕρῃ, θανάτου] οὐ μὴ γεύσηται. [Dies sind die verborgenen Worte, die der lebendige Jesus sagte, und Didymos Judas Thomas schrieb sie auf. Und er sprach: ‚Wer die Deutung dieser Worte findet, wird den Tod nicht schmecken.']" Zum Kommentar im Bezug auf Joh 8,51 und Mk 9,1 s. HECKEL, Evangelium, 176.

[557] Vgl. Origenes, Commentarii in Ioh, XXXII,20,263, hier im Kapitel 3.3.1 auf S. 104.

Tabelle 4.8: *Synopse der vier Evangelien zu Joh 21 (NA²⁷)*

| Joh 13,36–38 Vgl. 21,1–25 | Mk 14,26–31 Vgl. 16,7 | Mt 26,30–35 Vgl. 28,7.10.16–20 | Lk 22,31–34 (Vgl. 24,6/Apg 1,11) |
|---|---|---|---|
| A. Voraussage [Vgl. 14,31b] | A. Voraussage | A. Voraussage | A. Voraussage [Vgl. 22,39a] |
| [¹⁴,³¹ᵇ κτλ. ἐγείρεσθε, ἄγωμεν ἐντεῦθεν.] | ²⁶ Καὶ ὑμνήσαντες ἐξῆλθον εἰς τὸ ὄρος τῶν ἐλαιῶν. | ³⁰ Καὶ ὑμνήσαντες ἐξῆλθον εἰς τὸ ὄρος τῶν ἐλαιῶν. | [²²,³⁹ᵃ Καὶ ἐξελθὼν ἐπορεύθη κατὰ τὸ ἔθος εἰς τὸ ὄρος τῶν ἐλαιῶν, κτλ.] |
| Hirtenmotiv (Vgl. 21,15–17) | Hirtenmotiv ²⁷ καὶ λέγει αὐτοῖς ὁ Ἰησοῦς ὅτι πάντες σκανδαλισθήσεσθε, ὅτι γέγραπται· πατάξω τὸν **ποιμένα**, καὶ **τὰ πρόβατα** διασκορπισθήσονται. | Hirtenmotiv ³¹ Τότε λέγει αὐτοῖς ὁ Ἰησοῦς· πάντες ὑμεῖς σκανδαλισθήσεσθε ἐν ἐμοὶ ἐν τῇ νυκτὶ ταύτῃ, γέγραπται γάρ· πατάξω τὸν **ποιμένα**, καὶ διασκορπισθήσονται **τὰ πρόβατα** τῆς **ποίμνης**. | |
| Galiläa (Vgl. 21,1.13) | Galiläa (erste Prolepse) ²⁸ ἀλλὰ μετὰ τὸ ἐγερθῆναί με προάξω ὑμᾶς εἰς **τὴν Γαλιλαίαν.** | Galiläa (erste Prolepse) ³² μετὰ δὲ τὸ ἐγερθῆναί με προάξω ὑμᾶς εἰς **τὴν Γαλιλαίαν.** | Galiläa (Vgl. 24,6/Apg 1,11) |
| Petrus Verleugnung [Vgl. 18,15–18.25–27] ³⁶ Λέγει αὐτῷ **Σίμων Πέτρος·** κύριε, ποῦ ὑπάγεις; ἀπεκρίθη [αὐτῷ] Ἰησοῦς· ὅπου ὑπάγω οὐ δύνασαί μοι νῦν **ἀκολουθῆσαι, ἀκολουθήσεις** δὲ ὕστερον. ³⁷ λέγει αὐτῷ ὁ **Πέτρος·** κύριε, διὰ τί οὐ δύναμαί σοι **ἀκολουθῆσαι** ἄρτι; τὴν ψυχήν μου ὑπὲρ σοῦ θήσω. | Petrus Verleugnung [Vgl. 14,54.66–72] ²⁹ ὁ δὲ **Πέτρος** ἔφη αὐτῷ· εἰ καὶ πάντες σκανδαλισθήσονται, ἀλλ᾽ οὐκ ἐγώ. ³⁰ καὶ λέγει αὐτῷ ὁ Ἰησοῦς· ἀμὴν λέγω σοι ὅτι σὺ σήμερον ταύτῃ τῇ νυκτὶ πρὶν ἢ δὶς ἀλέκτορα φωνῆσαι τρίς με ἀπαρνήσῃ. ³¹ᵃ ὁ δὲ ἐκπερισσῶς ἐλάλει· ἐὰν δέῃ με συναποθανεῖν σοι, οὐ μή σε ἀπαρνήσομαι. | Petrus Verleugnung [Vgl. 26,58.69–75] ³³ ἀποκριθεὶς δὲ ὁ **Πέτρος** εἶπεν αὐτῷ· εἰ πάντες σκανδαλισθήσονται ἐν σοί, ἐγὼ οὐδέποτε σκανδαλισθήσομαι. ³⁴ ἔφη αὐτῷ ὁ Ἰησοῦς· ἀμὴν λέγω σοι ὅτι ἐν ταύτῃ τῇ νυκτὶ πρὶν ἀλέκτορα φωνῆσαι τρὶς ἀπαρνήσῃ με. ³⁵ᵃ λέγει αὐτῷ ὁ **Πέτρος·** κἂν δέῃ με σὺν σοὶ ἀποθανεῖν, οὐ μή σε ἀπαρνήσομαι. | Petrus Verleugnung [Vgl. 22,54–62] ³¹ **Σίμων Σίμων,** ἰδοὺ ὁ σατανᾶς ἐξῃτήσατο ὑμᾶς τοῦ σινιάσαι ὡς τὸν σῖτον· ³²ᵃ ἐγὼ δὲ ἐδεήθην περὶ σοῦ ἵνα μὴ ἐκλίπῃ ἡ πίστις σου· ³²ᵇ καὶ σύ ποτε **ἐπιστρέψας** στήρισον τοὺς **ἀδελφούς** σου. ³³ ὁ δὲ εἶπεν αὐτῷ· κύριε, μετὰ σοῦ ἕτοιμός εἰμι καὶ εἰς φυλακὴν καὶ εἰς θάνατον πορεύεσθαι. |

| Joh 13,36–38 | Mk 14,26–31 | Mt 26,30–35 | Lk 22,31–34 |
|---|---|---|---|
| Vgl. 21,1–25 | Vgl. 16,7 | Vgl. 28,7.10.16–20 | (Vgl. 24,6/Apg 1,11) |
| ³⁸ ἀποκρίνεται Ἰησοῦς· τὴν ψυχήν σου ὑπὲρ ἐμοῦ θήσεις; ἀμὴν ἀμὴν λέγω σοι, οὐ μὴ ἀλέκτωρ φωνήσῃ ἕως οὗ ἀρνήσῃ με τρίς. | ³¹ᵇ ὡσαύτως δὲ καὶ πάντες ἔλεγον. | ³⁵ᵇ ὁμοίως καὶ πάντες οἱ μαθηταὶ εἶπαν. (Vgl. 16,17–19) | ³⁴ ὁ δὲ εἶπεν· λέγω σοι, Πέτρε, οὐ φωνήσει σήμερον ἀλέκτωρ ἕως τρίς με ἀπαρνήσῃ εἰδέναι. |
| (Vgl. 21,15–19) | | | |
| [¹⁸,¹⁸ εἱστήκεισαν δὲ οἱ δοῦλοι καὶ οἱ ὑπηρέται ἀνθρακιὰν πεποιηκότες, ὅτι ψῦχος ἦν, καὶ ἐθερμαίνοντο· ἦν δὲ καὶ ὁ Πέτρος μετ' αὐτῶν ἑστὼς καὶ θερμαινόμενος.] (Vgl. 21,9) | [¹⁴,⁵⁴ καὶ ὁ Πέτρος ἀπὸ μακρόθεν ἠκολούθησεν αὐτῷ ἕως ἔσω εἰς τὴν αὐλὴν τοῦ ἀρχιερέως καὶ ἦν συγκαθήμενος μετὰ τῶν ὑπηρετῶν καὶ θερμαινόμενος πρὸς τὸ φῶς.] | | [²²,⁵⁵ περιαψάντων δὲ πῦρ ἐν μέσῳ τῆς αὐλῆς καὶ συγκαθισάντων ἐκάθητο ὁ Πέτρος μέσος αὐτῶν.] |

| Joh 21,1–14 | Mk 16,7 | Mt 28,7.10.16–20 | (Lk 24,6/Apg 1,11) |
|---|---|---|---|
| Vgl. [6,1]; 13,36–38 | Vgl. 14,26–31 | Vgl. 26,30–35 | Vgl. 22,31–34 |
| B. Erscheinung Jesu in Galiläa | B. Erscheinung Jesu in Galiläa | B. Erscheinung Jesu in Galiläa | B. Erscheinung Jesu in Galiläa |
| 1. Abstract | | | |
| Galiläa (Analepse) | Galiläa (zweite Prolepse) | Galiläa (zweite Prolepse) | Galiläa (Echos) |
| ¹ᵃ Μετὰ ταῦτα ἐφανέρωσεν ἑαυτὸν πάλιν ὁ Ἰησοῦς τοῖς μαθηταῖς ἐπὶ τῆς θαλάσσης τῆς Τιβεριάδος· [Vgl. 6,1] | ⁷ ἀλλὰ ὑπάγετε εἴπατε τοῖς μαθηταῖς αὐτοῦ καὶ τῷ Πέτρῳ ὅτι προάγει ὑμᾶς εἰς τὴν Γαλιλαίαν· ἐκεῖ αὐτὸν ὄψεσθε, καθὼς εἶπεν ὑμῖν. | ⁷ καὶ ταχὺ πορευθεῖσαι εἴπατε τοῖς μαθηταῖς αὐτοῦ ὅτι ἠγέρθη ἀπὸ τῶν νεκρῶν, καὶ ἰδοὺ προάγει ὑμᾶς εἰς τὴν Γαλιλαίαν, ἐκεῖ αὐτὸν ὄψεσθε· ἰδοὺ εἶπον ὑμῖν. (dritte Prolepse) ¹⁰ τότε λέγει αὐταῖς ὁ Ἰησοῦς· μὴ φοβεῖσθε· ὑπάγετε ἀπαγγείλατε τοῖς ἀδελφοῖς μου ἵνα ἀπέλθωσιν εἰς τὴν Γαλιλαίαν, κἀκεῖ με ὄψονται. | (²⁴,⁶ οὐκ ἔστιν ὧδε, ἀλλὰ ἠγέρθη. μνήσθητε ὡς ἐλάλησεν ὑμῖν ἔτι ὢν ἐν τῇ Γαλιλαίᾳ) (¹,¹¹ οἳ καὶ εἶπαν· ἄνδρες Γαλιλαῖοι, τί ἑστήκατε [ἐμ]βλέποντες εἰς τὸν οὐρανόν; οὗτος ὁ Ἰησοῦς ὁ ἀναλημφθεὶς ἀφ' ὑμῶν εἰς τὸν οὐρανὸν οὕτως ἐλεύσεται ὃν τρόπον ἐθεάσασθε αὐτὸν πορευόμενον εἰς τὸν οὐρανόν.) |

| Joh 21,1–14 | Mk 16,7 | Mt 28,7.10.16–20 | (Lk 24,6/Apg 1,11) |
|---|---|---|---|
| Vgl. [6,1]; 13,36–38 | Vgl. 14,26–31 | Vgl. 26,30–35 | Vgl. 22,31–34 |

| | | | |
|---|---|---|---|
| Erscheinung Jesu<br>[1b] ἐφανέρωσεν δὲ οὕτως. | | Erscheinung Jesu<br>[16] Οἱ δὲ ἕνδεκα μαθηταὶ ἐπορεύθησαν εἰς τὴν Γαλιλαίαν εἰς τὸ ὄρος οὗ ἐτάξατο αὐτοῖς ὁ Ἰησοῦς, [17] καὶ ἰδόντες αὐτὸν προσεκύνησαν, οἱ δὲ ἐδίστασαν. [18] καὶ προσελθὼν ὁ Ἰησοῦς ἐλάλησεν αὐτοῖς λέγων· ἐδόθη μοι πᾶσα ἐξουσία ἐν οὐρανῷ καὶ ἐπὶ [τῆς] γῆς. [19] πορευθέντες οὖν μαθητεύσατε πάντα τὰ ἔθνη, βαπτίζοντες αὐτοὺς εἰς τὸ ὄνομα τοῦ πατρὸς καὶ τοῦ υἱοῦ καὶ τοῦ ἁγίου πνεύματος, [20] διδάσκοντες αὐτοὺς τηρεῖν πάντα ὅσα ἐνετειλάμην ὑμῖν· καὶ ἰδοὺ ἐγὼ μεθ᾽ ὑμῶν εἰμι πάσας τὰς ἡμέρας ἕως τῆς συντελείας τοῦ αἰῶνος. | |

| [Vgl. 1,35–51] | Lk 5,1–11 | Mk 1,16–18/19–20 | Mt 4,18–20/21–22 |
|---|---|---|---|
| [Vgl. 1,42; 2,1.11<br>4,46; 6,16–21] | [Vgl. 6,14] | [Vgl. 3,16] | [Vgl. 10,2; 16,17ff.] |
| C. Wunderbarer Fischfang | C. Wunderbarer Fischfang | C. Berufung der ersten Jünger | C. Berufung der ersten Jünger |
| 2. Exposition | 1. Exposition | 1. Exposition | 1. Exposition |
| Ort | Ort | Ort | Ort |
| Vgl. V. 1a.4 | [1] Ἐγένετο δὲ ἐν τῷ τὸν ὄχλον ἐπικεῖσθαι αὐτῷ καὶ ἀκούειν τὸν λόγον τοῦ θεοῦ καὶ αὐτὸς ἦν ἑστὼς παρὰ τὴν λίμνην Γεννησαρὲτ | [16a] Καὶ παράγων παρὰ τὴν θάλασσαν τῆς Γαλιλαίας<br><br>[19a] Καὶ προβὰς ὀλίγον | [18a] Περιπατῶν δὲ παρὰ τὴν θάλασσαν τῆς Γαλιλαίας<br><br>[21a] καὶ προβὰς ἐκεῖθεν |
| Figuren | Figuren | Figuren | Figuren |
| [2] ἦσαν ὁμοῦ Σίμων Πέτρος καὶ Θωμᾶς ὁ λεγόμενος Δίδυμος καὶ Ναθαναὴλ ὁ ἀπὸ Κανὰ τῆς Γαλιλαίας καὶ οἱ τοῦ Ζεβεδαίου καὶ ἄλλοι ἐκ τῶν μαθητῶν αὐτοῦ δύο.<br>Vgl. V. 8.9a | [2] καὶ εἶδεν δύο πλοῖα ἑστῶτα παρὰ τὴν λίμνην· οἱ δὲ ἁλιεῖς ἀπ᾽ αὐτῶν ἀποβάντες ἔπλυνον τὰ δίκτυα. [3] ἐμβὰς δὲ εἰς ἓν τῶν πλοίων, ὃ ἦν Σίμωνος, ἠρώτησεν αὐτὸν ἀπὸ τῆς γῆς ἐπαναγαγεῖν ὀλίγον· καθίσας δὲ ἐκ τοῦ πλοίου ἐδίδασκεν τοὺς ὄχλους.<br>Vgl. V. 7.10a | [16b] εἶδεν Σίμωνα καὶ Ἀνδρέαν τὸν ἀδελφὸν Σίμωνος<br><br>[19b] εἶδεν Ἰάκωβον τὸν τοῦ Ζεβεδαίου καὶ Ἰωάννην τὸν ἀδελφὸν αὐτοῦ | [18b] εἶδεν δύο ἀδελφούς, Σίμωνα τὸν λεγόμενον Πέτρον καὶ Ἀνδρέαν τὸν ἀδελφὸν αὐτοῦ,<br><br>[21b] εἶδεν ἄλλους δύο ἀδελφούς, Ἰάκωβον τὸν τοῦ Ζεβεδαίου καὶ Ἰωάννην τὸν ἀδελφὸν αὐτοῦ, |

| Joh 21,1–14 | Lk 5,1–11 | Mk 1,16–18/19–20 | Mt 4,18–20/21–22 |
|---|---|---|---|
| [Vgl. 1,35–51; 1,42; 2,1.11; 4,46; 6,16–21 20,14–16.24–29] | [Vgl. 6,14; 24,13–35.41–43] | [Vgl. 3,16] | [Vgl. 10,2; 16,17ff.] |

| 3. Verwicklung | 2. Verwicklung | | |
|---|---|---|---|
| Fischfang | Fischfang | (Fischfang) | (Fischfang) |
| 3a λέγει αὐτοῖς Σίμων Πέτρος· ὑπάγω ἁλιεύειν. λέγουσιν αὐτῷ· ἐρχόμεθα καὶ ἡμεῖς σὺν σοί. ἐξῆλθον καὶ ἐνέβησαν εἰς τὸ πλοῖον, | 4a Ὡς δὲ ἐπαύσατο λαλῶν, 4b εἶπεν πρὸς τὸν Σίμωνα· ἐπανάγαγε εἰς τὸ βάθος καὶ χαλάσατε τὰ δίκτυα ὑμῶν εἰς ἄγραν. 5a καὶ ἀποκριθεὶς Σίμων εἶπεν· ἐπιστάτα, | 16c ἀμφιβάλλοντας ἐν τῇ θαλάσσῃ· ἦσαν γὰρ ἁλιεῖς. 19c καὶ αὐτοὺς ἐν τῷ πλοίῳ καταρτίζοντας τὰ δίκτυα, | 18c βάλλοντας ἀμφίβληστρον εἰς τὴν θάλασσαν· ἦσαν γὰρ ἁλιεῖς. 21c ἐν τῷ πλοίῳ μετὰ Ζεβεδαίου τοῦ πατρὸς αὐτῶν καταρτίζοντας τὰ δίκτυα αὐτῶν, |

| Erfolglose Nacht | Erfolglose Nacht | | |
|---|---|---|---|
| 3b καὶ ἐν ἐκείνῃ τῇ νυκτὶ ἐπίασαν οὐδέν. | 5b δι᾽ ὅλης νυκτὸς κοπιάσαντες οὐδὲν ἐλάβομεν· | | |

| Erscheinung Jesu | Erscheinung Jesu | | |
|---|---|---|---|
| [Vgl. 6,16–21; 20,14–16] | [Vgl. 24,13–35.41–43] | | |
| 4a πρωΐας δὲ ἤδη γενομένης ἔστη Ἰησοῦς εἰς τὸν αἰγιαλόν, 4b οὐ μέντοι ᾔδεισαν οἱ μαθηταὶ ὅτι Ἰησοῦς ἐστιν. | [24,16 οἱ δὲ ὀφθαλμοὶ αὐτῶν ἐκρατοῦντο τοῦ μὴ ἐπιγνῶναι αὐτόν.] | | |
| 5a λέγει οὖν αὐτοῖς [ὁ] Ἰησοῦς· παιδία, μή τι προσφάγιον ἔχετε; | [Vgl. 24,41b] | | |
| 5b ἀπεκρίθησαν αὐτῷ· οὔ. | Vgl. V. 5b | | |

| 4. Lösung | 3. Lösung | | |
|---|---|---|---|
| 6a ὁ δὲ εἶπεν αὐτοῖς· βάλετε εἰς τὰ δεξιὰ μέρη τοῦ πλοίου τὸ δίκτυον, καὶ εὑρήσετε. 6b ἔβαλον οὖν, | Vgl. V. 4b 5c ἐπὶ δὲ τῷ ῥήματί σου χαλάσω τὰ δίκτυα. 6a καὶ τοῦτο ποιήσαντες | | |

| Joh 21,1–14 [Vgl. 6,1–21; 18,18; 20,14–16] | Lk 5,1–11 [Vgl. 24,13–35. 41–43] | Mk 1,16–18/19–20 | Mt 4,18–20/21–22 [Vgl. 13,47–50; 14,28–31] |
|---|---|---|---|

| Wunder | Wunder | | Gleichnis vom Netz |
|---|---|---|---|
| 6c καὶ οὐκέτι αὐτὸ ἑλκύσαι ἴσχυον ἀπὸ τοῦ **πλήθους τῶν ἰχθύων**. Vgl. V. 11a | 6b συνέκλεισαν **πλῆθος ἰχθύων** πολύ, Vgl. V. 9 | | [13,47a Πάλιν ὁμοία ἐστὶν ἡ βασιλεία τῶν οὐρανῶν σαγήνῃ βληθείσῃ εἰς τὴν **θάλασσαν** 47b καὶ ἐκ παντὸς γένους συναγαγούσῃ· 48a ἣν ὅτε ἐπληρώθη ἀναβιβάσαντες ἐπὶ τὸν **αἰγιαλὸν** 48b καὶ καθίσαντες συνέλεξαν τὰ καλὰ εἰς ἄγγη, τὰ δὲ σαπρὰ ἔξω ἔβαλον.] |

| Netz reißt nicht | Netze reißen | | |
|---|---|---|---|
| Vgl. V. 11b! | 6c διερρήσσετο δὲ τὰ **δίκτυα** αὐτῶν. | | |

| Wiedererkennung Jesu | Wiedererkennung Jesu | | |
|---|---|---|---|
| [Vgl. 6,16–21; 20,14–16] 7a λέγει οὖν ὁ μαθητὴς ἐκεῖνος ὃν ἠγάπα ὁ Ἰησοῦς τῷ **Πέτρῳ**· ὁ **κύριός** ἐστιν. | [Vgl. 24,13–35.41–43] [24,31a αὐτῶν δὲ διηνοίχθησαν οἱ ὀφθαλμοὶ καὶ ἐπέγνωσαν αὐτόν· 31b καὶ αὐτὸς ἄφαντος ἐγένετο ἀπ᾽ αὐτῶν.] | | |

## 5. Bewertung

| Reaktion des Petrus | Reaktion des Petrus | | Seewandel Petri |
|---|---|---|---|
| 7b **Σίμων** οὖν **Πέτρος** ἀκούσας ὅτι ὁ **κύριός** ἐστιν τὸν ἐπενδύτην διεζώσατο, 7c ἦν γὰρ γυμνός, 7d καὶ ἔβαλεν ἑαυτὸν εἰς τὴν θάλασσαν, | Vgl. V. 8! | | [14,28 ἀποκριθεὶς δὲ αὐτῷ ὁ **Πέτρος** εἶπεν· κύριε, εἰ σὺ εἶ, κέλευσόν με ἐλθεῖν πρός σε ἐπὶ τὰ ὕδατα. 29 ὁ δὲ εἶπεν· ἐλθέ. καὶ καταβὰς ἀπὸ τοῦ πλοίου [ὁ] **Πέτρος** περιεπάτησεν ἐπὶ τὰ ὕδατα καὶ ἦλθεν πρὸς τὸν Ἰησοῦν. 30 βλέπων δὲ τὸν ἄνεμον [ἰσχυρὸν] ἐφοβήθη, καὶ ἀρξάμενος καταποντίζεσθαι ἔκραξεν λέγων· κύριε, σῶσόν με.] |

| Ziehen der Fische | Ziehen der Fische | | Gleichnis vom Netz |
|---|---|---|---|
| 8 οἱ δὲ ἄλλοι μαθηταὶ τῷ **πλοιαρίῳ ἦλθον**, οὐ γὰρ ἦσαν μακρὰν ἀπὸ τῆς γῆς ἀλλὰ ὡς ἀπὸ πηχῶν διακοσίων, σύροντες τὸ **δίκτυον** τῶν **ἰχθύων**. | 7 καὶ κατένευσαν τοῖς μετόχοις ἐν τῷ ἑτέρῳ **πλοίῳ** τοῦ ἐλθόντας συλλαβέσθαι αὐτοῖς· καὶ **ἦλθον** καὶ ἔπλησαν ἀμφότερα τὰ πλοῖα ὥστε βυθίζεσθαι αὐτά. | | [Vgl. 13,47–48a] |

| Mahl mit Jesus | Mahl mit Jesus | Petrus Verleugnung | |
|---|---|---|---|
| [Vgl. 6,1–15; 18,18] 9a ὡς οὖν ἀπέβησαν εἰς τὴν **γῆν** βλέπουσιν ἀνθρακιὰν κειμένην | [Vgl. 24,13–35.41–43] Vgl. V. 2.11; [22,55] | [Vgl. 14,54] | |

| Joh 21,1–14<br>[Vgl. 6,1–15] | Lk 5,1–11<br>[Vgl. 24,13–35.<br>41–43] | Mk 1,16–18/19–20 | Mt 4,18–20/21–22<br>[Vgl. 13,47–50] |
|---|---|---|---|
| Fisch und Brot<br>⁹ᵇ καὶ ὀψάριον ἐπι-<br>κείμενον καὶ ἄρτον. | Brot und Fisch<br>[Vgl. 24,30.42] | | |
| ¹⁰ λέγει αὐτοῖς ὁ<br>Ἰησοῦς· ἐνέγκατε<br>ἀπὸ τῶν ὀψαρίων ὧν<br>ἐπιάσατε νῦν. | | | |
| 153 Fische<br>¹¹ᵃ ἀνέβη οὖν Σίμων<br>Πέτρος καὶ εἵλκυσεν<br>τὸ δίκτυον εἰς τὴν<br>γῆν μεστὸν ἰχθύων<br>μεγάλων ἑκατὸν<br>πεντήκοντα τριῶν· | Viele Fische<br>Vgl. V. 6b | | Gleichnis vom Netz<br>[Vgl. 13,47b–48a] |
| Netz reißt nicht<br>¹¹ᵇ καὶ τοσούτων<br>ὄντων οὐκ ἐσχίσθη τὸ<br>δίκτυον. | Netze reißen<br>Vgl. V. 6c! | | |
| Mahl mit Jesus<br>(Fortsetzung)<br>¹²ᵃ λέγει αὐτοῖς ὁ<br>Ἰησοῦς· δεῦτε ἀριστή-<br>σατε. ¹²ᵇ οὐδεὶς δὲ<br>ἐτόλμα τῶν μαθητῶν<br>ἐξετάσαι αὐτόν· σὺ<br>τίς εἶ; εἰδότες ὅτι ὁ<br>κύριός ἐστιν. | Mahl mit Jesus<br>(Fortsetzung)<br>[²⁴,³⁰ᵃ καὶ ἐγένετο<br>ἐν τῷ κατακλιθῆναι<br>αὐτὸν μετ᾽ αὐτῶν | | [²⁴,⁴¹ᵃ ἔτι δὲ ἀπι-<br>στούντων αὐτῶν<br>ἀπὸ τῆς χαρᾶς καὶ<br>θαυμαζόντων ⁴¹ᵇ εἶ-<br>πεν αὐτοῖς· ἔχετέ τι<br>βρώσιμον ἐνθάδε; |
| Fisch und Brot<br>¹³ ἔρχεται Ἰησοῦς καὶ<br>λαμβάνει τὸν ἄρτον<br>καὶ δίδωσιν αὐτοῖς,<br>καὶ τὸ ὀψάριον ὁμοί-<br>ως.<br>[Vgl. 6,11] | Brot<br>³⁰ᵇ λαβὼν τὸν ἄρ-<br>τον εὐλόγησεν καὶ<br>κλάσας ἐπεδίδου<br>αὐτοῖς,] | | Fisch<br>⁴² οἱ δὲ ἐπέδωκαν<br>αὐτῷ ἰχθύος ὀπτοῦ<br>μέρος· ⁴³ καὶ λα-<br>βὼν ἐνώπιον αὐτῶν<br>ἔφαγεν.] |
| Erzählerkommentar<br>¹⁴ τοῦτο ἤδη τρίτον<br>ἐφανερώθη Ἰησοῦς<br>τοῖς μαθηταῖς ἐγερ-<br>θεὶς ἐκ νεκρῶν. | | | |

| Joh 21,1–14 | Lk 5,1–11 | Mk 1,16–18/19–20 | Mt 4,18–20/21–22 |
|---|---|---|---|
| [Vgl. 6,1–15] | [Vgl. 24,13–35. 41–43] | | [Vgl. 13,47–50] |

|  | 4. Bewertung |  |  |
|---|---|---|---|
| Reaktion des Petrus | Reaktion des Petrus | | |
| Vgl. V. 7b.c! | ⁸ ἰδὼν δὲ Σίμων Πέτρος προσέπεσεν τοῖς γόνασιν Ἰησοῦ λέγων· ἔξελθε ἀπ᾽ ἐμοῦ, ὅτι ἀνὴρ ἁμαρτωλός εἰμι, **κύριε.** | | |
| Reaktion der Anderen | Reaktion der Anderen | | |
| Vgl. V. 8 | ⁹ θάμβος γὰρ περιέσχεν αὐτὸν καὶ πάντας τοὺς σὺν αὐτῷ ἐπὶ τῇ ἄγρᾳ τῶν *ἰχθύων ὧν συνέλαβον,* ¹⁰ᵃ ὁμοίως δὲ καὶ Ἰάκωβον καὶ Ἰωάννην υἱοὺς **Ζεβεδαίου,** οἳ ἦσαν κοινωνοὶ τῷ **Σίμωνι.** | | |

| Joh 21,15–23 | Lk 5,1–11 | Mk 1,16–18/19–20 | Mt 4,18–20/21–22 |
|---|---|---|---|
| Vgl. 1,42; [10,1–18]; [12,25f.33]; 13,36–38; [18,15–18.25–27] | Vgl. [7,47; 9,23f.]; 22,32b.33 | Vgl. [8,34f.]; 14,27.31a | Vgl. [16,17–19.24f.]; 26,31.35a |
| 6. Coda | | 2. Verwicklung | 2. Verwicklung |
| D. Berufung | D. Berufung | D. Berufung | D. Berufung |
| Petrus als Hirte | Petrus als Menschenfischer | Jünger als Menschenfischer | Jünger als Menschenfischer |
| ¹⁵ Ὅτε οὖν ἠρίστησαν λέγει τῷ **Σίμωνι Πέτρῳ** ὁ Ἰησοῦς· **Σίμων Ἰωάννου,** ἀγαπᾷς με πλέον τούτων; λέγει αὐτῷ· ναὶ **κύριε,** σὺ οἶδας ὅτι φιλῶ σε. λέγει αὐτῷ· βόσκε τὰ ἀρνία μου. | ¹⁰ᵇ καὶ εἶπεν πρὸς τὸν Σίμωνα ὁ Ἰησοῦς· μὴ φοβοῦ· ἀπὸ τοῦ νῦν ἀνθρώπους ἔσῃ ζωγρῶν. | ¹⁷ καὶ εἶπεν αὐτοῖς ὁ Ἰησοῦς· δεῦτε ὀπίσω μου, καὶ ποιήσω ὑμᾶς γενέσθαι ἁλιεῖς ἀνθρώπων.<br><br>²⁰ᵃ καὶ εὐθὺς ἐκάλεσεν αὐτούς. | ¹⁹ καὶ λέγει αὐτοῖς· δεῦτε ὀπίσω **μου,** καὶ ποιήσω ὑμᾶς ἁλιεῖς ἀνθρώπων.<br><br>²¹ᵈ καὶ ἐκάλεσεν αὐτούς. |

| Joh 21,15–23 | Lk 5,1–11 | Mk 1,16–18/19–20 | Mt 4,18–20/21–22 |
|---|---|---|---|
| Vgl. 1,42; [10,1–18]; [12,25f.33]; 13,36–38; [18,15–18.25–27] | Vgl. [7,47; 9,23f.]; 22,32b.33 | Vgl. [8,34f.]; 14,27.31a | Vgl. [16,17–19.24f.]; 26,31.35a |

| | | | |
|---|---|---|---|
| [16] λέγει αὐτῷ πάλιν δεύτερον· **Σίμων Ἰωάννου, ἀγαπᾷς με;** λέγει αὐτῷ· ναὶ **κύριε, σὺ οἶδας ὅτι φιλῶ σε.** λέγει αὐτῷ· **ποίμαινε τὰ πρόβατά μου.** [17] λέγει αὐτῷ τὸ τρίτον· **Σίμων Ἰωάννου, φιλεῖς με;** ἐλυπήθη ὁ **Πέτρος** ὅτι εἶπεν αὐτῷ τὸ τρίτον· φιλεῖς με; καὶ λέγει αὐτῷ· **κύριε, πάντα σὺ οἶδας, σὺ γινώσκεις ὅτι φιλῶ σε.** λέγει αὐτῷ [ὁ Ἰησοῦς]· βόσκε τὰ πρόβατά μου. | Liebe und Vergebung [7,47] οὗ χάριν λέγω σοι, ἀφέωνται αἱ ἁμαρτίαι αὐτῆς αἱ πολλαί, ὅτι ἠγάπησεν πολύ· ᾧ δὲ ὀλίγον ἀφίεται, ὀλίγον ἀγαπᾷ.]  Petrus Verleugnung Vgl. 22,32b | Hirtenmotiv Vgl. 14,27 | Petrus als Fels [16,17] ἀποκριθεὶς δὲ ὁ Ἰησοῦς εἶπεν αὐτῷ· μακάριος εἶ, **Σίμων Βαριωνᾶ,** ὅτι σὰρξ καὶ αἷμα οὐκ ἀπεκάλυψέν σοι ἀλλ᾽ ὁ πατήρ μου ὁ ἐν τοῖς οὐρανοῖς. [18] κἀγὼ δέ σοι λέγω ὅτι σὺ εἶ **Πέτρος,** καὶ ἐπὶ ταύτῃ τῇ πέτρᾳ οἰκοδομήσω μου τὴν ἐκκλησίαν καὶ πύλαι ᾅδου οὐ κατισχύσουσιν αὐτῆς.]  Hirtenmotiv Vgl. 26,31 |
| Tod des Petrus [18] ἀμὴν ἀμὴν λέγω σοι, ὅτε ἦς νεώτερος, ἐζώννυες σεαυτὸν καὶ περιεπάτεις ὅπου **ἤθελες·** ὅταν δὲ γηράσῃς, ἐκτενεῖς τὰς χεῖράς σου, καὶ ἄλλος σε ζώσει καὶ οἴσει ὅπου οὐ **θέλεις.**  Erzählerkommentar [19a] τοῦτο δὲ εἶπεν σημαίνων ποίῳ θανάτῳ δοξάσει τὸν θεόν. [Vgl. 12,25f.]  [19b] καὶ τοῦτο εἰπὼν λέγει αὐτῷ· **ἀκολούθει μοι.** | Tod des Petrus Vgl. 22,33  Kreuz der Nachfolge [9,23b] εἴ τις **θέλει** ὀπίσω **μου** ἔρχεσθαι, ἀρνησάσθω ἑαυτὸν καὶ ἀράτω τὸν σταυρὸν αὐτοῦ καθ᾽ ἡμέραν καὶ ἀκολουθείτω **μοι.**]      [Vgl. 9,24] | Tod des Petrus Vgl. 14,31a  Kreuz der Nachfolge [8,34b] εἴ τις **θέλει** ὀπίσω **μου ἀκολουθεῖν,** ἀπαρνησάσθω ἑαυτὸν καὶ ἀράτω τὸν σταυρὸν αὐτοῦ καὶ ἀκολουθείτω μοι.]    [Vgl. 8,35] | Tod des Petrus Vgl. 26,35a  Kreuz der Nachfolge [16,24b] εἴ τις **θέλει** ὀπίσω **μου** ἐλθεῖν, ἀπαρνησάσθω ἑαυτὸν καὶ ἀράτω τὸν σταυρὸν αὐτοῦ καὶ ἀκολουθείτω μοι.]    [Vgl. 16,25] |

| Joh 21,15–23<br>[Vgl. 8,51; 13,23–25;<br>20,17] | Lk 5,1–11<br>Vgl. (22,32b); [9,27] | Mk 1,16–18/19–20<br>[Vgl. 9,1] | Mt 4,18–20/21–22<br>Vgl. [16,28]; 28,10 |
|---|---|---|---|
| | | 3. Lösung | 3. Lösung |
| E. Nachfolge<br>Petrus folgt nach<br><sup>20</sup> Ἐπιστραφεὶς ὁ Πέτρος βλέπει τὸν μαθητὴν ὃν ἠγάπα ὁ Ἰησοῦς ἀκολουθοῦντα, ὃς καὶ ἀνέπεσεν ἐν τῷ δείπνῳ ἐπὶ τὸ στῆθος αὐτοῦ καὶ εἶπεν· κύριε, τίς ἐστιν ὁ παραδιδούς σε;<br><sup>21</sup> τοῦτον οὖν ἰδὼν ὁ Πέτρος λέγει τῷ Ἰησοῦ· κύριε, οὗτος δὲ τί; | E. Nachfolge<br>Jünger folgen nach<br><sup>11</sup> καὶ καταγαγόντες τὰ πλοῖα ἐπὶ τὴν γῆν ἀφέντες πάντα ἠκολούθησαν αὐτῷ. | E. Nachfolge<br>Jünger folgen nach<br><sup>18</sup> καὶ εὐθὺς ἀφέντες τὰ δίκτυα ἠκολούθησαν αὐτῷ.<br><br><sup>20b</sup> καὶ ἀφέντες τὸν πατέρα αὐτῶν Ζεβεδαῖον ἐν τῷ πλοίῳ μετὰ τῶν μισθωτῶν ἀπῆλθον ὀπίσω αὐτοῦ. | E. Nachfolge<br>Jünger folgen nach<br><sup>20</sup> οἱ δὲ εὐθέως ἀφέντες τὰ δίκτυα ἠκολούθησαν αὐτῷ.<br><br><sup>22</sup> οἱ δὲ εὐθέως ἀφέντες τὸ πλοῖον καὶ τὸν πατέρα αὐτῶν ἠκολούθησαν αὐτῷ. |
| Bleiben des Lieblingsjüngers<br><sup>22</sup> λέγει αὐτῷ ὁ Ἰησοῦς· ἐὰν αὐτὸν θέλω μένειν ἕως ἔρχομαι, τί πρός σέ;<br>σύ μοι ἀκολούθει. | Zusage Jesu<br>[Vgl. 9,27] | Zusage Jesu<br>[Vgl. 9,1] | Zusage Jesu<br>[Vgl. 16,28] |
| Erzählerkommentar<br><sup>23a</sup> ἐξῆλθεν οὖν οὗτος ὁ λόγος εἰς τοὺς ἀδελφοὺς<br>[Vgl. 20,17]<br><sup>23b</sup> ὅτι ὁ μαθητὴς ἐκεῖνος οὐκ ἀποθνῄσκει· <sup>23c</sup> οὐκ εἶπεν δὲ αὐτῷ ὁ Ἰησοῦς ὅτι οὐκ ἀποθνῄσκει ἀλλ᾿· ἐὰν αὐτὸν θέλω μένειν ἕως ἔρχομαι [, τί πρός σέ;] | Brüder<br>(Vgl. 22,32b)<br><br>Zusage Jesu<br>[<sup>9,27a</sup> λέγω δὲ ὑμῖν ἀληθῶς, εἰσίν τινες τῶν αὐτοῦ ἑστηκότων οἳ οὐ μὴ γεύσωνται θανάτου<br><sup>27b</sup> ἕως ἂν ἴδωσιν τὴν βασιλείαν τοῦ θεοῦ.] | Zusage Jesu<br>[<sup>9,1a</sup> Καὶ ἔλεγεν αὐτοῖς· ἀμὴν λέγω ὑμῖν ὅτι εἰσίν τινες ὧδε τῶν ἑστηκότων οἵτινες οὐ μὴ γεύσωνται θανάτου<br><sup>1b</sup> ἕως ἂν ἴδωσιν τὴν βασιλείαν τοῦ θεοῦ ἐληλυθυῖαν ἐν δυνάμει.] | Brüder<br>Vgl. 28,10<br><br>Zusage Jesu<br>[<sup>16,28a</sup> ἀμὴν λέγω ὑμῖν ὅτι εἰσίν τινες τῶν ὧδε ἑστώτων οἵτινες οὐ μὴ γεύσωνται θανάτου<br><sup>28b</sup> ἕως ἂν ἴδωσιν τὸν υἱὸν τοῦ ἀνθρώπου ἐρχόμενον ἐν τῇ βασιλείᾳ αὐτοῦ.] |

Joh 21,24–25
[Vgl. 19,35; 20,30–31]

[Lk 1,1–4]

[Mk 13,14]

| Der Modell-Autor | Der Modell-Autor | Metalepse |
|---|---|---|
| ²⁴ Οὗτός ἐστιν ὁ μαθητὴς ὁ μαρτυρῶν περὶ τούτων καὶ **ὁ γράψας ταῦτα**, καὶ οἴδαμεν ὅτι ἀληθής αὐτοῦ ἡ μαρτυρία ἐστίν. ²⁵ᵂἜστιν δὲ καὶ ἄλλα πολλὰ ἃ ἐποίησεν ὁ Ἰησοῦς, ἅτινα ἐὰν γράφηται καθ᾽ ἕν, οὐδ᾽ αὐτὸν οἶμαι τὸν κόσμον χωρῆσαι τὰ γραφόμενα βιβλία. | [³ ἔδοξε κἀμοὶ παρηκολουθηκότι ἄνωθεν πᾶσιν ἀκριβῶς καθεξῆς σοι **γράψαι**, κράτιστε Θεόφιλε,] | [¹⁴ Ὅταν δὲ ἴδητε τὸ βδέλυγμα τῆς ἐρημώσεως ἑστηκότα ὅπου οὐ δεῖ, *ὁ ἀναγινώσκων νοείτω*, κτλ.] |

Kapitel 5

# Die intertextuelle Ironie

## 5.1 Die intertextuelle Lektüre des Evangeliums

Die Analysen im vorherigen Kapitel (4) haben am Beispiel des ‹Wirkens Jesu in Galiläa bei Johannes›[1] gezeigt, dass eine *intertextuelle Lektüre* des vierten Evangeliums auf der Folie der *drei* synoptischen Evangelien möglich ist, und dass sich der versierte Modell-Leser des Johannesevangeliums bei dieser Lektüre auch über einen semantischen Mehrwert[2] freuen kann. Dieser Überschuss an Bedeutung erhöht dabei die paradigmatische Ordnung (O) ohne die syntagmatische Komplexität (C) zu vergrößern,[3] denn die Intertextualität beschränkt sich in dem vierten Evangelium meistens auf Anspielungen und Echos und nur selten wird aus den Synoptikern direkt zitiert.[4] Im Hinblick auf die Intertextualität, wie wir sie im Kapitel 2.2 definiert haben, handelt es sich bei Johannes also zweifelsohne um eine *literarische Intertextualität* mit einer *poetischen Funktion*.[5] Es ist aber eine besondere Art der literarischen Intertextualität, denn das ‚intertextuelle Spiel'[6] schließt den einfachen Modell-Leser von der Lektüre nicht aus, oder anders gesagt: eine verständnisvolle Lektüre des Johannesevangeliums erfordert nicht unbedingt synoptische Vorkenntnisse.[7] Natürlich hat der Modell-Autor in dem Text einige „σκάνδαλα", „προσκόμματα" und „ἀδύνατα"[8] gelassen, wie beispielsweise Joh 3,24 (vgl. Mt 4,12/Mk 1,14/Lk 3,20), um den versierten Modell-Leser von der einfachen Lektüre abzulenken,[9] aber diese machen eine verständnisvolle Lektüre der johanneischen Erzählung nicht unmöglich – vielmehr kann der einfache Modell-Leser auch die symbolische Bedeutung der Erzählung etablieren und diese deckt sich in den meisten Fällen teilweise sogar mit der bei der intertextuellen Relektüre der synopti-

---

[1] Vgl. die graphische Zusammenfassung der Textsequenzen im Anhang C auf S. 315.

[2] Zum Begriff vgl. STOCKER, Theorie, 80–87.

[3] Zum Konzept vgl. das Kapitel 2.5.

[4] Zur Struktur- und Elementenreproduktion vgl. das Kapitel 2.2.2 auf S. 34f.

[5] Zur poetischen Funktion vgl. das Kapitel 2.3.

[6] THYEN, Johannesevangelium.

[7] So im Bezug auf Markus auch BAUCKHAM, John, 158: „The evidence we have discussed, of the way in which John's narrative can be read as complenting Mark's, does not, for the most part, *require* readers/hearers of John to know Mark in order to understand John."

[8] Origenes, De principiis, IV,2,9.

[9] Ähnlich im Bezug auf Markus auch BAUCKHAM, John, (169–171) 170: „We have shown that, in two of this parenthetical explanations (3:24; 11:2), John has provided explicit help for such readers/hearers, while other features of his narrative sequence and his identification of characters would also enable such readers/hearers readily to relate the events and the characters of the two Gospel narratives."

schen Prätexte etablierten allegorischen Bedeutung, zumal sie auch die Grundlage der allegorischen Relektüre bildet.[10] Die Intertextualität führt dann bei der allegorischen Relektüre zu einer *vertieften Deutung* der johanneischen Erzählung und der synoptischen Prätexte.

Im Unterschied zu der im Kapitel 1.3 erwähnten Allegorie des Origenes über den barmherzigen ‹Samariter› (Lk 10,25–37)[11] braucht der johanneische Modell-Leser in der Erzählung über die Hochzeit in Kana (Joh 2,1–12) also keine intertextuelle Kompetenz,[12] um darauf zu kommen, dass ‹Jesus› der ‹Bräutigam› ist – dies wird ihm über die poetische Struktur der Erzählung in der Textsequenz II.A. (Joh 2,1–11) angedeutet und danach in der Textsequenz II.C. (Joh 3,29) bestätigt (vgl. das Kapitel 4.1). Doch der *versierte* Modell-Leser *kann* bei der Lektüre dieser Erzählung noch einen Schritt weiter gehen und die Erzählung auf der synoptischen Folie lesen.[13] In den synoptischen Prätexten kann er dann nicht nur mehr über diesen ‹Bräutigam› erfahren, sondern auch, warum das ‹Wasser› das ‹Alte› und der ‹Wein› das ‹Neue› symbolisiert, und warum Jesus mit seiner Familie in der Textsequenz II.B. (Joh 2,12) nach ‹Kafarnaum› geht. Wenn er später von seiner intertextuellen Lektüre zu der Geschichte von der Hochzeit in Kana in Galiläa zurückkehrt, ist ihm klar, dass sich in Joh 2,1–12, wie in einem Theater, *narrativ* das abspielt, was die Synoptiker in Mk 2,18–22 par. oder in Mt 11,9–19/Lk 7,33–34 nur in Worte fassen. Der versierte Modell-Leser kann aber nicht nur einen Schritt weiter gehen, er ist dem einfachen Modell-Leser oft auch einen Schritt voraus. Dies ist der Fall in der Textsequenz IV.A. (Joh 4,43–45), wo das Wort Jesu in V. 44b, „ὅτι προφήτης ἐν τῇ ἰδίᾳ πατρίδι τιμὴν οὐκ ἔχει", den versierten Modell-Leser an den Empfang Jesu in seiner ‹Heimat› bei den Synoptikern erinnert – hier weiß er gleich, dass sich das Wort Jesu ungeachtet des V. 45a auf die ‹Galiläer› bezieht (vgl. das Kapitel 4.2).[14] Dem einfachen Modell-Leser wird es dagegen erst in der Textsequenz IV.C. (Joh 6,42) bestätigt, wo der Modell-Autor in einer Analepse noch einmal auf die Erzählung über den Prophet in seiner Heimat in der Textsequenz IV.A. anspielt. Da die Textsequenz IV.C. denselben synoptischen Prätexten entnommen wird, kann sich aber der versierte Modell-Leser auch hier doppelt freuen, denn die Analepse bestätigt seine intertextuelle Lektüre, und auch nur der versierte Modell-Leser kann in der Textsequenz IV.B. ganz den Umstand schätzen, dass Jesus das zweite Zeichen trotz des V. 44b in seiner ‹Heimat› tut.

Kurz gesagt, der versierte Modell-Leser hat sowohl von der Lektüre des Johannesevangeliums als auch von der Relektüre der Synoptiker viel mehr, so wie auch

---

[10] Vgl. die Definition der Allegorie im Kapitel 1.3 auf S. 25 und das Merkmal $M_4$ der intertextuellen Arbeitsweise des vierten Evangelisten im Kapitel 4.1.3 auf S. 130.

[11] Origenes, Homiliae in Luc, XXXIV,190.

[12] Zu Lk 10,25–37 vgl. Joh 8,48.

[13] Vgl. die Synopse in der Tabelle 4.1.

[14] Vgl. die Synopse in der Tabelle 4.3.

ein versierter Betrachter, der *Das Nachtcafé*[15] von Vincent van Gogh (1853–1890) kennt, in dem Gemälde *Im Café*[16] von Paul Gauguin (1848–1903) viel mehr sehen kann und umgekehrt.[17] Das Bild von Paul Gauguin ist dabei an sich zweifelsohne schön und der einfache Betrachter wird in ihm nichts vermissen, für den versierten Betrachter ist dieses Bild aber auch ein Ausschnitt und eine Anspielung auf das Gemälde von Vincent van Gogh, und so weiß er zum Beispiel auch, dass das Café eine *grüne* Decke hat, die mit den *blutroten* Wänden kontrastiert, und dass die Antithese dieser zwei Farben „die schrecklichen menschlichen Leidenschaften auszudrücken" versucht.[18] Auf diese Art und Weise ist auch für den versierten Modell-Leser des Johannesevangeliums das Bild von Joh 6,1–4, wo Jesus von einer durch Krankenheilungen beeindruckten Menschenmenge gefolgt wird, am See von Galiläa wirkt und auf einen Berg steigt, wo er sich mit seinen Jüngern niedersetzt, ein Ausschnitt und eine Anspielung auf das typisch *synoptische Milieu* mit seiner Antithese von ‹Galiläa› und ‹Jerusalem› (vgl. das Kapitel 3.3.3) und eine Einladung, die Erzählung von Joh 6 auf der synoptischen Folie zu lesen (vgl. das Kapitel 4.3). Nur dank dieser Folie kann er dann in der Textsequenz VI.B. (Joh 6,16–21) leicht den ‹Seewandel› Jesu erkennen und auch die Tatsache schätzen, dass die Jünger ‹wunderbar› „ἐπὶ τῆς γῆς εἰς ἣν ὑπῆγον" ankommen (Joh 6,21).

Die Intertextualität betrifft bei Johannes aber auch ganz zentrale Themen und Motive: Wenn der versierte Modell-Leser am Ende der Textsequenz VI.A. die erzählte Bewertung in Joh 6,14–15 liest, weiß er, dass ihm der Modell-Autor in Joh 6 eine *narrative Antwort* auf die Frage geben will, die auch in den synoptischen Evangelien sehr eng mit dem Petrusbekenntnis zusammenhängt, nämlich für wen die ‹Menschen› Jesus halten (V. 14) und was sie wollen (V. 15),[19] also *auf die Frage nach der wahren Identität Jesu*, und dass diese Antwort zur Spaltung unter den Jüngern führen kann, zumal auch bei den Synoptikern Jesus zu Petrus später sagen muss: „ὕπαγε ὀπίσω μου, σατανᾶ, οὐ φρονεῖς τὰ τοῦ θεοῦ ἀλλὰ τὰ τῶν ἀνθρώπων" (Mk 8,33 par.). Die johanneische Antwort, die über das synoptische Petrusbekenntnis hinausgeht und *öffentlich* in der Synagoge in Kafarnaum verkün-

---

[15] Vincent van Gogh, Das Nachtcafé, Arles, September 1888, Öl auf Leinwand, 70 × 89 cm, Yale University Art Gallery, New Haven, Connecticut.

[16] Paul Gauguin, Im Café, Arles, November 1888, Öl auf Leinwand, 72 × 92 cm, Staatliches Museum für Bildende Künste A. S. Puschkin, Moskau.

[17] Siehe die Abbildung auf http://www.intertextuality.net [15. Juni 2012].

[18] Vgl. VAN GOGH, Letters, Nr. 676 (679, 533), Arles, 8. September 1888: „J'ai cherché à exprimer avec le rouge et le vert les terribles passions humaines. La salle est rouge sang et jaune sourd, un billard vert au milieu, 4 lampes jaune citron à rayonnement orangé et vert. C'est partout un combat et une antithèse des verts et des rouges les plus differents ; dans les personnages des voyous dormeurs, petits dans la salle vide et haute, du violet et du bleu. [Ich habe versucht, mit Rot und Grün die schrecklichen menschlichen Leidenschaften auszudrücken. Der Raum ist blutrot und mattgelb, ein grünes Billard in der Mitte, vier zitronengelbe Lampen mit orangefarbenen und grünen Strahlenkreisen. Überall ist Kampf und Antithese: in den verschiedensten Grüns und Rots, in den kleinen Figuren der schlafenden Nachtbummler, in dem leeren, trübseligen Raum, im Violett und Blau.]"

[19] Vgl. die Synopse in der Tabelle 4.7.

det wird (Joh 6,59), führt dann in der Textsequenz VI.D. (Joh 6,60–71) in der Tat zum Abfall ‹vieler Jünger›, zumal das Johannesevangelium das synoptische ‹τίνα› (vgl. Mk 8,27 par.) paradigmatisch durch ‹πόθεν› ersetzt und darauf in der Textsequenz VI.C. (Joh 6,22–59) mit |ἐκ τοῦ οὐρανοῦ| antwortet (vgl. Joh 6,51) – die Pointe der johanneischen Erzählung liegt nicht darin, dass Jesus der ‹Christus› ist, sondern in dem geheimnisvollen ‹himmlischen Ursprung› des Messias. Dieses intertextuelle Spiel geht an dem einfachen Modell-Leser zwar vorbei, für diesen wäre aber an dieser Stelle das Bekenntnis „σὺ εἶ ὁ χριστός" (Mk 8,29 par.) nur eine Wiederholung von Joh 1,41. Der einfache Modell-Leser wird hier auch kein Satanswort Jesu (Mk 8,33 par.) vermissen, der versierte Modell-Leser wird aber die Anspielung des Modell-Autors in dem Petrusbekenntnis in Joh 6,69b: „σὺ εἶ ὁ ἅγιος τοῦ θεοῦ" (vgl. Mk 1,24 par.) und in seinen Worten in V. 70 verstehen, auch wenn er sie selbstverständlich zusammen mit dem Erzähler in V. 71 proleptisch auf Judas bezieht – die johanneische Hermeneutik ist in dieser Hinsicht konsequent nachösterlich.

Das Johannesevangelium geht jedenfalls sehr geschickt mit den Synoptikern um und sie werden in ihm weder valorisiert noch devalorisiert,[20] sondern einer Relektüre unterzogen und umgedeutet, und wenn man bei der Terminologie von Gérard Genette bleiben will, kann man sagen *transvalorisiert*:[21] Der Modell-Autor sagt beispielsweise nicht, Jesus sei nicht von Johannes getauft worden, indem er die Geschichte verneint oder auslässt, sondern er macht die Taufe zum Zeugnis des Johannes und spielt auf sie an (Joh 1,32). Diese Umdeutung betrifft selbstverständlich am meisten die *Christologie* der Erzählung – dem ‹johanneischen Jesus› ist alles möglich, und das auch dort, wo der ‹synoptische Jesus› keine Wunder machen kann (Mk 6,5 par.) oder den Menschen kein Zeichen geben will (Mk 8,11 par.). Es ist deswegen wenig verwunderlich, dass sich die intertextuellen Bezüge zu den Synoptikern gerade in der *dramatischen Mitte* der Story Jesu[22] in Joh 6 häufen,[23] wo es um die wahre Identität der Person Jesu geht und wo bei den Synoptikern das Petrusbekenntnis mit dem Titel ‹ὁ χριστός› erklingt, denn Joh 6 ist auch im Hinblick auf die Intertextualität ein christologisches Kapitel. Wie aber schon oben gesagt wurde, wirkt sich nicht nur die synoptische Folie auf die Lektüre des vierten Evangeliums aus, der sie – ähnlich wie die alttestamentliche Folie – eine besondere Tiefe verleiht, sondern auch die allegorische Relektüre des vierten Evangeliums wirkt sich auf das Verständnis der Synoptiker aus, und dies scheint dem johanneischen Modell-Autor mindestens genauso wichtig zu sein. Das lässt sich am Besten in dem Epilog Joh 21 beobachten, wo der Modell-Autor eine *terminierte Parusieerwartung* und den literarischen Sinn von Mk 9,1 par. ablehnt. Doch auch hier lässt er die Stelle von Mk 9,1 par. nicht einfach unberücksichtigt, sondern er unterzieht sie zuerst in Joh 6 und dann auch in der Textsequenz XXI.B. einer allegorischen Relektüre,

---

[20] Gegen WINDISCH, Johannes.
[21] GENETTE, Palimpseste, 464ff.
[22] Vgl. das Kapitel 3.3.3.
[23] Siehe die Abbildung 4.1 auf S. 173.

die für den versierten Modell-Leser des Johannesevangeliums einen geistigen Sinn
von Mk 9,1 par. etabliert (vgl. Kapitel 4.3 und 4.4). Es ist nicht übertrieben zu sagen,
dass der in der Textsequenz XXI.C erwähnte Modell-Autor ein sehr aufmerksamer
Exeget der Synoptiker ist. Das beweist er auch in dem Epilog seines Evangeliums,
wo er den von Mk 16,7 geöffneten Raum in der Story Jesu füllt, doch im Unterschied zu Mt 28,16–20 auch die Intention des markinischen *open end* respektiert,
die den Modell-Leser nicht zurück in das ‹Galiläa› der realen Welt, sondern zu dem
‹Anfang› des Evangeliums führen will. Man könnte hier noch viele andere Beispiele
nennen, wo die Intertextualität zu einer vertieften Deutung sowohl der johanneischen Erzählung als auch der synoptischen Prätexte führt, das ist aber nicht das
Ziel dieses Kapitels, das vor allem das intertextuelle Verfahren des Johannesevangeliums bezüglich seiner *intentio intertextualitatis*[24] näher bestimmen will.

## 5.2 Die allegorische Relektüre der Synoptiker

Wie am Anfang schon gesagt wurde, haben die im Kapitel 4 durchgeführten Analysen gezeigt, dass es sich bei Johannes und den Synoptikern um eine besondere Art der literarischen Intertextualität handelt, die dem versierten Modell-Leser
einen Überschuss an Bedeutung garantiert und für den einfachen Modell-Leser
kein Hindernis für eine verständnisvolle Lektüre des Johannesevangeliums darstellt, doch das beantwortet noch lange nicht die Frage nach der Intention dieser
intertextuellen Bezüge. Das Johannesevangelium ist aber nicht das einzige literarische Kunstwerk der Welt, das von dieser Art der Intertextualität Gebrauch macht,
und das macht es einfacher, ihre Intention aufzudecken. Die intertextuelle Arbeitsweise, die der Modell-Autor des vierten Evangeliums verwendet, ist in der Literatur
relativ weit verbreitet und entspricht meines Erachtens einer Art Doppelkodierung
(*double coding*),[25] die Umberto Eco *intertextuelle Ironie*[26] nennt und mit folgendem
Beispiel illustriert:

„Anders als allgemeinere Fälle von Doppelkodierung, lädt intertextuelle Ironie, wenn sie
mit den Möglichkeiten einer doppelten Lektüre spielt, nicht alle Leser zum selben Fest ein.
Sie trifft eine Auswahl und bevorzugt die intertextuell versierten Leser, aber sie schließt die
weniger erfahrenen nicht aus. [...] Sie ist wie ein Festmahl, bei dem im Erdgeschoß die Reste
der im Obergeschoß aufgetragenen Speisen verteilt werden, aber nicht die Reste auf den
Tellern, sondern die in den Schüsseln, die gleichfalls gut aufgetragen worden sind, und da
der naive Leser glaubt, es gebe nur ein Fest im Erdgeschoß, genießt er die Speisen als das,
was sie sind (und sie sind alles in allem schmackhaft und reichlich), ohne zu ahnen, daß
jemand anders schon mehr davon gehabt hat."[27]

---

[24] Zum Begriff s. das Kapitel 2.2.3.
[25] Zu diesem Ausdruck von C. Jencks s. Eco, Bücher, 213–214 und vgl. Jencks, Language, 6–8, und
Jencks, Post-Modernism, 14f..
[26] Eco, Bücher, 212–237.
[27] Eco, Bücher, 220 und 235.

Wie man gleich sehen kann, trifft dieses Bild genau auf die im Rahmen dieser Arbeit festgestellte besondere Art der literarischen Intertextualität zwischen Johannes und den Synoptikern zu und es lässt sich leicht auf das Johannesevangeliums übertragen: Im Erdgeschoss können alle Leser seine Lektüre sehr gut genießen, das Obergeschoss mit der *allegorischen Relektüre der Synoptiker* ist aber nur dem intertextuell versierten Leser zugänglich. Besonders zu beachten ist hier aber die für die intertextuelle Ironie charakteristische ‚selige Unwissenheit‘ des einfachen Modell-Lesers im Erdgeschoss und die Tatsache, auf die ich noch gleich zu sprechen komme, dass *einige* Speisen vom Obergeschoss auch im Erdgeschoss verteilt werden, und diese würde ich bei Johannes eher als ‚Appetitanreger‘ und nicht als ‚Reste‘ bezeichnen.

Die Doppelkodierung ist zwar auch ein charakteristisches Merkmal der *postmodernen* Kunstwerke, dies bedeutet aber nicht, das Johannesevangelium sei „a postmodern gospel",[28] sondern wie U. Eco richtig bemerkt, es handelt sich „keineswegs um außergewöhnliche Phänomene, sondern um solche, die in der Geschichte der Kunst und der Literatur nicht selten vorkommen, auch wenn sie sich von Epoche zu Epoche anders erklären lassen."[29] Man denke nur an das Bild, das Origenes für die (allegorische) Lektüre der Heiligen Schrift verwendet, und das dem von U. Eco für die intertextuelle Ironie verwendeten Bild (nicht ohne Grund)[30] frappierend ähnlich ist, freilich mit dem Unterschied, dass das Gebäude von Origenes noch ein Zwischengeschoss hat:

„ἵνα ὁ μὲν ἁπλούστερος οἰκοδομῆται ἀπὸ τῆς οἱονεὶ σαρκὸς τῆς γραφῆς, οὕτως ὀνομαζόντων ἡμῶν τὴν πρόχειρον ἐκδοχήν, ὁ δὲ ἐπὶ ποσὸν ἀναβεβηκὼς ἀπὸ τῆς ὡσπερεὶ ψυχῆς αὐτῆς, ὁ δὲ τέλειος [...] ἀπὸ τοῦ πνευματικοῦ νόμου, σκιὰν περιέχοντος τῶν μελλόντων ἀγαθῶν."[31]

Bei Origenes ernährt sich der einfache Leser im Erdgeschoss von dem „Fleische" der Heiligen Schrift, der fortgeschrittene Leser im Zwischengeschoss von ihrer „Seele" und der versierte Leser im Obergeschoss von dem „geistlichen Gesetz" und die allegorische Lektüre schließt auch hier die einfache (literarische) Lektüre nicht aus.[32] Die intertextuelle Ironie stellt in dieser Hinsicht also zweifelsohne einen *alle-*

---

[28] Counet, John.

[29] Eco, Bücher, 216.

[30] Vgl. Eco, Bücher, 236: „Intertextuelle Ironie liefert säkularisierten Lesern, die keinen spirituellen Sinn mehr im Text suchen, einen intertextuellen Höhersinn. [...] Nicht ernst nehmen würde ich allerdings diejenigen, die nun moralisierend den Schluß zögen, intertextuelle Ironie sei die Ästhetik der Gottlosen. Sie ist eine Technik, die auch von einem Werk aktiviert werden kann, das einen spirituellen Höhersinn inspirieren will oder das sich als hohe moralische Lehre präsentiert oder das von Tod und vom Unendliche zu sprechen weiß."

[31] Origenes, De principiis, IV,2,4: „Der Einfältige soll von dem ‚Fleische‘ der Schrift erbaut werden – so nennen wir die auf der Hand liegende Fassung –, der ein Stück Fortgeschrittene von ihrer ‚Seele‘, und der Vollkommene [...] erbaut sich aus ‚dem geistlichen Gesetz‘, ‚das den Schatten der zukünftigen Güter erhält.‘"

[32] Vgl. auch Martin, Pedagogy, 52: „We should also note that none of these readings, in Origen's view, displaces or negates the others. The spiritual reading does not at all exclude a more literal reading.

*gorischen Modus* dar, der feine Unterschied zwischen dem für die Interpretation der Heiligen Schrift verwendetem Bild von Origenes und der allegorischen Relektüre der Synoptiker im Johannesevangelium liegt aber darin, dass bei Johannes schon dem *einfachen* Modell-Leser im Erdgeschoss *einiges* von der „Seele" und dem „geistlichen Gesetz" (der Synoptiker) aufgetragen wird, was ihm der Modell-Autor (als ein versierter Modell-Leser der Synoptiker) erschließt. Der *versierte* Modell-Leser im Obergeschoss bekommt natürlich *mehr* davon.

Dem vierten Evangelisten liegt aber viel daran, dass *alle Leser* des ‹Wortes› (Joh 1,1) eines Tages auch *versierte Leser* der ‹Bücher› (Joh 21,25) werden, und im Unterschied zu anderen Arten der Doppelkodierung[33] sollte der einfache johanneische Modell-Leser nicht einfach „durch die Maschen des Textes schlüpfen, ohne den Verdacht zu schöpfen, daß der Text bisweilen (oder oft) über sich hinausweist", sondern er sollte irgendwann fragen, woher diese Speisen kommen, und das Erdgeschoss verlassen, und hier stellt die *intertextuelle Ironie* „eine Aufforderung und Einladung zum *Einschluß*" dar, „die stark genug ist, auch den naiven Leser allmählich in einen zu verwandeln, der das Aroma der vielen anderen Texte wahrzunehmen beginnt, die dem, den er liest, vorausgegangen sind."[34] Das vierte Evangelium ist jedoch nicht nur ein Gebäude mit zwei Geschossen, sondern auch ein, das *zweimal* betreten werden muss, damit sich dem Leser seine auf die Relektüre hin angelegte poetische Struktur öffnet,[35] und die zahlreichen Analepsen und Prolepsen sind hier, um ihn zu dieser wiederholten Lektüre einzuladen. Und dies gilt gleichermaßen auch für die intertextuelle Lektüre: Die Zitate, Anspielungen und Echos wollen den versierten Modell-Leser nicht nur zu einer einfachen intertextuellen Lektüre des Johannesevangeliums auf der synoptischen Folie einladen, sondern auch eine *intertextuelle Relektüre* der synoptischen Prätexte auf der Folie der johanneischen Erzählung bewirken, die sich der (initialen) *allegorischen Relektüre der Synoptiker* des Modell-Autors anschließt.[36] In dieser Hinsicht deutet also vor allem der johanneische Text die synoptischen Prätexte um und nicht umgekehrt,[37] (auch wenn die allegorische Relektüre zu einer vertieften Deutung von beiden führt), und diese *intentio intertextualitatis* ist wohl auch der Grund, warum der Modell-Autor schon dem einfachen Modell-Leser im Erdgeschoss einiges von seiner allegorischen Relektüre aufträgt: Er will ihn nicht nur erbauen, sondern auch

---

They are two legitimate meanings of the text that complement one another rather than displace one another."

[33] Siehe das Beispiel der architektonischen Doppelkodierung bei Eco, Bücher, 218f.

[34] Eco, Bücher, 236.

[35] Vgl. den Beitrag von Popp, Kunst, 559f.

[36] Die bei der intertextuellen Relektüre etablierte allegorische Bedeutung wird schließlich aus der initialen (in der poetischen Struktur des Johannesevangeliums verankerten) Bedeutung rekonstruiert, vgl. Kurz, Metapher, 33, und das Merkmal $M_4$ der intertextuellen Arbeitsweise des vierten Evangelisten im Kapitel 4.1.3 auf S. 130.

[37] Das vierte Evangelium könnte man also auch im Bezug auf die Synoptiker als „τὸ πνευματικὸν εὐαγγέλιον" (Klemens von Alexandrien, Hypotyposen, nach Eusebius, Historia ecclesiastica, VI,14,7) bezeichnen.

seine (mögliche) intertextuelle Lektüre und Interpretation der älteren Evangelien steuern.[38]

Mit der klassischen *Ironie*, wenn diese darin besteht, „nicht das Gegenteil der Wahrheit zu sagen, sondern das Gegenteil dessen, wovon man annimmt, daß der Gesprächspartner es für wahr hält",[39] hat dabei die intertextuelle Ironie nur soviel gemeinsam, dass es sich in beiden Fällen um *uneigentliche Rede* handelt, bei der, wenn sie erkannt wird, „Umdeutungsprozesse beim Leser in Gang gesetzt werden."[40] Mit der *johanneischen Ironie*[41] hat die *johanneische intertextuelle Ironie* und hiermit auch die Beziehung des vierten Evangeliums zu den Synoptikern freilich noch etwas mehr gemeinsam. Dies lässt sich gut am Beispiel der Erzählung von Joh 19,2f. erörtern, also einer Szene der johanneischen Passionsgeschichte, die wegen ihrer Ironie bekannt ist:[42] Wenn die Soldaten Jesus einen Kranz aus Dornen aufsetzen, ihm einen purpurroten Mantel umlegen (V. 2) und ihn mit den Worten „χαῖρε ὁ βασιλεὺς τῶν Ἰουδαίων" grüssen (V. 3), handeln sie als Figuren in der erzählten Welt des Evangeliums *ironisch*, denn sie glauben, Jesus sei kein ‹König›, und historisch gesehen haben sie auch recht. Auf der Ebene der Figuren liegt hier also eine klassische Ironie als Handung vor. Die *johanneische Ironie* liegt nun selbstverständlich darin, dass der Modell-Leser weiß, dass Jesus ‹βασιλεὺς τοῦ Ἰσραήλ› ist (Joh 1,49), dessen ‹βασιλεία› nicht ‹ἐκ τοῦ κόσμου τούτου› ist (Joh 18,36).[43] Die johanneische Ironie, die in diesem Fall die ‚falsche Ironie' der Figuren aufdeckt, stellt also *narrativ* eine Ironie „auf zweiter Stufe"[44] dar, deren Pointe sich ganz auf der Ebene des Modell-Lesers/Erzähladressats befindet,[45] dem *intratextuell* die *allegorische Bedeutung*[46] von ‹König› und ‹Königreich› zugänglich ist.[47]

---

[38] Vgl. auch BAUCKHAM, John, 171: „The material we have studied and the conclusions reached provide a strong case for the view that the Fourth Gospel was written, not for a Johannine community isolated from the rest of the early Christian movement, but for general circulation among the churches in which Mark's Gospel was already being widely read."

[39] ECO, Bücher, 234. Wie U. Eco weiter bemerkt (235), wird die klassische Ironie, „wenn der Adressat sich des Spiels nicht bewußt ist, zur bloßen Lüge", die intertextuelle Ironie nicht.

[40] STOCKER, Theorie, 102.

[41] Zur johanneischen Ironie s. DUKE, Irony, O'DAY, Revelation, oder SCHOLTISSEK, Ironie. Die Beobachtung ist aber älter und erfreut sich eines breiten Konsenses, vgl. O'DAY, Mode, 663: „Irony is widely recognized, especially of late, as a common trait of the Fourth Gospel. Martin Luther noted the irony of Pilates's question in John 18:38, 'What is truth?'; and the expression 'characteristic Johannine irony' has become a catch phrase in most commentaries."

[42] Zur Analyse vgl. SCHOLTISSEK, Ironie, 247–249, und die dort zitierte Literatur.

[43] Für einen Leser, der die johanneische Ironie an dieser Stelle nicht bemerkt, bleibt Joh 19,2f. nur ein makaberes Spiel der Soldaten.

[44] In Anspielung auf GENETTE, Palimpseste, (15).

[45] Zur Konzeption der narrativen Ebenen vgl. das Kapitel 3.3

[46] Die allegorische Bedeutung stellt natürlich auch hier die *eigentliche* Bedeutung dar, vgl. die Aspekte der biblischen und späteren christlichen Allegorese im Kapitel 1.3 auf S. 23.

[47] Die dominante Bedeutung auf der Ebene der Figuren ist bei Johannes die historische/literarische Bedeutung und die allegorische Bedeutung, die erst auf höheren Ebenen des literarischen Werkes etabliert wird, ist den Figuren nur ausnahmsweise zugänglich. Dem Modell-Leser/Erzähladressat wird dagegen von dem Modell-Autor/Erzähler *immer* auch der Zugang zu der allegorischen Bedeutung ge-

Die *johanneische intertextuelle Ironie* funktioniert ähnlich,[48] nur mit dem Unterschied, dass die allegorische Bedeutung *intertextuell* etabliert wird und der Modell-Leser *keine falsche Information* bekommt,[49] wenn er die intertextuelle Ironie nicht erkennt, denn in diesem Fall bleibt die an sich richtige (initiale) allegorische Bedeutung des Modell-Autors in Geltung, wenn auch ohne den semantischen Mehrwert der intertextuellen Ironie. So kann der versierte Modell-Leser, der die Erzählung der synoptischen Prätexte Mt 2,1–12/Lk 2,1–20 kennt und über den ‹königlichen› Ursprung Jesu aus dem Hause ‹Davids› weiß, in der Szene von Joh 19,2f. auch die intertextuelle Ironie spüren, die der Modell-Autor schon in Joh 7,42 ins Spiel bringt, wo er „in seinem üblichen ironischen Stil"[50] die Frage erklingen lässt: „οὐχ ἡ γραφὴ εἶπεν ὅτι ἐκ τοῦ σπέρματος Δαυὶδ καὶ ἀπὸ Βηθλέεμ τῆς κώμης ὅπου ἦν Δαυὶδ ἔρχεται ὁ χριστός;" Die intertextuelle Ironie des vierten Evangelisten ist aber auch hier noch etwas tiefgründiger[51] und erschöpft sich nicht in der Pointe, „die Leser wissen doch wohl, was den Leuten nicht bewußt ist: Jesus stammt wirklich aus Davids Geschlecht und ist in Betlehem geboren."[52] Dies würde der johanneische Modell-Autor, der mit Erzählerkommentaren nicht gerade sparsam umgeht, dem Modell-Leser bestimmt sehr gerne direkt mitteilen. Die Tatsache, dass er Joh 7,42 ohne Kommentar lässt, deutet vielmehr darauf hin, dass der Modell-Leser die Antwort in der Erzählung selbst suchen soll. Die Frage von Joh 7,42 hängt nämlich sowohl kontextuell als auch semantisch sehr eng mit der vorher gestellten Frage in Joh 7,41 zusammen: „μὴ γὰρ ἐκ τῆς Γαλιλαίας ὁ χριστὸς ἔρχεται;" und diese kennt der Modell-Leser in einer anderen Variante schon von Joh 1,46, wo Nathanael fragt: „ἐκ Ναζαρὲτ δύναταί τι ἀγαθὸν εἶναι;" Das Johannesevangelium lässt alle diese Aussagen im Hinblick auf ihren historischen/literarischen Sinn gelten (vgl. auch Joh 7,27f.) und setzt sich mit ihnen auf dieser Ebene gar nicht auseinander (vgl. auch Joh 6,42), denn der Modell-Autor will, dass der Modell-Leser die *allegorische Bedeutung* entdeckt, die sowohl bei der intertextuellen Ironie als auch bei der johanneischen Ironie in Joh 19,2f. die *eigentliche* Bedeutung darstellt,[53] und ungeachtet dessen, ob Jesus in ‹Nazaret› oder in ‹Betlehem› geboren wurde, zusammen mit Nathanael bekennen kann: „σὺ βασιλεὺς εἶ τοῦ Ἰσραήλ" (Joh 1,49). Denn wie in seinem Kommentar zu Joh 7,42 auch C. K. Barrett bemerkt: „Der Geburtsort Jesu ist nur eine unbedeutende Angelegenheit im Vergleich zu der Frage, ob er ἐκ τῶν ἄνω oder ἐκ τῶν κάτω (8,23) ist, ob er von Gott kommt oder nicht."[54] Die

---

währt. Wenn also „die Ironie von einer durchschaubaren Diskrepanz zwischen dem, was sie aussagt, und dem, was sie meint, lebt" (SCHOLTISSEK, Ironie, 237), so lebt die johanneische Ironie von der Diskrepanz zwischen diesen narrativen Ebenen und der historischen/literarischen und der allegorischen Bedeutung.

[48] Dies darf produktionsästhetisch gesehen eigentlich kaum überraschen.
[49] ECO, Bücher, 235.
[50] BARRETT, Evangelium, 337.
[51] So auch BARRETT, Evangelium, 337.
[52] SCHENKE, Johannes, 164.
[53] Siehe das Kapitel 1.3 auf S. 23.
[54] BARRETT, Evangelium, 337.

Intention der johanneischen intertextuellen Ironie von Joh 7,42 und Joh 19,2f. ist hiermit klar: Die intertextuelle Ironie deutet im Bezug auf den ‹königlichen› Ursprung Jesu auch die Bedeutung von ‹Betlehem› um und *transvalorisiert* in diesem Sinne für den versierten Modell-Leser die synoptischen Prätexte Mt 2,1–12 und Lk 2,1–20.

Das ist die Art und Weise, wie das Johannesevangelium auch an anderen Stellen der Erzählung[55] mit Hilfe der intertextuellen Ironie die mögliche, um die Jahre 100–125 n. Chr.[56] aber schon doch sehr wahrscheinliche, Lektüre und Interpretation der älteren Evangelien bei seinen Lesern steuert. Dies bedeutet selbstverständlich nicht, dass der *reale* Leser in dem Wald der johanneischen Intertextualität allen Pfaden folgen muss(te), die wir im Rahmen dieser Arbeit zusammen mit dem versierten Modell-Leser beschritten haben, und auch nicht, dass alle diese Pfade dem *realen* Autor bekannt waren, der diesen Wald vor knapp zweitausend Jahren pflanzte. Der Wald der Intertextualität wächst mit der intertextuellen Kompetenz der Leser und „[w]enn man sich auf die Suche nach verborgenen Anspielungen macht, ist es schwer zu sagen, ob der Autor recht hat, der nichts von ihnen wußte, oder der Leser, der sie gefunden hat."[57] Der Autor schrieb sein Evangelium aber auf eine Weise, die nicht nur eine intertextuelle Lektüre ermöglicht und zu ihr einlädt, sondern die darüber hinaus bei keinem der drei älteren Evangelien eine direkte ‚diskurssemantische Kollision' verursacht – vielmehr führt der Autor den Leser immer sehr behutsam zu einer allegorischen Deutung der Prätexte und diese Deutung lässt nicht selten auf seine Kenntnis aller drei synoptischen Evangelien schließen. Dies geschieht zweifelsohne intentional und spricht dafür, dass das Johannesevangelium nicht nur ‹ein Buch› ist (Joh 20,30), das von seinen Lesern eine wiederholte Lektüre (Relektüre) erfordert, sondern das auch ‹Bücher›-Leser im Blick hat (Joh 21,25), die wissen, dass „πολλὰ μὲν οὖν καὶ ἄλλα σημεῖα ἐποίησεν ὁ Ἰησοῦς ἐνώπιον τῶν μαθητῶν [αὐτοῦ], ἃ οὐκ ἔστιν γεγραμμένα ἐν τῷ βιβλίῳ τούτῳ" (Joh 20,30).

Historisch lässt sich meines Erachtens das Bild, das sich aus den Analysen im Kapitel 4 ergibt, nur so erklären, dass die *drei* synoptischen Evangelien dem realen Autor des Johannesevangeliums nicht nur geläufig bekannt waren – etwa über eine Art der sekundären Oralität,[58] sondern ihm mit großer Wahrscheinlichkeit *schriftlich* vorlagen, und dass sich der reale Autor des Johannesevangeliums als ein aufmerksamer Exeget der Synoptiker vor allem sehr gut ihrer *Unterschiede* bewusst war. Der Grund für sein intertextuelles Schreiben und die allegorische Relektüre der Synoptiker könnte dann in diesem Fall auf eine ähnliche Schlussfolgerung zurückgeführt werden, die später im Hinblick auf die vier Evangelien und ihre Unterschiede in seinem Johanneskommentar auch Origenes zieht, und zwar, dass „τὴν

---

[55] Siehe die Analysen im Kapitel 4.
[56] Zur Datierung s. das Kapitel 3.2.
[57] Eco, Bücher, 230.
[58] Zum Problem vgl. auch das Kapitel 1.2.

περὶ τούτων ἀλήθειαν ἀποκεῖσθαι ἐν τοῖς νοητοῖς."[59] Zusammenfassend lässt sich über Johannes und die Synoptiker jedenfalls dasselbe sagen, was man auch über Paul Gauguin und Vincent van Gogh und ihre schon oben erwähnten Bilder des *Cafés* in Arles[60] sagen kann: Man kann gewiss *nicht* sagen, dass Paul Gauguin in seinem Bild Vincent van Gogh ,kopiert', dafür sind beide Bilder zu unterschiedlich, doch er malt sein Bild, auch wenn er vor Augen dasselbe Café im französischen Arles im Herbst 1888 hat, im ,*Gespräch*' mit Vincent van Gogh. Dank dieser Tatsache kann der versierte Betrachter trotz der unterschiedlichen Perspektive und der neuen Figuren, die das Bild von Paul Gauguin enthält, nicht nur das *Café* in Arles leicht erkennen und es mit dem Bild von Vincent van Gogh vergleichen, sondern vor allem von dem ,Gespräch' dieser beiden Künstler profitieren – und das ist sicherlich viel wertvoller als nur die Betrachtung der Gemeinsamkeiten und Unterschiede beider Bilder. Auf diese Art und Weise schreibt auch Johannes sein Evangelium im ,Gespräch' mit den älteren Evangelien und auch wenn er die ‹Geschichte des Jesus von Nazaret› aus einer anderen Perspektive betrachtet und in seiner Erzählung viele neue Figuren einführt, kann der versierte Modell-Leser in seinem Buch nicht nur leicht ein *Evangelium* erkennen, das dieselbe ‹Story Jesu› erzählt,[61] und es mit den Synoptikern vergleichen, sondern vor allem beim Lesen dem *intertextuellen* ,*Gespräch*' des vierten Evangelisten mit den anderen Evangelisten zuhören – und das ist bestimmt auch hier das Wertvollste.

---

[59] Origenes, Commentarii in Ioh, X,3,10: „die Wahrheit, auf die es bei diesen Ereignissen ankommt, in ihrem geistigen Sinn (ἐν τοῖς νοητοῖς) liegt." In dieser Hinsicht würde also die *Lösung* des Origenes der *Intention* des Johannes entsprechen.

[60] Vgl. die Besprechung der Bilder im Kapitel 5.1 auf S. 299f.

[61] Zur Architextualität des Johannesevangeliums vgl. meinen älteren Beitrag STUDENOVSKÝ, Weg, und hier die Kapitel 3.2.3 und 3.3.3.

# Anhänge

## A  Johanneische Zeit- und Ortsangaben

Tabelle: *Übersicht der wichtigsten Zeit- und Ortsangaben bei Johannes. Die Σ gibt die Zahl der Verse an, zu den topographischen Abkürzungen vgl. das Kapitel 3.3.3 auf S. 117.*

| Johannes | Σ | Zeitangaben | Ortsangaben | Abk. | Szene/Handlung |
|---|---|---|---|---|---|
| 1,1–18 | 18 | (im Anfang) | (bei Gott) | ∅ | der Prolog (Zeit- und ortlos) |
| 1,19–28 | 10 | 1. Tag | Betania, jenseits des Jordans, wo Johannes taufte | J-Jo (Be) | Johannes der Täufer |
| 1,29–34 | 6 | 2. Tag | | | Zeugnis des Täufers |
| 1,35–42 | 8 | 3. Tag | | | Berufung der ersten Jünger |
| 1,43–51 | 9 | 4. Tag | | | |
| 2,1–11 | 11 | am dritten Tag | Kana in Galiläa | G-Kan | die Hochzeit in Kana |
| 2,12 | 1 | nicht viele Tage | Kafarnaum | G-Kaf | Kafarnaum |
| 2,13–25 | 13 | Passafest | Jerusalem (Tempel) | J-Je | Tempelreinigung |
| 3,1–21 | 21 | eine Nacht | | | das Gespräch mit Nikodemus |
| 3,22–36 | 15 | danach | Änon bei Salim, wo Johannes taufte | J-Jo | Johannes und Jesus |
| 4,1–42 | 42 | wie nun Jesus erfuhr + 2 Tage | Samarien (Jakobsbrunnen, Sychar) | S | das Gespräch am Jakobsbrunnen |
| 4,43–45 | 3 | nach zwei Tagen | Galiläa | G | der Prophet in seiner Heimat |
| 4,46–54 | 9 | | Kana in Galiläa Kafarnaum | G-Kan G-Kaf | der Hauptmann von Kafarnaum |
| 5,1–47 | 47 | Fest der Juden (Sabbat) | Jerusalem (Teich Betesda, Tempel) | J-Je | die Heilung am Teich Betesda am Sabbat |

| Johannes | Σ | Zeitangaben | Ortsangaben | Abk. | Szene/Handlung |
|---|---|---|---|---|---|
| 6,1–15 | 15 | Passafest | am See von Galiläa, von Tiberias (Berg) | G-See | die wunderbare Speisung der 5000 |
| 6,16–21 | 6 | als Abend wurde | (See) | | der Seewandel Jesu |
| 6,22–71 | 50 | am folgenden Tag | Kafarnaum (Synagoge) | G-Kaf | das Brot vom Himmel |
| 7,1–10 | 10 | danach (Laub-hüttenfest) | Galiläa | G | der Weg nach Jerusalem |
| 7,11–52 8,12–59 | 90 | Laubhüttenfest | Jerusalem (Tempel, Schatzkammer) | | Jesus in Jerusalem, Streitgespräche mit Juden |
| 9,1–10,21 | 62 | Sabbat | (Teich Siloach) | J-Je | die Heilung eines Blinden am Sabbat, der gute Hirte |
| 10,22–39 | 18 | Tempelweihfest (Winter) | (Tempel, die Halle Salomons) | | ein Streitgespräch mit Juden |
| 10,40–42 | 3 | (dann) | jenseits des Jordans, wo Johannes taufte | J-Jo (Be?) | Johannes hat kein Zeichen getan |
| 11,1–52 | 52 | 4–6 Tage | Betanien (im Dorf, am Grab) | J-Be | der Tod und die Auferweckung des Lazarus |
| 11,53–54 | 2 | seit jenem Tage | Efraim, nahe der Wüste | J | die Flucht Jesu in die Wüste |
| 11,55–12,11 | 14 | Passafest (sechs Tage vor dem Fest) | Betanien (im Haus) | J-Be | die Salbung in Betanien |
| 12,12–50 | 39 | am folgenden Tag | Jerusalem | | der Einzug in Jerusalem, Griechen |
| 13–14, 15–17 | 155 | | (Raum, unter dem Himmel) | | die Fußwaschung, das letzte Mahl, Abschiedsreden Jesu |
| 18,1–12 | 12 | die Nacht vor dem Passafest | (Garten) | | Gefangennahme Jesu |
| 18,13–27 | 15 | | (im Hof des Hohenpriesters) | | Jesus vor Hannas (und Kajaphas) |
| 18,28–19,16a | 29 | (früh am Morgen) | (vor und im Prätorium) | J-Je | Jesus vor Pilatus |
| 19,16b–42 | 26 | der Rüsttag (die Stunde Jesu) | (Golgotha, das Grab im Garten) | | die Kreuzigung und Beerdigung Jesu |

| Johannes | Σ | Zeitangaben | Ortsangaben | Abk. | Szene/Handlung |
|---|---|---|---|---|---|
| 20,1–18 | 18 | am ersten Tag der Woche (frühmorgens) | (im Garten am Grab) | | das leere Grab, die Erscheinung vor Maria aus Magdala |
| 20,19–23 | 5 | (am Abend) | (im Haus) | | die Erscheinung vor den Jüngern |
| 20,24–29 | 6 | nach acht Tagen | (im Haus) | | die Erscheinung vor Thomas |
| 20,30–31 | 2 | | | | das Buch |
| 21,1–23 | 23 | danach (eine Nacht, am Morgen) | am See von Galiläa, von Tiberias | G-See | die Erscheinung am See, das Gespräch mit Petrus |
| 21,24–25 | 2 | | | | der Modell-Autor |

# B  Johannes und die Synoptiker

Tabelle: *Übersicht der wichtigsten Parallelen zwischen Johannes und den Synoptikern in Anlehnung an die SQE[15] – für eine vollständige Übersicht zum Wirken Jesu in Galiläa bei Johannes (G) vgl. die Synopsen im Kapitel 4.*

| Ort | Erzählung | Joh | Mt | Mk | Lk |
|-----|-----------|-----|-----|-----|-----|
| ∅ | Der Prolog | 1,1–18 | | 1,1–15 | |
| J | Johannes der Täufer | 1,19–23 | 3,1–6 | 1,2–6 | 3,1–6 |
| J | Das erste Zeugnis des Täufers für Jesus | 1,24–28 | 3,11–12 | 1,7–8 | 3,15–18 |
| J | Die Anspielung auf die Taufe Jesu | 1,29–34 | 3,13–17 | 1,9–11 | 3,21–22 |
| J | Die Berufung der | 1,35–51 | 4,18–22 | 1,16–20 | 5,1–11 |
| | ersten Jünger | 1,42 | 16,17–18 | 3,16 | 6,14 |
| G | Die Hochzeit in | 2,1–11 | 9,14–17 | 2,18–22 | 5,33–39 |
| | Kana | [3,29] | 11,18–19 | | 7,33–34 |
| G | Kafarnaum | 2,12 | 4,13 | 1,21 | 4,23.31 |
| J | Das Passafest in | 2,13–25 | 21,12–13 | 11,15–17 | 19,45–46 |
| | Jerusalem und die Tempelreinigung | | 21,23–27 | 11,27–33 | 20,1–8 |
| J | Das Gespräch mit Nikodemus | 3,1–21 | | | |
| J | Das letzte Zeugnis | 3,22–36 | | | |
| J | des Täufers für Jesus | 3,24 | 4,12 | 1,14 | 3,20 |
| S | Jesus in Samarien | 4,1–42 | | | |
| G | Der Prophet in | 4,43–45 | 13,54–58 | 6,1–6a | 4,16–31a |
| | seiner Heimat | [6,42] | 13,55 | 6,3 | 4,22 |
| G | Der Hauptmann von | 4,46–54 | 8,5–13 | | 7,1–10 |
| | Kafarnaum | 4,46 | 8,5 | 2,1 | 7,1 |
| J | Die Heilung am Teich Betesda | 5,1–18 | | | |
| J | Jesu Rede über seine Vollmacht | 5,19–47 | | | |
| G | Die wunderbare | 6,1–15 | 14,13–21\| | 6,32–44\| | 9,10b–17 |
| | Speisung | | 15,29–39 | 8,1–9 | |
| G | Der Seewandel Jesu | 6,16–21 | 14,22–23 | 6,45–52 | |
| G | Die Rede über das | 6,22–59 | 15,1–11\| | 7,1–15\| | 11,37–54 |
| | Brot vom Himmel in | | 16,1–4 | 8,11–13 | |
| | Kafarnaum | 6,17.24.59 | 11,23/17,24 | 9,33 | 10,15 |

| Ort | Erzählung | Joh | Mt | Mk | Lk |
|---|---|---|---|---|---|
| G | Die Reaktion der | 6,60–71 | 15,12–20\| | 7,17–23\| | 9,18–22 |
| | Jünger und das | | 16,5–23 | 8,14–21.27–33 | |
| | Petrusbekenntnis | 6,67–69 | 16,13–20 | 8,27–30 | 9,18–21 |
| G | Der Weg nach Jerusalem | 7,1–10 | 17,22/19,1 | 9,30/10,1 | 9,51 |
| J | Jesus im Tempel beim Laubhüttenfest | 7,11–52 | | | |
| J | Das Licht der Welt | 8,12–20 | | | |
| J | Die Herkunft Jesu | 8,21–29 | | | |
| J | Die wahren Kinder Abrahams | 8,30–59 | | | |
| J | Die Heilung eines Blinden am Sabbat | 9,1–41 | | | |
| J | Der gute Hirte | 10,1–21 | | | |
| J | Das Streitgespräch beim Tempelweihfest | 10,22–42 | | | |
| J | Die Auferweckung des Lazarus und der | 11,1–44 | | | 16,19–31 |
| J | Tötungsbeschluss | 11,45–57 | 26,1–5 | 11,18 | 19,47–48 |
| | des Hohen Rates | | | 14,1–2 | 22,1–2 |
| J | Die Salbung in Betanien | 12,1–11 | 26,6–13 | 14,3–9 | 7,36–50 |
| J | Der Einzug in Jerusalem | 12,12–19 | 21,1–9 | 11,1–10 | 19,28–40 |
| J | Jesus kündigt seinen | 12,20–36 | | | |
| | eigenen Tod an | 12,25 | 16,25 | 8,35 | 9,24 |
| J | Der Unglaube der Juden | 12,37–50 | | | |
| J | Die Fußwaschung, | 13,1–14,31 | 26,20–35 | 14,17–31 | 22,14–39a |
| | das letzte Mahl und | 13,21–30 | 26,21–25 | 14,18–21 | 22,21–23 |
| | die Voraussage von | 13,36–38 | 26,30–35 | 14,26–31 | 22,31–34 |
| | Petrus Verleugnung | 14,31b | 26,30 | 14,26 | 22,39a |
| J | Die Fortsetzung der | 15,1–16,33 | | | |
| | Abschiedsreden im | 15,1 | 26,31 | 14,27 | |
| | Freien | 15,1–11 | 26,29 | 14,25 | 22,18 |
| J | Das Gebet Jesu | 17,1–26 | | | |
| J | Die Verhaftung Jesu | 18,1–12 | 26,36–56 | 14,32–52 | 22,39–53 |
| | im Garten | [12,27] | 26,36–46 | 14,32–42 | 22,39–46 |
| J | Das Verhör vor dem | 18,13–24 | 26,57–68 | 14,53–65 | 22,54–55 |
| | Hohenpriester | | | | 22,63–71 |
| J | Die Verleugnung durch Petrus | 18,25–27 | 26,69–75 | 14,66–72 | 22,56–62 |
| J | Das Verhör vor | 18,28– | 27,1–2 | 15,1–20a | 23,1–5 |
| | Pilatus | 19,16a | 27,11–31a | | 23,13–25 |

| Ort | Erzählung | Joh | Mt | Mk | Lk |
|-----|-----------|-----|-----|-----|-----|
| J | Die Kreuzigung | 19,16b–27 | 27,31b–37 | 15,20b–26 | 23,26–34 |
|   |  | 19,25 | 27,55–56 | 15,40–41 | 23,49 |
| J | Der Tod Jesu | 19,28–37 | 27,45–54 | 15,33–39 | 23,44–48 |
| J | Das Begräbnis | 19,38–42 | 27,57–61 | 15,42–47 | 23,50–56 |
| J | Das leere Grab und | 20,1–18 | 28,1–10 | 16,1–8 | 24,1–12 |
|   | die Erscheinung Jesu vor Maria aus Magdala | 20,11–18 | 28,9–10 |  |  |
| J | Die Erscheinung Jesu in Jerusalem | 20,19–29 |  |  | 24,36–49 |
|   | Das Buch | 20,30–31 |  |  |  |
| G | Die Erscheinung | 21,1–14 | 28,7.10 | 16,7 | 24,6.13–35 |
|   | Jesu in Galiläa |  | 28,16–20 | ↓ | 24,41–43 |
|   |  |  | 4,18–22 | 1,16–20 | 5,1–11 |
| G | Das Gespräch mit Petrus | 21,15–23 |  |  |  |
|   | Der Modell-Autor | 21,24–25 |  |  |  |

# C Graphische Zusammenfassung

Abbildung: *Die Verteilung der Textsequenzen des Wirkens Jesu in Galiläa bei Johannes und den Synoptikern. „II. …Ⓐ…" entspricht der Textsequenz II.A. und analog, und diese dem Text in der folgenden Orientierungstabelle (für eine vollständige Übersicht vgl. die Synopsen im Kapitel 4):*

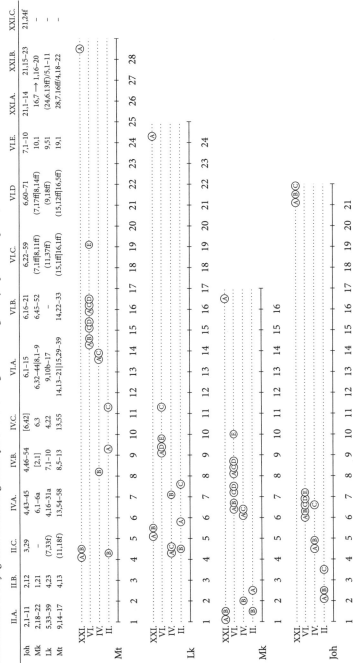

# Literaturverzeichnis

## Quellen, Corpora und Hilfsmittel

[Accordance] Accordance® Bible Software, Version 8.4, Scholar's Collection 8 DVD, OakTree Software 2003–2010, http://www.accordancebible.com [15. Juni 2012].

[BHS⁵] Biblia Hebraica Stuttgartensia, hg. v. K. Elliger/W. Rudolph u. a., Stuttgart (1967/77) ⁵1997. Biblia Hebraica Stuttgartensia, hg. v. K. Elliger/W. Rudolph u. a., Stuttgart (1967/77) ⁵1997 [nur text]/Groves-Wheeler Westminster Hebrew Morphology, A. Groves/D. Wheeler u. a. (Hgg.), Westminster Theological Seminary 1994, in: Accordance.

[BWb⁶] W. Bauer, Griechisch-deutsches Wörterbuch zu den Schriften des Neuen Testaments und der frühchristlichen Literatur, hg. v. K. Aland/B. Aland, Berlin u. a. ⁶1988.

[Deissmann, Licht] A. Deissmann, Licht vom Osten. Das Neue Testament und die neuentdeckten Texte der hellenistisch-römischen Welt, Tübingen (1908) ⁴1923.

[DNP] Der Neue Pauly. Enzyklopädie der Antike, hg. v. H. Cancik/H. Schneider/M. Landfester, 16 Bde., Stuttgart 1996–2003. New Pauly Online. Encyclopaedia of the Ancient World, hg. v. H. Cancik/H. Schneider/M. Landfester, Leiden u. a. 2005, http://www.paulyonline.brill.nl [15. Juni 2012].

[dotplot] The Perl Program dot_plot.pl, written by M. Hepple, University of Sheffield 2000, in: P. D. Clough, Homepage of Paul Clough, University of Sheffield 1999–2002, http://ir.shef.ac.uk/cloughie/programs/ [15. Juni 2012].

[EAT] G. R. Kiss u. a., An Associative Thesaurus of English and Its Computer Analysis, in: A. J. Aitken/R. W. Bailey/N. Hamilton-Smith (Hgg.), The Computer and Literary Studies, Edinburgh 1973, 153–166. The Edinburgh Associative Thesaurus (EAT), Science and Technology Facilities Council 1994–2007, http://www.eat.rl.ac.uk [15. Juni 2012].

[EvJud] Das Evangelium des Judas aus dem Codex Tchacos, hrsg. v. R. Kasser/M. Meyer/G. Wurst, Wiesbaden 2006. Projektseite: National Geographic. The lost Gospel of Judas, http://www.nationalgeographic.com/lostgospel/ [15. Juni 2012]. Brankaer/Bethge, Codex, 255–372.

[EvThom] ΕΥΑΓΓΕΛΙΟΝ ΚΑΤΑ ΘΩΜΑΝ. The Apocryphal Gospels. Electronic text prepared by C. A. Evans, Acadia Divinity College, Wolfville, Nova Scotia, Canada/Morphologically tagged by R. A. Koivisto, Multnomah University, Portland, Oregon, USA, in: Accordance. Lührmann, Fragmente, 106–131. NTApo⁶, I, 93–113. Das Evangelium nach Thomas (NHC II,2), hrsg. v. J. Schröter/H.-G. Bethge, in: H.-M. Schenke/H.-G. Bethge/U.-U. Kaiser (Hgg.), Nag Hammadi Deutsch. Studienausgabe. Eingeleitet und übersetzt von Mitgliedern des Berliner Arbeitskreises für Koptisch-Gnostische Schriften, Berlin/New York (2007) ²2010, 124–139.

[fsconcordance] The Perl Program fsconcordance.pl, written by M. W. Wong, University of Pennsylvania 1995, in: Humanist. Humanist Discussion Group 15/49 (2001), http://lists.village.virginia.edu/lists_archive/Humanist/v15/0048.html [15. Juni 2012].

[GNT⁴] The Greek New Testament, hg. v. B. Aland/K. Aland u. a., Stuttgart ⁴1993.

[Hühn, Handbook] P. Hühn u. a. (Hgg.), Handbook of Narratology, Narratologia 19, Berlin/New York 2009. Erweiterte elektronische Version: P. Hühn u. a (Hgg.), The Living Handbook of Narratology, Hamburg 2011, http://hup.sub.uni-hamburg.de/lhn/ [15. Juni 2012].

[Infomap] Infomap NLP Software, Version 0.8.6, developed by the Center for the Study of Language and Information (CSLI) at the Stanford University 2004–2006, http://www-csli.stanford.edu [15. Juni 2012]. Download: http://infomap-nlp.sourceforge.net [15. Juni 2012].

[JER]  Neue Jerusalemer Bibel. Einheitsübersetzung mit dem Kommentar der Jerusalemer Bibel. Neu bearbeitete und erweiterte Ausgabe, hrsg. v. A. Deissler/A. Vögtle in Verbindung mit J. M. Nützel, Freiburg u. a. 1985.

[KHM]  Brüder Grimm. Kinder- und Hausmärchen. Nach der Großen Ausgabe von 1857, textkritisch revidiert, kommentiert und durch Register erschlossen, 4 Bde. (Erster band: Märchen Nr. 1–60, Zweiter Band: Märchen Nr. 61–144, Dritter Band: Märchen Nr. 145–200, Vierter Band: Nachweise und Kommentare. Literaturverzeichnis), hrsg. v. H. J. Uther, München 1996.

[KJV]  The Holy Bible. Authorized King James Version, Oxford 2010.

[Lausberg, Handbuch]  H. Lausberg, Handbuch der literarischen Rhetorik. Eine Grundlegung der Literaturwissenschaft, Stuttgart [3]1990.

[LLT]  Library of Latin Texts (LLT), Series A/B, P. Tombeur (Hg.), Université Catholique de Louvain, Centre Traditio Litterarum Occidentalium (CTLO), (Brepols) Turnhout 2011, http://apps.brepolis. net/BrepolisPortal/ [15. Juni 2012].

[Louw/Nida]  J. P. Louw/E. A. Nida, Greek-English Lexicon of the New Testament Based on Semantic Domains, 2 Bde., New York (1988) [2]1989, in: Accordance.

[Lührmann, Fragmente]  D. Lührmann (Hg.), Fragmente apokryph gewordener Evangelien in griechischer und lateinischer Sprache, MThSt 59, Marburg 2000.

[LUTH]  Die Bibel nach der Übersetzung Martin Luthers in der revidierten Fassung von 1984, Stuttgart 1985.

[LXX[9]]  Septuaginta. Id est Vetus Testamentum graece iuxta LXX interpretes, hg. v. A. Rahlfs, Stuttgart (1935) [9]1982. Septuaginta. Id est Vetus Testamentum graece iuxta LXX interpretes, hg. v. A. Rahlfs, Stuttgart (1935) [9]1971 [nur text], in: TLG. Septuaginta. Id est Vetus Testamentum graece iuxta LXX interpretes, hg. v. A. Rahlfs, Stuttgart (1935) [9]1971[nur text]/Greek Morphology and Lemma Database, R. A. Kraft u. a., University of Pennsylvania [2]1991, in: Accordance.

[Matlab]  Matlab* Version 7.10, Release 2010b, The MathWorks 1984–2010, http://www.mathworks. com [15. Juni 2012].

[Metzger, Commentary]  B. M. Metzger, A Textual Commentary on the Greek New Testament, Stuttgart/New York (1971) [2]1994, in: Accordance.

[MITECS]  The MIT Encyclopedia of the Cognitive Sciences (MITECS), R. A. Wilson/F. C. Keil (Hgg.), Cambridge 2001, http://cognet.mit.edu/MITECS/ [15. Juni 2012].

[NA[27]]  Nestle-Aland, Novum Testamentum Graece, hg. v. B. Aland/K. Aland u. a., Stuttgart (1898) [27]1993. Nestle-Aland, Novum Testamentum Graece, hg. v. B. Aland/K. Aland u. a., Stuttgart (1898) [27]1993 [nur text]/Grammatical tagging, W. D. Mounce/R. A. Koivisto 2003, in: Accordance. Digital Nestle-Aland Prototype, Institut für neutestamentliche Textforschung der Universität Münster 2003–2010, http://nestlealand.uni-muenster.de [15. Juni 2012].

[NTApo[6]]  W. Schneemelcher (Hg.), Neutestamentliche Apokryphen I. Evangelien, Tübingen (1990) [6]1999. W. Schneemelcher (Hg.), Neutestamentliche Apokryphen II. Apostolisches, Apokalypsen und Verwandtes, Tübingen (1997) [6]1999.

[NW I/1.1]  Neuer Wettstein. Texte zum Neuen Testament aus Griechentum und Hellenismus, Bd. I/1.1. Texte zum Markusevangelium, hg. v. U. Schnelle unter Mitarb. v. M. Labahn u. M. Lang, Berlin 2008.

[NW I/2]  Neuer Wettstein. Texte zum Neuen Testament aus Griechentum und Hellenismus, Bd. I/2. Texte zum Johannesevangelium, hg. v. U. Schnelle unter Mitarb. v. M. Labahn u. M. Lang, Berlin 2001.

[NW II/1.2]  Neuer Wettstein. Texte zum Neuen Testament aus Griechentum und Hellenismus, Bd. II/1.2. Texte zur Briefliteratur und zur Apokalypse, hg. v. G. Strecker/U. Schnelle unter Mitarb. v. G. Seelig, Berlin 1996.

[Perseus]  The Perseus Digital Library, Perseus 4.0, G. R. Crane (Hg.), Tufts University 1995–2011, http://www.perseus.tufts.edu [15. Juni 2012].

[QL]  Quantitative Linguistik/Quantitative Linguistics. Ein Internationales Handbuch/An International Handbook, hg. v. R. Köhler/G. Altmann/R. G. Piotrowski, Hanbücher zur Sprach- und Kommunikationswissenschaft/Handbooks of Linguistics and Communication Science/Manuels de linguistique et sciences de communication (HSK) 27, Berlin u. a. 2005.

[RLW]  Reallexikon der deutschen Literaturwissenschaft. Neubearbeitung des Reallexikons der deutschen Literaturgeschichte, 3 Bde., hg. v. K. Weimar/H. Fricke/K. Grubmüller, Berlin u. a. 1997–2003.

[SAGNT]  S. Porter/M. B. O'Donnell/J. T. Reed, The OpenText.org Syntactically Analyzed Greek New Testament, Logos Research Systems 2006. The OpenText.org Project, 1998–2005, http://www.opentext.org [15. Juni 2012].

[Segert/Bažantová/Řehák, Rukopisy]  Rukopisy od Mrtvého moře: hebrejsko-česky [Die Schriftrollen vom Toten Meer: Hebräisch-Tschechisch], übers. u. hg. v. S. Segert/Š. Bažantová/R. Řehák, eingel. v. S. Segert/J. Dušek, Knihovna antické tradice [Bibliothek der antiken Tradition] 4, Praha 2007.

[SOM]  SOM Toolbox for Matlab® 5, Version 2.0, developed by SOM Toolbox Team at the Laboratory of Computer and Information Science at the Aalto University (Helsinki University of Technology) 2000–2005, http://www.cis.hut.fi/projects/somtoolbox/ [15. Juni 2012].

[SQE[15]]  Synopsis Quattuor Evangeliorum. Locis parallelis evangeliorum apocryphorum et patrum adhibitis, hg. v. K. Aland, Stuttgart (1963) [15]1996. Synopsis of the Four Gospels, Greek-English edition of the Synopsis Quattuor Evangeliorum, hg. v. K. Aland, Stuttgart (1972) [10]1993 [nur text]/Electronic database, D. Lang 1999, in: Accordance.

[TLG]  Thesaurus Linguae Graecae (TLG®) Digital Library, CD-ROM (E), TLG® University of California, Irvine 2000. Online TLG® Digital Library, TLG® University of California 2001–2011, http://www.tlg.uci.edu/ [15. Juni 2012]. Verzeichnis der in TLG® enthaltenen Autoren und Werke: L. Berkowitz/K. A. Squitier, Thesaurus Linguae Graecae. Canon of Greek Authors and Works, Oxford [3]1990.

[TMG]  Text to Matrix Generator (TMG) Toolbox for Matlab®, Version 5.0, developed by D. Zeimpekis/E. Gallopoulos at the Computer Engineering and Informatics Department at the University of Patras 2006–2011, http://scgroup20.ceid.upatras.gr:8000/tmg/ [15. Juni 2012].

[VApS 115]  Päpstliche Bibelkommission, Die Interpretation der Bibel in der Kirche. Ansprache Seiner Heiligkeit Johannes Paul II. und Dokument der Päpstlichen Bibelkommission, Verlautbarungen des Apostolischen Stuhls (VApS) 115, (23. April 1993) [2]1996.

[Wettstein, ΔΙΑΘΗΚΗ]  J. J. Wettstein, H ΚΑΙΝΗ ΔΙΑΘΗΚΗ/Novum Testamentum Graecum, 2 Bde., (Amsterdam 1751/1752) Graz 1962.

# Antike Autoren

[Archimedes, Dimensio circuli]  Archimedes, ΚΥΚΛΟΥ ΜΕΤΡΗΣΙΣ/Dimensio circuli, in: Archimedis opera omnia cum commentariis Eutochii, hrsg. v. J. L. Heiberg, Bibliotheca Teubneriana, Bd. 1, Leipzig 1880, 257–271. Les œuvres d'Archimède, hrsg. v. C. Mugler, Bd. 1, Paris 1970, 138–143, in: TLG.

[Aristoteles, Poetica]  Aristoteles, ΠΕΡΙ ΠΟΙΗΤΙΚΗΣ/Die Poetik, Griechisch/Deutsch, übers. u. hg. v. M. Fuhrmann, Reclam UB 7828, Stuttgart (1982) 1994. Aristoteles. De arte poetica liber, SCBO, hg. v. R. Kasser, Oxford (1965) [2]1966, in: Perseus, [3]1968 in: TLG.

[Augustinus, De civitate Dei]  Sancti Aurelii Augustini episcopi De civitate Dei libri XXII, hrsg. v. B. Dombart/A. Kalb, 2 Bde., BSGRT, (Leipzig 1928/1929) Stuttgart [5]1981. Des heiligen Kirchenvaters Aurelius Augustinus zweiundzwanzig Bücher über den Gottesstaat, übers. v. A. Schröder, BKV[1] 1, 16, 28, Kempten/München 1911–1916.

[Augustinus, De consensu evangelistarum]  S. Aureli Augustini De consensu evangelistarum libri quattuor, hrsg. v. F. Weihrich, CSEL XXXXIII, Wien 1904. St. Augustin. The Harmony of the Gospels, hrsg. v. P. Schaff u. H. Wace, NPNF 1st Series VI, New York u. a. 1888.

[Augustinus, De Genesi ad litteram]  S. Aureli Augustini De Genesi ad litteram libri duodecim, hrsg. v. J. Zycha, CSEL XXVIII.1, Wien 1894. Aurelius Augustinus. Über den Wortlaut der Genesis. De Genesi ad litteram libri duodecim. Der große Genesiskommentar in zwölf Büchern. Zum ersten Mal in deutscher Sprache von Carl Johann Perl, 2 Bde., Paderborn 1961/1964.

[Augustinus, De quantitate animae]　S. Aurelii Augustini Hipponensis episcopi De quantitate animae liber unus, hrsg. v. J.-P. Migne, Patrologiae cursus completus. Series Latina, PL 32, Paris 1877, 1035–1080, in: LLT.

[Augustinus, Tractatus in Ioh]　Sancti Aurelii Augustini in Johannis Evangelium Tractatus CXXIV, hrsg. v. R. Willems, CChr.SL 36, Turnhout 1954, in: LLT, Series A. Des heiligen Kirchenvaters Aurelius Augustinus Vorträge über das Evangelium des hl. Johannes, übers. und mit einer Einleitung versehen v. T. Specht, BKV$^1$ 8, 11, 19, Kempten/München 1913–1914.

[Dio Chrysostomus, ΟΛΥΜΠΙΚΟΣ]　Dion von Prusa, ΟΛΥΜΠΙΚΟΣ Η ΠΕΡΙ ΤΗΣ ΠΡΩΤΗΣ ΤΟΥ ΘΕΟΥ ΕΝΝΟΙΑΣ/Olympische Rede oder über die erste Erkenntnis Gottes, eingeleitet, übersetzt und interpretiert von H.-J. Klauck. Mit einem archäologischen Beitrag von B. Bäbler, TzF. SAPERE 2, Darmstadt (2000) $^2$2002.

[Dio Chrysostomus, Orationes]　Dionis Prusaensis quem vocant Chrysostomum quae exstant omnia, hrsg. v. J. von Arnim, 2 Bde., Berlin (1893/1896) $^2$1962, in: TLG. W. Elliger (Hg.), Dion Chrysostomos. Sämtliche Reden, BAW.GR, Zürich u. a. 1967.

[Epictetus, Dissertationes ab Arriano digestae]　Epicteti dissertationes ab Arriano digestae, hrsg. v. H. Schenkl, Leipzig (1916) 1965, 7–454, in: TLG. J. G. Schulthess/R. Mücke (Hgg.), Epiktet. Was von ihm erhalten ist nach den Aufzeichnungen Arrians, Heidelberg 1926.

[Euklid, Elemente]　Euklid, ΣΤΟΙΧΕΙΑ, Euclidis opera omnia, hrsg. v. J. L. Heiberg/H. Menge, 13 Bde., Leipzig 1883–1916, in: Euclid's Elements of Geometry consisting of the definitive Greek text of J. L. Heiberg accompanied by a modern English translation and a Greek-English lexicon, hrsg. u. übs. v. R. Fitzpatrick, Austin 2007. Die Elemente, Bücher I–XIII, hrsg. u. übs. v. C. Thaer, Ostwalds Klassiker der exakten Wissenschaften 235, 236, 240–43, Frankfurt a. M. (1933–1937) $^4$2003.

[Eusebius, Historia ecclesiastica]　ΕΥΣΕΒΙΟΥ ΕΚΚΛΗΣΙΑΣΤΙΚΗΣ ΙΣΤΟΡΙΑΣ/Eusèbe de Césarée. Histoire ecclésiastique, G. Bardy (Hg.), SC 31, 41, 55, Paris 1952, 1955, (1958) 1967, in: TLG. Des Eusebius von Cäsarea ausgewählte Schriften II. Kirchengeschichte, aus dem griechischen übersetzt v. Ph. Häuser, BKV$^2$ 1, München 1932.

[Hesiod, Theogonia]　Hesiod, ΘΕΟΓΟΝΙΑ. Hesiod. Theogony, hrsg. v. M. L. West, Oxford 1966, in: TLG.

[Hieronymus, Commentarii in Ez]　S. Eusebii Hieronymi Stridonensis presbyteri Commentariorum in Ezechielem prophetam libri quatuordecim, hrsg. v. J.-P. Migne, Patrologiae cursus completus. Series Latina, PL 25, Paris 1845, 15–490, in: LLT.

[Hieronymus, Epistulae]　S. Eusebii Hieronymi Epistulae I–LXX, hrsg. v. I. Hilberg, CSEL LIV, Wien 1910. St. Jerome. Letters and Select Works, hrsg. v. P. Schaff u. H. Wace, NPNF 2nd Series VI, New York u. a. 1893.

[Homerus, Odyssea]　ΟΔΥΣΣΕΙΑ/Homeri Odyssea, hrsg. v. P. von der Mühll, Basel 1962, in: TLG.

[Origenes, Commentarii in Gen]　Origenes. Die Kommentierung des Buches Genesis, eingel. u. übers. v. K. Metzler, OWD 1/1, Berlin u. a. 2010.

[Origenes, Commentarii in Ioh]　ΩΡΙΓΕΝΟΥΣ ΕΙΣ ΤΟ ΚΑΤΑ ΙΩΑΝΝΗΝ ΕΥΑΓΓΕΛΙΟΝ ΕΞΗΓΗΤΙ-ΚΩΝ/Origenes. Commentarii in evangelium Joannis, C. Blanc (Hg.), Origène. Commentaire sur saint Jean. Livres I–V, Bd. I, SC 120, Paris (1966) $^2$1996, C. Blanc (Hg.), Origène. Commentaire sur saint Jean. Livres VI et X, Bd. II, SC 157, Paris (1970) 2006, C. Blanc (Hg.), Origène. Commentaire sur saint Jean. Livre XIII, Bd. III, SC 222, Paris (1975) 2006 [lib. 1, 2, 4, 5, 6, 10, 13]; Origenes Werke IV. Der Johanneskommentar, hrsg. v. E. Preuschen, GCS 10, Leipzig 1903 [lib. 19, 20, 28, 32], in: TLG. A. Menzies (Hg.), The Ante-Nicene Fathers. Translations of The Writings of the Fathers down to A.D. 325. Original Supplement to the American Edition, Bd. IX, New York (1896) $^5$1912, 297–408. R. E. Heine, Origen. Commentary on the Gospel According to John, Books 1-10, FaCh 80, Washington, D. C. 1989. R. E. Heine, Origen. Commentary on the Gospel According to John, Books 13-32, FaCh 89, Washington, D. C. 1993. R. Gögler, Origenes. Das Evangelium nach Johannes, Einsiedeln u. a. 1959.

[Origenes, Commentarii in Prov]　ΕΚ ΤΩΝ ΩΡΙΓΕΝΟΥΣ ΕΙΣ ΤΑΣ ΠΑΡΟΙΜΙΑΣ ΣΟΛΟΜΩΝ-ΤΟΣ/Origenis Fragmenta ex Libro de Proverbiis Salomonis, hrsg. v. J.-P. Migne, Patrologiae cursus completus. Series Graeca, PG 13, Paris 1862, 17-33.

[Origenes, Contra Celsum] ΠΡΟΣ ΤΟΝ ΕΠΙΓΕΓΡΑΜΜΕΝΟΝ ΚΕΛΣΟΥ ΑΛΗΘΗ ΛΟΓΟΝ ΩΡΙΓΕ-
ΝΟΥΣ/Origène. Contre Celse, M. Borret (Hg.), SC 132, 136, 147, 150, Paris 1967, 1968, 1969, in:
TLG. Des Origenes ausgewählte Schriften II–III. Acht Bücher gegen Celsus, aus dem Griechischen
übersetzt von P. Koetschau, BKV[1] 52–53, München [2]1926–1927.

[Origenes, De principiis] ΩΡΙΓΕΝΟΥΣ ΠΕΡΙ ΑΡΧΩΝ ΤΟΜΟΙ Δ'/Origenis de principiis libri
IV/Origenes vier Bücher von den Prinzipien, hrsg. v. H. Görgemanns/H. Karpp, TzF 24, Darmstadt (1976) [3]1992.

[Origenes, Homiliae in Canticum Canticorum] Origenes Werke VIII. Homiliae in Regn., Ez. et al.,
hrsg. v. W. A. Baehrens, GCS 33, Leipzig 1925, in: LLT, Series A.

[Origenes, Homiliae in Luc] Origenes Werke IX. Die Homilien zu Lukas in der Übersetzung des Hier-
onymus und die griechischen Reste der Homilien und des Lukas-Kommentars, hrsg. v. M. Rauer,
GCS (35) 49, Leipzig (1930) [2]1959, in: TLG. Origen. Homilies on Luke, übers. v. J. T. Lienhard, The
Fathers of the Church 94, Washington, D. C. 1996.

[Origenes, In librum Jesu Nave homilia] Origenes Werke VII. Homilien zum Hexateuch in Rufins
Übersetzung. II. Teil. Die Homilien zu Numeri, Josua und Judices, hrsg. v. W. A. Baehrens, GCS
30, Leipzig 1921. Origen. Homilies on Joshua, übers. v. B. J. Bruce, bearb. v. C. White, The Fathers
of the Church 105, Washington, D. C. 2002.

[Philostratus, Apollonii epistulae] ΑΠΟΛΛΩΝΙΟΥ ΤΟΥ ΤΥΑΝΕΩΣ ΕΠΙΣΤΟΛΑΙ, C. L. Kayser (Hg.),
Flavii Philostrati Opera, Bd. 1, BSGRT, (Leipzig 1870) Hildesheim 1964, 344–368, in: TLG.

[Philostratus, Vita apollonii] ΦΙΛΟΣΤΡΑΤΟΥ ΤΑ ΕΣ ΤΟΝ ΤΥΑΝΕΑ ΑΠΟΛΛΩΝΙΟΝ, C. L. Kayser
(Hg.), Flavii Philostrati Opera, Bd. 1, BSGRT, (Leipzig 1870) Hildesheim 1964, 1–344, in: TLG.

[Xenokrates, Fragmenta] Xenokrates, Fragmenta, in: R. Heinze, Xenokrates. Darstellung der Lehre und
Sammlung der Fragmente, (Leipzig 1892) Hildesheim 1965.

# Sonstige Autoren

[ADAMCZEWSKI, Gospel] B. ADAMCZEWSKI, The Gospel of the Narrative 'We'. The Hypertextual Relationship of the Fourth Gospel to the Acts of the Apostels, Frankfurt a. M. u. a. 2010.

[Aland, Entwürfe] K. Aland (Hg.), Neutestamentliche Entwürfe, TB 63, München 1979.

[ALAND, Schluß] B. ALAND, Der Schluß des Markusevangeliums, in: Aland, Entwürfe, 246–283.

[ALAND/ALAND, Text] K. ALAND/B. ALAND, Der Text des Neuen Testaments. Einführung in die wis-
senschaftlichen Ausgaben sowie in Theorie und Praxis der modernen Kritik, Stuttgart (1987) [2]1989.

[ALKIER, Hinrichtungen] S. ALKIER, Hinrichtungen und Befreiungen: Wahn – Vision – Wirklichkeit
in Apg 12. Skizzen eines semiotischen Lektüreverfahrens und seiner theoretischen Grundlagen, in:
Alkier/Brucker, Exegese, 111–133.

[ALKIER, Intertextualität] S. ALKIER, Intertextualität – Annäherungen an ein texttheoretisches Paradigma, in: Sänger, Heiligkeit, 1–26.

[ALKIER, Wunder] S. ALKIER, Wunder und Wirklichkeit in den Briefen des Apostels Paulus. Ein Beitrag
zu einem Wunderverständnis jenseits von Entmythologisierung und Rehistorisierung, WUNT 134,
Tübingen 2001.

[Alkier/Brucker, Exegese] S. Alkier/R. Brucker (Hgg.), Exegese und Methodendiskussion, TANZ 23,
Tübingen u. a. 1998.

[ALTMANN, Prolegomena] G. ALTMANN, Prolegomena to Menzerath's Law, in: Grotjahn, Glottometrika 2, 1–10.

[ALTMANN/ALTMANN, Erlkönig] V. ALTMANN/G. ALTMANN, Erlkönig und Mathematik, QLS 61, Trier
2005, http://ubt.opus.hbz-nrw.de/volltexte/2005/325/ [15. Juni 2012].

[ALTMANN/SCHWIBBE, Gesetz] G. ALTMANN/M. H. SCHWIBBE, Das Menzerathsche Gesetz in infor-
mationsverarbeitenden Systemen. Mit Beiträgen von Werner Kaumanns, Reinhard Köhler und Joachim Wilde, Hildesheim u. a. 1989.

[ANDERSON, Christology] P. N. ANDERSON, The Christology of the Fourth Gospel. Its Unity and Dis-
unity in the Light of John 6, WUNT 78, Tübingen 1996.

[ANDERSON, Discourse] P. N. ANDERSON, The *Sitz im Leben* of the Johannine Bread of Life Discourse and Its Evolving Context, in: Culpepper, Readings, 1–59.

[ANDERSON, Gospel] P. N. ANDERSON, The Fourth Gospel and the Quest for Jesus. Modern Foundations Reconsidered, LHJS/LNTS 321, London u. a. 2006.

[ANDERSON, Projekt] P. N. ANDERSON, Das „John, Jesus, and History"-Projekt. Neue Beobachtungen zu Jesus und eine Bi-optische Hypothese, ZNT 23 (2009), 12–26.

[ANDERSON, Study] P. N. ANDERSON, Why This Study Is Needed, and Why It Is Needed Now, in: Anderson/Just/Thatcher, John I, 13–70.

[Anderson/Just/Thatcher, John I] P. N. Anderson/F. Just/T. J. Thatcher (Hgg.), John, Jesus, and History. Critical Appraisals of Critical Views, Bd. 1, SBL.SS 44, Atlanta 2007.

[Anderson/Just/Thatcher, John II] P. N. Anderson/F. Just/T. J. Thatcher (Hgg.), John, Jesus, and History. Aspects of Historicity in the Fourth Gospel, Bd. 2, SBL.ECL 2, Atlanta 2009.

[ASHTON, Studying] J. ASHTON, Studying John. Approaches to the Fourth Gospel, Oxford (1994) 1998.

[ASHTON, Thoughts] J. ASHTON, Second Thoughts on the Fourth Gospel, in: Thatcher, Beginning, 1–18.

[ASHTON, Understanding] J. ASHTON, Understanding the Fourth Gospel, Oxford (1991) 1993. J. ASHTON, Understanding the Fourth Gospel. Second Edition, Oxford (1991) [2]2007.

[AVALOS, End] H. AVALOS, The End of Biblical Studies, New York 2007.

[BACHTIN, Chronotopos] M. M. BACHTIN, Chronotopos, stw 1879, Frankfurt a. M. 2008.

[VON BALTHASAR, Herrlichkeit] H. U. VON BALTHASAR, Herrlichkeit. Eine theologische Ästhetik, 3 Bde., Einsiedeln [3]1988 (I), [3]1984 (II/1–2), [2]1975 (III,1/1–2), [2]1989 (III,2/1–2).

[BARKER, Dating] D. BARKER, The Dating of New Testament Papyri, NTS 57 (2011), 571–582.

[BARNSLEY, Fractals] M. F. BARNSLEY, Fractals Everywhere, Boston (1988) [2]1993.

[BARR, Semantics] J. BARR, Semantics of Biblical Langauge, Oxford 1962.

[BARRETT, Evangelium] C. K. BARRETT, The Gospel According to St. John. An Introduction with Commentary and Notes on the Greek Text, London (1956) [2]1978. C. K. BARRETT, Das Evangelium nach Johannes, KEK Sonderband, Göttingen 1990.

[BARRETT, Zweck] C. K. BARRETT, Zweck des 4. Evangeliums, ZSTh 22 (1953), 257–273.

[BARTHES, Abenteuer] R. BARTHES, Das semiologische Abenteuer, Frankfurt a. M. 1988.

[BARTHES, Challenge] R. BARTHES, The Semiotic Challenge, Berkeley u. a. (1988) 1994.

[BARTHES, Death] R. BARTHES, The Death of the Author, Aspen 5–6 (Fall/Winter 1967), item 3, http://www.ubu.com/aspen/aspen5and6/threeEssays.html [15. Juni 2012].

[Bauckham, Gospel] R. Bauckham (Hg.), The Gospel for All Christians. Rethinking the Gospel Audience, Cambridge 1998.

[BAUCKHAM, Jesus] R. BAUCKHAM, Jesus and the Eyewitnesses. The Gospels as Eyewitness Testimony, Grand Rapids 2006.

[BAUCKHAM, John] R. BAUCKHAM, John for Readers of Mark, in: Bauckham, Gospel, 147–172.

[BAUCKHAM, Testimony] R. BAUCKHAM, The Testimony of the Beloved Disciple. Narrative, History, and Theology in the Gospel of John, Grand Rapids 2007.

[BAUER, Johannesevangelium] W. BAUER, Das Johannesevangelium, HNT 6, Tübingen (1912) [3]1933.

[BAUER, Literatur] W. BAUER, Johannesevangelium und Johannesbriefe, ThR 1 (1929), 135–160.

[BECKER, Evangelium] J. BECKER, Das Evangelium nach Johannes. Kapitel 1–10, ÖTK 4/1, Gütersloh u. a. (1979) [3]1991. J. BECKER, Das Evangelium nach Johannes. Kapitel 11–21, ÖTK 4/2, Gütersloh u. a. (1981) [3]1991.

[BECKER, Frage] J. BECKER, Das vierte Evangelium und die Frage nach seinen externen und internen Quellen, in: Dunderberg/Tuckett/Syreeni, Play, 203–241.

[BECKER, Literatur] J. BECKER, Aus der Literatur zum Johannesevangelium (1978–1980), ThR 47 (1982), 279–301.305–347.

[BECKER, Methoden] J. BECKER, Das Johannesevangelium im Streit der Methoden, ThR 51 (1986), 1–78.

[BECKER, Zeichen] M. BECKER, Zeichen. Die johanneische Wunderterminologie und die frührabbinische Tradition, in: Frey/Schnelle, Kontexte, 233–276.

[van Belle/van der Watt/Maritz, Theology]  G. van Belle/J. G. van der Watt/P. J. Maritz (Hgg.), Theology und Christology in the Fourth Gospel. Essays by the members of the SNTS Johannine Writings Seminar, BEThL 184, Leuven 2005.

[BENOIT/BOISMARD, Synopse II]  P. BENOIT/M.-É. BOISMARD, Synopse des quatre évangiles en français avec parallèles des apocryphes et des Pères, Bd. II, Paris 1972.

[BENSE, Einführung]  M. BENSE, Einführung in die Informationstheoretische Ästhetik, Hamburg 1969.

[BERGER, Anfang]  K. BERGER, Im Anfang war Johannes. Datierung und Theologie des vierten Evangeliums, Stuttgart 1997.

[VAN DEN BERGH VAN EYSINGA, Apokalypse]  G. A. VAN DEN BERGH VAN EYSINGA, Die in der Apokalypse bekämpfte Gnosis, ZNW 13 (1912), 293–305.

[BERGMEIER, Bedeutung]  R. BERGMEIER, Die Bedeutung der Synoptiker für das johanneische Zeugnisthema. Mit einem Anhang zum Perfekt-Gebrauch im vierten Evangelium, NTS 52 (2006), 458–483.

[BERNARD, John]  J. H. BERNARD, A Critical and Exegetical Commentary on the Gospel according to St. John I–II, Bd. I (1–7), Bd. II (8–21), ICC, Edinburgh 1928.

[BEUTLER, Search]  J. BEUTLER, In Search of a New Synthesis, in: Thatcher, Beginning, 23–34.

[BEUTLER, Studien]  J. BEUTLER, Studien zu den johanneischen Schriften, SBAB 25, Stuttgart 1998.

[BIRKHOFF, Measure]  G. D. BIRKHOFF, Aesthetic Measure, Cambridge 1933.

[BLAINE, Peter]  B. B. BLAINE, Peter in the Gospel of John. The Making of an Authentic Disciple, SBL Academia Biblica 27, Leiden u. a. 2007.

[BLASKOVIC, Erzählung]  G. BLASKOVIC, Die Erzählung vom reichen Fischfang (Lk 5,1–11; Joh 21,1–14). Wie Johannes eine Erzählung aus dem Lukasevangelium für seine Zwecke umschreibt, in: Schreiber/Stimpfle, Johannes, 103–120.

[BLASKOVIC, Johannes]  G. BLASKOVIC, Johannes und Lukas. Eine Untersuchung zu den literarischen Beziehungen des Johannesevangeliums zum Lukasevangelium, Diss. T 84, St. Ottilien 2000.

[BLINZLER, Johannes]  J. BLINZLER, Johannes und die Synoptiker. Ein Forschungsbericht, SBS 5, Stuttgart 1965.

[Blödorn/Langer/Scheffel, Stimme(n)]  A. Blödorn/D. Langer/M. Scheffel (Hgg.), Stimme(n) im Text. Narratologische Positionsbestimmungen, Narratologia. Contributions to Narrative Theory/Beiträge zur Erzähltheorie 10, Berlin u. a. 2006.

[Bogdal, Literaturtheorien]  K.-M. Bogdal (Hg.), Neue Literaturtheorien. Eine Einführung, Opladen 1990.

[BOISMARD/LAMOUILLE, Synopse III]  M.-É. BOISMARD/A. LAMOUILLE, L'évangile de Jean. Synopse des quatre évangiles en français, Bd. III, Paris 1977.

[BOISMARD/LAMOUILLE, Werkstatt]  M.-É. BOISMARD/A. LAMOUILLE, Aus der Werkstatt der Evangelisten. Einführung in die Literarkritik, München 1980.

[BOOMERSHINE/BARTHOLOMEW, Technique]  T. E. BOOMERSHINE/G. L. BARTHOLOMEW, The Narrative Technique of Mark 16:8, JBL 100 (1981), 213–223.

[BORGEN, Bread]  P. BORGEN, Bread from heaven. An Exegetical Study of the Concept of Manna in the Gospel of John and the Writings of Philo, NT.S 10, Leiden u. a. (1965) [2]1981.

[BORGEN, Christianity]  P. BORGEN, Early Christianity and Hellenistic Judaism, Edinburgh 1996.

[BÖSEN, Galiläa]  W. BÖSEN, Galiläa. Lebensraum und Wirkungsfeld Jesu, Freiburg u. a. [2]1998.

[Brankaer/Bethge, Codex]  J. Brankaer/H.-G. Bethge, Codex Tchacos. Texte und Analysen, Berlin u. a. 2007.

[Brant/Hedrick/Shea, Fiction]  J. A. Brant/C. W. Hedrick/C. Shea (Hgg.), Ancient Fiction. The Matrix of Early Christian and Jewish Narrative, SBL.SS 32, Atlanta 2005.

[BREYTENBACH, Markusevangelium]  C. BREYTENBACH, Das Markusevangelium, Psalm 110,1 und 118,22f. Folgetext und Prätext, in: Tuckett, Scriptures, 197–222.

[Breytenbach/Frey, Aufgabe]  C. Breytenbach/J. Frey (Hgg.), Aufgabe und Durchführung einer Theologie des Neuen Testaments, WUNT 205, Tübingen 2007.

[BRODIE, Gospel]  T. L. BRODIE, The Gospel According to John. A Literary and Theological Commentary, Oxford u. a. (1993) 1997.

[BRODIE, Quest]  T. L. BRODIE, The Quest for the Origin of John's Gospel. A Source-Oriented Approach, Oxford u. a. 1993.

[BROER, Weinwunder] I. BROER, Das Weinwunder zu Kana (Joh 2,1–11) und die Weinwunder der Antike, in: Mell/Müller, Urchristentum, 291–308.

[Broich/Pfister, Intertextualität] U. Broich/M. Pfister (Hgg.), Intertextualität: Formen, Funktionen, anglistische Fallstudien, Konzepte der Sprach- und Literaturwissenschaft 35, Tübingen 1985.

[BROWN, Discipleship] D. BROWN, Discipleship and Imagination. Christian Tradition and Truth, Oxford 2000.

[BROWN, Gospel] R. E. BROWN, The Gospel according to John I, AncB 29, New York 1966. R. E. BROWN, The Gospel according to John II, AncB 29A, New York 1970.

[BROWN, Tradition] D. BROWN, Tradition and Imagination. Revelation and Change, Oxford 1999.

[BULTMANN, Art. Johannesevangelium] R. BULTMANN, Art. Johannesevangelium, in: RGG³, Bd. 3, 840–850.

[BULTMANN, Evangelium] R. BULTMANN, Das Evangelium nach Johannes, KEK II, Göttingen (1941) ²¹1986.

[BULTMANN, Geschichte] R. BULTMANN, Die Geschichte der synoptischen Tradition. Mit einem Nachwort von Gerd Theißen, Göttingen (1921) ¹⁰1995.

[BULTMANN, Interpretation] R. BULTMANN, The Interpretation of te Fourth Gospel, NTS 1 (1954), 77–91.

[BURRIDGE, Gospels] R. A. BURRIDGE, What are the Gospels? A Comparsion with Graeco-Roman Biography, MSSNTS 70, Cambridge 1992 ²(2004).

[BURRIDGE, Reading] R. A. BURRIDGE, Reading the Gospels as Biography, in: McGing/Mossman, Limits, 31–49.

[BUSSE, Johannesevangelium] U. BUSSE, Das Johannesevangelium. Bildlichkeit, Diskurs und Ritual, Leuven 2002.

[BYRSKOG, Story] S. BYRSKOG, Story as history – history as story. The Gospel tradition in the context of ancient oral history, WUNT 123, Tübingen 2000.

[Calder III/Cobet, Schliemann] W. M. Calder III/J. Cobet (Hgg.), Heinrich Schliemann nach hundert Jahren. Symposium in der Werner-Reimers-Stiftung Bad Homburg im Dezember 1989, Frankfurt a. M. 1990.

[CANCIK, Bios] H. CANCIK, Bios und Logos. Formgeschichtliche Untersuchungen zu Lukians ‚Demonax‘, in: Cancik, Markus-Philologie, 115–130.

[CANCIK, Gattung] H. CANCIK, Die Gattung Evangelium. Das Evangelium des Markus im Rahmen der antiken Historiographie, in: Cancik, Markus-Philologie, 85–113.

[Cancik, Markus-Philologie] H. Cancik (Hg.), Markus-Philologie. Historische, literargeschichtliche und stilistische Untersuchungen zum zweiten Evangelium, WUNT 33, Tübingen 1984.

[CARSON, Challenge] D. A. CARSON, The Challenge of the Balkanization of Johannine Studies, in: Anderson/Just/Thatcher, John I, 133–159.

[CASEY, Gospel] M. CASEY, Is John's Gospel True?, London 1996.

[ČERVENKA, Bedeutungsaufbau] M. ČERVENKA, Der Bedeutungsaufbau des literarischen Werkes, Theorie und Geschichte der Literatur und der schönen Künste. Texte und Abhandlungen 36, München 1978.

[CHAPMAN, Names] J. CHAPMAN, Names in the Fourth Gospel, JThS XXX (1928), 16–23.

[CHAPMAN, Testimony] J. CHAPMAN, 'We Know That His Testimony Is True', JThS XXXI (1930), 379–387.

[Charlesworth/Pokorný, Research] J. H. Charlesworth/P. Pokorný (Hgg.), Jesus Research. An International Perspective. The First Princeton-Prague Symposium on Jesus Research. Prague 2005, Grand Rapids 2009.

[CHATMAN, Story] S. CHATMAN, Story and Discourse. Narrative Structure in Fiction and Film, Ithaca 1978.

[CHESTERTON, Palestine] G. K. CHESTERTON, Palestine, in: A. Kindersley (Hg.), The Guiding Book, London 1923, 142–147.

[CHURCH/HELFMAN, Dotplot] K. W. CHURCH/J. I. HELFMAN, Dotplot: A Program for Exploring Self-Similarity in Millions of Lines of Text and Code, Journal of Computational and Graphical Statistics 2/2 (1993), 153–174, http://www.imagebeat.com/dotplot/rp.jcgs.pdf [15. Juni 2012].

[CLAUSSEN, Turning] C. CLAUSSEN, Turning Water to Wine. Re-reading the Miracle at the Wedding in Cana, in: Charlesworth/Pokorný, Research, 71–97.

[Claussen/Frey, Jesus] C. Claussen/J. Frey (Hgg.), Jesus und die Archäologie Galiläas, BThS 87, Neukirchen-Vluyn 2008.

[COLSON, Numbers] F. H. COLSON, Triangular Numbers in the New Testament, JThS XVI (1915), 67–76.

[Cook, Bible] J. Cook (Hg.), Bible and Computer. The Stellenbosch AIBI-6 Conference. Proceedings of the Association Internationale Bible et Informatique "From Alpha to Byte". University of Stellenbosch 17–21 July, 2000, Leiden u. a. 2002.

[CORNILS, Geist] A. CORNILS, Vom Geist Gottes erzählen. Analysen zur Apostelgeschichte, TANZ 44, Tübingen u. a. 2006.

[COŞERIU, Synchronie] E. COŞERIU, Synchronie, Diachronie und Geschichte. Das Problem des Sprachwandels, München 1974.

[COUNET, John] P. C. COUNET, John, A Postmodern Gospel. Introduction to Deconstructive Exegesis Applied to the Fourth Gospel, BIS 44, Leiden u. a. 2000.

[CRAMER/KAEMPFER, Natur] F. CRAMER/W. KAEMPFER, Die Natur der Schönheit. Zur Dynamik der schönen Formen, Frankfurt a. M. 1992.

[CROSSAN, Analysis] J. D. CROSSAN, It is Written. A Structuralist Analysis of John 6, Semeia 26 (1983), 3–21.

[CULLER, Poetics] J. CULLER, Structuralist Poetics. Structuralism, Linguistics, and the Study of Literature, London u. a. 1975.

[CULPEPPER, Anatomy] R. A. CULPEPPER, Anatomy of the Fourth Gospel. A Study in Literary Design, Philadelphia 1983.

[CULPEPPER, Designs] R. A. CULPEPPER, Designs for the Church in the Imagery of John 21:1–14, in: Frey/van der Watt/Zimmermann, Imagery, 369–402.

[Culpepper, Readings] R. A. Culpepper (Hg.), Critical Readings of John 6, BIS 22, Leiden u. a. 1997.

[CULPEPPER, Sphragis] R. A. CULPEPPER, John 21:24–25: The Johannine *Sphragis*, in: Anderson/Just/Thatcher, John II, 349–364.

[CULPEPPER, Zebedee] R. A. CULPEPPER, John. The Son of Zebedee. The Life of a Legend, Columbia (1994) 2000.

[DAISE, Feasts] M. A. DAISE, Feasts in John. Jewish Festivals and Jesus' 'Hour' in the Fourth Gospel, WUNT II/229, Tübingen 2007.

[DANIÉLOU, Joh. 7,38] J. DANIÉLOU, Joh. 7,38 et Ezéch. 47,1–11, Studia Evangelica II, Berlin 1964, 158–163.

[DANNA, Intertextuality] E. DANNA, Intertextuality, Verbal Echoes and Characterisation in the Gospel of John, RB 109 (2002), 210–216.

[DASKE, Kirche] U. DASKE, Die Tschechoslowakische Hussitische Kirche in der deutschen theologischen Literatur und in Selbstzeugnissen, Europäische Hochschulschriften 304, Frankfurt a. M. u. a. 1987.

[DAUER, Johannes] A. DAUER, Johannes und Lukas. Untersuchungen zu den johanneisch-lukanischen Parallelperikopen Joh 4,46–54/Lk 7,1–10 – Joh 12,1–8/Lk 7,36–50; 10,38–42 – Joh 20,19–29/Lk 24,36–49, FzB 50, Würzburg 1984.

[DAUER, Passionsgeschichte] A. DAUER, Die Passionsgeschichte im Johannesevangelium. Eine traditionsgeschichtliche und theologische Untersuchung zu Joh 18,1–19,30, StANT 30, München 1972.

[DAWSON, READERS] D. DAWSON, Allegorical Readers and Cultural Revision in Ancient Alexandria, Oxford 1992.

[DENAUX, Colloquium] A. DENAUX, John and the Synoptics. Colloquium Biblicum Lovaniense XXXIX (1990), EThL 67 (1991), 196–203.

[Denaux, John] A. Denaux (Hg.), John and the Synoptics, BEThL 101, Leuven 1992.

[DENAUX, Q-Logion] A. DENAUX, The Q-Logion Mt 11,27 / Lk 10,22 and the Gospel of John, in: Denaux, John, 163–199.

[Dettwiler/Zumstein, Kreuzestheologie] A. Dettwiler/J. Zumstein (Hgg.), Die Kreuzestheologie im Neuen Testament, WUNT 151, Tübingen 2002.

[Dibelius, Formgeschichte] M. Dibelius, Die Formgeschichte des Evangeliums, Tübingen (1919) [6]1971.

[Dibelius, Geschichte] M. Dibelius, Geschichte der urchristlichen Literatur. Neudruck der Erstausgabe von 1926 unter Berücksichtigung der Änderungen der englischen Übersetzung von 1936, hg. von F. Hahn, KT 89, (Berlin 1926) München 1990.

[Dietzfelbinger, Evangelium] C. Dietzfelbinger, Das Evangelium nach Johannes. Teilband 1: Johannes 1–12, ZBK.NT 4/1, Zürich 2001. C. Dietzfelbinger, Das Evangelium nach Johannes. Teilband 2: Johannes 13–21, ZBK.NT 4/2, Zürich 2001.

[Dodd, Framework] C. H. Dodd, The Framework of the Gospel Narrative, ET 43 (1932), 396–400.

[Dodd, Interpretation] C. H. Dodd, The Interpretation of the Fourth Gospel, Cambridge (1953) [2]1998.

[Dodd, Tradition] C. H. Dodd, Historical Tradition in the Fourth Gospel, Cambridge (1963) [2]1989.

[Doležel, Geschichte] L. Doležel, Geschichte der strukturalen Poetik. Von Aristoteles bis zur Prager Schule, Dresden 1999 (= Doležel, Poetics).

[Doležel, Poetics] L. Doležel, Occidental Poetics. Tradition and Progress, Lincoln u. a. 1990.

[Donne, Selections] J. Donne, Selections from Divine Poems, Sermons, Devotions, and Prayers, J. E. Booty (Hg.), New York 1990.

[Draisma, Intertextuality] S. Draisma (Hg.), Intertextuality in Biblical Writings (FS B. van Iersel), Kampen 1989.

[Duke, Irony] P. D. Duke, Irony in the Fourth Gospel, Atlanta 1985.

[Dunderberg, Anomalies] I. Dunderberg, Johannine Anomalies and the Synoptics, in: Nissen/Pedersen, Readings, 108–125.

[Dunderberg, I-sayings] I. Dunderberg, Thomas' I-sayings and the Gospel of John, in: Uro, Thomas, 33–64.

[Dunderberg, Johannes] I. Dunderberg, Johannes und die Synoptiker. Studien zu Joh 1–9, AASF.DHL 69, Helsinki 1994.

[Dunderberg, John] I. Dunderberg, John and Thomas in Conflict?, in: Turner/McGuire, Library, 361–380.

[Dunderberg, Thomas] I. Dunderberg, Thomas and the Beloved Disciple, in: Uro, Thomas, 65–88.

[Dunderberg/Tuckett/Syreeni, Play] I. Dunderberg/C. Tuckett/K. Syreeni (Hgg.), Fair Play. Pluralism and conflicts in early Christianity (FS H. Räisänen), NovTSup 103, Leiden u. a. 2002.

[Dunn, Auslegung] J. D. G. Dunn u. a. (Hgg.), Auslegung der Bibel in orthodoxer und westlicher Perspektive. Akten des west-östlichen Neutestamentler-/innen-Symposiums von Neamt vom 4.–11. September 1998, WUNT 130, Tübingen 2000.

[Dunn, Jesus] J. D. G. Dunn, Jesus in Oral Memory. The Initial Stages of the Jesus Tradition, SBL.SP 39 (2000), 287–326.

[Ebeling/Freund/Schweitzer, Strukturen] W. Ebeling/J. Freund/F. Schweitzer, Komplexe Strukturen: Entropie und Information, Leipzig 1998.

[Ebner/Heininger, Exegese] M. Ebner/B. Heininger, Exegese des Neuen Testaments. Ein Arbeitsbuch für Lehre und Praxis, UTB 2677, Paderborn u. a. 2005.

[van Eck, Galilee] E. van Eck, Galilee and Jerusalem in Mark's Story of Jesus. A Narratological and Social Scientific Reading, Pretoria 1995.

[Eco, Art] U. Eco, Art and Beauty in the Middle Ages, New Haven u. a. 1986.

[Eco, Bücher] U. Eco, Die Bücher und das Paradies. Über Literatur, München u. a. (2003) [2]2006.

[Eco, Einführung] U. Eco, Einführung in die Semiotik, UTB 105, Paderborn u. a. (1972) [9]2002.

[Eco, Grenzen] U. Eco, Die Grenzen der Interpretation, München u. a. (1992) [2]1999.

[Eco, Häßlichkeit] U. Eco (Hg.), Die Geschichte der Häßlichkeit, München 2007.

[Eco, Kunst] U. Eco, Kunst und Schönheit im Mittelalter, München (1993) [7]2007.

[Eco, Lector] U. Eco, Lector in fabula. Die Mitarbeit der Interpretation in erzählenden Texten, München u. a. (1990) [2]1994.

[Eco, Limits] U. Eco, The Limits of Interpretation, Bloomington 1994.

[Eco, Nachschrift] U. Eco, Nachschrift zum ‚Namen der Rose‘, München u. a. (1984) [8]1987.

[Eco, Schönheit] U. Eco (Hg.), Die Geschichte der Schönheit, München (2004) [2]2007.

[Eco, Semiotics]   U. Eco, Semiotics and the Philosophy of Language, Bloomington 1984.

[Eco, Streit]   U. Eco, Streit der Interpretationen, (Konstanz 1987) Hamburg 2005.

[Eco, Theory]   U. Eco, A Theory of Semiotics, London u. a. 1976.

[Eco, Wald]   U. Eco, Im Wald der Fiktionen. Sechs Streifzüge durch die Literatur, München u. a. (1994) [2]1999.

[Eco, Zeichen]   U. Eco, Zeichen. Einführung in einen Begriff und seine Geschichte, Frankfurt a. M. 1977.

[Edwards, Gospel]   M. Edwards, Gospel and Genre: Some Reservations, in: McGing/Mossman, Limits, 51–62.

[Egger, Methodenlehre]   W. Egger, Methodenlehre zum Neuen Testament. Einführung in linguistische und historisch-kritische Methoden, Freiburg u. a. 1987.

[Eisele, Jesus]   W. Eisele, Jesus und Dionysos. Göttliche Konkurrenz bei der Hochzeit zu Kana (Joh 2,1–12), ZNW 100 (2009), 1–28.

[Eisen, Fabric]   U. E. Eisen, The Narratological Fabric of the Gospels, in: Meister, Narratology, 195–212.

[Eisen, Markusevangelium]   U. E. Eisen, Das Markusevangelium erzählt. Literary Criticism und Evangelienauslegung, in: Alkier/Brucker, Exegese, 135–153.

[Emerton, Fishes]   J. A. Emerton, The Hundred and Fifty-Three Fishes in John XXI.11, JThS 9 (1958), 86–89.

[Estes, Mechanics]   D. C. Estes, The Temporal Mechanics of the Fourth Gospel. A Theory of Hermeneutical Relativity in the Gospel of John, BIS 92, Leiden u. a. 2008.

[Faure, Zitate]   A. Faure, Die alttestamentlichen Zitate im 4. Evangelium und die Quellenscheidungshypothese, ZNW 21 (1922), 99–121.

[Fideler, Jesus]   D. R. Fideler, Jesus Christ, Sun of God. Ancient Cosmology and Early Christian Symbolism, Wheaton 1993.

[Finnern, Narratologie]   S. Finnern, Narratologie und biblische Exegese. Eine integrative Methode der Erzählanalyse und ihr Ertrag am Beispiel von Matthäus 28, WUNT II/285, Tübingen 2010.

[Fornberg/Hellholm, Texts]   T. Fornberg/D. Hellholm (Hgg.), Texts and Contexts. Biblical Texts in Their Textual and Situational Contexts (FS L. Hartman), Oslo u. a. 1995.

[Fortna, Gospel]   R. T. Fortna, The Gospel of Signs. A Reconstruction of the Narrative Source Underlying the Fourth Gospel, MSSNTS 11, Cambridge 1970.

[Fortna, Predecessor]   R. T. Fortna, Fourth Gospel and Its Predecessor. From Narrative Source to Present Gospel, Philadelphia 1988.

[Fortna, Reading]   R. T. Fortna, Diachronic/Synchronic Reading John 21 and Luke 5, in: Denaux, John, 387–399.

[Fortna/Thatcher, Jesus]   R. T. Fortna/T. J. Thatcher (Hgg.), Jesus in Johannine Tradition, Louisville u. a. 2001.

[Frankemölle, Evangelium]   H. Frankemölle, Evangelium – Begriff und Gattung. Ein Forschungsbericht, SBB 15, Stuttgart [2]1994.

[Frenschkowski, Indizien]   M. Frenschkowski, Τὰ βαῖα τῶν φοινίκων (Joh 12,13) und andere Indizien für einen ägyptischen Ursprung des Johannesevangeliums, ZNW 91 (2000), 212–229.

[Frey, Bild]   J. Frey, Das Bild als Wirkungspotenzial. Ein rezeptionsästhetischer Versuch zur Funktion der Brot-Metapher in Johannes 6, in: Zimmermann, Bildersprache, 331–361.

[Frey, Eschatologie]   J. Frey, Die johanneische Eschatologie I. Ihre Probleme im Spiegel der Forschung seit Reimarus, WUNT 96, Tübingen 1997. J. Frey, Die johanneische Eschatologie II. Das johanneische Zeitverständnis, WUNT 110, Tübingen 1998. J. Frey, Die johanneische Eschatologie III. Die eschatologische Verkündigung in den johanneischen Texten, WUNT 117, Tübingen 2000.

[Frey, Eschatology]   J. Frey, Eschatology in Johannine Circle, in: van Belle/van der Watt/Maritz, Theology, 47–82.

[Frey, Evangelium]   J. Frey, Das vierte Evangelium auf dem Hintergrund der älteren Evangelientradition. Zum Problem: Johannes und die Synoptiker, in: Söding, Johannesevangelium, 60–118.

[Frey, Hintergrund]   J. Frey, Zu Hintergrund und Funktion des johanneischen Dualismus, in: Sänger/Mell, Studien, 3–73.

[FREY, Jesus] J. FREY, Der historische Jesus und der Christus der Evangelien, in: Schröter/Brucker, Jesus, 273–336.

[FREY, Klimax] J. FREY, Die johanneische Theologie als Klimax der neutestamentlichen Theologie, ZThK 107 (2010), 448–478.

[FREY, Leser] J. FREY, Der implizite Leser und die biblischen Texte. Der 'Akt des Lesens' nach Wolfgang Iser und seine hermeneutische Relevanz, ThBeitr 23 (1992), 266–290.

[FREY, Schlange] J. FREY, „Wie Mose die Schlange in der Wüste erhöht hat …" Zur frühjüdischen Deutung der 'ehernen Schlange' und ihrer christologischen Rezeption in Johannes 3,14f., in: Hengel/Löhr, Schriftauslegung, 153–205.

[FREY, 'theologia'] J. FREY, Die 'theologia crucifixi' des Johannesevangelium, in: Dettwiler/Zumstein, Kreuzestheologie, 169–238.

[Frey/Rohls/Zimmermann, Metaphorik] J. Frey/J. Rohls/R. Zimmermann (Hgg.), Metaphorik und Christologie, TBT 120, Berlin u. a. 2003.

[Frey/Schnelle, Kontexte] J. Frey/U. Schnelle (Hgg.), Kontexte des Johannesevangeliums. Das vierte Evangelium in religions- und traditionsgeschichtlicher Perspektive, WUNT 175, Tübingen 2004.

[Frey/Schröter, Deutungen] J. Frey/J. Schröter (Hgg.), Deutungen des Todes Jesu im Neuen Testament, WUNT 181, Tübingen 2005.

[Frey/van der Watt/Zimmermann, Imagery] J. Frey/J. van der Watt/R. Zimmermann (Hgg.), Imagery in the Gospel of John. Terms, Forms, Themes and Theology of Figurative Language, WUNT 200, Tübingen 2006.

[FREYNE, Galilee] S. FREYNE, Galilee and Gospel, WUNT 125, Tübingen 2000.

[FREYNE, Geography] S. FREYNE, The Geography of Restoration: Galilee-Jerusalem Relations in Early Jewish and Christian Experience, NTS 47 (2001), 289–311.

[FREYNE, Gospel] S. FREYNE, Mark's Gospel and Ancient Biography, in: McGing/Mossman, Limits, 63–75.

[FRICKENSCHMIDT, Evangelium] D. FRICKENSCHMIDT, Evangelium als Biographie. Die vier Evangelien im Rahmen antiker Erzählkunst, TANZ 22, Tübingen u. a. 1997.

[FRYE, Anatomy] N. FRYE, Anatomy of Criticism, Princeton (1957) 2000. N. FRYE, Analyse der Literaturkritik, Sprache und Literatur 15, Stuttgart 1964.

[FRYE, Code] N. FRYE, The Great Code. The Bible and Literature, Orlando (1983) 2002.

[FURRER, Geographische] K. FURRER, Das Geographische im Evangelium nach Johannes, ZNW 3 (1902), 257–265.

[GABRIEL, Fiktion] G. GABRIEL, Fiktion und Wahrheit. Eine semantische Theorie der Literatur, problemata 51, Stuttgart 1975.

[GARDNER-SMITH, John] P. GARDNER-SMITH, Saint John and the Synoptic Gospels, Cambridge 1938.

[GARSKÝ, Studies] Z. GARSKÝ, Intertextual Studies. The Gospel of John and the Synoptics, publiziert online 1999–2010, http://www.intertextuality.net [15. Juni 2012].

[GEIGER, Zitate] G. GEIGER, Falsche Zitate bei Matthäus und Lukas, in: Tuckett, Scriptures, 479–490.

[GENETTE, Architext] G. GENETTE, Architext. An Introduction, Berkeley u. a. 1992.

[GENETTE, Erzählung] G. GENETTE, Die Erzählung, UTB.W 8083, München (1994) [2]1998.

[GENETTE, Palimpseste] G. GENETTE, Palimpseste. Die Literatur auf zweiter Stufe, Frankfurt a. M. 1993.

[GENETTE, Paratexts] G. GENETTE, Paratexts. Thresholds of Interpretation, Literature, Culture, Theory 20, Cambridge 1997.

[GILLMAYR-BUCHER, Intertextualität] S. GILLMAYR-BUCHER, Intertextualität. Zwischen Literaturtheorie und Methodik, Protokolle zur Bibel 8 (1999), 5–20.

[GILLMAYR-BUCHER, Psalmen] S. GILLMAYR-BUCHER, Die Psalmen im Spiegel der Lyrik Thomas Bernhards, SBB 48, Stuttgart 2002.

[GILLMAYR-BUCHER, Relecture] S. GILLMAYR-BUCHER, Relecture of Biblical Psalms. A Computer Aided Analysis of Textual Relations Based on Semantic Domains, in: Cook, Bible, 309–322.

[GNILKA, Evangelium] J. GNILKA, Das Evangelium nach Markus. Mk 1–8,26, EKK II/1, Zürich u. a. 1978. J. GNILKA, Das Evangelium nach Markus. Mk 8,27–16,20, EKK II/2, Zürich u. a. 1979.

[GÖDEL, Works III] K. GÖDEL, Collected Works. Unpublished Essays and Lectures, hrsg. v. S. Feferman u. a., Bd. III, Oxford 1995.

[VAN GOGH, Letters] V. VAN GOGH, The Letters. The Complete Illustrated and Annotated Edition, hrsg. v. H. Luijten/L. Jansen/N. Bakker, 6 Bde., London 2009, http://vangoghletters.org [15. Juni 2012]. V. VAN GOGH, Sämtliche Briefe, hrsg. v. F. Erpel, 2 Bde., Berlin 1965/1968.

[GOPPELT, Art. Allegorie II] L. GOPPELT, Art. Allegorie II, in: RGG[3], Bd. 1, 239–240.

[GOULDER, John] M. D. GOULDER, John 1,1–2,12 and the Synoptics. Appendix: John 2,13–4,54, in: Denaux, John, 201–237.

[GOULDER, Luke] M. D. GOULDER, Luke. A New Paradigm, JSNT.S 20, Sheffield 1989.

[GOYET, Imitatio] F. GOYET, „Imitatio" ou intertextualité? (Riffaterre revisited), Poétique 71, Paris 1987.

[GRANT, Fish] R. M. GRANT, "One Hundred Fifty-Three Large Fish" (John 21:11), HTR 42 (1949), 273–275.

[GREIMAS, Semantik] A. J. GREIMAS, Strukturale Semantik. Methodologische Untersuchungen, Wissenschaftstheorie, Wissenschaft und Philosophie 4, Braunschweig 1971.

[Grotjahn, Glottometrika 2] R. Grotjahn (Hg.), Glottometrika 2, Quantitative Linguistics 3, Bochum 1980.

[Grzybek/Köhler, Methods] P. Grzybek/R. Köhler, Exact Methods in the Study of Language and Text (FS G. Altmann), Quantitative Linguistics 62, Berlin u. a. 2007.

[Guijarro Oporto, Comienzos] S. Guijarro Oporto (Hg.), Los comienzos del cristianismo. IV Simposio Internacional del Grupo Europeo de Investigación Interdisciplinar sobre los Orígenes del Cristianismo (G.E.R.I.C.O.), Salamanca 2006.

[GUNZENHÄUSER, Maß] R. GUNZENHÄUSER, Maß und Information als ästhetische Kategorien. Einführung in die ästhetische Theorie G. D. Birkhoffs und die Informationsästhetik, Baden-Baden 1975.

[GÜTTGEMANNS, Grundkategorien] E. GÜTTGEMANNS, „Text" und „Geschichte" als Grundkategorien der Generativen Poetik. Thesen zur aktuellen Diskussion um die „Wirklichkeit" der Auferstehungstexte, LingBibl 11/12 (1972), 2–12.

[HAENCHEN, Johannesevangelium] E. HAENCHEN, Das Johannesevangelium – ein Kommentar. Aus den nachgelassenen Manuskripten hg. von U. Busse mit einem Vorwort von J. M. Robinson, Tübingen 1980.

[Hahn, Erzähler] F. Hahn (Hg.), Der Erzähler des Evangeliums. Methodische Neuansätze in der Markusforschung, SBS 118/119, Stuttgart 1985.

[HALDIMANN/WEDER, Literatur I] K. HALDIMANN/H. WEDER, Aus der Literatur zum Johannesevangelium 1985–1994. Erster Teil: Historische Situierung und diachrone Analysen (I–II), ThR 67 (2002), 328–348.425–456.

[HALDIMANN/WEDER, Literatur II] K. HALDIMANN/H. WEDER, Aus der Literatur zum Johannesevangelium 1985–1994. Zweiter Teil: Synchrone Analysen, ThR 69 (2004), 75–115.

[HALDIMANN/WEDER, Literatur III] K. HALDIMANN/H. WEDER, Aus der Literatur zum Johannesevangelium 1985–1994. Dritter Teil: Theologische Akzentuierung (I–III), ThR 71 (2006), 91–113.192–218.310–324.

[HÄNCHEN, Literatur] E. HÄNCHEN, Aus der Literatur zum Johannesevangelium 1929–1956, ThR 23 (1955), 295–335.

[Hanson/Cowan/Giles, Advances] S. J. Hanson/J. D. Cowan/C. L. Giles (Hgg.), Advances in Neural Information Processing Systems 5, San Mateo 1993.

[Harnisch, Gleichnisforschung] W. Harnisch (Hg.), Die neutestamentliche Gleichnisforschung im Horizont von Hermeneutik und Literaturwissenschaft, WdF 575, Darmstadt 1982.

[HART, Numbers] S. HART, Triangular Numbers, JThS XVII (1916), 76–77.

[HASITSCHKA, Zeichen] M. HASITSCHKA, Die beiden „Zeichen" am See von Tiberias. Interpretation von Joh 6 in Verbindung mit Joh 21,1–14, SNTU 24 (1999), 85–102.

[Haßler, Texte] G. Haßler (Hg.), Texte im Text. Untersuchungen zur Intertextualität und ihren sprachlichen Formen, Studium Sprachwissenschaft. Beiheft 29, Münster 1997.

[HASSLER, Überlegungen] G. HASSLER, Texte im Text. Überlegungen zu einem textlinguistischen Problem, in: Haßler, Texte, 11–58.

[Haverkamp, Theorie]  A. Haverkamp (Hg.), Theorie der Metapher, Wege der Forschung 389, Darmstadt 1983.

[HECKEL, Evangelium]  T. K. HECKEL, Vom Evangelium des Markus zum viergestaltigen Evangelium, WUNT 120, Tübingen 1999.

[HELFMAN, Patterns]  J. I. HELFMAN, Dotplot Patterns: A Literal Look at Pattern Languages, Theory and Practice of Object Systems (TAPOS). Special issue on Patterns 2/1 (1996), 31–41, http://www.imagebeat.com/dotplot/tapos.pdf [15. Juni 2012].

[HEMPFER, Gattung]  K. W. HEMPFER, Art. Gattung, in: RLW, I, 651–657.

[HENDRY, Exposition]  G. S. HENDRY, The Exposition of Holy Scripture, SJTh 1 (1948), 29–47.

[HENGEL, Entstehungszeit]  M. HENGEL, Entstehungszeit und Situation des Markus evangeliums, in: Cancik, Markus-Philologie, 1–45.

[HENGEL, Evangelien]  M. HENGEL, Die vier Evangelien und das eine Evangelium von Jesus Christus, WUNT 224, Tübingen 2008.

[HENGEL, Evangelienüberschriften]  M. HENGEL, Die Evangelienüberschriften, SHAW.PH 3/1984, Heidelberg 1984.

[HENGEL, Evangelium]  M. HENGEL, Die vier Evangelien und das eine Evangelium von Jesus Christus, ThBeitr 34 (2003), 18–33.

[HENGEL, Frage]  M. HENGEL, Die johanneische Frage. Ein Lösungsversuch. Mit einem Beitrag zur Apokalypse von Jörg Frey, WUNT 67, Tübingen 1993.

[HENGEL, Gospels]  M. HENGEL, The Four Gospels and the One Gospel of Jesus Christ. An Investigation of the Collection and Origin of the Canonical Gospels, London 2000.

[HENGEL, Interpretation]  M. HENGEL, The Interpretation of the Wine Miracle at Cana: John 2:1–12, in: Hurst/Wright, Glory, 83–112.

[HENGEL, Jesus]  M. HENGEL, Jesus und die Evangelien. Kleine Schriften V, hrsg. v. C.-J. Thornton, WUNT 211, Tübingen 2007.

[HENGEL, Studies]  M. HENGEL, Studies in Early Christology, London (1995) [4]2004.

[Hengel/Löhr, Schriftauslegung]  M. Hengel/H. Löhr (Hgg.), Schriftauslegung im antiken Judentum und im Christentum, WUNT 73, Tübingen 1994.

[Herman, Narrative]  D. Herman (Hg.), The Cambridge Companion to Narrative, Cambridge 2007. Cambridge Collections Online, Cambridge University Press 2011, http://cco.cambridge.org [15. Juni 2012].

[HOCKEY, Texts]  S. HOCKEY, Electronic Texts in the Humanities. Principles and Practice, Oxford 2001.

[HOEGEN-ROHLS, Johannes]  C. HOEGEN-ROHLS, Der nachösterliche Johannes. Die Abschiedsreden als hermeneutischer Schlüssel zum vierten Evangelium, WUNT 84, Tübingen 1996.

[HOEGEN-ROHLS, Theologie]  C. HOEGEN-ROHLS, Johanneische Theologie im Kontext paulinischen Denkens? Eine forschungsgeschichtliche Skizze, in: Frey/Schnelle, Kontexte, 593–612.

[Hofius/Kammler, Johannesstudien]  O. Hofius/H.-C. Kammler (Hgg.), Johannesstudien. Untersuchungen zur Theologie des vierten Evangeliums, WUNT 88, Tübingen 1996.

[Hoffmann/Heil, Spruchquelle Q]  P. Hoffmann/C. Heil (Hgg.), Die Spruchquelle Q. Studienausgabe Griechisch und Deutsch, Darmstadt u. a. 2002.

[HOFRICHTER, Modell]  P. L. HOFRICHTER, Modell und Vorlage der Synoptiker. Das vorredaktionelle „Johannesevangelium", Theologische Texte und Studien 6, Hildesheim u. a. (1997) [2]2002.

[HOLTHUIS, Intertextualität]  S. HOLTHUIS, Intertextualität. Aspekte einer rezeptionsorientierten Konzeption, Tübingen 1993.

[HONKELA/PULKKI/KOHONEN, Relations]  T. HONKELA/V. PULKKI/T. KOHONEN, Contextual Relations of Words in Grimm Tales Analyzed by Self-Organizing Map, in: F. F. Fogelman-Soulié/P. Gallinari (Hgg.), Proceedings of International Conference on Artificial Neural Networks (ICANN-95), Bd. II, Paris 1995, 3–7.

[HOPPE, Ortsangaben]  R. HOPPE, Ortsangaben im Johannesevangelium, in: Schreiber/Stimpfle, Johannes, 33–43.

[HŘEBÍČEK, Fractals]  L. HŘEBÍČEK, Fractals in Language, JQL 1/1 (1994), 82–86.

[Hřebíček, Glottometrika 11]  L. Hřebíček (Hg.), Glottometrika 11, Quantitative Linguistics 42, Bochum 1990.

[Hřebíček, Law] L. Hřebíček, The Menzerath-Altmann Law on the Semantic Level, in: Hřebíček, Glottometrika 11, 47–56.

[Hřebíček, Levels] L. Hřebíček, Text Levels. Language Constructs, Constituents and the Menzerath-Altmann Law, Quantitative Linguistics 56, Trier 1995.

[Hřebíček, Persistence] L. Hřebíček, Persistence and Other Aspects of Sentence-Length Series, JQL 4/1-3 (1997), 103–109.

[Hřebíček, Principle] L. Hřebíček, Principle of Emergence and Text in Linguistics, JQL 6/1 (1999), 41–45.

[Hřebíček, Vyprávění] L. Hřebíček, Vyprávění o lingvistických experimentech s textem [Die Erzählung von linguistischen Experimenten mit Text], Praha 2002.

[Hübner, Glaube] K. Hübner, Glaube und Denken. Dimensionen der Wirklichkeit, Tübingen (2001) [2]2004.

[Hurst/Wright, Glory] L. D. Hurst/N. T. Wright (Hgg.), The Glory of Christ in the New Testament. Studies in Christology in Memory of George Bradford Caird, Oxford u. a. (1987) 2002.

[Hurtado, Lord] L. W. Hurtado, Lord Jesus Christ. Devotion to Jesus in Earliest Christianity, Cambridge 2003.

[Hylen, Allusion] S. Hylen, Allusion and Meaning in John 6, BZNW 137, Berlin u. a. 2005.

[van Iersel, Markus] B. van Iersel, Markus. Kommentar, Düsseldorf 1993.

[Ihwe, Literaturwissenschaft] J. Ihwe (Hg.), Literaturwissenschaft und Linguistik, Bd. 2, Frankfurt a. M. 1973.

[Jacobs, Gattungskonzept] A. Jacobs, Das Gattungskonzept in der neueren deutschen Literaturwissenschaft. Ein historisch-systematischer Abriss, Germanistische Mitteilungen. Zeitschrift für deutsche Sprache, Literatur und Kultur 56 (2002), 5–26, (= Acta Austriaca-Belgica 5).

[Jakobson, Doppelcharakter] R. Jakobson, Der Doppelcharakter der Sprache und die Polarität zwischen Metaphorik und Metonymik, in: Haverkamp, Theorie, 163–174.

[Jakobson, Funkce] R. Jakobson, Poetická funkce [Die poetische Funktion], Praha 1995.

[Jakobson, Poetik] R. Jakobson, Poetik. Ausgewählte Aufsätze 1921–1971, hg. v. E. Holenstein/T. Schelbert, stw 262, Frankfurt a. M. (1979) [4]2005.

[Jakobson, Poetry] R. Jakobson, Poetry of Grammar and Grammar of Poetry, Roman Jakobson Selected Writings III, hrsg. v. S. Rudy, The Hague u. a. 1981.

[Jannidis, Figur] F. Jannidis, Figur und Person. Beitrag zu einer historischen Narratologie, Narratologia. Contributions to Narrative Theory/Beiträge zur Erzähltheorie 3, Berlin u. a. 2004

[Jencks, Language] C. Jencks, The Language of Post-Modern Architecture, London 1977.

[Jencks, Post-Modernism] C. Jencks, What is Post-Modernism?, London 1986.

[de Jonge, Expectations] M. de Jonge, Jewish Expectations about the 'Messiah' according to the Fourth Gospel, NTS 19 (1973), 246–270.

[de Jonge, L'Évangile] M. de Jonge (Hg.), L'Évangile de Jean. Sources, rédaction, théologie, BEThL 44, Leuven (1977) [2]1987.

[de Jonge, Loss] H. J. de Jonge, The Loss of Faith in the Historicity of the Gospels. H.S. Reimarus (ca 1750) on John and the Synoptics, in: Denaux, John, 409–421.

[Joyce, Ulysses] J. Joyce, Ulysses, hrsg. v. J. Johnson, Oxford World's Classics, Oxford (1922) 1998.

[Jülicher, Gleichnisreden] A. Jülicher, Die Gleichnisreden Jesu, 2 Bde., Tübingen (1886/1898) [2]1910.

[Karrer, Intertextualität] W. Karrer, Intertextualität als Elementen- und Strukturreproduktion, in: Broich/Pfister, Intertextualität, 98–116.

[Kenny, Study] A. Kenny, A Stylometric Study of the New Testament, Oxford 1986.

[Kermani, Gott] N. Kermani, Gott ist schön. Das ästhetische Erleben des Koran, München 2000.

[Kindt/Müller, Author] T. Kindt/H.-H. Müller, Implied Author. Concept and Controversy, Narratologia. Contributions to Narrative Theory/Beiträge zur Erzähltheorie 9, Berlin u. a. 2006.

[Kindt/Müller, Narratology] T. Kindt/H.-H. Müller (Hgg.), What Is Narratology? Questions and Answers Regarding the Status of a Theory, Narratologia. Contributions to Narrative Theory/Beiträge zur Erzähltheorie 1, Berlin u. a. 2003.

[Kirk/Thatcher, Memory] A. Kirk/T. Thatcher (Hgg.), Memory, Tradition, and Text. Uses of the Past in Early Christianity, SBL Semeia Studies 52, Atlanta 2005.

[Klauck, Allegorie] H.-J. Klauck, Allegorie und Allegorese in synoptischen Gleichnistexten, NTA 13, Münster (1978) [2]1986.

[Klauck, Art. Allegorie/Allegorese III] H. J. Klauck, Art. Allegorie/Allegorese III, in: RGG[4], Bd. 1, 305–306.

[Klauck, Briefliteratur] H.-J. Klauck, Die Antike Briefliteratur und das Neue Testament, UTB.W 2022, Paderborn u. a. 1998.

[Klauck, Evangelien] H.-J. Klauck, Apokryphe Evangelien. Eine Einführung, Stuttgart 2002.

[Klauck, Geschrieben] H.-J. Klauck, Geschrieben, erfüllt, vollendet: Die Schriftzitate in der Johannespassion, in: Labahn/Scholtissek/Strotmann, Israel, 140–157.

[Klauck, Jubeljahre] H.-J. Klauck, Alle Jubeljahre. Zum neuen Dokument der Päpstlichen Bibelkommission, BZ NF 39 (1995) 1–27.

[Klauck, Religion ] H.-J. Klauck, Religion und Gesellschaft im frühen Christentum. Neutestamentliche Studien, WUNT 152, Tübingen 2003.

[Klauck, Umwelt] H.-J. Klauck, Die religiöse Umwelt des Urchristentums I. Stadt- und Hausreligion, Mysterienkulte, Volksglaube, KStTh 9/1, Stuttgart u. a. 1995. H.-J. Klauck, Die religiöse Umwelt des Urchristentums II. Herrscher- und Kaiserkult, Philosophie, Gnosis, KStTh 9/2, Stuttgart u. a. 1996.

[Klauck, Vorspiel] H.-J. Klauck, Vorspiel im Himmel? Erzähltechnik und Theologie im Markusprolog, BibS 32, Neukirchen-Vluyn 1997.

[Klein, Berufung] G. Klein, Berufung des Petrus, ZNW 58 (1967), 1–44.

[Klein/Fix, Textbeziehungen] J. Klein/U. Fix (Hgg.), Textbeziehungen. Linguistische und literaturwissenschaftliche Beiträge zur Intertextualität, Tübingen 1997.

[Klumbies, Mythos] P.-G. Klumbies, Der Mythos bei Markus, BZNW 108, Berlin u. a. 2001.

[Koester, Gospels] H. Koester, Ancient Christian Gospels. Their History and Development, Philadelphia 1990.

[Koester, Symbolism] C. R. Koester, Symbolism in the Four Gospel. Meaning, Mystery, Community, Minneapolis (1995) [2]2003.

[Köhler/Naumann, Analysis] R. Köhler/S. Naumann, Quantitative Analysis of Co-Reference Structures in Text, in: Grzybek/Köhler, Methods, 317–329.

[Kohonen, Maps] T. Kohonen, Self-Organizing Maps, Springer Series in Information Sciences 30, Berlin u. a. (1995) [3]2001.

[Konings, Dialog] J. Konings, The Dialog of Jesus, Philip and Andrew in John 6,5–9, in: Denaux, John, 523–534.

[Köstenberger, Encountering] A. J. Köstenberger, Encountering John. The Gospel in Historical, Literary and Theological Perspective, Encountering Biblical Studies, Grand Rapids 1999.

[Kreuzer/Gunzenhäuser, Mathematik] H. Kreuzer/R. Gunzenhäuser (Hgg.), Mathematik und Dichtung. Versuche zur Frage einer exakten Literaturwissenschaft, München (1965) [3]1969.

[Kristeva, Σημειοτικὴ] J. Kristeva, Σημειοτικὴ: Recherches pour une sémanalyse, Paris 1969.

[Kristeva, Time] J. Kristeva, Time and Sense. Proust and the Experience of Literature, New York 1998.

[Kugel, Bible] J. L. Kugel, How to Read the Bible. A Guide to Scripture, Then and Now, New York 2007. J. L. Kugel, How to Read the Bible, Appendix 1: Apologetics and "Biblical Criticism Lite", http://www.jameskugel.com [15. Juni 2012].

[Kugel, Traditions] J. L. Kugel, Traditions of the Bible. A Guide to the Bible as it Was at the Start of the Common Era, Cambridge 1998.

[Kügler, Jünger] J. Kügler, Der Jünger den Jesus liebte. Literarische, theologische und historische Untersuchungen zu einer Schlüsselgestalt johanneischer Theologie und Geschichte. Mit einem Exkurs über die Brotrede in Joh 6, SBB 16, Stuttgart 1988.

[Kümmel, Testament] W. G. Kümmel, Das Neue Testament. Geschichte der Erforschung seiner Probleme, Orbis Academicus III/3, Freiburg u. a. [2]1970.

[KUNDSIN, Überlieferungsstoffe] K. KUNDSIN, Topologische Überlieferungsstoffe im Johannes-Evangelium, FRLANT NF 22, Göttingen 1925.

[KURZ, Metapher] G. KURZ, Metapher, Allegorie, Symbol, Göttingen (1982) [2]1988.

[KYSAR, Dehistoricizing] R. KYSAR, The Dehistoricizing of the Gospel of John, in: Anderson/Just/Thatcher, John I, 75–101.

[KYSAR, Voyages] R. KYSAR, Voyages with John. Charting the Fourth Gospel, Waco 2006.

[LABAHN, Fischen] M. LABAHN, Fischen nach Bedeutung – Sinnstiftung im Wechsel literarischer Kontexte. Der wunderbare Fischfang in Johannes 21 zwischen Inter- und Intratextualität, SNTU.A 32 (2007), 115–140.

[LABAHN, Fishing] M. LABAHN, Fishing for Meaning. The Miraculous Catch of Fish in John 21, in: Labahn/Lietaert Peerbolte, Wonders, 125–145.

[LABAHN, Jesus] M. LABAHN, Jesus als Lebensspender. Untersuchungen zu einer Geschichte der johanneischen Tradition anhand ihrer Wundergeschichten, BZNW 98, Berlin u. a. 1999.

[LABAHN, Rehabilitation] M. LABAHN, Peter's Rehabilitation (John 21:15–19) and the Adoption of Sinners: Remembering Jesus and Relecturing John, in: Anderson/Just/Thatcher, John II, 335–348.

[LABAHN/LANG, Johannes] M. LABAHN/M. LANG, Johannes und die Synoptiker. Positionen und Impulse seit 1990, in: Frey/Schnelle, Kontexte, 443–515.

[Labahn/Lietaert Peerbolte, Wonders] M. Labahn/B. J. Lietaert Peerbolte (Hgg.), Wonders Never Cease. The Purpose of Narrating Miracle Stories in the New Testament and its Religious Environment, LNTS 288, London/New York 2006.

[Labahn/Scholtissek/Strotmann, Israel] M. Labahn/K. Scholtissek/A. Strotmann (Hgg.), Israel und seine Heilstraditionen im vierten Evangelium (FS J. Beutler), Paderborn u. a. 2004.

[LABOV/WALETZKY, Erzählanalyse] W. LABOV/J. WALETZKY, Erzählanalyse: Mündliche Versionen persönlicher Erfahrung, in: Ihwe, Literaturwissenschaft, 78–126.

[LAHN/MEISTER, Einführung] S. LAHN/J. C. MEISTER, Einführung in die Erzähltextanalyse, Stuttgart 2008.

[LANG, Johannes] M. LANG, Johannes und die Synoptiker. Eine redaktionsgeschichtliche Analyse von Joh 18–20 vor dem markinischen und lukanischen Hintergrund, FRLANT 182, Göttingen 1999.

[LARSSON, God] T. LARSSON, God in the Fourth Gospel. A Hermeneutical Study of the History of Interpretations, CB.NT 35, Stockholm 2001.

[LATTKE, Buchschluß] M. LATTKE, Joh 20,30f als Buchschluß, ZNW 78 (1987), 288–292.

[LECLERQ, Commentaire] J. LECLERQ, Le commentaire de Gilbert de Stanford sur le Cantique des cantiques, Analecta Monastica 1 (= Studia Anselmiana 20), Rom 1948, 205–230.

[Lentricchia/McLaughlin, Terms] F. Lentricchia/T. McLaughlin, Critical Terms for Literary Study, Chicago u. a. (1990) [2]1995.

[Léon-Dufour, Exegese] X. Léon-Dufour (Hg.), Exegese im Methodenkonflikt. Zwischen Geschichte und Struktur, München 1973.

[LEOPOLD, Models] E. LEOPOLD, Models of Semantic Spaces, in: Mehler/Köhler, Aspects, 117–137.

[LEOPOLD, Structures] E. LEOPOLD, Fractal Structures in Language. The Question of the Imbedding Space, in: Uhlířová, Text, 163–176.

[Lessing, Dramaturgie] G. E. Lessing, Hamburgische Dramaturgie, 2 Bde., Hamburg 1767/1769.

[Lessing, Laokoon] G. E. Lessing, Laokoon oder über die Grenzen der Malerei und Poesie. Mit beiläufigen Erläuterungen verschiedener Puncte der alten Kunstgeschichte, Stuttgart (1766) 1870.

[Lessing, Schriften] G. E. Lessing, Sämtliche Schriften, hrsg. v. K. Lachmann/F. Muncker, 23 Bde., Berlin u. a. (1886–1924) [3]1968.

[LIGHTFOOT, Gospel] R. H. LIGHTFOOT, St. John's Gospel, hrsg. v. C. F. Evans, Oxford 1956.

[LINDARS, Capernaum] B. LINDARS, Capernaum Revisited. John 4,46–53 and the Synoptics, in: van Segbroeck, Gospels, 1985–2000.

[LINK/PARR, Diskursanalyse] J. LINK/R. PARR, Semiotische Diskursanalyse, in: Bogdal, Literaturtheorien, 107–130.

[LITTLE, Echoes] E. LITTLE, Echoes of the Old Testament in the Wine of Cana in Galilee (John 2:1–11) and the Multiplication of the Loaves and Fish (John 6:1–15), CRB 41, Paris 1998.

[LOHMEYER, Evangelium]　E. LOHMEYER, Das Evangelium des Markus, KEK I/2, Göttingen (1937) [17]1967.

[LOHMEYER, Galiläa]　E. LOHMEYER, Galiläa und Jerusalem, Göttingen 1936.

[LOTMAN, Struktur]　J. M. LOTMAN, Die Struktur literarischer Texte, München (1972) [2]1986.

[Lozada/Thatcher, Currents]　F. Lozada/T. Thatcher (Hgg.), New Currents through John. A Global Perspective, SBL.RBS 54, Atlanta 2006.

[DE LUBAC, Exegesis]　H. DE LUBAC, Medieval Exegesis. The Four Senses of Scripture, Bd. I, Grand Rapids 1998. H. DE LUBAC, Medieval Exegesis. The Four Senses of Scripture, Bd. II, Grand Rapids 2000.

[DE LUBAC, History]　H. DE LUBAC, History and Spirit. The Understanding of Scripture according to Origen, San Francisco 2007.

[LÜDEMANN, Betrug]　G. LÜDEMANN, Der große Betrug. Und was Jesus wirklich sagte und tat, Lüneburg (1998) [4]2002.

[Luther, Johannes-Evangelium]　D. Martin Luthers Evangelienauslegung, hg. v. E. Mülhaupt, Bd. IV: Das Johannes-Evangelium mit Ausnahme der Passionstexte, bearb. v. E. Ellwein, Göttingen (1954) [3]1977.

[LUZ, Intertexts]　U. LUZ, Intertexts in the Gospel of Matthew, HTR 97/2 (2004), 119–137.

[MACKAY, Relationship]　I. D. MACKAY, John's Relationship with Mark. An Analysis of John 6 in the Light of Mark 6–8, WUNT II/182, Tübingen 2004.

[MADDEN, Walking]　P. MADDEN, Jesus' Walking on the Sea. An Investigation of the Origin of the Narrative Account, BZNW 81, Berlin u. a. 1997.

[MAGNESS, Sense]　J. L. MAGNESS, Sense and Absence. Structure and Suspension in the Ending of Gospel, Atlanta 1986.

[MANDELBROT, Geometry]　B. MANDELBROT, The Fractal Geometry of Nature, New York (1977) [18]1999.

[MÁNEK, Fishers]　J. MÁNEK, Fishers of Men, NT 2 (1957), 138–141.

[MÁNEK, Výklad]　J. MÁNEK, Výklad evangelia Janova [Die Auslegung des Johannesevangeliums], Praha 1958.

[MANNING/SCHÜTZE, Foundations]　C. D. MANNING/H. SCHÜTZE, Foundations of Statistical Natural Language Processing, Cambridge u. a. (1999) [4]2001.

[MARGUERAT, Textlektüren]　D. MARGUERAT, Strukturale Textlektüren des Evangeliums, in: Pfammatter/Furger, Methoden, 41–86.

[MARTIN, Pedagogy]　D. B. MARTIN, Pedagogy of the Bible. An Analysis and Proposal, Louisville u. a. 2008.

[MARTIN, Sex]　D. B. MARTIN, Sex and the Single Savior. Gender and Sexuality in Biblical Interpretation, Louisville 2006.

[MARTINEZ/SCHEFFEL, Einführung]　M. MARTINEZ/M. SCHEFFEL, Einführung in die Erzähltheorie, München 1999.

[MARXEN, Evangelist]　W. MARXEN, Der Evangelist Markus, Göttingen [2]1959.

[MAYORDOMO-MARÍN, Anfang]　M. MAYORDOMO-MARÍN, Den Anfang hören: Leserorientierte Evangelienexegese am Beispiel von Matthäus 1–2, FRLANT 180, Göttingen 1998.

[McGing/Mossman, Limits]　B. McGing/J. Mossman (Hgg.), The Limits of Ancient Biography, Swansea 2006.

[McIVER/CARROLL, Experiments]　R. K. McIVER/M. CARROLL, Experiments to Develop Criteria for Determining the Existence of Written Sources, and Their Potential Implications for the Synoptic Problem, JBL 121 (2002), 667–687.

[Mehler/Köhler, Aspects]　A. Mehler/R. Köhler, Aspects of Automatic Text Analysis, Studies in Fuzziness and Soft Computing 209, Berlin u. a. 2007.

[MEISTER, Action]　J. C. MEISTER, Computing Action. A Narratological Approach, Narratologia. Contributions to Narrative Theory/Beiträge zur Erzähltheorie 2, Berlin u. a. 2003.

[Meister, Narratology]　J. C. Meister (Hg.), Narratology Beyond Literary Criticism. Mediality, Disciplinarity, Narratologia. Contributions to Narrative Theory/Beiträge zur Erzähltheorie 6, Berlin u. a. 2005.

[MEISTER, Time] J. C. MEISTER, Tagging Time in Prolog: The Temporality Effect Project, LLC 20/Suppl 1 (2005), 107–124.

[Mell/Müller, Urchristentum] U. Mell/U. B. Müller (Hgg.), Das Urchristentum in seiner literarischen Geschichte (FS J. Becker), BZNW 100, Berlin u. a. 1999.

[MENKEN, Quotations] M. J. J. MENKEN, Old Testament Quotations in the Fourth Gospel. Studies in Textual Form, Kampen 1996.

[MENKEN, Techniques] M. J. J. MENKEN, Numerical Literary Techniques in John. The Fourth Evangelist's Use of Numbers of Words and Syllabes, NT.S 55, Leiden u. a. 1985.

[MENZERATH, Architektonik] P. MENZERATH, Die Architektonik des deutschen Wortschatzes, Bonn u. a. 1954.

[MERENLAHTI, Poetics] P. MERENLAHTI, Poetics for the Gospels? Rethinking Narrative Criticism, Studies of the New Testament and Its World, London 2002.

[MERZ, Selbstauslegung] A. MERZ, Die fiktive Selbstauslegung des Paulus. Intertextuelle Studien zur Intention und Rezeption der Pastoralbriefe, NTOA 52, Göttingen u. a. 2003.

[Meyers, Galilee] E. M. Meyers (Hg.), Galilee Through the Centuries. Confluence of Cultures, DJS 1, Winona Lake 1999.

[MOERS, Welten] G. MOERS, Fingierte Welten in der ägyptischen Literatur des 2. Jahrtausends v. Chr. Grenzüberschreitung, Reisemotiv und Fiktionalität, Probleme der Ägyptologie 19, Leiden u. a. 2001.

[MOLONEY, Belief] F. J. MOLONEY, Belief in the Word. Reading John 1–4, Minneapolis (1993) [2]2004.

[MOLONEY, Glory] F. J. MOLONEY, Glory Not Dishonor. Reading John 13–21, Minneapolis (1998) [2]2004.

[MOLONEY, Gospel] F. J. MOLONEY, The Gospel of John, Sacra Pagina 4, Collegeville 1998.

[MOLONEY, Jesus] F. J. MOLONEY, The Fourth Gospel and the Jesus of History, NTS 46 (2000), 42–58.

[MOLONEY, Signs] F. J. MOLONEY, Signs and Shadows, Reading John 5–12, Minneapolis (1996) [2]2004.

[MUSSNER, Jesus] F. MUSSNER, Jesus von Nazareth im Umfeld Israels und der Urkirche. Gesammelte Aufsätze, hg. v. M. Theobald, WUNT 111, Tübingen 1999.

[MYLLYKOSKI, Tage] M. MYLLYKOSKI, Die letzten Tage Jesu. Markus und Johannes, ihre Traditionen und die historische Frage, 2 Bde., AASF.B 256/272, Helsinki 1991/1994.

[NAGEL, Rezeption] T. NAGEL, Die Rezeption des Johannesevangeliums im 2. Jahrhundert. Studien zur vorirenäischen Aneignung und Auslegung des vierten Evangeliums in christlicher und christlich-gnostischer Literatur, ABG 2, Leipzig 2000.

[NEIRYNCK, Commentaries] F. NEIRYNCK, John and the Synoptics in Recent Commentaries, EThL 74 (1998), 386–397.

[NEIRYNCK, Disciple] F. NEIRYNCK, The Anonymous Disciple in John 1, EThL 66 (1990), 5–37.

[NEIRYNCK, Evangelica III] F. NEIRYNCK, Evangelica III. 1992–2000. Collected Essays by Frans Neirynck, BEThL 150, Leuven 2001.

[NEIRYNCK, Jean] F. NEIRYNCK u. a., Jean et les Synoptiques. Examen critique de l'exégèse de M.-É. Boismard, BEThL 49, Leuven 1979.

[NEIRYNCK, John I] F. NEIRYNCK, John and the Synoptics, in: de Jonge, L'Évangile, 73–106.

[NEIRYNCK, John II] F. NEIRYNCK, John and the Synoptics: 1975–1990, in: Denaux, John, 3–62. F. NEIRYNCK, John and the Synoptics: 1975–1990, in: NEIRYNCK, Evangelica III, 3–64.

[NEIRYNCK, John 21] F. NEIRYNCK, John 21, NTS 36 (1990), 321–336.

[NEIRYNCK, Luke] F. NEIRYNCK, Once More Luke 24,12, EThL 70 (1994), 319–340.

[NEIRYNCK, Note] F. NEIRYNCK, A Supplementary Note on Lk 24,12, EThL 72 (1996), 425–430.

[NEIRYNCK, Question] F. NEIRYNCK, The Question of John and the Synoptics, EThL 76 (2000), 122–132.

[NEIRYNCK, Stories] F. NEIRYNCK, John and the Synoptics. The Empty Tomb Stories, NTS 30 (1984), 161–187.

[Neuhaus, Teufelskinder] D. Neuhaus (Hg.), Teufelskinder oder Heilsbringer – die Juden im Johannes-Evangelium, Frankfurt a. M. 1990.

[NEYREY, Gospel] J. H. NEYREY, The Gospel of John, NCBC, Cambridge u. a. 2006.

[Nicklas, Fische]  T. Nicklas, ‚153 große Fische' (Joh 21,11). Erzählerische Ökonomie und ‚johanneischer Überstieg', Biblica 84 (2003), 366–387.

[Nielsen, Dimension]  J. T. Nielsen, Die kognitive Dimension des Kreuzes. Zur Deutung des Todes Jesu im Johannesevangelium, WUNT II/263, Tübingen 2009.

[Nissen/Pedersen, Readings]  J. Nissen/S. Pedersen (Hgg.), New Readings in John. Literary and Theological Perspectives Essays from the Scandinavian Conference on the Fourth Gospel, Århus 1997, JSNTSup 182, Sheffield 1999.

[O'Day, Jesus]  G. R. O'Day, John 6:15–21. Jesus Walking on Water as Narrative Embodiment of Johannine Christology, in: Culpepper, Readings, 149–159.

[O'Day, Mode]  G. R. O'Day, Narrative Mode and Theological Claim: A Study in the Fourth Gospel, JBL 105 (1986), 657–668.

[O'Day, Revelation]  G. R. O'Day, Revelation in the Fourth Gospel. Narrative Mode and Theological Claim, Philadelphia 1986.

[O'Day, World]  G. R. O'Day, "I Have Overcome the World" (John 16:33). Narrative Time in John 13–17, Semeia 53 (1991), 153–166.

[O'Grady, Pun]  K. O'Grady, The Pun or the Eucharist? Eco and Kristeva on the Consummate Model for the Metaphoric Process, Literature and Theology 11/1 (1997), 93–115.

[Okure, Mission]  T. Okure, The Johannine Approach to Mission. A Contextual Study of John 4:1–42, WUNT II/31, Tübingen 1988.

[Olsson, Structure]  B. Olsson, Structure and Meaning in the Fourth Gospel. A Text-Linguistic Analysis of John 2:1–11 and 4:1–42, Uppsala 1974.

[Osborne, Spiral]  G. R. Osborne, The Hermeneutic Spiral. A Comprehensive Introduction to Biblical Interpretation, Downers Grove (1991) [2]2006.

[Østenstad, Patterns]  G. H. Østenstad, Patterns of Redemption in the Fourth Gospel. An Experiment in Structural Analysis, Studies in the Bible and Early Christianity 38, Lewiston u. a. 1998.

[Overbeck, Johannesevangelium]  F. Overbeck, Das Johannesevangelium. Studien zur Kritik seiner Erforschung, aus dem Nachlaß hg. von C. A. Bernoulli, Tübingen 1911.

[Painter, Jesus]  J. Painter, Jesus and the Quest for Eternal Life, in: Culpepper, Readings, 61–94.

[Pesch, Fischfang]  R. Pesch, Der reiche Fischfang. Lk 5,1–11 / Joh 21,1–14. Wundergeschichte-Berufungserzählung-Erscheinungsbericht, KBANT, Düsseldorf 1969.

[Petersen, Analysen]  S. Petersen, Brot, Licht und Weinstock. Intertextuelle Analysen johanneischer Ich-bin-Worte, NT.S 127, Leiden u. a. 2008.

[Petersen, Evangelium]  S. Petersen, Das andere Evangelium: Ein erster Wegweiser durch die Johannesforschung, ZNT 23 (2009), 2–11.

[Pfammatter/Furger, Methoden]  J. Pfammatter/F. Furger (Hgg.), Methoden der Evangelien-Exegese, ThBer 13, Zürich 1985.

[Pfister, Konzepte]  M. Pfister, Konzepte der Intertextualität, in: Broich/Pfister, Intertextualität, 1–30.

[Pfister, Systemreferenz]  M. Pfister, Zur Systemreferenz, in: Broich/Pfister, Intertextualität, 52–57.

[Plett, Intertextualities]  H. F. Plett, Intertextualities, in: Plett, Intertextuality, 3–29.

[Plett, Intertextuality]  H. F. Plett (Hg.), Intertextuality, Berlin u. a. 1991.

[Plett, Konstituenten]  H. F. Plett, Sprachliche Konstituenten einer intertextuellen Poetik, in: Broich/Pfister, Intertextualität, 78–98.

[Poirier, Memory]  J. C. Poirier, Memory, Written Sources, and the Synoptic Problem: A Response to Robert K. McIver and Marie Caroll, JBL 123 (2004), 315–322.

[Pokorný, Anfang]  P. Pokorný, Anfang des Evangeliums. Zum Problem des Anfangs und des Schlusses des Markusevangeliums, in: Schnackenburg/Ernst/Wanke, Kirche, 115–132.

[Pokorný, Bedeutung]  P. Pokorný, Die Bedeutung des Markusevangeliums für die Entstehung der christlichen Bibel, in: Fornberg/Hellholm, Texts, 409–427.

[Pokorný, Demoniac]  P. Pokorný, Demoniac and Drunkard. John the Baptist and Jesus According to Q 7:33-34, in: Charlesworth/Pokorný, Research, 170–181.

[Pokorný, Entstehung]  P. Pokorný, Die Entstehung der Christologie. Voraussetzungen einer Theologie des Neuen Testaments, Berlin 1985.

[POKORNÝ, Jesus]   P. POKORNÝ, Der irdische Jesus im Johannesevangelium, in: Pokorný/Souček, Bibelauslegung, 327–339.

[POKORNÝ, Úvod]   P. POKORNÝ, Literární a teologický úvod do Nového zákona [Die literarische und theologische Einleitung in das Neue Testament], Praha 1993.

[POKORNÝ/HECKEL, Einleitung]   P. POKORNÝ/U. HECKEL, Einleitung in das Neue Testament. Seine Literatur und Theologie im Überblick, UTB 2798, Tübingen 2007.

[Pokorný/Roskovec, Hermeneutics]   P. Pokorný/J. Roskovec (Hgg.), Philosophical Hermeneutics and Biblical Exegesis, WUNT 153, Tübingen 2002.

[Pokorný/Souček, Bibelauslegung]   P. Pokorný/J. B. Souček (Hgg.), Bibelauslegung als Theologie, WUNT 100, Tübingen 1997.

[POPKES, Theologie]   E. E. POPKES, Die Theologie der Liebe Gottes in den johanneischen Schriften. Zur Semantik der Liebe und zum Motivkreis des Dualismus, WUNT II/197, Tübingen 2005.

[POPP, Kunst]   T. POPP, Die Kunst der Wiederholung. Repetition, Variation und Amplifikation im vierten Evangelium am Beispiel von Johannes 6,60–71, in: Frey/Schnelle, Kontexte, 559–592.

[PREUSS, Galiläa]   H. R. PREUSS, Galiläa im Markusevangelium, Göttingen 1966.

[PRINCE, Narratology]   G. PRINCE, Narratology. The Form and Functioning of Narrative, Janua Linguarum. Series Maior 108, Berlin 1982.

[PRUSCHA, Models]   H. PRUSCHA, Statistical Models for Vocabulary and Text Length with an Application to the NT Corpus, LLC 13 (1998), 195–198.

[QUILLIGAN, Language]   M. QUILLIGAN, The Language of Allegory. Defining the Genre, (1979) Ithaca 1992.

[RAHNER, Tempel]   J. RAHNER, „Er aber sprach vom Tempel seines Leibes“. Jesus von Nazaret als Ort der Offenbarung Gottes im vierten Evangelium, BBB 117, Bodenheim 1998.

[RÄISÄNEN, Secret]   H. RÄISÄNEN, The 'Messianic Secret' in Mark, Edinburgh 1990.

[REIM, Jochanan]   G. REIM, Jochanan. Erweiterte Studien zum alttestamentlichen Hintergrund des Johannesevangeliums, Erlangen 1995.

[Reimarus, Apologie]   H. S. Reimarus, Apologie oder Schutzschrift für die vernünftigen Verehrer Gotes, 2 Bde., hrsg. v. G. Alexander, Frankfurt a. M. 1972.

[REISER, Alexanderroman]   M. REISER, Der Alexanderroman und das Markusevangelium, in: Cancik, Markus-Philologie, 131–163.

[REISER, Bibelkritik]   M. REISER, Bibelkritik und Auslegung der Heiligen Schrift. Beiträge zur Geschichte der biblischen Exegese und Hermeneutik, WUNT 217, Tübingen 2007.

[REISER, Sprache]   M. REISER, Sprache und literarische Formen des Neuen Testaments, UTB.W 2197, Paderborn u. a. 2001.

[REISER, Stellung]   M. REISER, Die Stellung der Evangelien in der antiken Literaturgeschichte, ZNW 90 (1999), 1–27.

[RESSEGUIE, Gospel]   J. L. RESSEGUIE, The Strange Gospel. Narrative Design and Point of View in John, Leiden u. a. 2001.

[RICŒUR, Figuring]   P. RICŒUR, Figuring the Sacred. Religion, Narrative, and Imagination, Minneapolis 1995.

[RICŒUR, Hermeneutik]   P. RICŒUR, Biblische Hermeneutik (1975), in: Harnisch, Gleichnisforschung, 248–339. P. RICŒUR, Biblical Hermeneutics, Semeia 4 (1975), 27–148.

[RICŒUR, Konflikt]   P. RICŒUR, Vom Konflikt zur Konvergenz der exegetischen Methoden, in: Léon-Dufour, Exegese, 19–39.

[RICŒUR, Poetry]   Poetry and Possibility. An Interview with Paul Ricœur Conducted by Philip Fried, The Manhattan Review 2/2 (1982), 6–21.

[RIFFATERRE, Stilistik]   M. RIFFATERRE, Strukturale Stilistik, München 1973.

[RIMMON-KENAN, Fiction]   S. RIMMON-KENAN, Narrative Fiction, Contemporary Poetics, London u. a. 1983.

[RISSI, Fische]   M. RISSI, Voll großer Fische, hundertdreiundfünfzig: Joh 21,1–14, ThZ 35 (1979), 73–89.

[ROBINSON, Messiasgeheimnis]   J. M. ROBINSON, Messiasgeheimnis und Geschichtsverständnis. Zur Gattungsgeschichte des Markusevangeliums, ThB 81, München 1989.

[RUCKSTUHL, Johannes 21]  E. RUCKSTUHL, Zur Aussage und Botschaft von Johannes 21, in: Schnackenburg/Ernst/Wanke, Kirche, 339–362.

[RUCKSTUHL, Speisung]  E. RUCKSTUHL, Die Speisung des Volkes durch Jesus und die Seeüberfahrt der Jünger nach Joh 6,1–25 im Vergleich zu den Synoptischen Parallelen, in: van Segbroeck, Gospels, 2001–2019.

[RUCKSTUHL/DSCHULNIGG, Stilkritik]  E. RUCKSTUHL/P. DSCHULNIGG, Stilkritik und Verfasserfrage im Johannesevangelium. Die johanneischen Stilmerkmale auf dem Hintergrund des Neuen Testaments und des zeitgenössischen hellenistischen Schrifttums, NTOA 17, Göttingen u. a. 1991.

[SABBE, Account]  M. SABBE, The Johannine Account of the Death of Jesus and Its Synoptic Parallels (Jn 19,16b-42), EThL 70(1994), 34–64.

[SALIER, Impact]  W. S. SALIER, The Rhetorical Impact of the Semeia in the Gospel of John, WUNT 186, Tübingen 2004.

[Sänger, Heiligkeit]  D. Sänger (Hg.), Heiligkeit und Herrschaft. Intertextuelle Studien zu Heiligkeits-vorstellungen und zu Psalm 110, BThSt 55, Neukirchen-Vluyn 2003.

[Sänger/Mell, Studien]  D. Sänger/U. Mell, Paulus und Johannes. Exegetische Studien zur paulinischen und johanneischen Theologie und Literatur, WUNT 198, Tübingen 2006.

[DE SAUSSURE, Course]  F. DE SAUSSURE, Course in General Linguistics, hg. v. C. Bally/A. Sechehaye, Chicago u. a. (1916) [3]1986.

[DE SAUSSURE, Grundfragen]  F. DE SAUSSURE, Grundlagen der allgemeinen Sprachwissenschaft, hg. v. C. Bally/A. Sechehaye, Berlin u. a. (1931) [3]2001.

[SCHENK, Strukturierungen]  W. SCHENK, Interne Strukturierungen im Schluß-Segment Johannes 21: ΣΥΓΓΡΑΦΗ + ΣΑΤΥΡΙΚΟΝ/ΕΠΙΛΟΓΟΣ, NTS 38 (1992), 507–530.

[SCHENKE, Buch]  L. SCHENKE, Das Buch Johannes. Roman des vierten Evangeliums, Düsseldorf 1997.

[SCHENKE, Erscheinen]  G. SCHENKE, Das Erscheinen Jesu vor den Jüngern und der ungläubige Thomas. Johannes 20,19–31, in: L. Painchaud/P.-H. Poirier (Hgg.), Coptica – Gnostica – Manichaica. Mélanges offerts à Wolf-Peter Funk, BCNH.E 7, Leuven u. a. 2006, 893–904.

[SCHENKE, Johannes]  L. SCHENKE, Johannes. Kommentare zu den Evangelien, Düsseldorf 1998.

[SCHENKE, Johannesevangelium]  L. SCHENKE, Das Johannesevangelium. Einführung – Text – dramatische Gestalt, Stuttgart u. a. 1992.

[SCHENKE, Studien]  L. SCHENKE, Studien zur Passionsgeschichte des Markus. Tradition und Redaktion in Markus 14,1–42, FzB 4, Würzburg 1971.

[SCHLEIERMACHER, Hermeneutik]  F. D. E. SCHLEIERMACHER, Hermeneutik, nach den Handschriften neu hg. u. eingel. v. H. Kimmerle, AHAW.PH 1959/2, Heidelberg 1959.

[SCHMIDT, Anmerkungen]  A. SCHMIDT, Zwei Anmerkungen zu P. Ryl. III 457, APF 35 (1989), 11–12.

[SCHNACKENBURG, Johannesevangelium]  R. SCHNACKENBURG, Das Johannesevangelium. Einleitung und Kommentar zu Kapitel 1–4, HThK IV/1, Freiburg u. a. (1965) [6]1986. R. SCHNACKENBURG, Das Johannesevangelium. Einleitung und Kommentar zu Kapitel 5–12, HThK IV/2, Freiburg u. a. (1971) [5]1990. R. SCHNACKENBURG, Das Johannesevangelium. Einleitung und Kommentar zu Kapitel 13–21, HThK IV/3, Freiburg u. a. (1975) [6]1992. R. SCHNACKENBURG, Das Johannesevangelium. Ergänzende Auslegungen und Exkurse, HThK IV/4, Freiburg u. a. (1984) [3]1994.

[SCHNACKENBURG, Wunder]  R. SCHNACKENBURG, Das erste Wunder Jesu (Joh. 2,1–11), Freiburg 1951.

[Schnackenburg/Ernst/Wanke, Kirche]  R. Schnackenburg/J. Ernst/J. Wanke (Hgg.), Die Kirche des Anfangs (FS H. Schürmann), ETF 38, Leipzig 1977.

[SCHNELLE, Einleitung]  U. SCHNELLE, Einleitung in das Neue Testament, UTB 1830, Göttingen [5]2005.

[SCHNELLE, Evangelium]  U. SCHNELLE, Das Evangelium nach Johannes, ThHK 4, Leipzig (1998) [2]2000.

[SCHNELLE, Johannes]  U. SCHNELLE, Johannes und die Synoptiker, in: van Segbroeck, Gospels, 1799–1814.

[SCHNELLE, Literatur]  U. SCHNELLE, Aus der Literatur zum Johannesevangelium 1994–2010. Erster Teil: Die Kommentare als Seismographen der Forschung, ThR 75 (2010), 265–303.

[SCHNELLE, Sinnbildung]  U. SCHNELLE, Das Johannesevangelium als neue Sinnbildung, in: van Belle/van der Watt/Maritz, Theology, 291–313.

[SCHNIEWIND, Parallelperikopen]  J. SCHNIEWIND, Die Parallelperikopen bei Lukas und Johannes, Leipzig 1914.

[SCHOLTISSEK, Ironie]  K. SCHOLTISSEK, Ironie und Rollenwechsel im Johannesevangelium, ZNW 89 (1998), 235–255.

[Schreiber/Stimpfle, Johannes]  S. Schreiber/A. Stimpfle (Hgg.), Johannes aenigmaticus. Studien zum Johannesevangelium für Herbert Leroy, Regensburg 2000.

[SCHRÖTER, Galiläa]  J. SCHRÖTER, Jesus aus Galiläa. Die Herkunft Jesu und ihre Bedeutung für das Verständnis seiner Wirksamkeit, in: Guijarro Oporto, Comienzos, 23–42.

[SCHRÖTER, Testament]  J. SCHRÖTER, Von Jesus zum Neuen Testament. Studien zur urchristlichen Theologiegeschichte und zur Entstehung des neutestamentlichen Kanons, WUNT 204, Tübingen 2007.

[Schröter/Brucker, Jesus]  J. Schröter/R. Brucker (Hgg.), Der historische Jesus. Tendenzen und Perspektiven der gegenwärtigen Forschung, BZNW 114, Berlin u. a. 2002.

[Schröter/Eddelbüttel, Konstruktion]  J. Schröter/A. Eddelbüttel (Hgg.), Konstruktion von Wirklichkeit. Beiträge aus geschichtstheoretischer, philosophischer und theologischer Perspektive, TBT 127, Berlin u. a. 2004.

[SCHUTTE, Literaturinterpretation]  J. SCHUTTE, Einführung in die Literaturinterpretation, Stuttgart ⁴1997.

[SCHÜTZE, Space]  H. SCHÜTZE, Word Space, in: Hanson/Cowan/Giles, Advances, 895–902.

[SCHWANK, Evangelium]  B. SCHWANK, Evangelium nach Johannes, St. Ottilien ²1998.

[SCHWARTZ, Aporien]  E. SCHWARTZ, Aporien im vierten Evangelium, 4 Bde., NGWG.PH, Berlin 1907–1908.

[SCHWEIZER, Jesus]  E. SCHWEIZER, Jesus, das Gleichnis Gottes. Was wissen wir wirklich vom Leben Jesu?, Göttingen 1995.

[van Segbroeck, Evangelica]  F. van Segbroeck (Hg.), Evangelica. Gospel Studies – Études d'évangile. Collected Essays by Frans Neirynck, BEThL 60, Leuven u. a. 1982.

[van Segbroeck, Evangelica II]  F. van Segbroeck (Hg.), Evangelica II. 1982–1991. Collected Essays by Frans Neirynck, BEThL 99, Leuven 1991.

[van Segbroeck, Gospels]  F. van Segbroeck u. a. (Hgg.), The Four Gospels (FS F. Neirynck), BEThL 100, Leuven 1992.

[Segovia, John]  F. F. Segovia (Hg.), "What Is John?" Readers and Readings of the Fourth Gospel, SBL.SS 3, Atlanta 1996.

[SELLIN, Allegorie]  G. SELLIN, Allegorie und „Gleichnis". Zur Formenlehre der synoptischen Gleichnisse, ZThK 75 (1978), 281–335.

[SIEGERT, Evangelium]  F. SIEGERT, Das Evangelium des Johannes in seiner ursprünglichen Gestalt. Wiederherstellung und Kommentar, SIJD 7, Göttingen 2008.

[SIEGERT, Restaurieren]  F. SIEGERT, Vom Restaurieren übermalter Bilder. Worum geht es in der „Brotrede" Joh 6?, in: Frey/van der Watt/Zimmermann, Imagery, 195–215.

[SMIT, Cana]  P.-B. SMIT, Cana-to-Cana or Galilee-to-Galilee. A Note on the Structure of the Gospel of John, ZNW 98 (2008), 143-149.

[SMITH, John]  D. M. SMITH, John among the Gospels, Columbia (1992) ²2001.

[SMITMANS, Weinwunder]  A. SMITMANS, Das Weinwunder von Kana. Die Auslegung von Jo 2,1–11 bei den Vätern und heute, BGBE 6, Tübingen 1966.

[SÖDING, Einheit]  T. SÖDING, Einheit der Heiligen Schrift? Zur Theologie des biblischen Kanons, QD 211, Freiburg u. a. 2005.

[Söding, Evangelist]  T. Söding (Hg.), Der Evangelist als Theologe. Studien zum Markusevangelium, SBS 163, Stuttgart 1995.

[Söding, Geist]  T. Söding (Hg.), Geist im Buchstaben? Neue Ansätze in der Exegese, QD 225, Freiburg u. a. 2007.

[SÖDING, Johannesevangelium]  T. SÖDING, Das Johannesevangelium – Mitte oder Rand des Kanons? Neue Standortbestimmungen, QD 203, Freiburg u. a. 2003.

[SÖDING, Zeit]  T. SÖDING, Der Evangelist in seiner Zeit. Voraussetzungen, Hintergründe und Schwerpunkte markinischer Theologie, in: Söding, Evangelist, 11–62.

[SOSKICE, Metaphor]  J. M. SOSKICE, Metaphor and Religious Language, Oxford 1985.

[SPENCER, Echoes]  P. E. SPENCER, Narrative Echoes in John 21: Intertextual Interpretation and Intra-textual Connection, JSNT 75 (1999), 49–68.

[STAUFFER, Jesus]  E. STAUFFER, Jesus. Gestalt und Geschichte, Bern 1957.

[STEGEMANN, Mythos]  W. STEGEMANN, Aus Mythos wird Geschichte. Die mythische Erzählung des Markusevangeliums und die historische Jesusforschung, in: Guijarro Oporto, Comienzos, 43–52.

[STEIGER, Erinnerung]  L. STEIGER, Die Erinnerung nach vorne. Erzählter Glaube. Die Evangelien, Stuttgart 1993.

[STIBBE, Breaking]  M. W. G. STIBBE, Magnificent but Flawed. The Breaking of Form in the Fourth Gospel, in: Thatcher/Moore, Anatomies, 149–165.

[STIBBE, Gospel]  M. W. G. STIBBE, John's Gospel. New Testament Readings, London u. a. 1994.

[STIBBE, John]  M. W. G. STIBBE, John. Readings. A New Biblical Commentary, Sheffield 1993.

[Stibbe, Literature]  M. W. G. Stibbe (Hg.), The Gospel of John as Literature. An Anthology of Twentieth-Century Perspectives, Leiden u. a. 1993.

[STIBBE, Storyteller]  M. W. G. STIBBE, John as Storyteller. Narrative criticism and the Fourth Gospel, MSSNTS 73, Cambridge 1992.

[STOCKER, Theorie]  P. STOCKER, Theorie der intertextuellen Lektüre. Modelle und Fallstudien, EXPLI-KATIO. Analytische Studien zur Literatur und Literaturwissenschaft, Paderborn u. a. 1998.

[STRAUSS, Leben]  D. F. STRAUSS, Das Leben Jesu, 2 Bde., Tübingen 1835/1836.

[STREETER, Gospels]  B. H. STREETER, The Four Gospels. A Study of Origins Treating of the manuscript Tradition, Sources, Authorship, and Dates, London 1924.

[STUDENOVSKÝ, Concordances]  Z. STUDENOVSKÝ, Intertextual Concordances. The Gospel of John and the Synoptics, publiziert online 2005, in: GARSKÝ, Studies [15. Juni 2012].

[STUDENOVSKÝ, Dotplot]  Z. STUDENOVSKÝ, Dotplot Analysis. The Gospel of John and the Synoptics, publiziert online 2006, in: GARSKÝ, Studies [15. Juni 2012].

[STUDENOVSKÝ, Search]  Z. STUDENOVSKÝ, Semantic Search, publiziert online 2007, in: GARSKÝ, Studies [15. Juni 2012].

[STUDENOVSKÝ, Weg]  Z. STUDENOVSKÝ, „Dort werdet ihr ihn sehen" (Mk 16,7). Der Weg Jesu nach Galiläa bei Johannes und Markus, in: Frey/Schnelle, Kontexte, 517–558.

[STUHLMACHER, Theologie]  P. STUHLMACHER, Biblische Theologie. Gesammelte Aufsätze, WUNT 146, Tübingen 2002.

[TEGTMEYER, Begriff]  H. TEGTMEYER, Der Begriff der Intertextualität und seine Fassungen – eine Kritik der Intertextualitätskonzepte Julia Kristevas und Susanne Holthuis', in: Klein/Fix, Textbeziehungen, 49–81.

[TEMPLETON, Testament]  D. A. TEMPLETON, The New Testament As True Fiction. Literature, Literary Criticism, Aesthetics, Playing the Texts 3, Sheffield 1999.

[Thatcher, Beginning]  T. Thatcher (Hg.), What We Have Heard from the Beginning. The Past, Present and Future of Johannine Studies, Waco 2007.

[THATCHER, John]  T. J. THATCHER, Why John Wrote a Gospel. Jesus – Memory – History, Louisville 2005.

[THATCHER, Memory]  T. THATCHER, John's Memory Theater: The Fourth Gospel and Ancient Mnemo-Rhetoric, CBQ 69 (2007), 487–505.

[Thatcher/Moore, Anatomies]  T. Thatcher/S. D. Moore (Hgg.), Anatomies of Narrative Criticism. The Past and Futures of the Fourth Gospel as Literature, SBL.RBS 55, Atlanta 2008.

[THEISSEN, Lokalkolorit]  G. THEISSEN, Lokalkolorit und Zeitgeschichte in den Evangelien. Ein Beitrag zur Geschichte der synoptischen Tradition, Freiburg (Göttingen 1989) [2]1992.

[THEISSEN, Wundergeschichten]  G. THEISSEN, Urchristliche Wundergeschichten. Ein Beitrag zur formgeschichtlichen Erforschung der synoptischen Evangelien, StNT 8, Gütersloh (1974) [7]1998.

[THEISSEN/MERZ, Jesus]  G. THEISSEN/A. MERZ, Der historische Jesus. Ein Lehrbuch, Göttingen (1996) [2]1997.

[THEOBALD, Anfang]  M. THEOBALD, Im Anfang war das Wort. Textlinguistische Studie zum Johannesprolog, SBS 106, Stuttgart 1983.

[THEOBALD, Evangelium]  M. THEOBALD, Das Evangelium nach Johannes. Kapitel 1–12, RNT 4/1, Regensburg 2009.

[THEOBALD, Fischzug] M. THEOBALD, Der wunderbare Fischzug (Lk 5,1–11 und Joh 21,1–14) in der Deutung Augustins (*Hom. in Joa.* 122–123,3), in: Verheyden/van Belle/van der Watt, Miracles, 161–193 (= THEOBALD, Studien, 621–653).

[THEOBALD, Herrenworte] M. THEOBALD, Herrenworte im Johannesevangelium, HBS 34, Freiburg u. a. 2002.

[THEOBALD, Johannes] M. THEOBALD, „Johannes" im Gespräch – mit wem und worüber?, ZNT 23 (2009), 47–53.

[THEOBALD, Primat] M. THEOBALD, Der Primat der Synchronie vor der Diachronie als Grundaxiom der Literarkritik. Methodische Erwägungen an Hand von Mk 2,13–17/Mt 9,9–13, BZ NF 22 (1978) 161–186.

[THEOBALD, Schriftzitate] M. THEOBALD, Schriftzitate im „Lebensbrot"-Dialog Jesu (Joh 6). Ein Paradigma für den Schriftgebrauch des vierten Evangelisten, in: Tuckett, Scriptures, 327–366.

[THEOBALD, „Spruchgut"] M. THEOBALD, „Spruchgut" im Johannesevangelium. Bestandsaufnahme und weiterführende Überlegungen zur Konzeption von J. Becker, in: Mell/Müller, Urchristentum, 335–367.

[THEOBALD, Studien] M. THEOBALD, Studien zum Corpus Iohanneum, WUNT 267, Tübingen 2010.

[THIEDE, Bibelcode] C. P. THIEDE, Bibelcode und Bibelwort. Die Suche nach verschlüsselten Botschaften in der Heiligen Schrift, Basel u. a. 1998.

[THYEN, Art. Johannesevangelium] H. THYEN, Art. Johannesevangelium, in: TRE 17 (1988), 200–225.

[THYEN, Buch] H. THYEN, Das Johannesevangelium als literarisches Werk und Buch der Heiligen Schrift, ZNT 23 (2009), 54–61.

[THYEN, Entwicklungen] H. THYEN, Entwicklungen innerhalb der johanneischen Theologie und Kirche im Spiegel von Joh 21 und der Lieblingsjüngertexte des Evangeliums, in: de Jonge, L'Évangile, 259–299 (= THYEN, Studien, 42–82).

[THYEN, Erzählung] H. THYEN, Die Erzählung von den bethanischen Geschwistern (Joh 11,1–12,9) als „Palimpsest" über die synoptischen Texte, in: van Segbroeck, Gospels, 2021–2050 (= THYEN, Studien, 182–212).

[THYEN, Johannes] H. THYEN, Johannes und die Synoptiker: Auf der Suche nach einem neuen Paradigma zur Beschreibung ihrer Beziehung anhand von Beobachtungen an Passions- und Ostererzählungen, in: Denaux, John, 81–107 (= THYEN, Studien, 155–181).

[THYEN, Johannes 21] H. THYEN, Noch einmal: Johannes 21 und „der Jünger, den Jesus liebte", in: Fornberg/Hellholm, Texts, 147–189 (= THYEN, Studien, 252–293).

[THYEN, Johannesevangelium] H. THYEN, Das Johannesevangelium, HNT 6, Tübingen 2005.

[THYEN, Literatur I] H. THYEN, Aus der Literatur zum Johannesevangelium, ThR 39 (1975), 1–69.222–252.289–330.

[THYEN, Literatur II] H. THYEN, Aus der Literatur zum Johannesevangelium, ThR 42 (1977), 211–270.

[THYEN, Literatur III] H. THYEN, Aus der Literatur zum Johannesevangelium, ThR 43 (1978), 328–359.

[THYEN, Literatur IV] H. THYEN, Aus der Literatur zum Johannesevangelium, ThR 44 (1979), 97–134.

[THYEN, Studien] H. THYEN, Studien zum Corpus Iohanneum, WUNT 214, Tübingen 2007.

[THYEN, Werk] H. THYEN, Das Johannesevangelium als literarisches Werk, in: Neuhaus, Teufelskinder, 112–132 (= THYEN, Studien, 351–369).

[VAN TILBORG, Reading] S. VAN TILBORG, Reading John in Ephesus, NovTSup 83, Leiden u. a. 1996.

[TOLMIE, Farewell] D. F. TOLMIE, Jesus' Farewell to the Disciples. John 13:1–17:26 in Narratological Perspective, BIS 12, Leiden u. a. 1995.

[TOMAŠEVSKIJ, Theorie] B. TOMAŠEVSKIJ, Theorie der Literatur. Poetik, Wiesbaden 1985.

[TREIER, Interpretation] D. J. TREIER, Introducing Theological Interpretation of Scripture. Recovering a Christian Practice, Grand Rapids 2008.

[Tuckett, Scriptures] C. M. Tuckett (Hg.), Scriptures in the Gospels, BEThL 131, Leuven 1997.

[Turner/McGuire, Library] J. D. Turner/A. McGuire (Hgg.), The Nag Hammadi Library After Fifty Years. Proceedings of the 1995 Society of Biblical Literature Commemoration, NHS 44, Leiden u. a. 1997

[Uhlířová, Text] L. Uhlířová u. a. (Hgg.), Text as a Linguistic Paradigm: Levels, Constituents, Constructs (FS L. Hřebíček), Quantitative Linguistics 60, Trier 2001.

[Uro, Thomas]  R. Uro (Hg.), *Thomas* at the Crossroads. Essays on the *Gospel of Thomas*, Studies of the New Testament and its World, Edinburgh 1998.

[Vanhoozer, Narrative]  K. J. Vanhoozer, Biblical narrative in the philosophy of Paul Ricoeur: A Study in Hermeneutics and Theology, Cambridge, 1990.

[Verheyden/van Belle/van der Watt, Miracles]  J. Verheyden/G. van Belle/J. G. van der Watt, Miracles and Imagery in Luke and John (FS U. Busse), BEThL 218, Leuven 2008.

[Vielhauer, Geschichte]  P. Vielhauer, Geschichte der Urchristlichen Literatur. Einleitung in das Neue Testament, die Apokryphen und die Apostolischen Väter, Berlin 1975.

[Vouga, Jean 6]  F. Vouga, Le quatrième évangile comme interprète la tradition synoptique. Jean 6, in: Denaux, John, 261–279.

[Walter, Gedächtnis]  P. Walter, Das romanische Gedächtnis: *Réécriture*, Intertextualität und Onomastik in der französischen Literatur des Mittelalters, in: Haßler, Texte, 113–127.

[van der Watt, Entendre]  J. van der Watt, *Double Entendre* in the Gospel According to John, in: van Belle/van der Watt/Maritz, Theology, 463–481.

[van der Watt, Family]  J. G. van der Watt, Family of the King. Dynamics of Metaphor in the Gospel According to John, BIS 47, Leiden u. a. 2000.

[Wedderburn, Jesus]  A. J. M. Wedderburn, Jesus and the Historians, WUNT 269, Tübingen 2010.

[Wedderburn, Paul]  A. J. M. Wedderburn (Hg.), Paul and Jesus, London u. a. (1989) 2004.

[Wedderburn, Resurrection]  A. J. M. Wedderburn, Beyond Resurrection, Peabody 1999.

[Wedderburn, Story]  A. J. M. Wedderburn, Paul and the Story of Jesus, in: Wedderburn, Paul, 161–189.

[Weder, Menschwerdung]  H. Weder, Die Menschwerdung Gottes. Überlegungen zur Auslegungsproblematik des Johannesevangeliums am Beispiel von Joh 6, ZThK 82 (1985), 325–360.

[Weder, Ursprung]  H. Weder, Ursprung im Unvordenklichen, BibS 70, Neukirchen-Vluyn 2008.

[Weder, Wende]  H. Weder, Von der Wende der Welt zum Semeion des Sohnes, in: Denaux, John, 127–145.

[Weidemann, Tod]  H.-U. Weidemann, Der Tod Jesu im Johannesevangelium. Die erste Abschiedsrede als Schlüsseltext für den Passions- und Osterbericht, BZNW 122, Berlin u. a. 2004.

[Weinrich, Semantik]  H. Weinrich, Semantik der kühnen Metapher, in: Haverkamp, Theorie, 316–339.

[Weinrich, Sprache]  H. Weinrich, Sprache in Texten, Stuttgart 1976.

[Weinrich, Tempus]  H. Weinrich, Tempus. Besprochene und erzählte Welt, München (1964) [6]2001.

[Welck, Zeichen]  C. Welck, Erzählte Zeichen. Die Wundergeschichten des Johannesevangeliums literarisch untersucht. Mit einem Ausblick auf Joh 21, WUNT 69, Tübingen 1994.

[Wellek/Warren, Theorie]  R. Wellek/A. Warren, Theorie der Literatur, Ullstein Bücher 420/421, Frankfurt a. M. u. a. 1963.

[Wellhausen, Evangelium]  J. Wellhausen, Das Evangelium Johannis, Berlin 1908.

[Wengst, Johannesevangelium]  K. Wengst, Das Johannesevangelium 1 (Joh 1–10), ThKNT 4/1, Stuttgart u. a. (2000) [2]2004. K. Wengst, Das Johannesevangelium 2 (Joh 11–21), ThKNT 4/2, Stuttgart u. a. (2001) [2]2007.

[Werlitz, Fische]  J. Werlitz, Warum gerade 153 Fische?, in: Schreiber/Stimpfle, Johannes, 121–137.

[White, Content]  H. White, The Content of the Form. Narrative Discourse and Historical Representation, Baltimore 1987.

[White, Metahistory]  H. White, Metahistory. The Historical Imagination in Nineteenth-Century Europe, Baltimore 1973.

[White, Realism]  H. White, Figural Realism. Studies in the Mimesis Effect, Baltimore 1999.

[Wiarda, Peter]  T. J. Wiarda, Peter in the Gospels. Pattern, Personality and Relationship, WUNT 127, Tübingen 2000.

[Widdows, Geometry]  D. Widdows, Geometry and Meaning, CSLI Lecture Notes 172, Stanford 2004. Ergänzendes Material zum Buch: D. Widdows, Geometry and Meaning – Companion website, http://www.puttypeg.net/book/ [15. Juni 2012].

[Widdows, Model]  D. Widdows, A Mathematical Model for Context and Word-Meaning, in: P. Blackburn u. a. (Hgg.), Modeling and Using Context. 4th International and Interdisciplinary

Conference CONTEXT 2003 Stanford, CA, June 23–25, 2003 Proceedings, LNCS 2680 (= LNAI 2680), Berlin/Heidelberg 2003, 369–382.

[Widdows/Cohen, Gospels] D. Widdows/T. Cohen, Semantic Vector Combinations and the Synoptic Gospels, in: P. Bruza u. a. (Hgg.), Quantum Interaction. Third International Symposium, QI 2009. Saarbrücken, Germany, March 25–27, 2009. Proceedings, LNCS 5494 (= LNAI 5494), Berlin/Heidelberg 2009, 251–266.

[Wilckens, Evangelium] U. Wilckens, Das Evangelium nach Johannes, NTD 4, Göttingen u. a. <sup>17</sup>1998.

[Wilder, Rhetoric] A. N. Wilder, Early Christian Rhetoric, Cambridge 1971.

[Wilder, Theopoetic] A. N. Wilder, Theopoetic. Theology and the Religious Imagination, Philadelphia (1976) 2001.

[Wilken, Defense] R. L. Wilken, In Defense of Allegory, Modern Theology 14/2 (1998), 197–212.

[Wilken, Inevitability] R. L. Wilken, Inevitability of Allegory, Gregorianum 86 (2005), 742–753.

[Williams, Gospel] F. E. Williams, Fourth Gospel and Synoptic Tradition. Two Johannine Passages, JBL 86 (1967), 311–319.

[Windisch, Johannes] H. Windisch, Johannes und die Synoptiker: Wollte der vierte Evangelist die älteren Evangelien ergänzen oder ersetzen?, UNT 12, Leipzig 1926.

[Wittgenstein, Reader] Ludwig Wittgenstein. Ein Reader, hg. v. A. Kenny, Reclam UB 9470, Stuttgart 2000.

[Wittgenstein, Tractatus] L. Wittgenstein, Logisch-philosophische Abhandlung. Tractatus logico-philosophicus, in: Wittgenstein, Werkausgabe I, 7–85.

[Wittgenstein, Untersuchungen] L. Wittgenstein, Philosophische Untersuchungen, in: Wittgenstein, Werkausgabe I, 225–580.

[Wittgenstein, Werkausgabe I] L. Wittgenstein, Werkausgabe Bd. 1, Tractus logico-philosophicus. Tagebücher 1914–1916. Philosophische Untersuchung, stw 501, Frankfurt a. M. 1984.

[Wrede, Charakter] W. Wrede, Charakter und Tendenz des Johannesevangeliums, Tübingen 1903.

[Wrede, Messiasgeheimnis] W. Wrede, Das Messiasgeheimnis in den Evangelien. Zugleich ein Beitrag zum Verständnis des Markusevangeliums, Göttingen 1901.

[Ziegler/Altmann, Textanalyse] A. Ziegler/G. Altmann, Denotative Textanalyse. Ein textlinguistisches Arbeitsbuch, Wien 2002.

[Zimmermann, Bildersprache] R. Zimmermann (Hg.), Bildersprache verstehen. Zur Hermeneutik der Metapher und anderer bildlichen Sprachformen. Mit einem Geleitwort von H.-G. Gadamer, Übergänge 38, München 2000.

[Zimmermann, Bräutigam] R. Zimmermann, „Bräutigam" als frühjüdisches Messias-Prädikat? Zur Traditionsgeschichte einer urchristlichen Metapher, BN 103 (2000), 85–99.

[Zimmermann, Christologie] R. Zimmermann, Christologie der Bilder im Johannesevangelium. Die Christopoetik des vierten Evangeliums unter besonderer Berücksichtigung von Joh 10, WUNT 171, Tübingen 2004.

[Zimmermann, Geschlechtsmetaphorik] R. Zimmermann, Geschlechtsmetaphorik und Gottesverhältnis. Traditionsgeschichte und Theologie eines Bildfelds in Urchristentum und antiker Umwelt, WUNT II/122, Tübingen 2001.

[Zimmermann, Jesus] R. Zimmermann, Jesus im Bild Gottes. Anspielungen auf das Alte Testament im Johannesevangelium am Beispiel der Hirtenbildfelder in Joh 10, in: Frey/Schnelle, Kontexte, 81–116.

[Zimmermann, Kompendium] R. Zimmermann (Hg.), Kompendium der Gleichnisse Jesu, Gütersloh 2007.

[Zimmermann/Zimmermann, Freund] M. Zimmermann/R. Zimmermann, Der Freund des Bräutigams (Joh 3,29): Deflorations- oder Christuszeuge?, ZNW 90 (1999), 123–130.

[Zipf, Behavior] G. K. Zipf, Human Behavior and the Principle of Least Effort. An Introduction to Human Ecology, Cambridge 1949.

[Zumstein, Analyse] J. Zumstein, Narrative Analyse und neutestamentliche Exegese in der frankophonen Welt, VF 41, Gütersloh 1996, 5–27.

[ZUMSTEIN, Bibel] J. ZUMSTEIN, Die Bibel als literarisches Kunstwerk - gezeigt am Beispiel der Hochzeit zu Kana (Joh 2,1–11), in: Söding, Geist, 68–82.

[ZUMSTEIN, Erinnerung] J. ZUMSTEIN, Kreative Erinnerung. Relecture und Auslegung im Johannesevangelium, Zürich 1999.

[ZUMSTEIN, Intratextuality] J. ZUMSTEIN, Intratextuality and Intertextuality in the Gospel of John, in: Thatcher/Moore, Anatomies, 121–146.

[ZUNTZ, Heide] G. ZUNTZ, Ein Heide las das Markusevangelium. Ein Vortrag, in: Cancik, Markus-Philologie, 205–222.

# Stellenregister

## 1. Altes Testament

# 2. Neues Testament

# 3. Antike Autoren

# 4. Neutestamentliche Apokryphen

*Philippusevangelium (NHC II,3)*
21                          113

*Thomasevangelium (NHC II,2)*
1                           286
31                          151

# 5. Inschriften und Papyri

*Inschriften*
Priene (OGIS 458)           87

*Papyri*
MS.Copt.e.150(P)            83

P.Cair. 10759               85
$\mathfrak{P}^{52}$         84
$\mathfrak{P}^{66}$         83, 85
$\mathfrak{P}^{75}$         85

# Autorenregister

Abott, E. A. 42
Adamczewski, B. 258
Aland, B. 83f., 115
Aland, K. 83f.
Alkier, S. 14, 31, 41
Altmann, G. 46ff., 50f., 54, 59f., 62f., 66, 80, 136f., 139f.
Altmann, V. 47f., 50, 62f., 66, 80, 140
Anderson, P. N. 172, 179, 190
Ashton, J. 12f., 97
Avalos, H. 15

Bachtin, M. M. 22, 24, 30, 105, 153
Barker, D. 84
Barnsley, M. F. 42
Barr, J. 44, 50, 67
Barrett, C. K. 3, 11, 119, 126f., 133, 142, 147, 151, 194, 198, 200, 211, 216f., 222, 257, 267, 277, 279, 305
Barthes, R. 23, 38, 40, 44–47, 85f.
Bartholomew, G. L. 116
Bauckham, R. 81, 86, 99, 101f., 278, 297, 304
Bauer, W. 1f., 7
Becker, J. 1, 3, 5ff., 82f., 151, 218
Becker, M. 162
Benoit, P. 4
Bense, M. 79
Berger, K. 26, 80, 84, 225
Bergh van Eysinga, G. A. van den 278
Bernard, J. H. 197
Beutler, J. 12, 118
Birkhoff, G. D. 78f.
Blaskovic, G. 270ff.
Blinzler, J. 1, 4, 119, 152
Boismard, M. É. 4
Boomershine, T. E. 116
Borgen, P. 173, 200, 218
Bösen, W. 44, 115f.
Brodie, T. L. 5, 119
Broich, U. 31
Brown, D. 13
Brown, R. E. 3, 112, 162, 198, 273
Bultmann, R. 3f., 7, 83, 86, 90ff., 102, 108f.,

114, 151, 163, 175, 187, 194f., 198, 200, 215f., 219, 225, 227, 256ff., 277, 283, 285
Burridge, R. A. 87, 90, 92ff.
Busse, U. 190
Byrskog, S. 8, 22

Calder III, W. M. 14
Cancik, H. 91
Carroll, M. 8
Casey, M. 20
Červenka, M. 38, 40, 43, 66f., 77, 108
Chapman, J. 86, 100f.
Chatman, S. 110
Chesterton, G. K. 11f.
Church, K. W. 9
Cobet, J. 14
Cohen, T. 84
Colson, F. H. 278
Cornils, A. 40
Coşeriu, E. 15, 39
Counet, P. C. 302
Cramer, F. 39
Crossan, J. D. 174, 176
Culler, J. 88
Culpepper, R. A. 6, 96, 98, 101, 103–106, 108, 121, 259, 277f., 281

Daniélou, J. 279
Daske, U. 15
Dauer, A. 4
Deissmann, A. 87
Denaux, A. 4f., 215
Dibelius, M. 91
Dietzfelbinger, C. 4, 218
Dodd, C. H. 2f., 112, 114, 146f., 151, 193
Doležel, L. 29
Donne, J. 93
Draisma, S. 31
Dschulnigg, P. 5, 83
Duke, P. D. 304
Dunderberg, I. 1, 5, 8, 11, 31, 127, 130, 160, 163, 174, 179, 183, 185, 187, 194f., 216
Dunn, J. D. G. 11

Ebeling, W. 79

# Sachregister

# Wissenschaftliche Untersuchungen zum Neuen Testament
## Alphabetische Übersicht der ersten und zweiten Reihe

*Becker, Eve-Marie* und *Peter Pilhofer* (Hrsg.):
Biographie und Persönlichkeit des Paulus.
2005. *Bd. 187.*
– and *Anders Runesson* (Hrsg.): Mark and
Matthew I. 2011. *Bd. 271.*
*Becker, Michael:* Wunder und Wundertäter
im frührabbinischen Judentum. 2002.
*Bd. II/144.*
*Becker, Michael* und *Markus Öhler* (Hrsg.):
Apokalyptik als Herausforderung neutesta-
mentlicher Theologie. 2006. *Bd. II/214.*
*Bell, Richard H.:* Deliver Us from Evil. 2007.
*Bd. 216.*
– The Irrevocable Call of God. 2005. *Bd. 184.*
– No One Seeks for God. 1998. *Bd. 106.*
– Provoked to Jealousy. 1994. *Bd. II/63.*
*Bennema, Cornelis:* The Power of Saving Wis-
dom. 2002. *Bd. II/148.*
*Bergman, Jan:* siehe *Kieffer, René*
*Bergmeier, Roland:* Das Gesetz im Römerbrief
und andere Studien zum Neuen Testament.
2000. *Bd. 121.*
*Bernett, Monika:* Der Kaiserkult in Judäa unter
den Herodiern und Römern. 2007. *Bd. 203.*
*Bertho, Benjamin:* siehe *Clivaz, Claire.*
*Betz, Otto:* Jesus, der Messias Israels. 1987.
*Bd. 42.*
– Jesus, der Herr der Kirche. 1990. *Bd. 52.*
*Beyschlag, Karlmann:* Simon Magus und die
christliche Gnosis. 1974. *Bd. 16.*
*Bieringer, Reimund:* siehe *Koester, Craig.*
*Bird, Michael F.* und *Jason Maston* (Hrsg.):
Earliest Christian History. 2012. *Bd. II/320.*
*Bittner, Wolfgang J.:* Jesu Zeichen im Johannes-
evangelium. 1987. *Bd. II/26.*
*Bjerkelund, Carl J.:* Tauta Egeneto. 1987. *Bd. 40.*
*Blackburn, Barry Lee:* Theios Aner and the Mar-
kan Miracle Traditions. 1991. *Bd. II/40.*
*Blackwell, Ben C.:* Christosis. 2011. *Bd. II/314.*
*Blanton IV, Thomas R.:* Constructing a New
Covenant. 2007. *Bd. II/233.*
*Bock, Darrell L.:* Blasphemy and Exaltation in
Judaism and the Final Examination of Jesus.
1998. *Bd. II/106.*
*Bockmuehl, Markus:* The Remembered Peter.
2010. *Vol. 262.*
– Revelation and Mystery in Ancient Judaism
and Pauline Christianity. 1990. *Bd. II/36.*
*Bøe, Sverre:* Cross-Bearing in Luke. 2010.
*Bd. II/278.*
– Gog and Magog. 2001. *Bd. II/135.*
*Böhlig, Alexander:* Gnosis und Synkretismus.
Teil 1 1989. *Bd. 47* – Teil 2 1989. *Bd. 48.*
*Böhm, Martina:* Samarien und die Samaritai bei
Lukas. 1999. *Bd. II/111.*
*Börstinghaus, Jens:* Sturmfahrt und Schiffbruch.
2010. *Bd. II/274.*

*Böttrich, Christfried:* Weltweisheit – Mensch-
heitsethik – Urkult. 1992. *Bd. II/50.*
– / *Herzer, Jens* (Hrsg.): Josephus und das
Neue Testament. 2007. *Bd. 209.*
*Bolyki, János:* Jesu Tischgemeinschaften. 1997.
*Bd. II/96.*
*Bosman, Philip:* Conscience in Philo and Paul.
2003. *Bd. II/166.*
*Bovon, François:* New Testament and Christian
Apocrypha. 2009. *Bd. 237.*
– Studies in Early Christianity. 2003. *Bd. 161.*
*Brändl, Martin:* Der Agon bei Paulus. 2006.
*Bd. II/222.*
*Braun, Heike:* Geschichte des Gottesvolkes und
christliche Identität. 2010. *Bd. II/279.*
*Breytenbach, Cilliers:* siehe *Frey, Jörg.*
*Broadhead, Edwin K.:* Jewish Ways of Following
Jesus Redrawing the Religious Map of Anti-
quity. 2010. *Bd. 266.*
*Brocke, Christoph vom:* Thessaloniki – Stadt des
Kassander und Gemeinde des Paulus. 2001.
*Bd. II/125.*
*Brunson, Andrew:* Psalm 118 in the Gospel of
John. 2003. *Bd. II/158.*
*Büchli, Jörg:* Der Poimandres – ein paganisiertes
Evangelium. 1987. *Bd. II/27.*
*Bühner, Jan A.:* Der Gesandte und sein Weg im
4. Evangelium. 1977. *Bd. II/2.*
*Burchard, Christoph:* Untersuchungen zu
Joseph und Aseneth. 1965. *Bd. 8.*
– Studien zur Theologie, Sprache und Umwelt
des Neuen Testaments. Hrsg. von D. Sänger.
1998. *Bd. 107.*
*Burnett, Richard:* Karl Barth's Theological
Exegesis. 2001. *Bd. II/145.*
*Byron, John:* Slavery Metaphors in Early
Judaism and Pauline Christianity. 2003.
*Bd. II/162.*
*Byrskog, Samuel:* Story as History – History as
Story. 2000. *Bd. 123.*
*Calhoun, Robert M.:* Paul's Definitions of the
Gospel in Romans 1. 2011. *Bd. II/316.*
*Cancik, Hubert* (Hrsg.): Markus-Philologie.
1984. *Bd. 33.*
*Capes, David B.:* Old Testament Yaweh Texts in
Paul's Christology. 1992. *Bd. II/47.*
*Caragounis, Chrys C.:* The Development of
Greek and the New Testament. 2004.
*Bd. 167.*
– The Son of Man. 1986. *Bd. 38.*
– siehe *Fridrichsen, Anton.*
*Carleton Paget, James:* The Epistle of Barnabas.
1994. *Bd. II/64.*
– Jews, Christians and Jewish Christians in
Antiquity. 2010. *Bd. 251.*
*Carson, D.A., Peter T. O'Brien* und *Mark
Seifrid* (Hrsg.): Justification and Variegated
Nomism.

Bd. 1: The Complexities of Second Temple Judaism. 2001. *Bd. II/140.*

Bd. 2: The Paradoxes of Paul. 2004. *Bd. II/181.*

*Caulley, Thomas Scott* und *Hermann Lichtenberger* (Hrsg.): Die Septuaginta und das frühe Christentum – The Septuagint and Christian Origins. 2011. *Band 277.*

– siehe *Lichtenberger, Hermann.*

*Chae, Young Sam:* Jesus as the Eschatological Davidic Shepherd. 2006. *Bd. II/216.*

*Chapman, David W.:* Ancient Jewish and Christian Perceptions of Crucifixion. 2008. *Bd. II/244.*

*Chester, Andrew:* Messiah and Exaltation. 2007. *Bd. 207.*

*Chibici-Revneanu, Nicole:* Die Herrlichkeit des Verherrlichten. 2007. *Bd. II/231.*

*Ciampa, Roy E.:* The Presence and Function of Scripture in Galatians 1 and 2. 1998. *Bd. II/102.*

*Classen, Carl Joachim:* Rhetorical Criticism of the New Testament. 2000. *Bd. 128.*

*Claußen, Carsten* (Hrsg.): siehe *Frey, Jörg.*

*Clivaz, Claire, Andreas Dettwiler, Luc Devillers, Enrico Norelli* with *Benjamin Bertho* (Hrsg.): Infancy Gospels. 2011. *Bd. 281.*

*Colpe, Carsten:* Griechen – Byzantiner – Semiten – Muslime. 2008. *Bd. 221.*

– Iranier – Aramäer – Hebräer – Hellenen. 2003. *Bd. 154.*

*Cook, John G.:* Roman Attitudes Towards the Christians. 2010. *Band 261.*

*Coote, Robert B.* (Hrsg.): siehe *Weissenrieder, Annette.*

*Coppins, Wayne:* The Interpretation of Freedom in the Letters of Paul. 2009. *Bd. II/261.*

*Crump, David:* Jesus the Intercessor. 1992. *Bd. II/49.*

*Dahl, Nils Alstrup:* Studies in Ephesians. 2000. *Bd. 131.*

*Daise, Michael A.:* Feasts in John. 2007. *Bd. II/229.*

*Deines, Roland:* Die Gerechtigkeit der Tora im Reich des Messias. 2004. *Bd. 177.*

– Jüdische Steingefäße und pharisäische Frömmigkeit. 1993. *Bd. II/52.*

– Die Pharisäer. 1997. *Bd. 101.*

*Deines, Roland, Jens Herzer* und *Karl-Wilhelm Niebuhr* (Hrsg.): Neues Testament und hellenistisch-jüdische Alltagskultur. III. Internationales Symposium zum Corpus Judaeo-Hellenisticum Novi Testamenti. 21.–24. Mai 2009 in Leipzig. 2011. *Bd. 274.*

– und *Karl-Wilhelm Niebuhr* (Hrsg.): Philo und das Neue Testament. 2004. *Bd. 172.*

*Dennis, John A.:* Jesus' Death and the Gathering of True Israel. 2006. *Bd. 217.*

*Dettwiler, Andreas* und *Jean Zumstein* (Hrsg.): Kreuzestheologie im Neuen Testament. 2002. *Bd. 151.*

– siehe *Clivaz, Claire.*

*Devillers, Luc:* siehe *Clivaz, Claire.*

*Dickson, John P.:* Mission-Commitment in Ancient Judaism and in the Pauline Communities. 2003. *Bd. II/159.*

*Dietzfelbinger, Christian:* Der Abschied des Kommenden. 1997. *Bd. 95.*

*Dimitrov, Ivan Z., James D.G. Dunn, Ulrich Luz* und *Karl-Wilhelm Niebuhr* (Hrsg.): Das Alte Testament als christliche Bibel in orthodoxer und westlicher Sicht. 2004. *Bd. 174.*

*Dobbeler, Axel von:* Glaube als Teilhabe. 1987. *Bd. II/22.*

*Docherty, Susan E.:* The Use of the Old Testament in Hebrews. 2009. *Bd. II/260.*

*Dochhorn, Jan:* Schriftgelehrte Prophetie. 2010. *Bd. 268.*

*Downs, David J.:* The Offering of the Gentiles. 2008. *Bd. II/248.*

*Dryden, J. de Waal:* Theology and Ethics in 1 Peter. 2006. *Bd. II/209.*

*Dübbers, Michael:* Christologie und Existenz im Kolosserbrief. 2005. *Bd. II/191.*

*Dunn, James D.G.:* The New Perspective on Paul. 2005. *Bd. 185.*

*Dunn , James D.G.* (Hrsg.): Jews and Christians. 1992. *Bd. 66.*

– Paul and the Mosaic Law. 1996. *Bd. 89.*

– siehe *Dimitrov, Ivan Z.*

*Dunn, James D.G., Hans Klein, Ulrich Luz* und *Vasile Mihoc* (Hrsg.): Auslegung der Bibel in orthodoxer und westlicher Perspektive. 2000. *Bd. 130.*

*Ebel, Eva:* Die Attraktivität früher christlicher Gemeinden. 2004. *Bd. II/178.*

*Ebertz, Michael N.:* Das Charisma des Gekreuzigten. 1987. *Bd. 45.*

*Eckstein, Hans-Joachim:* Der Begriff Syneidesis bei Paulus. 1983. *Bd. II/10.*

– Verheißung und Gesetz. 1996. *Bd. 86.*

–, *Christoph Landmesser* and *Hermann Lichtenberger* (Ed.): Eschatologie – Eschatology. The Sixth Durham-Tübingen Research Symposium. 2011. *Bd. 272.*

*Edwards, J. Christopher:* The Ransom Logion in Mark and Matthew. 2012. *Bd. II/327.*

*Ego, Beate:* Im Himmel wie auf Erden. 1989. *Bd. II/34.*

*Ego, Beate, Armin Lange* und *Peter Pilhofer* (Hrsg.): Gemeinde ohne Tempel – Community without Temple. 1999. *Bd. 118.*

– und *Helmut Merkel* (Hrsg.): Religiöses Lernen in der biblischen, frühjüdischen und frühchristlichen Überlieferung. 2005. *Bd. 180.*

*Eisele, Wilfried:* Welcher Thomas? 2010. *Bd. 259.*

*Eisen, Ute E.:* siehe *Paulsen, Henning.*

*Elledge, C.D.:* Life after Death in Early Judaism. 2006. *Bd. II/208.*

*Ellis, E. Earle:* Prophecy and Hermeneutic in Early Christianity. 1978. *Bd. 18.*

– The Old Testament in Early Christianity. 1991. *Bd. 54.*

*Elmer, Ian J.:* Paul, Jerusalem and the Judaisers. 2009. *Bd. II/258.*

*Endo, Masanobu:* Creation and Christology. 2002. *Bd. 149.*

*Ennulat, Andreas:* Die 'Minor Agreements'. 1994. *Bd. II/62.*

*Ensor, Peter W.:* Jesus and His 'Works'. 1996. *Bd. II/85.*

*Eskola, Timo:* Messiah and the Throne. 2001. *Bd. II/142.*

– Theodicy and Predestination in Pauline Soteriology. 1998. *Bd. II/100.*

*Farelly, Nicolas:* The Disciples in the Fourth Gospel. 2010. *Bd. II/290.*

*Fatehi, Mehrdad:* The Spirit's Relation to the Risen Lord in Paul. 2000. *Bd. II/128.*

*Feldmeier, Reinhard:* Die Krisis des Gottessohnes. 1987. *Bd. II/21.*

– Die Christen als Fremde. 1992. *Bd. 64.*

*Feldmeier, Reinhard* und *Ulrich Heckel* (Hrsg.): Die Heiden. 1994. *Bd. 70.*

*Felsch, Dorit:* Die Feste im Johannesevangelium. 2011. *Bd. II/308.*

*Finnern, Sönke:* Narratologie und biblische Exegese. 2010. *Bd. II/285.*

*Fletcher-Louis, Crispin H.T.:* Luke-Acts: Angels, Christology and Soteriology. 1997. *Bd. II/94.*

*Förster, Niclas:* Marcus Magus. 1999. *Bd. 114.*

*Forbes, Christopher Brian:* Prophecy and Inspired Speech in Early Christianity and its Hellenistic Environment. 1995. *Bd. II/75.*

*Fornberg, Tord:* siehe *Fridrichsen, Anton.*

*Fossum, Jarl E.:* The Name of God and the Angel of the Lord. 1985. *Bd. 36.*

*Foster, Paul:* Community, Law and Mission in Matthew's Gospel. *Bd. II/177.*

*Fotopoulos, John:* Food Offered to Idols in Roman Corinth. 2003. *Bd. II/151.*

*Frank, Nicole:* Der Kolosserbrief im Kontext des paulinischen Erbes. 2009. *Bd. II/271.*

*Frenschkowski, Marco:* Offenbarung und Epiphanie. Bd. 1 1995. *Bd. II/79* – Bd. 2 1997. *Bd. II/80.*

*Frey, Jörg:* Eugen Drewermann und die biblische Exegese. 1995. *Bd. II/71.*

– Die johanneische Eschatologie. Bd. I. 1997. *Bd. 96.* – Bd. II. 1998. *Bd. 110.*

– Bd. III. 2000. *Bd. 117.*

*Frey, Jörg, Carsten Claußen* und *Nadine Kessler* (Hrsg.): Qumran und die Archäologie. 2011. *Bd. 278.*

– und *Cilliers Breytenbach* (Hrsg.): Aufgabe und Durchführung einer Theologie des Neuen Testaments. 2007. *Bd. 205.*

– *Jens Herzer, Martina Janßen* und *Clare K. Rothschild* (Hrsg.): Pseudepigraphie und Verfasserfiktion in frühchristlichen Briefen. 2009. *Bd. 246.*

– *James A. Kelhoffer* und *Franz Tóth* (Hrsg.): Die Johannesapokalypse. 2012. *Bd. 287.*

– *Stefan Krauter* und *Hermann Lichtenberger* (Hrsg.): Heil und Geschichte. 2009. *Bd. 248.*

– und *Udo Schnelle* (Hrsg.): Kontexte des Johannesevangeliums. 2004. *Bd. 175.*

– und *Jens Schröter* (Hrsg.): Deutungen des Todes Jesu im Neuen Testament. 2005. *Bd. 181.*

– Jesus in apokryphen Evangelienüberlieferungen. 2010. *Bd. 254.*

–, *Jan G. van der Watt,* und *Ruben Zimmermann* (Hrsg.): Imagery in the Gospel of John. 2006. *Bd. 200.*

*Freyne, Sean:* Galilee and Gospel. 2000. *Bd. 125.*

*Fridrichsen, Anton:* Exegetical Writings. Hrsg. von C.C. Caragounis und T. Fornberg. 1994. *Bd. 76.*

*Gadenz, Pablo T.:* Called from the Jews and from the Gentiles. 2009. *Bd. II/267.*

*Gäbel, Georg:* Die Kulttheologie des Hebräerbriefes. 2006. *Bd. II/212.*

*Gäckle, Volker:* Die Starken und die Schwachen in Korinth und in Rom. 2005. *Bd. 200.*

*Garlington, Don B.:* 'The Obedience of Faith'. 1991. *Bd. II/38.*

– Faith, Obedience, and Perseverance. 1994. *Bd. 79.*

*Garnet, Paul:* Salvation and Atonement in the Qumran Scrolls. 1977. *Bd. II/3.*

*Garský, Zbyněk:* Das Wirken Jesu in Galiläa bei Johannes. 2012. *Bd. II/325.*

*Gemünden, Petra von* (Hrsg.): siehe *Weissenrieder, Annette.*

*Gese, Michael:* Das Vermächtnis des Apostels. 1997. *Bd. II/99.*

*Gheorghita, Radu:* The Role of the Septuagint in Hebrews. 2003. *Bd. II/160.*

*Gordley, Matthew E.:* The Colossian Hymn in Context. 2007. *Bd. II/228.*

– Teaching through Song in Antiquity. 2011. *Bd. II/302.*

*Gräbe, Petrus J.:* The Power of God in Paul's Letters. 2000, ²2008. *Bd. II/123.*

*Gräßer, Erich:* Der Alte Bund im Neuen. 1985. *Bd. 35.*

– Forschungen zur Apostelgeschichte. 2001. *Bd. 137.*

*Grappe, Christian* (Hrsg.): Le Repas de Dieu – Das Mahl Gottes. 2004. *Bd. 169.*

*Gray, Timothy C.:* The Temple in the Gospel of Mark. 2008. *Bd. II/242.*

*Green, Joel B.:* The Death of Jesus. 1988. *Bd. II/33.*

*Gregg, Brian Han:* The Historical Jesus and the Final Judgment Sayings in Q. 2005. *Bd. II/207.*

*Gregory, Andrew:* The Reception of Luke and Acts in the Period before Irenaeus. 2003. *Bd. II/169.*

*Grindheim, Sigurd:* The Crux of Election. 2005. *Bd. II/202.*

*Gundry, Robert H.:* The Old is Better. 2005. *Bd. 178.*

*Gundry Volf, Judith M.:* Paul and Perseverance. 1990. *Bd. II/37.*

*Häußer, Detlef:* Christusbekenntnis und Jesus-überlieferung bei Paulus. 2006. *Bd. 210.*

*Hafemann, Scott J.:* Suffering and the Spirit. 1986. *Bd. II/19.*

– Paul, Moses, and the History of Israel. 1995. *Bd. 81.*

*Hahn, Ferdinand:* Studien zum Neuen Testament.

Bd. I: Grundsatzfragen, Jesusforschung, Evangelien. 2006. *Bd. 191.*

Bd. II: Bekenntnisbildung und Theologie in urchristlicher Zeit. 2006. *Bd. 192.*

*Hahn, Johannes* (Hrsg.): Zerstörungen des Jerusalemer Tempels. 2002. *Bd. 147.*

*Hamid-Khani, Saeed:* Relevation and Conceal-ment of Christ. 2000. *Bd. II/120.*

*Hannah, Darrel D.:* Michael and Christ. 1999. *Bd. II/109.*

*Hardin, Justin K.:* Galatians and the Imperial Cult? 2007. *Bd. II /237.*

*Harrison, James R.:* Paul and the Imperial Authorities at Thessolanica and Rome. 2011. *Bd. 273.*

– Paul's Language of Grace in Its Graeco-Roman Context. 2003. *Bd. II/172.*

*Hartman, Lars:* Text-Centered New Testament Studies. Hrsg. von D. Hellholm. 1997. *Bd. 102.*

*Hartog, Paul:* Polycarp and the New Testament. 2001. *Bd. II/134.*

*Hasselbrook, David S.:* Studies in New Testament Lexicography. 2011. *Bd. II/303.*

*Hays, Christopher M.:* Luke's Wealth Ethics. 2010. *Bd. 275.*

*Heckel, Theo K.:* Der Innere Mensch. 1993. *Bd. II/53.*

– Vom Evangelium des Markus zum vierge-staltigen Evangelium. 1999. *Bd. 120.*

*Heckel, Ulrich:* Kraft in Schwachheit. 1993. *Bd. II/56.*

– Der Segen im Neuen Testament. 2002. *Bd. 150.*

– siehe *Feldmeier, Reinhard.*

– siehe *Hengel, Martin.*

*Heemstra, Marius* The Fiscus Judaicus and the Parting of the Ways. 2010. *Bd. II/277.*

*Heiligenthal, Roman:* Werke als Zeichen. 1983. *Bd. II/9.*

*Heininger, Bernhard:* Die Inkulturation des Christentums. 2010. *Bd. 255.*

*Heliso, Desta:* Pistis and the Righteous One. 2007. *Bd. II/235.*

*Hellholm, D.:* siehe *Hartman, Lars.*

*Hemer, Colin J.:* The Book of Acts in the Setting of Hellenistic History. 1989. *Bd. 49.*

*Henderson, Timothy P.:* The Gospel of Peter and Early Christian Apologetics. 2011. *Bd. II/301.*

*Hengel, Martin:* Jesus und die Evangelien. Kleine Schriften V. 2007. *Bd. 211.*

– Die johanneische Frage. 1993. *Bd. 67.*

– Judaica et Hellenistica. Kleine Schriften I. 1996. *Bd. 90.*

– Judaica, Hellenistica et Christiana. Kleine Schriften II. 1999. *Bd. 109.*

– Judentum und Hellenismus. 1969, ³1988. *Bd. 10.*

– Paulus und Jakobus. Kleine Schriften III. 2002. *Bd. 141.*

– Studien zur Christologie. Kleine Schriften IV. 2006. *Bd. 201.*

– Studien zum Urchristentum. Kleine Schrif-ten VI. 2008. *Bd. 234.*

– Theologische, historische und biographi-sche Skizzen. Kleine Schriften VII. 2010. *Band 253.*

– und *Anna Maria Schwemer:* Paulus zwischen Damaskus und Antiochien. 1998. *Bd. 108.*

– Der messianische Anspruch Jesu und die Anfänge der Christologie. 2001. *Bd. 138.*

– Die vier Evangelien und das eine Evan-gelium von Jesus Christus. 2008. *Bd. 224.*

– Die Zeloten. ³2011. *Bd. 283.*

*Hengel, Martin* und *Ulrich Heckel* (Hrsg.): Pau-lus und das antike Judentum. 1991. *Bd. 58.*

– und *Hermut Löhr* (Hrsg.): Schriftauslegung im antiken Judentum und im Urchristen-tum. 1994. *Bd. 73.*

– und *Anna Maria Schwemer* (Hrsg.): Königs-
herrschaft Gottes und himmlischer Kult.
1991. *Bd. 55.*
– Die Septuaginta. 1994. *Bd. 72.*
–, *Siegfried Mittmann* und *Anna Maria Schwe-
mer* (Hrsg.): La Cité de Dieu / Die Stadt
Gottes. 2000. *Bd. 129.*
*Hentschel, Anni:* Diakonia im Neuen Testament.
2007. *Bd. 226.*
*Hernández Jr., Juan:* Scribal Habits and Theo-
logical Influence in the Apocalypse. 2006.
*Bd. II/218.*
*Herrenbrück, Fritz:* Jesus und die Zöllner. 1990.
*Bd. II/41.*
*Herzer, Jens:* Paulus oder Petrus? 1998.
*Bd. 103.*
– siehe *Böttrich, Christfried.*
– siehe *Deines, Roland.*
– siehe *Frey, Jörg.*
*Hill, Charles E.:* From the Lost Teaching of Poly-
carp. 2005. *Bd. 186.*
*Hoegen-Rohls, Christina:* Der nachösterliche
Johannes. 1996. *Bd. II/84.*
*Hoffmann, Matthias Reinhard:* The Destroyer
and the Lamb. 2005. *Bd. II/203.*
*Hofius, Otfried:* Katapausis. 1970. *Bd. 11.*
– Der Vorhang vor dem Thron Gottes. 1972.
*Bd. 14.*
– Der Christushymnus Philipper 2,6–11. 1976,
²1991. *Bd. 17.*
– Paulusstudien. 1989, ²1994. *Bd. 51.*
– Neutestamentliche Studien. 2000. *Bd. 132.*
– Paulusstudien II. 2002. *Bd. 143.*
– Exegetische Studien. 2008. *Bd. 223.*
– und *Hans-Christian Kammler:* Johannes-
studien. 1996. *Bd. 88.*
*Holloway, Paul A.:* Coping with Prejudice. 2009.
*Bd. 244.*
– siehe *Ahearne-Kroll, Stephen P.*
*Holmberg, Bengt* (Hrsg.): Exploring Early
Christian Identity. 2008. *Bd. 226.*
– und *Mikael Winninge* (Hrsg.): Identity
Formation in the New Testament. 2008.
*Bd. 227.*
*Holmén, Tom* (Hrsg.): Jesus in Continuum.
2012. *Bd. 289.*
*Holtz, Traugott:* Geschichte und Theologie des
Urchristentums. 1991. *Bd. 57.*
*Hommel, Hildebrecht:* Sebasmata.
Bd. 1 1983. *Bd. 31.*
Bd. 2 1984. *Bd. 32.*
*Horbury, William:* Herodian Judaism and New
Testament Study. 2006. *Bd. 193.*
*Horn, Friedrich Wilhelm* und *Ruben Zim-
mermann* (Hrsg): Jenseits von Indikativ und
Imperativ. Bd. 1. 2009. *Bd. 238.*

*Horst, Pieter W. van der:* Jews and Christians
in Their Graeco-Roman Context. 2006.
*Bd. 196.*
*Hultgård, Anders* und *Stig Norin* (Hrsg): Le Jour
de Dieu / Der Tag Gottes. 2009. *Bd. 245.*
*Hume, Douglas A.:* The Early Christian Commu-
nity. 2011. *Bd. II/298.*
*Inselmann, Anke:* Die Freude im Lukasevan-
gelium. 2012. *Bd. II/322.*
*Jackson, Ryan:* New Creation in Paul's Letters.
2010. *Bd. II/272.*
*Hvalvik, Reidar:* The Struggle for Scripture and
Covenant. 1996. *Bd. II/82.*
*Janßen Martina:* siehe *Frey, Jörg.*
*Jauhiainen, Marko:* The Use of Zechariah in
Revelation. 2005. *Bd. II/199.*
*Jensen, Morten H.:* Herod Antipas in Galilee.
2006. ²2010. *Bd. II/215.*
*Johns, Loren L.:* The Lamb Christology of the
Apocalypse of John. 2003. *Bd. II/167.*
*Jossa, Giorgio:* Jews or Christians? 2006.
*Bd. 202.*
*Joubert, Stephan:* Paul as Benefactor. 2000.
*Bd. II/124.*
*Judge, E. A.:* The First Christians in the Roman
World. 2008. *Bd. 229.*
– Jerusalem and Athens. 2010. *Bd. 265.*
*Jungbauer, Harry:* „Ehre Vater und Mutter“.
2002. *Bd. II/146.*
*Kähler, Christoph:* Jesu Gleichnisse als Poesie
und Therapie. 1995. *Bd. 78.*
*Kamlah, Ehrhard:* Die Form der katalogischen
Paränese im Neuen Testament. 1964. *Bd. 7.*
*Kammler, Hans-Christian:* Christologie und
Eschatologie. 2000. *Bd. 126.*
– Kreuz und Weisheit. 2003. *Bd. 159.*
– siehe *Hofius, Otfried.*
*Karakolis, Christos, Karl-Wilhelm Niebuhr* und
*Sviatoslav Rogalsky* (Hrsg.): Gospel Images
of Jesus Christ in Church Tradition and in
Biblical Scholarship. Fifth International
East-West Symposium of New Testament
Scholars, Minsk, September 2 to 9, 2010.
2012. *Bd. 288.*
– siehe *Alexeev, Anatoly A.*
*Karrer, Martin* und *Wolfgang Kraus* (Hrsg.):
Die Septuaginta – Texte, Kontexte, Lebens-
welten. 2008. *Band 219.*
– siehe *Kraus, Wolfgang.*
*Kelhoffer, James A.:* The Diet of John the Baptist.
2005. *Bd. 176.*
– Miracle and Mission. 2000. *Bd. II/112.*
– Persecution, Persuasion and Power. 2010.
*Bd. 270.*
– siehe *Ahearne-Kroll, Stephen P.*
– siehe *Frey, Jörg.*

*Kelley, Nicole:* Knowledge and Religious Authority in the Pseudo-Clementines. 2006. *Bd. II/213.*

*Kennedy, Joel:* The Recapitulation of Israel. 2008. *Bd. II/257.*

*Kensky, Meira Z.:* Trying Man, Trying God. 2010. *Bd. II/289.*

*Kessler, Nadine* (Hrsg.): siehe *Frey, Jörg.*

*Kieffer, René* und *Jan Bergman* (Hrsg.): La Main de Dieu / Die Hand Gottes. 1997. *Bd. 94.*

*Kierspel, Lars:* The Jews and the World in the Fourth Gospel. 2006. *Bd. 220.*

*Kim, Seyoon:* The Origin of Paul's Gospel. 1981, ²1984. *Bd. II/4.*

– Paul and the New Perspective. 2002. *Bd. 140.*

– "The 'Son of Man'" as the Son of God. 1983. *Bd. 30.*

*Klauck, Hans-Josef:* Religion und Gesellschaft im frühen Christentum. 2003. *Bd. 152.*

*Klein, Hans, Vasile Mihoc* und *Karl-Wilhelm Niebuhr* (Hrsg.): Das Gebet im Neuen Testament. Vierte, europäische orthodox-westliche Exegetenkonferenz in Sambata de Sus, 4. – 8. August 2007. 2009. *Bd. 249.*

– siehe *Dunn, James D.G.*

*Kleinknecht, Karl Th.:* Der leidende Gerechtfertigte. 1984, ²1988. *Bd. II/13.*

*Klinghardt, Matthias:* Gesetz und Volk Gottes. 1988. *Bd. II/32.*

*Kloppenborg, John S.:* The Tenants in the Vineyard. 2006, student edition 2010. *Bd. 195.*

*Koch, Michael:* Drachenkampf und Sonnenfrau. 2004. *Bd. II/184.*

*Koch, Stefan:* Rechtliche Regelung von Konflikten im frühen Christentum. 2004. *Bd. II/174.*

*Köhler, Wolf-Dietrich:* Rezeption des Matthäusevangeliums in der Zeit vor Irenäus. 1987. *Bd. II/24.*

*Köhn, Andreas:* Der Neutestamentler Ernst Lohmeyer. 2004. *Bd. II/180.*

*Koester, Craig* und *Reimund Bieringer* (Hrsg.): The Resurrection of Jesus in the Gospel of John. 2008. *Bd. 222.*

*Konradt, Matthias:* Israel, Kirche und die Völker im Matthäusevangelium. 2007. *Bd. 215.*

*Kooten, George H. van:* Cosmic Christology in Paul and the Pauline School. 2003. *Bd. II/171.*

– Paul's Anthropology in Context. 2008. *Bd. 232.*

*Korn, Manfred:* Die Geschichte Jesu in veränderter Zeit. 1993. *Bd. II/51.*

*Koskenniemi, Erkki:* Apollonios von Tyana in der neutestamentlichen Exegese. 1994. *Bd. II/61.*

– The Old Testament Miracle-Workers in Early Judaism. 2005. *Bd. II/206.*

*Kraus, Thomas J.:* Sprache, Stil und historischer Ort des zweiten Petrusbriefes. 2001. *Bd. II/136.*

*Kraus, Wolfgang:* Das Volk Gottes. 1996. *Bd. 85.*

– siehe *Karrer, Martin.*

– siehe *Walter, Nikolaus.*

– und *Martin Karrer* (Hrsg.): Die Septuaginta – Texte, Theologien, Einflüsse. 2010. *Bd. 252.*

– und *Karl-Wilhelm Niebuhr* (Hrsg.): Frühjudentum und Neues Testament im Horizont Biblischer Theologie. 2003. *Bd. 162.*

*Krauter, Stefan:* Studien zu Röm 13,1–7. 2009. *Bd. 243.*

– siehe *Frey, Jörg.*

*Kreplin, Matthias:* Das Selbstverständnis Jesu. 2001. *Bd. II/141.*

*Kreuzer, Siegfried, Martin Meiser* und *Marcus Sigismund* (Hrsg.): Die Septuaginta – Entstehung, Sprache, Geschichte. 2012. *Bd. 286.*

*Kuhn, Karl G.:* Achtzehngebet und Vaterunser und der Reim. 1950. *Bd. 1.*

*Kvalbein, Hans:* siehe *Ådna, Jostein.*

*Kwon, Yon-Gyong:* Eschatology in Galatians. 2004. *Bd. II/183.*

*Laansma, Jon:* I Will Give You Rest. 1997. *Bd. II/98.*

*Labahn, Michael:* Offenbarung in Zeichen und Wort. 2000. *Bd. II/117.*

*Lambers-Petry, Doris:* siehe *Tomson, Peter J.*

*Lange, Armin:* siehe *Ego, Beate.*

*Lampe, Peter:* Die stadtrömischen Christen in den ersten beiden Jahrhunderten. 1987, ²1989. *Bd. II/18.*

*Landmesser, Christof:* Wahrheit als Grundbegriff neutestamentlicher Wissenschaft. 1999. *Bd. 113.*

– Jüngerberufung und Zuwendung zu Gott. 2000. *Bd. 133.*

– siehe *Eckstein, Hans-Joachim.*

*Lau, Andrew:* Manifest in Flesh. 1996. *Bd. II/86.*

*Lawrence, Louise:* An Ethnography of the Gospel of Matthew. 2003. *Bd. II/165.*

*Lee, Aquila H.I.:* From Messiah to Preexistent Son. 2005. *Bd. II/192.*

*Lee, Pilchan:* The New Jerusalem in the Book of Relevation. 2000. *Bd. II/129.*

*Lee, Sang M.:* The Cosmic Drama of Salvation. 2010. *Bd. II/276.*

*Lee, Simon S.:* Jesus' Transfiguration and the Believers' Transformation. 2009. *Bd. II/265.*

*Lichtenberger, Hermann:* Das Ich Adams und das Ich der Menschheit. 2004. *Bd. 164.*

– siehe *Avemarie, Friedrich.*

– siehe *Caulley, Thomas Scott.*

– siehe *Eckstein, Hans-Joachim.*

– siehe *Frey, Jörg.*
*Lierman, John:* The New Testament Moses. 2004. *Bd. II/173.*
– (Hrsg.): Challenging Perspectives on the Gospel of John. 2006. *Bd. II/219.*
*Lieu, Samuel N.C.:* Manichaeism in the Later Roman Empire and Medieval China. ²1992. *Bd. 63.*
*Lincicum, David:* Paul and the Early Jewish Encounter with Deuteronomy. 2010. *Bd. II/284.*
*Lindemann, Andreas:* Die Evangelien und die Apostelgeschichte. 2009. *Bd. 241.*
– Glauben, Handeln, Verstehen. Studien zur Auslegung des Neuen Testaments. 2011. *Bd. II/282.*
*Lindgård, Fredrik:* Paul's Line of Thought in 2 Corinthians 4:16-5:10. 2004. *Bd. II/189.*
*Livesey, Nina E.:* Circumcision as a Malleable Symbol. 2010. *Bd. II/295.*
*Loader, William R.G.:* Jesus' Attitude Towards the Law. 1997. *Bd. II/97.*
*Löhr, Gebhard:* Verherrlichung Gottes durch Philosophie. 1997. *Bd. 97.*
*Löhr, Hermut:* Studien zum frühchristlichen und frühjüdischen Gebet. 2003. *Bd. 160.*
– siehe *Hengel, Martin.*
*Löhr, Winrich Alfried:* Basilides und seine Schule. 1995. *Bd. 83.*
*Lorenzen, Stefanie:* Das paulinische Eikon-Konzept. 2008. *Bd. II/250.*
*Luomanen, Petri:* Entering the Kingdom of Heaven. 1998. *Bd. II/101.*
*Luz, Ulrich:* siehe *Alexeev, Anatoly A.*
– siehe *Dunn, James D.G.*
*Lykke, Anne* und *Friedrich T. Schipper* (Hrsg.): Kult und Macht. 2011. *Band II/319.*
*Lyu, Eun-Geol:* Sünde und Rechtfertigung bei Paulus. 2012. *Bd. II/318.*
*Mackay, Ian D.:* John's Relationship with Mark. 2004. *Bd. II/182.*
*Mackie, Scott D.:* Eschatology and Exhortation in the Epistle to the Hebrews. 2006. *Bd. II/223.*
*Magda, Ksenija:* Paul's Territoriality and Mission Strategy. 2009. *Bd. II/266.*
*Maier, Gerhard:* Mensch und freier Wille. 1971. *Bd. 12.*
– Die Johannesoffenbarung und die Kirche. 1981. *Bd. 25.*
*Markschies, Christoph:* Valentinus Gnosticus? 1992. *Bd. 65.*
*Marshall, Jonathan:* Jesus, Patrons, and Benefactors. 2009. *Bd. II/259.*
*Marshall, Peter:* Enmity in Corinth: Social Conventions in Paul's Relations with the Corinthians. 1987. *Bd. II/23.*
*Martin, Dale B.:* siehe *Zangenberg, Jürgen.*

*Maston, Jason:* Divine and Human Agency in Second Temple Judaism and Paul. 2010. *Bd. II/297.*
– siehe *Bird, Michael F.*
*Mayer, Annemarie:* Sprache der Einheit im Epheserbrief und in der Ökumene. 2002. *Bd. II/150.*
*Mayordomo, Moisés:* Argumentiert Paulus logisch? 2005. *Bd. 188.*
*McDonough, Sean M.:* YHWH at Patmos: Rev. 1:4 in its Hellenistic and Early Jewish Setting. 1999. *Bd. II/107.*
*McDowell, Markus:* Prayers of Jewish Women. 2006. *Bd. II/211.*
*McGlynn, Moyna:* Divine Judgement and Divine Benevolence in the Book of Wisdom. 2001. *Bd. II/139.*
*McNamara, Martin:* Targum and New Testament. 2011. *Bd. 279.*
*Meade, David G.:* Pseudonymity and Canon. 1986. *Bd. 39.*
*Meadors, Edward P.:* Jesus the Messianic Herald of Salvation. 1995. *Bd. II/72.*
*Meiser, Martin:* siehe *Kreuzer, Siegfried.*
*Meißner, Stefan:* Die Heimholung des Ketzers. 1996. *Bd. II/87.*
*Mell, Ulrich:* Die „anderen" Winzer. 1994. *Bd. 77.*
– siehe *Sänger, Dieter.*
*Mengel, Berthold:* Studien zum Philipperbrief. 1982. *Bd. II/8.*
*Merkel, Helmut:* Die Widersprüche zwischen den Evangelien. 1971. *Bd. 13.*
– siehe *Ego, Beate.*
*Merklein, Helmut:* Studien zu Jesus und Paulus. Bd. 1 1987. *Bd. 43.* – Bd. 2 1998. *Bd. 105.*
*Merkt, Andreas:* siehe *Nicklas, Tobias*
*Metzdorf, Christina:* Die Tempelaktion Jesu. 2003. *Bd. II/168.*
*Metzler, Karin:* Der griechische Begriff des Verzeihens. 1991. *Bd. II/44.*
*Metzner, Rainer:* Die Rezeption des Matthäusevangeliums im 1. Petrusbrief. 1995. *Bd. II/74.*
– Das Verständnis der Sünde im Johannesevangelium. 2000. *Bd. 122.*
*Mihoc, Vasile:* siehe *Dunn, James D.G.*
– siehe *Klein, Hans.*
*Mineshige, Kiyoshi:* Besitzverzicht und Almosen bei Lukas. 2003. *Bd. II/163.*
*Mittmann, Siegfried:* siehe *Hengel, Martin.*
*Mittmann-Richert, Ulrike:* Magnifikat und Benediktus. 1996. *Bd. II/90.*
– Der Sühnetod des Gottesknechts. 2008. *Bd. 220.*
*Miura, Yuzuru:* David in Luke-Acts. 2007. *Bd. II/232.*

*Moll, Sebastian:* The Arch-Heretic Marcion. 2010. *Bd. 250.*

*Morales, Rodrigo J.:* The Spirit and the Restorat. 2010. *Bd. 282.*

*Mournet, Terence C.:* Oral Tradition and Literary Dependency. 2005. *Bd. II/195.*

*Mußner, Franz:* Jesus von Nazareth im Umfeld Israels und der Urkirche. Hrsg. von M. Theobald. 1998. *Bd. 111.*

*Mutschler, Bernhard:* Das Corpus Johanneum bei Irenäus von Lyon. 2005. *Bd. 189.*

– Glaube in den Pastoralbriefen. 2010. *Bd. 256.*

*Myers, Susan E.:* Spirit Epicleses in the Acts of Thomas. 2010. *Bd. 281.*

*Myers, Susan E.* (Hg.): Portraits of Jesus. 2012. *Bd. II/321.*

*Nguyen, V. Henry T.:* Christian Identity in Corinth. 2008. *Bd. II/243.*

*Nicklas, Tobias, Andreas Merkt* und *Joseph Verheyden* (Hrsg.): Gelitten – Gestorben – Auferstanden. 2010. *Bd. II/273.*

– siehe *Verheyden, Joseph*

*Nicolet-Anderson, Valérie:* Constructing the Self. 2012. *Bd. II/324.*

*Niebuhr, Karl-Wilhelm:* Gesetz und Paränese. 1987. *Bd. II/28.*

– Heidenapostel aus Israel. 1992. *Bd. 62.*

– siehe *Deines, Roland*

– siehe *Dimitrov, Ivan Z.*

– siehe *Karakolis, Christos.*

– siehe *Klein, Hans.*

– siehe *Kraus, Wolfgang.*

*Nielsen, Anders E.:* "Until it is Fullfilled". 2000. *Bd. II/126.*

*Nielsen, Jesper Tang:* Die kognitive Dimension des Kreuzes. 2009. *Bd. II/263.*

*Nissen, Andreas:* Gott und der Nächste im antiken Judentum. 1974. *Bd. 15.*

*Noack, Christian:* Gottesbewußtsein. 2000. *Bd. II/116.*

*Noormann, Rolf:* Irenäus als Paulusinterpret. 1994. *Bd. II/66.*

*Norelli, Enrico:* siehe *Clivaz, Claire.*

*Norin, Stig:* siehe *Hultgård, Anders.*

*Novakovic, Lidija:* Messiah, the Healer of the Sick. 2003. *Bd. II/170.*

*Obermann, Andreas:* Die christologische Erfüllung der Schrift im Johannesevangelium. 1996. *Bd. II/83.*

*Öhler, Markus:* Barnabas. 2003. *Bd. 156.*

– siehe *Becker, Michael.*

– (Hrsg.): Apostoldekret und antikes Vereinswesen. 2011. *Bd. 280.*

*Okure, Teresa:* The Johannine Approach to Mission. 1988. *Bd. II/31.*

*Onuki, Takashi:* Heil und Erlösung. 2004. *Bd. 165.*

*Oropeza, B. J.:* Paul and Apostasy. 2000. *Bd. II/115.*

*Ostmeyer, Karl-Heinrich:* Kommunikation mit Gott und Christus. 2006. *Bd. 197.*

– Taufe und Typos. 2000. *Bd. II/118.*

*Pao, David W.:* Acts and the Isaianic New Exodus. 2000. *Bd. II/130.*

*Park, Eung Chun:* The Mission Discourse in Matthew's Interpretation. 1995. *Bd. II/81.*

*Park, Joseph S.:* Conceptions of Afterlife in Jewish Insriptions. 2000. *Bd. II/121.*

*Parsenios, George L.:* Rhetoric and Drama in the Johannine Lawsuit Motif. 2010. *Bd. 258.*

*Pate, C. Marvin:* The Reverse of the Curse. 2000. *Bd. II/114.*

*Paulsen, Henning:* Studien zur Literatur und Geschichte des frühen Christentums. Hrsg. von Ute E. Eisen. 1997. *Bd. 99.*

*Pearce, Sarah J.K.:* The Land of the Body. 2007. *Bd. 208.*

*Peres, Imre:* Griechische Grabinschriften und neutestamentliche Eschatologie. 2003. *Bd. 157.*

*Perry, Peter S.:* The Rhetoric of Digressions. 2009. *Bd. II/268.*

*Philip, Finny:* The Origins of Pauline Pneumatology. 2005. *Bd. II/194.*

*Philonenko, Marc* (Hrsg.): Le Trône de Dieu. 1993. *Bd. 69.*

*Pierce, Chad T.:* Spirits and the Proclamation of Christ. 2011. *Bd. II/305.*

*Pilhofer, Peter:* Presbyteron Kreitton. 1990. *Bd. II/39.*

– Philippi. Bd. 1 1995. *Bd. 87.* – Bd. 2 ²2009. *Bd. 119.*

– Die frühen Christen und ihre Welt. 2002. *Bd. 145.*

– siehe *Becker, Eve-Marie.*

– siehe *Ego, Beate.*

*Pitre, Brant:* Jesus, the Tribulation, and the End of the Exile. 2005. *Bd. II/204.*

*Plümacher, Eckhard:* Geschichte und Geschichten. 2004. *Bd. 170.*

*Pöhlmann, Wolfgang:* Der Verlorene Sohn und das Haus. 1993. *Bd. 68.*

*Poirier, John C.:* The Tongues of Angels. 2010. *Bd. II/287.*

*Pokorný, Petr* und *Josef B. Souček:* Bibelauslegung als Theologie. 1997. *Bd. 100.*

*Pokorný, Petr* und *Jan Roskovec* (Hrsg.): Philosophical Hermeneutics and Biblical Exegesis. 2002. *Bd. 153.*

*Popkes, Enno Edzard:* Das Menschenbild des Thomasevangeliums. 2007. *Band 206.*

– Die Theologie der Liebe Gottes in den johanneischen Schriften. 2005. *Bd. II/197.*

*Porter, Stanley E.:* The Paul of Acts. 1999. *Bd. 115.*

*Prieur, Alexander:* Die Verkündigung der Gottesherrschaft. 1996. *Bd. II/89.*

*Probst, Hermann:* Paulus und der Brief. 1991. *Bd. II/45.*

*Puig i Tàrrech, Armand:* Jesus: An Uncommon Journey. 2010. *Vol. II/288.*

*Rabens, Volker:* The Holy Spirit and Ethics in Paul. 2010. *Bd. II/283.*

*Räisänen, Heikki:* Paul and the Law. 1983, ²1987. *Bd. 29.*

*Rehfeld, Emmanuel L.:* Relationale Ontologie bei Paulus. 2012. *Bd. II/326.*

*Rehkopf, Friedrich:* Die lukanische Sonderquelle. 1959. *Bd. 5.*

*Rein, Matthias:* Die Heilung des Blindgeborenen (Joh 9). 1995. *Bd. II/73.*

*Reinmuth, Eckart:* Pseudo-Philo und Lukas. 1994. *Bd. 74.*

*Reiser, Marius:* Bibelkritik und Auslegung der Heiligen Schrift. 2007. *Bd. 217.*

– Syntax und Stil des Markusevangeliums. 1984. *Bd. II/11.*

*Reynolds, Benjamin E.:* The Apocalyptic Son of Man in the Gospel of John. 2008. *Bd. II/249.*

*Rhodes, James N.:* The Epistle of Barnabas and the Deuteronomic Tradition. 2004. *Bd. II/188.*

*Richards, E. Randolph:* The Secretary in the Letters of Paul. 1991. *Bd. II/42.*

*Riesner, Rainer:* Jesus als Lehrer. 1981, ³1988. *Bd. II/7.*

– Die Frühzeit des Apostels Paulus. 1994. *Bd. 71.*

*Rissi, Mathias:* Die Theologie des Hebräerbriefs. 1987. *Bd. 41.*

*Röcker, Fritz W.:* Belial und Katechon. 2009. *Bd. II/262.*

*Röhser, Günter:* Metaphorik und Personifikation der Sünde. 1987. *Bd. II/25.*

*Rogalsky, Sviatoslav:* siehe *Karakolis, Christos.*

*Rose, Christian:* Theologie als Erzählung im Markusevangelium. 2007. *Bd. II/236.*

– Die Wolke der Zeugen. 1994. *Bd. II/60.*

*Roskovec, Jan:* siehe *Pokorný, Petr.*

*Rothschild, Clare K.:* Baptist Traditions and Q. 2005. *Bd. 190.*

– Hebrews as Pseudepigraphon. 2009. *Band 235.*

– Luke Acts and the Rhetoric of History. 2004. *Bd. II/175.*

– siehe *Frey, Jörg.*

– und *Trevor W. Thompson* (Hrsg.): Christian Body, Christian Self. 2011. *Bd. 284.*

*Rudolph, David J.:* A Jew to the Jews. 2011. *Bd. II/304.*

*Rüegger, Hans-Ulrich:* Verstehen, was Markus erzählt. 2002. *Bd. II/155.*

*Rüger, Hans Peter:* Die Weisheitsschrift aus der Kairoer Geniza. 1991. *Bd. 53.*

*Ruf, Martin G.:* Die heiligen Propheten, eure Apostel und ich. 2011. *Bd. II/300.*

*Runesson, Anders:* siehe *Becker, Eve-Marie.*

*Sänger, Dieter:* Antikes Judentum und die Mysterien. 1980. *Bd. II/5.*

– Die Verkündigung des Gekreuzigten und Israel. 1994. *Bd. 75.*

– siehe *Burchard, Christoph.*

– und *Ulrich Mell* (Hrsg.): Paulus und Johannes. 2006. *Bd. 198.*

*Salier, Willis Hedley:* The Rhetorical Impact of the Se-meia in the Gospel of John. 2004. *Bd. II/186.*

*Salzmann, Jörg Christian:* Lehren und Ermahnen. 1994. *Bd. II/59.*

*Samuelsson, Gunnar:* Crucifixion in Antiquity. 2011. *Bd. II/310.*

*Sandnes, Karl Olav:* Paul – One of the Prophets? 1991. *Bd. II/43.*

*Sato, Migaku:* Q und Prophetie. 1988. *Bd. II/29.*

*Schäfer, Ruth:* Paulus bis zum Apostelkonzil. 2004. *Bd. II/179.*

*Schaper, Joachim:* Eschatology in the Greek Psalter. 1995. *Bd. II/76.*

*Schimanowski, Gottfried:* Die himmlische Liturgie in der Apokalypse des Johannes. 2002. *Bd. II/154.*

– Weisheit und Messias. 1985. *Bd. II/17.*

*Schipper, Friedrich T.:* siehe *Lykke, Anne.*

*Schlichting, Günter:* Ein jüdisches Leben Jesu. 1982. *Bd. 24.*

*Schließer, Benjamin:* Abraham's Faith in Romans 4. 2007. *Band II/224.*

*Schnabel, Eckhard J.:* Law and Wisdom from Ben Sira to Paul. 1985. *Bd. II/16.*

*Schnelle, Udo:* siehe *Frey, Jörg.*

*Schröter, Jens:* Von Jesus zum Neuen Testament. 2007. *Band 204.*

– siehe *Frey, Jörg.*

*Schutter, William L.:* Hermeneutic and Composition in I Peter. 1989. *Bd. II/30.*

*Schwartz, Daniel R.:* Studies in the Jewish Background of Christianity. 1992. *Bd. 60.*

*Schwemer, Anna Maria:* siehe *Hengel, Martin*

*Schwindt, Rainer:* Das Weltbild des Epheserbriefes. 2002. *Bd. 148.*

*Scott, Ian W.:* Implicit Epistemology in the Letters of Paul. 2005. *Bd. II/205.*

*Scott, James M.:* Adoption as Sons of God. 1992. *Bd. II/48.*

– Paul and the Nations. 1995. *Bd. 84.*

*Shi, Wenhua:* Paul's Message of the Cross as Body Language. 2008. *Bd. II/254.*

*Shum, Shiu-Lun:* Paul's Use of Isaiah in Romans. 2002. *Bd. II/156.*

*Siegert, Folker:* Drei hellenistisch-jüdische Predigten. Teil I 1980. *Bd. 20* – Teil II 1992. *Bd. 61.*

– Nag-Hammadi-Register. 1982. *Bd. 26.*

– Argumentation bei Paulus. 1985. *Bd. 34.*

– Philon von Alexandrien. 1988. *Bd. 46.*

*Siggelkow-Berner, Birke:* Die jüdischen Feste im Bellum Judaicum des Flavius Josephus. 2011. *Bd. II/306.*

*Sigismund, Marcus:* siehe *Kreuzer, Siegfried.*

*Simon, Marcel:* Le christianisme antique et son contexte religieux I/II. 1981. *Bd. 23.*

*Smit, Peter-Ben:* Fellowship and Food in the Kingdom. 2008. *Bd. II/234.*

*Smith, Julien:* Christ the Ideal King. 2011. *Bd. II/313.*

*Snodgrass, Klyne:* The Parable of the Wicked Tenants. 1983. *Bd. 27.*

*Söding, Thomas:* Das Wort vom Kreuz. 1997. *Bd. 93.*

– siehe *Thüsing, Wilhelm.*

*Sommer, Urs:* Die Passionsgeschichte des Markusevangeliums. 1993. *Bd. II/58.*

*Sorensen, Eric:* Possession and Exorcism in the New Testament and Early Christianity. 2002. *Band II/157.*

*Souček, Josef B.:* siehe *Pokorný, Petr.*

*Southall, David J.:* Rediscovering Righteousness in Romans. 2008. *Bd. 240.*

*Spangenberg, Volker:* Herrlichkeit des Neuen Bundes. 1993. *Bd. II/55.*

*Spanje, T.E. van:* Inconsistency in Paul? 1999. *Bd. II/110.*

*Speyer, Wolfgang:* Frühes Christentum im antiken Strahlungsfeld. Bd. I: 1989. *Bd. 50.*

– Bd. II: 1999. *Bd. 116.*

– Bd. III: 2007. *Bd. 213.*

*Spittler, Janet E.:* Animals in the Apocryphal Acts of the Apostles. 2008. *Bd. II/247.*

*Sprinkle, Preston:* Law and Life. 2008. *Bd. II/241.*

*Stadelmann, Helge:* Ben Sira als Schriftgelehrter. 1980. *Bd. II/6.*

*Stein, Hans Joachim:* Frühchristliche Mahlfeiern. 2008. *Bd. II/255.*

*Stenschke, Christoph W.:* Luke's Portrait of Gentiles Prior to Their Coming to Faith. *Bd. II/108.*

*Stephens, Mark B.:* Annihilation or Renewal? 2011. *Bd. II/307.*

*Sterck-Degueldre, Jean-Pierre:* Eine Frau namens Lydia. 2004. *Bd. II/176.*

*Stettler, Christian:* Der Kolosserhymnus. 2000. *Bd. II/131.*

– Das letzte Gericht. 2011. *Bd. II/299.*

*Stettler, Hanna:* Die Christologie der Pastoralbriefe. 1998. *Bd. II/105.*

*Stökl Ben Ezra, Daniel:* The Impact of Yom Kippur on Early Christianity. 2003. *Bd. 163.*

*Strobel, August:* Die Stunde der Wahrheit. 1980. *Bd. 21.*

*Stroumsa, Guy G.:* Barbarian Philosophy. 1999. *Bd. 112.*

*Stuckenbruck, Loren T.:* Angel Veneration and Christology. 1995. *Bd. II/70.*

–, *Stephen C. Barton* und *Benjamin G. Wold* (Hrsg.): Memory in the Bible and Antiquity. 2007. *Vol. 212.*

*Stuhlmacher, Peter* (Hrsg.): Das Evangelium und die Evangelien. 1983. *Bd. 28.*

– Biblische Theologie und Evangelium. 2002. *Bd. 146.*

*Sung, Chong-Hyon:* Vergebung der Sünden. 1993. *Bd. II/57.*

*Svendsen, Stefan N.:* Allegory Transformed. 2009. *Bd. II/269.*

*Tajra, Harry W.:* The Trial of St. Paul. 1989. *Bd. II/35.*

– The Martyrdom of St. Paul. 1994. *Bd. II/67.*

*Tellbe, Mikael:* Christ-Believers in Ephesus. 2009. *Bd. 242.*

*Theißen, Gerd:* Studien zur Soziologie des Urchristentums. 1979, ³1989. *Bd. 19.*

*Theobald, Michael:* Studien zum Corpus Iohanneum. 2010. *Band 267.*

– Studien zum Römerbrief. 2001. *Bd. 136.*

– siehe *Mußner, Franz.*

*Thompson, Trevor W.:* siehe *Rothschild, Clare K.*

*Thornton, Claus-Jürgen:* Der Zeuge des Zeugen. 1991. *Bd. 56.*

*Thüsing, Wilhelm:* Studien zur neutestamentlichen Theologie. Hrsg. von Thomas Söding. 1995. *Bd. 82.*

*Thurén, Lauri:* Derhethorizing Paul. 2000. *Bd. 124.*

*Thyen, Hartwig:* Studien zum Corpus Iohanneum. 2007. *Bd. 214.*

*Tibbs, Clint:* Religious Experience of the Pneuma. 2007. *Bd. II/230.*

*Tilling, Chris:* Paul's Divine Christology. 2012. *Bd. II/323.*

*Toit, David S. du:* Theios Anthropos. 1997. *Bd. II/91.*

*Tomson, Peter J.* und *Doris Lambers-Petry* (Hrsg.): The Image of the Judaeo-Christians in Ancient Jewish and Christian Literature. 2003. *Bd. 158.*

*Tolmie, D. Francois:* Persuading the Galatians. 2005. *Bd. II/190.*

*Toney, Carl N.:* Paul's Inclusive Ethic. 2008. *Bd. II/252.*

*Tóth, Franz:* siehe *Frey, Jörg.*

*Yeung, Maureen:* Faith in Jesus and Paul. 2002. *Bd. II/147.*

*Young, Stephen E.:* Jesus Tradition in the Apostolic Fathers. 2011. *Bd. II/311.*

*Zamfir, Corinna:* siehe *Verheyden, Joseph*

*Zangenberg, Jürgen, Harold W. Attridge* und *Dale B. Martin* (Hrsg.): Religion, Ethnicity and Identity in Ancient Galilee. 2007. *Bd. 210.*

*Zimmermann, Alfred E.:* Die urchristlichen Lehrer. 1984, ²1988. *Bd. II/12.*

*Zimmermann, Johannes:* Messianische Texte aus Qumran. 1998. *Bd. II/104.*

*Zimmermann, Ruben:* Christologie der Bilder im Johannesevangelium. 2004. *Bd. 171.*

– Geschlechtermetaphorik und Gottesverhältnis. 2001. *Bd. II/122.*

– (Hrsg.): Hermeneutik der Gleichnisse Jesu. 2008. *Bd. 231.*

– und *Jan G. van der Watt* (Hrsg.): Moral Language in the New Testament. Vol. II. 2010. *Bd. II/296.*

– siehe *Frey, Jörg.*

– siehe *Horn, Friedrich Wilhelm.*

*Zugmann, Michael:* „Hellenisten" in der Apostelgeschichte. 2009. *Bd. II/264.*

*Zumstein, Jean:* siehe *Dettwiler, Andreas*

*Zwiep, Arie W.:* Christ, the Spirit and the Community of God. 2010. *Bd. II/293.*

– Judas and the Choice of Matthias. 2004. *Bd. II/187.*

*Einen Gesamtkatalog erhalten Sie gerne vom Verlag*
*Mohr Siebeck – Postfach 2040 – D–72010 Tübingen*
*Neueste Informationen im Internet unter www.mohr.de*